环翠年鉴

HUANCUI YEARBOOK

2024

中共威海市环翠区委党史研究中心
威海市环翠区地方史志研究中心 编

方志出版社
Publishing House of Local Records

图书在版编目（CIP）数据

环翠年鉴. 2024 / 中共威海市环翠区委党史研究中心，威海市环翠区地方史志研究中心编. -- 北京 : 方志出版社，2024. 12. -- ISBN 978-7-5144-6377-4

Ⅰ. Z525.24

中国国家版本馆 CIP 数据核字第 2024W0N657 号

责任编辑：李静
责任校对：张玉霞
责任印制：梅中英
出 版 者：方志出版社
地　　址：北京市朝阳区潘家园东里 9 号（国家方志馆 4 层）
邮　　编：100021
网　　址：http://www.zgfzcb.cn
发　　行：方志出版社图书营销中心（010-67110500）
印　　刷：山东黄氏印务有限公司
开　　本：889 毫米×1194 毫米　1/16
印　　张：30
字　　数：912 千字
版　　次：2024 年 12 月第 1 版
印　　次：2024 年 12 月第 1 次印刷
定　　价：300.00 元

《环翠年鉴》编纂委员会

主　　任　张　刚　于晓东

副 主 任　于晓光　王　志　郑　磊　迟高伟

委　　员　隋海航　潘　登　李百强　宫鹏冲　林海涛

于同毅　李　强　郑　博　史　岩

《环翠年鉴（2024）》编审人员

主　　审　郑　磊　迟高伟

主　　编　李百强

副 主 编　林　超　王红丹　刁凌云

编　　辑　李琳琳　闫　潇　宋家宜　王　鲁　于　萍

孙晓蕾　隋绍兰　马春亭　姜常荣

省级文明区

山东省购物旅游示范城市
山东省第二批健康促进县（市、区）
山东省休闲农业和乡村旅游示范县
山东省人才工作先进单位
山东省法治政府建设示范县（市、区）
山东省全域旅游示范区
首批省级文化和旅游消费示范县（市、区）
全省深化小型水库管理体制改革样板县（市、区）
山东省工业强县
山东省中小学劳动教育实验区
全省基层治理实验区
山东省技术转移先进县
山东省对外开放强县
第二批山东省智慧教育示范区
山东省质量强县（市、区）
山东省民营经济高质量发展先进县（市、区）
山东省科技创新强县
山东省体育产业示范基地
山东省示范性居家社区养老服务网络建设地区
山东省农产品加工工业高质量发展先行县
山东省县域养老服务体系创新示范区
山东省轻工纺织行业数字『三品』示范县（市、区）
第一批山东省婴幼儿照护服务示范县（市、区）
山东省文旅康养强县
山东省生态文明强县
山东省现代流通强县
2020—2022 年县域经济高质量发展先进县

环翠名片 HUANCUI MINGPIAN

全国『歌咏之乡』

全国群众体育先进单位

全国县（市）科技进步考核先进区

全国义务教育发展基本均衡县（市、区）

全国科学教育实验区

全国和谐社区建设示范城区

全国沿海防护林体系建设先进单位

全国民政工作先进区

中国慢生活休闲体验区

全国残疾人精准康复行动试点示范区

全国法治县（市、区）创建活动先进单位

全国第四批『中德生态示范城市』

全国农村承包地确权登记颁证工作典型地区

全国第四批节水型社会建设达标县（市、区）

全国基层中医药工作先进单位

2021—2025 年度第二批全国科普示范县（市、区）

全国绿色发展百强区

全国新型城镇化质量百强区

山东省妇女儿童工作先进集体

山东省农产品（渔业）质量安全示范县

山东省服务业发展先进区

山东省对外开放先进区

山东省社会组织建设创新示范区

第一批省级健康服务业创新发展试验区

全省社区治理暨养老服务创新实验区

全省残疾人组织建设示范县（市、区）

山东省综合减灾示范县（市、区）

第三届山东省文化强省建设先进县（市、区）

数读环翠 SHUDU HUANCUI

面积 383.02 平方千米

户籍人口 35.42 万人

常住人口 48.13 万人

海岸线 52 千米

年平均气温 14.4℃

年平均降水量 685.4 毫米

地区生产总值 450.42 亿元

第一产业增加值 41.25 亿元

第二产业增加值 119.76 亿元

第三产业增加值 289.41 亿元

一、二、三产业构成 9.2∶26.6∶64.2

实有市场主体 86536 户

实有注册资本 1319.95 亿元

规模以上工业企业 175 家

货物进出口总额 206.3 亿元

货物进口额 30.3 亿元

货物出口额 176 亿元

新设立外商投资企业 43 家

实际使用外资 13981 万美元

一般公共财政预算收入 40.6 亿元

一般公共财政预算支出 38.8 亿元

授权专利 2278 件

授权发明专利 254 件

中国驰名商标 7 件

地理标志商标 3 件

义务教育学校 40 所

在校学生 60414 人

幼儿园 68 所

在园幼儿 15107 人

各类医疗卫生机构 426 所

实有床位 1945 张

卫生技术人员 4423 人

城镇新增就业 5201 人

就业困难人员实现再就业 444 人

全体居民人均可支配收入 57140 元

全体居民人均消费支出 35043 元

城镇居民人均可支配收入 60613 元

城镇居民人均消费支出 37039 元

农村居民人均可支配收入 28168 元

农村居民人均消费支出 18396 元

经济发展

2023年，环翠区坚持“提升首位度、担当抓落实”的工作基调，大抓经济、攻坚突破，通过夯实制造业基础、释放服务业活力、加大招商引资力度、增强创新驱动力、提升改革引领力等举措，推进全区经济持续高质量发展。年内，环翠区实现生产总值450.42亿元、增长3.1%，完成一般公共预算收入40.63亿元、增长5.8%，居民人均可支配收入57140元，增长5.3%；限上餐饮营业额增长66.6%、税收增长12.9%，增幅均排名全市首位。环翠区入选全国绿色发展百强区、新型城镇化质量百强区，连续三年获评全省县域经济高质量发展先进县，新获评全省现代流通强县、生态文明强县、文旅康养强县，基本实现省级十强县“大满贯”。

2023 年 1 月 29 日，区委经济工作会议暨 2023 年工作动员大会召开　　（区融媒体中心　供图）

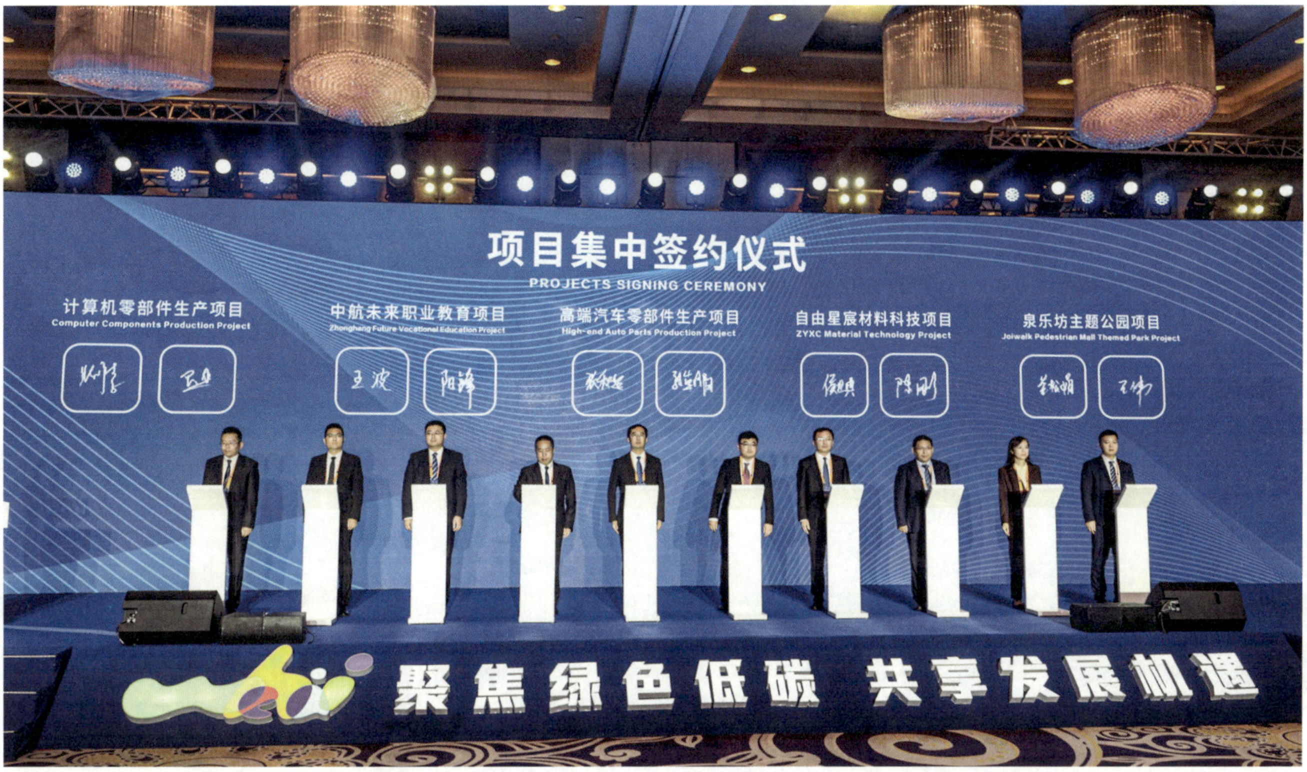

2023 年 10 月 10 日，第四届跨国公司领导人青岛峰会威海市产业推介会在青岛举行。活动期间，环翠区签约先进装备与智能制造、康养旅游等行业领域重点项目 5 个（区商务局 供图）

2023 年 12 月 19 日，“智汇环翠”2023 国际创新创业大赛暨海外高层次人才项目对接会颁奖仪式举行（区科技局 供图）

魏桥（威海）铝精深加工产业园（拍摄于2023年9月27日） （张村镇　供图）

2023 年 7 月 17 日，威海市铝深加工产业链绿色高质量发展会议暨魏桥（威海）铝精深加工产业园开园仪式举行　（张村镇　供图）

威海宝威新材料科技有限公司生产车间（拍摄于 2023 年 10 月 15 日）（张村镇　供图）

威海海鑫新材料有限公司生产车间（拍摄于 2023 年 2 月 23 日）（张村镇　供图）

威海中远海运重工科技有限公司生产车间（拍摄于 2023 年 8 月 25 日）

（张村镇　供图）

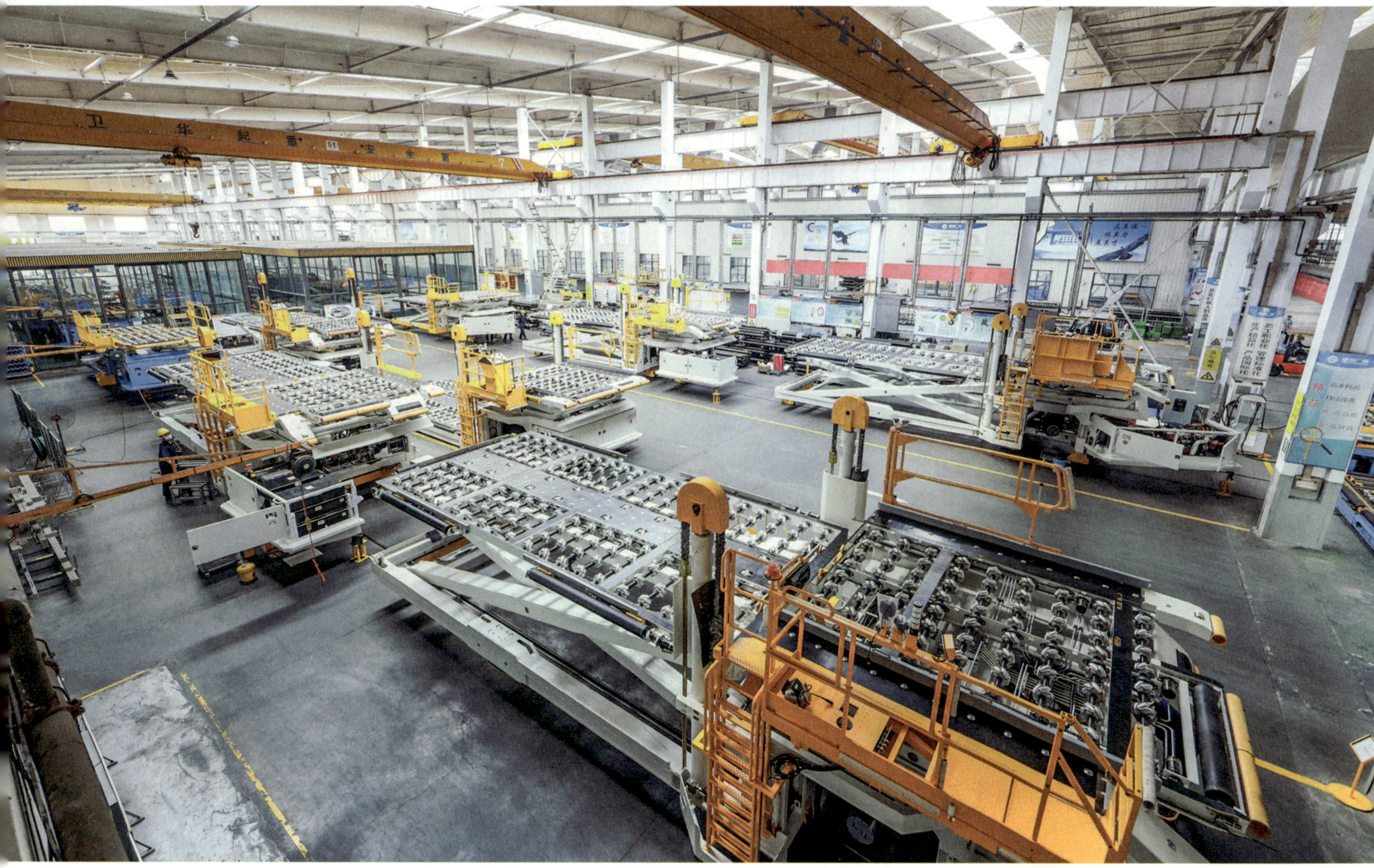

威海广泰空港设备股份有限公司集装货物装载机（平台车）生产线（拍摄于 2023 年 4 月 20 日）

（威海广泰空港设备股份有限公司　供图）

远遥浅海科技湾区(拍摄于 2023 年 3 月 20 日)　　(威海市环翠区国有资本运营有限公司　供图)

2023 年 8 月 21 日，航天防务通信与协同探测技术论坛在环翠区举行

（区融媒体中心　供图）

2023 年 8 月 14 日，威海海洋科技馆开馆暨 2023 山东省研学旅行创新线路设计大赛海洋研学选拔赛启动仪式举行

（威海市环翠区国有资本运营有限公司　供图）

桥头镇作为环翠区乡村振兴的主战场，立足镇域深厚的历史文化优势、良好的自然生态优势、多元的文化产业优势，打造总投资 8.5 亿元，占地 338.33 公顷，涵盖 26 个村庄的“一核引领、多核联动”的“1+6+N”乡村研学产业布局，以环翠区中小学生综合实践基地为核心，串联周边山东健康民间中草药研学基地、蓝天田园自然教育实践基地、国家冷凉植物示范推广基地、乡忆南子城特色民宿体验基地等主题板块，形成农耕实践、文化教育、民俗体验、非遗传承等 8 大特色产业项目，获评省级乡村振兴示范镇，辖内威海东南乡景区获批国家 AAA 级旅游景区；年内，接待各地游客、学员 4 万余人，吸纳 800 余名村民家门口就业，带动核心村年度增收 40 万元以上。

红色东南乡展馆（拍摄于 2023 年 7 月 1 日）　（桥头镇　供图）

红色东南乡展馆（拍摄于2023年6月29日）
（桥头镇　供图）

2023年4月27日，威海市环翠区举办文化旅游季启动仪式暨中小学生综合实践基地开营活动举行　　（区融媒体中心　供图）

2023年5月20日，学生在菱角湾自然学堂研学
（桥头镇　供图）

里口山管理服务中心王家疃村（拍摄于2023年5月17日）　　（宫举卫　供图）

里口山特色民宿　　（宫举卫　供图）

里口山山村夜食堂　　（里口山管理服务中心　供图）

2023 年 6 月 3 日，2023 年第十届羊亭镇北上夼樱桃采摘文化节举行　　（羊亭镇　供图）

2023 年 12 月 3 日，羊亭镇海峰路西延段通车

（羊亭镇　供图）

2023 年 11 月 19 日，里口山乡村音乐节举行

（里口山管理服务中心　供图）

2023 年 9 月 28 日，威海羊亭河公园首届晚风·星空露营节在羊亭河湿地公园举行　（羊亭镇　供图）

四季游环翠

环翠区立足资源优势，围绕提升综合承载力、核心吸引力、经济影响力、环境竞争力、创新发展力五方面，以里口山风景名胜区为核心，以滨海旅游带和近郊水源地为驱动，打造多元互促、功能互补、全域联动的“旅游+”融合发展模式，建成产业发展全域布局、服务对象全龄覆盖、产品消费全季满足的文旅康养之城，入选山东省文旅康养强县名单。来环翠区，赴一场春品杏花微雨、夏观日出山海、秋看千帆竞发、冬赏冰雪奇观之约！

春到华夏城　（宫举卫　供图）

花前树下（里口山管理服务中心　供图）

户外露营　　（里口山管理服务中心　供图）

“鸥遇”　　（威海市环通产业投资集团有限公司　供图）

夏

日出半月湾

洗海澡　　（区融媒体中心　供图）

扬帆起航（区融媒体中心　供图）

赶海　　（刘彬　供图）

2023 年 7 月 14—23 日，环翠区举办 2023 半月湾国际沙滩音乐节　　（区融媒体中心　供图）

秋

千帆竞发

2023 年 9 月 1 日，黄渤海伏季休渔期结束，市民争尝金秋“第一鲜”　　（宫举卫　供图）

桥头镇的无花果熟了！（刘彬　供图）

里口山的葡萄甜了！（张村镇　供图）

北上夼村的柿子黄了！（阮丰植　供图）

冬

里口山姜家疃村雪景（拍摄于 2023 年 1 月 25 日）（里口山管理服务中心　供图）

孙家疃街道冰雪长廊(拍摄于 2023 年 12 月 28 日)
(宫举卫　刘彬　供图)

温泉镇冬日滑雪(刘彬　供图)

羊亭镇特色冰钓　　　　（羊亭镇　供图）

冬日里口山　（宫举卫　供图）

幸福环翠

2023年，环翠区锚定共同富裕先行先试的目标定位，加快推进城乡、区域协调均衡发展。提升精致水平，在全市率先完成智慧城管AI视频平台建设；推进乡村振兴，进一步巩固脱贫攻坚成效；打响文化品牌，举办“5·23”歌咏会、铁人三项赛、腾讯电竞运动会夏季总决赛等一系列高水平文体活动，启用区公共文化服务中心；擦亮生态底色，获评山东省生态文明强县；夯实民生保障体系，教育、医疗、就业、社会救助等工作成效凸显，人民群众获得感、幸福感、安全感进一步提升。

2023 年 10 月 26 日，环翠区公共文化服务中心正式启用。中心位于羊亭镇，由档案中心、文化中心两个单体建筑组成，总占地面积 6.75 万平方米，总建筑面积 11.59 万平方米。其中，档案中心于 2019 年 12 月开工建设，2023 年 10 月投入使用，入驻单位有区档案馆、区图书馆、应急指挥中心等，设有新时代文明实践展示体验馆、革命军史馆、城市会客厅等展厅。

环翠区公共文化服务中心档案中心　　（威海市环通产业投资集团有限公司　供图）

城市会客厅（威海市环通产业投资集团有限公司　供图）

环翠区图书馆（威海市环通产业投资集团有限公司　供图）

环翠区新时代文明实践展示体验馆（威海市环通产业投资集团有限公司　供图）

2023 年 6 月 9 日，2023 中国（威海）合唱节暨环翠区第 50 届“5·23”歌咏会闭幕式在威海大剧院举行

（区文化和旅游局　供图）

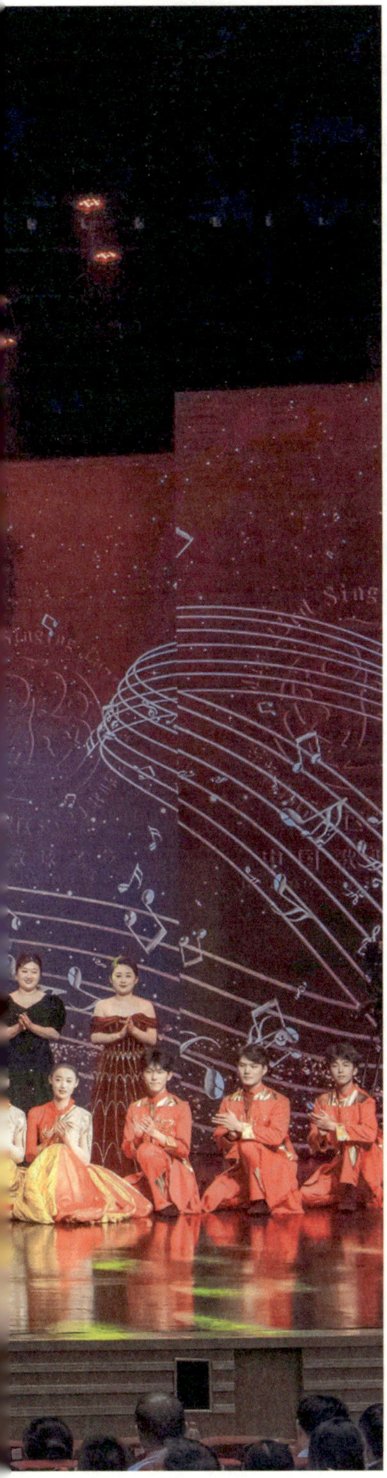

2023 年 5 月 23 日，威海教师合唱团附属少儿合唱团在 2023 中国（威海）合唱节暨环翠区第 50 届“5·23”歌咏会开幕式上表演　　　（区融媒体中心　供图）

2023 年 5 月 27 日，2023 中国（威海）合唱节暨环翠区第 50 届“5·23”歌咏会机关小合唱比赛现场　　　（区融媒体中心　供图）

2023 年 12 月 27 日，羊亭镇举行黄河大集活动　　（威海市环通产业投资集团有限公司　供图）

2023 年 7 月 27 日，2023 张村镇广场舞大赛举行
（张村镇　供图）

2023 年 7 月 14 日，“学习二十大 永远跟党走 奋进新征程”——中央音乐学院“乐·行”双实践文艺宣讲活动暨环翠区第 33 届广场纳凉晚会启动仪式在威海公园中心广场举行　（区委宣传部　供图）

2023 年 7 月 27 日，张村镇华锦社区老年大学开展培训活动　（张村镇　供图）

2023 年 6 月 23 日至 7 月 2 日，“2023 腾讯电竞运动会夏季总决赛 · 威海环翠站”在威海国际展览中心举行

（区融媒体中心　供图）

2023 年 7 月 15 日，山东省马术冠军杯系列赛（威海天馨站）在环翠区举行

（天馨国际马术俱乐部　供图）

2023 年 8 月 12 日，2023 中国山地自行车公开赛（山东·环翠站）在山东环翠轻户外运动基地举办

（区教育体育局　供图）

2023 年 8 月 27 日，2023 年威海铁人三项世界杯赛暨 2023 年中国·威海超级铁人三项系列赛相继在半月湾举行

2023 年 9 月 12 日，公安环翠分局张村派出所民警在普陀路小学“护学岗”雨中执勤

（公安环翠分局　供图）

2023年1月10日，公安环翠分局民警在威高广场开展宣传活动

（公安环翠分局供图）

2023年8月6日，市民在半月湾写生　　（吕化军　供图）

2023 年 6 月 28 日，威海市福泰小学学生在学校菜园采摘蔬菜　（区教育体育局　供图）

2023 年 10 月 9 日，里口山管理服务中心王家疃村举办“手工制作束口袋”活动

（里口山管理服务中心　供图）

2023 年 10 月 30 日，市民在嵩山街道小镇村乡村书房阅读　　（嵩山街道　供图）

2023 年 9 月 4 日，威海市环翠区玉兰幼儿园牡丹分园开园　　（区教育体育局　供图）

编辑说明

一、《环翠年鉴》是由中共威海市环翠区委、威海市环翠区人民政府组织，中共威海市环翠区委党史研究中心、威海市环翠区地方史志研究中心编纂的资料性文献。2014年起，每年编辑一卷，国内公开出版发行，《环翠年鉴（2024）》为第十一卷，记述时限为2023年1月1日至12月31日。卷中个别事件的记述突破上、下限，以保证年鉴资料的系统性和完整性。

二、《环翠年鉴（2024）》以马克思列宁主义、毛泽东思想、邓小平理论、“三个代表”重要思想、科学发展观、习近平新时代中国特色社会主义思想为指导，坚持辩证唯物主义和历史唯物主义的立场、观点和方法，坚持“存真求实、质量第一”的原则，旨在全面记述环翠区委、区政府团结带领全区广大党员干部群众，坚决贯彻落实党中央决策部署和省委、市委工作安排，完整、准确、全面贯彻新发展理念，统筹高质量发展和高水平安全，加快打造“精致、幸福、充满活力的共同富裕先行示范区”，奋力开创现代化环翠建设新局面的基本情况，为广大读者了解和研究环翠提供资料和信息。

三、本年鉴采用分类编辑法，由类目、分目、条目3级组成。卷首设专记、特载、大事记、环翠概览，卷中设中国共产党环翠区委员会、环翠区人民代表大会、环翠区人民政府、中国人民政治协商会议环翠区委员会、中国共产党环翠区纪律检查委员会　环翠区监察委员会、民主党派与工商联、群众团体、法治、军事、经济管理、海洋发展、农业、工业、建筑业、商贸服务业、金融业、旅游业、开放型经济、城市建设、乡村振兴、生态环境保护、科学技术、教育、文化、卫生健康、体育、社会生活、镇（街道）28个类目，卷末设人物　荣誉、附录。

四、全书条目标题统一用黑体字加【】表示。《环翠年鉴（2024）》目录和索引分设在卷首和卷末。目录编排至条目；索引按主题词首字汉语拼音字母顺序排列。数字用法、标点符号用法分别采用国家标准《出版物上数字用法》（GB/T 15835—2011）、《标点符号用法》（GB/T 15834—2011），计量单位采用国家技术监督局1993年12月发布的《量和单位》系列国家标准。

五、全书中除特别注明的行政区外，“区”和“全区”均指“环翠区”。

六、本卷年鉴所载信息由全区各机关、企事业单位提供，经所在单位主要负责人审核、《环翠年鉴》编辑部整理编辑、编委会审查、出版社审核而成，文末署撰稿人姓名。本年鉴统计数据以政府统计部门公布的数据为准，统计部门没有统计的，采用业务主管部门统计的数据。

七、海岸线往年沿用的是98岸线数据（即1998年统计的岸线数据）。2021年12月13日，山东省自然资源厅下发《关于印发山东省海岸线修测成果的通知》，将1998年后修建的人工岸线统计在内，称为新修测海岸线。本书采用新修测海岸线数据。

《环翠年鉴（2024）》主要机构（单位）全称、简称对照

全称	简称
中国共产党威海市环翠区委员会	区委
威海市环翠区人民政府	区政府
中国共产党威海市环翠区纪律检查委员会	区纪委
威海市环翠区监察委员会	区监委
中国共产党威海市环翠区委办公室	区委办公室
中国人民解放军山东省威海市环翠区人民武装部	区人武部
中国共产党威海市环翠区委组织部	区委组织部
中国共产党威海市环翠区委宣传部	区委宣传部
中国共产党威海市环翠区委统一战线工作部	区委统战部
中国共产党威海市环翠区委政法委员会	区委政法委
中国共产党威海市环翠区委机构编制委员会办公室	区委编办
中国共产党威海市环翠区委区直机关工作委员会	区委区直机关工委
中国共产党威海市环翠区委巡察工作领导小组办公室	区委巡察办
中国共产党威海市环翠区委老干部局	区委老干部局
威海市环翠区人民代表大会常务委员会	区人大常委会
中国人民政治协商会议山东省威海市环翠区委员会	区政协
威海市环翠区人民法院	区法院
威海市环翠区人民检察院	区检察院
威海市环翠区总工会	区总工会
中国共产主义青年团威海市环翠区委员会	团区委
威海市环翠区妇女联合会	区妇联
威海市环翠区工商业联合会	区工商联
威海市环翠区科学技术协会	区科协
威海市环翠区残疾人联合会	区残联
中国国际贸易促进委员会威海市环翠区委员会	区贸促会
威海市环翠区红十字会	区红十字会

全称	简称
中国共产党威海市环翠区委员会党校	区委党校
中国共产党威海市环翠区委员会党史研究中心	区委党史研究中心
威海市环翠区档案馆	区档案馆
威海市环翠区融媒体中心	区融媒体中心
威海市环翠区社会治理服务中心	区社会治理服务中心
威海市环翠区社会信用中心	区社会信用中心
威海市环翠区人民政府办公室	区政府办公室
威海市环翠区发展和改革局	区发展改革局
威海市环翠区教育和体育局	区教育体育局
威海市环翠区科学技术局	区科技局
威海市环翠区工业和信息化局	区工业和信息化局
威海市环翠区民政局	区民政局
威海市环翠区司法局	区司法局
威海市环翠区财政局	区财政局
威海市环翠区人力资源和社会保障局	区人力资源社会保障局
威海市环翠区自然资源局	区自然资源局
威海市环翠区住房和城乡建设局	区住房城乡建设局
威海市环翠区水利局	区水利局
威海市环翠区农业农村局	区农业农村局
威海市环翠区海洋发展局	区海洋发展局
威海市环翠区商务局	区商务局
威海市环翠区文化和旅游局	区文化和旅游局
威海市环翠区卫生健康局	区卫生健康局
威海市环翠区退役军人事务局	区退役军人事务局
威海市环翠区应急管理局	区应急局
威海市环翠区审计局	区审计局
威海市环翠区行政审批服务局	区行政审批服务局
威海市环翠区市场监督管理局	区市场监管局
威海市环翠区综合行政执法局	区综合行政执法局

全称	简称
威海市环翠区统计局	区统计局
威海市环翠区医疗保障局	区医保局
威海市环翠区信访局	区信访局
威海市环翠区机关事务服务中心	区机关事务中心
威海市环翠区环境卫生服务中心	区环境卫生中心
威海市环翠区交通事务发展中心	区交通事务发展中心
威海市环翠区国有资产服务中心	区国有资产中心
威海市环翠区投资促进中心	区投资促进中心
威海市环翠区市政园林服务中心	区市政园林中心
威海市环翠区畜牧兽医事业发展中心	区畜牧兽医事业发展中心
威海市环翠区大数据中心	区大数据中心
威海市环翠区林业发展中心	区林业发展中心
威海市环翠区生态文明建设协调中心	区生态文明建设协调中心
威海市环翠区地方史志研究中心	区地方史志研究中心
威海市环翠区疾病预防控制中心	区疾控中心
威海市环翠区文学艺术界联合会	区文联
威海市环翠区社会治安综合治理委员会	区综治委
威海市环翠区人民防空办公室	区人防办
威海市环翠区里口山风景名胜区管理服务中心	里口山管理服务中心
威海市公安局环翠分局	公安环翠分局
威海市生态环境局环翠分局	生态环境分局
威海市自然资源和规划局环翠规划分局	环翠规划分局
国家税务总局威海市环翠区税务局	区税务局
威海市环翠区消防救援大队	区消防救援大队
威海火炬高技术产业开发区	高新区
威海经济技术开发区	经开区
威海临港经济技术开发区	临港区

目　录

◎环翠名片
◎数读环翠
◎图片专辑
◎威海市环翠区政区图
◎编辑说明

专　记

学习贯彻习近平新时代中国特色社会主义思想主题教育 …… 1

特　载

区委常委会工作报告 …… 7
政府工作报告 …… 11

大 事 记

1月 …… 24
2月 …… 25
3月 …… 26
4月 …… 27
5月 …… 28
6月 …… 30
7月 …… 32
8月 …… 34
9月 …… 36
10月 …… 39
11月 …… 40
12月 …… 42

环翠概览

自然环境 …… 45
地理位置 …… 45
地质 …… 45
地貌 …… 45
气候 …… 45
水文 …… 45
土壤 …… 45
海域 …… 46
自然资源 …… 46
土地资源 …… 46
矿产资源 …… 46
水资源 …… 46
生物资源 …… 47
旅游资源 …… 48
建置沿革 …… 48
建置隶属 …… 48
镇（街道）、村（社区） …… 49
人口　民族 …… 50
人口 …… 50
民族 …… 51
全面深化改革 …… 51
概况 …… 51
改革主体责任压实 …… 51
改革督察考核 …… 51
改革创新典型引领 …… 51
改革试点 …… 51

经济建设……54
综合经济实力……54
农林牧渔业……54
工业……55
固定资产投资和建筑业……55
国内贸易……55
对外经济……55
海洋经济……55
民营经济……55
政治建设……55
概况……55
政治理论学习……55
意识形态建设……55
组织建设……56
党风廉政建设……56
人大监督……56
政治协商……57
文化建设……57
文化事业……57
教育事业……58
体育事业……58
社会建设……58
社会保障……58
医疗卫生……58
创业就业……58
平安建设……58
法治建设……59
城市建设……59
生态文明建设……59
生态保护……59
节能减排……60
城乡绿化……60

中国共产党环翠区委员会

综　述……61
概况……61
重要决策和部署……61
调查研究……62
重要会议……62
区委全体会议……62
区委常委会会议……62
区委重要工作会议……65
组织工作……66
概况……66
干部队伍建设……66
公务员管理……66
农村党建……66
社区运营创新……67
社区党建……67
“两新”组织党建……67
党员教育……68
党组织和党员队伍建设……68
人才工作……68
党性教育基地建设……69
宣传工作……69
概况……69
理论学习……69
理论研究与社科普及……69
理论宣讲……70
国内报道……70
国际传播……70
传播效能提升……70
统战工作……70
概况……70
民主党派工作……71
新的社会阶层人士统战工作……71
党外知识分子工作……71
民族宗教工作……72
机构编制工作……72
概况……72
机构编制调整……72
议事协调机构调整……73
机关职能运行考核……73
职责边界梳理……73
事业单位监督管理……73
用编进人计划……73
区直机关党建……73
概况……73
机关政治建设……74
机关思想建设……74
机关组织建设……74
机关作风建设……75
机关文化建设……75
老干部工作……75

概况……75
离退休干部党组织建设……75
老干部服务管理……76
老干部作用发挥……76
文化养老……76
老干部休养所……76
党史编研……77
概况……77
《铭记——抗美援朝中的环翠儿女》出版……77
党史宣传教育……77
红色资源挖掘……77
全省党史科研成果评选……77
党校教育……77
概况……77
基层干部培训……77
理论宣讲……78
科研咨政……78
教学管理……78
“青年教师培养”项目……79
“吹哨报到”机制探索……79
新校舍建设……79
台港澳事务……79
概况……79
强化服务与增进共识……79
台港澳同胞交流活动……79
第二届海峡两岸（威海）棒球赛……80
姊妹学校共建……80
侨　务……80
概况……80
侨务资源涵养……80
侨眷侨属服务……80
侨法宣传……81
目标管理考核……81
概况……81
市级考核……81
区级考核……81

环翠区人民代表大会

综　述……82
概况……82
常委会建设……82
人事任免……82
代表工作……83
重要会议……84
威海市环翠区第十九届人民代表大会第二次会议……84
区人大常委会会议……84
视察调研与立法调研……86
专题调研……86
专项视察……87
立法调研……87
执法检查……88
停车管理和服务执法检查……88
特种设备安全执法检查……88
税收征管执法检查……88
养老服务执法检查……88
依法监督……88
司法监督……88
规范性文件备案审查……88
经济监督……88
审计监督……89
财税监督……89
国有资产管理监督……90
专题询问……90
代表建议……90
概况……90
代表重要建议摘编……92
代表建议办理……92
专门委员会工作……92
财政经济委员会……92
监察和司法委员会……93
教育科学文化卫生委员会……93
农村城建环保委员会……93
社会建设委员会……93

环翠区人民政府

综　述……94
概况……94
重要决策和部署……94
为民办实事……95
政务公开……95
政务信息……95
政务调研……95

重要会议……96
区政府全体会议……96
区政府常务会议……96
区政府重要工作会议……97
营商环境优化……97
概况……97
组建营商环境专班……97
服务市场主体……98
“一件事一次办”……98
进一次门查多项事……98
助企纾困解难提效……98
市场准入一码通办……98
建筑施工许可九证合一……98
办税质效持续优化……99
知识产权审判改革……99
涉企案执行力度加大……99
大数据建设与发展……99
概况……99
数字政府建设……99
公共服务数字化提升……99
“无证明城市”建设……99
智慧社区建设……100
政府门户网站运行……100
数据要素价值释放……100
数字底座夯实……100
行政审批服务……100
概况……100
优化集成式服务……100
“无证明大厅”建设……100
基层政务服务升级……101
企业开办模式创新……101
公共场所卫生许可服务下沉……101
食品经营领域信用审批……101
人事人才工作……101
概况……101
事业单位公开招聘……102
事业单位年报统计……102
事业单位年度考核……102
管理岗位职员等级晋升……102
职称评审……102
工资调整……102
津贴补贴规范……102
年度考核奖核定……102
一次性绩效工资核发……102
工资年报统计……102
评比达标表彰……102
“智慧人社”一体化建设……102
编外人员管理……103
人才项目申报……103
博士后工作……103
高层次人才活动……103
退役军人事务……103
概况……103
服务保障体系建设……103
志愿服务……104
就业创业扶持……104
拥军氛围营造……104
思想教育和权益维护……104
“荣军联盟”打造……104
优秀退役军人服务站及优秀退役军人……104
外事工作……104
概况……104
因公出国管理……105
国际化语言环境建设……105
友好城区交流互通……105
信访工作……105
概况……105
矛盾排查……105
积案化解……105
信访“一案一卷”……105
领导接访……105
信访基础业务建设……105
信访复查……105
基层信访治理……105
信访法治化建设……106
应急管理……106
概况……106
安全生产责任落实……106
重大事故隐患排查整治……106
重点行业领域专项整治……106
安全生产执法……106
安全生产体系建设……107
应急指挥中心迁址……107
应急预案体系建设……107
应急力量建设……107
应急物资储备……107

防灾减灾联动 ……107
防汛防台风 ……107
森林防灭火 ……108
安全宣传教育 ……108
消防安全责任落实 ……108
消防隐患排查整治 ……108
消防安全宣传培训 ……108
消防执勤备战 ……109
消防经费保障 ……109
机关事务服务 ……109
概况 ……109
标准化信息化示范单位创建 ……109
公务用车管理 ……109
办公用房管理 ……109
节约型机关建设 ……110
保障能力建设 ……110
里口山管理服务中心 ……110
概况 ……110
党组织建设 ……110
党员队伍建设 ……111
党风廉政建设 ……111
招商引资与项目建设 ……111
基础设施改造 ……111
数字景区建设 ……111
里口山民宿品牌提升 ……112
社会事业 ……112
基层治理 ……112
志愿服务活动 ……112
安全生产 ……112
应急救援队伍建设 ……112
里口山乡村音乐节 ……112
王家疃获批全国乡村治理示范村 ……112

中国人民政治协商会议环翠区委员会

综　述 ……113
概况 ……113
委员主体作用发挥 ……113
协商平台建设 ……113
主题教育活动 ……113
重要会议 ……114
中国人民政治协商会议第十五届威海市环翠区委员会第二次会议 ……114
政协常委会会议 ……114
政治协商 ……114
概况 ……114
专题协商 ……115
界别协商 ……115
对口协商 ……115
民主监督与参政议政 ……116
概况 ……116
调研视察督导 ……116
专题议政 ……116
政协提案 ……116
提案办理 ……116
优秀提案摘编 ……117
专门委员会 ……119
文史和学习委员会 ……119
经济教科卫体委员会 ……119
三胞联谊委员会 ……119
学习提案法制委员会 ……119
农业和农村委员会 ……119

中国共产党环翠区纪律检查委员会　环翠区监察委员会

综　述 ……120
概况 ……120
派驻机构建设 ……120
纪检监察队伍建设 ……120
重要会议 ……120
中共威海市环翠区纪委十六届三次全体会议 ……120
环翠区党风廉政警示教育大会 ……120
环翠区国企领域专题警示教育大会 ……121
首次监察官宪法宣誓仪式 ……121
区纪委常委会会议 ……121
纪律检查和案件审理 ……122
概况 ……122
信访举报办理 ……122
腐败案件查处 ……122
扫黑除恶 ……122
“跟进式”警示教育 ……122
“关怀式”帮扶教育 ……122

“暖心式”回访教育 ……122
党风政风监督 ……123
概况 ……123
政治监督 ……123
落实中央八项规定精神和纠治“四风” ……123
党内监督 ……123
整治群众身边腐败和不正之风 ……123
巡察工作 ……123
概况 ……123
第二轮巡察 ……123
第三轮巡察 ……123
第四轮巡察 ……123
廉洁宣传教育 ……124
概况 ……124
警示教育 ……124
“清廉之角”建设 ……124
清廉商圈建设 ……124

民主党派与工商联

综　述 ……125
概况 ……125
基层组织建设 ……125
思想政治建设 ……125
履职能力建设 ……125
社会服务 ……125
中国国民党革命委员会威海市环翠区支部委员会 ……125
概况 ……125
参政议政 ……126
组织建设 ……126
思想建设 ……126
社会服务 ……126
中国民主同盟威海市环翠区支部委员会 ……126
概况 ……126
参政议政 ……127
组织建设 ……127
思想建设 ……127
社会服务 ……127
中国民主建国会威海市环翠区总支部委员会 ……127
概况 ……127
参政议政 ……127
思想组织建设 ……127
社会服务 ……127
中国民主促进会威海市环翠区支部委员会 ……128
概况 ……128
参政议政 ……128
思想组织建设 ……128
社会服务 ……128
中国农工民主党威海市环翠区支部委员会 ……128
概况 ……128
思想组织建设 ……128
参政议政 ……129
社会服务 ……129
中国致公党威海市环翠区支部委员会 ……129
概况 ……129
参政议政 ……129
思想组织建设 ……129
社会服务 ……129
走访调研 ……130
九三学社威海市环翠区支社 ……130
概况 ……130
参政议政 ……130
思想建设 ……130
社会服务 ……130
环翠区工商业联合会 ……131
概况 ……131
政治引领 ……131
参政议政 ……131
招商引资 ……131
会员服务 ……131
民营企业家培训 ……132
公益事业 ……132

群众团体

环翠区总工会 ……133
概况 ……133
基层工会组织建设 ……133
和谐劳动关系建设 ……134
环翠区工会第十六次代表大会 ……134
争先创优 ……134
创新工作室打造 ……138
职工技能培训与劳动竞赛 ……138
岗位创新创效 ……138

创新技术对接转化服务 ……138
职工教育与文体活动 ……138
产业工人队伍建设改革 ……139
安全生产 ……139
帮扶服务 ……139
工友创业园打造 ……139
户外劳动者服务站点打造 ……140
工人文化宫 ……140
中国共产主义青年团环翠区委员会 ……140
概况 ……140
青年发展友好型城区建设 ……140
“特种兵”环翠游保险 ……140
基层共青团组织建设 ……140
大学生实践活动 ……141
志愿服务 ……141
青少年权益维护 ……142
环翠区妇女联合会 ……142
概况 ……142
基层妇女组织建设 ……142
“厚德环翠 美在我家”品牌建设 ……142
家风家教宣传引领 ……142
家庭教育 ……143
巾帼创业就业 ……143
服务品牌打造 ……143
儿童友好城区创建 ……143
婚姻家庭辅导 ……144
巾帼关爱 ……144
环翠区科学技术协会 ……144
概况 ……144
科技人才服务 ……144
科普基地建设 ……144
乡村振兴科普惠农行动 ……145
全国科普日活动 ……145
亮点典型推荐 ……145
环翠区文学艺术界联合会 ……145
概况 ……145
群团建设 ……145
文艺精品成果 ……145
“我们的中国梦——文化进万家”活动 ……146
《环翠文艺》编辑 ……146
中国国际贸易促进委员会威海市环翠区委员会 ……146
概况 ……146
招商引资 ……146
会展经济 ……146
原产地签证认证优化服务 ……147
营商环境提升 ……147
商事法律服务 ……147
环翠区残疾人联合会 ……147
概况 ……147
残疾人保障 ……147
残疾人康复 ……147
残疾人就业 ……148
残疾人权益 ……148
活动扶残 ……148
持证残疾人基本状况调查 ……148
环翠区红十字会 ……148
概况 ……148
基层组织建设 ……149
培训基地打造 ……149
应急救护宣传与培训 ……149
筹捐救助 ……149
造血干细胞捐献 ……149

法 治

政法委与综治 ……150
概况 ……150
平安环翠建设 ……150
《中国共产党政法工作条例》贯彻落实 ……150
基层治理宣传 ……151
市域社会治理 ……151
一站式矛盾纠纷多元化解 ……151
社会稳定风险评估 ……151
扫黑除恶 ……151
反邪教警示教育 ……151
“送法进企业、纾困助发展”走访活动 ……151
司法体制改革 ……152
执法司法规范化建设 ……152
“涉法涉诉信访攻坚化解”专项行动 ……152
法学会工作 ……152
法治政府建设 ……152
概况 ……152
法治政府示范创建 ……152
行政复议与行政应诉 ……153
规范行政决策 ……153

行政执法监督 ……153
矛盾纠纷多元化解 ……153
法治化营商环境 ……154
法治宣传教育 ……154
公　安 ……154
概况 ……154
打击违法犯罪 ……154
警务机制创新 ……155
基础警务 ……155
“创安创满” ……155
低空警务 ……155
社会治安管理 ……155
旅游警务 ……156
警队建设 ……156
检　察 ……156
概况 ……156
刑事检察 ……156
刑事执行监督 ……157
民事检察 ……157
行政检察 ……157
公益诉讼检察 ……157
未成年人检察 ……157
数字检察 ……157
法治化营商环境 ……157
基层矛盾化解 ……157
社会治理现代化 ……158
联合监督机制 ……158
队伍建设 ……158
法　院 ……158
概况 ……158
刑事审判 ……158
民事审判 ……158
商事审判 ……158
行政审判 ……159
风险化解 ……159
执行工作 ……159
诉讼服务 ……159
多元解纷 ……159
未成年人教育保护 ……159
队伍建设 ……160
司法行政 ……160
概况 ……160
基层法律服务 ……160
社区矫正与安置帮教 ……160
远程提审会见 ……160
普法宣教 ……160
人民调解 ……161
律师工作 ……161
公证工作 ……162
法律援助 ……162
司法鉴定 ……162

军　事

区人民武装部 ……163
概况 ……163
思想政治建设 ……163
兵员征集 ……163
民兵组织整顿 ……164
基层达标建设 ……164
双拥工作 ……164
双拥模范城创建 ……164
军民共建 ……164
拥军优属 ……164
拥政爱民 ……165
优抚褒扬 ……165
人民防空 ……165
概况 ……165
人防应急建设 ……165
人防宣传教育 ……165

经济管理

宏观经济管理 ……166
概况 ……166
绿色低碳高质量发展 ……166
黄河流域生态保护和高质量发展 ……166
服务业高质量发展 ……166
共同富裕先行示范区打造 ……166
重点产业项目建设 ……167
无偿资金争取 ……167
创新平台争创 ……167
对口支援和东西部协作 ……167
省级县域经济高质量发展先进县 ……167

国有资产监督管理 …………………………167
概况 …………………………167
国企资本运作优化 …………………………167
国企风险管控 …………………………169
国企增资 …………………………169
行政事业单位资产管理 …………………………169
国资国企监管 …………………………169
国企党组织建设 …………………………169
国企安全生产 …………………………170
财　政 …………………………170
概况 …………………………170
政策助力区域经济发展 …………………………170
财源建设 …………………………170
保障和改善民生 …………………………171
政府债务管理 …………………………171
财政预算绩效管理 …………………………171
财政体制改革 …………………………171
财政监督管理 …………………………171
财政专业技能培训 …………………………171
税　务 …………………………172
概况 …………………………172
改革试点攻坚破难 …………………………172
和谐征纳关系 …………………………172
工作机制创新 …………………………173
智慧办税 …………………………173
税费争议化解 …………………………173
税源监管 …………………………173
联动治税 …………………………174
审计监督 …………………………174
概况 …………………………174
领导干部经济责任审计 …………………………174
预算执行审计 …………………………174
自然资源资产审计 …………………………174
政府投资审计 …………………………174
大数据审计 …………………………175
审计整改 …………………………175
内部审计 …………………………175
统计管理 …………………………175
概况 …………………………175
第五次全国经济普查清查工作 …………………………175
统计服务 …………………………175
山东省1%人口抽样调查 …………………………175
基本单位名录库建设 …………………………176
统计业务培训 …………………………176
统计执法检查 …………………………176
统计法规宣传 …………………………176
市场监督管理 …………………………176
概况 …………………………176
市场监管执法 …………………………176
食品药品安全监管 …………………………177
知识产权工作 …………………………177
商标管理 …………………………177
商品交易市场监管 …………………………177
涉旅消费纠纷处置 …………………………177
旅游市场监管 …………………………177
特种设备安全管理 …………………………178
质量监督管理 …………………………178
价格管理 …………………………178
概况 …………………………178
价格监测 …………………………179
收费管理 …………………………179
价格认定 …………………………179
价格投诉举报处理 …………………………179
明码标价宣传 …………………………179
社会信用建设 …………………………179
概况 …………………………179
“诚信大数据智慧平台”建设 …………………………179
信用应用与监管 …………………………179
“两书同达”工作机制 …………………………180
“信用+”社会治理模式 …………………………180
环翠区首届美德诚信模范典型表彰 …………………………180
环翠区首家“信用超市”揭牌运营 …………………………181
国家级标准化试点通过验收 …………………………181
“信易+”应用典型案例入选国家级应用典型案例 …………………………181
自然资源管理 …………………………181
概况 …………………………181
建设用地管理 …………………………181
土地供应和利用 …………………………181
耕地保护 …………………………181
执法监察 …………………………181
国土变更调查 …………………………182
地籍调查工作示范点建设 …………………………182
地质矿产治理 …………………………182
测绘管理 …………………………182
历史遗留问题化解 …………………………182

政策法规宣传 ……182

海洋发展

综　述 ……183
概况 ……183
海洋发展专题会议 ……183
海洋电子信息和智能装备产业发展三年行动计划 ……183
远遥浅海科技湾区建设 ……184
威海海洋科技馆开馆 ……184
海洋经济 ……185
概况 ……185
海洋第一产业 ……185
海洋第二产业 ……185
海洋第三产业 ……185
海洋渔业 ……185
概况 ……185
海水养殖 ……185
海洋种业 ……185
远洋渔业 ……186
渔业品牌打造 ……186
海洋牧场建设 ……186
双岛湾海洋牧场服务平台建成 ……186
海洋科技 ……186
概况 ……186
国家海洋综合试验场（威海）建设 ……186
校地合作 ……187
海洋新兴产业 ……187
涉海企业科技发展 ……187
渔业技术推广 ……187
海域海岛管理 ……187
概况 ……187
自然岸线监管 ……187
海洋生态修复 ……188
海岛管理 ……188
海域动态监管 ……188
海域岸线执法巡查 ……188
渔业管理 ……188
概况 ……188
渔政管理 ……188
伏季休渔 ……188
涉外渔船管理 ……189
渔业安全生产 ……189
水产品质量监管 ……189
水生动物病害测报 ……189
渔业资源修复 ……189
外来入侵物种普查 ……189

农　业

综　述 ……190
概况 ……190
农业保险 ……190
农产品质量安全检测 ……190
农业综合执法 ……190
农技服务与示范推广 ……190
种植业 ……191
概况 ……191
粮食综合生产能力提升 ……191
农业植物检疫 ……191
小麦病虫害防治 ……191
测土配方施肥 ……191
果　业 ……191
概况 ……191
果园现代化建设 ……191
国家农业技术集成创新中心示范基地 ……192
苹果矮砧轻简集约栽培 ……192
畜牧业 ……192
概况 ……192
畜牧业发展 ……192
生猪稳产保供 ……193
畜产品质量安全监管 ……193
养殖污染整治 ……193
动物疫病防控 ……193
非洲猪瘟防控 ……193
人兽共患病防控 ……193
动物诊疗机构管理 ……194
动物及动物产品检疫 ……194
病死畜禽无害化处理 ……194
无疫区维护 ……194
农业产业化 ……194
概况 ……194
农业龙头企业 ……194
绿色食品认证 ……195

品牌农业建设 ……195
现代农业发展 ……195
农机管理 ……196
概况 ……196
农机安全整治 ……196
农机购置补贴发放 ……196
农机人员培训 ……196

工　业

综　述 ……197
概况 ……197
“4+3”制造业产业集群建设 ……197
数字经济发展 ……197
环翠区获评山东省数字经济“晨星工厂”试点县（市、区） ……198
5G基站建设 ……199
重点企业发展 ……199
技术创新 ……204
创新平台建设 ……204
智能制造和数字化车间 ……205
绿色发展 ……205
新材料产业 ……206
概况 ……206
新元化学（山东）股份有限公司被认定为国家级专精特新“小巨人”企业 ……206
威海海鑫新材料有限公司被认定为国家级专精特新“小巨人”企业 ……206
重点企业简介 ……206
高端装备制造产业 ……207
概况 ……207
威海广泰空港设备股份有限公司拓展廊桥业务板块 ……207
威海中远海运重工科技有限公司获得全球首张中国船级社船用产品试验证书 ……207
重点企业简介 ……208
生物医药产业 ……208
概况 ……208
重点企业简介 ……208
新一代信息技术产业 ……209
概况 ……209
重点企业简介 ……209
纺织服装产业 ……210
概况 ……210
重点企业简介 ……210
食品制造产业 ……210
概况 ……210
重点企业简介 ……210
钓具产业 ……211
概况 ……211
重点企业简介 ……211

建筑业

建筑行业监管 ……212
概况 ……212
建筑市场管理 ……212
建筑用工管理 ……212
建筑企业服务管理 ……212
安全生产 ……213
建筑施工管理 ……213
概况 ……213
优质工程创建 ……213
工程招投标管理 ……213
工地环境管理 ……213
工程质量管理 ……213
建材质量监管 ……213
混凝土搅拌企业管理 ……214
消防管理 ……214
绿色建筑推广 ……214
新技术应用推广 ……214
勘察设计 ……214
概况 ……214
勘察设计行业管理 ……214
全过程数字化图纸闭环管理 ……214
重点建筑企业 ……215
威海市鸿安建筑集团股份有限公司 ……215
华东岩土工程集团有限公司 ……215
重点工程项目 ……215
栖霞街及周边地区综合整治项目一期（北区）项目 ……215
城投海滨路项目 ……215
威海老港区城市更新改造项目 ……215

商贸服务业

综　述 ……216
概况 ……216
商贸业态提档升级 ……216
商贸流通主体壮大 ……216
消费复苏行动 ……216
特色商圈 ……216
“老字号”企业 ……217
安全生产 ……217
成品油监督管理 ……217
特色商业街区发展 ……217
电子商务 ……217
概况 ……217
渔具电商产业带打造 ……217
品牌建设 ……218
物流业 ……218
概况 ……218
丰航物流园 ……218
家家悦威海物流中心 ……218
威高物流园 ……218
楼宇经济 ……218
概况 ……218
楼宇联盟服务中心成立 ……218
楼宇经济政策扶持 ……219
税收过千万楼宇 ……219
住宿餐饮 ……221
概况 ……221
餐饮行业服务 ……221
民宿业品牌化聚集化发展 ……221
星级民宿管理 ……222

金融业

综　述 ……223
概况 ……223
普惠金融 ……223
企业上市 ……223
金融监管 ……223
概况 ……223
分级分类监管 ……224
非法集资排查整治 ……224
“无非法集资”社区（村居）创建 ……224
防范非法集资宣传 ……224
金融服务 ……224
概况 ……224
金融辅导 ……225
人才服务 ……225
资本市场发展 ……225
银　行 ……225
概况 ……225
中国银行股份有限公司威海环翠支行 ……225
中国农业银行股份有限公司威海环翠支行 ……225
中国工商银行股份有限公司威海环翠支行 ……225
中国建设银行股份有限公司威海环翠支行 ……226
交通银行股份有限公司威海环翠支行 ……226
威海市商业银行股份有限公司 ……226
保　险 ……226
概况 ……226
中国人民财产保险股份有限公司威海市分公司 ……226
中国太平洋财产保险股份有限公司威海中心支公司 ……226
中国人寿保险股份有限公司威海分公司 ……226
证　券 ……226
概况 ……226
中泰证券股份有限公司威海分公司 ……226
海通证券股份有限公司威海高山街证券营业部 ……226
中国中金财富证券有限公司威海青岛北路证券营业部 ……226
融资担保公司与小额贷款公司 ……227
概况 ……227
威海齐东融资担保有限公司 ……227
威海市环翠区宏源小额贷款有限公司 ……227
威海市环翠区信元小额贷款有限公司 ……227
威海齐东小额贷款有限公司 ……227

旅游业

综　述 ……228
概况 ……228
山东省文旅康养强县创建 ……228
旅游资源普查 ……228

旅游项目建设 ……228
概况 ……228
项目招引与建设 ……228
AAA级及以上旅游景区创建 ……229
乡村旅游提档升级 ……229
精品旅游线路打造 ……230
旅游宣传推广 ……230
概况 ……230
媒体宣传 ……230
主题活动 ……230
“引客入威”计划 ……231
旅游管理 ……231
概况 ……231
旅游业发展“四大提升行动” ……231
投诉处理机制优化 ……231
旅游资源 ……232
概况 ……232
华夏城景区 ……232
仙姑顶景区 ……232
海滨生态公园风情带·“侨乡号”游轮 ……233
里口山风景名胜区 ……233
半月湾风景区 ……233
羊亭河湿地公园 ……233
威海市裕红祥丝绸文化博物馆 ……233
威海海洋科技馆 ……233
威海东南乡景区 ……234

开放型经济

对外国及中国港澳台地区贸易 ……235
概况 ……235
出口市场结构 ……235
市场开拓 ……235
服务贸易主体培育 ……235
贸易促进 ……235
吸收外国及中国港澳台地区投资 ……236
概况 ……236
投资情况调查 ……236
项目引进 ……236
国际经济合作 ……237
概况 ……237
境外承包 ……237
境外投资 ……237
国内经济合作 ……238
概况 ……238
合作考察 ……238
内资项目引进 ……239
招大引强 ……240

城市建设

城市规划 ……241
概况 ……241
六地块控规调整方案审议通过 ……241
重点工程规划与审批 ……242
城乡规划审批管理 ……242
城市更新 ……242
概况 ……242
物业服务提质增效 ……242
老旧小区改造 ……242
棚户区改造 ……243
城市更新样板片区 ……243
房地产开发与管理 ……243
概况 ……243
房地产行业管理 ……243
保交楼工作 ……243
市政基础设施建设 ……243
概况 ……243
市政道路建设改造 ……244
道路微改造 ……244
市政设施管护 ……244
桥梁维护管理 ……244
城市路灯管理 ……244
城市防汛 ……245
市政案件处理 ……245
公路交通 ……245
概况 ……245
农村公路改造 ……245
旅游公路提升 ……245
农村公路防护 ……245
环山快速路建设 ……245
无偿资金争取 ……246
招引项目落地 ……246
铁路沿线环境整治 ……246

交通安全专项行动 ……246
全省旅游公路建设现场会 ……246
交通强国建设试点 ……246
海峰路西延工程完工 ……246
城市管理 ……246
概况 ……246
市容市貌精细化管理 ……246
特色街区和露天市场管理 ……247
清雪防滑 ……247
停车管理和服务 ……247
违法建设治理 ……247
电动自行车综合治理 ……247
建筑噪声整治 ……248
餐饮油烟整治 ……248
扬尘和乱倒垃圾治理 ……248
“三线”环境综合整治 ……248
城乡环卫一体化管理 ……248
数字城管运行 ……248
智慧城管AI平台建设 ……249
行政执法规范化建设 ……249
执法案件审核 ……249
行政执法培训 ……249
便民服务 ……249
园林绿化 ……249
概况 ……249
道路绿化建设 ……249
精品游园建设 ……250
游园养护管理 ……250
绿地养护管理 ……250
绿化景观亮化 ……250
绿地开放共享 ……250
监督考核机制 ……250
环境卫生 ……250
概况 ……250
道路保洁 ……250
垃圾清运 ……251
公厕管护 ……251
垃圾分类 ……251
垃圾分类宣教基地 ……251

乡村振兴

农村改革 ……252
概况 ……252
农村基本经营制度完善 ……252
农村财务审计与集体资产管理 ……252
新型农民经济组织建设 ……252
农村集体经济发展 ……252
集体资产权属归位国家级试点 ……253
乡村产业发展 ……253
概况 ……253
乡村振兴样板片区建设 ……253
产业融合发展 ……253
旅游与休闲农业 ……254
现代农业经营体系 ……254
农产品加工高质量发展先行县 ……254
乡村建设 ……255
概况 ……255
“两清三化”行动 ……255
农村人居环境整治 ……255
和美乡村建设 ……255
新型城镇化和城乡融合发展 ……255
农村基础设施建设 ……255
农村危房改造 ……255
农村改厕 ……256
乡村治理 ……256
概况 ……256
农村党组织建设 ……256
人才队伍建设 ……256
乡村文化建设 ……256
省级农村“信用+”试点 ……256
王家疃入选全国乡村治理示范村 ……257
省级乡村振兴示范镇（村） ……257
脱贫攻坚成果巩固拓展 ……257
概况 ……257
防返贫动态监测 ……257
帮扶政策落实 ……258
省内协作帮扶 ……258
衔接资金项目实施 ……258

生态环境保护

环境状况与综合治理 ……259
概况 ……259
区生态环境委员会工作会议 ……259
大气污染防治 ……259

水污染防治 ……259
噪声污染防治 ……260
农村水环境治理 ……260
土壤污染防治 ……260
项目审批与管理 ……260
固体废物与辐射管理 ……260
生态环境执法 ……261
应急预案编制与演练 ……261
生态环境保护督察 ……261
环境保护宣传教育 ……261
水资源保护 ……262
概况 ……262
水利项目建设 ……262
农村饮水安全 ……262
农村水质提升 ……262
水旱灾害防御 ……262
水资源管理 ……262
水利移民保障 ……263
河湖湾管理 ……263
概况 ……263
总河长会议 ……263
河湖湾长调整 ……264
河湖规划编制 ……264
河湖湾长巡查 ……264
河湖湾清“四乱” ……264
美丽幸福河湖建设 ……264
“河清海晏”行动 ……264
河湖治理经验推广 ……264
上级反馈问题整改 ……264
森林资源保护 ……265
概况 ……265
林业有害生物防治 ……265
花境职业技能竞赛 ……265
威海市森林防火现场会 ……265
植树造林 ……265
林长制工作改革 ……266
森林草原湿地调查 ……266
古树名木保护 ……266
野生动物保护 ……267
森林防火 ……267
节能减排 ……267
概况 ……267
能耗“双控”管理 ……267
“双碳”战略实施 ……267
清洁能源推广 ……267
公共机构节能减排 ……267
节能减排宣传活动 ……267

科学技术

综　述 ……268
概况 ……268
《环翠区关于推进科技创新的扶持意见》修改 …268
《环翠区关于优化提升威海创新园的扶持意见》修改 ……268
科技计划 ……268
科技成果 ……270
科研开发服务体系 ……271
概况 ……271
创新平台建设 ……271
威海创新园优化提升 ……274
科技企业孵化载体建设 ……274
国家级科技企业孵化器 ……274
孵化载体活动 ……274
科技交流与合作 ……275
概况 ……275
科技人才 ……275
“智汇环翠”国际创新创业大赛暨海外高层次人才项目对接会 ……275
政产学研协同创新 ……275
膜产业技术创新合作大会 ……276
航天防务通信与协同探测技术论坛 ……276
高新技术产业发展 ……276
概况 ……276
科技型企业培育 ……276
高新技术企业 ……277
国家科技型中小企业 ……278
高科技企业发展扶持 ……281

教　育

综　述 ……282
概况 ……282
教育经费 ……283

校园改造建设 ……284
教育资助 ……284
招生考试 ……284
“平安校园”建设 ……284
教育督导 ……284
教师队伍建设 ……284
概况 ……284
“内涵提升三年行动计划”推进 ……284
名师工作室建设 ……285
教学能力提升活动 ……285
师德师风建设 ……285
教师招聘 ……285
职称评聘及竞聘上岗 ……285
城乡教师交流轮岗 ……285
基础教育 ……286
概况 ……286
学前教育 ……286
中小学教学 ……286
“五育并举”融合发展 ……286
中小学课后服务 ……287
乡村教育振兴 ……287
心理健康教育 ……287
特殊教育 ……288
信息化建设 ……288
教育科研 ……288
民办教育 ……288
概况 ……288
校外培训机构监管 ……288
“平安消费”专项行动 ……288
职业教育 ……289
概况 ……289
中职学校办学条件达标 ……289
威海市海诚商业学校 ……289
威海市常春藤外国语学校 ……289

文　化

综　述 ……290
概况 ……290
公共文化服务体系建设 ……290
环翠区公共文化服务中心投入使用 ……291
非物质文化遗产保护 ……291
文化创意产业 ……293
文化市场管理 ……294
文学艺术 ……294
概况 ……294
文学 ……294
京剧 ……294
音乐舞蹈 ……294
摄影 ……295
美术 ……295
书法 ……295
戏剧 ……295
曲艺 ……295
剪纸 ……295
群众文化 ……296
概况 ……296
2023中国（威海）合唱节暨环翠区第50届“5·23”歌咏会 ……296
半月湾国际沙滩音乐节 ……296
第33届广场纳凉晚会 ……296
第十一届社区文化节 ……297
文物保护 ……297
概况 ……297
文物保护修缮 ……298
“先考古、后出让”制度落实 ……298
媒　体 ……299
概况 ……299
典型栏目 ……299
对外宣传 ……299
新媒体发布 ……299
媒体融合产品化生产 ……300
基层治理线上平台搭建 ……300
大型活动承办及报道 ……300
地方志 ……300
概况 ……300
《环翠年鉴（2021）》获评第九届全国地方志优秀成果（年鉴类）“特等”奖 ……301
《环翠年鉴（2023）》出版 ……301
全省史志科研成果评选 ……301
中国名镇志《张村镇志》编修 ……301
基层志编修 ……301
档　案 ……301
概况 ……301
档案征集接收 ……301

档案安全保护 ……301
档案业务指导 ……301
档案信息化“六级联动”试点 ……302
档案编研成果 ……302
档案宣传 ……302
档案馆迁入新址 ……302
图 书 ……303
概况 ……303
区图书馆迁入新馆 ……303
图书馆总分馆网络体系建设 ……303
全民阅读 ……304

卫生健康

综 述 ……305
概况 ……305
机构调整 ……306
医疗质量管理 ……306
医养结合 ……306
人才队伍建设 ……307
群众满意度提升 ……307
医疗信息化建设 ……307
医疗统计 ……307
国家食品安全与营养健康综合试验区建设 ……307
医疗服务 ……308
概况 ……308
公立医院高质量发展 ……308
分级诊疗 ……308
公共卫生应急服务 ……308
慢性病管理 ……310
基层卫生 ……311
概况 ……311
基层医疗机构标准化建设 ……311
专家下村巡诊 ……311
家庭医生签约服务 ……311
城乡医药融合 ……311
健康教育 ……312
中医中药 ……312
概况 ……312
中医医院特色发展 ……312
基层中医药服务 ……312
中医药人才队伍建设 ……312
中医药文化推广 ……313
疾病防控 ……313
概况 ……313
省级消除结核病先行区建设 ……313
疾控中心标准化建设 ……313
公共卫生服务 ……313
传染病监测预警 ……313
传染病疫情报告管理 ……313
艾滋病防控 ……314
结核病防控 ……314
慢性病防控 ……314
寄生虫病防控 ……314
地方病防控 ……314
手足口病监测 ……314
致病菌识别网工作 ……314
病毒性腹泻监测 ……315
自然疫源性疾病监测 ……315
消毒与病媒生物监测 ……315
食品卫生监测 ……315
严重精神障碍患者管理服务 ……315
免疫规划 ……316
卫生监督 ……316
概况 ……316
食源性疾病多点触发监测预警 ……316
“综合监管一件事”省级试点 ……316
“住宿场所卫生保洁记录”省级试点 ……316
“放射工作人员证智慧化申报及电子证照应用”省级试点 ……316
医疗卫生监督 ……316
公共场所卫生监督 ……317
学校与饮用水卫生监督 ……317
计划生育监督 ……317
职业与放射卫生监督 ……317
“双随机、一公开”监督检查 ……317
政企交流 ……317
量化分级管理 ……318
妇幼保健 ……318
概况 ……318
妇幼健康服务 ……318
婴幼儿照护服务 ……318
生育政策落实 ……318
爱国卫生 ……319
概况 ……319

卫生单位创建 ……319
“健康环翠”行动 ……319

体　育

综　述 ……320
概况 ……320
青少年运动员培养 ……320
裁判员培养 ……320
山东省“冠军公益行”志愿服务 ……320
竞技体育 ……320
概况 ……320
足球、马术项目“市队县办” ……320
2023中国山地自行车公开赛（山东·环翠站） ……321
2023年威海铁人三项世界杯赛暨2023年中国·威海超级铁人三项系列赛 ……321
2023腾讯电竞运动会夏季总决赛·威海环翠站 ……321
特色项目进校园 ……322
群众体育 ……322
概况 ……322
2023“我要走”全国徒步联动日威海站活动 ……322
环翠区第十三届全民健身运动会 ……322
社区运动会 ……322
社会体育指导员培训 ……322
示范性群众健身活动 ……323
群众体育组织建设 ……323
体育产业 ……324
概况 ……324
体育彩票销售 ……324
省、市级体育产业基地项目 ……324

社会生活

居民生活 ……325
概况 ……325
收入与消费 ……325
物价 ……325
精神文明建设 ……325
概况 ……325
全国文明城市创建 ……325
文明实践 ……325
美德信用建设 ……326
就业创业 ……326
概况 ……326
就业创业政策扶持 ……326
零工市场建设 ……326
职业技能培训 ……327
技能人才培养 ……327
劳动者权益保护 ……327
商圈楼宇劳动争议调解委员会 ……327
农民工工资支付保障 ……328
工程建设领域诚信管理体系建设 ……328
社会保障 ……328
概况 ……328
养老保险 ……329
工伤保险 ……329
失业保险 ……329
医疗保险 ……329
生育保险政策调整 ……329
长期护理保险 ……330
保险基金监管 ……330
集采药品进基层 ……330
山东省医用耗材（骨科耗材）价格监测试点 ……330
医保服务中心建设 ……330
移动支付 ……330
住房保障 ……330
概况 ……330
公租房管理 ……331
农村适龄青年购房补贴 ……331
自建房管理 ……331
城市商品房租赁管理 ……331
直管公房管理 ……331
民　政 ……331
概况 ……331
困难群众救助 ……331
儿童保障和未成年人保护 ……332
养老服务 ……332
慈善救助 ……332
社会组织管理 ……333
基层社会治理 ……333
婚姻、收养登记 ……333
惠民殡葬 ……333

地名管理 ……………………………………………333
全省首批社会救助综合改革试验区 ……………333
全省示范性居家社区养老服务网络建设地区
创建 ……………………………………………334
社会治理 ……………………………………………334
概况 ……………………………………………334
“12345”政务服务便民热线办理 ……………334
网格化服务管理 …………………………………334
数字城管案件处置 ………………………………335
社会信息收集管理 ………………………………335
民族宗教 ……………………………………………335
概况 ……………………………………………335
铸牢中华民族共同体意识 ………………………335
民族宗教事务管理 ………………………………335
民族团结宣传教育 ………………………………336
宗教活动场所管理 ………………………………336

镇（街道）

环翠楼街道 …………………………………………337
概况 ……………………………………………337
党建工作 ………………………………………337
项目建设与楼宇经济 ……………………………338
栖霞街特色街区改造 ……………………………338
社会事业 ………………………………………338
基层治理 ………………………………………338
老旧小区改造 ……………………………………339
威高广场商圈工会户外劳动者服务站点入选
“全国最美工会户外劳动者服务站点” ……339
环翠楼街道获评省级“书香之乡” ……………339
竹岛街道 ……………………………………………339
概况 ……………………………………………339
党建工作 ………………………………………340
招商引资 ………………………………………340
项目建设与楼宇经济 ……………………………340
社会事业 ………………………………………341
基层治理 ………………………………………341
民生工程 ………………………………………341
利群商业中心项目落地 …………………………341
“四十大道”闲置楼宇盘活 ……………………342
老旧小区改造 ……………………………………342
鲸园街道 ……………………………………………342
概况 ……………………………………………342
党建工作 ………………………………………343
招商引资与楼宇经济 ……………………………343
项目建设 ………………………………………344
招才引智 ………………………………………344
社会事业 ………………………………………344
基层治理 ………………………………………344
民生实事 ………………………………………344
“一站五组”人大代表工作模式 ………………345
王家岭区域拆迁改造 ……………………………345
社区运营模式创新 ………………………………345
老旧小区物业市场化运作 ………………………345
干部队伍建设 ……………………………………345
孙家疃街道 …………………………………………346
概况 ……………………………………………346
党建工作 ………………………………………346
招商引资与项目建设 ……………………………347
社会事业 ………………………………………347
基层治理 ………………………………………347
民生实事 ………………………………………347
文旅产业发展 ……………………………………347
“海上枫桥工作法” ……………………………348
嵩山街道 ……………………………………………348
概况 ……………………………………………348
党建工作 ………………………………………349
项目建设与产业发展 ……………………………349
人才引进与校地合作 ……………………………350
民生实事 ………………………………………350
社会事业 ………………………………………350
基层治理 ………………………………………350
乡村振兴实践 ……………………………………350
文旅产业发展 ……………………………………350
滞迁户动迁 ………………………………………350
危楼拆除 ………………………………………351
安美适医疗器械生产基地项目建设 ……………351
张村镇 ………………………………………………351
概况 ……………………………………………351
党建工作 ………………………………………352
招商引资 ………………………………………352
项目建设 ………………………………………353
社会事业 ………………………………………353
基层治理 ………………………………………353
民生实事 ………………………………………354

基础设施建设 ……354
渔具电商产业 ……354
张村镇卫生院成立大五官诊疗区 ……354
威海广泰空港设备股份有限公司成为2023年（第七批）山东省制造业单项冠军企业 ……354
威海海鑫新材料有限公司成为第五批国家级专精特新“小巨人”企业 ……354
威海市铝深加工产业链绿色高质量发展会议暨魏桥（威海）铝精深加工产业园开园仪式举行 ……355
羊亭镇 ……355
概况 ……355
党建工作 ……356
招商引资 ……357
佰鸿未来科技产业园项目 ……357
项目建设 ……357
营商环境优化 ……357
民生实事 ……357
社会事业 ……358
基层治理 ……358
脱贫攻坚成果巩固拓展 ……359
青年发展及儿童友好型社区创建 ……359
环境治理 ……359
科技兴农 ……359
文旅产业发展 ……359
特色样板片区建设 ……360
山东省小城镇创新提升行动试点 ……360
温泉镇 ……360
概况 ……360
党建工作 ……362
招商引资与项目建设 ……362
社会事业 ……362
基层治理 ……363
基础设施建设 ……363
特色农业 ……363
乡村振兴实践 ……363
脱贫攻坚成果巩固拓展 ……364
生态环境保护 ……364
温泉康养产业 ……364
百马云仓设立韩国海外仓 ……364
桥头镇 ……364
概况 ……364
党建工作 ……366
招商引资与项目建设 ……366
社会事业 ……366
基层治理 ……367
民生工程 ……367
特色农业 ……367
乡村振兴实践 ……367
脱贫攻坚成果巩固拓展 ……367
环翠区中小学生综合实践基地开营 ……368
文化名片打造 ……368
喜盈门高端饮用水及数字化智能仓储中心项目 ……368
嘉士通食品加工项目 ……368

人物　荣誉

先进人物 ……369
“山东省劳动模范”及“山东省先进工作者” ……369
“二等功”获得者 ……369
省部级先进人物 ……369
市厅级先进人物 ……370
集体荣誉 ……375
2023年区委、区政府获得省部级表彰的荣誉称号 ……375
2023年区委、区政府获得市厅级表彰的荣誉称号 ……375
2023年部门（单位）获得省部级表彰的荣誉称号 ……376
2023年部门（单位）获得市厅级表彰的荣誉称号 ……376

附　录

重要文件目录 ……383
组织机构和负责人 ……386
统计资料 ……391
调研报告选登 ……397

索　引

主题词索引 ……406
图片索引 ……417
表格索引 ……420

专　　记

学习贯彻习近平新时代中国特色社会主义思想主题教育

自第二批学习贯彻习近平新时代中国特色社会主义思想主题教育开展以来，环翠区深入学习贯彻习近平总书记重要讲话和重要指示批示精神，认真贯彻落实中央部署要求，在省委主题教育第十巡回督导组和市委主题教育领导小组办公室的精心指导下，按照“学思想、强党性、重实践、建新功”的总要求，聚焦“凝心铸魂筑牢根本、锤炼品格强化忠诚、实干担当促进发展、践行宗旨为民造福、廉洁奉公树立新风”的具体目标，坚持更高标准、更严要求、更实措施，努力在以学铸魂、以学增智、以学正风、以学促干上取得实实在在的成效，为打造精致、幸福、充满活力的共同富裕先行示范区提供坚强保障。

一、提高政治站位，全力推动主题教育走深走实

习近平总书记强调，以县处级以上领导干部为重点在全党深入开展学习贯彻新时代中国特色社会主义思想主题教育，是贯彻落实党的二十大精神的重大举措，对于统一全党思想、解决党内存在的突出问题、始终保持党同人民群众血肉联系、推动党和国家事业发展具有重要意义。区委常委会坚持实的导向，把开展主题教育作为引导党员干部坚定理想信念、牢记初心使命、积极开拓进取、勇于担当作为的重大举措，紧紧围绕目标要求，全力抓好落实，深刻领悟“两个确立”的决定性意义，以实际行动把“两个维护”落到实处。

一是科学谋划系统推进。2023年8月以来，区委多次进行专题研究，为开展主题教育做好各项工作准备。区委常委会召开专题会议，深入学习中央和省委、市委关于主题教育文件精神，研究贯彻落实意见。召开全区学习贯彻习近平新时

2023年11月22日，环翠区学习贯彻习近平新时代中国特色社会主义思想主题教育工作推进会议召开　　（区融媒体中心　供图）

代中国特色社会主义思想主题教育工作会议，安排部署全区主题教育工作；研究制定关于在全区深入学习贯彻习近平新时代中国特色社会主义思想主题教育的《实施意见》，明确全区主题教育的总体要求、目标任务、重点措施，确保中央要求、省市部署落实到位。建立完善学习、问题、调研、创新举措“四张清单”，通过清单化推进、项目化实施，有机融合、一体推进理论学习、调查研究、推动发展、检视整改、建章立制等取得实效。

二是以上率下狠抓落实。区委常委会坚持以身作则，以更高标准、更严要求、更实举措开展主题教育。制定了区委常委会开展主题教育工作安排，对主题教育28项工作安排、11项主要活动，实行清单化推进、台账式管理。区委常委会建立《主题教育主要任务配档表》，带头抓好理论学习、调查研究、推动发展、检视整改、建章立制等各项工作，为各级各部门做出表率，推动形成了一级带动一级学、一级带着一级干的生动局面。区人大常委会、区政府、区政协党组及时跟进，抓实抓细抓好主题教育各项工作，推动全区主题教育走深走实。

三是压实责任强化督导。成立由区委书记任组长的主题教育领导小组，下设领导小组办公室，统筹谋划和协调推进全区主题教育工作开展。每月召开区委常委会暨区委主题教育领导小组会议，听取主题教育工作情况、整改整治工作进展情况汇报，研究解决重大问题。区委常委结合工作督促指导分管部门领域开展好主题教育。区委主题教育领导小组办公室主动下沉一线、深入基层，采取“一线工作法”，共68次下沉到各基层党组织，对各单位主题教育进行指导督导，有的放矢开展各项工作。将主题教育开展情况纳入巡视巡察、领导班子和领导干部年度考核、党组织书记抓党建述职评议考核的重要内容，推动责任落实到位。

二、聚焦主线任务，深学细悟精准把握理论精髓

习近平总书记指出，深化理论学习，用新时代中国特色社会主义思想凝心铸魂，把党员、干部的思想和行动统一到党中央决策部署上来，增强信心、提振精神。区委常委会以理论学习打头，坚持把理论学习作为首要任务并贯穿始终，大力弘扬马克思主义学风，坚持紧扣主线、精心谋划，坚持学思结合、互学互鉴，坚持端正学风、知行合一，坚持联系实际、立足岗位，持续做好深化、内化、转化工作，增进对党的创新理论的政治认同、思想认同、理论认同、情感认同，进一步坚定理想信念，筑牢政治忠诚。

一是精心组织读书班。区委举行了“学习领会习近平总书记关于主题教育系列重要讲话和重要指示批示精神，深刻把握好习近平新时代中国特色社会主义思想的世界观和方法论，坚持好、运用好贯彻其中的立场观点方法”“深入学习贯彻习近平总书记关于调查研究的重要论述和对山东工作的重要指示要求”“深入学习贯彻习近平总书记关于树立和践行正确政绩观的重要论述，完整准确全面贯彻新发展理念，正确理解和大力推进中国式现代化”“把党的伟大自我革命进行到底”4个专题读书班，县处级领导班子43名领导干部参加培训。将集中学习和个人自学相结合，精读细读中央指定的学习材料，深入学习习近平总书记对山东和威海工作的重要指示要求，及时学习领会习近平总书记最新重要讲话，学习运用“千万工程”“浦江经验”“枫桥经验”“四下基层”。区委常委会、区人大常委会党组、区政府党组、区政协党组分别召开4次理论学习中心组集体学习，开展专题研讨16场次，联系思想、工作实际和具体案例，讲认识感悟、讲收获体会、讲思路举措。同时外聘专家在全区开展“周末课堂”“周三夜校”等培训活动9场次。邀请中央党校教授系统阐释习近平新时代中国特色社会主义思想，引

2023年6月25日，党员在华夏城党员现场教学点学习

（嵩山街道　供图）

导党员干部准确把握中国式现代化理论。

二是扎实上好专题党课。区委主要负责人以“学懂弄通做实习近平总书记教给我们的方法论”为题，率先讲好专题党课，其他县处级领导班子成员结合学习体会和工作实际，赴镇街、农村、社区、企业等基层联系点及所在基层党支部集中讲党课，以讲促学、以讲促悟。同时组织县处级领导班子和领导干部赴胶东（威海）党性教育基地刘公岛教学区接受党性教育，重温光辉历史，传承红色基因，凝聚奋进力量；各基层党组织就近就便利用威海红色资源开展党性教育，增强了理论学习的实效性和感染力。

三是抓紧抓实个人自学。组织集体学习的同时，研究制定《关于在主题教育中抓紧抓实个人自学的通知》，督促党员干部认真制定个人自学计划，定好学习目标，分解落实好学习任务，发扬“挤”和“钻”的精神，静下心来、潜心学习，一篇一篇读、逐字逐句学，切实让理论学习入脑入心。在反复研读的基础上，结合工作进行反复揣摩，深刻理解其中的道理、学理、哲理，深刻把握科学的思想方法、工作方法和领导方法，实现学有所思、学有所悟。

四是抓好基层理论学习。制定印发了《关于深化主题教育理论学习的通知》，深化落实“第一议题”制度，跟进学习习近平总书记重要讲话精神。针对全区2万余名普通党员，抓实“三会一课”、主题党日等基本制度，组建4支由党校教师任组长的理论宣讲团，分机关、农村、社区、企业等领域筹备特色党课，为基层党员开展巡回宣讲。围绕抓细抓实各领域基层党组织和党员主题教育，对流动党员，建立“七个一”工作机制，打好“纳、管、学”组合拳，统筹公安、人社等部门力量，掌握底数、动态跟进；对老党员，逐个上门“家访”，将送学和问需相结合，增强归属感和参与度；对快递员、外卖小哥等新就业群体，依托党群服务中心建立流动党员学习点5个，通过就近结对、微信云访等方式，确保全覆盖，增强实效性，也让基层党员切实感受到了组织的关怀和温暖。

三、坚持实践导向，聚焦问题扎实开展调查研究

习近平总书记强调，要深入调查研究，组织广大党员、干部特别是各级领导干部扑下身子、沉到一线，深入农村、社区、企业、医院、学校、“两新”组织等基层单位，把脉问诊、解剖麻雀，进行问题梳理、难题排查，运用党的创新理论研究新情况、解决新问题。区委常委会严格落实“四下基层”制度，组织党员干部深入基层把问题找准、把对策提实。

一是深入基层解题。根据党中央和省委部署要求、市委确定的20个方面调研重点以及全区确定的22个方面调研重点，县处级领导班子和领导干部认领调研课题36个，聚焦产业发展、精致城市、经略海洋等最突出、最迫切的问题分头开展专题调研，形成大兴调研的浓厚氛围。调研期间，全区县处级领导干部采取“四不两直”等方式，深入基层、体察实情，召开专题会、座谈会27次，开展各类专题调研89次，县处级领导干部开展“四下基层”88次，同时将“12345”政务服务便民热线、“大接访”作为“送上门的调查研究”，收集解决实际问题152个，化解长期未解决信访积案86件。形成的涉海涉渔领域矛盾化解“海上枫桥工作法”获评全国新时代“枫桥经验”先进典型。

二是解剖典型案例。区委常委会围绕“妥善解决‘中华富强’轮理赔处置工作”“部分部门抓信访工作责任落实不到位，对信访问题化解不力问题”正反典型案例，进行深入剖析研讨。为做好案例分析，区委主要负责人带头召开专题会议，总结提炼正面典型案例的做法、经验和启示，梳理分析反面典型案例的性质、危害、原因、教训，研究提出改进提高的办法措施。实现了“解剖一个案例、解决一类问题”的效果，切实推动主题教育走深走实见长效。

三是强化工作统筹。抓好县处级领导班子调查研究环节的统筹调度，力戒形式主义和官僚主义，研究制定了《关于在全区大兴调查研究的实施方案》，确保调研目标精准、调研方式合理、时间安排得当、调研效果明显，严格落实调研联络员机制，严禁层层陪同、扎堆调研、多头调研、重复调研等情况，切实减轻了基层负担。

四是促进成果转化。把调研成果转化为解决问题的具体路径，高质量召开区委常委会调研成果交流暨典型案例剖析会，交流研讨调研成果，研究提出务实管用的对策措施，县处级领导干部制定的171项对策措施已全部转化落地。通过调查研究，广大党员干部主动走到群众中去，善听群众之言，善汲群众智慧，把人民群众的“金点子”吸纳到工作中去，让决策贴合民心，让举措落实有力。

四、围绕中心工作，真抓实干推动高质量发展

习近平总书记强调，要紧紧围绕高质量发展这个全面建设社会主义现代化国家的首要任务，以强化理论学习指导发展实践，以深化调

查研究推动解决发展难题，把学习和调研落实到完成党的二十大部署各项任务中去，以推动高质量发展的新成效检验主题教育成果。区委常委会坚持以学促干，积极担当作为，将主题教育总要求落实到促进发展、为民造福上，完整准确全面贯彻新发展理念，推动高质量发展。

一是树立和践行正确政绩观。发挥干部教育培训的作用，抓住领导干部这个重点，通过全区读书班、理论学习中心组集体学习研讨和区委书记讲党课等形式，教育引导干部从思想深处解决好“政绩为谁而树、树什么样的政绩、怎样树好政绩”的问题，着力解决群众满意度不高、推动高质量发展的能力本领不强、党建引领基层治理效能不高等问题。开展“实敢当”作风提升专项行动，建立健全分级攻坚推进、干部素质提升、重点工作察访等7项工作机制，持续加大正面激励和反面警示力度，评选“岗位先锋”典型人物60名，通报干部作风典型问题10起，查处违反中央八项规定精神问题24起36人、处分32人。今年以来提拔重用、职级晋升干部280余名，树立了重实干实绩的鲜明导向。

二是推动中心工作蹄疾步稳。紧紧围绕加快建设“共同富裕先行示范区”的目标任务，结合年度目标，将产业发展、满意度提升、科技创新、环翠城市更新三年行动、乡村振兴等全区重点工作任务，全部纳入主题教育任务清单，今年全区新签约落地项目35个，引进外资过千万、内资过亿元项目12个，重点项目年度投资完成率超过时序进度15个百分点，争创省级以上改革试点22个，全区高新技术产业产值比重达到82.1%，连续三年获评全省县域经济高质量发展先进县。同时扎实开展“我为发展献良策、解难题、建新功”系列活动，组织基层党组织和党员广泛听取诉求、建言献策，梳理各类群众诉求2000余项，支部党员分包认领、承诺践诺，营造了“实干实绩、敢打敢拼、担当善为”的良好氛围。

三是聚焦急难愁盼办好为民实事。扎实推进10大类76项重点为民实事，新建学校2所、幼儿园3所，开展居家养老服务提升项目惠及群众5万余人次，发放各类就业创业资金3800余万元，安置城乡公益性岗位767人、新增城镇就业4900人。高效推进“保交楼”工作，6个延期房地产项目顺利完工交付，得到了群众的一致好评。一系列实实在在的成果，进一步拉近了干群关系，群众的获得感、幸福感、满意度显著提升。

四是以高质量党建引领高质量发展。深入学习习近平总书记关于党的建设的重要思想的科学体系、丰富内涵、实践要求、重大意义，坚持围绕发展抓党建、抓好党建促发展。深化乡村共富党建联盟建设，试点推行村党组织“跨村联建”，探索“共富公司”“共富市集”等集体增收、村民增收的实现路径，相关经验做法得到省政府主要负责人批示肯定。深化“社区治理共同体”建设，做活“发展+治理”运营载体，实施社区商业繁荣、公益产品盘活、社会企业培育计划，引入103家社会主体参与共治，服务居民6.3万余人次。打造“威海红帆”社会组织实训中心，获评省级基层党建工作教学示范基地；新业态新就业群体党群服务中心，成为全市首家新业态新就业群体党建实训基地。圆满完成全省“新新向党”系统首批试点任务。

五、深入查摆问题，靶向施策全面抓好检视整改

习近平总书记强调，要坚持边学习、边对照、边检视、边整改，把问题整改贯穿主题教育始终，让人民群众切实感受到解决问题的实际成效。区委常委会坚持问题导向，把解决重点难点问题摆在突出位置，在解决真问题、真解决问题上出实招、见真章。

一是找准查实问题。紧紧围绕理论学习、政治素质、能力本领等“6个方面突出问题”，结合省委巡视反馈、领导班子民主生活会查摆、满意度入户遍访等，广泛收集基层意见建议，梳理上级反馈问题80余个，部门单位查摆问题120余个。经过梳理研判，最终确定将群众和市场主体“两个满意度”、城市基础设施配套、闲置楼宇等6大类、44个问题纳入了区级领导班子“问题清单”。对每一项纳入清单的问题，均由相关部门认领，制定具体措施132条，明确完成时限、责任分工，能改的马上改，一时解决不了的实行动态跟进、滚动销号。

二是深入开展专项整治。把专项整治作为检视整改的重要举措、衡量主题教育成效的重要标尺，紧盯全区长期没有解决的问题，将“乡村振兴样板片区提升”“老旧小区更新改造”两项工作确定为专项整治事项，与省委、市委确定的13项专项整治任务一体推进，由区委常委会逐个研究整治方案，逐个明确整改措施、牵头领导、责任单位、完成时限等，确保事事有人抓，件件有着落。其中，房屋产权确权颁证历史遗留问题，实行“一案一策、一案一档”，逐个研判突破，将涉及的36个项目、8759户居民全部销号化解，在全省领先、全市率先完成任务。涉法涉诉信访问题，通过运用案件评查、依法打击、依法终结等方式集中攻坚，化解了88件涉法涉诉信访案件。“半拉子工程”“形

象工程”“面子工程”问题，共梳理全区政府投资项目208个，将其中124个项目纳入全区重点项目台账进行重点监管。统计造假问题，对重点企业开展数据核查专项行动，累计核查各类企业885家，纠正相关问题64个。基层治理不良现象及不担当、不作为、慢作为、乱作为、假作为问题，开展实地察访100次，对7个问题立案审查，处分13人。区属及权属企业亏损、地方金融机构风险占比高问题，对全区相关国企逐家制定减亏方案，总亏损额较2022年减少2074万元；地方金融机构处置各类风险资产1760.42万元。关于农村集体“三资”侵占挪用问题，逐村建立了合同、资源、资产、债权、债务“五本台账”，梳理不规范合同1477份，债务、债权8415笔，镇街代管资金“一村一账户”完成率100%。城投债风险突出问题，将全区债务情况录入“山东省城投债务管理信息系统”，开展统计分析和风险监控，合理预判、及时化解偿付风险。政府拖欠账款问题，争取上级转移支付资金9.9亿元，将200余个项目资金全面纳入直达资金监控系统。旅游环境提升问题，制定了《环翠区旅游业高质量发展四大提升行动实施方案》，整合规划华夏城等21处景区景点，在半月湾等景区沿线建设停车场4处，规划停车位700余个、电动车停车位380个。海洋牧场建设问题，刘公岛项目于10月完成市级验收，安海公司海洋牧场服务平台项目已全部竣工。老旧小区更新改造问题，完成了8个老旧小区改造工作，受益居民5300余户，有效解决了老旧小区路面破损、雨污管网老化堵塞、公共活动场地不足等问题。针对地方领导班子和领导干部政绩观偏差问题，开展干部队伍建设专题调研，将干部政绩观表现纳入领导干部政治素质正负面清单。乡村振兴样板片区提升问题，委托第三方机构编制全区齐鲁样板建设规划，完成1家市级示范合作社、3家市级龙头企业、1家区级合作社、1家区级家庭农场示范创建。

三是全力化解信访矛盾。研究制定《关于开展区、镇街领导干部“大接访”活动的实施方案》，区委、区政府领导班子成员深入矛盾突出的镇街、村居，公开接访、重点约访、专题接访。共接待群众来访74批74人次。同时深入开展领导包案化解工作，区级领导共分包信访案件164件，逐案成立专班，压实化解责任，确保信访人息诉罢访、事心双解。

四是突出开展警示教育。用好身边典型案例，围绕今年查处的典型案件拍摄制作2部警示教育片，组织在全区范围内分批集中观看，切实发挥警示震慑作用。分级分类强化经常性纪律教育，紧盯“关键少数”，组织区级领导和各部门单位“一把手”观看警示教育片；紧盯年轻干部，组织170余名新提任党员干部、年轻科级干部参观威海廉政警示教育馆；紧盯重点领域，组织开展教育、医药、国企领域警示教育，推动区属国企开展以案促改专项整治，完善风险防控机制7项。推进新时代廉洁文化建设，新增“清廉之角”21处，擦亮“清廉环翠”特色廉洁文化品牌。

六、注重统筹兼顾，有力有序加强领导指导

区委常委会加强对全区主题教育的领导指导，区委主题教育领导小组及办公室认真履职尽责，紧扣主题教育总要求和目标任务，有力有效推动主题教育各项任务落到实处见到实效。

一是加强沟通协调。及时向省委主题教育第十巡回督导组和市委主题教育领导小组办公室请示汇报，了解掌握上级最新要求，主动接受工作指导。扎实做好上级下沉全区各单位调研指导的协调服务等工作。中央主题教育第九巡回指导组和省委主题教育第十巡回督导组分别来我区开展座谈、调研，对环翠区主题教育工作给予充分肯定，市级工作简报多次刊发环翠区经验做法。

二是加强过程督导。区级领导班子成员严格履行“一岗双责”，到分管的部门、镇街督导主题教育30余次。区委主题教育领导小组办公室采取座谈交流、暗访抽查等形式，先后46次下沉基层一线对主题教育开展成效进行动态评估，日常解答各部门单位问题120余次，推动全区各级党组织规定动作扎实到位、自选动作彰显特色，严防“低级红”“高级黑”。

三是加强宣传引导。坚持中央及省市区级媒体同向发力、线上线下同频共振，全方位开展主题教育宣传报道。先后在中央主要新闻媒体“人民网”刊发重要稿件5篇，省级重点媒体《大众日报》、山东新闻联播栏目报道我区主题教育案例，“齐鲁网”、闪电新闻客户端推出《威海环翠区：党建联盟聚合力 走好乡村振兴“共富路”》专题报道，《威海日报》等市级媒体推出环翠区主题教育报道13篇，全面呈现环翠区主题教育生动实践。

在肯定成绩的同时，区委常委会也清醒认识到，当前主题教育开展仍存在不平衡的问题：一是个别党员干部把理论学习作为阶段性任务，学习主动性不强、自学用力不足、研讨交流质量不高，对政治理论学习不够重视，没有深刻认识到习近平新时代中国特色社会主义思

想是一个完整系统的思想体系，必须全面了解，系统深入学习，才能掌握其中的核心要义，从而有效指导工作。二是主题教育与中心工作结合不紧密，个别单位存在以工作论工作、就主题教育论主题教育等“两张皮”现象，没有与实际工作有机融合。三是主题教育调查研究环节的“高度”和“广度”还需进一步提升。在“高度”上，有的领导干部站位还不够高，习惯于站在分管领域而不是站在全市全区的高度去考虑问题，调查研究时，偏重到与自身分管工作联系紧密的领域去调研，对其他领域关注较少，“精本行”与“懂全局”的关系处理不够到位。在“广度”上，有的领导干部视野还需进一步开阔，调研偏重于完成本负责领域、本联系点等基本任务，眼光局限于本地本部门本行业，对工作现状的总结缺少全市、全省乃至更大范围的横向比对。四是主题教育在效果评估机制上还需完善，这次主题教育的根本任务是坚持学思用贯通、知信行统一，习近平总书记提出了“五个要看”以及“十个是否”的检验标准，但在具体工作中，对“开门搞评估”工作开展力度不够，在畅通让群众参与、让群众监督、让群众评判的渠道上仍需扩展。

下一步，区委常委会将深入学习贯彻习近平总书记关于主题教育重要讲话和重要指示批示精神，认真贯彻落实中央部署要求，把理论学习、调查研究、推动发展、检视整改、建章立制贯穿始终，推动主题教育不断走深走实，取得实实在在的成效。坚持以学铸魂。持续加强理论学习，坚定不移用党的创新理论武装头脑，着力在学懂弄通做实上下更大功夫，引导党员干部不断提高理论素养，坚定理想信念，铸牢对党忠诚，站稳人民立场，坚定拥护“两个确立”、坚决做到“两个维护”。坚持以学增智。从党的科学理论中悟规律、明方向、学方法、增智慧，引导党员干部加强思想淬炼、政治历练、实践锻炼、专业训练，不断提升政治能力、思维能力、实践能力。坚持以学正风。坚持目标导向和问题导向相结合、学查改相贯通，对照党风、党性、党纪要求，深刻检视反思、深挖思想根源、深入整改落实，大兴务实之风，弘扬清廉之风，养成俭朴之风。坚持以学促干。将推动发展作为着力点，强化实践实干实效，认真落实市委十六届五次全体会议暨市委经济工作会议要求，统筹发展和安全，完整、准确、全面贯彻新发展理念，大力提振市场信心，着力推动经济实现质的有效提升和量的合理增长，加快打造“精致、幸福、充满活力的共同富裕先行示范区”。

特 载

区委常委会工作报告

——在中共环翠区委十六届六次全体会议暨区委经济工作会议上

（2023年12月29日）

中共威海市环翠区委书记 张 刚

2023年是全面贯彻党的二十大精神的开局之年，是三年新冠疫情防控转段后，全区上下大抓经济、攻坚突破的关键一年。区委常委会坚持以习近平新时代中国特色社会主义思想为指导，深入学习贯彻党的二十大精神，坚持“提升首位度、担当抓落实”的工作主基调，大力倡树“实干实绩、敢打敢拼、担当善为”的工作作风，团结带领全区广大党员干部群众，全面落实中央决策部署和省委、市委工作要求，完整、准确、全面贯彻新发展理念，更好统筹发展和安全，各项工作取得了新的进步。我区入选全国绿色发展百强区、新型城镇化质量百强区，连续三年获评全省县域经济高质量发展先进县，“共同富裕先行示范区”建设迈出坚实步伐。

一、深学细悟、实干笃行，牢牢把握正确政治方向

区委常委会坚定不移以习近平新时代中国特色社会主义思想武装头脑、指导实践、统领工作，坚定拥护“两个确立”，坚决做到“两个维护”，自觉在思想上、政治上、行动上同党中央保持高度一致。

2023年12月29日，中共威海市环翠区委十六届六次全体会议暨区委经济工作会议召开 （区融媒体中心 供图）

一是带头强化理论武装。始终把学习贯彻习近平新时代中国特色社会主义思想作为理论学习的首要任务，严格落实"第一议题"制度，区委常委会共开展集体学习30次、理论学习中心组集体学习19次。组建4支理论宣讲团，用好"8支宣讲队伍"，常态化开展党的二十大精神、"中国梦"等宣讲3600余场次，农村、社区、"两新"组织等领域的党组织书记全部完成轮训，羊亭镇党委党校、里口山王家疃村党员教育现场教学基地入选省级党员教育培训阵地。

二是扎实开展主题教育。紧紧围绕"学思想、强党性、重实践、建新功"的总要求，深入开展学习贯彻习近平新时代中国特色社会主义思想主题教育，高质量举办读书班4期，开展理论学习中心组专题研讨16场次。带头大兴调查研究，围绕中心工作确定22个方面调研重点，全区县处级以上领导班子和领导干部认领调研课题36个，开展"四下基层"67次，解决实际问题136个。持续抓好省、市、区三级15个专项整治事项，制定整改措施52条，在全市率先完成8759户居民的房屋产权确权颁证任务，一批长期想解决而未解决的矛盾问题得到妥善化解，以攻坚克难的真成效，持续推动主题教育走深走实。

三是坚决贯彻上级部署。牢记"国之大者"，坚持令行禁止、政令畅通，对中央和省委、市委重要会议、重要文件各项部署要求，逐条逐项制定符合我区实际的贯彻落实措施，坚决不折不扣落实到位。全力做好省委巡视反馈问题整改"后半篇"文章，30项整改任务已完成整改27项，3项正在有序推进；扎实有效抓好环保督察、耕地保护等各领域问题整改，坚决以实际行动把牢政治方向，展现政治担当。

二、大抓经济、攻坚突破，全力以赴推进高质量发展

区委常委会牢固树立大抓经济的鲜明导向，围绕项目建设、招商引资建立分级攻坚机制，37项重点难点加速突破，110个省市县重点项目、97个区级重点产业项目投产90个，年度投资完成率超过时序进度15个百分点，全区产业结构持续优化，经济复苏势头日益明显。

一是制造业基础更加坚实。狠抓企业培育，新增规模以上工业企业24家，总数达到175家；新培育国家级专精特新"小巨人"企业4家、省级专精特新中小企业37家，认定数量均为历年最高；新增汇泉工业、广泰空港2家省级制造业单项冠军；钓具及休闲运动产品特色产业集群入选2023年山东省中小企业特色产业集群。狠抓绿色升级，三角轮胎、双轮股份成功获评国家级绿色工厂，海王旋流器成功入选山东省"十强"产业集群领军企业，均实现"零的突破"；化工机械等4家企业成功入选全省首批绿色低碳高质量发展先行区建设企业试点，数量位居全市首位；成功举办威海市铝深加工产业链绿色高质量发展会议，进一步擦亮铝产业品牌。狠抓数字赋能，入选全市唯一的山东省轻工纺织行业数字"三品"示范区，宝威新材料入选国家级智能制造优秀试点，25家企业成功获批省级数字经济"晨星工厂"，3家企业成功获批省级"数字赋能"优秀产品。

二是服务业活力持续释放。全力促进消费市场回暖，组织商业综合体、大型商场开展促消费活动80余场次，带动消费总额达到8300余万元。大力发展直播电商、产地仓、直采基地等新业态，渔具产业获评山东电商产业带，富源百川钓具等6家企业获评省级电商直播基地、电商云仓等称号，全区完成网络零售额92.8亿元，同比增长13%，获评省级现代流通强县。百盟信息技术成功入选山东省生产性服务业领军企业。加快楼宇资源盘活，成立楼宇联盟服务中心，累计新上高品质楼宇项目74个，有效激活楼宇资源20万平方米，中国民营经济500强之一的利群商业中心落户开业。准确预判文旅产业强劲复苏态势，实施旅游业高质量发展四大提升行动，持续优化旅游服务环境，1—11月，7个A级旅游景区累计接待游客761.28万人次，同比增长162.99%；营业收入4.49亿元，同比增长182.48%，北海文化旅游集聚区入选省级现代服务业集聚区，华夏文旅获评全省首批领航型文旅企业，属相街获评省级旅游休闲街区，全国交通强国建设试点现场会在我区召开，获评全省文旅康养强县。

三是双招双引实现新突破。加大招商引资力度，全年累计外出招商780余次，引进外资过千万美元、内资过亿元项目12个。持续加强人才引育，大力实施"英才汇翠"计划，累计引进培育省级以上高层次人才19人，其中泰山产业领军人才13人，数量居全市第一；青年人才引进数量超3000人，持续保持两位数增长；三角集团作为全市唯一企业荣获"山东省人才工作表现突出单位"称号。深入开展营商环境创新提升行动，快准稳好落实税费支持政策，累计减税降费近24亿元，帮助企业解决实际困难1360余项；大力推进无证明城市建设，设置8个"一件事"专窗，提出"土地带方案出让"新模式，发出全省首批"九证合一"施工综合许可证，相关经验做法在《人民日报》刊登。

四是创新驱动力显著增强。与清华大学、首高科技术转移中心等高校院所深度合作，签订产学研协议40项。新培育45家创新型中小企业，入库科技型中小企业618家；协助备案山东省科技成果转化贷款2.8亿元，同比增长176.8%；指导218家企业获得省级企业研究开发财政补助1025万元，数量全市最多。双创人孵化器成功通过国家级科技企业孵化器认定，全市唯一；银兴预应力成功获批省海外高层次人才工作站，实现“零的突破”；宇王集团海洋食品项目作为全市唯一项目通过省蓝色人才专项评审。

五是改革引领力不断提升。设立重点工作“拓新争先奖”，有效激发全区上下改革创新活力，新争取“农村资产权属归位试点”“全国地籍调查工作示范点”“国家级红色美丽村庄试点”等3个国家级和19个省级改革试点。中央政治局常委、全国人大常委会委员长赵乐际到我区调研，对我区“一站五组”人大代表工作模式给予了充分肯定。《“信易+数字化”应用场景 开启环翠“信用生活”》《“文化公益创投”：探索多元共治的乡村公共文化服务供给侧改革路径》等入选国家级改革典型案例。共富党建联盟典型经验被国家乡村振兴局《乡村振兴简报》刊发，并得到省政府和市委主要负责人批示肯定，优化法治营商环境等11项典型经验被省级部门推广。

三、人民至上、共建共享，完整准确全面贯彻新发展理念

区委常委会始终牢记习近平总书记“威海要向精致城市方向发展”的殷切嘱托，锚定共同富裕先行先试的目标定位，加快推进城乡、区域协调均衡发展。

一是持续提升精致水平。实施城市更新三年行动，重点打造远遥、东山等5大城市更新片区，扎实推进50余项城建重点工程，高标准实施红叶谷等8个老旧小区改造工程，受益居民5300余户。全面完成栖霞街腾退，海峰路西延工程正式通车，彻底化解长达10余年的王家岭滞迁、景和家园破产重组等历史遗留问题，在全市率先完成智慧城管AI视频平台建设，累计整治各类不精致、不满意问题7200余个，获评全省推进城市更新、改善人居环境工作突出县。羊亭镇获批全省第一批20个小城镇创新提升行动卫星镇试点。

二是持续推动乡村振兴。加快十大乡村振兴样板片区建设，59个区级乡村振兴重点项目扎实推进，桥头镇和4个村获评省级乡村振兴示范镇、示范村，里口山、菱角湾两大片区入选全省乡村振兴现场会观摩点。加快农业产业化升级，新增市级农业产业化龙头企业3家，获评全省农产品加工高质量发展先行县。王家疃村获评“全国乡村治理示范村”，贝草夼村获评全国美丽宜居村庄。严守粮食安全和不发生规模性返贫两大底线，全年完成粮食播种3.89万亩，超额完成市级任务；766名脱贫群众年人均纯收入增幅超16.3%，脱贫攻坚成效进一步巩固。

三是持续打响文化品牌。区公共文化服务中心10月正式对外开放，天和美术馆入选“山东省最美文博艺术空间”，环翠楼街道获评省级书香之乡，威海锡镶非遗工坊入选省级“非遗工坊”，现代京剧《长空烈焰》入选第十届中国京剧戏剧节。先后举办第50届“5・23”歌咏会、半月湾国际沙滩音乐节、铁人三项赛、山地自行车公开赛、腾讯电竞运动会夏季总决赛、瑰丽海疆2023中国写意油画海洋主题学术邀请展等一系列高水平文体活动，活动规模及影响力居历年之最，区域文化影响力显著增强。

四是持续擦亮生态底色。华夏城景区被认定为山东省水土保持科技示范园，入选全省节水工作现场会观摩点。张村河创建省级美丽幸福示范河湖；五渚河创建淮河流域幸福河湖，相关经验做法被水利部淮河水利委员会发文推广；羊亭河推进“效益河湖”建设相关经验被省河长办发文推广。鲸园街道花园社区入选山东省近零碳社区示范创建名单。里口山风景名胜区入选山东省自然资源领域生态产品价值实践典型案例，我区获评山东省生态文明强县。

五是持续强化民生保障。坚定践行以人民为中心的发展思想，全年完成民生支出32.1亿元。深入推进教育内涵发展三年行动计划，获评“国家完善普惠性学前教育保障机制实验区”“山东省体育消费试点县”，“国家义务教育优质均衡发展县”“全国学前教育普及普惠县”创建顺利通过国家核查。社会救助改革成效明显，获评全省“社会救助综合改革实验区”“创新养老服务成效显著县”。就业保障力度持续加大，城镇新增就业4900人，安置城乡公益性岗位767人，累计发放各类就业创业资金3800余万元。大力推进健康环翠行动，获评“第一批省级婴幼儿照护服务示范区”，张村镇在全国率先开展食源性疾病多点触发监测预警工作试点。持续推动中医医院特色发展，日均诊疗量同比增长68%，成功举办国家中医药综合改革示范区现场会，中医院传承创新发展经验在全国推广。打造全市首批“集采药品惠民示范点”，持续减轻群众就医负担。将120名二级医院专家编入家医团队，累计随访服务15万人次，家医签约率全市第一。

四、扛牢责任、筑牢防线，全面统筹发展和安全

区委常委会坚定不移贯彻总体国家安全观，坚持发展和安全并重，以高水平安全支撑高质量发展。

一是全力保障政治安全。严格落实意识形态主体责任，召开区委常委会专题会议2次、领导小组会议1次、跨部门分析研判会议4次，修订出台《环翠区党委（党组）意识形态工作责任制实施细则》等制度文件，进一步明确做好新形势下意识形态工作的目标任务和职责分工；开展“清朗·2023民族宗教领域网上负面有害信息整治”等专项行动40余次，持续打造清朗网络空间。创新实施“125”民族工作法，积极维护宗教领域和谐稳定，全省铸牢中华民族共同体意识现场会在我区召开。竹岛街道北竹岛社区被评为全国侨联系统“侨胞之家”典型选树单位，孙家疃街道里海社区被评为省级“侨胞之家”。环翠中学与香港孔圣堂中学、城里中学与澳门青洲中学分别签订姊妹学校协议，连续两年协办海峡两岸（威海）棒球赛，相关做法被央视《海峡两岸》节目宣传推广。统筹抓好双拥、外事、国安、保密等工作，确保党对全区各项事业的集中统一领导。

二是全力维护社会安定。孙家疃街道“海上枫桥工作法”获评全国新时代“枫桥经验”先进典型，主要负责人受到习近平总书记亲切会见。扎实开展“铁拳”“夏季治安打击整治”等专项行动，深化打击治理电信网络诈骗犯罪攻坚战，破获电诈案件681起。深入开展涉法涉诉信访攻坚化解专项行动和治重化积专项行动，中央交办的50件信访事项全部化解。圆满完成国务院保障农民工工资支付工作考核，并作为全市唯一先进单位上报省人社厅表彰。成立“保交楼、稳民生”工作专班，6个延期项目陆续交付。圆满完成“中华富强”轮理赔处置，更名后的“渤海恒生”轮于6月18日正式复航。

三是全力抓好安全生产。印发《环翠区安全生产行政责任制规定》，全面构建整体联动的安全生产工作格局。扎实推进重大事故隐患专项排查整治行动和重点行业领域专项整治行动，累计排查整改问题隐患1万余处，我区应急救援能力建设相关经验在全省推广。深入推进自建房专项整治，累计摸排房屋11.4万栋，相关经验被省住建厅两次通报推广；扎实推进重点领域消防安全大排查、大整治、严执法专项行动，累计检查单位1276家次，督促整改火灾隐患2608处，全区安全生产形势保持高水平稳定，区消防大队被国家消防救援局授予全国消防安全专项整治三年行动先进大队。

五、驰而不息、自我革命，推动全面从严治党向纵深发展

区委常委会全面贯彻新时代党的建设总要求，深刻领悟“两个永远在路上”的重大意义，坚持自我革命、刀刃向内，扎实推进党的建设各项工作取得实效。

一是扛牢压实基层党建责任。深化中组部“增强新时代党支部政治功能和组织功能”社区领域试点建设，面向全区112个社区党组织进行分类调研，着力破解社区党支部面临的工作思路不宽、班子结构不优等难题。与山大合作成立社区运营中心，引入103家社会主体参与社区空间规划运营，服务居民6.3万余人次。依托桥头镇党群服务中心打造党建综合阵地，成功获评省级试点。开展农村“三资”问题专项整治，推进村党组织领办合作社专项整治“六清零”行动，注销“空壳社”“僵尸社”75家，规范提升20家。顺利完成全省“新新向党”系统首批试点任务，全区新就业群体全部完成注册，“威海红帆”社会组织实训中心获评省级基层党建工作教学示范基地。

二是着力锻造过硬干部队伍。坚持“用站位、用实绩、用口碑、用廉洁”的用人导向，共提拔重用、晋升职级等级干部280余名，持续激励干部担当作为。出台年轻干部“青翠计划”十五条举措，面向急需紧缺专业引进高校优秀毕业生55名，选派90余名优秀年轻干部开展“市直—区直—镇街”多向实践锻炼，提拔35岁及以下年轻干部40余名，持续优化干部队伍结构。全面建立“周三学习日”常态机制，累计举办“周三夜校”“周末课堂”9期、培训干部1.6万余人次，干部综合能力不断提升。

三是驰而不息狠抓作风建设。深入开展“实敢当”作风提升专项行动，建立健全分级攻坚推进等7项工作机制，创新开展“我为环翠发展提建议”活动，累计收集意见建议1855条，营造群策群力、共谋发展的良好局面。推出各领域“岗位先锋”典型人物60名，拍摄制作《察访实录》2期，查处违反中央八项规定精神问题24起36人、处分32人，以正向激励的硬措施和反向约束的实招数，引领干部改进作风、担当作为。

四是纵深推进反腐败斗争。开展“强监督·护民生”专项行动，查处群众身边腐败和不正之风问题28起42人、处分34人。持续加大“惩腐打伞”力度，查处涉恶腐败和“保护伞”问题2起2人、处分1人。加大澄清正名、严查诬告陷害力度，共实施容错纠错2起、澄清正名9起9人、打击诬告陷害1起1人，激励

广大党员干部在推动发展、务实为民上更加主动担当、积极作为。

面对各项工作任务，区委常委会在狠抓自身建设的同时，充分发挥统揽全局、协调各方作用，全力支持区人大常委会、区政府、区政协、区法院、区检察院履职尽责，发挥统一战线和群团组织优势，切实抓好党管武装工作，推动形成强大工作合力。各位常委带头学习贯彻习近平新时代中国特色社会主义思想，用党的创新理论、最新成果武装头脑、指导实践；带头践行“实干实绩、敢打敢拼、担当善为”工作要求，落实项目攻坚、挂帅招商、服务企业、包案化解等机制；带头严肃党内政治生活，执行民主集中制，大兴调查研究，践行党的群众路线，廉洁自律，为全区广大党员干部作出了表率。各位区委委员、候补委员，区几大班子和各级各部门单位、各民主党派，对区委常委会的工作给予了充分信任和大力支持。在此，我代表区委常委会向大家表示衷心感谢！

在总结工作的同时，区委常委会认真分析了存在的不足：主要是学懂弄通做实习近平新时代中国特色社会主义思想还有差距，结合实际推动落实的质效还要进一步夯实；统筹发展和安全工作仍有不足，经济回升向好的步伐还要进一步加快；各领域矛盾诉求解决还不够精准有力，群众满意度、获得感还要进一步提升；全面从严治党压力传导不到位，基层党组织引领力还要进一步加强，等等。针对这些问题，区委常委会将认真研究，深入分析，采取有力措施切实加以解决。

政府工作报告

——在威海市环翠区第十九届人民代表大会第三次会议上

2024年1月16日

威海市环翠区区长　于晓东

一、2023年工作回顾

过去一年，在市委、市政府和区委的坚强领导下，在区人大、区政协的监督支持下，区政府团结依靠全区人民，全面贯彻党的二十大精神，抢抓疫情转段有利机遇，围绕威海发展主攻方向，把更多精力放在抓经济、谋发展、惠民生、保稳定上，深入开展“实敢当”作风提升专项行动[1]，突破攻坚37个重点事项，较好完成了区十九届人大二次会议确定的目标任务。预计(下同）全年生产总值突破450亿元、增长4%左右，一般公共预算收入40.6亿元、增长5.8%，居民人均可支配收入增长5%；限上餐饮营业额增长66.6%、税收增长12.9%，增幅均排名全市首位。环翠区入选全国绿色发展百强区、新型城镇化质量百强区[2]，连续三年获评全省县域经济高质量发展先进县，新获评现代流通强县、生态文明强县、文旅康养强县，基本实现省级十强县“大满贯”。

一年来，我们坚持大抓经济，产业质效蝶变跃升。先进制造业加力提速。魏桥铝精深加工产业园成

2024年1月16日，威海市环翠区第十九届人民代表大会第三次会议召开

（区人大常委会办公室　供图）

功开园，爱华海、中科锐金投产运营；海王旋流器入选省“十强”产业集群领军企业，钓具及休闲运动产业入选省中小企业特色产业集群。新增省级制造业单项冠军[3]、专精特新企业[4] 39家，人生药业等2家企业入选省服务型制造示范企业，海鑫新材料等4家企业入选国家级专精特新“小巨人”。新建5G基站240座，三角轮胎等6家企业入选省级工业互联网平台、“数据赋能”优秀产品、数字化车间[5]和智能制造场景[6]，宝威新材料入选国家级智能制造试点，环翠区入选省级数字经济“晨星工厂”试点区[7]、数据管理能力成熟度评估模型试点区[8]。现代服务业提档升级。成立楼宇联盟服务中心[9]，盘活楼宇20万平方米，引进利群商业中心等高品质项目74个，纳税过千万元楼宇突破50座，百盟信息入选全省首批生产性服务业领军企业。威海旅游火爆出圈，环翠是参与者，也是受益者，创建国家AAA级旅游景区2家，引进了全市首家国际五星级希尔顿逸林酒店，华夏文旅获评全省首批领航型文旅企业[10]、省级智慧旅游样板景区[11]，属相街入选省级旅游休闲街区，北海文旅集聚区获评全省现代服务业集聚区，信河北村、东崮村分别入选省级乡村旅游重点村和景区化村庄，全国交通强国建设试点现场会在环翠区召开。海洋经济集聚成势。远遥浅海科技湾区成立国家海洋综合试验场协同创新平台，完成了科研码头、海洋科技馆二期等项目建设，新引进铂金动力科技等涉海项目10个、入驻科研团队5个。启动了海洋电子信息和智能装备产业发展三年行动[12]，实施市级海洋重点产业项目17个，新建省级田园型海洋牧场、公益性海洋牧场服务平台、公益性海钓场各1处，开发筏式养殖1.1万亩，海洋产业体系更趋完善、更具竞争力。

一年来，我们坚持要素集成，发展势能更加强劲。改革拉动力进一步提升。深入推进综合执法体制改革，设置“一件事”专窗[13] 8个，发布全省首个镇级便民中心建设地方标准[14]，争创国家级、省级改革试点22个。发出全省首批“九证合一[15]”施工综合许可证，110个省市县重点项目投产运营71个。深化质量强区建设，广泰空港、山花地毯分别入选省长质量奖提名奖和“好品山东”品牌，三角轮胎获评省级标准创新型企业，2个国家级标准化试点通过评审，环翠区入选全省轻工纺织行业数字“三品”示范县[16]、国家知识产权强县建设试点县。创新驱动力进一步激发。新增科技型中小企业106家、高新技术企业88家、市级以上创新平台29家，环球渔具等3家企业获评省技术创新示范企业，海王旋流器入选省级首台（套）技术装备[17]，双创人孵化器认定为国家级科技企业孵化器，累计签订产学研合作协议46项，高新技术产业产值比重达到81.1%。创新开展“人才寻访团”专项行动[18]，新增省级高层次人才19名，银兴预应力获批省海外高层次人才工作站，三角集团荣获省人才工作表现突出单位，环翠区入选省级“青年驿站”优化提升试点[19]。开放推动力进一步强化。创新实施招商引资、项目建设分级攻坚推进机制[20]，建立完善“四库一地图”[21]，引进外资过千万美元、内资过亿元项目12个，其中过20亿元项目1个。全力拓展海内外市场，万达广场入选省级绿色商场[22]，富源百川等6家企业入选省级电商新业态[23]，渔具产业入选省电商产业带[24]，环翠区获批省体育消费试点县；组织200余家企业参加国际性展会60余场次，丝路通等3个项目在中韩跨境电商大会上签约，现场订单成交额达到16亿元。

一年来，我们坚持城乡融合，精致城市提标提质。城市更新效果显著。启动城市更新三年行动[25]，完成8个老旧小区改造，修改建道路34.7公里，优化改造易堵路口和公交港湾[26] 15处，海峰路西延正式通车，冶口水库增容工程主体完工，9个项目入选全省城市更新、绿色建筑等示范试点，羊亭镇获评省级卫星镇试点，并与张村镇携手入选全国千强镇，环翠区获评全省推进城市更新、改善人居环境工作突出县。聚焦化解城市“成长的烦恼”[27]，完成栖霞街特色街区腾退工作，全力保障威海湾城市客厅建设，重新启动雨润文旅综合体，提前完成靖子军事管理区清理。乡村振兴步伐加快。实施菱角湾自然学堂等59个重点项目，十大样板片区实现从规划全覆盖到建设全覆盖，桥头镇和小庄村等4个村入选省级乡村振兴示范镇、村，王家疃村、贝草夼村分别获评全国乡村治理示范村、美丽宜居村庄，环翠区入选全省农产品加工高质量发展先行县。持续放大“两清三化”[28]效果，盘活闲置农房118栋、低效农用地758亩、集体闲置资产17处，建成亲子研学等示范项目11个，获批农村资产权属归位[29]等3个国家级试点，全省乡村振兴现场会到环翠区实地观摩。生态环境优化提升。7家企业入选全省绿色低碳高质量发展先行区建设试点、绿色供应链管理企业[30]和省级绿色工厂[31]，三角轮胎、双轮股份获评国家级绿色工厂。加快“无废城市”[32]建设，栽植各类苗木30余万株，新建垃圾分类房100座，创建省级垃圾分类示范社区2个、近零碳社区[33]1个。完成13个村生活污水治理，五渚河入选淮河流域幸福河湖，张村河获评省级美丽幸福示范河湖，双岛湾—威海湾入选全省首批“美丽海湾”，华夏城入选省级水土保持科技示范园[34]，环翠区在全省率先通过雨污合流管网清零验收，“两个清零、一个提标”[35]工作获得省委、省政府督查激励。

一年来，我们坚持人民至上，民生福祉持续改善。公共服务更加有感。统筹抓好文明城市创建和卫生城市复审，创建国家卫生镇2个，设立名医基层工作站[36]17处，在全国率先试点食源性疾病多点触发监测预警[37]；打造全市首批“集采药品医保惠民点”[38]，织密织牢15分钟医保服务圈[39]。新续建学校2所、幼儿园3所，打造国家级、省级试点示范校29所，“双县”创建[40]顺利通过国家核查，获评国家普惠性学前教育保障实验区[41]。新建1处新时代文明实践展示体验馆，公共文化服务中心正式启用，打造省级文化产业示范基地2处，举办“5·23”歌咏会、铁人三项世界杯、腾讯电竞运动会夏季总决赛等文体活动2400余场，完成新档案馆搬迁，新图书馆开馆并评为国家一级馆[42]，环翠年鉴获评全国特等年鉴，环翠区获评全国科普示范区。社会保障更加有力。累计发放各类就业创业补助3800余万元，创设公益性岗位767个，新增城镇就业4900人。在全省率先启动全龄友好城区建设，完成328户适老化改造，获评全省首批婴幼儿照护服务示范区、创新养老服务工作成效显著县、示范性居家社区养老服务网络建设区。创新“1+5”双拥共建模式[43]，建立全市首家“荣军联盟”[44]，打造市级以上残疾人就业基地3处，率先实现残疾人免费体检全覆盖，“环环助”[45]获评全省优秀社会救助品牌，环翠区入选全省首批社会救助综合改革实验区。基层治理更加有序。成立区镇两级“一站式”矛盾纠纷调解中心[46]，初次信访及时受理率和按期办结率均达到100%，“中华富强”轮理赔处置圆满收官，更名后的“渤海恒生”轮正式复航。创建省级“枫桥式公安派出所”[47]1处，孙家疃街道“海上枫桥工作法”[48]入选全国“枫桥式工作法”，主要负责人受到习近平总书记亲切会见。成立社区运营中心[49]，搭建了全省首个“诚信大数据智慧平台”[50]、社区公共法律服务亭[51]，鲸园街道社会工作站获评全省示范点，环翠区入选美德山东和信用山东建设试点区，赵乐际委员长到环翠区调研时对人大代表履职尽责与基层治理有机融合工作给予充分肯定。深入开展“铁拳”[52]“夏季治安”[53]等打击整治行动，破获电诈案件839起，统筹抓好国防动员、安全生产、森林防灭火、金融风险防控等工作，全区安全稳定形势持续巩固。

一年来，我们坚持服务增效，“三个满意”不断攀升。聚焦群众满意，建立疑难问题仲裁机制[54]，高效办理热线诉求11.8万件；下大力气做好“保交楼”工作，8个延期项目、6420套楼房顺利交付；强力推进房屋产权确权颁证，化解“办证难”项目42个、惠及群众1.4万户。聚焦市场主体满意，打造“营在环翠 商通未来”品牌[55]，在全市率先组建营商环境专门机构[56]，开展小店经济[57]等7个主题“集成式”服务，8.5万余户市场主体走访问访全覆盖，解决问题诉求1360件，争取各类无偿资金突破10亿元，帮助企业减税降费、应急转贷36.4亿元。聚焦游客满意，创新实行夜间“错时执法”[58]，创建星级民宿12家，新增充电桩3000余个、停车位8200余个，增设旅游配套设施360余处，开放公共露营绿地25万平方米，打造网红打卡点20余处，在广大市民包容支持下，环翠文旅口碑热度持续攀升。聚焦提升政府效能，扎实开展学习贯彻习近平新时代中国特色社会主义思想主题教育，推动省委巡视整改取得阶段性成效，查处群众身边不正之风和腐败问题28起42人，办理人大代表建议、政协委员提案119件，面复率和满意率均达到100%。严格落实意识形态工作责任制，累计公开、发布政府信息1.9万条；民族宗教、外事、侨务、保密以及慈善事业等工作都取得新成效、实现新发展。

各位代表！艰难方显勇毅，磨砺始得玉成。过去一年取得的成绩来之不易，这是区委总揽全局、科学决策的结果，是区人大、区政协有效监督、鼎力支持的结果，更是全区人民砥砺奋进、苦干实干的结果。在此，我代表区人民政府，向全区人民，向各位人大代表和政协委员，向各民主党派、工商联、各人民团体和无党派人士，向驻区单位和驻区部队官兵、公安政法干警、消防救援队伍指战员，向各位老领导、老同志，向所有关心支持环翠发展的各界朋友，表示衷心的感谢！

各位代表！思危方能居安！在肯定成绩的同时，我们也必须清醒地认识到，经济社会发展还存在不少困难和问题：受国内外形势影响，稳进提质的基础尚不牢固，经济活力还需进一步激发；引领型项目、链主型企业不多，产业集群集聚有待补短补强；精致城市品质还需提升，优质公共服务供给也有不足，安全生产、金融风险等领域面临较大挑战；政府自身建设需要持续加强，部分干部队伍创新意识、担当意识、服务意识有待提升。对此，我们一定高度重视，采取有力措施，加以克服和改进。

二、2024年政府工作目标任务

各位代表！2024年是新中国成立75周年，是实施“十四五”规划的关键一年，做好今年各项工作，既要有效应对严峻复杂形势，牢牢把握发展的“时”与“势”、“稳”与“进”，更要抢抓战略机遇，瞄准发展所需、环翠所能、群众所盼、未来所向，加压奋进、提速增质，全力谱写中国式现代化的环翠答卷。

今年政府工作的总体要求是：以习近平新时代中国特色社会主义思想为指导，全面贯彻党的二十大和二十届二中全会精神，深入落实习近平总书记对山东工作的重要指示要求，把“威海要向精致城市方向发展”作为总目标总方向总遵循，完整、准确、全面贯彻新发展理念，统筹高质量发展和高水平安全，切实增强经济活力、防范化解风险、改善社会预期，持续推动经济实现质的有效提升和量的合理增长，加快打造“精致、幸福、充满活力的共同富裕先行示范区”，奋力开创现代化环翠建设新局面。主要预期目标为：生产总值增长5.5%左右，一般公共预算收入增长6%左右，固定资产投资增长8%左右，实际使用外资量稳质升，外贸进出口促稳提质，居民人均可支配收入增长6%左右。

围绕实现上述目标，我们将深度融入国家和省市重大战略，锚定“走在前、开新局”，坚持精准谋划、精耕细作、精明增长，持续做好“扬优势、补短板、强弱项、固底板”文章，全力推动更高质量发展。聚焦“大抓经济”集中用力、攻坚突破。坚持稳中求进、以进促稳、先立后破，大抓项目、抓大项目、大建项目，抢占“新赛道”、壮大新动能，推动经济实力不断迈上新台阶。聚焦“区域布局”错位发展、互促互补。进一步优化中心街道、城郊镇街差异化发展布局，持续推进“园区、城区、片区”协同发力，构建“各有侧重、多轮驱动”的发展新格局。聚焦“优势领域”争先创优、唯旗是夺。树牢“大抓落实”工作导向，发扬“有第一就争、见红旗就扛”优良传统，多创造亮点经验，多争取试点示范，推动更多工作走在全市、全省乃至全国前列。聚焦“三个满意”一体推进、同步提升。牢记嘱托、永葆初心，紧盯群众、市场主体和游客，以“小切口”提升幸福感、获得感、体验感，擦亮叫响“宜居、宜业、宜游”的城市名片。

三、2024年政府工作重点

*（一）抓产业、强链条、壮集群，锻造现代化环翠新引擎。*坚持把经济的着力点放在实体经济、民营经济上，推动产业链式布局、集群发展，构建更具竞争力的现代化产业体系。

提升先进制造业集聚度。紧盯新材料、高端装备制造两个主攻方向，突出“一链一园”[59]发展模式，深挖链式集聚潜力，定向卡位“入链补链”、头部招引“强链延链”，培育1—2个产值过百亿、具有较强竞争优势的产业集群，逐步突破过50亿、过百亿的县域特色专业园区。推动本土企业加快向产业链、创新链、价值链高端延伸，毫不动摇支持龙头企业冲击新目标，实施中关村医药产业园、宝威智能工厂二期等39个膨胀扩张项目，培育省级以上专精特新、瞪羚[60]、单项冠军企业7家以上。大抓数字经济，推进数字产业化、产业数字化，加快威海数智创新产业园、电竞产业基地建设，推动数字经济和实体经济深度融合。“智改数转”[61]赋能产业升级，实现制造业园区5G网络全覆盖，培育市级以上智能工厂[62]、数字化车间2家以上，打造市级以上工业互联网类示范项目6个以上，在数字赛道上跑出环翠加速度。

提升现代服务业首位度。紧盯高端商贸、现代金融两大优势产业，瞄准城区空间发展走向，聚力打造总部经济、楼宇经济“升级版”，依托绿轴商务办公、财金中心、商业银行总部楼宇等优质资源，强化“一楼一特色”[63]理念，实施产业导入、低效提质工程，盘活楼宇15万平方米以上，引进总部型企业2家以上，新打造特色楼宇2座以上、纳税过亿元楼宇1座以上，促进生产性服务业向专业化和价值链高端延伸。做大做优商圈经济，推动威高广场、万达广场等核心商圈业态升级，实施好家家悦商业综合体、泉乐坊商圈等新地标项目，推动生活性服务业向高品质和多样化转变。坚持线上线下有机融合，大力推行“直播电商+产业带”[64]模式，引导传统企业搭建电商生态链条，积极争创全国县域商业“领跑县”[65]。

提升科技湾区知名度。坚持海上、岸上、岛上一体推进，加快远遥浅海科技湾区突破崛起，启动蓝贝商业地块项目建设，完成海底光电缆建设和褚岛项目用岛确权，不断完善国家海洋综合试验场配套设施。依托国家海洋技术中心、天津淡化所等科研院所“强磁场”效应，跟踪推进好哈尔滨工程大学海上试验基地、山大海工装备中心等项目，引进落地涉海高端项目5个以上，入驻科研团队5个以上，加快构建集“技术研发、测试试验、成果转化、产品孵化、检验检测”于一体的国家级公共服务平台。以海洋电子信息、智能装备两大主攻产业为引领，协同推进一产、二产、三产融合发展，实施好16个海洋产业重点项目，加快深远海养殖、智能化网箱等新技术研发推广，着力争创国家级水产健康养殖和生态养殖示范区，推动海洋经济高质量发展。

（二）抓旅游、拓市场、促消费，激发现代化环翠新活力。抢抓旅游产业蓬勃发展机遇，着力打造覆盖“全域、全季、全龄、全时”的旅游目的地生态圈。

构建全域旅游格局。整合孙家疃、里口山、轻户外等优质旅游资源，谋划布局一批精品旅游线路，推动“局部热”变“全域热”。突破发展滨海浪漫游，依托“千里山海自驾游公路”，串联威海湾、半月湾、靖子湾等优质海湾，打造国内知名滨海旅游胜地。突破发展山水休闲游，实施好南竹岛滨水体育休闲公园、羊亭河公园改造等项目，举办好国家山地自行车赛等品牌赛事，推动环翠省级旅游度假区申报国家级旅游度假区，打响“山水休闲运动”品牌。突破发展乡村体验游，依托农俗文化和近郊优势，因地制宜探索发展美丽田园、景观农业、农耕体验，打造一批市民周末微度假、近郊游、忆乡愁的好去处。

丰富多元体验业态。全方位、全链条、全季节深耕“旅游+”文章，加快推进雨润、金线顶等文旅综合体建设，丰富帐篷露营、太空舱民宿等配套功能，推动旅游供给向“海上、岛上、岸上、山上”拓展延伸。按照“大景区”思路，以北海省级旅游度假区为主体，对环海路、北山街等整体规划、封闭运营，加快推进半月湾艺术产业综合体、山东村多业态综合体等项目，打造动静相宜的沉浸式游览体验，争创国家AAAA级旅游景区。做活做优冬季旅游，挖掘葡萄滩冰雪、桥头北美冬青等资源优势，开展庙会、元宵灯会、焰火秀等特色活动，打造赏雪祈福、温泉康养、冰雪娱乐等网红打卡地，让游客“来了不想走、走了还想来”。

提振内需消费信心。积极融入国内大市场，结合威海湾城市客厅、栖霞街特色街区、东城路夜市改造，繁荣发展夜间经济、潮流经济、青年经济，评选环翠名优小吃[66]街区3个、小吃店20家，构建市民与游客共享的消费新场景。落实落细促消费政策，积极打造、参与“惠民消费季”活动，深入推进“环翠有礼”文创设计大赛[67]，研发创作一批爆款特色产品，举办好国际沙滩音乐节等品牌活动，持续不断造氛围、聚人气、活市场。优化提升高质量住宿业供给，跟踪推进希尔顿逸林、西城海天等高品质特色酒店，新增省级旅游民宿集聚区1处。紧盯民宿网约房、电动自行车等重点领域，营造优质旅游服务环境，满足游客多元化需求。

（三）抓改革、优环境、聚动能，塑造现代化环翠新优势。坚持惟改革者进、惟创新者强、惟开放者赢，勇闯新路、勇立潮头，打造更多环翠案例、环翠典型、环翠经验。

牢牢抓住改革关键一招。稳妥推进机构改革，探索一批措施集成、力量集成、成果集成的方法路径，争创更多省级、国家级改革试点。坚持把优化营商环境作为“一号改革工程”，聚焦擦亮“营在环翠 商通未来”品牌，进一步理顺体制机制，成立专业化机构，深入开展七大营商主题行动，完善“重点分包+专业分包+全面分包”联系机制[68]，让“有需必应、无事不扰”成为常态。探索各级扶持政策“免申即享”[69]模式，量身定制“政策明白纸”和“专属服务包”，新增“四上”企业100家以上。以市政务服务中心建设为契机，在全省率先打造市区实质性融合办事模式[70]，构建新型政务服务综合体。深化“无证明城市”[71]建设，加快推动执法力量下沉，构建以信用为基础的新型监管机制，打造基层政务服务省级标杆大厅1处。深化国资国企和财税金融改革，加强区属国企投融资监管，拓展“证照税联办”[72]新模式，加快多层次资本市场发展，新增上市企业1家以上、设立基金2家以上。

牢牢抓住创新第一动力。坚持企业创新主体地位，狠抓科技企业梯次培育，突破一批“卡脖子”关键核心技术，列入省企业技术创新项目25项以上，高新技术企业突破400家，获评市级以上创新平台10家以上、首台（套）技术装备企业2家以上。探索“校院地企”合作新模式，坚持“产业界出题、科技界答题”，拓展“威海—济南—北京—大连”科技合作圈[73]，打通成果转化“最先和最后一公里”，签订产学研合作协议40项以上、技术合同成交额20亿元以上。深入实施新时代“英才汇翠”计划[74]，探索“政府+猎头+企业”市场化引才路径[75]，吸引更多高校毕业生落户环翠，新增外国高端和专业人才50人以上、省级以上高层次人才项目10个以上，不断扩大“智汇环翠”品牌影响力。

牢牢抓住开放必由之路。深化招商引资、项目建设分级攻坚推进机制，用好重点产业招商图谱[76]，深耕以商招商、资本招商、产业链招商，瞄准卫星遥感、生命健康、低空经济[77]等未来产业，加大与各类500强、全球行业领军、央企国企等企业对接力度，积极引进韩资医疗美容等新兴产业项目，加速推进亿辰高端汽车配套、咖啡机商用冰箱等项目落地，新引进外资过千万美元、内资过亿元项目13个以上、20亿元大项目1个以上。深化施工综合许可“多证合一”改革，完善“专班抓项目、专员跟企业、专人解难题”全流程服务体系，加快实施130个省市县重点项目，年内投产运营90个以上。积极服务和融入新发展格局，深度参与全球产业链价值链分工合作，加快培育外贸新业态、新模式，支持企业争创省级跨境电商主体、设立公共海外仓[78]，着力打造对外开放新高地。

（四）抓建管、促精致、塑形象，擦亮现代化环翠新品质。锚定精致城市核心引领区定位，树牢“人民城市”理念，打造更具特色、更高品质、更有温度的精致魅力城区。

深入实施城市更新行动。加快推进4个镇国土空间分区规划编制[79]，进一步优化城市布局、提升发展空间。扎实推进城市有机更新，实施好总投资19.6亿元的36项城建重点工程，不断增强城区综合承载力。围绕改善出行环境，改造提升13条旅游公路和农村公路，加快推进S302环山快速路、九华路、平度路西延等道路工程建设，精准实施一批公园出入口、公交港湾、易堵路口等“微改造”项目，持续提升群众出行体验。围绕改善居住环境，高标准推进10个老旧小区及4个老城区、棚户区改造项目，新改建公园、游园5处，全力攻坚海上帝景、御龙天峰、富力君悦府等“保交楼”项目，让群众更加安居、宜居、乐居。

深入推动内涵特色提升。深挖城市记忆和文化底蕴，加快卫城大院、威海剧院等特色项目建设，完成2条街区改造升级，重塑中心城区独特魅力。实施“城市大脑”提升行动[80]，整合共享视频监控资源，推动智慧社区覆盖率超过60%，在城市管理、智慧文旅等领域打造更多特色应用场景，赋能提升城市治理水平。聚力物业管理提档升级，常态化实施“美好家园共建行动”[81]，深入开展随意停、乱搭建等焦点问题专项整治，严格物业服务市场准入，不断提升物业服务质量。紧盯海岸线、铁路沿线、农村大集、惠民摊点等重点区域，扎实开展市容市貌综合整治，打造干净、整洁、有序、靓丽的城市环境。

深入践行绿色发展理念。积极融入全省绿色低碳高质量发展先行区建设，实施更高层次技改提级行动，新培育市级以上绿色工厂和绿色供应链管理企业3家以上。持续打好蓝天、碧水、净土保卫战，推动里口山EOD[82]项目纳入省级项目库，全面落实河湖湾长制、林长制，强化河流断面水质精细化管理，加快推进羊亭污水处理厂建设，创建省级美丽幸福示范河湖1条。推动建筑领域绿色低碳发展，建设3处被动式超低能耗建筑[83]，擦亮中德生态示范城市名片。倡树绿色低碳生活理念，加快充电基础设施布局建设，完善垃圾分类收运处置体系，打造社区垃圾分类示范点5个以上，让环翠的天更蓝、山更绿、水更清、环境更优美。

（五）抓民生、办实事、强保障，共创现代化环翠新生活。坚持把群众最关心、最关切、最关注的事作为着力点，以“小切口”改善“大民生”，办成一批群众可感可及的实事好事。

实施公共服务提标行动。全面落实就业优先政策，深化欠薪问题源头治理，新增零工市场4处、城镇就业4500人以上。深入推进教育提质工程[84]，实施好新一轮校舍升级改造，积极配合威海市第二实验高中建设，争创省级全环境育人实验区[85]，确保成功创建全国义务教育优质均衡发展县、学前教育普及普惠县。深化医药卫生体制改革和门诊共济保障机制改革[86]，强化中医医共体[87]建设，完善分级诊疗制度，加快省级消除结核病先行区建设，争创全省医养结合高质量发展创新引领县。实施医疗服务提升年行动，优化门诊预约、诊间结算等“一站式”服务，发挥好“1+18+N”医保服务体系[88]作用，推动“集采药品医保惠民点”应设尽设，让群众就医购药更实惠、更便捷、更舒心。

实施城乡一体均衡行动。统筹新型城镇化和乡村全面振兴，促进各类要素双向流动，学习运用“千万工程”经验，做精做优十大乡村振兴样板片区，加快治口绿里闲居等33个重点项目建设，争创齐鲁样板示范区1处。以更大力度开展“两清三化”行动，依托“乡村找房”[89]“环翠·链乡”[90]等平台，高效整合利用农村闲置低效资源，新打造示范项目5个以上。深化农村人居环境整治行动，完成12个村生活污水治理，争创省级“四好农村路”示范县[91]，不断提升乡村宜居度和幸福感。发挥好三级“田长”作用，坚决遏制耕地“非农化”“非粮化”，全力护航粮食安全。

实施社会保障兜底行动。全面开展全龄友好城区建设，聚焦“一老一小”，优化提升居家和社区基本养老服务，改造升级2处老年活动中心，推动社区食堂可持续发展，拓展儿童友好和青年友好阵地覆盖面。聚焦困难群众需求，深入推进残疾人家庭无障碍改造，新建2处“如康家园”残疾人之家[92]，实现镇街全覆盖。统筹衔接救助资源，聚合共享救助信息，擦亮叫响“环环助”品牌，构建覆盖全民、城乡统筹、权责清晰、保障适度的多层次社会保障体系，确保共同富裕道路上一个都不掉队。

（六）抓文明、防风险、保稳定，夯实现代化环翠新基础。树牢“共建共治共享”理念，以高水平安全护航高质量发展，不断提升基层治理体系和治理能力现代化水平。

着力构建文明和谐环境。建立健全文明城市创建常态化机制，发挥好新时代文明实践中心作用，讲好“道德模范”“身边好人”故事，营造社会文明新风尚。深入推进美德和信用“五进”工程〔93〕，打造“诚信商户”“诚信社区”等一批信用品牌。积极融入沿黄渤海文化体验廊道〔94〕建设，实施文艺精品质量提升工程，探索推进城乡书房社会化运营，高质量举办好“5·23”歌咏会等系列文体活动，打造城乡新型公共文化空间〔95〕6处以上，塑造“幸福威海·悦动环翠”文化活动品牌〔96〕，让更多群众实现“精神富裕”。

着力提档社会治理效能。深入推进“1+5”社区治理共同体建设，深化“热线+网格+数字城管”联动融合〔97〕，推动社区运营中心扩面延伸，创新城管进社区模式，统筹执法、物业、环卫、市政等力量下沉，让矛盾问题受理在社区、解决在社区。深化社会治安防控体系现代化建设，推进信访积案化解，打造新时代“枫桥经验”环翠样板。扎实开展打击涉网黑恶犯罪专项行动，加强反电信网络诈骗工作，升级社会风险智控系统〔98〕，持续提升基层安保维稳治理能力。

着力守住安全发展底线。牢固树立总体国家安全观，完成区级应急指挥中心建设，紧盯危险化学品、建筑施工、道路交通、校园校车、消防安全、食品安全以及森林防灭火、海洋渔业等重点领域，强化“专家+服务”监管模式，滚动开展全行业、全覆盖安全风险整治，落实落细派驻盯守、有奖举报、隐患清零等措施，坚决防范和遏制各类事故。常态化抓好金融风险防控、国防动员及后备力量建设、双拥共建、民族宗教、禁毒、反恐、保密及海陆一体平安建设等工作，坚决守住守牢“一排底线”。

四、全面加强政府自身建设

各位代表！奋进新时代，担当有作为。我们要坚持党的全面领导不动摇，持之以恒转作风、强能力、提效能，当好执行者、行动派、实干家，着力打造人民满意政府。

坚守一以贯之的政治定力。旗帜鲜明讲政治，深刻领悟“两个确立”决定性意义，严格落实“第一议题”等制度，坚定不移用习近平新时代中国特色社会主义思想凝心铸魂。全面落实上级和区委各项决策部署，不折不扣抓好省委巡视反馈问题整改、意识形态责任落实等政治任务，以实际行动践行对党绝对忠诚。

练就公正严明的法治定力。深入践行习近平法治思想，扎实推进法治政府建设，自觉运用法治思维和法治方式深化改革、推动发展、化解矛盾，做到“法定职责必须为、法无授权不可为”。认真执行民主集中制、“三重一大”等集体决策制度，自觉接受人大法律监督、政协民主监督、社会舆论监督，提升决策科学化、民主化、法治化水平。

砥砺勤政务实的实干定力。深化“实敢当”作风提升专项行动，聚焦“高效办成一件事”〔99〕，大力倡树“早干、快干、会干”工作作风。进一步坚持问题导向，树立担当精神，敢于向困难叫板、向矛盾较真。增强创新意识，强化有解思维，攻坚突破一批群众关心、社会关注的“硬骨头”“老大难”。

恪守清正廉洁的纪律定力。全面从严治党，严格落实中央八项规定精神，推动政府系统党风廉政建设向纵深发展，营造干部清正、政府清廉、政治清明、社会清朗的良好生态。坚持政府过紧日子、群众过好日子，从严控制一般性支出，切实做到“花钱必问效”，让每一分钱都花在刀刃上。

注释

〔1〕“实敢当”作风提升专项行动

为促进全区广大干部素质能力、精神状态、工作作风全面提升，加快建设“共同富裕先行示范区”，2023年5月，区委决定在全区开展以“实干实绩、敢打敢拼、担当善为”为主要内容的作风提升专项行动。

〔2〕全国绿色发展百强区、新型城镇化质量百强区

由中国中小城市发展指数研究课题组、国信中小城市指数研究院组织评选，其中“绿色发展百强区”从资源节约、绿色消费、污染治理、环境质量4个方面评选；“新型城镇化质量百强区”从城镇发展、公共服务、城市更新、环境质量4个方面评选。2023年11月，环翠区成功入选两个“百强区”。

〔3〕省级制造业单项冠军

由省工业和信息化厅认定，指长期专注于某些特定细分产品市场的企业，其生产技术或工艺国际领先，特定细分产品销售收入占企业全部业务收入比重50%以上，单项产品市场占有率位居全国前5且全省第1。2023年，环翠区威海广泰空港股份有限公司、山东汇泉工业有限公司2家企业入选，总数达到8家。

〔4〕专精特新企业

指具备专业化、精细化、特色化、新颖化特征，专注于细分市场、创新能力强、市场占有率高、掌握关键核心技术、质量效益优的企业。2023年，环翠区4家企业获评国家专精特新“小巨人”企业，37家企业获评省专精特新企业，总数分别达到8家、83家。

〔5〕数字化车间

指生产制造企业以生产对象所要求的工艺和设备为基础，以信息技术、测控技术等为手段，对生产过程进行规划、管理、诊断和优化的实施单元。2023年，威海市海王旋流器有限公司入选山东省数字化车间，全区共有市级数字化车间13家、省级数字化车间2家。

〔6〕智能制造场景

指面向单个或多个制造环节，通过新一代信息技术、先进制造技术深度融合，实现具备协同和自治特征、具有特定功能和实际价值的应用。2023年，山东汇泉工业有限公司基于AI算法的5G智能柔性排产场景入选山东省智能制造场景。

〔7〕省级数字经济“晨星工厂”试点区

“晨星工厂”是指创新能力突出、典型示范性强、应用成效明显、经济效益显著的数字驱动型企业。为充分激发工业数据资源要素潜力，省工业和信息化厅在全省选拔工业经济基础较好的县（市、区），率先打造一批标杆试点，在高端装备、新材料、新医药、新一代信息技术等重点产业领域，支持数字经济发展。2023年6月，环翠区成功入选。

〔8〕省级数据管理能力成熟度评估模型试点区

省工业和信息化厅自2021年启动《数据管理能力成熟度评估模型》国家标准（DCMM）贯标试点工作，重点选拔具备政策基础，能够推动产业数据和公共数据高效、高质量汇聚，有效组织辖区不少于5家企业开展贯标试点的县（市、区）。2023年6月，环翠区成功入选。

〔9〕楼宇联盟服务中心

按照“中心统筹、商圈协同、楼宇联动”思路，组织中心城区街道协同N个商圈（社区）党群服务中心，辖区N家重点楼宇联动，共同组成楼宇联盟服务中心，提供项目接洽、协助选址、手续代办等一站式楼宇服务。

〔10〕全省首批领航型文旅企业

2022年6月，省文化和旅游厅等5部门联合印发《山东省文化和旅游企业（集团）“百企领航”培育计划》，计划到2025年，培育约100家具有较强行业示范带动性、规模体量大、市场竞争力强的文旅领航型企业。2023年11月，华夏文化旅游集团股份有限公司获评全省首批领航型文旅企业。

〔11〕省级智慧旅游样板景区

根据《大力提振文化和旅游消费的政策措施》，省文化和旅游厅在AAAA级以上旅游景区中评选出管理服务智慧化、便利化水平显著提升、在全省起到良好引领作用的智慧旅游样板景区。2023年10月，威海华夏城景区入选。

〔12〕海洋电子信息和智能装备产业发展三年行动

2023年7月，环翠区发布《环翠区海洋电子信息和智能装备产业发展三年行动计划（2023—2025）》，重点实施园区载体引航行动、产业升级引导行动、科技创新引领行动、人才强基引育行动“四大行动”，推动提升全区海洋新兴产业比重，实现海洋经济高质量发展。

〔13〕“一件事”专窗

区行政审批服务局为深化“一件事一次办”改革成果，将多个部门相关联的单项政务事项，整合为企业和群众视角里的“一件事”，通过在政务服务机构设置“一件事”专窗，实现多个事项“一窗受理”“一次办理”，真正让企业和群众少跑腿。

〔14〕镇级便民中心建设地方标准

指《乡镇（街道）便民服务中心建设规范》，由区行政审批服务局牵头起草，总结全区镇街便民服务中心建设经验制定，2023年9月9日起实施。

〔15〕九证合一

指将建筑工程施工许可、防空地下室建设许可等9个事项合并为“建筑工程施工综合许可”1个事项，具备与原9个事项审批结果文件同等的法律效力。

〔16〕全省轻工纺织行业数字“三品”示范县

为深入推进数字化助力轻工纺织行业“三品”行动（增品种、提品质、创品牌），省工业和信息化厅组织开展轻工纺织行业数字“三品”示范县（市、区）创建工作。2023年11月，环翠区成功入选。

〔17〕省级首台（套）技术装备

指经过原始创新、集成创新或引进技术消化吸收再创新，在国内率先实现原理、结构、性能等方面的重大创新，拥有自主知识产权和自主品牌的成套或单机装备产品。2023年11月，威海市海王旋流器有限公司的密度场梯度连续强化型三产品重介质旋流器入选省级首台（套）技术装备。

〔18〕“人才寻访团”专项行动

聚焦区域产业发展方向和企业人才需求，由区委人才工作领导小组办公室牵头，联合区科技局、区工业和信息化局、区人力资源社会保障局等部门组成“人才寻访团”，赴高校院所开展人才对接交流活动，精准对接高层次人才、高质量项目、高校毕业生等优质资源，鼓励更多优秀人才来环翠扎根发展。

〔19〕省级“青年驿站”优化提升试点

“青年驿站”是团省委为求职大学生提供的公益项目，通过简化入住流程、延长服务时间、优化配套服务等措施，向毕业求职学子提供不同时长免费住宿，探索适合地域推广的驿站优化提升模式。2023年，环翠区入选省级“青年驿站”优化提升试点。

〔20〕招商引资、项目建设分级攻坚推进机制

是环翠区为树牢“大抓经济、大抓项目”工作导向，创新实施的项目攻坚推进机制，将招商引资、项目建设分为三个攻坚级别，通过优化机制、限时办结、督查督办、考核激励等措施，确保重点工作按时高质高效推进。

〔21〕四库一地图

即楼宇资源库、园区分布库、目标企业库、重点项目库及招商地图。

〔22〕省级绿色商场

由省商务厅认定，指以重点商贸流通企业为载体，围绕改造节能设施设备、健全绿色管理制度、优化绿色服务体系、促进绿色低碳消费等方面，加强数据汇总分析、动态管理，引领零售业绿色发展的绿色商场典型案例。2023年4月，万达广场入选2022年度省级绿色商场。

〔23〕省级电商新业态

指省商务厅认定的各类电商高质量发展主体，主要包括山东电子商务平台、山东电商直播基地、山东电商供应链基地、山东电商云仓、山东直播电商企业等，并将入选企业纳入全省电商生态链企业“白名单”。2023年12月，家家悦集团股份有限公司获评山东电子商务平台，威海富源百川钓具有限公司、威海鱼猎人钓具有限公司获评山东电商直播基地，山东汉鼎体育用品有限公司获评山东电商云仓，威海喵小浪供应链管理有限公司、威海楚门传媒有限公司获评山东直播电商企业。

〔24〕省电商产业带

指自然资源优良、生产规模较大、产业基础较好、空间相对集中，突出网络销售模式，集聚电商产业链条的特色优势产业集聚区。2023年7月，环翠区渔具电商产业带入选省级电商产业带。

〔25〕城市更新三年行动

根据市委、市政府工作要求，结合环翠区实际，2023—2025年开展城市更新三年行动，建成一批城市更新项目，调整优化城区空间结构、提升功能品质、改善人居环境、彰显山海风貌特色，为城市更新提供可借鉴的环翠路径。

〔26〕公交港湾

公交港湾为交通术语，指公共交通线路中，在线路一侧拓宽局部路面设置的公交停靠站。

〔27〕城市“成长的烦恼”

精致城市建设开展以来，市委、市政府奏响化解城市“成长的烦恼”的“四部曲”，分别是化解“办证难”项目、处置闲置项目和“半拉子”工程、盘活闲置土地和低效地块以及解决城市管理服务中不精致、不文明、群众不满意等问题。

〔28〕两清三化

“两清”，即实现农村残垣断壁和撂荒地动态清零；“三化”，即按照推进一体化、流转多元化、盘活精准化的原则，将农村“闲资源”变成“活资产”。

〔29〕农村资产权属归位

将农村集体资产由村（居）民委员会划转至农村集体经济组织，进一步理顺农村集体资产权属关系，巩固农村集体产权制度改革成果，确保集体资产安全。2023年8月，环翠区成功申报农村集体资产权属归位国家试点。另外，入选全国地籍调查工作示范点、国家级红色美丽村庄试点2个国家级试点。

〔30〕绿色供应链管理企业

绿色供应链是将环保节约理念贯穿于产品设计到原材料采购、生产、运输、储存、销售、使用和报废处理的全过程，使企业的经济活动与环境保护相协调的上下游供应关系。为贯彻落实国家《“十四五”工业绿色发展规划》，持续完善绿色制造体系，省工业和信息化厅组织开展评选省级绿色供应链管理企业工作。2023年7月，三角轮胎股份有限公司成功入选。

〔31〕绿色工厂

指实现用地集约化、生产洁净化、废物资源化、能源低碳化的工厂。2023年3月，三角轮胎股份有限公司、山东双轮股份有限公司入选国家级绿色工厂；2023年7月，威海海鑫新材料有限公司、威海新北洋数码科技有限公司入选省级绿色工厂。至年末，全区共有国家级绿色工厂2家、省级绿色工厂3家。

〔32〕无废城市

是以新发展理念为引领，通过推动形成绿色发展方式和生活方式，持续推进固体废物源头减量和资源化利用，最大限度减少填埋量，将固体废物环境影响降至最低的城市发展模式。

〔33〕近零碳社区

指通过构建绿色建筑、绿色出行、垃圾分类、废物利用等低碳生活方式，降低相关资源消耗，降低

社区碳排放。2023年12月，鲸园街道花园社区被省生态环境厅确定为近零碳社区示范创建单位。

〔34〕省级水土保持科技示范园

依据《国家水土保持示范创建管理办法》等要求，省水利厅组织开展2023年度省级水土保持示范创建活动，推动新阶段水土保持实现高质量发展。威海华夏城景区被认定为省级水土保持科技示范园。

〔35〕两个清零、一个提标

指城市建成区雨污合流管网清零、城市建成区黑臭水体清零、城市污水处理厂提标。

〔36〕名医基层工作站

根据省卫生和健康委员会《推广“淄博市建设名医基层工作站”做法提升基层医疗服务能力的通知》要求，环翠区以强基层为重点，结合群众看病就医需求，选派一批内科、外科、中医等深受群众欢迎的名医专家在基层医疗机构设立工作站，推进优质医疗资源下沉。

〔37〕食源性疾病多点触发监测预警

在医疗机构报告食源性疾病基础上，将触点延伸到学校、药店、企业、超市、社区等，让食源性疾病能够早发现、早报告、早预警。2023年，环翠区以威海市创建国家食品安全与营养健康综合试验区为契机，率先开展试点工作，及时发现食品安全苗头性信息，保障群众健康。

〔38〕集采药品医保惠民点

为满足群众就近购买低价药需求，开展“集采药品进基层”活动，引导零售药店、村卫生室、民营医院等多方销售集采药品，在集采药品专区设置、零差价销售模式等方面设定统一标准，授予满足条件的单位“集采药品医保惠民点”，形成与公立医院互相补充的供应保障机制。

〔39〕15分钟医保服务圈

指以居民居住区为中心，通过将医保卡办理、报销查询、费用结算等高频次医保经办服务事项下沉，纳入基层医保经办服务站点办理，步行15分钟范围内即可办理医保业务，实现“就近办、多点办、全城办”。

〔40〕“双县”创建

即“全国义务教育优质均衡发展县”“全国学前教育普及普惠县”创建。2023年，环翠区“双县”创建作为全省首批推荐区通过国家核查。

〔41〕国家普惠性学前教育保障实验区

由教育部组织评选，在全国范围内遴选部分地区开展“完善普惠性学前教育保障机制”试点，探索学前教育高质量发展的有效路径。2023年11月，环翠区成功入选。

〔42〕国家一级图书馆

为国务院论证、决定并由国家文化和旅游部公布的图书馆等级。区图书馆在第七次全国县级以上公共图书馆评估定级中被评为国家一级图书馆。

〔43〕“1+5”双拥共建模式

指辖区每个驻军单位至少与1个区直部门、1个镇街、1个社区、1所学校、1个企业建立共建关系，充分发挥各自资源优势，互办实事、互解难题。

〔44〕荣军联盟

由区退役军人事务局发起成立、社会广泛参与的荣军服务组织，旨在为现役、退役军人和其他优抚对象提供优惠折扣服务。

〔45〕“环环助”

指环翠区以解决困难群众实际需求为目标，以全域核对为切入口，以服务类改革为突破口，以多元参与为驱动力，打造的“威救你·环环助”社会救助品牌，努力为困难群众提供上心、贴心、暖心的管家式服务。2023年5月26日，环翠区“环环助”社会救助品牌被省民政厅确定为全省优秀社会救助品牌。

〔46〕区镇两级“一站式”矛盾纠纷调解中心

依托区镇两级综治中心，以“一站式”吸附化解矛盾纠纷为目标，打造矛盾纠纷调解、社会风险研判、综合调度管理为一体的社会治理综合平台，实现群众矛盾纠纷“只进一扇门，最多跑一地”。

〔47〕“枫桥式公安派出所”

指公安部在全国开展创建“枫桥式公安派出所”活动，评选坚持发展新时代“枫桥经验”的基层先进派出所。省公安厅同步开展省级创建活动，2023年公安环翠区分局城里派出所被省公安厅命名为第三批省级“枫桥式公安派出所”。

〔48〕孙家疃街道“海上枫桥工作法”

孙家疃街道坚持站稳渔船民立场，探索实践以“小事不下船、大事不出港、矛盾不上交”为主要内容的“海上枫桥工作法”。

〔49〕社区运营中心

通过引进商业运营机构、培育社会企业等方式，引导各类市场资本和社会力量参与社区发展治理，持续推动社区商业繁荣、公益产品盘活和社会企业培育，营造社区消费新场景和精致幸福新空间，助力共同富裕先行示范区建设。

〔50〕诚信大数据智慧平台

基于基层治理现代化生态打造需求，创新探索“个人诚信机制培育”与“社区诚信体系建设”深度融合，构建集诚信数据采集、共享、分析为一体的智能化管理平台，为“诚信社区”建设等工作提供数字化支撑。

〔51〕社区公共法律服务亭

区司法局联合环翠楼街道、公安环翠分局城里派出所，将市区骆驼公园的核酸检测亭改造成全省首个“一站式”社区公共法律服务亭。亭内设有法律咨询、法律援助、纠纷调解、普法宣传、公证和司法鉴定等功能。

〔52〕“铁拳”行动

指市公安局针对各类侵财案件多发态势，在全市范围组织开展的打击防范传统盗抢骗违法犯罪专项行动。

〔53〕“夏季治安”行动

指公安环翠分局根据国家、省、市公安机关部署要求，为迅速遏制部分违法犯罪多发势头和社会矛盾上升苗头，有效解决季节性突出治安问题，从2023年6月25日至9月30日开展夏季治安打击整治行动。

〔54〕疑难问题仲裁机制

针对职责不清等问题，建立“中心（区社会治理服务中心）指定、联合裁定、两办跟踪、纪委监督”机制，着力破解因责任边界不明造成的群众诉求落空、推诿扯皮、问题积压、反复投诉等难题。

〔55〕“营在环翠 商通未来”品牌

是环翠区2023年推出的优化营商环境区域品牌，致力于围绕“流程更优、体制更顺、效率更高、服务更好”目标，持续深入开展营商环境创新提升行动，推动各类资源要素集聚和配置能力明显增强，市场主体活跃度和发展质量显著提高，让广大企业在环翠投资兴业更有信心、更加顺心、更感舒心。

〔56〕营商环境专门机构

为提升政务服务效能，由区属事业单位——区投资促进中心承接区优化营商环境工作专班相关职责，统筹推进优化营商环境工作。

〔57〕小店经济

指面向居民生活消费的食品、住宿等行业个体店铺，能够促进经济发展、改善群众生活、驱动消费活力的经济形态。2023年，环翠区出台《环翠区深化营商环境创新提升行动实施方案》，制定7大重点任务，分别是点亮小店经济、盘活闲置楼宇、全力招商引资、助力乡村振兴、壮大产业集群、加快项目建设、力争群众满意。

〔58〕夜间“错时执法”

结合暑期旅游旺季实际，自2023年5月初至10月中旬，成立错时执法队伍，将执法、管理、服务拓展至“8小时”之外的18至22时，加强对夜间占道经营、扰民等问题的处置，提升群众和游客满意度。

〔59〕一链一园

为加快推进产业链区域融合发展，联合链主企业、园区平台等力量，把产业链上下游企业聚集到同一园区，更好发挥协同作用，打造实力强劲、特色鲜明的优势产业链条。

〔60〕“瞪羚”企业

是对成长性好、具有跳跃式发展态势的高新技术企业的一种通称。

〔61〕智改数转

指通过运用人工智能、大数据、云计算等新兴技术，对传统制造业的生产、管理、销售等各环节进行智能化改造和数字化转型，提高生产效率和产品质量。

〔62〕智能工厂

在数字化车间基础上，综合运用信息技术、网络技术等先进技术手段，实现研发、生产、物流、销售等环节的智能管理决策，具备“设备互联、数字互享、系统互通、业态互融”特征的新型工厂。

〔63〕一楼一特色

根据商务楼宇现有业态、区位特点等因素，通过政府引导、专业招商、特色集聚等方式，“因楼制宜”引导楼宇经济专业化、差异化和品牌化发展，着力培育一批主导产业鲜明、集聚效应突出的特色产业楼宇。

〔64〕直播电商+产业带

指通过直播平台和主播等内容创作者，将产业带的产品、品牌、文化等进行展示、推广和销售，实现产业带与消费者之间的直接对接和互动。

〔65〕全国县域商业“领跑县”

2023年8月，商务部等9部门联合印发《县域商业三年行动计划（2023—2025年）》，提出到2025年在全国打造约500个县域商业“领跑县”，建设改造一批县级物流配送中心、乡镇商贸中心和农村新型便民商店，更好满足乡村产业振兴和农村居民生产生活需求。

〔66〕环翠名优小吃

2023年11月，区旅游工作领导小组办公室印发《“最威海 是环翠”环翠区首届名优小吃评选活动方案》，通过网络投票、专家评审等程序，择优评选出一批环翠名优小吃街区、环翠名优小吃店、环翠名优小吃，并加强宣传推广，引领环翠餐饮业发展，为文旅高质量发展注入新动能。

〔67〕“环翠有礼”文创设计大赛

2023年5月启动，旨在择优评选出一批具有环翠特色的旅游纪念品、商务礼品，计划2024年5月1日前公布结果，并组织第三方专业机构将获奖的作品在里口山、半月湾、海洋科技馆等景区景点进行展示推介。

〔68〕“重点分包+专业分包+全面分包”联系机制

根据省、市统一安排部署，环翠区建立“区领导重点分包—经济部门专业分包—镇街基层全面分包”的市场主体分包联系机制。其中，骨干企业由区领导重点分包，规上企业根据行业类别由行业主管部门为主专业分包，规下企业和个体工商户由属地镇街机关干部、社区工作人员为主全面分包。

〔69〕免申即享

聚焦企业、个人全生命周期政务服务事项，大力推进极简办、集成办、全域办，简化政策申请流程，实现惠企利民政策“免申即享”、快速兑现。

〔70〕市区实质性融合办事模式

待市政务服务中心建设完成后，市行政审批部门和区行政审批部门一体化整体进驻，属于市区两级的同类业务，由市级部门牵头实行实质性融合，原则上不分为市级办理区和区级办理区，打造只进一个厅、办理市县两级事项的融合办事模式。

〔71〕无证明城市

是山东省创新推出方便企业和群众办事的一项具体举措，主要通过电子证照证明、数据共享等方式，努力实现政务服务、行政执法、公共服务等领域的免证办事。

〔72〕证照税联办

通过协同办公、事项联办、信息共享等方式，深化业务协作，打造线下专窗，市场主体办理营业执照相关登记时，可同时申请涉税登记、食品经营许可事项等，通过部门内部流转方式，实现一次受理、同步办理、一站办结。

〔73〕“威海—济南—北京—大连”科技合作圈

环翠区与首都高校科技信息联盟、齐鲁工业大学（山东省科学院）、大连理工大学建立了校地合作关系，共建技术转移机构，撬动北京、济南、大连等地科技研发资源，服务全区企业科技创新发展。

〔74〕新时代“英才汇翠”计划

环翠区参照威海新时代“英才计划”，于2023年9月修订出台了《关于实施新时代“英才汇翠”计划推动高质量发展的意见》，进一步健全覆盖产业领军人才、产业支撑人才、企业精英人才、专业优秀人才的全方位人才政策支持体系，持续释放政策“虹吸效应”。

〔75〕“政府+猎头+企业”市场化引才路径

以企业人才需求为导向，市区两级联动遴选一批优质人力资源机构、海内外引才工作站等猎头机构，组建威海市引才工作站，凝聚“有效市场”与“有为政府”的双重合力，拓宽市场化引才育才渠道，助力打造具有环翠特色的人才集聚高地。

〔76〕重点产业招商图谱

围绕新材料、高端装备制造两大产业主攻方向，瞄准产业链核心节点和关键环节，细化产业发展概况、优势资源、骨干企业、重点合作方向、重点区域、重点目标企业等，为引进上下游配套企业、产业链延伸项目提供指南。

〔77〕低空经济

是以各种有人驾驶和无人驾驶航空器的各类低空飞行活动为牵引，辐射带动相关领域融合发展的综合性经济形态。

〔78〕公共海外仓

指在境外租赁或购买较大面积的仓储设施，为国内外贸企业或跨境电商主体提供仓储物流、运输报关、中转集货、一件代发、退货维修等相关服务。

〔79〕国土空间分区规划编制

指对分区范围内国土空间开发保护作出总体安排和综合部署，兼具综合性、统筹性、实施性、约束性，是分区范围内国土空间发展的指南、可持续发展的空间蓝图，是各类开发保护建设活动的基本依据。

〔80〕“城市大脑”提升行动

“城市大脑”是互联网大脑架构与智慧城市建设结合的产物，运用大数据、物联网等技术，提高城市数字化、智能化、智慧化水平，提升城市现代化治理能力和运行效率，更好地满足市民不同需求。

〔81〕美好家园共建行动

按照省住房和城乡建设厅《深入开展“加强物业管理共建美好家园”活动实施方案》相关要求，围绕践行为群众办实事，打造一批管理规范、服务优良、环境宜居、安定和谐的“美好家园”小区。

〔82〕EOD

指以生态环境导向的开发，里口山EOD项目是在里口山风景名胜区及紧邻区块范围内，打造“山水协同共治+农林文旅融合康养产业发展”的生态环境分层分级开发新模式，形成“农林文旅融合康养产业发展”反哺生态治理良性机制。

〔83〕被动式超低能耗建筑

指采用高保温隔热材料、高气密性能门窗等围护结构，运用高效新风热回收、可再生能源利用等技术，大幅降低建筑供暖供冷等能耗需求，减少外部能源供应，提供舒适室内环境的建筑。

〔84〕教育提质工程

由区教育体育局组织实施，包含“党旗领航”“五育并举”“内涵发展”“强师兴源”“健康体育”“全环境育人”等方面的提升工程，旨在加快建设高质量教育体系，用更加公平、更有品质的教育满足群众对美好生活的向往。

〔85〕省级全环境育人实验区

2021年12月开始，省教育厅开展全环境育人实验区、规范校遴选建设工作，要求在优质均衡发展、办学活力激发、办学条件保障等方面先行先试，在教学减负提质、五育并举落实、评价管理改革等方面树立标杆，大力优化育人环境，促进学生健康成长。

〔86〕门诊共济保障机制改革

指在基本医疗保险制度框架下，把普通门诊费用纳入统筹基金报销范围，从而提高参保人员门诊待遇，减轻群众门诊医药费用负担。

〔87〕中医医共体

指以环翠区中医医院为牵头医院，中心城区社区卫生服务中心为成员单位，发挥区级医院资源和技术优势，提升区域中医药服务质量，推进基层首诊、双向转诊、急慢分治、上下联动的中医医疗服务新格局。

〔88〕“1+18+N”医保服务体系

指结合中心城区特点和优势，围绕群众所需、所盼、所想，打造的医保阵地服务体系。“1”是以区医疗保险事业中心大厅为主体，“18”是在9个镇（街道）便民服务站的基础上，补充建设9大特色化医保服务中心；“N”是依托定点医药机构、银行、社区、企业设立的医保工作站点。

〔89〕乡村找房

在“两清三化”行动的基础上，定制化开发全省首个“乡村找房”App，建设环翠区农村闲置资源智慧化、便捷化盘活路径，实现了农村低效闲置资源“掌上”可见，有效解决了农村闲置资源流转过程中的信息不对称问题。

〔90〕环翠·链乡

聚集环翠区优质涉农资源，链接全区“和美乡村、休闲运动、休闲农场、乡村民宿”等十大项目，直观、全面、广泛展示优质涉农资源，实时发布乡村农文旅资讯动态，打造集旅游、投资于一体的功能平台。

〔91〕省级“四好农村路”示范县

由省交通运输厅认定，对“建好、管好、护好、运营好”农村公路工作开展较好、具有示范带动作用的县（市、区），命名为省级“四好农村路”示范县。

〔92〕“如康家园”残疾人之家

以解决残疾人“急难愁盼”问题为导向，依托基层公共服务设施，形成集日间照料、辅助性就业、社区康复、技能培训等于一体的综合性服务平台。2024年计划打造2处，分别位于羊亭镇、张村镇。

〔93〕美德和信用“五进”工程

指以倡树新时代美德健康生活方式为重点，以诚信建设为切入点，围绕进机关、进校园、进企业、进农村、进社区，打造一批示范点，带动提升新时代厚德环翠、诚信环翠建设水平。

〔94〕沿黄渤海文化体验廊道

2022年11月，省委宣传部出台《关于建设中华文化体验廊道 推动文旅融合高质量发展的实施计划（2023—2025年）》，提出沿黄河、大运河、齐长城、黄渤海文化体验廊道和沿胶济铁路文化体验线“四廊一线”建设重点，威海市位于沿黄渤海文化体验廊道。

〔95〕城乡新型公共文化空间

根据文化和旅游部关于建设新型公共文化空间的工作部署和要求，计划在城乡建设一批具有公益文化属性、提供高品质公共文化产品和服务的公共空间，让城乡文化“活”起来。

〔96〕“幸福威海·悦动环翠”文化活动品牌

环翠区聚焦满足群众高品质文化生活需求，以推动公共文化服务高质量发展为引领，通过创新文化载体、开展文化活动、引导精品创作等方式，推动文旅产业融合发展，聚力打造文化活动品牌。

〔97〕“热线+网格+数字城管”联动融合

整合“12345”政务服务便民热线、网格化、数字城管三大居民诉求平台，设立区社会治理服务中心，充分发挥区级社会治理服务平台统筹作用，协调推动跨部门、跨镇街、跨层级的复杂事项有效处置。

〔98〕社会风险智控系统

将公安接出警、政务投诉热线、重点人群等数据资源，汇聚形成健全完善的社会风险事件、人员资源库，解决排查发现难、动态管控难、责任落实难等问题，切实降低社会风险，提升社会风险预警及处置能力。

〔99〕高效办成一件事

2023年11月，省政府出台《关于“高效办成一件事”大力提升行政效能若干措施》等文件，通过“高效办成一件事”，着力解决企业群众反映强烈的问题、工作运行执行中的难点，以及应当办好、可以办好而没有办好的事项。

大事记

1月

1日 根据《关于提高我市困难群众救助保障标准的通知》（威民发〔2023〕2号），威海市城市居民最低生活保障标准由每人每月953元提高为每人每月1001元；农村居民最低生活保障标准由每人每月745元提高为每人每月800元。城市特困供养基本生活标准由每人每月1286元提高为每人每月1302元；农村特困供养基本生活标准由每人每月1035元提高为每人每月1040元。威海市集中和分散特困供养照料护理基准标准为完全丧失生活自理能力每人每年13298元、部分丧失生活自理能力每人每年6650元、具备生活自理能力每人每年3990元。威海市机构养育孤儿基本生活保障标准由每人每月2338元提高为每人每月2503元；散居孤儿及事实无人抚养儿童基本生活保障标准由每人每月1815元提高为每人每月2002元；重点困境儿童保障标准分别由每人每月1694元提高为1881元。困难残疾人一、二级生活补贴标准由每人每月170元提高为每人每月201元；三、四级由每人每月138元提高为每人每月151元。重度残疾人一级护理补贴标准由每人每月164元提高为每人每月181元；二级由每人每月140元提高为每人每月151元。

6日 区委常委会第49次（扩大）会议召开。会议传达学习习近平总书记在中共中央政治局民主生活会及中央农村工作会议上的重要讲话精神、中央经济工作会议精神，威海市第十八届人民代表大会第三次会议精神及孔凡萍在参加环翠代表团审议时的讲话精神，中国人民政治协商会议第十四届威海市委员会第二次会议精神，研究环翠区贯彻落实意见。

同日 环翠楼街道东北村社区居民委员会被民政部授予“全国先进基层群众性自治组织”称号；鲸园街道古北社区党委书记、居民委员会主任王爱花被民政部授予“全国优秀城乡社区工作者”称号。

7—8日 中国人民政治协商会议第十五届威海市环翠区委员会第二次会议召开。会议审议并通过孙青松代表区政协第十五届委员会常务委员会向大会所作的工作报告和邓洁代表区政协十五届委员会常务委员会所作的提案工作报告。

8日 全区重点工作调度会议召开。会议安排部署春节前后疫情防控、安全生产等重点工作。

8—9日 环翠区第十九届人民代表大会第二次会议召开。会议听取环翠区人民政府区长于晓东所作的《政府工作报告》。会议印发《威海市环翠区2022年国民经济和社会发展计划执行情况与2023年国民经济和社会发展计划（草案）的报告》《关于2022年威海市环翠区和区级预算执行情况与2023年威海市环翠区和区级预算（草案）的报告》。会议表决通过《威海市环翠区第十九届人民代表大会第二次会议关于政府工作报告的决议》《威海市环翠区第十九届人民代表大会第二次会议关于威海市环翠区2022年国民经济和社会发展计划执行情况与2023年国民经济和社会发展计划的决议》《威海市环翠区第十九届人民代表大会第二次会议关于2022年威海市环翠区和区级预算执行情况与2023年威海市环翠区和区级预算的决议》《威海市环翠区第十九届人民代表大会第二次会议关于威海市环翠区人大常委会工作报告的决议》《威海市环翠区第十九届人民代表大会第二次会议关于威海市环翠区人民法院工作报告的决议》《威海市环翠区第十九届人民代表大会第二次会议关于威海市环翠区人民检察院工作报告的决议》。

9日 中国科学技术协会印发《关于命名2021—2025年度第二批全国科普示范县（市、区）的决定》，环翠区被认定为2021—2025年度第二批全国科普示范县（市、区）。

13日 区委常委会第50次（扩大）会议召开。会议传达学习习近平总书记新年贺词和在全国政协新年茶话会上的重要讲话精神；习近平总书记对政法工作作出的重要指示精神及中央政法工作会议精神；习近平总书记对爱国卫生运动作出的重要指示精神和李克强总理作出的批示精神，研究环翠区贯彻落实意见。

同日 区委常委会（扩大）会议暨全区2022年度镇（街道）和区直有关工委（党委）书记全面从严治党述责述廉和抓基层党建工作述职评议会议召开。

同日 环翠区各镇（街道）党（工）委书记党管武装述职会议召开。会议传达威海市各区市人武部党委第一书记述职会议精神，相关镇（街道）进行述职发言。

19日 区政府第15次常务会议召开。会议研究部署廉政建设、安全生产等工作。

同日 环翠区统筹疫情防控和经济运行工作会议召开。会议安排部署春节前后疫情防控、安全生产、经济运行等重点工作。

20日 区委常委会第53次（扩大）会议召开。会议传达学习习近平总书记在二十届中央纪委二次全会上的重要讲话精神，传达学习省十四届人大一次会议、省政协十三届一次会议精神，研究环翠区贯彻落实意见，安排部署春节假期相关重点工作。

22日 省、市春节期间有关工作视频调度会议召开。环翠区组织收看会议实况并接续召开会议，研究贯彻落实上级会议精神，对春节期间相关工作进行安排部署。

29日 区委经济工作会议暨2023年工作动员大会举行。会议深入学习贯彻中央和省委、市委经济工作会议精神，总结2022年经济工作，研究部署2023年经济工作任务。

31日 市委书记闫剑波到环翠区温泉镇小庄村调研农村疫情防控和公共卫生服务工作。

同日 市委副书记、市长孔凡萍到威海望岛农贸市场调研促进消费市场复苏工作。区委书记张刚参加调研。

是月 市领导闫剑波、贾瑞霭、刘树军、林强、李建先后到环翠区，看望慰问坚守一线的干部职工。

2月

3—4日 市区领导带队开展招商引资和项目合作对接活动，到滨州拜访山东魏桥创业集团，并与到访的西安羚控电子科技有限公司相关负责人座谈交流。市区领导高旭光、宋修骞、张刚、于晓东等分别参加相关活动。

6日 副省长陈平一行到新北洋信息技术股份有限公司调研督导当前工业经济运行情况。

同日 环翠区人民政府与威海产业投资集团有限公司签署战略合作协议，双方将在产业赋能升级、创新创业投资等诸多领域开展合作。

13日 区委常委会第55次（扩大）会议召开。会议传达学习习近平总书记在参加中共中央政治局第二次集体学习时的重要讲话精神，研究环翠区贯彻落实意见；审议通过《关于建立招商引资、项目建设分级攻坚推进机制的实施意见》。

同日 环翠区宣传思想工作会议召开。会议传达学习全国、省、市宣传部长会议和全省宣传文化系统“强本领、保落实、保质量”主题年动员会精神，安排部署全区宣传思想工作任务。

同日 区委编委印发《中共威海市环翠区委机构编制委员会关于设立威海市环翠区中医医院的批复》，设立区中医医院，为区卫生健康局所属公益二类财政补贴事业单位，不定机构规格，人员实行备案制管理，核定人员控制总量135名。

同日 区委编委印发《中共威海市环翠区委机构编制委员会关于调整街道办事处事业编制的通知》，竹岛、环翠楼、鲸园、嵩山、孙家疃5个街道增加事业编制40名。

15日 环翠区组织收看省、市疫情防控工作视频会议实况并接续召开会议，贯彻落实上级会议精神，部署疫情防控等重点工作。

20日 环翠区组织收看全省春季田间管理暨春耕备播工作视频会议实况并接续召开会议安排部署相关工作。

21日 环翠区平安环翠建设工作会议召开。会议学习贯彻落实习近平总书记关于平安建设工作的重要指示精神，以及中央和省委、市委有关会议精神。

同日 环翠区十九届人大常委会第九次会议召开。会议传达全市2023年工作动员大会、区委经济工作会议暨2023年工作动员大会精神；听取并审议威海市环翠区人大常委会2023年工作计划；听取并审议2022年度规范性文件备案审查工作情况的报告。

同日　环翠区2022年度区直机关党组织书记抓基层党建工作述职评议会议召开。

22日　市政府新闻办举行“大抓经济　勇争一流”主题发布会环翠区专场。区委常委、副区长张元波介绍环翠区推动产业发展、项目建设、招商引资、服务企业、优化营商环境等方面的新措施。

23日　区政府第16次常务会议召开。会议研究部署慢性病防控、首席技师认定、校地合作等工作。

24日　环翠区首家“信用超市”在环翠楼街道东北村社区揭牌运营。

同日　区委理论学习中心组集体学习习近平总书记关于意识形态工作的重要论述和有关文件并邀请哈尔滨工业大学（威海）教授潘文华围绕意识形态工作专题授课。

同日　区委常委会第56次（扩大）会议召开。会议学习传达习近平总书记在学习贯彻党的二十大精神研讨班开班式上的重要讲话精神；传达习近平总书记对内蒙古阿拉善左旗一露天煤矿坍塌事故作出的重要指示精神、李克强总理作出的批示精神，传达全省安全生产紧急视频会议、全市安全生产工作会议精神；传达学习习近平总书记在中共中央政治局常务委员会上的重要讲话精神；传达全市组织部部长、统战部部长、老干部局局长会议精神；听取《关于强机制补短板抓整改　提升联系服务群众工作质效的实施意见》。

同日　环翠区金融助力经济高质量发展暨重点项目融资推介会议召开。

同日　区委政法工作会议暨区委政法委员会全体（扩大）会议召开。会议贯彻落实习近平总书记关于政法工作的重要指示，以及中央、省委、市委政法工作会议精神，总结经验，分析形势，研究部署全区政法工作。

27日　佰鸿未来科技产业园项目签约仪式举行。该项目总投资20.7亿元，建成后将成为全球第一个同时拥有植物基人造肉与细胞培养肉两项高精尖技术的产业基地。

28日　区委书记张刚到“12345”政务服务便民热线受理大厅，现场接听市民来电，受理群众询问、建议及政策咨询，在线解答市民关心的热点、难点问题。

3月

1日　自然资源部印发《自然资源部自然资源确权登记局关于建立地籍调查工作示范点的函》，环翠区作为山东省唯一城市入选地籍调查工作示范点。

2日　“讲诚信、做志愿，我与城市共提升”威海市暨环翠区“学雷锋志愿服务年”启动仪式在属相街中心广场举行。

3日　全省首家社区“一站式”公共法律服务亭在环翠楼街道西门外社区骆驼公园正式启用。

5日　区委编委印发《中共威海市环翠区委机构编制委员会关于调整威海市环翠区专用通信局机构编制事项的批复》，区专用通信局加挂区保密技术服务中心牌子。

6日　区委常委会第58次（扩大）会议召开。会议传达学习中国共产党第二十届中央委员会第二次全体会议精神，以及习近平总书记在中共中央民主协商会上的重要讲话精神、习近平总书记在中共中央党校建校90周年庆祝大会暨2023年春季学期开学典礼上的重要讲话精神、习近平总书记在中共中央政治局第三次集体学习时的重要讲话精神、习近平总书记对深入开展学雷锋活动作出的重要指示精神，研究环翠区贯彻落实意见。

9日　威海市森林防火暨森林防火工作专班现场推进会在环翠区召开。

同日　山东大学与环翠区校地融合发展推进会举行，双方围绕社会治理、人才引育、文旅融合、青年人才创新创业等方面进行深度探讨，签署合作协议，并共同为“环翠区社区运营中心”揭牌。

10日　市区领导闫剑波、贾瑞霭、刘树军、徐杰、李建、林强、刘裕斌、张宏璞、张刚、于晓东等，到竹岛街道戚家庄西南废弃矿山修复项目现场参加义务植树活动。

同日　中央音乐学院新时代文明实践山东威海（环翠）基地揭牌仪式在环翠区新时代文明实践中心举行。

13日　区政府第17次常务会议召开。会议研究部署全国“两会”精神贯彻落实等工作。

14日　威海市暨环翠区“反邪教警示教育进校园、青年普法志愿者法治文化基层行”启动仪式在望海园中学举行。

同日　环翠区党外人士座谈会召开。会议邀请各民主党派、工商联、无党派人士代表围绕如何推动技术研发成果转化为生产力，助力企业转型升级、实现高质量发展提建议。

15日　市委书记闫剑波到新北洋信息技术股份有限公司，调研质量品牌建设工作。

同日　市政协主席高旭光到威海市海王旋流器有限公司、威海魏桥科技工业园有限公司等分包联系企业走访调研。

同日　环翠区在威高广场组织

开展“3·15”国际消费者权益日纪念活动暨“自在威海　放心消费”“厚德环翠　诚信同行”活动启动仪式，为市级放心消费示范单位授牌，并为2022年度优秀维权服务站、优秀维权志愿者以及美德诚信道德模范颁奖。

15—16日　威海市召开预制菜产业现场观摩会，到环翠区观摩家家悦威海配餐中心。

16日　市委书记闫剑波到环翠区督导检查全国文明城市创建和国家卫生城市复审准备工作。

同日　市委副书记、市长孔凡萍到温泉镇刘家台村冰石山瞭望塔，督导林长制和森林防火工作。

17日　区委常委会第59次会议召开。会议传达学习习近平总书记在全国“两会”上的重要讲话精神；传达学习全国“两会”精神以及山东代表团全体会议精神，研究环翠区贯彻落实意见。审议通过《2023年区委书记抓基层党建突破项目实施方案》。

21日　市委书记闫剑波到环翠区北山路海滨特色街、华夏城景区，调研旅游产业高质量发展工作。

22日　环翠区组织收看威海市全国文明城市创建暨国家卫生城市复审工作动员会议。

23日　环翠区组织收看山东省质量大会。区委书记张刚代表环翠区领取2022年度山东省质量强县（市、区）荣誉奖项。

24日　区委理论中心组集体学习习近平总书记《在二十届中央政治局第一次集体学习时的讲话》。

同日　区委常委会第60次会议召开。会议专题研究部署全国文明城市创建和国家卫生城市复审工作。

同日　省委第二巡视组召开对环翠区巡视工作反馈会议，省委巡视工作领导小组第二巡视组组长王斌向区领导班子反馈巡视情况。

28日　第三届儒商大会威海产业合作推介会在济南举行。会议期间，佰鸿未来科技产业园、宝威碳纤维复合材料研发生产、颐养家园威海颐养中心3个项目签约环翠区。

30日　市政协主席高旭光以市副总林长身份，到责任区域棉花山实地调研森林防火工作。

同日　山东大学人大预算监督研究中心环翠分基地揭牌仪式举行。

31日　环翠区组织收看省、市疫情防控工作视频会议并接续召开会议，贯彻落实上级会议精神，部署当前重点工作。

4月

4日　市委副书记、市长孔凡萍到分包联系企业山东环球渔具股份有限公司，调研企业生产经营情况，协调解决企业困难问题。

同日　环翠区安全生产工作会议召开。会议安排部署全区安全生产工作。

同日　区政府第18次常务会议召开。会议研究部署生态环境保护、森林防灭火等工作。

6日　市政协主席高旭光到威海连城智谷产业园、威海邦德散热系统股份有限公司、威海喜盈门乳品有限公司，调研分包项目建设情况。

7日　省人大常委会副主任、省工商联主席王随莲到环翠区，调研联系企业生产经营和重点项目情况。

同日　区委常委会第64次会议召开。会议传达学习习近平总书记在学习贯彻习近平新时代中国特色社会主义思想主题教育工作会议上的重要讲话精神、习近平总书记在参加中共中央政治局第四次集体学习时的重要讲话精神，传达全省、全市“全国市域社会治理现代化试点城市验收”工作会议精神，研究环翠区贯彻落实意见。

同日　烟台道恩集团董事长于晓宁到新北洋信息技术股份有限公司实地考察，听取发展规划、产业布局、产品开发等情况介绍，并就下一步合作进行对接洽谈。

9日　2023机甲大师高校联盟赛（山东站）暨“智汇环翠”青年创业菁英论坛在威海市体育馆举行，中国科学院大学、南开大学、北京理工大学等28支高校战队参加。

11日　十六届区委第二轮巡察集中反馈会议召开。会议传达学习区委书记张刚在听取十六届区委第二轮巡察工作情况汇报时的讲话精神，通报巡察发现的主要问题，对巡察整改和成果运用作出安排部署。

12日　区委区直机关工委举行与滨州市无棣县机关工委党建共建友好单位签约仪式。

13日　民进华东六省一市第二十四次工作研讨会成员到温泉镇亿和社区、“如康家园”白手杖公益组织调研。全国人大常委、监察和司法委员会副主任、民进中央副主席高友东，全国政协常委、民进山东省委会主委、青岛市人大常委会副主任栾新等参加活动。

15日　环翠区“民主党派之家”揭牌仪式举行。

19日　省政协副主席张新文到里口山管理服务中心王家疃村、嵩山街道小镇村等地，围绕“加快建设宜居宜业和美乡村”开展专题调研。

同日　十六届区委第三轮巡察工作动员部署会召开。会议传达学习中共中央关于巡视巡察工作的决策部署和区委最新工作要求，部署十六届区委第三轮巡察工作。

20日　山东省民营经济高质量

发展工作会议在济南召开。区委书记张刚在主会场参加会议并代表环翠区领取山东省民营经济高质量发展先进县（市、区）荣誉奖牌。

同日　环翠区“五一”黄金周旅游市场工作专题会议召开。会议传达省、市“五一”黄金周及旺季旅游市场相关会议精神，安排部署相关工作。

21日　中共威海市环翠区纪委十六届三次全体会议召开。会议全面落实中共二十大精神，学习贯彻二十届中央纪委二次全会和省纪委十二届二次全会、市纪委十六届二次全会精神，总结全区全面从严治党工作，分析形势，部署任务。区委常委、区纪委书记张勇代表区纪委常委会作《深入学习贯彻党的二十大精神坚定不移推进全面从严治党为打造精致、幸福、充满活力的共同富裕先行示范区提供坚强保障》工作报告。

同日　区委理论学习中心组举行集体学习，围绕贯彻总体国家安全观开展学习研讨。

同日　区委常委会第66次（扩大）会议召开。会议传达习近平总书记在广东考察和考察南部战区海军时的重要讲话精神，研究全国文明城市创建和国家卫生城市复审工作，安排部署新冠疫情防控和“五一”假期工作。

23日　全省、全市安全生产工作视频会议相继召开。环翠区组织集中收看并接续召开会议，安排部署相关工作。

26日　国家卫生健康委食品司副司长田建新，省卫生健康委二级巡视员杨新军到环翠区，调研国家食品安全与营养健康综合试验区建设推进情况。

同日　环翠区十九届人大常委会第十次会议召开。会议传达学习十四届全国人大一次会议精神，听取并审议有关事项。

同日　中华全国总工会发布《关于表彰2023年全国五一劳动奖和全国工人先锋号的决定》。威海魏桥科技工业园有限公司获全国五一劳动奖状。

同日　中共山东省委、山东省人民政府发布《关于表彰山东省劳动模范和先进工作者的决定》。威海贝草夼旅游开发有限公司董事长王恩茂，威海广泰空港设备股份有限公司董事长、总经理李文轩，威海大田工业装备有限公司制造车间机床装调维修工张旭阳，威海海鑫新材料有限公司生产技术处处长陈德波获山东省劳动模范称号；威海市消防救援支队环翠大队桥头消防救援站消防员孙宏伟、威海市环翠区海洋发展研究中心农业技术推广研究员原永党获山东省先进工作者称号。

27日　副省长王桂英到环翠区，调研特种设备和食品药品安全生产工作。

同日　环翠区在桥头镇菱角湾城乡融合样板片区举行文化旅游季启动仪式暨环翠区中小学生综合实践基地开营仪式。

同日　区政府第19次常务会议召开。会议研究部署安全生产、渔船管控、市场主体满意度提升等工作。

5月

1日　根据《2023年威海市海洋伏季休渔管理工作实施方案》规定，2023年伏季休渔的时间为5月1日12时至9月1日12时。

3日　全省、全市安全生产工作视频专题会议相继召开。环翠区组织集中收看并接续召开会议，安排部署相关工作。

5日　全国文明城市创建暨国家卫生城市复审现场推进会与会人员到环翠区观摩，考察望岛农贸市场、竹岛街道望岛社区，学习农贸市场管理、飞线整治、规范停车、小广告清理等经验做法。

同日　区委常委会第68次会议召开。会议传达学习习近平总书记在中共中央政治局会议上的重要讲话精神，听取一季度全区经济运行情况汇报，研究环翠区落实意见；审议通过《威海市环翠区深化新旧动能转换推动绿色低碳高质量发展三年行动计划（2023—2025）》等文件，并专题研究联系服务群众工作。

同日　环翠区委印发《关于表彰2022年度优秀单位的决定》，决定授予张村镇等28家单位“2022年度工作优秀单位”称号，授予羊亭镇等35家单位“2022年度党的建设优秀单位”称号，授予张村镇柳沟社区股份经济合作社党支部等32家单位“2022年度农村（社区）建设优秀单位”称号。

6日　市委书记闫剑波到环翠楼街道财金中心、张村镇中远海运电气装配生产车间，督导十二届省委第二轮巡视反馈问题整改情况。

9日　环翠区党外人士座谈会召开。会议听取各民主党派、工商联负责人和无党派人士代表对环翠区优化营商环境工作的意见建议。

同日　威海龙港纸业有限公司、阿普塔恒煜（威海）医疗器材有限公司等37家企业被山东省工业和信息化厅认定为2023年度山东省专精特新中小企业。

11日　区政协第十五届委员会第七次常委会召开。会议传达学习习近平总书记在学习贯彻习近平新时代中国特色社会主义思想主题教育工作会议、在参加中共中央政治局第四次集体学习和在广东考察时的重要讲话精神，研究贯彻落实意见并通过有关人事事项。

同日 全区六大民生领域百日攻坚行动推进会议召开。区教育体育局、区民政局、区住房城乡建设局、区文化和旅游局、区卫生健康局、公安环翠分局分别汇报攻坚行动及民生“微实事”项目要解决的具体问题、推进措施、时间安排及目标成效。

12日 全国人大财经委副主任委员于春生到威海广泰空港股份有限公司、华夏城景区，围绕《中华人民共和国特种设备安全法》贯彻实施情况开展执法检查。

同日 由市政府主办，市卫生健康委员会、市中医药管理局、区政府承办的2023全民营养周暨“5·20”中国学生营养日主场活动在威海公园文化广场举行。

同日 区委常委会第69次会议召开。会议传达学习习近平总书记在二十届中央财经委员会第一次会议上的重要讲话精神，审议通过《关于开展“实敢当”作风提升专项行动的实施意见》。

13日 环翠区“实敢当”作风提升专项行动动员大会召开。会议动员全区广大干部倡树“实干实绩、敢打敢拼、担当善为”的工作作风，不断提高干部队伍凝聚力、向心力和战斗力，奋力开创“共同富裕先行示范区”建设新局面。

14日 2023“我要走”全国徒步联动日威海站活动在里口山举行。路线全程9千米，近2000名徒步爱好者参加活动。

15日 区委理论学习中心组集体学习《习近平关于防范化解风险挑战、应对突发事件论述摘编》部分内容。

17日 省政协副主席、民盟山东省委会主委王修林到威海国家海洋综合试验场，围绕“关于创建海洋国家文化公园的建议”和“海洋工程产业高质量发展”主题开展考察调研。

同日 由区委宣传部、区社会信用中心主办，区融媒体中心承办的“诚耀威海　信满环翠——环翠区首届美德诚信模范典型表彰暨诚信大数据智慧平台发布仪式”在属相街举行。

同日 威海市暨环翠区“反邪教警示教育进乡村”活动启动仪式在桥头镇举行。

同日 2023年度环翠区区直机关党组织书记暨党务工作者培训班开班。

18日 上海市威海商会名誉会长、格美集团董事长徐曙光到环翠区合庆山庄、威海宾馆、环海路10号观景台、雨润商业综合体等地，考察深化康养文旅产业合作事宜。

19日 威海市召开重大事故隐患专项排查整治2023行动部署会议。环翠区组织集中收看并接续召开专题会议，安排部署相关工作。

同日 环翠区召开党外人士座谈会。会议邀请各民主党派、工商联、无党派人士代表围绕乡村振兴方面的工作提出意见建议。

同日 2023“中国旅游日”威海主题日活动暨属相街手造集市启动仪式在属相街举行。

20日 环翠区2023年第一期“周末课堂”开讲。上海交通大学客座教授张震苏围绕招商引资等内容作专题报告。全区3000余名机关干部参加学习。

21日 2023威海市环翠区文化旅游季·禹星源田园综合体暨遇圆星居民宿启幕仪式在嵩山街道轻户外运动基地举行。

22日 环翠区政府第二次全体会议暨廉政工作会议召开。会议学习贯彻党的二十大精神，落实国务院和省、市全体会议暨廉政会议精神及区纪委全体会议精神，围绕全区“实敢当”作风提升专项行动，安排部署政府系统重点工作和党风廉政建设工作。

同日 区委副书记、区长于晓东到在建的武夷路小学、河北中学及环翠区牡丹幼儿园，督导在建学校工程进度、拟开办幼儿园推进情况及建筑工地安全管理、农民工工资保障等工作。

23日 2023中国（威海）合唱节暨环翠区第50届“5·23”歌咏会在威海大剧院开幕，同步启动“文艺进万家　健康你我他”——“与人民同行·2023山东文艺志愿者在行动”主题活动。

同日 区政府第20次常务会议召开。会议研究部署安全生产、生态环保、耕地保护等工作。

同日 “文艺进万家　健康你我他”——“与人民同行·2023山东文艺志愿者在行动”——威海市文艺创作基地挂牌暨环翠区基层文联授牌仪式在中国油画小镇·孙家疃举行。

24日 威海市首家跨境电商仓储行业联合工会——环翠区嵩山街道跨境电商仓储行业联合工会成立。

26日 全省、全市国家省级水网先导区建设工作会议相继召开。环翠区组织集中收看并接续召开会议，安排部署相关工作。

同日 全省、全市防汛抗旱工作视频会议相继召开。环翠区组织集中收看并接续召开会议，安排部署相关工作。

同日　环翠区“威救你·环环助”救助品牌入选省民政厅公布2023年全省优秀社会救助品牌。

27日　区委编委印发《中共威海市环翠区委机构编制委员会关于威海市环翠区卫生健康局加挂威海市环翠区疾病预防控制局牌子的通知》，区卫生健康局加挂区疾病预防控制局牌子。

28日　中国首次按照国际通行标准研制、具有完全自主知识产权的喷气式干线客机——C919大型客机开启商业首航。威海广泰空港设备股份有限公司生产的牵引车等空港地面装备，为C919大型客机总装下线、试飞、正式商业运营提供装备保障。

30日　威海海洋职业学院与环翠区校地融合发展推进会举行。会议围绕人才引育、科技创新、青年人才创新创业等方面进行深度探讨，并签署合作协议。

同日　区人大邀请区直相关部门负责人到青年企业家人大代表联络站与部分青年企业家代表开展“提升企业发展动力，助力高质量发展”代表小组活动。

同日　山东省人民政府印发《关于2022年度县域经济高质量发展差异化评价结果的通报》，环翠区被确定为高质量发展先进县，连续三年获评该荣誉称号。

31日　环翠区第一期“周三夜校”暨社会治理专题培训班开班。市委党校法学部主任、威海精致城市治理研究中心主任林吉爽围绕《坚持和发展新时代“枫桥经验”　提升我区社会治理能力》、区信访局局长周克围绕信访工作作专题授课。

同日　环翠区新阶层人士人大代表联络站揭牌仪式在竹岛街道四方社区举行。

6月

1日　区委副书记、区长于晓东，副区长崔军强到威海市鲸园小学，为孩子们送上节日问候和祝福。

2日　重庆市云阳县县委书记覃昌德带领党政代表团到威海新北洋数码科技有限公司，考察对接东西部协作工作。

同日　区政府第21次常务会议召开，学习贯彻习近平总书记重要指示精神，贯彻落实国务院总理李强在山东调研时的工作要求，研究部署经济普查、岸线整治、垃圾分类等工作。

3日　全省“三夏”生产视频会议、威海市“三夏”生产暨农机安全生产专业委员会联席会议相继召开。环翠区组织收看会议实况并接续召开专题会议，安排部署“三夏”生产工作。

5日　省、市化工行业安全生产整治提升专项行动动员部署会议相继召开，环翠区组织收看会议实况并接续召开专题会议，安排部署全区化工行业安全生产整治提升等相关工作。

同日　区委常委会第72次会议召开。会议传达学习习近平总书记系列重要讲话精神和国务院总理李强在山东调研时的讲话精神，研究环翠区贯彻落实意见；听取村级党组织“达标创建”活动开展情况，审议通过《区委常委会及其成员粮食安全工作职责清单》。

同日　环翠区召开“双拥”工作领导小组全体会议暨双拥模范城（县）创建动员部署会议。会议传达威海市“双拥”工作领导小组会议精神，通报2022年全区“双拥”工作情况和2023年工作打算，安排部署下一步工作。

同日　环翠区国企领域党风廉政警示教育会议召开。会议传达《关于十六届市委第二轮巡察情况的通报》，区国有资产中心、威海市环翠区城市发展投资有限公司、威海市环翠区国有资本运营有限公司作表态发言。

7日　远遥浅海科技湾区威海激光通信先进技术研究院研制的两套低轨星间激光通信终端（国内首套立方星终端星间激光通信器），分别搭载两颗卫星，随中科宇航力箭一号遥二运载火箭在酒泉成功发射。

同日　《中华人民共和国反有组织犯罪法》集中宣传暨环翠区“平安建设志愿服务月”活动启动仪式在鲸园街道大世界北门广场举行。

8日　钛合金材料应用研究发展论坛活动在张村镇魏桥（威海）铝精深加工产业园举行。活动邀请30余位科研院所及高校专家学者、企业负责人等，探讨钛合金材料在医疗产业和航空航天领域的发展趋势，交流最新科研成果，并同步举行中科锐金产线贯通仪式。

同日　省人大常委会副主任王随莲到威海市陆零壹贰叁肆玖便民服务中心、环翠楼街道养老服务中心，对《山东省养老服务条例》实施情况开展执法检查，并调研社区养老服务工作。

同日　安美适医疗器械生产基地启动仪式在威海创新园举行。

9日　环翠区开展满意度工作专题调度会议暨“听民意、解难题、促满意”主要负责人答复群众热线诉求活动，与会镇（街道）和部门主要负责人现场回访答复辖区内“12345”政务服务便民热线热点、难点诉求工单，汇报工作中存在问题及下一步打算。

同日 环翠区获批山东省首批数字经济“晨星工厂”试点县(市、区)。

同日 “中国歌咏之乡”2023中国(威海)合唱节暨环翠区第50届“5·23”歌咏会闭幕。

10日 “精致城市·幸福生活”博览会在威海国际经贸交流中心举办。

13日 区委理论学习中心组开展集体学习,邀请市委党校校委委员、教授、市政协委员王东普开展法制教育讲座。

14日 全省、全市危险化学品安全生产专项督导帮扶工作动员部署会召开,环翠区组织收看会议实况并接续召开专题会议,安排部署全区危化行业安全生产相关工作。

同日 环翠区诚信大数据智慧平台正式上线“最威海是环翠”App。

同日 环翠区工会第十六次全体代表大会召开,听取并审议通过《环翠区总工会第十五届委员会工作报告的决议》等相关文件,选举产生区总工会第十六届委员会领导机构。

15日 市委副书记、市长孔凡萍到环翠区调研市民中心建设情况。

16日 威海市暨环翠区2023年“6·16”安全宣传咨询日活动在威海公园中心广场启动,活动以“人人讲安全 个个会应急”为主题,设立咨询台和30块宣传展板,发放安全生产宣传材料,组织专家为市民现场解答问题,并向社会各界宣传安全生产、应急管理政策法规、安全科普常识、应急处置、自救互救方法等内容。

同日 区政府第22次常务会议召开,研究部署高质量发展、优化营商环境、安全生产等工作。

同日 环翠区第十三届全民健身运动会暨“亲近自然 健康生活”机关干部徒步行活动在羊亭河湿地公园举行。活动由区委区直机关工委、区总工会、区教育体育局、区文明办主办,全程5.5千米,全区400名机关干部参加。

17日 环翠区第二期“周末课堂”举办,邀请如是金融研究院院长、首席经济学家管清友作《百年变局与中国经济的中长期趋势》专题讲座。全区89家重点企业负责人及3000余名机关干部参加。

18日 第二届威海国际周暨中国·环翠轻户外运动基地自行车赛在环翠轻户外运动基地举行。活动由区教育体育局、区文化和旅游局、嵩山街道办事处联合举办。

21日 环翠区迎接国家卫生城复审工作推进会议暨满意度提升工作专题会议召开。会议研究国家卫生城复审、全国文明城市创建、市场主体满意度和群众满意度提升工作。

22—24日 端午节假期期间,环翠区华夏城景区、仙姑顶景区、海滨生态风情带·“侨乡号”游轮、里口山风景名胜区、羊亭河湿地公园、半月湾风景区、威海市裕红祥丝绸文化博物馆7个旅游景区接待游客16.05万人,同比增长105.63%;实现旅游收入389.11万元,同比增长209.11%。

24日 区委常委会召开第73次会议,传达学习习近平总书记在中共中央政治局第五次集体学习上,在北京育英学校、中国国家版本馆中央总馆、中国历史研究院考察时以及在文化传承发展座谈会上的重要讲话精神;传达学习习近平总书记在内蒙古自治区巴彦淖尔市、呼和浩特市考察时以及在加强荒漠化综合防治和推进“三北”等重点生态工程建设座谈会上、在调研边境管控和边防部队建设情况时、听取内蒙古自治区党委和政府工作汇报时的重要讲话精神;传达学习习近平总书记关于安全生产重要论述,研究环翠区贯彻落实意见,审议通过2022年度扶持政策兑现总体情况。

同日 区委全面依法治区委员会第六次(扩大)会议召开,审议通过《关于持续优化法治化营商环境的实施意见》等文件,安排部署下一步工作。

25日至7月2日 环翠区首个落地大型综合电竞赛事——2023TGA腾讯电竞运动会夏季总决赛举行。活动由区政府、腾讯电竞主办,区发展改革局、区教育体育局、区文化和旅游局及上海网映文化传播股份有限公司联合主办。来自中国、韩国、日本、新加坡、菲律宾等10个国家和地区的顶尖选手,参加《使命召唤手游》亚洲杯决赛、2023QQ飞车SSC超级联赛、2023跑跑卡丁车手游KLC亚洲传奇锦标赛、云顶之弈四周年庆冠军杯、2023DNF夏季邀请赛等比赛。

26日 环翠区民主党派助力乡村振兴活动启动仪式在羊亭镇宝石山片区共富党建联盟服务中心举行。

同日 公交11路开通。11路公交从江家寨立交桥站点发车,途经寨南路、统一南路、华夏路、青岛中路、上海路至威海站,营运里程11.5千米,优化环翠区二级公交路线网,增加城区公交换乘的便利性。

27日 区委理论学习中心组集体学习习近平总书记在全国中央民族工作会议上的讲话精神,并开展交流讨论。

同日 全省花卉高质量发展研讨会暨花卉产业发展培训班在环翠区举行。研讨会聚焦服务花卉高质量发展主题,多角度解锁山东花卉产业发展路径，推动全省花卉业高质量发展，服务全省生态文明建设和绿色低碳高质量发展。会上，环翠区作典型发言。

28日　山东省“技能兴鲁”职业技能大赛——花境职业技能竞赛开幕式在华夏城举行。竞赛为省级二类技能竞赛，由省自然资源厅主办，省林业保护发展中心、市林业局、区政府承办。

同日　威海热电集团有限公司举办“热电开放日问暖零距离”环翠区座谈会，交流研讨供暖温度、管道维修改造、收费标准、供暖设施维护等供暖问题。

29日　全区第一个“有事多商量”实体协商平台——“有事多商量·联四方和合议事室”揭牌暨首次协商议事活动在竹岛街道四方社区举行。

7月

1日　第二届海峡两岸（威海）棒球赛开幕式在威海职业学院举行。本次比赛由威海市台港澳办、威海职业学院、威海市体育局主办，威海市台胞台属联谊会、威海可诺棒垒球俱乐部承办，高雄市棒球协会、区台胞台属联谊会协办。

3日　区政府第23次常务会议召开。会议传达学习习近平总书记对党的建设和组织工作作出的重要指示精神。会议研究部署党的建设、海洋产业发展、小城镇发展等工作，研究通过《威海市环翠区海洋电子信息和智能装备产业发展三年行动计划（2023—2025）》《威海市环翠区羊亭镇小城镇创新提升行动实施方案》。

4日　副省长邓云锋到华夏城景区调研文化旅游工作。

6日　环翠区十九届人大常委会第十一次会议召开。会议进行人事任免事项，审议通过《关于个别代表的代表资格的报告》《威海市环翠区人大常委会关于实行人大代表意见建议办理全程监督问效的实施意见》等文件，听取并审议区政府关于《中华人民共和国税收征收管理法》贯彻实施情况、民族工作开展情况、全区精致城市建设情况、全区养老服务体系建设情况的报告。

同日　环翠区党外人士座谈会召开。会议传达全市各民主党派、无党派人士和党外知识分子、新的社会阶层人士“凝心铸魂强根基、团结奋进新征程”主题教育动员会议精神。会议邀请各民主党派、工商联、无党派人士代表就推动环翠区旅游新业态融合发展提出意见建议。

7日　环翠区第十二届职工职业技能大赛在威海职业学院开幕。此次技能大赛由理论考试和实操考试两部分组成，并设置主会场和分会场，其中主会场有来自全区29家企业的90多名参赛选手，围绕电工、焊工、钳工、车工、数控车工、数控铣工、汽车维修7个工种展开比赛。

同日　省生态环境厅、省财政厅发布《关于发布2022年度山东省生态文明强县名单的公告》，环翠区被评为2022年度山东省生态文明强县。

8日　省公安厅党委委员、副厅长申延军到环翠区城里派出所调研枫桥式派出所创建工作。

9日　区委常委会第74次（扩大）会议召开。会议传达学习习近平总书记在同团中央新一届领导班子成员集体谈话时、在中共中央政治局第六次集体学习时的重要讲话精神，以及对党的建设和组织工作作出的重要指示精神，研究环翠区贯彻落实意见。

10日　全区暑期旅游规范提升专题会议召开。

同日　省工业和信息化厅公布2023年度DCMM贯标试点名单，环翠区入选省级DCMM贯标试点县（市、区）。

12日　环翠区举行第二期“周三夜校”。市委政策研究室副主任张海峰围绕《以工作思维引领公文写作》现场授课。

13日　威海市暨环翠区“荣军联盟”集中授牌及拥军惠民月活动启动仪式在威高广场举行。“荣军联盟”由全市近2000家企业、商铺联合成立，旨在为持证现役军人、退役军人和其他优抚对象提供优惠优待服务。

14日　国家中医药综合改革示范区建设经验交流暨推进会与会人员到环翠区中医医院调研。

同日　竹岛街道文昌社区居民马学印、维达商贸有限公司济南分公司威海区域业务经理董海洋完成造血干细胞采集捐献，分别成为环翠区第12例、第13例，威海市第104例、第105例造血干细胞捐献者。

同日　区政府办公室印发《威海市环翠区海洋电子信息和智能装备产业发展三年行动计划（2023—2025）》，重点实施园区载体引航行动、产业升级引导行动、科技创新引领行动、人才强基引育行动“四大行动”，推动提升全区海洋新兴产业比重，实现海洋经济高质量发展。

14—23日　环翠区举办2023半月湾国际沙滩音乐节，这是环翠区第七年举办半月湾国际沙滩音乐节。

17日　威海市铝深加工产业链

绿色高质量发展会议暨魏桥（威海）铝精深加工产业园开园仪式举行。环翠区与上海铝业协会、新创公司与苏州大学高性能金属结构材料研究院、海鑫新材料与树根互联股份有限公司分别签订合作协议。

19日 环翠区统一战线培训班开班。培训班为期3天，围绕调研工作理论、新型政党制度以及民族工作等开展专题培训。

20日 威海市军队离退休干部休养所与环翠区中医医院签订《军休干部中医保障服务合作协议》，在威海市军队离退休干部休养所卫生所挂牌成立“环翠区中医医院军休所服务点”，为军休干部及遗属提供更加精细化的健康服务。

21日 区委理论学习中心组举行集体学习，学习传达习近平总书记关于新发展理念、经济工作等方面的重要论述，集体观看视频《以党的二十大精神为指引 聚力打造对外开放新高地》《加快推进安全生产治理体系和治理能力现代化 以高水平安全服务高质量发展》。

24日 市委书记闫剑波到环翠区所前泊水库、石家河，调研督导河湖长制和防汛工作。

25日 区政协第十五届委员会第八次常委会召开。会议传达学习习近平总书记在全国生态环境保护大会上的重要讲话精神等；听取区政府关于2023年上半年全区经济社会发展情况的通报和区政府办关于区政协十五届二次会议以来提案办理情况的报告。会议围绕“深入实施海洋强区战略、加快推进浅海科技湾区建设”进行专题议政，听取浅海科技湾区建设情况汇报，4名区政协委员围绕议题作发言，4名区政协委员与区直有关部门负责人进行互动交流。

同日 全球无血清牛肌肉培养规模化微载体扩增技术体系发布会暨千升级细胞培养肉生物反应器产业平台战略合作签约仪式在环翠区举行。陕西佰鸿未来科技有限公司和成都英德生物工程有限公司共同举行签约仪式，并举行全球无血清牛肌肉培养规模化微载体扩增技术体系发布会。

同日 环翠区召开党外人士座谈会。会议介绍浅海科技湾区建设情况，围绕“发挥浅海科技湾区核心引领作用，推进区域海洋经济发展提质增效”听取党外人士的意见建议。

同日 山东第一医科大学医疗保障学院大学生实践基地暨环翠区学生医保服务中心揭牌仪式举行。现场为山东第一医科大学医疗保障学院大学生实践基地、环翠区学生医保服务中心揭牌。山东第一医科大学医疗保障学院、环翠区医疗保障局及山东菱角湾运营有限公司三方签订合作协议。

同日 九三学社全国社会服务工作会议与会人员到环翠区里口山管理服务中心王家疃村股份经济合作社、里口山乡村会客厅，调研“助力发展新型农村集体经济，促进共同富裕”方面的先进做法。

27日 省工业和信息化厅公布2023年度首批省级绿色制造名单，威海新北洋数码科技有限公司、威海海鑫新材料有限公司2家企业入选省级绿色工厂；三角轮胎股份有限公司入选省级绿色供应链管理企业，实现环翠区企业在该项目零的突破。

28日 第三届韩国（山东）进口商品博览会在威海国际经贸交流中心开幕。展会是省政府批准的省内首个针对韩国市场的进口主题展会，也是省内首个由驻华使领馆作为主办单位的博览会。环翠区承担韩博会、主题展区、采购对接活动等任务。

同日 区委常委会第76次（扩大）会议召开。会议学习传达习近平总书记近期重要讲话、重要指示精神，研究环翠区贯彻落实意见。

30日 全市统筹发展和安全工作推进会召开。会议贯彻落实省委十二届四次全会等会议精神，总结上半年工作，分析研判当前形势，研究部署下一步工作，动员全市上下进一步统一思想、统一步调，攻坚克难、争先创优，确保圆满完成年度目标任务。

同日 区政府第24次常务会议召开。会议传达学习习近平总书记在江苏考察时的重要讲话精神、在中央全面深化改革委员会第二次会议上的重要讲话精神、对网络安全和信息化工作的重要指示精神等。会议研究部署经济运行、营商环境、防汛救灾、生态环保、燃气安全等工作，研究通过《威海市环翠区2023年消防工作目标任务》《环翠区分类培育高质量纳统攻坚突破行动方案》。

31日 环翠区委海洋发展委员会第八次全体会议召开。会议听取区委海洋发展委员会2022年工作开展情况、2023工作思路，审议通过《区委海洋发展委员会2023年工作要点》。

同日 环翠区未成年人保护工作领导小组2023年第一次会议召开。会议审议通过《威海市环翠区未成年人保护工作领导小组2023年工作要点》。

同日 2023年度环翠区总河长会议召开。会议书面传达全市总河长会议精神，审议并通过《关于统筹推动河湖长制高质量发展的通知》等文件。

是月 由威海广泰空港设备股份有限公司与山东省机场管理集团

共同出资设立的山东安泰空港装备有限公司，相继中标新建浙江丽水机场和烟台蓬莱国际机场两个登机桥项目，共计24套、约8000万元。廊桥业务板块的开拓，补齐威海广泰空港设备股份有限公司地面设备研发生产领域的最后一块“拼图”，成为全球唯一一家能为一架飞机、一个新建机场“一站式”配齐所有空港地面设备的企业。

是月 环翠区创建的渤海湾产区苹果轻简高效生产技术集成示范基地被全国农业技术推广服务中心授予“国家农业技术集成创新中心示范基地”称号。这是国家在全国果树产区内设立的唯一一处集成创新示范基地。该示范基地创建于2022年3月，位于环翠区羊亭镇，面积约5.33公顷，主要栽植富士、金冠、嘎啦、威海金等品种果树。

8月

2日 全市防汛工作推进落实会议召开。会上以视频形式观摩环翠区羊亭镇北观村山洪灾害群众转移安置演练。

同日 环翠区开展“夏送清凉”走访慰问活动，向区环卫服务中心、威海大川物业服务中心、威海市海王旋流器有限公司生产厂区、铝精深加工产业园等地的一线劳动者送去关怀慰问和防暑物资。

同日 环翠区举办第三期“周三夜校”暨经济普查专题讲座。市统计局普查科科长徐玉坤围绕《五经普及升规纳统工作概述》主题作专题讲座；区统计局局长、党组书记郑博结合全区2023年重点工作及近期经济数据概况现场授课。全区3000余名机关干部通过“线上+线下”的方式参加学习。

2—3日 省住房和城乡建设厅党组书记任海涛到环翠区调研住建领域重点工作。

3日 济南大学大学生社会实践基地（禹星源田园综合体）签约揭牌仪式在嵩山街道举行。济南大学与威海禹星源农业发展有限公司进行签约，济南大学音乐学院党委书记孙翔玲、环翠区委副书记于晓光为“济南大学大学生社会实践基地”揭牌。

同日 省农业农村厅、省畜牧兽医局、省财政厅联合印发《关于印发2022年现代农业强县、农业绿色发展先行县、农产品加工业高质量发展先行县和畜牧业高质量发展先行县名单的通知》，环翠区被评为2022年农产品加工业高质量发展先行县。

4日 市委理论学习中心组专题辅导报告会举行。中国电子商会副会长、元宇宙专委会理事长、元宇宙与碳中和研究院院长、国富资本董事长熊焰作“把握人工智能革命浪潮 推进国家创新型城市建设”专题报告。

5日 环翠区2023年“实干实绩、敢打敢拼、担当善为”半年工作成效评议会议召开。会议对上半年工作总结盘点，分析形势，研究措施，动员全区上下以“实干实绩、敢打敢拼、担当善为”的工作作风，攻坚突破、加压奋进，干好三季度、决胜下半年，推动全年各项工作实现新突破、再上新台阶。

同日 区委理论学习中心组举行集体学习，学习贯彻习近平总书记关于科教兴国的重要论述，深刻认识实施科教兴国战略、人才强国战略、创新驱动发展战略对于推动发展的重大意义，为全区高质量发展提供强劲科技、人才支撑。会前，区委理论学习中心组成员到企业观摩调研，并集中交流研讨。

9日 市委副书记、市长孔凡萍到环翠区博优化纤（威海）有限公司，走访调研外资企业，现场办公协调解决具体问题。

同日 环翠区党外人士情况通报会议召开。会议向各民主党派、工商联、无党派人士代表通报全区上半年党风廉政建设和反腐败工作情况。

10日 威海军分区政委赵杰波、动员处处长周永前，区委常委、人武部部长王海刚，副区长、公安环翠分局局长刘斌，区人武部政委付建光等军地领导到威海卫人民医院实地检查指导征兵体检工作。2023年征兵体检日期为8月7—10日，由威海卫人民医院承担环翠区、高新区、经开区、临港区以及威海市直招军士的征兵体检任务。

同日 环翠区省级健康县区现场评估会议召开。会上，现场评估专家组听取环翠区关于省级健康县区建设情况的汇报，并到部分企业、医院、社区、学校和机关单位对环翠区省级健康县区建设工作进行实地检查，为后续工作提出意见和建议。

12—13日 2023中国山地自行车公开赛（山东·环翠站）在山东环翠轻户外运动基地开赛，参赛运动员521名。本次赛事由中国自行车运动协会主办，山东省自行车运动协会、威海市体育局、环翠区人民政府承办，区教育体育局、区文化和旅游局、嵩山街道协办，是国内规模最大、规格最高的国家级山地自行车赛事之一，也是环翠区第五次承办国家级山地自行车赛事。

13日 “爱卫新征程 健康中国行”健康城市建设主题推进活动与会人员到环翠区华夏城调研。

14日 威海海洋科技馆开馆暨2023山东省研学旅行创新线路设计大赛海洋研学选拔赛启动仪式在威海海洋科技馆举行。现场为省级海洋意识教育基地、山东省科普教育基地揭牌，宁波海洋研究院、威海晚报传媒有限公司、威海广播电视台、威海电广文化旅游有限公司分别与威海海洋科技馆进行签约。

同日 环翠区创建全国法治政府建设示范区工作推进会召开，对创建全国法治政府建设示范区工作进行再安排、再部署。

15日 “集采药品进基层”现场观摩会暨集采药品医保惠民单位授牌仪式举行，为首批“集采药品进基层”医保惠民单位代表山东燕喜堂医药连锁有限公司、张村镇柳沟中心卫生室授牌。

16日 威海市青年发展服务中心环翠半月湾站揭牌仪式暨“特种兵”环翠游保险政策发布会在中国油画小镇党群服务中心举行。活动现场，为威海市青年发展服务中心环翠半月湾站揭牌，共青团环翠区委与中国人民财产保险威海市分公司签订保险协议。

18日 区政府第25次常务会议召开。会议研究部署派出所工作标准化建设、幼儿园托班管理等工作，研究通过《环翠区幼儿园托班管理办法（试行）》。

同日 环翠区举行第六个中国医师节庆祝大会，表彰全区卫生健康系统医务工作先进集体和个人。大会为威海卫人民医院呼吸内科团队、威海口腔医院口腔颌面外科团队等8个先进医师集体，楚晓丰、颜军尧、于程远等50名先进医师个人颁奖。

20日 区委理论学习中心组举行集体学习，学习贯彻习近平总书记关于黄河流域生态保护和高质量发展的重要论述，围绕建设黄河流域下游绿色生态廊道、构建特色优势现代产业体系、打造乡村振兴齐鲁样板、保护传承弘扬黄河文化等方面进行集中学习研讨。

21日 航天防务通信与协同探测技术论坛在环翠区举行。论坛以“智能、融合、创新、共赢”为主题，旨在通过聚焦航天防务通信与协同探测技术领域的新思想、新技术、新方法，加强跨领域学科的深度交流，形成科技创新合力，推动通信与协同探测技术跨越式前进。中国工程院院士刘永坚，中国航天科工集团第二研究院副院长刘忠领等出席活动。

同日 2023年环翠区机关篮球赛在望海园中学开赛。本次比赛由区委区直机关工委、区总工会、区教育体育局主办，区体育总会协办，为期5天。比赛分为机关五人制组、机关三人制组和镇街五人制组三个组别，机关单位和各镇街的41支队伍参加比赛。

22日 环翠区十九届人大常委会第十二次会议召开。会议通过举手表决的方式通过个别人大代表变动相关事宜。本次环翠区人民代表大会个别代表的代表资格变动后，环翠区第十九届人民代表大会实有代表293人。会议传达学习环翠区2023年“实干实绩、敢打敢拼、担当善为”半年工作成效评议会议精神，听取并审议区政府关于环翠区2023年上半年国民经济和社会发展计划执行情况的报告；听取并审议区政府关于2023年上半年威海市环翠区和区级预算执行情况的报告；听取并审议区政府关于2023年上半年威海市环翠区地方政府债券分配使用意见及预算调整方案的报告；听取并审议区政府关于2022年区级预算执行和其他财政收支的审计工作报告；听取并审议区政府关于2022年威海市环翠区和区级财政决算（草案）的报告；听取并审议区法院、区检察院半年工作情况报告；听取并审议区政府关于环翠区和美乡村建设情况的报告。

同日 威海中远海运重工科技有限公司自主开发的氨燃料供应系统顺利通过专家组验收，获得全球首张中国船级社船用产品试验证书，成为国内首个在模拟船舶场景下成功运行氨燃料供应系统的厂家。

同日 农业农村部政策改革司印发《关于开展农村集体产权制度改革相关试点备案的复函》，环翠区入选集体资产权属归位（集体资产由村民委员会划转至农村集体经济组织）试点地区。

23日 省委、省政府2023年秋季全省高质量发展重大项目建设现场推进会召开。会后，威海市接续召开重大项目建设现场推进会。区委书记张刚介绍环翠区项目集中开工情况。

同日 环翠区举办第四期“周三夜校”暨精致城市建设专题讲座。市住房和城乡建设局党组成员、副局长梁晓东以《威海精致城市建设的探索和实践》为题现场授课。全区1000余名35岁以下年轻干部通过“线上+线下”的方式参加学习。

24日 市区两级残联与威海市爱援祥公益服务中心、威海市群众艺术馆联合举办“助残圆梦、共享未来”第七个残疾预防日宣传教育活动暨威海爱援祥艺术团首届公益汇报演出。

25日 山东省妇女联合会印发《关于印发〈山东省妇联组织建设改革创新先行县（市、区）、乡镇（街道）、村（社区）妇联名单〉的通知》，环翠区妇联入选改革创新先行县（市、区）妇联名单。

26日 环翠区第五次全国经济普查单位清查工作启动，9月1日全面铺开。

26—27日 “刘公岛杯”2023年威海铁人三项世界杯赛暨“三角轮胎杯”中国·威海超级铁人三项系列赛在环翠区半月湾铁人三项专用赛场举行。

30日 环翠区首届职工羽毛球赛在威海万帆篮羽中心举行。本届比赛由区总工会、区委区直机关工委、区教育体育局主办，区工人文化宫协办，有30个单位的110名职工参加比赛，设置男单、女单、男双、女双和混双5个项目。

同日 十六届区委第三轮巡察集中反馈会议召开。会议根据区委统一部署，十六届区委第三轮巡察对孙家疃、竹岛、张村、嵩山4个镇（街道）及辖属112个村（社区）、股份经济合作社开展常规巡察。会议传达学习区委书记张刚在听取巡察综合情况汇报时的讲话精神，通报巡察发现的主要问题，对巡察整改和成果运用作出安排部署。

31日 区委理论学习中心组举行集体学习，学习《习近平总书记关于城市工作重要论述摘编》，并就做好当前工作进行安排部署。

同日 区委常委会第80次（扩大）会议召开。会议传达学习近期习近平总书记系列讲话、指示精神，全国、全省城镇燃气安全专项整治工作部署推进视频会议精神；专题研究扶持政策修订工作；审议通过《环翠区深化营商环境创新提升行动实施方案》，并研究环翠区在相关工作上的贯彻落实意见。

同日 “携手慈善与爱同行 倡树美德健康生活”威海市第八个“中华慈善日”主题活动在环翠区张村镇体育公园启动。

同日 区委人才工作领导小组会议召开。会议审议通过《区委人才工作领导小组工作规则》等文件，研究部署全区人才工作。

9月

1日 2023环翠区第十一届社区文化节启动仪式在张村镇举行。

同日 中午12时，为期4个月的黄渤海伏季休渔期正式结束。

同日 根据市医疗保障局、市财政局、市卫生健康委员会联合印发的《关于进一步完善参保人员生育医疗费保障政策的通知》文件精神，自2023年9月1日起，参保女职工生育时，发生的医保政策范围内的生育医疗费用100%报销。参加职工基本医疗保险男职工的未就业配偶生育时，未享受生育医疗费保障的，生育发生的政策范围内生育医疗费用按50%比例报销。同时，参保居民生育医疗费待遇标准由2800元提高至3000元，实行限额支付。

同日 2024年度威海市城乡居民基本医疗保险缴费正式开始。集中缴费期为2023年9月1日至12月31号，待遇享受期为2024年1月1号至12月31号。2024年城乡居民基本医疗保险的个人缴费标准为：一般居民一档每人每年450元、二档每人每年650元，未成年居民以及高校学生每人每年300元。

同日 环翠区嵩山第一幼儿园山水绿城分园、环翠区玉兰幼儿园牡丹分园、环翠区羊亭镇中心幼儿园名流海岸分园3所公办幼儿园正式开园，共增加学位720个，进一步满足适龄幼儿就近入园的需求。

同日 山东省商务厅、山东省财政厅发布《关于印发2022年度山东省现代流通强县名单的通知》，确定环翠区为2022年度山东省现代流通强县。

4日 “加快青年友好型城区建设 护育青年人才成长 助力高质量发展”专题协商会举行。与会人员先后到威高广场天空里、威海市青年发展服务中心、远遥浅海科技湾区、国际海洋青年创新创业基地进行实地调研，详细了解环翠区在青年活动开展、青年人才培育、青年就业创业等方面的工作开展情况。

5日 省人大常委会副主任王随莲带领住鲁全国人大代表到环翠区远遥浅海科技湾区，调研海洋经济绿色低碳高质量发展情况。

同日 国家食品安全与营养健康综合试验区进展调度暨现场观摩会与会人员到环翠区望海园中学、张村镇卫生院、张村镇和兴社区、家家悦超市张村店等地观摩。

同日 山东省住房和建设厅印发《关于公布山东省城市更新示范项目的通知》，环翠区金凤苑老旧小区改造、鲸园文体公园两个城市更新项目入选山东省城市更新示范项目名单。

6日 区委常委会第81次会议召开。会议传达学习习近平总书记对党的建设和组织工作作出的重要指示精神，全国、全省、全市组织工作会议精神，中共威海市委十六届四次全体会议精神，并研究环翠区贯彻落实意见。

同日 利群嘉瑞宝电器·生活超市开业。该项目位于竹岛街道蓝海国际大厦，6月16日签约，9月6日开业，经营面积约7000平方米，该项目的投入使用填补环翠区与经开区交接区域无家电综合卖场的空白。

7日 市委副书记、市长孔凡萍到环翠区远遥中心渔港，督导调研渔业安全生产工作。

同日 威海市暨环翠区基本医保全民参保集中宣传月启动仪式在威高广场举行。

同日 环翠区十九届人大常委会第十三次会议召开。会议听取审议六大领域牵头部门关于环翠区群众满意度提升工作开展情况的报告，区人大常委会组成人员围绕报告，结合自身工作实际依次审议发言，对环翠区群众满意度工作提出意见建议。

同日 环翠区在望海园中学举行2023年教师节庆祝大会。大会主题为“躬耕教坛 强国有我”，会上为全区优秀教师代表、师德标兵代表、最美教师、教书育人楷模代表、退休教师代表颁奖。

8日 区政府第26次常务会议召开。会议传达学习习近平总书记在听取新疆维吾尔自治区党委和政府、新疆生产建设兵团工作汇报时发表的重要讲话精神，向2023年中国国际服务贸易交易会全球服务贸易峰会视频致辞精神，向2023中国国际智能产业博览会致贺信精神。会议传达中共威海市委十六届四次全体会议精神，研究通过《环翠区打造食品经营领域“承诺即入、审管联动”信用审批新模式实施方案》。

同日 威海市全环境立德树人心理健康宣传教育活动在属相街中心广场举行。活动以“以德润心 阳光成长”为主题，旨在充分发挥学校、家庭、社会、网络等各方面作用，共同关注、支持和参与未成年人心理健康教育。

同日 环翠区全区旅游旺季工作复盘会议召开。会议听取全区旅游旺季整体情况汇报及意见建议，总结2023年旅游旺季期间各方面工作，研究部署下一步任务，进一步提升全区旅游工作首位度，推动旅游产业持续健康高质量发展。

9日 由环翠区行政审批服务局牵头起草的威海市地方标准《乡镇（街道）便民服务中心建设规范》正式实施。作为山东省首个指导乡镇（街道）便民服务中心建设的地方标准，将为提升全市乡镇（街道）便民服务中心建设水平提供科学指引。

11日 2023中国民营企业500强峰会暨全国优强民营企业助力山东绿色低碳高质量发展大会威海产业合作推介会在济南举行。鑫达发动机精密零部件生产等2个项目签约环翠区。

12日 环翠区开展“慈心一日捐”活动。活动以“汇聚社会爱心 促进共同富裕”为主题，时间为9月12—28日，14日举行活动启动仪式。按照“依法组织、公开透明、广泛发动、坚持自愿、鼓励奉献”的原则，通过现金捐赠、设立基金、定项捐赠三种方式，向社会各界人士开展慈善募捐活动。所募善款主要用于开展慈善大病救助、遇困高考新生救助等项目。

自2004年至2023年，环翠区通过“慈心一日捐”活动募集善款1.34亿元，先后有2.54万名遇困群众受益。

同日 退役军人事务部办公厅印发《关于表扬2023年度〈中国退役军人〉宣传工作先进单位、先进个人、优秀组织者、优秀作品、好作品和优秀短新闻的通知》，环翠区退役军人事务局获评2023年度宣传工作先进单位。

14日 区委常委会第82次会议召开。会议传达学习习近平总书记在黑龙江考察时、新时代推动东北全面振兴座谈会上、中共中央政治局会议上、视察78集团军时的重要讲话精神，以及向2023年中国国际服务贸易交易会全球服务贸易峰会发表的视频致辞、向全国优秀教师的致辞，研究环翠区贯彻落实意见；听取8月招商引资、项目建设攻坚小组进展情况汇报。

同日 工业和信息化部、国家药品监督管理局发布《关于公布生物医用材料创新任务揭榜挂帅（第一批）入围揭榜单位的通知》，山东光焱新材料科技有限公司入选。

同日 山东省卫生健康委员会印发《关于公布2023年度山东省中医药特色村卫生室、社区卫生服务站的通知》，环翠区环翠楼街道塔山社区卫生服务站获评2023年度山东省中医药特色社区卫生服务站。

15日 中共威海市环翠区第十六届委员会第五次全体会议召开。全会以习近平新时代中国特色社会主义思想为指导，全面落实省委十二届四次全会、市委十六届四次全会部署，听取和讨论张刚受区委常委会委托作的工作报告，审议通过《中共威海市环翠区委关于在全区深入开展学习贯彻习近平新时代中国特色社会主义思想主题教育的实施意见》《区委常委会深入开展学习贯彻习近平新时代中国特色社会主义思想主题教育工作安排》。全会批准王艳华、刘斌辞去十六届区委委员职务。

同日 环翠区学习贯彻习近平新时代中国特色社会主义思想主题教育工作会议召开。会议深入学习贯彻习近平总书记在主题教育工作会议上的重要讲话精神，按照党中央和省委、市委要求，对环翠区开展学习贯彻习近平新时代中国特色社会主义思想主题教育进行部署安排。

同日 第八届环翠区道德模范颁奖典礼、2023环翠区第十一届社区文化节复决赛暨颁奖典礼在威海市人民广场举行。区委常委、宣传部部长尹振山出席活动，并为全区10名道德模范颁奖。

18日　市委书记闫剑波到山东天弘质量检验中心有限公司、威海思维建筑设计有限公司以及部分个体工商户店铺，调研督导威海市第五次全国经济普查单位清查工作。

同日　以“提升全民科学素质，助力科技自立自强”为主题的2023年威海市暨环翠区全国科普日活动启动仪式在环翠区举行。启动仪式上同步颁发2023年度中国科协企业专利应用工程师培训结业证书。

19日　环翠区—台儿庄区2023年协作帮扶联席会议在台儿庄召开。会议落实山东省和威海市关于继续开展省内协作帮扶工作部署，加快推进环翠区与台儿庄区帮扶协作工作。会上，环翠区再向台儿庄区捐赠协作帮扶资金360万元。

自协作帮扶工作开展以来，环翠区累计向台儿庄区拨付扶贫资金2313.27万元，建成协作帮扶项目100余个。

同日　环翠区十六届区委第四轮巡察工作动员部署会召开。会议传达学习全国巡视工作会议和全省巡视巡察工作会议精神，对十六届区委第四轮巡察工作进行动员部署。

同日　山东省住房和城乡建设厅发布《关于公布2023年度山东省新型建筑工业化（绿色建造方向）示范计划项目名单的通知》，“环翠区公共文化服务中心（一期）项目1#楼”入选，是威海市唯一入选项目。

20日　区委常委会第83次会议召开。会议传达学习习近平总书记对新时代办公厅工作作出的重要指示精神，研究环翠区贯彻落实意见。

同日　全国人大常委会委员长赵乐际到环翠区鲸园街道人大代表工作站视察，并与部分人大代表座谈交流。

21—22日　环翠区委举办学习贯彻习近平新时代中国特色社会主义思想主题教育读书班。区委理论学习中心组成员围绕“如何坚持好、运用好贯穿习近平新时代中国特色社会主义思想的世界观、方法论”这一主题进行集体学习，并结合学习内容和工作实际开展交流讨论。

22日　区委理论学习中心组举行集体学习，学习习近平总书记关于安全生产的重要论述，观看《山东省安全生产创新措施专题片》，并就做好当前安全生产工作进行安排部署。

25日　市委副书记、市长孔凡萍到环翠区利群商业中心，调研食品安全和假期市场供应工作。

同日　环翠区安全生产专题询问会议召开。

27日　2023年膜产业技术创新合作大会举行。威海格润环保科技有限公司、威海华瓷新材料有限责任公司等5家企业分别与相关单位签订合作协议。欧洲膜学会名誉主席恩瑞克德里奥利，欧洲膜学会主席、意大利国家研究理事会膜技术研究中心高级研究员埃琳娜托兹，中国工程院院士马军等出席活动。

同日　区政府第27次常务会议召开。会议传达学习习近平总书记在黑龙江考察、在新时代推动东北全面振兴座谈会上、在浙江考察和返京途中在山东枣庄考察时的重要讲话精神，关于水生态环境保护的重要论述精神。会议研究部署“超级黄金周”旅游高峰应对、“三农”、根治欠薪、水生态环境保护等工作，研究通过《环翠区旅游业高质量发展四大提升行动实施方案》。

同日　山东省创建消除结核病先行区启动仪式在济南举行。会议公布山东省消除结核病先行区创建名单，环翠区作为全省首批13个县市区之一，率先获得创建资格，是威海市唯一入选的区县。

同日　信用中国发布全国80个“信易+”应用典型案例，环翠区“信易+数字化应用场景，开启环翠信用生活”案例入选。

28日　区委常委会第85次会议召开。会议传达学习习近平总书记近期重要讲话、重要指示精神，研究环翠区贯彻落实意见，并安排部署“两节一会”期间工作。

同日　环翠区总湾长会议召开。会议听取全区湾长制工作情况及下一步工作安排。

同日　区委外事工作委员会会议召开。会议指出，要深化与东北亚、欧美、非洲共建“一带一路”沿线国家和地区友好城市的务实合作，推动已签约重点项目建设；要利用好各类宣传平台，协助市级办好韩博会、精致城市国际论坛、威海国际周等活动，在国家级、省级、市级对外活动中争取推介机会。

同日　威海市“爱国故事我来讲”启动仪式暨环翠区“同升国旗同唱国歌”全民国防教育成果展示活动在望海园中学举行。

29日　省、市中秋、国庆假期值班视频调度会议相继召开。环翠区组织收看会议实况并接续召开会议，安排部署相关工作。

30日　威海市向烈士敬献花篮仪式在环翠区烈士陵园纪念广场举行。参加仪式的市区领导与全市各界代表一起向烈士敬献花篮，缅怀烈士功绩，弘扬英烈精神，向人民英雄致以崇高敬意和无限哀思。

10月

9日 全省打造乡村振兴齐鲁样板观摩团到环翠区里口山近郊休闲样板片区王家疃村、菱角湾城乡融合样板片区信河北村，围绕乡村共富党建联盟建设、红色遗迹打造、产业发展等情况进行现场观摩。省委常委、常务副省长曾赞荣，副省长陈平等参加活动。

10日 市委副书记、市长孔凡萍到环翠区竹岛街道红叶谷小区，实地督导调研2023年市级重点民生实事工作。

同日 第四届跨国公司领导人青岛峰会威海市产业推介会在青岛举行。环翠区组织来自跨国公司、世界500强、上市公司等企业的16位高层次嘉宾参加本次活动。活动期间，环翠区总投资额约20亿元的5个重点项目完成签约，涵盖先进装备与智能制造、碳纤维等复合材料、康养旅游等行业领域。

同日 区委编委印发《中共威海市环翠区委机构编制委员会关于重新组建威海市环翠区疾病预防控制中心的通知》，整合区疾病预防控制中心（区健康管理指导中心）和区卫生健康综合执法大队职责，重新组建区疾病预防控制中心，保留区健康管理指导中心牌子，加挂区卫生监督所牌子，为区卫生健康局（区中医药管理局、区疾病预防控制局）所属正科级公益一类事业单位，经费来源为财政拨款，不再保留区卫生健康综合执法大队。

12日 区委常委会第87次（扩大）会议召开。会议传达学习近期习近平总书记系列重要讲话、重要指示精神，研究环翠区贯彻落实意见。

同日 环翠区组织工作会议召开。会议传达学习习近平总书记关于党的建设和组织工作的重要指示，以及全国、全省、全市组织工作会议精神，研究部署当前和今后一个时期全区组织工作任务。

12—13日 区委举办学习贯彻习近平新时代中国特色社会主义思想主题教育（第二专题）读书班，重点围绕“深入学习贯彻习近平总书记关于调查研究的重要论述和对山东工作的重要指示要求”这一主题开展学习研讨。其间，区委理论学习中心组进行集体学习；区委书记张刚以“学懂弄通做实总书记教给我们的方法论”为题讲专题党课。

17日 市委书记闫剑波到环翠区鲸园街道戚谷疃小区北区，现场督导十二届省委第三轮巡视反馈问题整改工作。

19日 环翠区开展重阳节离退休干部重点项目观摩活动。区级离退休干部30余人参加，先后到爱华海绿色图文影像新材料生产线项目、广泰空港旅客登机桥项目、山东健康颐养家园（威海园）项目、威海海洋科技馆探索研学基地项目等实地参观考察。

20日 中国共产主义青年团环翠区第二十次代表大会召开。大会选举产生共青团威海市环翠区第二十届委员会常务委员、书记和副书记，号召全区各级团组织和广大青年以此次大会为新的起点，肩负使命挺膺担当，踔厉奋发成就未来。

23日 区委副书记、区长于晓东到“12345”政务服务热线中心现场接听市民来电。接听热线后，于晓东要求相关镇（街道）、部门聚焦群众诉求，深刻反思短板不足，切实抓好改进提升。

24日 环翠区十九届人大常委会第十四次会议召开。会议进行人事任免事项；传达各级领导对环翠区探索推行“一站五组”人大代表工作模式、助推基层治理提质增效的具体做法的批示；听取并审议区政府关于区十九届人大二次会议代表建议办理情况的报告、区政府关于环翠区《威海市环翠区国民经济和社会发展第十四个五年规划和2035年远景目标纲要》实施情况中期评估报告、区法院关于优化法治营商环境工作情况的报告、区政府关于2022年区级预算执行和其他财政收支审计查出问题整改情况的报告、区政府关于2022年度全区国有自然资源资产管理情况的专项报告、区政府关于2022年度全区和区级国有资产管理情况的综合报告。会后，与会人员实地调研观摩鲸园代表工作站“一站五组”建设模式，了解鲸园代表工作站建设运行情况。

同日 《铭记——抗美援朝中的环翠儿女》首发暨抗美援朝史料征集启动仪式在“为了人民”基层党建展馆举行。为纪念抗美援朝战争胜利70周年，环翠区委党史研究中心编著《铭记——抗美援朝中的环翠儿女》，以传略的形式记述13名环翠区籍或在环翠区参加过革命活动且在抗美援朝战争中有突出贡献的英雄模范人物、154名长眠在朝鲜土地上的烈士事迹，以口述史的形式抢救性采访20名生活在环翠区的抗美援朝老兵，填补威海市抗美援朝史料研究的空白。

同日 《威海市环翠区律师事务所合规管理指引（试行）》正式发布。该《指引》是全省首部县级律师事务所合规管理指引，在推进律师事务所合规管理规范化建设上探索出新方向。

25日 区委常委会第89次会议召开。会议传达学习习近平总书记近期重要讲话、重要指示精神，研究环翠区贯彻落实意见。

同日　环翠区精致城市建设工作领导小组会议召开。会议听取《威海市环翠区精致城市建设三年行动方案》工作总结和2023年全区精致城市建设工作开展情况及下一步工作计划，并安排部署相关工作。

同日　环翠区林长制工作会议召开。会议听取全区林长制工作开展情况，安排部署相关工作。

同日　区政协十五届九次常委会（扩大）会议召开。会议传达学习习近平总书记在第三届“一带一路”国际合作高峰论坛开幕式上等一系列重要讲话精神；听取区发展改革局关于打造共同富裕先行示范区、推动公共服务优质均等共享等工作的报告；围绕全区“打造精致、幸福、充满活力的共同富裕先行示范区”，聚焦“推动公共服务优质均等共享”开展专题议政。

同日　山东省科学技术厅发布《关于公布2023年度山东省科技企业孵化载体认定（备案）名单的通知》，山东大学海洋科技创新众创空间备案被认定为省级众创空间。环翠区省级以上科技企业孵化载体数量增加到8家。

26日　“书香环翠”全民阅读季启动暨环翠区公共文化服务中心开放仪式举行。环翠区公共文化服务中心位于羊亭镇海峰路北侧，设图书馆、新时代文明实践展厅、应急指挥中心、档案馆、城市会客厅等多功能场馆，是环翠区推进精致城市建设向全域拓展的文化标志性工程。

26—27日　环翠区举办学习贯彻习近平新时代中国特色社会主义思想主题教育读书班（第三专题）。重点围绕“深入学习贯彻习近平总书记关于树立和践行正确政绩观的重要论述，完整准确全面贯彻新发展理念，正确理解和大力推进中国式现代化”这一主题，进行研讨交流。其间，区委理论学习中心组进行集体学习，并集体收听收看省委宣传部副部长、网信办主任卢岚围绕“学习贯彻习近平总书记关于网络强国的重要思想做好网络安全和信息化工作”作的专题报告。

27日　区委学习贯彻习近平新时代中国特色社会主义思想主题教育领导小组会议召开。会议审议通过《关于深入开展“我为发展献良策、解难题、建新功”系列活动的工作方案》，听取相关部门、镇（街道）2023年主题教育工作开展情况汇报。

同日　区委党的建设工作领导小组会议召开。会议审议通过区委党的建设工作领导小组成员名单，听取相关部门、镇（街道）2023年党的建设工作开展情况汇报。

同日　位于孙家疃街道的中国油画交易中心联合深圳文化产权交易所版权认证平台上线版权认证业务，为版权权属机构和个人提供版权认证全链条服务。

30日　环翠区人民政府与中国建设银行股份有限公司威海分行战略合作签约仪式举行。双方共同签署《威海市环翠区人民政府　中国建设银行股份有限公司威海分行金融服务重点领域高质量发展战略合作协议》。

同日　环翠区森林防灭火指挥部会议暨林长制工作专题会议召开。会议强调要严防死守，筑牢安全防线，维护好全区森林防火稳定形势。

31日　区政府第29次常务会议召开。会议研究部署法治建设、网络安全和信息化等工作。

同日　“环翠楼商圈楼宇劳动争议调解委员会”在环翠楼街道商圈党群服务中心揭牌成立，是威海市首家商圈楼宇劳动争议调解组织。

是月　市领导闫剑波、孔凡萍、李建分别到环翠区山东颐养健康集团服务运营管理有限公司威海护理院、光大汇晨康养中心等地，开展“夕阳扶老”走访慰问活动。

是月　区领导张刚、于晓东、孙军等分别走访慰问部分百岁老人及生活困难老人。

11月

2日　农业农村部、中央宣传部、司法部印发《关于公布第三批全国乡村治理示范村镇名单及前两批全国乡村治理示范村镇复核结果的通知》，环翠区张村镇王家疃村入选第三批全国乡村治理示范村。

3日　“企业家看发展”先进制造业重点项目观摩暨2023年度“威海企业家日”主题活动观摩团到环翠区观摩先进制造业领域重点项目。

4日　“瑰丽海疆——2023中国写意油画海洋主题学术邀请展”开幕。活动由威海市委宣传部、北京当代中国写意油画研究院、环翠区人民政府主办，联合沿海十一个省专业团体共同组织，展出全国112位油画名家的海洋油画作品。

6日　山东省文化和旅游厅印发《关于公布第四批全省景区化村庄名单的通知》，环翠区温泉镇东峃村入选第四批全省景区化村庄名单。

7日　环翠区组织县处级以上领导班子和领导干部赴胶东（威海）党性教育基地刘公岛教学区接受党性教育。

同日　山东省文化和旅游厅、山东省发展和改革委员会、山东省农业农村厅联合印发《关于公布2023年山东省乡村旅游重点村名单的通知》，环翠区桥头镇信河北村入选2023年度山东省乡村旅游重点村名单。

8日　区委常委会第90次会议召开。会议传达学习习近平总书记近期重要讲话、重要指示精神，研究环翠区贯彻落实意见。

同日　中国文旅企业合作发展大会在山东省淄博市开幕。会上，发布山东省首批20家领航型文旅企业，环翠区华夏文化旅游集团股份有限公司入选。

8—9日　环翠区举办学习贯彻习近平新时代中国特色社会主义思想主题教育读书班（第四专题），重点围绕“坚定不移全面从严治党，把党的伟大自我革命进行到底”主题开展学习研讨。其间，区委理论学习中心组进行集体学习，并集体收看中央财经大学科研处处长、教授、博士生导师王立勇围绕“学习贯彻习近平经济思想　推动经济高质量发展”主题作的专题报告，集体观看《廉通一线》察访专题片。

10—12日　“爱威海　爱威海农产”——2023年威海市知名农产品展暨苹果擂台赛在威海国际展览中心举办。本次展会新增加农业机械企业和海产品企业参展，环翠区共有17家企业参加，参展产品覆盖农产品生产、加工、销售等各个领域。

14日　市委书记闫剑波到环翠区鲸园街道菊花顶社区、环翠楼街道海城社区，调研主题教育开展情况。

同日　山东省工业和信息化厅印发《关于公布2023年山东省级智能工厂、数字化车间、智能制造场景和系统解决方案供应商名单的通知》，威海市海王旋流器有限公司的海王高端流体设备加工制造数字化车间入选省级数字化车间，山东汇泉工业有限公司基于AI算法的5G智能柔性排产场景入选省级智能制造场景。

15日　省政协副主席张新文率调研组到环翠区威海海洋科技馆、海洋电子信息创新中心，围绕“推动海洋经济高质量发展”工作开展调研。

同日　山东省人民政府办公厅印发《关于公布2023年度齐鲁乡村之星名单》，威海壹贰叁肆玖农副产品配送有限公司张城瑞、环翠区张村镇皂南台股份经济合作社张祖刚、威海市宝丰果蔬专业合作社孙波入选。

同日　山东省工业和信息化厅印发《关于公布2023年度省级小型微型企业创业创新示范基地的通知》，威海创新园被确定为2023年度省级小型微型企业创业创新示范基地。

同日　山东省工业和信息化厅印发《关于公布第七批山东省制造业单项冠军企业名单及通过复核的第一、四批制造业单项冠军企业名单的通知》，山东汇泉工业有限公司（其他男士防风衣）、威海广泰空港设备股份有限公司（空港地面设备专用车）入选第七批山东省制造业单项冠军企业名单。

同日　区委编委印发《中共威海市环翠区委机构编制委员会关于进一步加强防震减灾机构职能有关事宜的通知》，区应急局加挂区地震局牌子，区应急救援指挥保障中心（区救灾物资储备中心）加挂区防震减灾中心牌子，核增事业编制4名。

17日　区委常委会第91次（扩大）会议召开。会议传达习近平总书记近期重要讲话、重要指示精神，安排部署主题教育等工作。

同日　山东省财政厅发布《2023年获得省级支持高质量发展奖励企业名单》，环翠区华夏文化旅游集团股份有限公司入选。

19日　2023年环翠区第十三届全民健身运动会暨温泉镇第四届环湖骑跑两项赛事在温泉镇凤凰湖湿地公园举行。

20日　市委副书记、市长孔凡萍到威海裕罗电器科技有限公司等地，调研环翠区重点企业。

22日　市委常委、常务副市长林强到山东家家悦物流有限公司、温泉镇森林防火通道、桥头镇洛西村，督导环翠区安全生产、森林防火、消防安全工作。

同日　环翠区学习贯彻习近平新时代中国特色社会主义思想主题教育工作推进会议召开。会议学习贯彻习近平总书记关于主题教育的重要讲话和重要指示批示精神，认真贯彻落实全省、全市第二批主题教育工作推进会议精神，进一步推动全区主题教育走深走实。

同日　山东省工业和信息化厅印发《关于公布2023年山东省软件工程技术中心名单的通知》，威海新北洋数码科技有限公司、山东百盟信息技术有限公司、山东同域网络安全技术有限公司被认定为2023年山东省软件工程技术中心。

23日　全区优化营商环境专题推进会召开。会议传达全市优化营商环境工作推进暨市场主体满意度提升专题调度会议精神，研究部署营商环境优化提升工作。

24日　区委副书记、区长于晓东到威海市城里中学与教师代表座谈交流，并讲授题为《躬耕教坛、强国有我　做立德树人的“大先生”》的思政课。

同日　工业和信息化部、国家发展和改革委员会等5部门联合公告，公告2023年度智能制造示范工厂揭榜单位和优秀场景名单，威海宝威新材料科技有限公司的“产品数字化研发与设计”入选2023年度智能制造优秀场景名单。

同日　山东省工业和信息化厅印发《关于公布2023年山东省轻工纺织行业数字“三品”示范县（市、区）及示范企业名单的通知》，环翠区被认定为全省首批轻工纺织行业数字“三品”示范区。

同日　威海东南乡景区、威海海洋科技馆被评为国家级AAA级旅游景区。

27日　山东省“冠军公益行”志愿服务进校园活动在威海市码头小学举行。十位奥运会、亚运会、全运会健儿走进校园，与学生们共同分享体育运动的魅力。

29日　国家知识产权局印发《关于确定2023年新一批及通过复核的国家知识产权示范企业和优势企业的通知》，山东华素制药有限公司被确定为国家知识产权优势企业。

同日　山东省发展和改革委员会、山东省委组织部等10部门联合发布《关于公布第三批山东省乡村振兴示范县乡村认定名单的通知》，桥头镇入选山东省乡村振兴示范镇名单，羊亭镇北上夼村、温泉镇小庄村、里口山管理服务中心、福德庄村、桥头镇南子城村入选山东省乡村振兴示范村名单。

30日　山东省绿色低碳高质量发展先行区建设领导小组印发《关于公布首批山东省绿色低碳高质量发展先行区建设试点名单的通知》，山东双轮股份有限公司、威海银兴预应力线材有限公司、威海宝威新材料科技有限公司、威海化工机械有限公司4家企业入选企业试点名单。

12月

1日　区委常委会第92次常委（扩大）会议召开。会议传达学习习近平总书记近期重要讲话精神，安排部署教育教学有关工作。

同日　区委理论学习中心组集体学习习近平总书记关于安全生产工作的重要论述，并就做好相关工作进行安排部署。

同日　环翠区羊亭镇海峰路西延道路正式通车。

4日　全市乡村文化振兴工作现场推进会观摩团到桥头镇信河北村新时代文明实践站、锡镶技·威海非遗文化体验基地、菱角湾自然学堂，观摩环翠区乡村振兴项目建设情况。

5日　山东省发展和改革委员会印发《关于公布2023年度生产性服务业领军企业名单的通知》，环翠区企业山东百盟信息技术有限公司入选。

6日　全省救援预案工作创新观摩现场会与会人员到环翠区，现场调研环翠区围绕精细管理、科技赋能系统提升全链条应急能力情况。

同日　环翠区第六期“周三夜校”举行。山东省科学院生态研究所所长、山东省碳中和技术创新中心主任许崇庆以《积极稳妥推进碳达峰碳中和谱写环翠绿色低碳高质量发展新篇章》为题现场授课。全区3000余名机关干部通过“线上+线下”的方式参加学习。

同日　环翠区伴月路、环海路（合庆至里窑段）沥青道路升级改造完工。此次改造的路段全长约8千米，对旧有的沥青面层进行整体铣刨，清除路面病害，并重新铺装沥青面层、施划标线。

7日　十六届区委第五轮巡察工作动员部署会召开。经区委批准，十六届区委第五轮巡察工作共派出4个巡察组，分别对环翠区28所公办中小学、幼儿园开展常规巡察。

同日　山东省卫生健康委员会、山东省发展和改革委员会联合印发《关于命名第一批山东省婴幼儿照护服务示范县（市、区）的通知》，环翠区入选第一批山东省婴幼儿照护服务示范县（市、区）名单。

8日　区委常委会第93次（扩大）会议召开。会议传达学习习近平总书记近期重要讲话、重要指示精神，安排部署科普教育相关工作。

同日　区政府第30次常务会议召开。会议传达学习习近平总书记近期重要讲话、重要指示精神，传达全省府院联动第一次协调会议、威海市企业破产处置府院联动联席会议、全省安全防范工作视频会议、全省耕地保护工作视频会议等会议精神。会议研究部署金融产业发展、法治政府建设、行政效能提升、安全生产、耕地保护等工作，研究通过《“高效办成一件事”大力提升行政效能若干措施》《威海市环翠区农村供水水质提升专项行动工作方案》《环翠区创建全省消除结核病先行区实施方案》。

同日　全国总工会印发《关于确认2023年“最美工会户外劳动者服务站点”名单的通知》，环翠区环翠楼街道威高广场商圈工会户外劳动者服务站点入选2023年“最美工会户外劳动者服务站点”名单。

同日　农业农村部印发《关于公布2022—2023年度平安渔业创建示范名单的通知》，威海市环翠区远遥渔港被认定为2022—2023年度全国文明渔港。

12日　区委常委会主题教育调研成果交流暨典型案例剖析会召开。会议深入学习习近平新时代中国特色社会主义思想，全面落实习近平总书记关于调查研究的重要论述，交流调研成果，围绕正反典型案例，深思教训启示，检视差距不足，研究安排改进工作措施，推动主题教育走深走实。

14日　市委书记闫剑波到鲸园街道花园社区、环翠区法院诉讼服务中心等地，调研全面从严治党和基层党建工作。

同日　环翠区组织收听收看全省、全市低温雨雪冰冻灾害防范应对工作视频会，并安排部署全区极端天气应对工作。

15日　区政府领导班子主题教育调研成果交流暨典型案例剖析会议召开。会议深入交流调研成果、检视差距不足、研究改进措施，推动主题教育走深走实。

同日　山东省大数据局印发《关于公布四星级新型智慧城市和标杆型智慧社区名单的通知》，环翠区竹岛街道兴威社区入选标杆型智慧社区名单。

18日　山东省文化和旅游厅印发《关于公布山东省乡村文化建设样板镇（街道）、村（社区）名单的通知》，环翠区王家疃村入选山东省乡村文化建设样板村（社区）名单。

19日　十六届区委第四轮巡察集中反馈会议召开。会议传达学习区委书记张刚在听取十六届区委第四轮巡察综合情况汇报时的讲话精神，通报巡察发现的主要问题，以及相关工作的安排部署。

19—20日　2023“智汇环翠”国际创新创业大赛暨海外高层次人才项目对接会成功举办。本次大会以“智汇环翠，共创未来”为主题，邀请来自英国、瑞典等5个国家的10名专家学者通过路演推介、专项对接、实地考察等环节同环翠区重点企业、创新平台展开对话，11个项目成功签约合作。

20日　山东省体育局印发《关于命名2023年山东省体育产业基地的通知》，环翠区嵩山街道小镇村被命名为“山东省体育产业示范乡村”。

22日　区委常委会第96次会议召开。会议传达学习习近平总书记在广西考察、中央经济工作会议、中共中央政治局会议、党外人士座谈会上的重要讲话精神以及对低温雨雪冰冻灾害防范应对工作、甘肃临夏州积石山县6.2级地震作出的重要指示精神，研究环翠区贯彻落实意见，并对全区党风廉政、应对寒潮极端天气等重点工作进行安排部署。

同日　区委招商引资促进委员会全体会议召开。会议听取2023年全区招商引资工作开展情况及2024年工作计划，安排部署全区招商引资工作。

同日　环翠区城市国际化战略推进委员会全体会议召开。会议听取2023年全区城市国际化战略工作开展情况及2024年工作计划，安排部署环翠区城市国际化战略工作。

同日　环翠区数字环翠建设领导小组全体会议召开。会议听取2023年数字环翠工作开展情况及2024年工作计划，安排部署数字环翠工作。

同日　环翠区生态环境委员会全体会议召开。会议传达全市生态环境保护大会暨美丽威海建设推进会议精神，安排部署全区生态环境保护等相关工作。

同日　环翠区海外联谊会成立暨第一届会员大会召开。会议听取《威海市环翠区海外联谊会成立暨第一届会员大会筹备情况》，审议并通过《威海市环翠区海外联谊会章程》《威海市环翠区海外联谊会第一届会员大会选举办法》；选举产生环翠区海外联谊会第一届理事会和监事会，王志当选环翠区海外联谊会会长。

25日　环翠区十九届人大常委会第十七次会议召开。会议以投票表决的方式，通过区人大常委会、区监委、区法院部分工作人员职务任免的决定，新任命的工作人员进行宪法宣誓，区人大常委会主任孙军颁发任命书。会议听取并审议区政府关于2023年下半年威海市环翠区地方政府债券分配使用意见及区级预算调整方案；补选威海市第十八届人大代表；评选2023年度威海市环翠区第十九届优秀人大代表；对部分驻环翠区威海市第十八届人大代表、员额法官、员额检察官进行述职评议；听取并审议区政府关于调整2023年区政府民生实事项目的议案；书面印发区人大监司工委关于区监委整治群众身边不正之风和腐败问题工作情况的调研报告。

26日　区政府第32次常务会议召开。会议传达学习习近平总书记在中央经济工作会议上、广西考察时的重要讲话精神，对“三农”工作、甘肃临夏州积石山县6.2级地震、低温雨雪冰冻灾害防范应对工作作出的重要指示精神，并结合环翠区实际抓好贯彻落实。会议传达全省、全市社会治安防控体系现代化建设推进会议精神，研究部署经济发展、社会治安防控体系现代化建设等工作，研究通过《关于威海市环翠区2023年国民经济和社会发展计划执行情况与2024年国民经济和社会发展计划（草案）的报告》《关于2023年威海市环翠区和区级预算执行情况与2024年威海市环翠区和区级预算（草案）的报告》等。

27日 2023年“实干实绩、敢打敢拼、担当善为”全年工作成效观摩评议活动举行。活动围绕产业项目、精致城市、乡村振兴、基层治理等方面重点工作，观摩人员到项目建设现场、商业综合体、劳动实践基地、老旧小区改造现场等地现场评议。

28日 区委常委会第98次会议召开。会议传达学习习近平总书记在中共中央政治局专题民主生活会上的重要讲话精神、对“三农”工作作出的重要指示精神，并研究环翠区贯彻落实意见。

29日 中国共产党威海市环翠区第十六届委员会第六次全体会议暨区委经济工作会议召开。全会以习近平新时代中国特色社会主义思想为指导，全面落实中央经济工作会议和省委十二届五次全体会议暨省委经济工作会议、市委十六届五次全体会议暨市委经济工作会议精神，听取和讨论张刚受区委常委会委托作的工作报告，分析当前经济形势，部署2024年经济工作，审议《关于全区深入学习贯彻习近平新时代中国特色社会主义思想主题教育工作情况的报告》。

同日 荣乌高速威海至烟海高速段改扩建项目完成，烟威高速正式开放通车，实现烟威高速环翠路交叉口至烟台枢纽立交主线双向六车道通行。

同日 中国地方志工作办公室印发《关于对第九届全国地方志优秀成果（年鉴类）的通报表扬》，《环翠年鉴（2021）》被评为“特等”年鉴。

同日 山东省文化和旅游厅、山东省卫生健康委员会、山东省财政厅联合印发《关于印发2022年度山东省文旅康养强县激励名单的通知》，环翠区被评为2022年度山东省文旅康养强县。

环翠概览

自然环境

【地理位置】 威海市环翠区位于山东半岛东北部，行政区域地处北纬37°15′～37°35′，东经121°51′～122°24′，辖区总面积383.02平方千米，海岸线长52千米。东、西、北三面濒临黄海，北面隔海与辽东半岛的大连市遥相对应，东面与朝鲜半岛隔海相望，东南与荣成市相连，南和西南与临港区接壤。环翠区是威海市中心区，是威海市政治、经济、文化、科技中心。

【地质】 环翠区位于山东省胶北断块隆起的东端，其南侧与胶莱坳陷的东部边缘接壤。环翠区出露地层自老至新有晚太古界的胶东群、中生界白垩系青山群及新生界第四系。褶皱构造栖霞复式背斜延至境内，且由近东西向向北弯转为北东走向，是古老的基底构造。断裂构造有近南北向的双岛断裂，北北东向的金牛山断裂和老母猪河断裂，北西向的望岛断裂、海埠和神道口断裂、俚岛和海西头断裂。岩浆岩主要有中生代燕山早期的昆嵛山岩体和文登岩体及晚期的石岛岩体、伟德山岩体和龙须岛岩体。

【地貌】 环翠区地处胶东低山丘陵区，地势中部和东南部高，西部和北部低，地势起伏和缓。除少数山峰海拔500米以上，大部分为200～300米的波状丘陵。低山丘陵和平原低地相间分布，低山丘陵区坡度较大，平原低地区地势较平缓。

【气候】 环翠区地处中纬度，属于北温带季风型大陆性气候，四季变化和季风进退都较明显。与同纬度的内陆地区相比，具有雨水丰富、年温适中、气候温和的特点。另外，受海洋的调节作用，又具有春冷、夏凉、秋暖、冬温，昼夜温差小、无霜期长、大风多和湿度大等海洋性气候特点。2023年，全区平均气温14.4℃，降水量685.4毫米，日照时数2412.0小时。

【水文】 环翠区位于胶东半岛东部的低山丘陵区，地下水资源量除受大气降水影响外，还受地形、地貌、岩性、地质构造和人类活动的影响，地下水位呈动态变化状态。在一年之中，1—6月地下水位一般呈下降趋势，7—9月地下水位上升，10—12月又呈缓慢下降趋势。山丘区地下水位年变化幅度较大，平原区地下水位年变化幅度较小。

【土壤】 环翠区土壤类型有棕壤、潮土、盐土、风砂土、水稻土、山地草甸土6种土类。依据其各自的发育程度、附加成土过程和土壤属性，又分为棕壤性土、棕壤、潮棕壤、潮土、盐化潮土、盐土、半固定风砂土、固定风砂土8个亚类14个土属68个土种。棕壤土类是全区分布最广、面积最大的土类，遍及全区各镇（街道）的山丘地区，占土壤总面积的83.5%，占全区耕地总面积的82.5%。潮土土类为环翠区第二大类土壤，占土壤总面积的13.2%，占耕地总面积的17.5%。盐土和风砂土无耕地。从土壤（耕层）质地来分可归为3大类：砂性土、轻壤土、中壤土。从土体构型可分为15种类型，按其对作物的影响主要归纳为4大类型：均壤质型，均砂、夹砂、夹砾石型，夹黏、均黏型，硬（酥）石底型。砂性土占耕地总面积的61.3%，轻壤土占36.8%，中壤土占1.9%。从化学性状来分，环翠区成土母质大部分为酸性岩和中性岩风化物，pH值除沿海一带少部分盐化潮土稍高外，其余土壤均呈中性至酸性，土壤pH值为3.8～8.1，众数为5.2。由于长期大量施用化肥，造成环翠区90%以上土壤酸化，严重影响作物正常生长发育，经土壤酸化改良，环翠区土壤pH值众数在5.5左右。

【海域】 环翠区离岸线12海里（22千米）以内海域总面积约5万公顷，海岸线长52千米，分布有靖子湾、柳树湾、合庆湾、威海湾4处自然海湾，以及褚岛东南礁、褚岛、黑岛、牙石岛、日岛、小牙石岛、连林岛、屏风岛、三连黄岛、三连青岛、大截岛、中顶岛、伏狮岛、远遥岛、海龙岛、西小岛、海龟岛、黄埠岛18个大小海岛，自然岸线保有率保持在52.9%，近岸海域水环境功能区达标率保持100%。

（丛振宁　缪洪波　乘桂美）

自然资源

【土地资源】 至2023年年末，环翠区土地总面积38301.85公顷，其中农用地27811.69公顷，占总面积72.61%；建设用地9192.14公顷，占总面积24%；未利用地1298.02公顷，占总面积3.39%。张村镇4900.07公顷，羊亭镇7196.22公顷，温泉镇6659.99公顷，桥头镇11124.4公顷，环翠楼街道448.32公顷，竹岛街道2361.29公顷，鲸园街道645.94公顷，孙家疃街道1858.06公顷，嵩山街道3107.56公顷。

【矿产资源】 2023年，全区有矿种16种，探明储量8种。其中，金属矿产为金、铅、锌3种，非金属矿产为玻璃用石英砂、花岗岩（石材）2种，能源矿产为地热1种，水气矿产为地下水、矿泉水2种。

【水资源】 2023年，全区有小型水库21座，其中小（1）型2座、小（2）型19座，最大的为冶口水库。有塘坝198座，总库容567.31万立方米。境内流域面积5平方千米以上的河道有15条。其中流域面积50平方千米以上的河道有3条，分别为石家河、五渚河和羊亭河；流域面积200平方千米以上的河道有1条，为石家河。这些河道均属季节性河道，源短、流急，汛期暴雨易成灾，河床冲刷严重，汛期过后，河道干枯，河床裸露。全区多年平均水资源总量9490万立方米。其中，地表水资源量8777万立方米，地下水资源量3041万立方米。地表水开发的主要工程形式为水库、塘坝、拦河闸。地下水开发利用的主要工程形式为机井、截潜流工程和沉井。

表1　2023年环翠区小型水库一览表

序号	工程规模	水库名称	所在镇（街道）	建成时间
1	小（1）型	里口山水库	张村镇	1982年4月
2	小（1）型	冶口水库	温泉镇	1961年5月
3	小（2）型	栾家店Ⅰ水库	温泉镇	1971年4月
4	小（2）型	安夼水库	温泉镇	1975年4月
5	小（2）型	小庄水库	温泉镇	1978年10月
6	小（2）型	张家山水库	温泉镇	1998年5月
7	小（2）型	口子水库	羊亭镇	1969年5月
8	小（2）型	北观水库	羊亭镇	1970年5月
9	小（2）型	贝草夼水库	羊亭镇	1970年10月
10	小（2）型	王家河水库	羊亭镇	1973年5月
11	小（2）型	王家夼水库	羊亭镇	1973年5月
12	小（2）型	小城庄水库	羊亭镇	1973年5月

续表

序号	工程规模	水库名称	所在镇（街道）	建成时间
13	小（2）型	埠前雨夼水库	羊亭镇	1979年8月
14	小（2）型	孟家疃水库	竹岛街道	1966年4月
15	小（2）型	卢马水库	竹岛街道	1971年5月
16	小（2）型	抱山泉水库	竹岛街道	1981年5月
17	小（2）型	西庄水库	嵩山街道	1976年4月
18	小（2）型	盘川夼水库	桥头镇	1972年10月
19	小（2）型	宋家店水库	桥头镇	1976年12月
20	小（2）型	大贞水库	桥头镇	1982年12月
21	小（2）型	于家水库	桥头镇	1983年11月

表2　2023年环翠区流域面积5平方千米以上河流一览表

序号	河道名称	流域面积（平方千米）	长（千米）	起止位置
1	石家河	204.2	13.3	碑鲁至福禄庄
2	五渚河（环翠区段）	90.3	16.5	西庄至崮山水库
3	羊亭河	59.0	12.0	北玉皇庙至孙家滩西
4	亭子河（环翠区段）	33.0	47.0	马夼至温泉汤大桥
5	张村河	25.0	9.0	桃子山至皂西台南
6	小城河	17.7	7.0	半壁山至北小城村汇入羊亭河
7	于家河	12.8	2.5	西于家村至董家夼
8	张家山河	8.0	4.0	正棋山（张家山水库）至刘家台村东汇入亭子河
9	望岛河	8.0	5.5	望岛村老孤庙顶至原三角轮胎厂入海
10	贝草夼河	7.6	2.0	贝草夼水库至鲁东村汇入羊亭河
11	柳沟河	7.0	6.0	佛顶山至皂河北入海
12	九龙河（环翠区段）	6.9	3.8	南葛拉至徐家疃
13	大北山河	6.8	4.0	大北山至港头村汇入羊亭河
14	港头河	6.5	5.5	北上夼至港头村汇入羊亭河
15	南江疃河	5.4	4.0	南江疃至北江疃村汇入羊亭河

【生物资源】 陆地植物资源。境内木本植物有林木种质680种（变种、品种）。其中，栽培林木种质497种（变种、品种），野生林木种质资源183种（变种）。调查到树种（变种、栽培变种）546种，涉及73科183属。其中乔木主要有：赤松、黑松、刺槐、泡桐、毛白杨、速生杨、国槐、臭椿、楸树、苦楝子、白榆、旱柳、悬铃木、枫杨、赤杨、水杉、落叶松、柳树、栎类、银杏等；灌木主要有：紫穗槐、白蜡、柽柳、黄荆、酸枣、胡枝子、野蔷薇、扁担木、紫柳、杞柳、盐肤木、牛奶子、木半夏等；藤本主要有：葛藤、

紫藤、野葡萄、单叶蔓荆、软枣猕猴桃、爬山虎等；经济树种主要有：苹果、梨、桃、山楂、葡萄、大枣、樱桃、杏、李子、海棠、柿子、板栗、无花果等；观赏花木树种主要有：雪松、侧柏、千头柏、龙柏、合欢、垂柳、樱花、月季、玫瑰、冬青等。草本植物有12科92种，主要有马唐、黄背草、月见草、白茅草、结缕草、羊胡子草、苜蓿草等。野生和栽培经济药材植物有70科248种，主要有车前子、地黄、天麻、黄芩、远志、半夏等。草本花卉41科81属95种（变种），主要有鸡冠花、菊花、芍药、一串红等。

野生动物资源。全区野生动物资源有约600种，陆生野生哺乳动物有梅花鹿、狐狸、豹猫、獾等；鸟类约250种，候鸟、旅鸟占70%以上。其中列入《国家重点保护野生动物名录》一级的有梅花鹿、中华秋沙鸭等9种，二级的有大天鹅、鸳鸯、灰鹤、苍鹰等15种。

海洋生物资源。境内浅海和潮间带有丰富的海洋生物资源。据资料统计，有海洋生物资源700余种，其中动物600余种、植物100余种。动物中，鱼类主要有大黄鱼、小黄鱼、梭鱼、鲻鱼、鲈鱼、鲅鱼、青鳞鱼、太平洋鲱鱼、鲳鱼、黄姑、比目鱼等100余种，虾蟹类主要有鹰爪虾、对虾、毛虾、脊尾白虾、三疣梭子蟹等，贝类主要有栉孔扇贝、鲍鱼、泥蚶、菲律宾蛤仔、文蛤、毛蚶、魁蚶、牡蛎、中国蛤蜊、四角蛤蜊、贻贝、青蛤等，棘皮类中有刺参、海蜇、马粪海胆、海星等。植物中，藻类主要有海带、裙带菜、石花菜、条斑紫菜、大叶藻等。

【旅游资源】 2023年，全区有旅游景区（点）10余处。其中，华夏城景区为国家AAAAA级旅游景区，仙姑顶景区、海滨生态风情带·“侨乡号”游轮、里口山风景名胜区为国家AAAA级旅游景区。自然资源以海、岛、滩、湾、泉、山为特色，有52千米海岸线，沿线沙滩细腻绵延，海水碧蓝清澈，有葡萄滩海水浴场、半月湾海水浴场等，有褚岛、日岛、黑岛等大小海岛18个，有宝泉汤、温泉汤2处优质地下温泉，有里口山、正棋山、猫头山等山地风景区。人文资源以秦汉文化、民俗文化、道教文化为代表。

（丛振宁　缪洪波　张　森　邹　鹏）

2023年12月28日，在里口山水库栖息的鸳鸯（区林业发展中心　供图）

建置沿革

【建置隶属】 明洪武三十一年（1398年），为防御倭寇，明朝政府析文登县辛汪都三里设置威海卫，派兵驻屯防倭，领左、前、后三所。明永乐元年（1403年）筑威海卫城。清雍正十三年（1735年），裁撤威海卫，归并文登县，卫所划为文登县辛汪都三里辖属。清光绪二十四年（1898年），威海卫和刘公岛被英国强行租占。

民国19年（1930年），国民政府收回威海卫，设立威海卫管理公署，隶属国民政府行政院。民国31年（1942年）12月18日，国民政府第588次会议决议，撤销威海卫管理公署。民国34年（1945年）8月，威海卫解放后，设威海卫市（地专级），由胶东行政公署管辖。民国37年（1948年）3月改为县级市，归东海专区管辖。

中华人民共和国成立后，1950年3月，威海卫市实行城乡分制，原属威海卫市的港西区、桥头区、草庙子区、崮山区、凤林区、羊亭区和里口山区的南半部分别划归荣成、文登、昆嵛等县。同年5月，改为威海县，隶属文登专区。1951年4月26日更名为威海市。1954年10月改为省辖市（县级），受山东省政府领导，并接受文登专区督导。1956年2月，撤销文登专区，划归莱阳专区；同年6月，将文登县的羊亭、港头、北观、里口、双岛、皂河、莱海、凤林、天东、杨家滩、长峰、河北、望岛、老集、皂埠、海埠、卫家、崮山18个乡划归威海市；同年9月，将文登县竹园、宋家洼2个乡的牛角沟、南葛拉、竹园、闫家庄、西山口、东山口、西曲阜、南曲阜、宋家洼9个村划入威海市。1958年7月，文登县小城乡和温泉乡的南虎口、北虎口、庙口、壁子4个村庄划入威海市；10月，文登县的石岭、草庙子、温泉人民公社和荣成县的桥头、泊于人民公社划归威海市；同年，威海市由省辖市（县级）改为专区辖市，隶属烟台专区（1967年7月更名为烟台地区）。1965年6月，草庙子、苘山、初村（原石岭）人民公社划归文登县，桥头、泊于、卧龙人民公社划归荣成县。1983年8月30日，再次改为省辖县级市，由烟台市代管。1987年6月15日，国务院以国函〔1987〕105号《国务院关于山东省威海市升为地级市的批复》批准，威海市升为地级市，此后取境内名胜环翠楼之意，原县级威海市的行政区域设为环翠区。1992年1月6日，田村镇的毕家疃、东涝台、西涝台、后峰西划归威海火炬高技术产业开发区（1991年3月6日经国务院批准设立，其管委会为市政府派出机构）。1992年10月21日，经国务院批准设立威海经济技术开发区（其管委会为市政府派出机构）。同年12月24日，撤销蒿泊镇，设立蒿泊街道。1993年1月18日，蒿泊街道成建制由环翠区划归经开区。1994年6月23日，文登市的初村、草庙子和荣成市的桥头、泊于4个镇划归环翠区。1996年8月27日，田村街道成建制划归高新区管辖，刘公岛街道划归市政府直接管辖。2003年5月12日，初村镇划归高新区，崮山镇、泊于镇划归经开区管辖。2008年4月21日，草庙子镇划归威海市工业新区（今临港区）管辖。2012年9月，市委对全市经济区划进行调整，将环翠区桥头镇成建制划归经开区，羊亭镇的北郊、店上、海庄、卧龙和廒上5个村以及张村镇的前双岛和西山2个村划归高新区；将经开区环山路以西19个村（社区），即皇冠街道的夏家疃、北葛拉、宅库、张家疃、河北5个社区，西苑街道的范家埠社区、高家庄社区、谷家洼社区、徐家疃社区、岳家庄社区、牛角沟村、闫家庄村、竹园村、南葛拉村9个村（社区），以及凤林街道的西山口村、北七夼村、五家疃村、台下村、西庄村5个村划归环翠区。2013年5月22日，市政府批准成立嵩山街道。同年12月2日，省政府批准撤销孙家疃镇，以其原行政区域设立孙家疃街道。2014年2月27日，山东省人民政府印发《关于调整威海市部分行政区划的通知》，将原文登市的汪疃镇、苘山镇划归环翠区管辖（由临港区管理）。2020年11月9日，根据《威海市开发区体制机制改革创新实施方案》，桥头镇成建制划归环翠区。

【镇（街道）、村（社区）】 至2023年年末，环翠区辖张村、羊亭、温泉、桥头4个镇，环翠楼、竹岛、鲸园、孙家疃、嵩山5个街道，有105个行政村、113个社区。

表3　2023年环翠区村（社区）一览表

单位：个

镇（街道）	村（社区）总数	行政村		社区	
		数量	名称	数量	名称
张村镇	21	4	福德庄、王家疃、刘家疃、姜家疃	17	华锦、永兴园、翠海明珠、滨海明珠、长乐、怡沁园、和兴、皂河、嘉祥、峰西、新柳、莱海、双岛、魏桥、张村、华海、东塘
羊亭镇	29	25	羊亭、大北山、北上夼、贝草夼、鹿道口、大西庄、孙家滩、港头、鲁东、阮家口、北小城、小城庄、北江疃、南江疃、埠前、杜家庄、南郊、半壁山、黄埠屯、南小城、下炉、上炉、王家夼、梅家沟、宋家疃	4	西海、新阳、润河、家和
温泉镇	32	19	东崮、西崮、栾家店、河西、罗家、西七夼、东七夼、雨夼、小庄、下江家、小南山、林家庄、后亭子夼、前亭子夼、郑家、张家山、堂子、马夼、双寺夼	13	冶口、刘家台、双泉城、滨城、亿和、明珠、黄金顶、泉和、柳和、友和、温泉汤、五渚河、正棋山

续表

镇（街道）	村（社区）总数	行政村		社区	
		数量	名称	数量	名称
桥头镇	52	51	桥头、埠上、信河北、义河北、大院、教里、雅格庄、福禄庄、江家口、黑石、柴里、产里、孟家庄、东龙山、西龙山、新建、宋家店、河西庄、东洛后、西洛后、观里东、观里西、姚家圈、盘川夼、洛西、后宅库、大贞、前宅库、徐家庄、西贞、刘家泊、东涧、涧北、所前泊、南子城、北子城、黄金庄、南台、碑鲁、报信、邓家店、马井泊、北墩前、彭家埠、西山后、方吉、董家夼、东于家、中于家、西于家、后于家	1	滨河
环翠楼街道	17	0		17	东北村、西北村、海城、东南村、南山、石河、大桥、塔山、西门外、杏花村、塔山中路、布谷夼、同德路、大众路、峰泉、鸿武、西南村
鲸园街道	16	0		16	东山、鲸园、北仓、长征、光明、北门外、古北、菊花顶、花园、万福、古岭、古陌、北港、戚东夼、朝阳、戚谷疃
竹岛街道	28	0		28	青竹、文昌、金线顶、同心路、竹岛路、四方、兴竹、天翔、望海、黄山、观海、梦海、海源、海韵、富华、福海、海天、翠竹、开园、海景、望岛、林海、山海、兴威、海康、海盛、海和、九里
孙家疃街道	8	0		8	安海、艺海、育海、北海、里海、靖海、伴海、连海
嵩山街道	15	6	南葛拉、竹园、闫家庄、牛角沟、西山口、小镇	9	向阳、山水、蔚海、百合、华夏、和园、阅山、珠海、海棠
合计	218	105		113	

（袁　牧）

人口　民族

【人口】　至2023年年末，环翠区户籍总人口354203人，比2022年的353553增加650人。在总人口中，男性171525人，女性182678人，人口性别比（以女性为100）为93.89，全区总户数127706户，户均人口2.77人；全区城镇人口为310273人，占总人口的87.60%，农村人口为43930

表4　2023年环翠区各镇（街道）人口分布一览表

镇（街道）	人口（人）
环翠楼街道办事处	38493
鲸园街道办事处	73768
竹岛街道办事处	90516
孙家疃街道办事处	17691
张村镇	34519
羊亭镇	23616
温泉镇	29574
嵩山街道办事处	18069
桥头镇	27957
合计	354203

人，占总人口的12.40%。2023年，出生人口1967人，出生率为5.56‰，死亡人口1640人，死亡率为4.63‰，人口自然增长率为0.93‰。

【民族】 2023年，环翠区有34个民族，分别是汉族、蒙古族、回族、藏族、维吾尔族、苗族、彝族、壮族、布依族、朝鲜族、满族、侗族、瑶族、白族、土家族、哈尼族、傣族、黎族、傈僳族、佤族、畲族、高山族、拉祜族、纳西族、柯尔克孜族、达斡尔族、布朗族、撒拉族、锡伯族、俄罗斯族、鄂温克族、鄂伦春族、赫哲族、珞巴族。全区有少数民族常住人口6767人。

（梁　蕾）

全面深化改革

【概况】 2023年，环翠区委坚持将全面深化改革作为重大政治任务，及时研究落实中央和省委、市委全面深化改革有关决策部署，召开区委全面深化改革委员会会议3次，谋划提出42个方面、97项改革重点任务，形成制度创新项目和创新性实事经验材料16篇，新争取省级以上改革试点38项，以高质量改革成果推动各项事业高质量发展。

【改革主体责任压实】 2023年，环翠区委深化改革委员会坚持扛牢扛实全面深化改革主体责任，召开区委全面深化改革委员会会议3次，传达学习中央和省委、市委深化改革委员会会议精神，审议通过《区委深改委2023年工作要点》《区委深化改革委员会组成人员名单》《环翠区深化营商环境创新提升行动实施方案》等文件，推动省委、市委、区委改革工作部署落实落地。坚持依托"关键少数"抓改革，区级领导谋划提出重大改革事项35项，全部纳入区委深化改革委员会工作要点统筹推进实施，从区级层面推动形成一批改革成果。

【改革督察考核】 2023年，环翠区委深化改革委员会聚焦省、市重点改革任务和区委中心工作，谋划提出42个方面、97项改革重点任务，各项任务均明确分管区领导、牵头单位、完成时限及成果形式，建立台账化管理机制，确保改革工作干有抓手、督有靶向。将全面深化改革作为单独加分项，纳入全区目标管理考核，围绕省、市考核工作重点，梳理考核项目和标准，对改革推进力度大、效果好，相关典型经验在全国全省叫得响的单位给予加分奖励，对落实不力的单位给予扣分，突出"干与不干不一样、干好干坏差别大"的鲜明导向。将20项市级共性改革任务作为"硬指标"纳入考核事项，持续加强跟踪调度，定期开展实地督察，逐条逐项落实进展情况。建立季度通报、实地督导等工作机制，围绕区级领导领衔推进的改革事项、改革重点任务等内容，定期开展专项督察，实时掌握各项重点任务进展情况，为区委深化改革委员会科学决策提供参考。

【改革创新典型引领】 2023年，环翠区委深化改革委员会围绕上级改革工作部署和制度创新，对精致城市、社会治理、产业发展等重点改革工作开展深入调研，形成制度创新项目和创新性实事经验材料16篇。注重改革典型做法的挖掘和推广，一批具备创新性、带动性、示范性的环翠改革成果被上级采纳推广。其中，《威海市环翠区探索城市有机更新的精致模式》被省委全面深化改革委员会办公室《地方改革案例》采用；孙家疃街道"小事不下船、大事不出港"工作法被中央政法委选为104个创新工作法先进典型；"共富党建联盟"工作经验被国家乡村振兴局《乡村振兴简报》第12期刊发；社会组织"嵌入式"发展、"蓝色档案"经济科技档案资源开发利用做法、里口山生态产业化经营、幸福河湖建设等25项经验做法被省级以上部门以正式文件方式予以推广。《环翠区探索实施公共文化服务公益创投以供给改革激发乡村文化振兴新活力》《威海市创新量化分级监管模式推动卫生健康行业提档升级》《环翠区以基层行政执法改革推动治理效能提升》等7篇经验材料被市委全面深化改革委员会办公室《改革工作动态》采用。

【改革试点】 2023年，环翠区新争取省级以上改革试点38项，其中国家级试点8项，省级试点30项。山东威海信用体系建设标准化试点、红色旅游标准化试点、"科创筑梦助力双减"行动试点、审计业务管理模块试点4项国家级试点通过验收。

表5　2023年环翠区新争取省级以上改革试点一览表

序号	试点类型	试点名称	部署时间	部署机关	试点范围(单位)	责任单位
1	国家级试点	地籍调查工作示范点	2023年3月1日	自然资源部自然资源确权登记局	威海市环翠区	区自然资源局

续表

序号	试点类型	试点名称	部署时间	部署机关	试点范围(单位)	责任单位
2	国家级试点	集体资产权属归位国家级试点	2023年8月22日	农业农村部政策与改革司	威海市环翠区	区农业农村局
3	国家级试点	红色美丽村庄试点	2023年8月5日	中共中央组织部、财政部	环翠区羊亭镇贝草夼村	羊亭镇
4	国家级试点	全国维护青少年权益岗创建单位	2023年6月7日	共青团中央、中央宣传部、中央政法委、中央网信办、全国妇联、最高人民法院、最高人民检察院、教育部、公安部、民政部、司法部、人力资源社会保障部、文化和旅游部、国家市场监督管理总局、国家广播电视总局	威海市公安局环翠分局城里派出所	团区委、公安环翠分局
5	国家级试点	完善普惠性学前教育保障机制实验区	2023年12月4日	教育部办公厅	威海市环翠区	区教育体育局
6	国家级试点	现代化水库运行管理矩阵建设先行先试试点水库	2023年11月20日	水利部	环翠区冶口水库	区水利局
7	国家级试点	国家知识产权强县建设试点县	2024年1月3日	国家知识产权局	威海市环翠区	区市场监管局
8	国家级试点	第二批全国学校急救教育试点学校	2023年11月3日	教育部办公厅	威海市第七中学	区教育体育局
9	省级试点	山东省数字经济“晨星工厂”试点县(市、区)	2023年6月9日	山东省工业和信息化厅	威海市环翠区	区工业和信息化局
10	省级试点	省级“青年驿站”优化提升试点	2023年3月21日	共青团山东省委	威海市环翠区	团区委
11	省级试点	山东省小城镇创新提升行动卫星镇试点	2023年4月19日	山东省住房和城乡建设厅	环翠区羊亭镇	区住房城乡建设局、羊亭镇
12	省级试点	“新新向党”综合管理系统推广使用试点县(市、区)	2023年2月5日	省委“两新”工委	威海市环翠区	区委组织部、区社会治理服务中心
13	省级试点	美德山东和信用山东建设试点区	2023年3月14日	山东省精神文明建设委员会、山东省社会信用体系建设领导小组	威海市环翠区	区委宣传部、区社会信用中心
14	省级试点	山东省省级体育消费试点县(市、区)	2023年6月21日	山东省体育局	威海市环翠区	区教育体育局
15	省级试点	构建农村“信用+”体系统筹推进美德山东和信用山东建设试点	2023年3月23日	山东省农业农村厅	威海市环翠区	区农业农村局、区社会信用中心
16	省级试点	威海市第五次全国经济普查行政事业单位资产统计调查专项试点	2023年6月7日	山东省统计局	环翠区嵩山街道、环翠区桥头镇	区统计局、嵩山街道、桥头镇

续表

序号	试点类型	试点名称	部署时间	部署机关	试点范围(单位)	责任单位
17	省级试点	山东省DCMM贯标第三批试点县(市、区)	2023年7月10日	山东省工业和信息化厅	威海市环翠区	区工业和信息化局
18	省级试点	“事心双解和为贵”刑事检察办案机制试点	2023年5月19日	山东省人民检察院	威海市环翠区	区检察院
19	省级试点	人才领域重点工作扩大试点县(市、区)	2023年6月5日	山东省人社厅	威海市环翠区	区人力资源社会保障局
20	省级试点	第一期山东省机关事务管理标准化信息化示范单位创建单位	2023年8月9日	山东省机关事务管理局	威海市环翠区机关事务服务中心	区机关事务服务中心
21	省级试点	住宿业场所卫生保洁记录仪应用试点	2023年8月8日	山东省卫健委	威海市环翠区	区卫生健康局
22	省级试点	山东省消除结核病先行区创建地区	2023年9月5日	山东省卫健委	威海市环翠区	区卫生健康局
23	省级试点	放射工作人员证智慧化申报及电子证照应用试点	2023年8月7日	山东省卫健委	威海市环翠区	区卫生健康局、区行政审批服务局、区大数据中心
24	省级试点	健康服务领域“综合监管一件事”改革试点	2023年8月16日	山东省卫健委、山东省公安厅、山东省生态环境厅、山东省市场监管局、山东省医保局、山东省药品监督管理局	环翠区卫生健康局	区卫生健康局、公安环翠分局、生态环境分局、区市场监管局、区医保局、区行政审批服务局
25	省级试点	山东省城镇老旧小区改造“揭榜挂帅”试点项目	2023年7月17日	山东省住建厅	环翠区孙家疃街道	区住房城乡建设局、孙家疃街道
26	省级试点	档案信息化“六级联动”试点	2023年5月8日	山东省档案馆	威海市环翠区	区档案馆
27	省级试点	山东省妇联组织建设改革创新先行县(市、区)妇联	2023年8月25日	山东省妇联	威海市环翠区妇联	区妇联
28	省级试点	“070勇敢者行动”试点单位	2023年10月7日	共青团山东省委	威海市鲸园小学、威海市塔山小学、威海市城里中学、威海市环翠中学、威海市大光华学校、威海市海诚商业学校	团区委

续表

序号	试点类型	试点名称	部署时间	部署机关	试点范围(单位)	责任单位
29	省级试点	省级“青春社区 伙伴计划”青年社会组织参与基层社会治理创新服务示范项目试点	2023年11月25日	共青团山东省委	环翠区鲸园街道、环翠区鲸园街道古北社区、竹岛街道海源社区、温泉镇亿和社区	团区委、鲸园街道、竹岛街道、温泉镇
30	省级试点	第二批全省自然资源基层法治联系点	2023年12月27日	山东省自然资源厅	威海市环翠区自然资源局、威海市环翠区海洋发展局	区海洋发展局、区自然资源局
31	省级试点	森林可持续经营省级试点项目	2023年11月13日	山东省自然资源厅	威海市环翠区	区林业发展中心
32	省级试点	第二批婚姻登记信息数据质量提升工作试点	2023年10月19日	山东省民政厅、山东省大数据局	威海市环翠区	区民政局
33	省级试点	首批全省社会救助综合改革试验区	2023年2月23日	山东省民政厅	威海市环翠区	区民政局
34	省级试点	县级融媒体中心与广电网络共享共赢协同发展试点	2023年12月14日	山东省广播电视局	环翠区融媒体中心、中国广电山东网络有限公司环翠区分公司	区融媒体中心
35	省级试点	山东省医用耗材(骨科耗材)价格监测试点	2023年10月28日	山东省医保局	威海市环翠区	区医保局
36	省级试点	全省党建综合阵地建设试点	2023年4月25日	山东省委组织部	威海市环翠区桥头镇	桥头镇
37	省级试点	山东省近零碳社区示范创建	2023年11月6日	山东省生态环境厅	环翠区鲸园街道花园社区	生态环境分局、鲸园街道
38	省级试点	第七批全省“扫黄打非”进基层示范点	2023年12月4日	山东省“扫黄打非”工作领导小组办公室	环翠区张村镇皂河社区	张村镇

(王子文)

经济建设

【综合经济实力】 2023年，环翠区生产总值初步核算数据为450.42亿元，比上年增长3.1%。其中，第一产业增加值41.25亿元，增长5%；第二产业增加值119.76亿元，下降3.4%；第三产业增加值289.41亿元，增长5.6%。三次产业结构调整为9.2：26.6：64.2。

至年末，实有市场主体86536户，增长4.32%，其中新登记市场主体12096户，增加19.53%。实有注册资本（金）1319.95亿元，增长14.94%，其中新登记注册资本（金）179.22亿元，增加78.19%。

【农林牧渔业】 2023年，环翠区全年实现农林牧渔业总产值77.05亿元，比上年增长5.8%。其中，农业总产值3.64亿元，增长4.2%；林业总产值0.07亿元，增长1575.5%；畜牧业总产值1.57亿元，增长3.7%；渔业总产值65.37亿元，增长5.7%；农、林、牧、渔服务业总产值6.39亿元，增长9.1%。

全年花生总产量2773.7吨，增长2.0%。蔬菜总产量38008.5吨，增长2.7%。果品总产量70059.9吨，增长2.8%；其中，苹果62594.5吨，增长2.8%。

全年水产品产量（不含远洋）381864吨，增长4.1%。其中，海洋捕捞量91600吨，增长2.3%；养殖产量290264吨，增长4.6%。水产养殖面积11500公顷，增长6.5%。

年末农业机械总动力14.5万千瓦，增长2.4%；农用排灌动力机械2345台；农用拖拉机5728台。全年完成机耕作业面积2697公顷，机播面积2987公顷，机收面积2814公顷。

【工业】 2023年，环翠区全年173家规模以上工业企业实现规上工业增加值比上年增长0.2%。分行业大类看，25个大类中增长较快的行业主要有：化学纤维制造业增长31.7%，纺织业增长13.8%，橡胶和塑料制品业增长12.0%。全年规模以上工业企业营业收入327.1亿元，比上年下降1.8%，实现利润总额28.7亿元，比上年增长6.9%。产品销售率达100.32%。

【固定资产投资和建筑业】 2023年，环翠区全年固定资产投资（不含农户）比上年下降11.5%。重点投资领域中，民间投资增长4.5%，占固定资产投资的比重为69.6%，比上年提高11.4个百分点；制造业投资下降0.4%，占固定资产投资的比重为29.8%；高技术产业投资增长58.8%，占固定资产投资的比重为21.2%。全年房地产开发投资45.2亿元，下降7.8%。商品房销售面积57.6万平方米，下降7.1%；商品房销售额64.7亿元，增长3.5%。全年实现建筑业总产值149.4亿元，增长7.9%。

【国内贸易】 2023年，环翠区全年社会消费品零售总额比上年增长3.8%。其中限额以上单位社会消费品零售总额增长2.4%。在限额以上批发和零售单位商品零售额中，粮油、食品类下降2.5%；烟酒类下降6.0%；服装、鞋帽、针纺织品类下降3.8%；日用品类下降3.5%；五金、电料类下降0.5%；体育、娱乐用品类下降4.3%；中西药品类增长23.3%；石油及制品类增长150.3%；汽车类增长20.4%。全年规模以上服务业营业收入增长19.3%。其中，文化体育娱乐业增长186.9%，科学研究和技术服务业增长103.6%，租赁和商务服务业增长36.5%。

【对外经济】 2023年，环翠区全区货物进出口206.3亿元，比上年下降13.6%。其中，出口176亿元，下降11.7%；进口30.3亿元，下降22.3%。全年实际使用外资13981万美元，下降28.9%；全年新设立外商投资企业43家。

【海洋经济】 2023年，环翠区海洋经济集聚成势，远遥浅海科技湾区依托国家海洋技术中心成立国家海洋综合试验场协同创新平台，完成科研码头、海洋科技馆二期等项目建设，新引进铂金动力科技等涉海项目10个、入驻科研团队5个。启动海洋电子信息和智能装备产业发展三年行动，实施市级海洋重点产业项目17个。新建离岸式省级田园型海洋牧场1处、公益性海钓场1处，探索开发深远海筏式养殖700公顷，建成公益性海洋牧场服务平台1处。

【民营经济】 2023年，环翠区有规模以上民营企业140家，完成工业总产值232.86亿元，实现营业收入253.84亿元、利润25.79亿元，营业收入、利润指标占全区规模以上工业企业比重分别为77.59%、89.99%。

（尉春杰　栗桂美　王晓冰）

政治建设

【概况】 2023年，区委党的建设工作领导小组以习近平新时代中国特色社会主义思想为指导，深入学习贯彻党的二十大精神，系统推进党的政治建设、思想建设、组织建设、作风建设、纪律建设，各项工作取得显著成效。

【政治理论学习】 2023年，区委落实“第一议题”制度，开展区委常委会集体学习19次，学习传达贯彻中共中央总书记习近平重要指示批示精神和党中央重要会议精神、重大决策部署。召开区委常委会和党建领导小组会议14次，研究部署党建工作，压紧压实工作责任。抓好巡察整改，开展常规巡察工作3轮，巡察部门14个，发现问题1830个。

【意识形态建设】 2023年，区委坚持以习近平新时代中国特色社会主义思想为指导，严格落实主体责任，召开区委常委会专题会议2次、领导小组会议1次、跨部门分析研判会议4次，开展区委理论学习中心组集体学习18次。修订出台《威海市环翠区党委（党组）意识形态工作责任制实施细则》《中共威海市环翠区委网络安全和信息化委员会关于贯彻落实〈党委（党组）网络意识形态工作责任制实施细则〉工作措施的通知》等制度文件，明确做好新形势下意识形态工作的目标任务和职责分工。印发《环翠区学习贯彻习近平新时代中国特色社会主义思想主题教育宣讲工作方案》，组建宣讲队开展巡回宣讲。聚焦大抓经济、打造共同富裕先行示范区、精致城市建设、产业项目高质量发展、群众满意度、文旅产业发展等方面，在国家、省、市主流媒体推出环翠区专题报道1900余篇。回应民生关切，围绕民生实事、政策解读、重要活动等举办新闻发布会41场。举办网络安全专题培训2次，开展跨部门市县两级网络安全应急实战演练，增强单位相关网络安全责任意识和应急处置能力。

【组织建设】 2023年，区委聚焦固本强基，全面增强基层党组织政治功能和组织功能。抓农村共富，深化乡村共富党建联盟建设，相关经验做法得到省政府主要负责人、市委主要负责人等批示肯定，纳入省、市现场会观摩点。抓城市共治，成立区级社区运营中心，引入103家社会主体参与社区空间规划运营，服务居民6.3万余人次，培育“社企联办红色物业”等一批服务项目场景。创新“睦邻+共享”工作机制，鲸园街道《探索“鲸治微基金” 让人人成为社区治理的“股东”》入选省级案例选编。抓“两新”共赢，联合市级共同打造“威海红帆”社会组织实训中心，升级打造新业态新就业群体党群服务中心，成为全市首家新业态新就业群体党建实训基地。聚焦选贤任能，着力锻造堪当重任的高素质干部队伍。开展干部队伍建设专题调研，近距离考察了解领导班子运转和领导干部抓执行落实等情况，发现储备100余名实绩突出、群众认可的优秀中层干部和年轻干部。坚持“用站位、用实绩、用口碑、用廉洁”的用人导向，2023年共提拔重用干部140余名，110余名干部晋升职级、等级。用好“周三夜校”“周末课堂”区级平台，培训干部1.6万人次，全面建立基层单位“周三学习日”制度，推动干部履职能力见行见效。制定年轻干部“青翠计划”十五条举措，构建“统、选、育、管、用”闭环式培养路径，面向急需紧缺专业引进55名高校优秀毕业生，安排100余名优秀年轻干部开展“区直—镇街”双向实践锻炼，提拔35岁及以下年轻干部30余名。

【党风廉政建设】 2023年，区委持之以恒纠治“四风”，开展基层治理不良现象及不担当、不作为、慢作为、乱作为假作为问题、房屋产权确权颁证历史遗留问题等专项整治，察访各类单位场所330余处，查处享乐主义、奢靡之风问题9起，处分8人。推动作风建设走深走实，以“实敢当”作风提升专项行动为有力抓手，紧盯责任落实、干部作风问题，持续深入开展不担当、不作为、慢作为、乱作为、假作为问题专项整治，全面排查党员干部履职尽责、担当作为、工作作风等方面存在的突出问题，查处影响党中央重大决策部署贯彻落实、不作为乱作为、加重基层负担等形式主义、官僚主义问题15起，处分24人。紧盯群众急难愁盼，聚焦群众反映强烈、损害群众利益的5个领域、27类突出问题开展专项整治，查处群众身边腐败和不正之风问题28起，处分34人。坚持有案必查、有腐必惩，处置问题线索256件，立案93件，处分91人。注重抓早抓小，各级党委（党组）运用“第一种形态”处理673人次。注重以案促改、以案促治，开展回访教育66人次。强化经常性纪律教育，分期分批组织新提任党员干部、年轻科级干部等到威海廉政警示教育馆接受警示教育170余人次，组织国企、教育、医药卫生领域3场专题警示教育活动。抓深抓实新时代廉洁文化建设，着力打造2处清廉商圈，与4处清廉之路打卡地、3处廉政教学点，串点成线、以线带面，绘制环翠区“廉洁地图”。选送“清廉山东 手造蕴廉”作品2个，在山东手造展示体验中心展出；拍摄系列专题节目2部，其中《人当如丝洁无瑕》在省纪委监委网站刊发，进一步提升本土廉洁文化的影响力、渗透力、感染力。

【人大监督】 2023年，区人大常委会围绕中心服务大局、依法履行监督职责，召开常委会11次，审议“一府一委两院”（政府、监委、法院、检察院）专项工作报告21项，开展执法检查、视察调研等活动25次，形成调研报告11篇，依法作出决议、决定21项，依法任免“一府一委两院”干部66名。配合全国、省、市人大常委会开展立法调研、执法检查、专题调研、集中视察28项，为全区发展提供坚实有力的法治保障。

经济发展方面。密切关注全区经济运行态势，听取和审议国民经济和社会发展计划执行情况、预算执行情况、《威海市环翠区国民经济和社会发展第十四个五年规划和2035年远景目标纲要》实施中期评估报告，推动经济发展稳中有进。依法开展预算、决算审查工作，审查批准地方政府债券分配使用意见和预算调整方案，听取审议区级预算执行和其他财政收支的审计工作报告及审计查出问题整改情况报告，推动财政资金使用提质增效。听取审议国有资产管理和国有自然资源资产管理情况报告，制定出台《关于加强国有资产管理的决定》，增强人大监督刚性。开展和美乡村建设专题调研，为乡村振兴凝聚强大合力。专题询问安全生产工作情况，并对被询问单位进行满意度测评，助推全区安全底线更牢。专题视察全区重点项目建设，推动重大项目快建设、快投产、快见效。

工作创新方面。在镇级民生实事票决制实施成熟的基础上，区十九届人大二次会议首次票决出20项区级重大民生实事项目。与山东大学共建人大预算监督研究中心环翠分基地，推动研究成果应用转化。建立政府支出预算全程监督问效机制，出台《政府支出预算全程监督问效的实施方案》，实现人大对政府支出预算的全口径审查、全过程监督。在全市率先开展员额法官、员额检察官履职评议工作，首批13名法官、检察官在人大常委会会议上述职并接受评议，进一步提升法官、检察官队伍的整体素质。

法治建设方面。听取审议全区打击治理电信网络诈骗犯罪工作情况专项报告，推动“全民反诈”工作扎实开展。听取审议区法院关于优化法治营商环境情况专题报告，营造更加公平、透明的法治营商环境。听取审议区法院、区检察院半年工作情况报告，组织区人大代表28人次旁听法院庭审活动，提高审判透明度，提升司法公信力。加强规范性文件备案审查工作，全年备案审查规范性文件4份。对《中华人民共和国税收征收管理法》贯彻实施情况进行执法检查，配合省、市人大做好《中华人民共和国特种设备安全法》《山东省养老服务条例》《威海市停车管理和服务条例》执法检查和《威海市城乡供水安全条例（草案）》立法调研，切实维护法律权威。

民生工作方面。对全区精致城市建设情况开展为期2个月的专题调研，全面了解现状，找出问题短板，提出发展建议，撰写的调研报告得到区委主要领导批示肯定。听取审议环境状况和环境保护目标完成情况报告，支持推动区政府加大环境保护工作力度。听取审议婴幼儿照护与托育服务工作开展情况报告，促进全区托育机构规范发展。听取审议养老服务体系建设情况，让老年人更好地共享发展成果。听取审议民族工作开展情况，促进全区各民族广泛交往、全面交流、深度交融。聚焦居民医疗和特殊群体需求，专题调研医药供给侧改革进展情况、残疾人康复服务工作情况，为改善民生福祉贡献人大智慧和力量。集中视察为民实事办理情况，有效督促区政府以更大力度办好民生实事，使民生保障更有温度。对区监委整治群众身边不正之风和腐败问题工作情况开展调研，切实提升基层监督治理质效。

【政治协商】 2023年，区政协常委会坚持团结和民主两大主题，坚持建言资政和凝聚共识双向发力，坚持“提升首位度，担当抓落实”，积极发挥专门协商机构作用，持续深化“幸福环翠·和合政协”品牌建设。年内，联合区委、区政府印发《2023年重点协商工作计划》，配套制定《“和合政协”2023年度工作清单》，召开议政性常委会议2次，开展重要协商活动6次，组织视察、调研、督导活动19次，征集意见建议300多条；加大重点提案和集体提案培育力度，印发年度《重点提案培育选题初选目录》，培育重点提案12件，加强与主协办单位经常性沟通，开展场景式督办协商，办结委员提案84件，委员满意率达100%；围绕“深入实施海洋强区战略，加快推进远遥浅海科技湾区建设”“打造精致、幸福、充满活力的共同富裕先行示范区”，分别召开专题议政性常委会2次，形成《关于深入实施海洋强区战略，加快推进远遥浅海科技湾区建设》《关于推动公共服务优质均等共享、推进共同富裕先行示范区建设》的2篇建议案得到区委、区政府主要领导批示。

（许翔涵　刘　利　韩　超）

文化建设

【文化事业】 2023年，环翠区公共文化服务中心正式开放，设图书馆、新时代文明实践展厅、应急指挥中心、档案馆、城市会客厅等多功能场馆，是环翠区推进精致城市建设向全域拓展的文化标志性工程。环翠区图书馆完成新馆建设搬迁，并获评国家一级图书馆。新建嵩山街道小镇村、桥头镇北子城村2处乡村书房，提档升级羊亭镇、竹岛街道2处城市书房，建成磨爱麦、那片海咖啡馆2处新型公共文化空间。2023“新时代乡村阅读季”之“我爱阅读100天”活动荣获“优秀推广单位”称号。开展蓓蕾艺术培训、名师公益讲堂、“智行书房”、“童享未来”阅读推广等公益培训800余场。举办中国（威海）合唱节暨环翠区第50届“5·23”歌咏会、2023半月湾国际沙滩音乐节、环翠区第33届广场纳凉晚会、文艺小分队送戏下乡等群众文化活动1000余场。引导文化创意产业高质量发展，培育一批实力和竞争力较强的文化企业。采取“政府扶持+社会主导+第三方支撑”方式，在全区新开展6个公益创投项目，市改革工作动态专刊发表《环翠区探索实施公共文化服务公益创投以供给改革激发乡村文化振兴新活力》典型经验做法。至年末，全区有各类民间艺术团体282个、文化馆2个、公共图书馆2个、美术馆2

个、博物馆4个、电影院8座，全年票房总收入2328.8万元；有村（社区）综合文化服务中心217个，城市书房12个、乡村书房4个、农家书屋100个。

【教育事业】 2023年，全区有中等职业学校2所，在校学生1083人；义务教育学校40所，在校生60414人，专任教师4040人；幼儿园68所，在园幼儿15107人，教职工2564人，全区学前教育省级一类及以上幼儿园比例为94.12%，学前教育普惠率97.42%。年内，全区教育经费总投入13.13亿元，其中国家财政性教育经费投入10.65亿元，占比81.11%。

【体育事业】 2023年，环翠区举办2023“我要走”全国徒步联动日威海站活动、环翠区第十三届全民健身运动会等全民健身活动200余场，参与群众近3万人次；承办2023年威海铁人三项世界杯赛暨2023年中国·威海超级铁人三项系列赛、2023中国山地自行车公开赛（山东·环翠站）、2023腾讯电竞运动会夏季总决赛·威海环翠站等多项比赛。参加山东省马术冠军杯系列赛（威海天馨站），取得4冠2亚5季的突破性成绩；参加2023山东省足球锦标赛，获得金牌12枚，创省级赛事的历史性战绩。年内，环翠区成功入选“山东省体育消费试点县”。

（邹　鹏　于泽滨）

社会建设

【社会保障】 2023年，环翠区全体居民人均可支配收入57140元，增长5.3%。其中，城镇居民人均可支配收入60613元，增长4.8%；农村居民人均可支配收入28168元，增长7.3%。全体居民人均消费支出35043元，增长6.3%。其中，城镇居民人均消费支出37039元，增长5.8%；农村居民人均消费支出18396元，增长8.8%。全年全区有13.99万人参加城镇职工基本养老保险，有5.25万名离退休职工享受养老保险待遇。城乡居民养老保险参保人数达2.53万人，1.38万名居民享受居民养老保险待遇，居民基础养老金标准提高至每人每月180元。失业保险参保9.05万人，基金收入5694万元，4090人领取失业保险金。工伤保险参保9.96万人，基金收入5892万元，696名职工享受工伤保险待遇。全区各类养老机构26家，有床位4131张，收养人员1400人。全区投入资金1420.19万元，保障城乡低保对象、特困人员1157人。

自2023年1月起，机构养育孤儿基本生活保障标准提高至每人每月2503元，社会散居孤儿和事实无人抚养儿童基本生活保障标准提高至每人每月2002元，重点困境儿童基本生活保障标准提高至每人每月1881元。困难残疾人生活补贴一二级残疾的补贴标准提高至每人每月201元，三四级残疾的补贴标准提高至每人每月151元；重度残疾人护理补贴一级残疾的补贴标准提高至每人每月181元，二级残疾的补贴标准提高至每人每月151元。至年末，有孤困儿童63人，全年发放资金145万元。享受困难残疾人生活补贴538人，享受重度残疾人护理补贴3125人，全年发放资金709.53万元。

自2023年1月1日起，城市居民低保标准由每人每月953元提高到1001元，农村居民低保标准由每人每月745元提高到800元。城市特困人员基本生活标准为每人每月1302元，农村特困人员基本生活标准为每人每月1040元，城乡特困人员集中供养照料护理标准为具备生活处理能力每人每年3990元、部分丧失生活自理能力每人每年6650元、完全丧失生活自理能力每人每年13298元。

【医疗卫生】 2023年，环翠区各级各类卫生机构有426所。其中，医院18所，镇卫生院4所，门诊部43所，疾病预防控制中心1所，专科疾病防治所1所，妇幼保健计划生育服务中心1所，卫生监督执法机构1家，社区卫生服务中心5所，社区卫生服务站15家，村卫生室81家，诊所、卫生所、医务室253所，其他卫生机构3所。各类卫生机构实有床位1945张，其中医院实有床位1653张。医疗卫生机构卫生专业技术人员4423人，其中执业及执业助理医师1932人。

【创业就业】 2023年，环翠区城镇新增就业5201人，安置城乡公益性岗位767人，开展职业技能培训5370人次，发放各项就业创业补贴6600余万元，1742家企业获稳岗返还补贴1096.22万元。组织招聘会40场，直接服务企业400余家次，解决企业用工2830人。15家企业完成自主评价备案评审，新增技能人才1201人，其中高级工及以上高技能人才839人。

【平安建设】 2023年，环翠区统筹推进社会治理，高标准完成市域社会治理现代化试点省级验收，助力威海市获评“全国市域社会治理现代化试点合格城市”。坚持和发展新时代“枫桥经验”，全面推进“一站式”矛盾纠纷多元化解工作机制建设，孙家疃街道化解涉海涉渔纠纷“海上枫桥”经验被评为全国“枫桥式工作法”。统筹推进常态化扫黑除恶斗争、社会治安重点地区重点问题集中治理、防范打击邪教等平安建设重点任务，深入开展“铁拳”“夏季治安打击整治”等专项行动，严厉打击黄赌毒、盗抢骗、食药环、走私等违法犯罪活动，命案现案和八类严重暴力犯罪破案率均达100%。深入开展涉法涉诉信访攻坚化解专项行动，全区纳入省攻坚的89件案件化解88件，化解率98.88%，位居全市首位。持续繁荣法学研究，成功争创“中国法学会县级法学会融媒体建设试点”。

【法治建设】 2023年，环翠区深入学习宣传贯彻党的二十大精神、习近平法治思想，将习近平法治思想列入党委理论学习中心组学习内容、党校重点课程、干部培训计划。坚持将法治建设与推动经济社会高质量发展同步推进，不断提升法治环翠建设和依法行政工作整体水平。召开依法治区相关会议5次，出台《关于持续优化法治化营商环境的实施意见》等10个文件推动法治建设。推进党政主要负责人履行法治建设第一责任人职责，采用书面述法和委员会现场述法相结合的方式，组织46个单位的党政主要负责人述法。聘任全市首批28名法治建设监督员，助力法治建设水平提升。开展法治政府建设典型培树活动，组织各单位对照标准深入查摆问题，制定措施补齐短板，向市级推荐5个单位。参加法治政府示范创建活动，印发方案明确责任单位，召开工作推进会，整理上报指标材料104项，完成1个综合示范创建和2个单项示范创建的申报。推行“双随机、一公开”信用监管，覆盖抽查事项100项，涉检查市场主体1496户。开展小店经济等7个主题集成式服务，发布全省首个镇级便民中心建设标准，发出全省首批“九证合一”［“建筑工程施工许可”“防空地下室建设许可（或防空地下室易地建设许可）”“工程质量监督手续”“工程安全报监手续”“人防工程质量监督手续”“特殊建设工程消防设计审查”“城市建筑垃圾处置核准”“城镇污水排入排水管网许可”“城镇污水排入排水管网许可”］施工综合许可证。召开“面对面·听企业讲”座谈会，开展“伴随式”监督执法活动，开设7个执法监督联系点，26个执法部门开通涉企执法投诉举报绿色通道。开展镇（街道）合法性审查全覆盖和重大行政决策提升年活动，公开重大行政决策年度目录，发布政府重大行政决策1项。加强行政规范性文件起草阶段监督指导，反馈指导意见7件次。开展行政规范性文件全面清理工作，清理文件36件。开展委托行政执法等专项监督4次，组织重点执法部门450余人对《威海市涉企行政检查管理办法》等文件进行学习。加强执法人员资格管理，207人通过执法资格审验，64人完成培训并通过执法资格考试。推行“信用+调解”，建立全市首家商圈楼宇调解组织，组建“流动调解室”，每月开展2次以上矛盾排查。印发《威海市环翠区应诉管理办法》，开设复议涉企绿色通道，加大复议调解力度，审结复议案件96件（不含2022年结转）。开展“八五”普法中期评估，落实“谁执法谁普法”，开展普法活动800余场次，发放资料6万余份。创建全省首家社区公共法律服务亭，探索“点单式”普法，8月组织讲师团到模具协会为60余家单位开展讲座。

【城市建设】 2023年，环翠区立足“精致城市·幸福威海”首善之区发展定位，以高质量发展、高品质生活、高标准环境、特色化发展为基本内涵，全力推进城市有机更新。启动城市更新三年行动，扎实推进50余项城建重点工程，修改建道路34.7千米，优化易堵路口8处，改造公交港湾7处，改造积水点13处，巡查、养护、检测桥梁31座，全面完成栖霞街腾退，海峰路西延工程正式通车，冶口水库增容工程主体完工。对红叶谷小区、远遥东区等8个老旧小区进行改造更新，改造面积42.1万平方米，改造楼宇169栋，受益居民5350余户。远遥东区改造项目入选山东省城镇老旧小区改造“揭榜挂帅”试点任务清单（第一批）。全区9个项目入选全省城市更新、绿色建筑等示范试点，环翠区获评山东省推进城市更新、改善人居环境工作突出县。

（王　雪　王加敏　张鲁宁　魏　雯
于淑佳　丁超男　王思予）

生态文明建设

【生态保护】 2023年，环翠区生态环境委员会召开2次会议，印发《威海市环翠区生态环境委员会2023年度工作要点》，传达全市生态环境保护大会暨美丽威海建设推进会议精神，安排部署环翠区生态环境保护等相关工作。2023年，威海市环翠区被山东省生态环境厅、山东省财政厅确定为2022年度山东省生态文明强县，获得1000万元的奖补资金；威海双岛湾—威海湾区被山东省生态环境厅确定为第一批省级美丽海湾优秀案例；环翠区鲸园街道花园社区被山东省生态环境厅确定为近零碳社区示范创建单位。至年末，环翠区细颗粒物（$PM_{2.5}$）平均浓度23微克/立方米，优良天数比例达87.8%，重污染天数为零，重点河流水质全部达到Ⅲ类标准，近岸海域水环境质量达标率为100%，土壤及辐射环境质量稳定，医疗废物全部得到安全处置，未发生一般以上环境污染和生态破坏事故。

【节能减排】 2023年，环翠区贯彻落实“碳达峰”“碳中和”目标要求，加大能源结构调整力度，强化能耗“双控”管理，推进新能源开发利用，加强节能减排宣传，加快绿色能源低碳转型。发展分布式光伏发电项目，鼓励在工商企业、产业园区等屋顶建设规模化光伏项目，新增分布式光伏发电装机容量1.8万千瓦，同比增长8.43%；鼓励居民区、公共停车场、旅游景区等建设公共充电基础设施，建成电动汽车充电桩5201台。结合节能宣传周、全国低碳日活动主题，多次举办“碳达峰”“碳中和”专题培训班，开展节能减排宣传。指导全区150家公共机构有开展公共机构节能减排，39所中小学建立“基本分类+智能回收”的垃圾分类模式，威海卫人民医院获评全省公共机构生活垃圾分类示范单位。

【城乡绿化】 2023年，环翠区投资860万元，实施九华路隧道北延、仙姑顶路（海滨路—青岛路）北侧2条道路绿化及S201、环翠路、机场路、威荣路等10处道路节点微改造，新建、改造绿化面积2.98万平方米。投资2570万元，实施望岛河游园适儿化改造项目及望岛河绿道（海滨路—青岛路）建设，游园面积1.67万平方米，绿道全长1.3千米。结合环境综合整治和创城攻坚行动，推进园林绿地环境整治工作，各路段划锄杂草241.4万平方米，清运绿化弃料及垃圾2610.8吨，修剪乔灌木7.2万株、绿篱109.2万平方米、草坪206.6万平方米。按照“上青下绿、不见露土”标准，开展行道树补植与绿地“伤疤”整治，修复城市生态环境，实施昆明路绿化改造提升工程，补栽乔灌木24.4万株、地被植物21.7万平方米。实施22条道路和6座天桥花箱草花栽植更换工作，打造“四季有花”的亮丽街景，更换草花138万盆。推动绿地开放共享，逐步开放海源公园三连岛段、羊亭公园二期、里口山景区滨河公园、王家疃三亩地活动广场、半月湾绿地5处公园绿地，开放共享面积25万平方米。组织发动社会各界志愿者3.5万余人，在全区范围内栽植黑松、云杉、美国红枫、红叶石楠、五角枫、黄栌等苗木18.5万余株。实施国土绿化和森林质量提升，完成环翠区400公顷退化林修复项目，栽植云杉、梓树、元宝枫、红叶石楠等苗木16万余株，组织开展200公顷森林抚育工作，进一步保护森林资源，优化森林结构。

“喂，海！”公园（拍摄于2023年6月24日）　　（威海市环通产业投资集团有限公司　供图）
（冯童童　刘子佳　张　森）

中国共产党环翠区委员会

综　述

【概况】 2023年是全面贯彻党的二十大精神的开局之年，也是全区上下大抓经济、攻坚突破的关键一年。区委坚持以习近平新时代中国特色社会主义思想为指导，深入学习贯彻党的二十大精神、开展学习贯彻习近平新时代中国特色社会主义思想主题教育；履行全面从严治党主体责任，强化党建引领效应；坚持“提升首位度、担当抓落实”工作主基调，倡树“实干实绩、敢打敢拼、担当善为”工作作风，推进“实敢当”作风提升专项行动；团结带领全区广大党员干部群众，全面落实中央决策部署和省委、市委工作要求，贯彻新发展理念，统筹发展和安全，共同富裕先行示范区建设迈出坚实步伐。年内，环翠区入选全国绿色发展百强区、全国新型城镇化质量百强区，全省文旅康养强县、现代流通强县，获评全省推进城市更新、改善人居环境工作突出县，连续3年获评全省县域经济高质量发展先进县。共富党建联盟典型经验被国家乡村振兴局《乡村振兴简报》刊发，“海上枫桥工作法”获评全国新时代“枫桥经验”。

【重要决策和部署】 2023年，区委、区政府推出并实施重要决策和部署5项。

2月16日，区委、区政府办公室印发《关于建立招商引资、项目建设分级攻坚推进机制的实施意见》，要求坚持党委领导、班子带头、分工负责、全员跟进，突出问题导向、目标导向、结果导向，对全区重点工作分级攻坚推进，通过优化机制、配齐人员、限时办结、督查督办、考核激励等措施，打破部门壁垒、强化聚力攻坚、形成工作合力，确保重点工作高质、高效、高速推进。

3月27日，区委、区政府办公室印发《威海市环翠区企业大走访活动方案》，要求对全区部分规模以上工业企业和规模以上服务业企业开展大走访活动，做好以“问需问计问效”“送政策送服务”“促进绿色低碳高质量发展”为主要内容的“三问两送一促”工作，推动实体经济和制造业企业快速发展。

5月11日，区委、区政府印发《威海市环翠区深化新旧动能转换推动绿色低碳高质量发展三年行动计划（2023—2025年）》，要求以推动高质量发展为主题，以深化新旧动能转换为主要任务，以形成绿色低碳生产生活方式为主攻方向，以改革创新为根本动力，更好地统筹发展和安全，推动环翠区融入全省绿色低碳高质量发展先行区建设。

9月7日，区委办公室、区政府办公室印发《环翠区深化营商环境创新提升行动实施方案》，明确以“赋能经济、守正创新、系统集成、问题导向”为四个基本原则，大力推进“提能蓄力”点亮小店经济，“腾笼换鸟”盘活闲置楼宇，“强基领航”全力招商引资，“城乡共富”助力乡村振兴，“全链提升”壮大产业集群，“服务精进”加快项目建设，“惠企便民”力争群众满意七大重点任务，全面提升全区营商环境内在驱动力和内涵质量。

9月15日，区委印发《关于在全区深入开展学习贯彻习近平新时代中国特色社会主义思想主题教育的实施意见》，围绕“全面把握总体要求”“突出抓好县处级以上领导班子和领导干部主题教育”“扎实推进基层党组织主题教育”“强化分级分类指导”“加强组织领导”五个方面，对主题教育工作进行部署，号召全区广大党员干部通过主题教育凝心聚魂筑牢根本、锤炼品格强化忠诚、实干担当促进发展、践行宗旨为民造福、廉洁奉公树立新风，为打造“精致、幸福、充满活力的共同富裕先行示范区”提供坚强保障。

【调查研究】 2023年，区委办公室印发《关于在全区大兴调查研究的实施方案》，结合学习贯彻习近平新时代中国特色社会主义思想主题教育安排，带头调查研究，围绕全区中心工作确定调研重点22个。县处级以上领导班子和领导干部认领调研课题36个，开展“四下基层”67次，解决实际问题136个。开展“春节期间回乡调研”和“国庆期间回乡调研”活动，号召党员干部利用节假日探亲访友的机会，聚焦区域发展过程中最突出、最紧迫的瓶颈问题和群众的急难愁盼需求，深入调研，进言献策，为上级决策提供有效参考。17篇调研报告被上级采纳推广，5篇被上级通报表扬。其中，《关于中心城区盘活楼宇资源、提升消费潜力的调研报告》获得市级优秀调研成果特等奖；《“小事不下船、大事不出港、矛盾不上交”海上枫桥工作法》《关于推进环翠区共同富裕的思考和路径研究》获得市级优秀调研成果一等奖；《关于深化新旧动能转换推动绿色低碳高质量发展的调查与研究》《关于环翠区全域推进精致城市建设的调研》获得市级优秀调研成果二等奖。年内，区委调研、编写各类供领导参阅文字材料160余篇（期）30余万字，编发《今日信息》16期，在市级刊物《威海信息》发表信息25篇，在省级刊物《今日信息》发表信息3篇。

（鞠伟超）

重要会议

【区委全体会议】 2023年，中共威海市环翠区第十六届委员会召开全体会议2次。

中共威海市环翠区第十六届委员会第五次全体会议 9月15日召开。区委委员、候补委员出席会议，区委常委会主持会议。会议听取和讨论区委书记张刚受区委常委会委托作的工作报告，审议通过《中共威海市环翠区委关于在全区深入开展学习贯彻习近平新时代中国特色社会主义思想主题教育的实施意见》《区委常委会深入开展学习贯彻习近平新时代中国特色社会主义思想主题教育工作安排》。会议批准王艳华、刘斌辞去十六届区委委员职务。会议要求，要高标准抓好主题教育各项重点措施落实。要深化理论学习，坚持读原著悟原理，坚持好、运用好贯穿其中的立场观点方法。要结合学重实效，不断提升政治能力、思维能力、实践能力。要大兴调查研究之风，深入基层掌握实情、把脉问诊。要全力推动高质量发展，树牢“大抓经济”鲜明导向，深入推进精致城市建设，践行以人民为中心的发展思想。要抓好检视整改，深入剖析存在的问题，科学确定专项整治项目，逐项制定整改措施，确保整改到位。要坚持“当下改”与“长久立”相结合，建立巩固深化主题教育成果的长效机制，确保常态长效。

中共威海市环翠区第十六届委员会第六次全体会议暨区委经济工作会议 12月29日召开。区委委员、候补委员出席会议，区委常委会主持会议。会议听取和讨论张刚受区委常委会委托作的工作报告，分析经济形势，部署2024年经济工作，审议《关于全区深入学习贯彻习近平新时代中国特色社会主义思想主题教育工作情况的报告》。全会强调，新的一年要旗帜鲜明坚持“大抓经济”的工作主线，聚力攻坚产业升级，狠抓双招双引，促进社会生产力整体越级提升；推动旅游业乘势突破，培育打造更多顺应文旅产业发展规律和消费升级趋势的新业态、新线路、新体验；加快城市有机更新，在促精致、强治理、保满意等方面狠下功夫；全力抓好风险防范，以高水平安全保障高质量发展。会议要求，下一步要持续深化理论学习，坚定不移推动高质量发展，全力推动整改整治任务落地见效，开好专题民主生活会和组织生活会，认真抓好建章立制，确保主题教育走深走实。

【区委常委会会议】 2023年，区委组织召开常委会会议和常委会（扩大）会议50次。

1月6日会议主要议题：学习习近平总书记在中共中央政治局民主生活会、在中央农村工作会议上的重要讲话精神，以及中央经济工作会议精神；传达威海市第十八届人民代表大会第三次会议精神、孔凡萍在参加环翠代表团审议时的讲话精神，以及威海市政协十四届二次会议精神，研究环翠区贯彻落实意见。

1月13日上午会议主要议题：学习习近平总书记新年贺词和在全国政协新年茶话会上的重要讲话精神；学习习近平总书记对政法工作作出的重要指示精神，传达中央政法工作会议精神，研究环翠区贯彻落实意见。

1月13日下午会议议题：研究全

面从严治党述责述廉和抓基层党建工作。

1月17日会议主要议题：2022年度民主生活会。

1月20日上午会议主要议题：学习习近平总书记在二十届中央纪委二次全会上的重要讲话精神；传达山东省十四届人大一次会议、山东省政协十三届一次会议精神，研究环翠区贯彻落实意见；围绕习近平总书记春节前夕视频连线看望慰问基层干部群众精神，研究部署环翠区春节假期工作。

1月20日下午会议主要议题：研究意识形态相关工作。

2月13日会议主要议题：学习习近平总书记在参加中共中央政治局第二次集体学习时的重要讲话精神；传达平安威海建设暨市委政法工作会议精神，研究环翠区贯彻落实意见；审议通过《关于建立招商引资、项目建设分级攻坚推进机制的实施意见》。

2月24日会议主要议题：学习习近平总书记在学习贯彻党的二十大精神研讨班开班式上、在中共中央政治局常务委员会上的重要讲话精神，研究环翠区贯彻落实意见；学习习近平总书记对内蒙古阿拉善左旗一露天煤矿坍塌事故作出的重要指示精神以及李克强总理作出的批示精神，传达全省安全生产紧急视频会议、全市安全生产工作会议精神，研究部署环翠区安全生产工作。

3月5日会议主要议题：研究干部任免事项。

3月6日会议主要议题：学习习近平总书记在中共中央民主协商会、在中共中央政治局第三次集体学习、在中共中央党校建校90周年庆祝大会暨2023年春季学期开学典礼上的重要讲话精神，研究环翠区贯彻落实意见；听取2月份招商引资、项目建设攻坚小组进展情况汇报，研究部署下一步工作。

3月17日会议主要议题：学习习近平总书记在全国“两会”上的重要讲话精神，传达全国“两会”、山东代表团全体会议精神，研究环翠区贯彻落实意见。

3月24日会议主要议题：听取十六届区委第二轮巡察工作情况汇报。

4月2日上午会议主要议题：学习习近平总书记关于开展统计造假专项治理行动、对全国纪检监察干部队伍教育整顿有关工作作出的重要批示精神，研究环翠区贯彻落实意见；听取3月份招商引资、项目建设攻坚小组进展情况汇报，研究部署下一步工作。

4月2日下午会议主要议题：研究部署省委巡视反馈问题整改工作。

4月6日会议主要议题：研究部署省委巡视反馈问题整改工作。

4月7日会议主要议题：学习习近平总书记在学习贯彻习近平新时代中国特色社会主义思想主题教育工作会议上、在参加中共中央政治局第四次集体学习时的重要讲话精神；传达全省、全市“全国市域社会治理现代化试点城市验收”工作会议精神，听取环翠区相关工作情况汇报，研究下一步工作计划。

4月14日会议主要议题：研究干部任免事项。

4月21日会议主要议题：学习习近平总书记在广东考察和视察南部战区海军时的重要讲话精神，研究环翠区贯彻落实意见。

4月26日会议主要议题：专题民主生活会。

5月5日会议主要议题：学习习近平总书记在中共中央政治局会议上的重要讲话精神，传达山东省委常委会会议精神，研究环翠区贯彻落实意见；听取一季度环翠区经济运行情况汇报，研究部署下一步工作。

5月12日会议主要议题：学习习近平总书记在二十届中央财经委员会第一次会议上、在二十届中央全面深化改革委员会第一次会议上的重要讲话精神，研究环翠区贯彻落实意见；听取环翠区4月份招商引资、项目建设攻坚小组进展情况汇报，研究部署下一步工作。

5月12日会议主要议题：研究部署环翠区意识形态工作。

5月27日会议主要议题：专题研究环翠区经济运行情况，安排部署下一步工作。

6月4日会议主要议题：学习习近平总书记在河北、山西考察时，在深入推进京津冀协同发展座谈会上的重要讲话精神，传达李强总理在山东调研时的讲话精神，研究环翠区贯彻落实意见；听取环翠区村级党组织“达标创建”活动扎实推进“全面规范”年工作开展情况汇报，研究部署下一步工作；听取5月份招商引资、项目建设攻坚小组进展情况汇报，研究部署下一步工作。

6月24日会议主要议题：张刚宣讲习近平总书记关于安全生产重要论述，围绕习近平总书记对宁夏银川市兴庆区富洋烧烤店燃气爆炸事故作出的重要指示精神，研究部署环翠区化工行业安全生产整治提升工作；审议通过《关于做好2023年全面推进乡村振兴重点工作的实施意见》。

7月9日会议主要议题：学习习近平总书记在同团中央新一届领导班子成员集体谈话时、在中共中央政治局第六次集体学习时的重要讲话精神，研究环翠区贯彻落实意见；听取6月份招商引资、项目建设攻坚小组进展情况汇报，研究部署下一步工作；研究部署整治形式主义，为基层减负工作。

7月21日会议主要议题：研究干部任免事项。

7月28日会议主要议题：学习习近平总书记在江苏考察时、在中央全面深化改革委员会第二次会议上、在全国生态环境保护大会上、在中共中央政治局会议上、在党外人士座谈会上、在中共中央政治局第七次集体学习时的重要讲话精神，研究环翠区贯彻落实意见。

8月18日会议主要议题：学习习近平总书记在四川考察时、在成都第三十一届世界大学生夏季运动会开幕式欢迎宴会上、在视察西部战区空军时的重要讲话精神，研究环翠区贯彻落实意见；研究部署环翠区生态环境保护工作。

8月20日上午会议主要议题：研究干部任免事项。

8月20日下午会议主要议题：学习习近平总书记在二十届中央审计委员会第一次会议上的重要讲话精神，研究部署环翠区贯彻落实意见。

8月31日会议主要议题：传达全国、全省城镇燃气安全专项整治工作部署推进视频会议精神，研究环翠区贯彻落实意见；研究扶持政策修订相关事宜，安排部署下一步工作；审议通过《环翠区深化营商环境创新提升行动实施方案》。

9月6日会议主要议题：学习习近平总书记对党的建设和组织工作作出的重要指示精神，传达全国、全省、全市组织工作会议，中共威海市委十六届四次全体会议精神，研究环翠区贯彻落实意见。

9月14日会议主要议题：研究部署环翠区学习贯彻习近平新时代中国特色社会主义思想主题教育工作；听取8月份招商引资、项目建设攻坚小组进展情况汇报，研究部署下一步工作。

9月20日会议主要议题：学习习近平总书记对新时代办公厅工作作出的重要指示精神，研究环翠区贯彻落实意见。

9月22日会议主要议题：研究干部任免事项。

9月28日上午会议主要议题：研究干部任免事项。

9月28日下午会议主要议题：学习习近平总书记在浙江、山东枣庄考察时，在第十九届亚洲运动会上的重要讲话精神，对推进新型工业化作出的重要指示精神，研究环翠区贯彻落实意见。

10月12日会议主要议题：学习习近平总书记在中共中央政治局第八次集体学习时、在庆祝中华人民共和国成立74周年招待会上的重要讲话精神，研究环翠区贯彻落实意见；听取9月份招商引资、项目建设攻坚小组进展情况汇报，研究部署下一步工作。

10月13日会议主要议题：召开以案促改专题民主生活会。

10月25日会议主要议题：学习习近平总书记在江西考察时的重要指示精神，以及在进一步推动长江经济带高质量发展座谈会上的重要讲话精神，研究环翠区贯彻落实意见；审议通过村民委员会工作事务清单目录、村（社区）悬挂标牌清单目录等六张清单目录。

11月8日会议主要议题：学习习近平总书记在中央金融工作会议上、在中共中央政治局第九次集体学习时、在中共中央政治局会议上和同中华全国总工会、全国妇联新一届领导班子成员集体谈话时的重要讲话精神，研究环翠区贯彻落实意见；听取10月份招商引资、项目建设攻坚小组进展情况汇报，研究部署下一步工作。

11月17日会议主要议题：学习习近平总书记在中央全面深化改革委员会第三次会议上，在北京、河北考察灾后恢复重建工作时的重要讲话精神，研究环翠区贯彻落实意见；研究部署环翠区学习贯彻习近平新时代中国特色社会主义思想主题教育工作。

12月1日会议主要议题：学习习近平总书记在中共中央政治局会议、亚太经合组织第三十次领导人非正式会议上的重要讲话精神，研究环翠区贯彻落实意见；研究部署省委巡视反馈问题整改工作。

12月8日会议主要议题：学习习近平总书记在上海、江苏盐城考察时，在深入推进长三角一体化发展座谈会上的重要讲话精神，研究环翠区贯彻落实意见；听取11月份招商引资、项目建设攻坚小组进展情况汇报，研究部署下一步工作。

12月10日会议主要议题：研究干部任免事项。

12月14日会议主要议题：研究干部任免事项。

12月22日上午会议主要议题：听取2023年全区打击治理电信网络诈骗犯罪工作开展情况汇报，研究部署下一步工作；听取区委巡察工作2023年总结及2024年安排，以及2023年度区委巡察整改和成果运用综合情况；听取2023年全区食品工作开展情况汇报，研究部署下一步工作。

12月22日下午会议主要议题：学习习近平总书记对宣传思想文化工作作出的重要指示精神，研究环翠区贯彻落实意见。

12月28日会议主要议题：学习习近平总书记在中共中央政治局专题民主生活会上的重要讲话精神，以及对“三农”工作作出的重要指示精神，研究环翠区贯彻落实意见；审议通过《关于全区深入开展学习贯彻习近平新时代中国特色社会主义思想主题教育工作情况的报告》。

【区委重要工作会议】 2023年，区委召开重要工作会议5次。

区委经济工作会议暨2023年工作动员大会 1月29日召开。会上宣读了《中共威海市环翠区委、威海市环翠区人民政府关于表彰2022年度纳税50强企业的决定》，并对相关企业进行授牌。会议强调，全区上下要充分理解把握当前形势，切实把思想和行动统一到中央决策部署和省委、市委工作要求上来，牢固树立“大抓经济”的工作导向。要准确把握环翠区经济工作的特点和2023年目标任务，抓好产业培育、招商引资、科技创新、精致城市建设、乡村振兴、民生保障、社会治理等重点工作，努力在高质量发展的赛道上抢占先机、赢得主动。要聚焦“提升首位度、担当抓落实，努力打造精致、幸福、充满活力的共同富裕先行示范区”的目标任务，夯实基础，埋头苦干，奋力推动全区经济社会发展迈上新台阶。会议强调，要充分发挥攻坚小组作用，坚持“一个项目、一班人马、一抓到底”原则，抓好责任落实、督查督办、结果运用等工作，为各项工作高效推进提供坚强保障。

“实敢当”作风提升专项行动动员大会 5月13日召开。与会人员集中观看视频《聚焦问题、改进作风、提升效能 纵深推进“实敢当”作风提升专项行动》，并对年度优秀单位进行表彰。会议指出，各级各部门要倡树重实干、看实绩的工作导向，引导广大干部积极干事创业。要突出责任导向，坚持以打造“共同富裕先行示范区”作为全区上下的共同任务，将有担当、有胸怀、有底线的作风贯穿工作始终，确保工作干到实处、见到实效。要突出结果导向，进一步改进和完善激励约束机制，将攻坚成果、实绩表现与考核有机结合起来，树立以工作论英雄、凭实绩选干部的鲜明导向。会议强调，要发扬“见红旗就扛、有第一就争”的拼搏精神、“与时俱进、勇于改革”的创新精神、“学习典型、争当典型”的奋斗精神，持续营造寻标对标、比学赶超的浓厚氛围。

“实干实绩、敢打敢拼、担当善为”半年工作成效评议会议 8月5日召开。会议通报市级高质量发展考核、上半年全区经济发展和安全工作及三类项目建设、全区招商引资工作、全区乡村振兴项目建设工作进展情况，集中观看视频《聚焦问题、改进作风、提升效能纵深推进“实敢当”作风提升专项行动（第二期）》。会议指出，要聚焦争先谋发展，坚持“大抓经济”的导向，全力抓好经济增长、升规纳统、楼宇服务业发展、招商引资等工作，为全区发展争得更多机遇和动能。要聚焦旅游、乡村振兴、耕地保护、社会治理等工作，加大隐患排查力度，狠抓各类问题化解，不断提升群众幸福感、安全感。会议强调，全区广大干部要以不甘人后的锐气、担当作为的硬气和廉洁自律的底气，紧盯目标任务，全力以赴做好三季度、下半年各项工作，为全区争先进位作出新的更大贡献。

全区旅游旺季工作复盘会议 9月8日召开。区文化和旅游局汇报2023年全区旅游旺季整体情况，相关部门及各镇（街道）汇报2023年夏季旅游热潮冲击带来的思考及意见建议，相关区领导依次发言。会议指出，旅游产业是一项系统性工程，各部门、镇（街道）要结合各自领域，立足长远规划、补齐发展短板，持续提升全区旅游服务品质。会议强调，要加大对涉旅项目的招引力度，大力发展首店经济、网红经济，提高旅游服务供给数量和质量。要统筹解决好公厕设置、停车难等城市建设方面短板，加大乡村旅游资源开发力度，形成乡村游和观海游的联动。要持续做好环翠城市品牌、人文品牌的宣传引流，不断增强环翠旅游的吸引力和知名度。会议要求，要主动学习外地冰雪运动、冰雪旅游方面的先进经验，在提升冬季旅游供给能力上求突破。要加强景区、食品、住宿、海上作业等方面的安全监管，维护好环翠旅游品牌。

学习贯彻习近平新时代中国特色社会主义思想主题教育工作会议 9月15日召开。会议深入学习贯彻习近平总书记在主题教育工作会议上的重要讲话精神，按照党中央和省委、市委要求，对环翠区开展学习贯彻习近平新时代中国特色社会主义思想主题教育进行部署安排。会议指出，全区上下要把开展习近平新时代中国特色社会主义思想主题教育作为武装头脑、提升凝聚力和战斗力的重要举措，作为坚定理想信念、主动担当作为的重要保障，作为落实全面从严治党、推进正风肃纪的重要内容，切实增强思想自觉、政治自觉、行动自觉。会议强调，要准确把握主题教育部署要求，把理论学习、调查研究、引领发展、检视整改、建章立制贯穿始终，推动以学正风、以学促干。会议指出，要压实责任，统筹指导，引领全区主题教育不断向纵深推进。要全员参与，分类推进，科学合理作出安排，克服形式主义、官僚主义。要查摆问题，整改落实，对照上级制定的6个方面突出问题，制定方案，集中整治。要宣传引导，倡树典型，及时总结推广有效做法和典型经验，持续营造主题教育浓厚氛围。

（鞠伟超）

组织工作

【概况】 2023年，区委组织部开展学习贯彻习近平新时代中国特色社会主义思想主题教育，理论学习、调查研究、推动发展、检视整改一体推进，以主题教育成果推动高质量发展。开展干部队伍建设专题调研，注重在基层一线和重点任务前沿识别任用干部，实施年轻干部“青翠计划”，开展“市直—区直—镇（街道）”多向实践锻炼，持续优化干部队伍结构。建立“周三学习日”常态化干部教育培训机制，举办“周三夜校”“周末课堂”，提升干部综合履职能力。深化中组部“增强新时代党支部政治功能和组织功能”社区领域试点建设，入选中组部红色美丽村庄试点、省级党建综合阵地试点，“跨村联建”做法被《国家乡村振兴简报》等媒体刊发，承接全省乡村振兴现场会观摩点任务。推进精致幸福家园建设，形成“鲸治微基金”“社区、国企领办物业”等服务项目新场景。提升“两新”组织党建质效，启用“威海红帆”社会组织实训中心、威海市新业态新就业群体党建实训基地。实施新时代“英才汇翠”计划，引进培育省级以上高层次人才19名，其中泰山系列人才13名，威海银兴预应力线材有限公司获批省海外高层次人才工作站，三角集团有限公司成为全市唯一获得“山东省人才工作表现突出单位”称号的企业。

【干部队伍建设】 2023年，区委组织部坚持“用站位、用实绩、用口碑、用廉洁”用人导向，突出政治标准，综合运用专题调研、驻点调研等方式考察选用干部。举办“周末课堂”3期、“周三夜校”6期，邀请专家、精英讲授高质量发展、招商引资等方面知识，惠及近1.6万人次。注重干部专业素质提升，按照“干什么学什么”“缺什么补什么”原则，开展绩效管理、舆情应对、应急管理、乡村振兴等业务培训26期，培训1600余人。组织现代化产业体系建设、现代海洋产业高质量发展等专题培训13期，培训干部900余人次。实施年轻干部“青翠计划”，构建“统、选、育、管、用”闭环式培养路径，锻造高素质干部队伍。深化干部靠前监督，把“一把手”等关键岗位干部作为重点管理监督对象，通过列席会议、跟班调研、开展经济责任告知等方式，近距离观察识别干部，提高监督精准性；强化干部监督工作联席会议作用发挥，结合巡视巡察、经济责任审计、“12380”监督举报平台等，建立干部负面信息库，及时发现苗头性、倾向性问题，发挥提醒、函询、诫勉等刚性约束作用。坚持严管与厚爱相结合、激励与约束并重原则，加大诬告查处和澄清正名工作力度，保护干部正当权益，激励担当作为。

【公务员管理】 2023年，区委组织部开展新录用公务员政治素质考察课题研究，在新录用公务员考察中，探索突出政治素质考察内容、出具政治素质调查报告等新举措。年内，通过四级联考、面向本土优秀人才招考、委托上级部门招考等方式，录用公务员31人。突出源头建设，举办为期12天的新录用公务员初任培训班，对45名公务员进行全脱产全封闭培训，帮助新录用人员转角色、提素质。聚焦乡村振兴主题板块，以线上、线下相结合的方式，开展专题培训3期，选调学员160余人，提升基层公务员服务高质量发展的能力本领。做好参照公务员管理单位重新认定和管理工作，稳妥推进人员分流、过渡。整改调任政策执行不严格、工人身份在参公岗位任职问题，加强工作自查及政策学习。探索推行绩效考核与公务员平时考核深度融合新模式，加强对各单位公务员平时考核的指导调度。区审计局、区行政审批服务局、羊亭镇有关经验做法得到市委组织部认可，被纳入“3+1”公务员分级分类考核体系案例汇编。年内，环翠区人民法院民事审判二庭副庭长、二级法官肖窈窈，鲸园街道戚谷疃社区党委书记、居委会主任贺冬梅获评省级“担当作为好书记（好干部）”。

【农村党建】 2023年，区委组织部按照省市“全面规范”年工作要求，坚持“面上提升、片上出彩、点上攻坚”思路，打造特色示范品牌，破解重点问题，推进村党组织建优建强。摸清全区105个村的村情民意、班子运转等情况，完成22个村党组织晋位、降级动态调整。开展村党组织“达标创建”活动，采用“擂台比武”、提级述职、对标学习等方式，逐村逐项推动村党组织规范、建强，羊亭镇阮家口村，桥头镇黄金庄村、方吉村，温泉镇罗家村、后亭子夼村5个“强基村”实现销号。开展村级班子运转届中评估，调整不胜任、不合格、工作没有起色的村干部9名。依托乡村共富党建联盟，推行村党组织“跨村联建”，实现村庄联建共建、抱团发展，相关经验做法得到省政府、市委主要负责人等的肯定批示，被《国家乡村振兴简报》、新华社等媒体刊发报道，宝石山片区、里口山乡村共富党建联盟被纳入省、市现场会观摩点。争取省级党建综合阵地试点，依托桥头镇党群服务中心打造党建综合阵地1处。探索“共富市集”“共富公司”等集体、村民增收路径，制定组建“共富公司”、开办“共富市集”实施意见。结合主题教育，开展农村“三资”问题专项整治，“起底式”大排查全区170个集体经济组织，“一村一策”整顿解决。开展村党组织领办合作社提质增效行动，注销“空壳社”“僵尸社”75家，规范提升20家。

【社区运营创新】 2023年，区委组织部探索社区治理转型新路径。3月9日，与山东大学（威海）合作成立社区运营中心。6月30日，在属相街召开社区运营推介会，公布近200处城市书房、社区食堂、党群服务中心等社区资源，通过空间换服务方式，引入106家社会主体规划运营社区空间、繁荣社区商业，培育一批文化创意、扶幼助老公共服务项目及居民消费新场景，服务居民7.5万余人次。发布《环翠区社区便民服务资源地图管理指南》，指导全区112个社区从便民服务角度挖掘党务、政务、教育、医疗、交通、商超、养老服务资源及闲置空间，绘制成地图，利用社区宣传栏、公众号、网格群等进行宣传，提升居民知晓度和认同感。针对运营项目入驻、跟踪评估、运营公益金设立运行等，出台规范性指导政策，建立全流程制度指引。以干事创业为导向，完善《社区工作者绩效考核管理办法》，构建“日常考核+年终考核”全过程化考核机制，考核结果与评先选优、薪酬待遇、职业晋升等直接挂钩，同时引入街道班子评价、社区工作者互评和党员群众评议机制。持续落实社区书记进编政策，3名社区党组织书记通过公开考录进入事业编、公务员队伍。深化导师帮带，“金牌书记”“金牌社工”评选等系列“比学赶超”活动，围绕社区运营、社区自组织培育、深化社区自治、社会服务项目评估等主题，举办社区工作者“优才计划”“社区书记成长营”等培训8场，培训专职社区工作者2700余人次。

【社区党建】 2023年，区委组织部开展社区书记抓党建突破项目路演，制定112个抓党建突破项目，建立项目路演、每月调度、定期评估、年度总结的推进机制，形成“鲸商汇”商居自治等一批可复制推广的优秀项目。以党建网格为基础推进多网融合，单独或联合组建网格（小区）党支部424个、楼院党小组508个，形成“社区党组织—网格党支部—楼栋党小组”组织体系，将业主单位、物业、重点企业党员负责人等182人选入网格党组织班子，培养以“双报到”党员、机关干部、自媒体从业者为主体的“网上小巷管家”796名，强化虚拟网格治理效能。建立区级领导班子联系社区、镇（街道）领导班子成员直接联系网格、社区工作者定岗网格等制度，推行“日随查、周例会、月抽查、季走访”工作机制。结合提升群众满意度，建立1649人的固定联系人队伍，开展全区遍访2次、精准走访3次，收集各类问题诉求2563件，办结2442件。聚焦全区民生保障水平提升，梳理群众看病难、停车难等问题65项，开展百日攻坚、百日冲刺等行动，倒排工期、压茬推进。加强党组织和党员报到服务质量量化评价，报到党员签订个性化诚信契约9600余份，带头参与实施老年人电子设备使用指导、设施维修邻里互助等“一对一”个性化志愿服务项目7200余个，新增积分5.6万余分。鼓励网格、楼栋等建立以网格协管员、楼长单元长、党员、居民志愿者为主体的邻里服务小组，建设“邻里小屋”“睦邻点”等邻里服务阵地89处，开展“社区居民一家亲”“邻里守望”等服务活动325场。引导下派干部、社区居民成立服务功能类社区“自组织”，建立社区常态化联系指导制度，关爱照护困难群体和特殊人群，开展红色共享药箱、重点人员邻里帮包等活动620余次，服务群众5750余人。鼓励社区党组织组织动员群众做活基层治理，形成“公益手造集市”“幸福茶话会”等活动载体112个。鲸园街道《探索“鲸治微基金” 让人人成为社区治理的“股东”》入选《坚持党建引领 共建幸福家园——山东省城市社区组织动员群众、做活基层治理案例选编》。

【“两新”组织党建】 2023年，区委组织部创新举措、优化服务，推动“两新”组织党建提质增效。选优配强“两新”工委工作力量，将市场监管、工信等24个行业主管部门及有关群团组织纳入“两新”工委成员单位，出台《中共威海市环翠区委非公有制经济组织和社会组织工作委员会工作规则》，明确成员单位工作职责并指定专人负责党建工作，形成“两新”工委牵头抓总、主管部门行业统领、职能部门联动参与、属地兜底管理工作链条。抓好“两新”组织党建指导员队伍建设，整合党建指导员与服务分包企业干部为“一套人马”。年内，指导“两新”组织成立实体党组织25个，发展党员95人。结合主题教育和联系服务企业等工作，部署开展查底数、查需求“双查”行动，组织行业主管部门、属地镇（街道）每季度摸排1次企业运营及党组织组建情况，形成底数、需求两张清单，分类推进党建工作。创新党务检查模式，将抽查督导、实地调研、述职评议纳入全年整体工作，形成“月督导、季调研、年评议”全过程管控机制。深化“两新党建联合体”机制，组织党建指导组、人才服务组等7个专项服务组，常态化开展谋划指导和督促落实工作。聚焦商圈、园区，提升打造环翠楼街道商圈、张村园区党群服务中心、铝精深加工产业链党群服务中心等党建阵地6处。以张村园区党群服务中心升级改造为契机，增设“一窗受理”综合服务窗口5个和专业服务窗口22个，推动市场准入等涉企服务事项5分钟办结。以“组织链”串起“产业链”，在张村镇园区党委下设铝精深加工产业链党委，以龙头企业威海海鑫新材料有限公司为“链主”，形成“张村园区党委统筹协调、产业链党委具体负责、链上企业落地执行”的三级组织架构体系，引进爱华海、中科锐金等总投资超30亿元的优质项目5个。聚焦党建引领助推经济高质量发展、基层治理服务、新业态新就业群体等，发动区级行业党组织深化基层党建创新突破行动，明确“红映环翠”行业党建创新攻坚项目8个，开展各类活动1200余场。结合“威海红帆”行业党建品牌，与市委“两新”工委、市委党校、市民政局共同打造“威海红帆”社会组织实训中心，该中心获评省级基层党建工作教学示范基地。发动各行业党委、镇（街道）党（工）委摸清企业（网点）运营状况、职工数量、党员信息等基本情况，摸排新业态企业161家、新就业群体1453人。针对新就业群体开展“找党员、建组织”工作，鼓励从企业（网点）一线发展吸收优秀分子，发展新就业群体党员8人。聚焦新就业群体急难盼愁问题，通过工作力量下沉、服务资源集成等方式出台爱心礼包，升级打造新业态新就业群体党群服务中心，开展学历提升、党性教育、技能培训等成才行动，为新就业群体提供暖心服务。围绕环翠楼商圈等重点区域，完善新就业群体标准型服务站、便捷型歇脚点等暖心驿站150余处，配备饮水机、应急药品等物品。发动辖区新就业群体推广使用全省“新新向党”系统，完成试点任务。至年末，全区新就业群体全部完成系统注册，上报“随手拍”问题9079件，更新政策资讯9939条，实现新就业群体微心愿5147条。

【党员教育】 2023年，区委组织部依托镇（街道）党校，开展专题培训62场，2.3万余人次参加培训。制定《环翠区镇街党校（党员教育中心）规范化建设标准规程（试行）》，明确镇（街道）党校规范化标准化建设验收标准。打造党员教育现场教学“十佳教学点”“十佳精品线”，实现全域资源共享、镇（街道）党校共建、培训品牌联创。羊亭镇党委党校（党员教育中心）被评为省级重点乡镇（街道）党校（党员教育中心），桥头镇党委党校（党员教育中心）、张村镇党委党校（党员教育中心）被评为市级规范化乡镇（街道）党校（党员教育中心），里口山管理中心王家疃村被评为省级党员教育现场教学基地。党员教育片《小家事大家情》《挺起民族装备制造业的脊梁》和《这一片安静的海》获得省级奖项，《山的卫士》入选“灯塔大课堂”。威海广泰空港设备股份有限公司创始人、名誉董事长李光太入选省级“发现榜样”，事迹片在山东卫视《齐鲁先锋》展播。在省级灯塔平台发稿近20篇，在共产党员公众号及网站平台发稿7篇。

【党组织和党员队伍建设】 2023年，区委组织部按照中组部“增强新时代党支部政治功能和组织功能”社区领域试点建设要求，成立工作专班，围绕老城区社区、新建社区、城市近郊社区、村改居社区、候鸟型社区、商居混合社区“六大类别”，全覆盖、分类别调研全区112个社区党组织，破解社区党支部工作思路不宽、班子结构不优、党员活力不强等制约性难题。加强和改进流动党员教育管理，印发流动党员管理办法，建立流动党员登记和报告制度，制定《关于做好流动党员参加主题教育的指导意见》，建立流动党员“七个一”管理机制，即开展一次“组织找党员”活动、建立一套流动党员台账、打造一批流动驿站、建立一个帮包机制、搭建一个联系平台、开展一轮“送学上门”、组织一系列党员活动，同步建立完善帮包机制。建立“环翠流动党员之家”微信群21个，实现流动党员“云端归队”，相关经验做法被市委组织部肯定。至年末，环翠区有党组织1306个，其中包含环翠区委1个、党工委9个、党委112个、党总支75个、基层党支部1109个，有党员26246名。

【人才工作】 2023年，区委组织部实施新时代“英才汇翠”计划，突出人才链、教育链、创新链、产业链“四链”融合，出台校企联合育才专项奖励政策，开展“人才寻访团”专项行动，对接重点院校和创新团队21个，推行“科技副总”挂职机制，保障13名专家教授跨体制、跨区域发挥作用。引进培育省级以上高层次人才19名，其中泰山系列人才13名，数量居全市各区市第一。强化人才引育创新，拓宽与头部平台、人才协会、科研院所合作，举办太空与海洋创新发展专题研讨会、膜产业技术创新合作大会、山东省博士后科技服务团威海企业行等活动，多赛道延揽人才。全区引进青年人才3000余名，持续保持两位数增长。三角集团有限公司成为全市唯一一家获得“山东省人才工作表现突出单位”称号的企业。打造“蓝湾人才之家”服务阵地，推动“人才码”率先上线“爱山东”App服务模块，开通政策查询、户籍关系转接、医疗体检等29项人才服务业务。

【党性教育基地建设】 2023年，区委组织部立足山东威海干部学院总体教学布局，全面提升华夏城生态体验馆教学点，推动党性教育基地建设。持续完善“1+7+N”红色教育体系，“为了人民”基层党建馆获评威海首批党史教育基地，接待1200余批次、30000余人次参观学习。开展讲解员队伍进学校、进社区、进园区“三进”活动，推进讲解员能力提升，1名讲解员获评市级专业组金牌讲解员，参赛作品《尽平生力为人民奉献心曲》获评优秀红色故事。

（许翔涵）

宣传工作

【概况】 2023年，全区宣传思想文化战线始终把学习贯彻习近平新时代中国特色社会主义思想作为理论学习的首要任务，紧跟理论热点和环翠区发展实际设置学习议题，统一编印学习资料，采取报告会、实地调研等多种学习形式，区委理论学习中心组集体学习研讨19次。持续开展中心组学习列席旁听，通过列席学习、发放反馈单等形式，对30个部门、单位进行督导检查。修订出台《威海市环翠区党委（党组）意识形态工作责任制实施细则》《中共威海市环翠区委网络安全和信息化委员会关于贯彻落实〈党委（党组）网络意识形态工作责任制实施细则〉工作措施的通知》，明确做好新形势下意识形态工作的目标任务和职责分工。创新宣讲方式，宣讲队伍常态化开展习近平新时代中国特色社会主义思想、党的二十大精神、“中国梦”等宣讲3600余场次。年内，区互联网信息中心获评“山东省网络安全和信息化工作先进集体”。

【理论学习】 2023年3月14日，区委宣传部印发《全区党委（党组）理论学习中心组2023年理论学习安排意见》，确定学习专题14个，将习近平经济思想、习近平法治思想、习近平总书记关于国家安全的重要论述等重点内容纳入学习安排。区委理论学习中心组围绕习近平新时代中国特色社会主义思想主题主线开展集体学习研讨19次。发放《习近平著作选读》《习近平新时代中国特色社会主义思想学习纲要（2023年版）》等理论学习读物。《发挥联合优势 推动理论学习见行见实效》《生态“绿”与产业“红”交相辉映》《以生态优先促进高质量发展的环翠实践》等理论文章在《大众日报》发表。

【理论研究与社科普及】 2023年3月，环翠区理论研究成果《优秀传统文化融入基层治理体系和治理能力现代化研究》《班主任班级管理艺术初探》《搭建家园共育桥梁促进幼儿核心素养的发展》《巅峰就是我们应该重新思考、定位的最佳时机——提升校长领导力的三点思考》及《环翠党史资料汇编》第四辑——《抗日武装起义的卓越贡献》获得威海市第二十五次社会科学优秀成果

2023年4月21日，区委理论学习中心组进行第五次集体学习

（区委宣传部　供图）

奖。6月，依托威海民俗文化邨、“为了人民”基层党建馆、新时代文明实践站（所）等社科普及教育阵地，举办“聚力实敢当，奋发开新局”——环翠区社科普及周主题活动。7月，组织教育系统参与“全环境立德树人大中小学思政课一体化建设”调研。9月28日，申报山东省新时代文明实践社科普及“五为”志愿服务项目3个，其中“蒲公英大篷车”新时代文明实践项目入选2023年山东省新时代文明实践社科普及“五为”志愿服务100项重点项目。12月28日，推荐上报山东省社会科学界联合会系统2023年工作创新案例——“以生态优先促进高质量发展的环翠实践”。

【理论宣讲】 2023年3月10日，环翠区围绕习近平生态文明思想，运用“理论宣讲+线上直播”形式，在华夏城举办“山青水绿 环目皆翠——习近平生态文明思想·环翠区‘新思汇翠’主题宣讲活动”，线上观看和回放量达55万人次。5月29日，印发《关于举办“中国梦·新时代·新使命”百姓宣讲比赛初赛的通知》，1000余人参加比赛。宣讲决赛创新开展线上展播和投票评选环节，8万余人参与投票，浏览量达50万余人次，评出一等奖1名、二等奖2名、三等奖3名。6月30日，在里口山风景名胜区十八里担架道展馆举行“聆听奋进故事 赓续红色血脉——环翠区‘新思汇翠’主题宣讲活动”，线上观看和回放量达51.8万人次。10月26日，印发《环翠区学习贯彻习近平新时代中国特色社会主义思想主题教育宣讲工作方案》，组建宣讲队开展巡回宣讲。11月14日，环翠区理论宣讲经验做法《搭建好村头村尾的理论舞台》在《大众日报》发表。

2023年3月10日，区委宣传部在华夏城景区举办“新思汇翠”主题宣讲活动

（区委宣传部 供图）

【国内报道】 2023年，区委宣传部围绕区委、区政府中心工作，根据“实敢当”作风提升专项行动要求，聚焦大抓经济、打造共同富裕先行示范区、精致城市建设、产业项目高质量发展、群众满意度、文旅产业发展等，在国家、省、市主流媒体推出环翠区专题报道1900余篇。其中，《山东威海瞄准链主企业以商招商促进产业集聚》《山东威海环翠区：以精致理念引领乡村振兴》等270余篇重点稿件在中央广播电视总台、《光明日报》、新华社、人民网、《中国日报》等国家级媒体发布。回应民生关切，围绕民生实事、政策解读、重要活动等，举办新闻发布会41场。

【国际传播】 2023年，环翠区拍摄外宣视听作品77个，相关视频在省级以上媒体播放近160次，举办文化交流及感知体验活动25场，在法新社、韩联社、新华网韩国频道、《世界侨报》等媒体刊发稿件27篇；开展“五友”（友校、友企、友人、友城、友媒）外宣，投放外宣品6次1000余份，开展“友企”活动6次、“友校”活动3次，依托推特、脸书等平台推转重点任务稿件20万条，展示量2000万余次，互动量200万余次。

【传播效能提升】 2023年，区委宣传部落实《威海市加快推进媒体深度融合发展实施方案》，做强“两微一端”（微博、微信、“最威海是环翠”App客户端）政务新媒体平台，依托知名新媒体、短视频平台建设运营新媒体账号14个，加速构建全媒体传播格局。至年末，各平台发布信息6.8万余条，阅读量25.98亿次，点赞量2549.4万次，互动量309.3万次。其中，《蜂拥而至的游客们，七月的威海太热闹啦》《连夜清雪，感谢最美的这一抹橙》《暴雪后的威海雪都去了哪里》等439条信息阅读量过百万次。

（于丽丽 田常力）

统战工作

【概况】 2023年，区委统战部组织召开党外人士座谈会6次，组织各民主党派基层组织、无党派人士和党外知识分子、新的社会阶层人士开展重点考察调研，提交调研报告7篇，完善协商调研成果转化机制，提高参政议政质量。加强新的社会阶层人士联谊会组织建设，成立9个镇（街道）分会。建立新的社会阶层人士统战工作、新的社会阶层人士联谊会内部运行等制度体系，激发干事创业动力。健全党外知识分子工作协调机制，对8名无党派代表人士落实“双走访”“双报告”制度（区委统战部定期走访党外代表人士所在单位和本人；党外代表人士向所在单位及区委统战部报告履职成效及其他有关重要事项，区委统战部向市委统战部报告有关重要情况），引导党外知识分子围绕中心发挥作用。

2023年10月11日，环翠区新的社会阶层人士联谊会环翠楼分会成立大会在环翠楼商圈举行 （区委统战部　供图）

【民主党派工作】 2023年，环翠区有民主党派基层组织7个、党派成员248人。4月16日，环翠区民主党派之家投入使用，围绕“凝心铸魂强根基、团结奋进新征程”主题教育，举办环翠统战讲坛、读书班、红色现场教学等活动26次。发挥新型政党制度效能，开展现场调研和民主协商活动，组织召开党外人士座谈会6次，提交调研报告7篇。打造民主党派助力乡村振兴项目，以羊亭镇宝石山片区为重点服务片区，开展农业指导、健康义诊、剪纸培训等活动16场次，帮助片区解决资金、技术、医疗等实际问题42个。

2023年6月26日，威海市环翠区民主党派助力乡村振兴活动启动仪式在羊亭镇黄埠屯村举行 （区委统战部　供图）

【新的社会阶层人士统战工作】 2023年，环翠区在区委统战工作领导小组下设新的社会阶层人士统战工作协调机制，印发《新的社会阶层人士统战工作协调机制实施细则》。引导新的社会阶层人士联谊会加强组织建设，成立9个镇（街道）分会，实现全区镇（街道）新的社会阶层人士联谊组织全覆盖。探索实行会长轮值制度，所有副会长每2个月轮值1次，牵头举办“企业家沙龙”“胶州寻标对标”“法检两院观摩座谈”等活动6次，擦亮“和聚同行”工作品牌。围绕中心工作建言献策，提报“金点子”等意见建议类信息12篇。配合市委统战部举办第四届威海市新的社会阶层人士“618惠民季”“社组联·双惠月”活动，组织26家新的社会阶层企业参与活动，拉动消费40余万元。

【党外知识分子工作】 2023年，环翠区印发《威海市环翠区区直有关部门单位党外知识分子统战工作协调联系制度（试行）》，召开区直部门（单位）党外知识分子统战工作协调会议，强化协调配合，提升党外知识分子统战工作水平。加强国企、中学领域党外知识分子统战工

2023年10月27日，环翠区召开区直部门（单位）党外知识分子统战工作协调会议 （区委统战部 供图）

作，支持引导无党派人士和党外知识分子开展主题教育、调查研究和助力高质量发展实践活动，对重点掌握的无党派代表人士落实“双走访”“双报告”制度，及时了解其思想动态和重大事项变动情况。提升“知汇环翠”品牌，开展“百名专家教授联百企”行动，为企业开展政策、人才、技术培训，帮助解决发展技术难题，引导无党派人士、党外知识分子发挥优势服务中心大局。

【民族宗教工作】 2023年，环翠区以铸牢中华民族共同体意识为主线，打造鲸园街道民族团结进步长廊、竹岛街道民族团结进步一条街及主题公园5处、铸牢中华民族共同体意识教育基地7处、“红石榴服务窗口”120个，创建省、市级示范单位、和美家庭30个，实现9个镇（街道）宣传氛围全覆盖，协助承办全省铸牢中华民族共同体意识工作现场会，助力威海市成功创建全国民族团结进步示范市，环翠区获评全省民族团结进步示范区。坚持宗教中国化方向，通过集中培训和现场办公，不断提高基层治理能力和服务水平，着力防范和化解统战领域风险隐患。强化宗教活动场所规范化建设，创建省级宗教中国化示范场所2处。恩雨警务室入选2023年度全省十大民族宗教领域优秀普法案例。创新民间信仰场所管理，11月，代表县（市、区）在全省民间信仰工作经验交流会作典型发言。

（林 哲）

机构编制工作

【概况】 2023年，环翠区着力优化全区机构编制资源配置，调整行政机关和事业单位机构编制事项，推进疾病预防控制、地震工作等体制机制改革；加强区级议事协调机构管理，规范设置区级议事协调机构122个；开展机关职能运行考核，制定机关职能运行监管考核细则及实施方案；厘清职责边界，梳理履职重点难点职责边界30余项；完成190个事业单位年度报告公示工作，公开率达到100%；按照“双随机、一公开”要求，抽查10家事业单位，均合格；编制年度用编进人计划，保障全区用编需求。

【机构编制调整】 2023年2月13日，区委编委印发《中共威海市环翠区委机构编制委员会关于调整新型城镇化和城乡融合发展职责的通知》，将新型城镇化和城乡融合发展职责从区住房城乡建设局划入区发展改革局；同日，印发《中共威海市环翠区委机构编制委员会关于设立威海市环翠区中医医院的批复》，设立区中医医院，为区卫生健康局所属公益二类财政补贴事业单位，不定机构规格，人员实行备案制管理，核定人员控制总量135名；同日，印发《中共威海市环翠区委机构编制委员会关于调整街道办事处事业编制的通知》，竹岛、环翠楼、鲸园、嵩山、孙家疃5个街道增加事业编制40名。调整后，竹岛街道事业编制42名，鲸园街道事业编制40名，环翠楼、嵩山、孙家疃街道事业编制各38名。2月14日，区委编办印发《中共威海市环翠区委机构编制委员会办公室关于调整威海市环翠区卫生健康局内设机构的通知》，区卫生健康局政策法规与综合监督科（挂规划信息科牌子）加挂爱国卫生运动推进办公室牌子。同日，印发《中共威海市环翠区委机构编制委员会办公室关于调整威海市环翠区统计局内设机构设置的批复》，区统计局增设统计执法监督科，办公室不再挂政策法规科牌子。3月5日，区委编委印发《中共威海市环翠区委机构编制委员会关于调整威海市环翠区专用通信局机构编制事项的批复》，区专用通信局加挂区保密技术服务中心牌子。5月27日，印发《中共威海市环翠区委机构编制委员会关于威海市环翠区卫生健康局加挂威海市环翠区疾病预防控制局牌子的通知》，区卫生健康局加挂区疾病预防控制局牌子。7月10日，区委编办印发《中共威海市环翠区委机构编制委员会办公室关于撤销威海市环翠区建筑工程事务服务中心内设机构的通知》，撤销区建筑工程事务服务中心内设机构人防保障科。10月10日，区委编委印发《中共威海市环翠区委机构编制委员会关于重新组建威海市环翠区疾病预防控制中心的通知》，整合区疾病预防控制中心（区健康管理指导中心）和区卫生健康综合执法大队职责，重新组建区疾病预防控制中心，保留区健康管理指导中心牌子，加挂区卫生监督所牌子，为区卫生健康局（区中医药管理局、区疾病预防控制局）所属正科级公益一类事业单位，经费来源为财政拨款，不再保留区卫生健康综合执法大队。11月15日，印发《中共威海市环翠区委机构编制委员会关于进一步加强防震减灾机构职能有关事宜的通知》，区应急局加挂区地震局牌子，区应急救援指挥保障中心（区救灾物资储备中心）加挂区防震减灾中心牌子，核增事业编制4名。11月16日，区委编办印发《中共威海市环翠区委机构编制委员会办公室关于收回公立医院空余编制的通知》，收回威海卫人民医院空余编制26名、威海口腔医院空余编制14名。12月28日，区委编委印发《中共威海市环翠区委机构编制委员会关于调整区卫生健康局领导职数的通知》，区疾病预防控制局局长由区卫生健康局1名副局长兼任。

【议事协调机构调整】 2023年，区委、区政府设置议事协调机构122个，其中区委议事协调机构61个（含临时性设置6个）、区政府议事协调机构61个（含临时性设置6个）。区委编办按照议事协调机构管理要求，督促议事协调机构设在部门及时调整议事协调机构组成人员名单。

【机关职能运行考核】 2023年，环翠区聚焦部门（单位）履职能力和服务效能提升，优化机关职能运行监管指标体系，以突出部门（单位）规范高效履职和协同配合为重点，综合设置3个一级指标、10个二级指标、21个三级指标。组织各部门（单位）按照工作首位度、难度和成效度为年度职责任务目标赋予权重，并区分等次评价得分，为优化部门（单位）职能运行和调整机构编制事项提供依据；将部门（单位）主动作为和联动配合等纳入考核，破解职责边界模糊和推诿扯皮等现象；年终组织镇（街道）班子反向评价派驻机构和对口部门执行“属地管理”事项准入制度和“吹哨报到”响应等情况，凝聚多方监管合力全链条、全过程反馈区镇联动配合成果。

【职责边界梳理】 2023年，环翠区聚焦部门履职过程中出现的职责边界不清、职能履行不畅等问题，综合分析研判部门“三定”规定、权责清单、职责边界清单以及法律法规和相关政策文件，梳理部门履职重点难点事项及群众关注度高的热点问题职责分工，研究厘清预付卡退款、消防通道验收、月子中心监管、医美机构管理、酒店住宿服务监管和噪音扰民等重点领域职责边界30余项。

【事业单位监督管理】 2023年，环翠区依托山东省事业单位监督管理系统，公示190个事业单位年度报告，公开率100%。根据《威海市环翠区事业单位监管“双随机、一公开”抽查工作细则（试行）》，按照抽查比例不超过3%的规定，开展“双随机、一公开”抽查。6月，抽查区社会信用中心、区卫生健康综合执法大队、威海市明湖路学校、羊亭镇第二中心幼儿园、威海市长征路小学5家事业单位，抽查结果均为合格等次。12月，抽查区水利事务服务中心（区中小型水利工程服务中心）、区海洋发展研究中心（区渔业技术推广站、区海域使用动态监视监测中心）、区知识产权事业发展中心、龙泽府实验幼儿园、威海市统一路小学5家事业单位，抽查结果均为合格，抽查结果在“双随机、一公开”抽查平台公示，接受社会监督。

【用编进人计划】 2023年，环翠区按照优先保障镇（街道）、重点领域用编需求的原则，综合考虑专业岗位及军转退役士兵安置、选调生、干部调配等用编需要，编制2024年度机关事业单位用编进人计划。建立“编制周转池”，引进急需高层次优秀人才80名，优化部门人员年龄结构。

（梁中元）

区直机关党建

【概况】 2023年，区委区直机关工委坚持以习近平新时代中国特色社会主义思想为指导，以学习宣传贯彻党的二十大精神为主线，坚守“围绕中心、建设队伍、服务群众”职责定位，以“实敢当”工作作风推动机关党建工作。制定《2023年区直机关党建工作要点》《关于进一步推动区直机关党建规范提升的实施意见》《机关党的建设“三级四岗”责任清单（试行）》等文件，进一步明确职责和任务。严格党组织调整审批流程，成立党支部5个，撤销党支部5个，批准22个党组织换届、74个党支部增补支部委员。推进“一支部一项目一品牌”建设，打造机关党建品牌116个，评选四星级党支部22个、五星级党支部24个。研究成果《以高质量机关党建加力提速经济高质量发展的实践与思考》获评2023年全市机关党建“揭榜攻关”行动一等奖、全省机关党建优秀研究成果二等奖。

【机关政治建设】 2023年，区委区直机关工委把政治建设放在首位，组织“第一议题”学习32次、理论学习中心组集中学习12次，跟进学习习近平总书记重要讲话、重要指示批示精神，抓实党的二十大精神宣讲培训。以“七一”为契机，组织党员干部重温入党誓词，定期组织党员干部过政治生日，着力打造对党忠诚的干部队伍。1月13日，组织区直机关党的二十大精神宣讲团成员，以线上视频形式对区人大办公室、区政协办公室、区审计局等37个部门（单位）宣讲党的二十大精神。6月28日，在“为了人民”基层党建馆举办“光荣在党50年”纪念章颁发暨2023年预备党员入党宣誓仪式。区委组织部及区委区直机关工委相关负责人、“光荣在党50年”纪念章颁发对象，以及区直机关2023年预备党员参加活动。

【机关思想建设】 2023年，区委区直机关工委抓牢“第一议题”制度，持续加强党的创新理论武装，成立区直机关理论宣讲队，到区直各部门、单位开展专题宣讲20余场。开展学习贯彻习近平新时代中国特色社会主义思想主题教育，制定《关于深入开展学习贯彻习近平新时代中国特色社会主义思想主题教育的实施方案》，围绕理论学习、推动干事创业、检视整改三个方面制定机关领域开展主题教育规定动作清单17条。1月12日，在“为了人民”基层党建馆举办新党员入党宣誓仪式，区直机关15名预备党员参加活动。9月13日，根据区委、区政府的统一安排，区委区直机关工委组织区直各部门开展“慈心一日捐”活动，募集善款215.97万元。10月11—13日，区委组织部、区委区直机关工委联合举办2023年度区直机关党员发展对象培训班，采取视频教学、交流研讨相结合的方式开展集中脱产培训，统一组织结业考试。同月31日至11月2日，举办区直机关党组织书记主题教育专题培训班。11月30日，联合区委组织部举办“学思想、强党性、重实践、建新功”环翠区微型党课大赛，推动机关干部学深悟透党的创新理论。各镇（街道）、部门党组织推荐参赛作品67个，12个作品进入决赛。区委教育工委、区住房城乡建设局机关党总支获得一等奖，区审计局机关党支部、威海卫人民医院党委、鲸园街道党工委、区文化旅游局机关党支部获得二等奖，区委老干部局机关党支部、区委党史研究中心机关党支部等获得三等奖。市委组织部、市委市直机关工委相关领导，区委组织部相关领导出席活动并为获奖选手颁奖。

【机关组织建设】 2023年，区委区直机关工委严格党组织调整审批流程，新成立党支部5个，撤销党支部5个，批准19个党组织按期换届、62个党支部增补支部委员。强化“线上日常+线下专题”双重督导机制，线上每月进行一次全覆盖检查，线下实地督导3次。年内，检查52个部门、97个支部，并逐一反馈问题、跟踪落实，严格实行“回头看”。将书记抓基层党建突破项目建设和支部品牌建设深度融合，推进“一支部一项目一品牌”建设，提炼党建品牌116个，以品牌影响力提升“党建+业务”融合力。以述职评议会议的形式，展示和检阅各机关单位党组织书记落实管党治党第一责任情况。2月21日，2022年度区直机关党组织书记抓基层党建工作述职评议会议举行，对67个部门（单位）党组织书记抓基层党建工作进行评议。区委常委、区直机关党组织书记、部分“两代表一委员”70余人参加会议。区纪委监委机关党委、区法院机关党委等10个区直机关党组织书记现场述职，其他书面述职。将机关党建“问需、问计、问效”调研与机关党建阵地建设相融合，先后到30余家机关党组织调研、指导，边解决问题边总结方法，合力打造新时代党建活动阵地，以“阵地强”带动“党建强”。公开星级评定结果，引导各机关党组织结合部门特点争星创优，通过总结提炼支部工作法，充分发挥党建引领作用，助推高质量发展。举办培训活动，强化党委书记和党务工作者的履职能力。5月17—19日，联合区委组织部举办2023年度环翠区区直机关党组织书记暨党务工作者培训班，150余人参加培训。12月22日，举办区直机关第二期“书记讲坛”暨党建品牌和标准化规范化建设观摩交流会，区委组织部和区委区直机关工委相关负责人、区直机关部分党组织书记及党务干部参加活动。加强

2023年12月22日，区直机关第二期“书记讲坛”暨党建品牌和标准化规范化建设观摩交流会举行 （区委区直机关工委 供图）

对外交流。4月12日，区委区直机关工委与无棣县委县直机关工委举行“党建共建友好单位”签约仪式，共同探索党建合作新模式和发展新领域。

【机关作风建设】 2023年，区委区直机关工委开展“实敢当”作风提升专项行动，督促全体机关干部建立个人负面问题清单，组织学习习近平总书记关于树立和践行正确政绩观的重要论述，到威海廉政警示教育馆开展党风廉政教育，坚决纠治“四风”问题。督导区直机关党组织建立领导班子成员党支部工作联系点266个，每年至少到联系点2次，帮助群众解决实际困难。67个区直部门、单位到分包社区报到，确定共建项目90余项，开展志愿服务活动600余次，帮助解决群众身边难题，提升基层治理水平和群众满意度。将美德信用“进机关”与内部管理相融合，按照“五有”标准打造示范点3个，评选诚信模范机关党组织5个、机关干部先锋10个，激励干部担当作为。开展“我为环翠发展提建议”活动，按照提出建议、收集梳理、分流交办、督办落实、考核评价五个步骤，收集城市建设、经济发展、乡村振兴等方面建议2044条，其中被区级采用113条，评选“金点子”31个，营造群策群力、共谋发展的良好局面。

【机关文化建设】 2023年，区委区直机关工委举办各种活动，加强机关文化建设。3月10—20日，联合区林业发展中心举办区直机关党员干部义务植树活动。6月16日，联合区总工会、区教育体育局、区精神文明建设委员会办公室举办环翠区第十三届全民健身运动会暨“亲近自然 健康生活”机关干部徒步行活动，步行路线全程5.5千米，400余名机关干部参加。8月21—25日，联合区总工会、区教育体育局举办2023年环翠区机关篮球赛，区直部门和镇（街道）41支队伍460余人参加比赛。环翠楼街道、孙家疃街道、羊亭镇、区国有资本运营有限公司获得镇街五人制组前4名，区教育体育局、区委办公室、区卫生健康局、区海洋发展局获得机关五人制组前4名，区机关事务服务中心、里口山管理服务中心、区大数据中心、区综合行政执法局获得机关三人制组前4名。

（陈鸿旭）

老干部工作

【概况】 2023年，全区有离休干部47人、退休干部2800人。区委老干部局围绕“让党放心、让老干部满意”工作目标，用心用情、精准服务，走访慰问老干部300余人次，发放慰问金、困难补助及慰问品等价值58万余元；在105个城市社区建立“银龄先锋家园”，推进离退休干部党建融入社区基层治理；打造环翠区“银龄人才续航驿站”，搭建银龄人才在招才引智、产业发展、乡村振兴、基层治理、关心下一代等方面发挥作用的平台；建设“家门口的老年大学”，推动老年教育向基层延伸。

【离退休干部党组织建设】 2023年，区委老干部局搭建“区委离退休干部工委—镇（街道）、部门党委（党组）—社区党组织”三级组织体系，强化经费、场所、载体保障，组织开展“银龄心向党·银辉耀环翠”主题活动、“本色家园·树山”示范离退休干部党组织和活动场所创评活动、“旗映红霞·银耀环翠”老干部党建品牌建设活动，引导老干部发挥余热、贡献力量。11月10日，举办环翠区离退休干部党组织书记示范培训班。年内，桥头镇老干部活动中心、民政局离退休干部党支部活动室等10处离退休干部活动场所获评全市“本色家园·树山”示范离退休干部活动场所。德州市临邑县、烟台市芝罘区、德州市禹城市等县（市、区）到环翠区考察学习。至年末，全区设有功能型离退休干部党支部102个，覆盖离退休干部党员700余名。

【老干部服务管理】 2023年，区委老干部局精细化执行老干部政治待遇和生活待遇落实，做到政治上尊重、思想上关心、生活上关怀。10月19日，组织30余名区级老干部观摩威海海洋科技馆探索研学基地等重点项目建设，通报全区经济社会发展有关情况。推行干部荣誉退休机制，做好临退谈话、举办荣退仪式、家庭走访等工作。12月28日，举办首届区管干部荣退仪式暨适应期培训班。年内，29个镇（街道）、部门为102名退休干部举办荣退仪式。落实“四送”（春送问候、夏送清凉、秋送关怀、冬送温暖）、“五有数”（学习活动情况有数、身体状况有数、家庭情况有数、有什么需求有数、对组织有什么建议有数）、“六必访”（生病住院必访、思想疑虑必访、矛盾纠纷必访、生活困难必访、丧葬大事必访、决策之前必访）要求，“一对一”联系关爱离休干部，春节、“七一”前夕开展两次全员大走访活动，发放联系卡136张、慰问品（金）38万余元。调整离休干部床位费支付限额，将区属离休干部与市直离休干部住院费待遇拉平。为65名离休干部遗属发放生活困难补助13.2万元、取暖费7.15万元。

【老干部作用发挥】 2023年，区委老干部局以“环翠区银龄人才续航驿站”为样板，在基层打造银龄助企、非公党建指导等特色功能工作室20个，吸纳社区“银龄”能人150人。至年末，在库人数613人，

2023年12月28日，环翠区区管干部荣退仪式举行　（区委老干部局　供图）

提供矛盾调解、环境整治、妇幼援助、科技助农等服务160余次。指导基层成立“心语彩虹”“红色管家”“七彩帮帮团”“雷锋团”等“银龄”人才服务队20余支，发现、解决“大事小情”700余件。稳步推进关心下一代工作，充实“五老”宣讲团队伍，宣讲团成员围绕传承红色基因、青少年法制宣传、弘扬中华传统文化等主题，到中小学校、社区组织宣讲50余场。10月27日，承接威海市关心下一代工作委员会调研。年内，鲸园街道光明社区“老伙伴计划”老干部志愿服务项目获评全省“最佳老干部志愿服务项目”；环翠区法院退休干部赵德龙获评全省“最美老干部志愿者”。温泉镇亿和社区“和事佬”志愿服务队、鲸园街道北门外社区“雷锋团”获评全市“最美老干部志愿服务组织”；彩虹村助学和心理关爱项目获评全市“最佳老干部志愿服务项目”；鲸园街道古北社区王爱花、竹岛街道翠竹社区张振山获评全市“最美老干部志愿者”；刘守平、张传明、栾淑海3名老干部获评全市“优秀五老志愿者”。

【文化养老】 2023年，区委老干部局强化主阵地建设，升级改造区老干部活动中心，为教室安装空调，解决冬冷夏热的陈年难题，设置门球场、阅览室、乒乓球室、棋牌室等活动场所，日均活动老干部200余人次。区老年大学主校区开设太极拳、声乐、京胡、舞蹈、合唱、国画、书法等18门课程，招收学员300余名。推进“家门口的大学”建设，9个镇（街道）建起老年大学分校，3所社区学堂达到省级示范标准，嵩山街道向阳社区被评为省级老年大学远程教育教学点，华夏生态文明馆被认定为省级老年游学基地。倡树积极老龄观、健康老龄观，积极参与省、市老干部艺术节和各类文体活动。9月22日，组队参加全市老干部合唱比赛，获二等奖；10月26日，承办全市老干部门球赛，获组织奖。年内，举办文艺展演、文体比赛、宣传讲座61场次，受益群众2000余人次。

【老干部休养所】 2023年，老干部休养所服务管理老干部2户、老干部遗属11户，其中厅局级1人、县处级1人，最大年龄101岁，最小年龄

92岁，平均年龄96.5岁。年内，组织开展关爱空巢老人、义务理发、观摩等活动26场次；结合主题教育活动，为离退休干部党支部上门送学30人次；为离退休干部及遗属赠送生日蛋糕13人次；探望生病住院老干部、接送服务老干部、陪同老干部治疗40余次。

（于佳欣）

党史编研

【概况】 2023年，区委党史研究中心聚焦“存史、资政、育人”职责职能，积极推进党史研究、宣传教育等各项任务，出版《铭记——抗美援朝中的环翠儿女》。发挥“史敢当”宣讲队的品牌优势，延伸宣讲触角，打造融入式特色宣讲活动11场。年内，中心打磨的宣讲课题《最可爱的人就在我们身边》代表山东省参加全国党史和文献部门优秀短视频展播。

【《铭记——抗美援朝中的环翠儿女》出版】 2023年8月，区委党史研究中心编撰的《铭记——抗美援朝中的环翠儿女》一书由山东人民出版社出版，全书156千字。该书以传略的形式，记述13名环翠区籍或在环翠区参加过革命活动且在抗美援朝战争中有突出贡献的英雄模范人物、154名长眠在朝鲜土地上的烈士事迹，以口述史的形式抢救性采访20名生活在环翠区的抗美援朝老兵，填补威海市抗美援朝史料研究的空白。这是2023年山东省启动抗美援朝资源收集整理工作以来，全省第一部通过中宣部审核的有关抗美援朝战争类书籍。10月24日，区委党史研究中心举行《铭记——抗美援朝中的环翠儿女》首发暨抗美援朝史料征集启动仪式，征集抗美援朝相关图片48张、手稿2卷3万余字、书籍11本，新华社等媒体对该活动予以报道。

【党史宣传教育】 2023年，区委党史研究中心围绕党建引领、园区建设、经略海洋、文旅产业等重点工作，聚焦新就业群体人员、“两新”组织党员及职工等，发挥“史敢当”宣讲队的品牌优势，延伸宣讲触角，打造融入式特色宣讲活动，开展《劳模面对面　党史促实干》《送学进联盟　党史聚合力》《传承红色基因　做好融合文章》《党史聚力　向海图强》《凝“新”聚力　铸魂赋能》等主题宣讲活动11次。参与“聆听奋进故事　赓续红色血脉”等直播活动，线上线下受众近百万人次，代表环翠区申报全省理论宣讲先进集体。《齐鲁晚报》、《威海日报》、“学习强国”学习平台、“威海宣传”公众号等媒体平台对其进行宣传报道。10月25日，中心打磨的宣讲课题《最可爱的人就在我们身边》，代表山东省参加全国党史和文献部门优秀短视频展播。年内，“史敢当”宣讲队李琳琳获评“红动威海·团结奋斗新征程”红色故事讲解大赛志愿优秀讲解员；宣讲课题《“脚屋子”里的秘密》入选市委宣传部组织的“爱国故事我来讲”活动，并在“威海宣传”公众号展播；“史敢当”宣讲队获“威海巾帼之声优秀宣讲集体”称号。

【红色资源挖掘】 2023年，区委党史研究中心寻找红色资源与乡村振兴的结合点，寻找伟大精神与群众利益的结合点，围绕服务发展做好党史编研工作。梳理、调研全区9个镇（街道）党组织发展及红色资源，探寻红色资源与乡村振兴结合点，撰写的调研报告《如何以红色资源助推乡村振兴——以桥头镇为例》受到区政府主要领导肯定批示。

【全省党史科研成果评选】 2023年11月30日，山东省委党史研究院印发《关于公布2020—2022年度全省党史史志科研成果评选结果的通报》，《环翠党史资料汇编》（1～4辑）获评著作类三等奖，《浅谈党报党刊如何更好发挥主流媒体作用》《论威海起义的历史意义及当代价值》获评论文类优秀奖。

（李琳琳）

党校教育

【概况】 2023年，区委党校轮训科级干部77名、新考录公务员45名、农村“两委”干部100名。到基层宣讲党的理论35场次。围绕区委中心工作开展调查研究，研究成果获得区委主要领导肯定批示5篇，理论文章在市级以上媒体发表6篇。

【基层干部培训】 2023年，区委党校以学习习近平新时代中国特色社会主义思想为中心内容和首要任务，突出党的理论教育和党性教育的主业主课地位，将党史课程作为必修课程，体现在党的理论教育和党性教育的全过程。习近平新时代中国特色社会主义思想课程不低于总课时的50%，理论教育和党性教育占主体班次总课时的70%以上，党性教育不低于总课时的20%。年内，举办主体班次4期。其中，科级干部任职培训班2期，第一期培训38

2023年6月5日，环翠区2023年春季学期主体班次开班式举行

（区委党校　供图）

人，第二期培训39人；新考录公务员初任培训班1期，培训45人；农村党组织书记和村委会主任培训班1期，培训100人。举办专题班次选调生理论学习读书班1期，培训15人。举办合作培训班次8期，培训1030人。

【理论宣讲】 2023年，区委党校发挥理论宣讲“主阵地”作用，宣传解读党的基本理论。组织教师到基层宣讲习近平新时代中国特色社会主义思想、党的二十大报告、党章等党的理论35场，受众3000余人。在学习贯彻习近平新时代中国特色社会主义思想主题教育活动中，选派4名骨干教师参加区委主题教育宣讲团，担任农村、社区、企业、机关4个小组组长，牵头撰写宣讲稿件，带头到基层宣讲。

【科研咨政】 2023年，区委党校出台《环翠区委党校（行政学校、社会主义学校）科研工作管理办法》，激励教师钻研业务。联合市委党校专家教授，围绕共同富裕先行示范区建设、改善营商环境、先进制造业发展等开展研究咨政。《“山东制造”威海环翠路径的探索与思考》课题获得全省党校系统智库联盟重点调研课题结项；《关于环翠区政府引导基金几个问题的思考与建议》课题获全市党校系统“精致城市治理与共同富裕先行区建设”研究项目结项；《优秀传统文化融入基层治理体系和治理能力现代化研究》获评山东省思想政治工作研究会2022年度二类优秀研究成果、威海市社会科学优秀成果二等奖；《关于环翠区政府引导基金几个问题的思考与建议》获评全省党校系统2022年度决策咨询成果三等奖；《推动统战工作融入基层党建和社会治理体系研究》获评全市统战政策理论研究成果二等奖；《关于环翠区楼宇经济的现状与思考》《关于环翠区政府引导基金几个问题的思考与建议》获评全市党校系统2022年度优秀决策咨询成果二等奖；《润物细无声　欲速则不达——关于优秀传统文化在小学阶段高质量推进的调查与思考》《古北社区社会治理经验初探》获评全市党校系统2022年度优秀决策咨询成果三等奖；《一堂理想的领导干部应急处突能力提升课的设想》《基层党校理论教学的难点及破难探索》分别获评第三届全市党校系统“两个规律”专题研讨会二等奖和三等奖。发表文章5篇，其中《党支部领办合作社实现强村富民》《以红色基因传承推动高校思政教育创新》《高质量推进优秀传统文化融入小学教育》《盘活农村隐蔽性资源　激发乡村振兴新动能》《支持中小微企业发展壮大——环翠区制造业发展路径探析》在《威海日报》刊发。研究成果《推动统战工作融入基层党建和社会治理体系研究》《基层党校理论教学的难点及破难探索》《一堂理想的领导干部应急处突能力提升课的设想》《党建引领　强基铸魂　争当从严治党先行者》《持续推进医疗行业改革创新　不断满足群众医疗保障期待》得到区委主要领导肯定批示。

【教学管理】 2023年，区委党校借鉴市委党校成熟的教学管理经验方法，改革管理制度，增强培训效果。继续实行学员“桌签制”、任课教师监督制、考勤考试百分制、日常考核量化制、班主任跟班制、学员持证签到签退制、干部培训登记制、培训结束调研制等各种管理方式，培训期间实行封闭管理，营造良好的教学环境。坚持讲授式主要教学形式，辅以现场式、研讨式、案例式等培训方式，利用多媒体技术，开展观看录像、外出参观、大会交流、撰写心得体会、举办学员讲堂等培训活动，增强学员学习兴趣。在主体班次培训班内开展“三带来”（带着思想上困惑的问题、工作中困惑的问题、关注的经济社会热点问题来上课）和“师生共研”等活动，调动学员的主动性和参与性。加强师资培训，提升教学科研水平。年内，组织教师收看中央党校“网上党校”、山东干部网络学院、山东省委党校“种金顶云讲堂”等互联网平台课程；组织教师参加中央组织部2023年度基层干部培训师资网络集中培训7人次、省委党校培训1人次、市社会主义学院培训2人次、区乡村振兴培训2人次。壮大师资队伍，注重增加年轻力量。年内，招考年轻教师1名，引进年轻教师1名，逐步改善教师队伍老龄化问题。

【“青年教师培养”项目】 2023年，区委党校与市委党校联合开展“青年教师培养”项目，通过“一对一”结对帮带、集体备课、试讲评议等练兵方式，提高青年教师的综合素质和业务能力，6名青年教师分两批参与该项目。年内，开发《全面推进乡村振兴》《践行初心 担当使命》等5门课程；2名青年教师的理论文章在全市党校系统研讨会上分获二等奖、三等奖；1名青年教师的课题获得省委党校立项；1名青年教师的咨政课题获得市委党校结项；1名青年教师参与写作的理论文章在《威海日报》发表；1名青年教师与区直机关工委合作完成的咨政课题获得市级一等奖。

【“吹哨报到”机制探索】 2023年，区委党校探索实施“镇（街道）和部门吹哨、党校报到”的“吹哨报到”新机制，即镇（街道）和部门提出教学科研咨政诉求，党校整合资源高效跟踪解决，形成的经验总结《建立“吹哨报到”机制 增强县级党校参与高质量发展的能力》入选中共山东省委党校2023年度全省县（市、区）委党校（行政学校）优秀改革创新案例，并在《山东党校通讯》刊发。

【新校舍建设】 2023年12月1日，区委第92次常委会专题研究党校工作。12月20日，区政府召开专题会议，研究党校新校舍改造建设项目的具体实施问题。至年末，党校新校舍改造基本完成内部拆除工作，开始铺设地面及消防管道。

（孙　新）

台港澳事务

【概况】 2023年，环翠区有台资企业4家、港资企业3家，常驻台胞17人、港胞13人。环翠区落实中央和省委、市委关于台港澳工作的决策部署，持续优化服务、促进交流、加强合作。区委统战部参与组织威海卫籍香港退休警察回乡省亲活动；推动澳门青洲中学与威海市城里中学、香港孔圣堂中学与威海市环翠中学签订姊妹学校共建协议；协办第二届海峡两岸（威海）棒球赛；举办“月揽金秋 风华共赏”海峡两岸（威海—基隆）台胞台属线上线下中秋联谊活动。相关交流活动内容被中央广播电视总台《海峡两岸》栏目报道5次。区委统战部被省委台港澳工作办公室评为“相约齐鲁 情系中华”2023鲁台青年文化交流节活动优秀组织单位。

【强化服务与增进共识】 2023年，区委统战部通过举办活动、强化服务，与台港澳同胞加强交流，增进了解，增强同胞的认同感和归属感。5月10日，区委统战部组织开展台港澳人士打卡红色教育基地活动，激发台港澳同胞爱国情怀。6月15日，开展台资企业安全生产走访活动，到威海永塑新材料有限公司、石中剑（威海）渔具有限公司了解其经营及安全生产情况，发放安全生产宣传资料，为同胞送去关怀和温暖。6月20日端午节前夕，工作人员走访2名香港同胞，了解其生活、工作情况，送去节日问候和祝福。7月20日，组织台港澳代表人士参加全区统一战线工作培训班，使台港澳同胞了解相关政策，增进共识。

【台港澳同胞交流活动】 2023年，区委统战部邀请台湾14个团组约400

2023年10月18日，威海卫籍香港退休警察回乡省亲参访团参观里口山管理服务中心王家疃村

（区委统战部　供图）

人次、港澳团组4批180余人到环翠区交流。9月26日，举办“月揽金秋 风华共赏”海峡两岸（威海—基隆）台胞台属线上线下中秋联谊活动，基隆市山东同乡会的山东籍、威海籍同乡及在威台胞台属百余人同步观看古琴及歌舞表演，猜灯谜，切月饼等，感受传统文化魅力。10月18日，协助开展威海卫籍香港退休警察回乡省亲活动，组织参观鲸园街道北门外社区、张村镇王家疃村乡村建设情况。

【第二届海峡两岸（威海）棒球赛】 2023年，环翠区继续协办海峡两岸（威海）棒球赛，推动两岸青年友好互动。7月1日，第二届海峡两岸（威海）棒球赛在威海职业学院举行。比赛由市委台港澳工作办公室、威海职业学院、市体育局主办，市台胞台属联谊会、威海可诺棒垒球俱乐部承办，高雄市棒球协会、区台胞台属联谊会协办，来自台湾、深圳和威海的众多青年选手参加比赛。

【姊妹学校共建】 2023年，环翠区深化对港对澳交流合作，积极促成威海市城里中学与澳门青洲中学、环翠中学与香港孔圣堂中学签订姊妹学校共建协议，成为全市首个与港澳开展教育交流的区市。11月6日，澳门中华总商会附设青洲中学与威海市城里中学在威海市城里中学举行姊妹学校共建签约仪式。两校校长分别发表致辞，通过专题片介绍各自学校的发展情况和办学理念。澳门青洲中学参访团一行参观威海市城里中学，了解校园环境及校园文化建设情况。11月20日，威海市环翠中学与香港孔圣堂中学举行姊妹学校共建线上签约仪式，播放两所学校宣传片，观看威海市环翠中学《致吾辈》合唱视频。

（苗　新）

侨　务

【概况】 2023年，环翠区侨务工作围绕中心、服务大局，发挥独特优势，涵养海外侨务资源、落实各项惠侨政策、深入宣传贯彻侨法。在第二十三届世界华人学生作文大赛中，区侨联获评“优秀组织单位”，区侨联主席林辉获评“优秀组织个人”；威海市侨商会会长、山东侨乡集团股份有限公司总经理姜兵被中国侨联、国务院侨务办公室授予“全国归侨侨眷先进个人”称号；威海市侨乡北竹岛社区“侨胞之家”被中国侨联确定为2021—2022年度全国侨联系统“侨胞之家”选树单位，威海市环翠区孙家疃街道里海社区被山东省侨联确认为省级“侨胞之家”。

【侨务资源涵养】 2023年，区委统战部在侨务信息资源中筛选对象进行联络跟踪，利用出访增进感情、涵养资源。11月8—15日，区委常委、组织部部长、统战部部长王志带队出访韩国、日本，拜访海外人士12人，推介环翠区招商政策和自然资源等优势，推动招商引资和招贤引智。

【侨眷侨属服务】 2023年，区委统战部贯彻落实党的侨务工作方针政策，妥善处理全区涉侨事务，保护华侨和归侨侨眷在国内的合法权益。年内，为1名符合条件的归侨侨眷办理侨眷证，为3名“三侨考生”（归侨青年、归侨子女、华侨在国内的子女）办理身份认定；为3户困难归侨发放生活补贴补助5400元；走访慰问侨届群众13次；依托澳大利亚籍华人企业家和公益慈善家魏基成设立的“魏基成天籁列车”慈善项目，为羊亭镇居民发放“魏基成天籁列车”助听器37台。11月3日，区委统战部联合威海市侨联、威海市妇幼保健院，到孙家疃街道里海社区“侨胞之家”大院开展“为民办实事 金秋送健康”义诊

2023年7月1日，第二届海峡两岸（威海）棒球赛在威海职业学院举行

（区委统战部　供图）

活动，服务侨眷侨属50余人。

【侨法宣传】 2023年6月，区委统战部组织开展为期1个月的《山东省华侨权益保护条例》系列宣传，通过“线上+线下”的方式，开展宣讲12场，发放宣传手册300余份、宣传单页1000余份，扩大侨法宣传的覆盖面和影响力。

（马菲菲）

目标管理考核

【概况】 2023年，区委考核办贯彻新发展理念，树立“实干实绩、敢打敢拼、担当善为”导向，充分发挥考核的正向激励、综合促进作用，推动中心任务和重点工作贯彻落实。在2023年度全市区市、开发区高质量发展考核中，环翠区排名第六位，考核等次为二等。在区级考核中，确定2023年度工作优秀单位28个、党的建设优秀单位11个、服务项目建设优秀单位2个、基层社会治理优秀单位2个、乡村振兴建设优秀单位2个、争取无偿资金优秀单位5个、拓新争先优秀单位8个。

【市级考核】 2023年，环翠区对照《威海市2023年度市级考核总体方案》《威海市2023年度区市、开发区高质量发展考核标准》，制定指标责任清单。根据市级下发的《关于反馈2023年度区市、开发区半年评估结果的通知》，组织相关责任单位对考核结果进行分析研判、查漏补缺，同时对考核成绩未达到八区市（环翠区、文登区、荣成市、乳山市、高新区、经开区、临港区、南海新区）前3名或四区市（环翠区、文登区、荣成市、乳山市）前2名的部门、单位，由区委副书记进行约谈。针对三季度、年终考核工作，分别召开市级考核指标分析调度会议，专题调度落后短板指标，帮助查找问题原因，制定提升措施，对部分指标下发预警提示单，督促提升全区考核成绩。年底，市级考核成绩通报后，召开2023年度全区考核工作专题会议，由相关区领导分别分析市级党委口、政府口指标，同时由承担市级考核指标总成绩列八区市后3名或四区市最后1名的部门、单位表态发言。在2023年度区市、开发区高质量发展考核中，环翠区排名第六位，考核等次为二等。根据《环翠区2023年目标管理考核工作意见》，对承担市级考核指标责任单位予以奖优罚劣，相关结果在区级考核中充分应用。

【区级考核】 2023年，环翠区聚焦高质量发展和市、区两级重点工作，构建区级考核体系。对镇（街道），主要考核党的建设、经济社会发展、综合测评3部分内容。4个镇为一组，5个街道为一组，每组前两名为一等。对区直部门和省、市驻区单位，考核党的建设、履职尽责、综合测评、改革创新、风险防控5个部分。将区融媒体中心、区社会治理服务中心、区大数据中心3个单位从党政群部门、单位B组移入社会管理与服务部门、单位。相应调整一等比例，党政群部门、单位B组取前3名，较2022年减少1个名额；社会管理与服务部门、单位取前6名，较2022年增加1个名额。围绕全市前3且四区第1的目标，调整承担市级考核任务的部门、单位争先进位单项奖、不得确定为一等、降为下一考核等次的相应标准。争先进位优秀单位：八区市前两名，或八区市第三且四区市第一名，且非并列，直接评为争先进位优秀单位；若全区在市级考核中未取得一等成绩，则取消争先进位优秀单位评选。不得确定为一等：考核成绩未达到八区市前3名且四区市前2名的，考核等次不得确定为一等。降为下一考核等次：总得分列八区市后2名或四区市最后1名的，降为下一考核等次（三等除外）。根据年度考核结果，确定2023年度工作优秀单位28个、党的建设优秀单位11个、服务项目建设优秀单位2个、基层社会治理优秀单位2个、乡村振兴建设优秀单位2个、争取无偿资金优秀单位5个、拓新争先优秀单位8个。

（鞠伟超）

环翠区人民代表大会

综　述

【概况】2023年，威海市环翠区第十九届人民代表大会实有代表301名，下设财政经济委员会、监察和司法委员会、教育科学文化卫生委员会、农村城建环保委员会、社会建设委员会及其办事机构。常委会下设办公室、研究室、人事代表工作委员会、预算工作委员会。年内，召开威海市环翠区第十九届人民代表大会第二次会议、11次人大常委会会议，听取审议专项报告21项，交办审议意见15份，作出决议决定21项，任免国家机关工作人员66人次，开展专题调研、集中视察、执法检查、专题询问活动25次，配合全国、省、市人大开展调研活动28次。首次召开镇（街道）人大主席、联络办主任述职会议，构建起上下一体人大系统工作格局。建立推广“一站五组”（“一站”即建设1处人大代表工作站，“五组”即成立精致社区、民生保障、法律服务、市场主体、新兴业态5个特色联络组），代表工作模式，全国人大常委会委员长赵乐际对“一站五组”代表工作模式、发挥代表主体作用的做法给予肯定，省市区领导给予批示表扬。组织代表参政议政，参与专项评议、执法检查、视察调研、各类庭审旁听活动243人次，积极建言献策，共谋高质量发展；在镇民生实事项目人大代表票决工作不断成熟基础上，区十九届人大二次会议首次票决出20项区级重大民生实事项目。

【常委会建设】 2023年，区人大常委会认真贯彻落实习近平总书记关于“四个机关”（政治机关、权力机关、工作机关、代表机关）建设的重要论述，强化思想政治引领，深入开展学习贯彻习近平新时代中国特色社会主义思想主题教育，全年开展理论学习中心组学习18次、机关集体学习12次、读书班4期、专题宣讲7次，领题开展调查研究25次并积极推动成果转化，健全完善常委会闭环式审议等机制3项；深入实施“五大工程”（实施思想政治淬炼工程，筑牢思想政治建设之基；实施强基固本增效工程，夯实党的组织建设之本；实施履职尽责提质工程，诠释服务中心大局之责；实施社会治理赋能工程，凸显人大根植基层之效；实施能力作风提升工程，引领清廉机关建设之风）党建品牌，推动党建工作与人大工作有效融合；深化机关党风廉政建设，抓好省委巡视反馈问题整改落实，深入开展“实敢当”作风提升专项行动，锻造政治坚定、作风过硬、形象优良的坚强集体。

【人事任免】 2023年1月6日，威海市环翠区第十九届人大常委会第八次会议决定任命孙吉鹏为环翠区第十九届人民代表大会财政经济委员会副主任委员；免去孙吉鹏的威海市环翠区第十九届人民代表大会财政经济委员会委员职务。

2月21日，威海市环翠区第十九届人大常委会第九次会议决定任命王飞、王荣群、周群为威海市环翠区人民检察院检察委员会委员；免去徐永才、刘春晓的威海市环翠区人民检察院检察委员会委员职务。

4月26日，威海市环翠区第十九届人大常委会第十次会议决定任命王萍为威海市环翠区人大常委会研究室主任，张起刚为威海市环翠区人大教育科学文化卫生工作委员会主任，陈仁俊为威海市环翠区环翠楼街道人大联络办主任，解冰为威海市环翠区人大常委会办公室副主任，张起刚为威海市环翠区第十九届人民代表大会教育科学文化卫生委员会副主任委员，罗秀丽为威海市环翠区第十九届人民代表大会农村城建环保委员会副主任委员，李静茹、张明玺为威海市环翠区人民政府副区长，吕进柏为威海市环翠区工业和信息化局局长，肖建国为威海市环翠区司法局局长，徐凯为威海市环翠区水利局局长，贾存峰为威海市环翠区农业农村局局长，崔志盛为威海市环翠区文化和旅游局局长，董居良为威海市环翠区行政审批服务局局长，黄晨为威海市环翠区市场监督管理局局长，郑博为威海市环翠区统计局局长，王怀强为威海市环翠区监察委员会委员；免去王春萍的威海市环翠区人民检察院副检察长、检察委员会委员、检察员职务，张起刚的威海市环翠区人大常委会研究室主任职务，罗秀丽的威海市环翠区人大常委会预算工作委员会主任、威海市环翠区第十九届人民代表大会财政经济委员会副主任委员职务，高磊平的威海市环翠区环翠楼街道人大联络办主任职务，张积超的威海市环翠区工业和信息化局局长职务，吕进柏的威海市环翠区水利局局长职务，刘瑞宾的威海市环翠区农业农村局局长职务，段会林的威海市环翠区文化和旅游局局长职务，肖建国的威海市环翠区统计局局长职务，张戈的威海市环翠区行政审批服务局局长职务，杨玉梅的威海市环翠区市场监督管理局局长职务，郭梁、于志伟的威海市环翠区监察委员会委员职务，迟法民的威海市环翠区人民法院副院长、审判委员会委员职务，唐克的威海市环翠区人民法院审判委员会委员职务；接受王文萍、邹伟辞去威海市环翠区人民政府副区长的请求，接受丛晓红、刘永利、彭志成辞去威海市环翠区第十九届人民代表大会代表职务的请求，丛晓红、刘永利、彭志成担任的常委会委员职务相应终止，丛晓红担任的环翠区第十九届人民代表大会教育科学文化卫生委员会副主任委员职务、彭志成担任的环翠区第十九届人民代表大会农村城建环保委员会副主任委员职务相应终止。

7月6日，威海市环翠区第十九届人大常委会第十一次会议决定任命林海涛为威海市环翠区发展和改革局局长，李强为威海市环翠区人力资源和社会保障局局长，尹莹为威海市环翠区退役军人事务局局长，张永君为威海市环翠区审计局局长，于志伟为威海市环翠区人民法院审判员、审判委员会委员、副院长，江涛、刘大海、时芸芸为威海市环翠区人民法院审判员；免去王国庆的威海市环翠区人大监察和司法工作委员会主任职务，许新贵的威海市环翠区人大教育科学文化卫生工作委员会副主任职务，刘昌军的威海市环翠区发展和改革局局长职务，林海涛的威海市环翠区人力资源和社会保障局局长职务，张永君的威海市环翠区退役军人事务局长职务，李强的威海市环翠区审计局局长职务，李海英的威海市环翠区人民法院审判员职务；接受王国庆、丛恒日、许新贵辞去威海市环翠区第十九届人民代表大会代表职务的请求，王国庆、丛恒日、许新贵担任的常委会委员职务相应终止，王国庆担任的环翠区第十九届人民代表大会监察和司法委员会副主任委员职务、丛恒日担任的环翠区第十九届人民代表大会社会建设委员会副主任委员职务、许新贵担任的环翠区第十九届人民代表大会教育科学文化卫生委员会副主任委员职务相应终止；由温泉镇选出的威海市环翠区第十九届人大代表丛荣洲因病去世，其代表资格自然终止。

8月22日，威海市环翠区第十九届人大常委会第十二次会议接受刘昌军辞去威海市环翠区第十九届人民代表大会代表职务的请求；由经开区选出的威海市环翠区第十九届人大代表邵建忠因病去世，其代表资格自然终止。

10月24日，威海市环翠区第十九届人大常委会第十四次会议决定任命毕晓波为威海市环翠区人民政府副区长，于丛林为威海市环翠区教育和体育局局长，杜青芸为威海市环翠区人民检察院副检察长、检察委员会委员；免去王艳华的威海市环翠区教育和体育局局长职务，杨雪莲的威海市环翠区监察委员会副主任职务；接受刘斌辞去威海市环翠区人民政府副区长的请求。

12月25日，威海市环翠区第十九届人大常委会第十七次会议决定任命李文华为威海市环翠区人大常委会办公室副主任（挂职），李达为威海市环翠区监察委员会委员（挂职），刘琳琳为威海市环翠区人民法院副院长（挂职）。

【代表工作】 2023年，区人大常委会9个镇（街道）代表工作站建设取得实质性突破，建成新阶层人大代表联络站等一批特色工作站，省、市、区、镇四级人大代表编组进站，各组人大代表根据自身行业特长主动认领项目，通过一线式服务、一线式履职，将人大制度优势转化为治理效能，激发基层治理活力。《中国人大》以《威海市环翠区："一站五组"激活基层治理"一池春水"》为题专门介绍环翠区的经验做法。区人大常委会持续完善民意表达平台，全面落实"双联双进"活动

（双联：人大常委会组成人员联系人大代表、人大代表联系选民，双进：人大代表进社区、进选区走访），深化代表驻站接待选民工作，开展“提升首位度、担当抓落实”主题实践活动，接待选民1509人次，收集群众关心的热点难点问题和建议502条。根据《关于开展威海市、环翠区两级人大代表述职评议工作的意见》，12月25日，威海市环翠区第十九届人大常委会第十七次会议组织28名驻环翠区威海市第十八届人大代表述职，组织9个镇（街道）部分区人大代表回选区向选民述职，评选出环翠区第十九届人民代表大会2023年度优秀代表20名。根据代表专业特长安排代表列席人大常委会会议，组织开展工作视察、执法检查、专题调研243人次；推行民生实事项目代表票决制，首次票决出20项区级重大民生实事项目，张村镇、羊亭镇、温泉镇、桥头镇在镇人代会上票决镇级民生实事项目28项。

（刘　利）

2023年1月8日，威海市环翠区第十九届人民代表大会第二次会议开幕

（区人大常委会办公室　供图）

重要会议

【威海市环翠区第十九届人民代表大会第二次会议】　2023年1月8—9日，威海市环翠区第十九届人民代表大会第二次会议召开，出席会议人大代表219名。会议审议通过区政府工作报告、2022年国民经济和社会发展计划执行情况与2023年发展计划报告、2022年预算执行情况和2023年预算报告、区人大常委会工作报告、区法院工作报告、区检察院工作报告。票决通过区政府2023年重大民生实事项目20项。

【区人大常委会会议】　2023年，威海市环翠区第十九届人大常委会召开11次人大常委会会议。

区十九届人大常委会第八次会议　1月6日召开。会议进行人事任免事项，举行宪法宣誓仪式；传达威海市第十八届人民代表大会第三次会议精神；作出召开威海市环翠区第十九届人民代表大会第二次会议的决定；审议通过区人大常委会在威海市环翠区第十九届人民代表大会第二次会议上的工作报告；审议通过威海市环翠区第十九届人民代表大会第二次会议建议议程、建议日程；审议通过威海市环翠区第十九届人民代表大会第二次会议主席团、秘书长建议名单；审议通过威海市环翠区第十九届人民代表大会第二次会议议案审查委员会组成人员名单；听取关于威海市环翠区第十九届人民代表大会第二次会议筹备情况的报告；听取审议威海市环翠区人民政府2023年重大民生实事项目候选项目建议名单。

区十九届人大常委会第九次会议　2月21日召开。会议进行人事任免事项，举行宪法宣誓仪式；传达学习威海市2023年工作动员大会、环翠区经济工作会议暨2023年工作动员大会精神；听取审议威海市环翠区人大常委会2023年工作计划报告；听取审议2022年度规范性文件备案审查工作报告。

区十九届人大常委会第十次会议　4月26日召开。会议进行人事任免事项，举行宪法宣誓仪式；传达学习十四届全国人大一次会议精神；听取审议区十九届人大常委会代表资格审查委员会关于个别代表的代表资格的报告；听取审议区政府关于全区打击治理电信网络诈骗犯罪工作情况的报告、关于环翠区婴幼儿照护服务工作情况的报告、关于环翠区环境状况和环境保护目标完成情况的报告；审议通过《威海市环翠区人大常委会关于加强国有资产管理情况监督的决定》。

区十九届人大常委会第十一次会议　7月6日召开。会议进行人事任免事项，举行宪法宣誓仪式；审议通过《关于个别代表的代表资格的报告》《威海市环翠区人大常委会关于实行人大代表意见建议办理全程监督问效的实施意见》《威海市环翠区人大常委会关于对区法院员额

2023年4月26日，威海市环翠区第十九届人大常委会第十次会议召开
（区人大常委会办公室　供图）

法官、区检察院员额检察官开展履职评议的实施方案（试行）》《威海市环翠区人大常委会关于对政府支出预算进行全程监督问效的实施方案》；听取审议环翠区政府关于《中华人民共和国税收征收管理法》贯彻实施情况的报告、关于环翠区民族工作开展情况的报告、关于环翠区精致城市建设情况的报告、关于环翠区养老服务体系建设情况的报告。

区十九届人大常委会第十二次会议　8月22日召开。会议传达学习环翠区2023年“实干实绩、敢打敢拼、担当善为”半年工作成效评议会议精神；会议进行个别人大代表变动相关事宜说明；听取审议区政府关于环翠区2023年上半年国民经济和社会发展计划执行情况的报告、关于2023年上半年威海市环翠区和区级预算执行情况的报告、关于2023年上半年威海市环翠区地方政府债券分配使用意见及预算调整方案的报告、关于2022年区级预算执行和其他财政收支的审计工作报告、关于2022年威海市环翠区和区级财政决算（草案）的报告、环翠区法院、环翠区检察院半年工作情况报告、环翠区政府关于环翠区和美乡村建设情况的报告；会议作出关于批准2022年区级决算的决议和关于批准2023年上半年威海市环翠区地方政府债券分配使用意见及预算调整方案的决议。

区十九届人大常委会第十三次会议　9月7日召开。会议听取审议区教育体育局、区民政局、区住房和城乡建设局、区文化和旅游局、区卫生健康局、公安环翠分局六大领域牵头部门关于全区群众满意度提升工作开展情况的报告，区人大常委会组成人员围绕报告结合工作实际依次审议发言，对群众满意度工作提出意见建议。

区十九届人大常委会第十四次会议　10月24日召开。会议进行人事任免事项，举行宪法宣誓仪式；传达省市区各级领导对环翠区探索推行“一站五组”人大代表工作模式、助推基层治理提质增效的具体做法的批示；听取审议区政府关于区十九届人大二次会议代表建议办理情况的报告、区政府关于全区《威海市环翠区国民经济和社会发展第十四个五年规划和2035年远景目标纲要》实施情况中期评估报告、区法院关于优化法治营商环境工作情况的报告、区政府关于2022年区级预算执行和其他财政收支审计查出问题整改情况的报告、区政府关于2022年度全区国有自然资源资产管理情况的专项报告、区政府关于2022年度全区和区级国有资产管理情况的综合报告；实地调研鲸园代表工作站“一站五组”建设模式，了解鲸园代表工作站建设情况。

区十九届人大常委会第十五次会议　11月16日召开。会议表决通过威海市环翠区人大常委会主任会议关于提请许可对区十九届人大代表张浩石采取强制措施的议案和威海市环翠区十九届人大常委会代表资格审查委员会关于个别代表的代表资格的报告。

区十九届人大常委会第十六次会议　12月4日召开。会议表决通过威海市环翠区人大常委会主任会议关于提请许可对区十九届人大代表张杰采取强制措施的议案和威海市环翠区十九届人大常委会代表资格审查委员会关于个别代表的代表资格的报告。

区十九届人大常委会第十七次会议　12月25日召开。会议听取审议区政府关于2023年下半年威海市环翠区地方政府债券分配使用意见及区级预算调整方案、关于调整2023年区政府民生实事项目的议案；书面印发区人大监察和司法工作委员会关于区监委整治群众身边不正之风和腐败问题工作情况的调研报告；以投票表决的方式进行人事任免事项，补选威海市第十八届人大代表，评选2023年度威海市环翠区第十九届优秀人大代表20名，对部分驻环翠区威海市第十八届人大代表、部分员额法官、员额检察官进行述职评议。

区十九届人大常委会第十八次会议　12月29日召开。会议表决通过威海市环翠区人大常委会主任会议关于提请许可对区十九届人大代表董妮娜采取强制措施的议案。

（刘　利）

视察调研与立法调研

【专题调研】　环境状况和环境保护目标完成情况调研。2023年3月16日，区人大常委会副主任沙建强带领区人大农村城建环保委员会相关人员对环翠区环境状况和环境保护目标完成情况进行调研。调研组认为，环翠区高度重视生态环境保护工作，人居环境质量全面提升，污染防治攻坚战扎实推进，执法监督力度不断加大，建议相关方面树牢绿色发展理念，全面贯彻落实习近平生态文明思想，提高思想站位，压实工作责任，突出问题导向，加强污染治理，加强队伍建设，提升执法水平。

婴幼儿照护服务工作情况调研。2023年4月13日，区人大常委会主任孙军、副主任黄式璞带领区人大教育科学文化卫生委员会相关人员对环翠区婴幼儿照护服务工作情况开展调研。调研组认为，区政府强化举措、统筹资源、聚焦需求，初步构建多维度支持体系，基本形成多元化托育格局，全方位照护服务体系日趋完善。调研组建议区政府进一步提高思想认识，构建托育事业发展新格局；整合资源，推动托育机构均衡发展；加强综合监管，促进托育机构规范化建设；积极宣传引导，营造全社会关心婴幼儿健康成长的良好氛围。

打击治理电信网络诈骗犯罪工作调研。2023年4月17日，区人大常委会副主任韩静带领区人大监察和司法委员会相关人员对环翠区打击治理电信网络诈骗犯罪工作情况进行调研。调研组认为，区政府及相关部门坚持打、防、管、控、宣同步推进、多管齐下，不断提升人民群众识诈、防诈、反诈意识和能力，凝聚起社会各界防范电信网络诈骗强大合力，反诈工作走在全市前列。建议相关部门进一步提高思想认识，强化工作协同，突出精准预警，加强源头治理，深化宣传教育，全面提升工作实效。

楼宇经济发展情况调研。2023年4月18日，区人大常委会副主任陈英欣带领区人大财政经济委员会相关人员对环翠区楼宇经济发展情况进行调研。调研组认为，环翠区通过出台完善楼宇经济发展政策，聚力打造专业楼宇，丰富楼宇经济发展内涵，建立健全楼宇信息动态管理机制，推动党建引领优化提升楼宇配套服务，初步形成具有环翠特色的楼宇商圈群。调研组建议，发展楼宇经济要有规划与重点、要讲特色与产业、要注重扶持与服务、要与夜间经济相互促进融合。

精致城市建设情况调研。2023年5月11日，区人大常委会副主任沙建强带领区人大农村城建环保委员会相关人员对环翠区精致城市建设情况进行调研。调研组认为，区政府及相关部门牢牢把握精致城市核心引领区目标定位，突出基础设施提升、城市环境改善、城市业态繁荣、内涵品质丰富等重点，着力推进精致城市建设，持续提升人民群众的获得感和幸福感。调研组建议，聚力打造一批城市亮点项目，全力提升城市精细化管理能力，着力化解不精致、不文明、群众不满意问题，加快推进精致乡村建设和示范创建，努力构建精致城市建设全社会参与机制，构建共治、共管、共建、共享的城市治理大格局。

养老服务体系建设情况调研。2023年5月16日，区人大常委会主任孙军、副主任邹杰带领区人大社会建设委员会相关人员对环翠区养老服务体系建设情况进行专题调研。调研组认为，区政府及相关部门在加快构建居家社区机构相协调、医养康养相结合的养老服务体系基础上，探索创新全覆盖、多层次、多支撑、多主体养老服务新模式，各项工作走在省市前列。调研组建议，精准化开展社区居家养老服务工作，提升养老服务专业化精细化水平；加强顶层设计，找准制约养老服务发展的难点堵点，拿出行之有效的措施；加大宣传引导力度，持续推进社区食堂建设，大力推行“互联网+养老”，加快多层次养老服务体系建设，打造民生幸福标杆。

民族工作情况调研。2023年6月6日，区人大常委会副主任黄式璞带领区人大教育科学文化卫生委员会相关人员对环翠区民族工作情况进行调研。调研组认为，区政府及相关部门以铸牢中华民族共同体意识为主线，突出政治引领，统筹推进民族工作；突出宣传引导，营造浓厚民族团结氛围；突出平台搭建，推动民族工作落地落实；突出效能提升，构建共治、共享格局。调研组建议，强化思想认识，提高铸牢中华民族共同体意识政治站位；强化示范引领，高标准打造铸牢中华民族共同体意识示范创建工作品牌；强化宣传引导，深化铸牢中华民族共同体意识实践教育，推动民族工作高质量发展。

和美乡村建设情况调研。2023年7月20日，区人大常委会副主任沙建强带领区人大农村城建环保委员会相关人员对环翠区和美乡村建设情况进行调研。调研组认为，区政府紧密结合实际，依托近郊优势和丰富的山海资源，积极探索、勇于实践、措施有效，引领环翠区美丽乡村由“一处美”向“全域美”方向发展，全力推动和美乡村建设。调研组建议，注重全面统筹精准定位，进一步完善和美乡村发展规划；深度推进全域旅游发展，进一步增强农村产业振兴动能；聚焦突出问题精准发力，进一步加强资源要素保障，为推进全区和美乡村建设提供有力支撑。

群众满意度提升工作情况调研。2023年8月至9月，区人大常委会5名副主任分别带领分管委室人员立足群众满意度提升工作组成专题调研组，对基本医疗、基础教育等六大领域开展调研12次，召开专题会议听取各领域牵头部门工作开展情况报告，调研组建议各部门集中精力解决现有问题，摸清隐性矛盾，逐项破题逐项销号，切实为群众办实事解难题；强化基层治理，多措并举引导居民自治，不断提高群众满意度和幸福指数。

优化法治营商环境情况调研。2023年10月11日，区人大常委会副主任韩静带领区人大监察和司法委员会相关人员对区法院优化法治营商环境情况进行调研。调研组认为，区法院聚焦主责主业，坚持多措并举，不断优化对企服务，持续提升审执质效，妥善化解矛盾风险，有力推进法治营商环境建设。调研组建议，坚持政治引领，进一步融入中心大局；坚持联动协作，进一步推动多元解纷；坚持司法为民，进一步优化法律服务；坚持问题导向，进一步提升执行质效；坚持提素增能，进一步强化队伍建设。

整治群众身边不正之风和腐败问题工作情况调研。2023年10月，区人大常委会副主任韩静带领调研组对区监委整治群众身边不正之风和腐败问题工作情况进行调研。调研组认为，区监委近年来强力推进重点领域和突出问题集中整治，保持高压态势，强化监督问责，取得良好的政治效果、法律效果和社会效果。调研组建议，进一步提高政治站位，持续深化监察工作全覆盖；坚决惩治微腐蝇贪，持续纠治不正之风；坚持标本兼治，持续推进系统治理。

【专项视察】 2023年5月25日，区人大常委会主任孙军带队就全区重点产业项目推进情况进行视察。区委常委、副区长张元波，区人大常委会副主任黄式璞、韩静、邹杰、沙建强、陈英欣，区人大常委会委员和各委室主任参加视察。视察组先后到嵩山街道瑞达服饰文化创意特色楼宇，温泉镇悦丰直播创客园，羊亭镇兴泰医用包装材料、广泰空港旅客登机桥，张村镇爱华海绿色图文影像新材料生产线、魏桥新型纤维绿色智能一体化改造等项目现场视察。视察组认为环翠区重点产业项目建设进展顺利，发展势头强劲，取得阶段性成效。视察组建议，大力倡树“实敢当”工作作风，以项目建设支撑扩投资，以项目投产促进稳增长；持续优化投资环境，加强部门联动，落实各项惠企政策，实现项目良性循环，促进项目集聚、企业集群；聚焦项目建设目标，严把时间节点，全力加快项目建设进度，确保项目如期建成并投入使用；拓宽以商招商路径，深入剖析环翠区产业基础和发展现状，谋划招引一批可持续带动全区发展的战略性项目，推动区域经济社会持续健康发展。

11月21日，区人大常委会主任孙军带领人大常委会组成人员、部分人大代表视察环翠区2023年为民实事办理情况。视察组先后来到安全局小区、环海路、环翠楼街道东南村社区、威海市塔山中学、红叶谷老旧小区、嵩山街道小镇村乡村书房等地，查看民生实事项目建设进展及实施效果，听取情况汇报。视察组对环翠区为民实事办理情况给予肯定，并就进一步推进为民实事项目提出具体意见和建议。视察组建议，始终把改善民生作为最大责任，全力以赴推动民生实事项目建设提速增效；聚焦短板弱项，将群众呼声最高、反映最大、要求最急的事项纳入年度为民实事候选项目；细化责任分工，主动协调推动解决问题，把实事做实、好事办好，切实提升人民群众幸福感、获得感和满足感，确保民生实事项目发挥最大效益，满足人民群众对美好生活的向往。

【立法调研】 2023年6月13日，威海市人大常委会委员、农委主任委员傅世涛带队到环翠区就《威海市城乡供水安全条例（草案）》进行立法调研。

7月5日，威海市人大常委会副主任张竞到环翠区调研海上交通安全工作，并召开《威海市海上交通安全条例修正案（草案）》征求意见建议座谈会。

7月21日，威海市人大常委会法工委主任王海威带队到竹岛街道翠竹社区立法联系点开展《威海市城乡供水安全条例（草案）》立法调研。

（刘　利）

执法检查

【停车管理和服务执法检查】 2023年3月14日，威海市人大监察和司法委主任委员李大伟带队对环翠区《威海市停车管理和服务条例》实施情况进行执法检查，区人大常委会副主任韩静，公安环翠分局党委副书记、政委张军陪同。检查组实地察看环翠楼街道西南村社区、鲸园街道北门外社区停车管理情况，在鲸园街道社会治理创新中心召开座谈会，听取工作汇报，征求意见建议。

【特种设备安全执法检查】 2023年5月12日，全国人大财经委副主任委员于春生带领检查组到环翠区就《中华人民共和国特种设备安全法》贯彻实施情况开展执法检查。山东省人大财经委主任委员张术平，威海市人大常委会主任贾瑞霭、副主任李文基，区人大常委会主任孙军陪同相关活动。检查组一行到威海广泰空港设备股份有限公司、华夏城进行实地检查，详细了解政府部门执法履责、促进产业发展、加强综合治理、落实管理制度、推动科技创新等工作开展情况，对环翠区工作给予肯定。

【税收征管执法检查】 2023年5月18—19日，区人大常委会副主任陈英欣带领区人大财政经济委员会相关人员对《中华人民共和国税收征收管理法》实施情况开展执法检查。检查组认为环翠区以宣传强化征管意识，以服务增进征管质量，以创优提升征管成效，收入质量突出、结构健康；建议进一步优化税收征管环境，进一步强化敢于担当意识，进一步加强税务队伍建设，为区域经济社会发展提供财力支撑。

【养老服务执法检查】 2023年6月8日，省人大常委会副主任王随莲一行到环翠区对《山东省养老服务条例》实施情况开展执法检查，并对社区养老服务工作进行调研。检查组先后到威海市陆零壹贰叁肆玖便民服务中心、环翠楼街道养老服务中心进行调研。

（刘　利）

2023年5月12日，全国人大检查组在威海广泰空港设备股份有限公司开展执法检查

（区人大常委会办公室　供图）

依法监督

【司法监督】 2023年7月，区十九届人大常委会出台《威海市环翠区人大常委会关于对区法院员额法官、区检察院员额检察官开展履职评议的实施方案（试行）》，在全市率先对员额法官、员额检察官履职情况进行评议，通过案卷评查、走访调研、旁听庭审等形式了解评议对象履职情况，常委会委员投票对被评议对象进行满意度测评，提出存在的问题，督导及时整改，进一步规范司法行为，提升司法公信力。

【规范性文件备案审查】 2023年2月，区十九届人大常委会第九次会议听取审议2022年度规范性文件备案审查工作报告。年内，备案审查法院规范性文件4件。

【经济监督】 2023年1月，威海市环翠区第十九届人民代表大会第二次会议审查区政府提出的《关于威海市环翠区2022年国民经济和社会发展计划执行情况与2023年国民经济和社会发展计划（草案）的报告》《关于2022年威海市环翠区和区级预算执行情况与2023年威海市环翠区和区级预算（草案）的报告》，以及2023年国民经济和社会发展计划草案、2023年威海市环翠区和区级预算草案。财政经济委员会结合会前初步审查和会上代表们意见进一步审查，做出《威海市环翠区第十九届人民代表大会财政经济委员会关于威海市环翠区2022年计划预算执行情况与2023年计划预算草案的审查结果报告（草案）》，经大会主席团审议通过。大会通过《关于威海市环翠区2022年国民经济和社会发展计划执行情况与2023年国民经济和社会发展计划的决议》《关于2022年威海市环翠区和区级预算执行情况与2023年威海市环翠区和区级预算的决议》。

8月3日，区人大常委会副主任陈英欣带领区人大财政经济委员会相关人员到区财政局、区发展改革局等单位，对环翠区上半年国民经济和社会发展计划执行情况及财政预算执行情况进行检查。检查组认为，环翠区坚持稳中求进工作总基调，牢固树立“大抓经济”导向，经济社会发展呈现加快恢复、回升向好的总体态势，建议相关部门切实抓好项目建设，加快构建现代产业体系，着力保障改善民生，强化财税管理，健全风险防控机制。

9月下旬，区人大常委会副主任陈英欣带领区人大财政经济委员会相关人员对《威海市环翠区国民经济和社会发展第十四个五年规划和2035年远景目标纲要》中期实施情况进行调研。调研组认为，《纲要》实施工作取得阶段性成果，重大战略和重点任务稳步推进，重点项目支撑引领作用逐步显现，共同富裕先行示范区建设迈出坚实步伐。调研组建议，构建现代化产业体系，推动经济健康发展；加快实施创新驱动发展战略，打造区域性创新高地；聚焦民生保障，增进民生福祉；坚持绿色发展，促进人与自然和谐共生；统筹发展和安全，打造平安环翠；认真组织实施，确保目标任务全面完成。

【审计监督】 2023年8月21日，区人大常委会副主任陈英欣带领区人大财政经济委员会相关人员到区审计局对2022年度区级预算执行和其他财政收支审计工作情况进行调研。调研组认为，区政府及其审计部门围绕区域经济社会发展大局和区委决策部署，认真落实区人大常委会有关审议意见，认真履行审计职责，持续加强对重点领域和关键环节的审计监督，积极推进审计全覆盖，充分体现审计在提升资金使用绩效、规范财政管理、保障经济社会健康发展等方面的重要作用。调研组建议，进一步提高审计监督质效，强化审计监督作用和审计结果运用。

10月9日，区人大常委会副主任陈英欣带领区人大财政经济委员会相关人员到区审计局对2022年度区级预算执行和其他财政收支审计查出问题整改情况进行检查，对审计查出突出问题整改情况进行跟踪监督。检查组认为，区政府及其相关部门认真落实区人大常委会有关审议意见，扎实开展整改工作，行动部署迅速，责任分解明确，措施执行有力，整改成效明显。检查组建议，提高政治站位，压实各级整改责任；健全长效机制，提高审计监督效能；加强结果运用，助力经济高质量发展。

【财税监督】 2023年3月30日，区人大与山东大学（威海）共建人大预算监督研究中心环翠分基地，推动研究成果应用转化。

7月10日，区人大出台《威海市环翠区人大常委会关于对政府支出预算进行全程监督问效的实施方案》，在威海市率先开展预算编制前征集人大代表和社会各界建议工作，征集意见建议20条，实现人大对政府支出预算的全口径审查、全过程监督。

8月21日，区人大财政经济委员会在常委会预算工作委员会预先审查的基础上，对区政府提交的关于2023年上半年环翠区地方政府债券分配使用意见及预算调整方案（草案）的报告及区级预算调整方案草案进行初步审查。区人大财政经济委员会认为，区政府提出的区级预算调整方案（草案）符合预算法规定，债券资金的分配使用符合国家政策要求，同意区政府提出的地方政府债券分配使用意见，建议批准区本级预算调整方案。

8月21日，区人大财政经济委员会在常委会预算工作委员会预先审查的基础上，对区政府提交的关于2022年环翠区和区级财政决算草案的报告及2022年区级决算草案进行初步审查。区人大财政经济委员会认为，区政府及其财政等部门认真落实区十九届人民代表大会第一次会议决议要求，坚持稳中求进工作总基调，统筹推进疫情防控和经济社会发展，扎实做好“六稳”“六保”工作，认真落实减税降费等助企纾困政策，有效保障基本民生，积极防控财政运行风险，为推动经济社会平稳运行发挥重要作用。区人大财政经济委员会建议，强化预算决算管理，着力提升财政保障质效；提升财政政策效能，着力保障经济企稳回升；加强政府债务管控，着力防范化解财政运行风险。

12月11日，区人大财政经济委员会在常委会预算工作委员会预先审查的基础上，对区政府提交的关于2023年下半年环翠区地方政府债券分配使用意见及预算调整方案（草案）的报告及区级预算调整方案草案进行初步审查。区人大财政经济委员会认为，区政府提出的预算调整方案（草案）符合预算法规定，债券资金的分配使用符合国家政策要求，同意区政府提出的地方政府债券分配使用意见，建议批准区本级预算调整方案。

【国有资产管理监督】 2023年4月26日，区人大常委会出台《威海市环翠区人大常委会关于加强国有资产管理情况监督的决定》。10月10日，区人大常委会副主任陈英欣带领区人大财政经济委员会相关人员到区国有资产中心，对2022年度环翠区国有资产管理情况进行检查。检查组认为，2022年区政府及有关部门认真贯彻落实中央和省、市、区委关于加强国有资产监管的决策部署，不断深化国资国企改革，完善规章制度，优化国资监管方式，国有资产管理水平有效提升。检查组建议，区政府相关部门要加强组织领导，进一步形成工作合力；深化国企改革，做强、做优、做大国有资本；夯实管理基础，全面提高行政事业资产使用效率；树立新发展理念，高效统筹自然资源资产保护和利用。

【专题询问】 2023年9月25日，环翠区安全生产专题询问会议召开，人大代表围绕安全生产热点难点问题进行询问。区应急、水利、文旅、林业等部门主要负责人直面问题诚恳作答，提出解决问题的具体措施。区人大常委会主任孙军强调，各级各部门要强化思想认识，以更高的政治站位、高度负责的态度、如履薄冰的心态，抓实抓好安全生产各项工作；要聚焦重点工作，围绕工业生产、危险化学品、建设施工等事故易发行业领域，全面深入开展排查，及时发现风险隐患、补齐短板弱项、严格监管执法，狠抓各项措施落地见效；扎实履职尽责，充分发挥人大常委会监督职能，推动安全生产各项措施管控到位、落实到位；代表委员要发挥桥梁纽带作用，结合工作实际，提出意见建议，大力宣传安全生产法律法规、安全生活常识，在安全生产中展现人大作为。

（刘　利）

代表建议

【概况】 2023年，威海市环翠区第十九届人民代表大会第二次会议收到代表建议、批评和意见50件，其中经济发展方面15件，文教卫生方面13件，城市建管方面10件，农业农村方面5件，民生保障方面3件，道路交通方面2件，社会治理方面2件。以上问题不能构成议案，均作为建议、批评和意见处理。2023年，市人大常委会评选出27件优秀建议并通报表扬，其中驻区代表提出的优秀建议13件，数量居全市第一。

表6　2023年环翠区十九届人民代表大会第二次会议建议一览表

类别（件数）	序号	建议名称	代表姓名	代表团
经济发展（15）	001	关于进一步增强服务经济意识和能力，改善营商环境的建议	付海廷	嵩山街道
	002	关于打造威海“海洋温泉文旅品牌”的建议	王茂芳	环翠楼街道
	003	关于促进跨境电商业态高质量发展的建议	王明涛	环翠楼街道
	004	关于优化外贸企业营商环境的建议	王俊清	环翠楼街道
	005	关于推进涉案企业合规工作，助力民营经济健康发展的建议	姜华丽	鲸园街道
	006	关于推动实体企业抖音电商化的建议	林　鹏	桥头镇
	007	关于桥头镇企业联动带动经济发展的建议	张　雷	桥头镇
	008	关于建立农副产品行业标准的建议	王岳松	温泉镇
	009	关于加强对本土优质房企培育支持力度的建议	曲轩萱	温泉镇
	010	关于解决企业用工难等问题的建议	张浩石	温泉镇
	011	关于疫情之下给予中小企业生存发展的建议	赵　杰	温泉镇
	012	关于提升羊亭河公园商业业态的建议	孙吉鹏	羊亭镇
	013	关于充实完善数字互联网经济与实体经济融合发展的建议	刘　超	张村镇
	014	关于优化法治化营商环境的建议	毕显坤	张村镇
	015	关于搭建银企交流平台，增进银企互信合作的建议	杨海玲	区直部门

续表

类别（件数）	序号	建议名称	代表姓名	代表团
文教卫生（13）	016	关于进一步重视中小学生口腔健康保健工作的建议	高云霞	环翠楼街道
	017	关于推动非遗文化提振乡村振兴的建议	刘　冰	环翠楼街道
	018	关于发展传统工艺打造城市伴手礼的建议	马　骋	环翠楼街道
	019	关于加快医疗机构合规体系搭建的建议	姜华丽	鲸园街道
	020	关于加强对中小学生心理监测的建议	刘德钱	鲸园街道
	021	关于抓住后疫情时代历史机遇，紧追科技发展与人才建设，打造全球科技领先小城的建议	李卫华	嵩山街道
	022	关于解决在职务工人员子女教育问题的建议	石晓进	嵩山街道
	023	关于中小学校普及足脊健康筛查的建议	许　伟	孙家疃街道
	024	关于进一步净化网络环境，保护孩子身心健康的建议	郑晓生	孙家疃街道
	025	关于建设中德生态城产教示范基地的建议	韩怀坤	羊亭镇
	026	关于创业就业在威海的建议	曲泽楷	羊亭镇
	027	关于上调公办幼儿园收费标准的建议	肖　莹	羊亭镇
	028	关于加强产业工人队伍建设工作的建议	陈德波	张村镇
城市建管（10）	029	关于增设海景区、公园环保公厕的建议	孙少波	鲸园街道
	030	关于老旧小区改善监控设施的建议	王爱花	鲸园街道
	031	关于在村居服务场所设置村史社区史展区的建议	勇庆威	鲸园街道
	032	关于既有住宅建筑加装电梯项目手续审批和相关改造费用的建议	于　跃	鲸园街道
	033	关于新建口袋及健身公园的建议	于建军	嵩山街道
	034	关于小区内安装汽车充电桩的建议	丛　君	孙家疃街道
	035	关于老旧小区安装电动车充电桩的建议	张小燕	温泉镇
	036	关于地址命名的建议	谷元强	嵩山街道
	037	关于进一步加强小广告整治的建议	冯小洁	区直部门
	038	关于理顺既有建筑改造手续办理的建议	高朋朋	区直机关
农业农村（5）	039	关于推进餐饮产业链助推乡村振兴的建议	汤云成	环翠楼街道
	040	关于促进农村一、二、三产业融合发展的建议	丛　群	桥头镇
	041	关于进一步加强乡村振兴资金统筹使用的建议	昝启进	桥头镇
	042	关于“平台化运营”助力环翠区“两清三化”和山海链乡的建议	李　璐	羊亭镇
	043	关于建设健全环翠区“众创空间+孵化器+加速器+产业园区+特色小镇”的大孵化集群和创新发展生态体系的建议	李小红	张村镇

续表

类别（件数）	序号	建议名称	代表姓名	代表团
民生保障（3）	044	关于扩建环翠区乡镇卫生院业务用房的建议	李新刚	羊亭镇
	045	关于提升社区服务设施的建议	董妮娜	竹岛街道
	046	关于试点为企业职工开立个人养老金账户储备工作的建议	崔　云	区直部门
社会治理（2）	047	关于深化城市更新法律服务助力城市发展新机制的建议	姜华丽	鲸园街道
	048	关于解决桥头镇民生和工业用暖问题的建议	刘玉凯	桥头镇
道路交通（2）	049	关于上下班高峰期道路拥堵改善的建议	刘　波	张村镇
	050	关于整治桥头镇农村大集周边交通安全隐患的建议	肖　磊	张村镇

【代表重要建议摘编】 关于提升羊亭河公园商业业态的建议。近年来，羊亭镇打造全长10千米、占地100万平方米的羊亭河公园，为园区和城市化发展提供优质环境，年接待游客超过80万人次。公园目前商业业态比较单一，丰富的客流量难以转化为经济价值。目前羊亭河公园仅有1处吊桥可以通行，节假日期间人员较为密集，影响游览体验。孙吉鹏代表建议区政府及相关部门在羊亭河公园增加商业网点设施、民宿、智能售卖设备以及儿童游乐设施，将公园人流量转化为经济价值；新增景观桥，既可以丰富公园景观，也可对公园密集人群进行分流。

关于解决在职务工人员子女教育问题的建议。近年来，全市人口产业快速集聚，吸引大批年轻人就业创业，随之带来许多新情况新问题，主要表现为学生放学时间早、家长下班晚，学校餐饮不能满足学生需求等。石晓进代表建议，区政府及相关部门采取设置不同时段的低偿延时课程服务，提供作业辅导、学业指导等在校教师能提供的低偿托管服务，规范学校饮食，保证膳食科学性、安全性，提升教育服务水平。

关于推动非遗文化提振乡村振兴的建议。威海非遗项目规模偏小，布局分散，未能形成有效文旅发展合力。刘冰代表建议，区政府及相关部门立足乡村地区发展，优化整合区域内非物质文化遗产资源，推动非物质文化遗产保护工作走进乡村、振兴乡村。建议在里口山区域发展威海非遗项目，开办乡村博物馆、艺术馆、非遗工坊等，结合乡村民间文化特点，让非遗走进乡村，用好文创创业政策，扩大非遗产业体量规模，实现非遗企业抱团发展，非遗保护与乡村振兴一体推进。

【代表建议办理】 2023年，威海市环翠区第十九届人民代表大会第二次会议代表依法履职，积极参政议政，提出建议、批评和意见50件，其中属区政府办理41件、市政府职权范围内5件、镇（街道）自行解决4件。会后，区人大常委会及时将意见建议按职责权限移交给区政府、市人大常委会。7月，出台《威海市环翠区人大常委会关于实行人大代表意见建议办理全程监督问效的实施意见》，常委会领导班子成员领衔督办、积极对接相关部门，对办理进度及效果督促检查。至7月末，代表意见建议全部办结，面复率和满意率100%。

（刘　利）

专门委员会工作

【财政经济委员会】 2023年，区人大财政经济委员会开展年度计划、预算、决算、审计、国有资产等常规性审查监督，加强对上半年国民经济和社会发展计划及预算执行情况、2023年地方政府债券分配使用意见及预算调整方案的监督，对审计查出问题整改情况跟踪监督。围绕环翠区楼宇经济发展、《威海市环翠区国民经济和社会发展第十四个五年规划和2035年远景目标纲要》中期实施情况专题调研，对《中华人民共和国税收征收管理法》实施情况开展执法检查，形成调研报告3篇。举办政府支出预算全程监督问效学习培训会和财政专业知识学习培训班，全面提升业务素质。配合市人大常委会开展全市服务业发展情况、半年国民经济运行分析、《威海市环翠区国民经济和社会发展第十四个五年规划和2035年远景目标纲要》中期实施情况、国有自然资源资产管理情况调研，接待外地人大来区考察财政绩效评估有关工作。

【监察和司法委员会】 2023年，区人大监察和司法委员会围绕法治环翠建设，对环翠区打击治理电信网络诈骗犯罪工作情况进行调研，推动反诈工作顺利开展；对社会治安领域群众满意度情况进行调研，助推群众满意度工作走深走实；对区法院优化法治营商环境工作情况进行调研，着力营造更加稳定、公平、透明、可预期的法治营商环境；对区监委整治群众身边不正之风和腐败问题工作情况进行调研，持续提高监督效能。听取法院、检察院半年工作情况报告，组织庭审监督活动2次。完成4件规范性文件备案审查，维护法制统一。配合市人大常委会开展《威海市停车管理和服务条例》实施情况执法检查，《威海市海上交通安全条例修正案（草案）》《威海市城乡供水安全条例（草案）》立法调研。配合市人大对翠竹社区立法联系点进行升级改造，更好地搜集立法建议和相关法律法规实施情况的意见反馈。协助接待外地人大到区调研检察建议办理和公益诉讼工作情况。

【教育科学文化卫生委员会】 2023年，区人大教育科学文化卫生委员会结合环翠区婴幼儿照护与托育服务现状开展工作调研；为促进环翠区各民族广泛交往、全面交流、深度交融开展民族工作调研；立足群众满意度提升重点工作，对基本医疗、基础教育等领域专题调研；持续提升民生实事人大代表票决制工作成效，有效督促区政府以更大力度办好民生实事，民生保障更有温度。配合省人大常委会到环翠区就充分发挥港澳同胞和海外华侨华人作用，对《中华人民共和国归侨侨眷权益保护法》《山东省归侨侨眷权益保护条例》和《山东省华侨权益保护条例》贯彻实施情况、民族宗教等工作开展调研；配合市人大常委会调研环翠区科技创新工作，并进行座谈交流。

【农村城建环保委员会】 2023年，区人大农村城建环保委员会紧扣生态文明建设，对环翠区环境状况和环境保护目标完成情况进行专题调研；紧盯精致城市建设，对环翠区精致城市建设情况进行调研；紧抓美丽乡村建设，对环翠区和美乡村建设情况进行调研。配合市人大常委会对园区建设发展情况、《威海市山体保护条例》《威海市海岸带保护条例》《威海市危险废物管理办法》三部地方性法规实施情况等开展调研。

【社会建设委员会】 2023年，区人大社会建设委员会聚焦筑牢安全防线，对环翠区《中华人民共和国安全生产法》《山东省安全生产条例》《中华人民共和国突发事件应对法》《山东省突发事件应对条例》贯彻实施情况开展专题询问和民主评议。聚焦居民医疗、特殊群体需求，专题调研医药供给侧改革、养老服务体系建设和退役军人创业就业工作。关注民生优质服务，调研群众满意度提升工作。围绕深化应急管理综合行政执法改革，对环翠区应急管理综合行政执法队伍规范化建设进行调研。配合市人大常委会开展渔船管控工作调研，环翠区工作做法得到市人大常委会肯定。

（刘　利）

环翠区人民政府

综　述

【概况】 2023年，威海市环翠区第十九届人民政府设区长1人，副区长6人，挂职副区长2人，区政府工作机构27个，其中工作部门27个。区第十九届人民政府围绕威海发展主攻方向，抓经济、谋发展、惠民生、保稳定，先进制造业加力提速，现代服务业提档升级，海洋经济集聚成势，改革拉动力进一步提升，创新驱动力进一步激发，城市更新效果显著，乡村振兴步伐加快，生态环境优化提升，社会保障更加有力。全年生产总值450.42亿元，比上年增长3.1%；一般公共预算收入40.6亿元，增长5.8%；居民人均可支配收入57140元，增长5.3%；限上餐饮营业额增长66.6%、税收增长12.9%，增幅均排名全市首位。年内，环翠区入选全国绿色发展百强区、新型城镇化质量百强区，连续3年获评全省县域经济高质量发展先进县，新获评现代流通强县、生态文明强县、文旅康养强县，实现省级十强县“大满贯”。

【重要决策和部署】 2023年2月4日，区政府办公室印发《关于加快推进环翠区预制菜产业高质量发展的实施意见》，推进环翠区预制菜产业高质量发展，做优做强环翠区预制菜产业，提高农产品加工增值水平，计划到2025年，建成布局合理、链条完整、功能完备的环翠预制菜产业体系。

3月7日，区政府办公室印发《〈威海市环翠区房屋建筑生产安全事故应急预案〉等17个专项应急预案的通知》，加强事故处理能力，及时做出应急响应，降低事故后果，确保安全事故防范和应急处置机制高效有序地组织开展事故应对工作，最大限度保障作业人员生命安全及财产安全，维护正常社会秩序，使应急管理工作有据可依有章可循。

6月2日，区政府办公室印发《威海市褚岛保护和利用规划》，遵循保护优先、合理开发、永续利用和绿色低碳发展理念，明确规划期间褚岛保护和利用目标，划定海岛保护和利用空间分区，为后续管理部门对褚岛开发和利用提供依据。

6月9日，区政府办公室印发《威海市环翠区废弃汽车治理行动方案》，开展废弃汽车专项执法整治行动，建立健全废弃汽车长效治理机制，确保有力有序有效做好废弃汽车治理工作。

7月3日，区政府办公室印发《威海市环翠区羊亭镇小城镇创新提升行动实施方案》，开展小城镇创新提升行动，着力将羊亭镇建设为承接城区人口、产业、配套服务功能，以战略新兴产业为主导的产城人融合发展卫星强镇。

7月14日，区政府办公室印发《威海市环翠区海洋电子信息和智能装备产业发展三年行动计划（2023—2025）》，落实海洋强国发展战略，加快海洋经济新旧动能转换，推动海洋强市、海洋强区建设，促进全区海洋电子信息和智能装备产业发展。

9月28日，区政府办公室印发《环翠区旅游业高质量发展四大提升行动实施方案》，以“实干实绩、敢打敢拼、担当善为”为导向，重点实施服务水平提升行动、旅游业态提升行动、宣传运营提升行动、监管水平提升行动，为加快推进环翠区旅游业高质量发展提供指导，稳步提升旅游产业比重，实现旅游经济高质量发展，打造“好客环翠”服务品牌。

12月11日，区政府办公室印发《关于调整完善镇（街道）财政管理体制的意见》，规范镇（街道）财政管理，让渡更多财力向镇（街道）倾斜，增强镇（街道）财政保障能力，强化奖励激励机制，健全收入和财力稳定增长机制，调动各级干事创业、促进发展的积极性，推动基层治理体系和治理能力现代化。

12月13日，区政府办公室印发《威海市环翠区农村供水水质提升专项行动工作方案（2023—2025年）》，推进农村规模化供水，加快构建从“水源地”到“水龙头”规模化工程体系、标准化服务体系、全过程监测体系、智慧化管理体系，实现“同源、同网、同质、同服务、同监管”，全面提升农村供水保障水平。

【为民办实事】 2023年，区政府强力推进民生实事工作，实施清单化管理、过程化考核、机制化保障，用心、用力、用情办好办实年初确定的10大类20方面76小项民生实事。其中，6个小项受土地规划因素制约提请区人大常委会予以调整，其余项目全部完成或完成年度目标任务。

公共服务。2023年，环翠区新建改建党群服务中心15处，提升片区党建联盟中心1处；打造智慧社区4个，在4个小区搭建智慧化平台，设置智能便民服务设施200处，完成未成年人保护智慧云平台建设。

办学条件。2023年，环翠区升级改造20所公办中小学及幼儿园硬件设施，实施内涵提升三年行动计划，培训骨干教师400余人，进一步提升办学条件。

公共卫生。2023年，环翠区实施国家级基本药物制度，推动基层医疗机构标准化建设，开展家庭医生签约、新生儿疾病筛查等公共卫生服务。年内，预防治疗儿童龋齿4000人次，发放婴幼儿照护套装2000套、艾灸礼包1.5万份，公共场所配置自动体外除颤仪20台，入选市级示范托育机构3处。

文体服务。2023年，环翠区实施科创中心、卫城大院、公共文化服务中心等公共服务设施建设；举办中国山地自行车山东·环翠站、第十三届全民健身运动会等赛事；采购图书11万余册，开展文化公益创投活动125场；2处乡村书房和1处红十字生命健康安全教育体验馆如期运营。

家庭养老。2023年，环翠区完成家庭养老床位适老化改造328户，开展助餐、保洁、心理慰藉服务5.2万人次。

特困救助。2023年，环翠区发放低保特困、临时救助、慈善大病、遇困高考新生、困难学生、残疾儿童等扶助资金，为重度残疾人发放居民医保补贴、代缴居民养老保险；落实城乡特困人员分散照料、残疾人精准康复、优抚对象精神抚慰等照护措施，减轻困难群众和特殊群体生活负担。

生态环境。2023年，环翠区开展河道整治、森林消防能力提升工程。年内，完成岸线沙滩修复10万平方米，清淤15万立方米，提升城市绿化1.5万平方米；新建公益性墓穴2000个、生活垃圾分类房38处、垃圾分类服务中心1处；改造8个村生活污水设施、130余户无害化厕所。

居住出行。2023年，环翠区持续推进大西庄、港头棚户区改造工程，改造8个老旧小区，为4.8万户居民更新燃气设施，为29名农村适龄青年发放购房补贴；推进社区设施改造提升、路口及公交港湾优化、公共停车场改造、农村饮水安全、地质灾害治理项目，提高居民生活质量。

就业创业。2023年，环翠区对环翠楼街道零工市场升级改造，方便居民求职就业；举办职工技能大赛，提升职工就业创业能力，形成良好就业创业氛围。

【政务公开】 2023年，区政府办公室贯彻落实《中华人民共和国政府信息公开条例》，按照“公开为常态、不公开为例外”原则，围绕区委区政府中心工作及群众关注关切，提升政务公开质量和实效，发挥政务公开在建设服务政府、法治政府、效能政府、廉洁政府方面的促进作用，公开政府信息19365条，其中政府公报公开35条、政府网站公开4768条、政务微博公开5779条、政务微信公开8414条、其他方式公开369条。收到政府信息公开申请259件，全部按期答复；信息公开行政复议案件被纠错数1件，信息公开行政诉讼案件败诉数、信息公开投诉数为零。

【政务信息】 2023年，区政府政务信息工作围绕共同富裕先行示范区建设，注重报送时效和信息质量。年内，编发《环翠政务》67期，涉及经济发展、民生保障多个领域，为领导决策提供第一手资料，其中被市级单独采用23篇，被省级单独采用11篇，约稿信息被省级采用89篇。

【政务调研】 2023年，区政府组织镇（街道）、部门开展现场调研、联合调研、快速调研，聚焦各项工作开展的创新举措、存在的突出问题，形成高质量问题建议类、经验做法类信息报告。《环翠政务》刊发经验做法类、问题建议类信息27篇，获得全市政府系统优秀调研成果一等奖3篇、二等奖9篇、三等奖6篇。

（王世虎）

重要会议

【区政府全体会议】 2023年5月22日，威海市环翠区第十九届人民政府第二次全体会议暨廉政工作会议召开。会议深入贯彻党的二十大精神，落实国务院和省、市全体会议暨廉政会议精神，以及区纪委全体会议精神，围绕全区“实敢当”作风提升专项行动，安排部署政府系统重点工作和党风廉政建设工作，深化认识，凝聚共识，明确任务，全面开启各项工作新局面。会议指出，全区政府系统要时刻保持“唯旗是夺、事争一流”的精神状态，坚定信心，真抓实干，以更加坚决的态度、更加有力的措施，再创新佳绩，再造新辉煌，推动“共同富裕先行示范区”建设取得新成效；要坚持以政治建设为统领，坚定不移把政治纪律和政治规矩作为立身之本，坚决做到“两个维护”、捍卫“两个确立”，确保各项工作行稳致远、永不偏航；要着力抓好群众满意度和市场主体满意度提升工作，全力解决好企业和群众关心关切的急难愁盼问题，用干部辛苦指数换来企业发展指数和群众幸福指数；要坚持发展第一要务，牢固树立“大抓经济”导向，狠抓经济运行，强化项目带动，锚定目标精准发力，推动全区经济量稳质升；持续增强底线意识，持续抓好安全生产、巡视整改、信访稳定、党风廉政建设工作，切实守住“一排底线”；狠抓作风建设，结合“实敢当”作风提升专项行动，围绕实干实绩，倡树敢打敢拼，积极担当善为，营造干事创业的浓厚氛围。会议强调，要强化有解思维，大兴调研之风，大胆攻坚克难，切实推动重点难点工作实现新突破；要强化统筹思维，善于科学摆布力量，打好工作提前量，确保各项工作有序开展；要强化创新思维，用好改革关键一招，充分发挥比较优势、放大既有优势，强力攻坚制约短板，打造更多环翠特色、环翠亮点；要强化法治思维，善于运用法治思维、法治方式谋划和推进政府工作，营造“办事依法、遇事找法、解决问题用法、化解矛盾靠法”的法治氛围。

【区政府常务会议】 2023年，区政府组织召开常务会议18次。

第15次常务会议（1月19日）主要议题：研究部署廉政建设、安全生产等工作，研究通过《威海市环翠区安全生产行政责任制规定》《威海市环翠区大中型水库移民后期扶持人口自然变化管理实施方案》《2022年度区级工业设计中心认定名单》。

第16次常务会议（2月23日）主要议题：研究部署慢性病防控、首席技师认定、校地合作等工作，研究通过《环翠区省级慢性非传染性疾病综合防控示范区建设工作实施方案》《2022年度“环翠区首席技师”认定名单》《环翠区人民政府山东大学深化高质量发展合作框架协议》。

第17次常务会议（3月13日）主要议题：研究部署全国两会精神贯彻落实、产业培育、项目建设等工作。

第18次常务会议（4月4日）主要议题：研究部署生态环境保护、森林防灭火等工作。

第19次常务会议（4月27日）主要议题：研究部署安全生产、渔船管控、市场主体满意度提升等工作。

第20次常务会议（5月22日）主要议题：研究部署安全生产、生态环保、耕地保护等工作。

第21次常务会议（6月2日）主要议题：研究部署海岸线环境卫生整治、第五次全国经济普查、垃圾分类等工作，研究通过《关于做好第五次全国经济普查工作的意见》《“环翠工匠”评选管理办法》《环翠区海岸线环境卫生整治工作方案》。

第22次常务会议（6月16日）主要议题：研究部署高质量发展、优化营商环境、安全生产等工作。

第23次常务会议（7月3日）主要议题：研究部署党的建设、海洋产业发展、小城镇发展等工作，研究通过《威海市环翠区海洋电子信息和智能装备产业发展三年行动计划（2023—2025）》《威海市环翠区羊亭镇小城镇创新提升行动实施方案》。

第24次常务会议（7月31日）主要议题：研究部署经济运行、营商环境、防汛救灾、生态环保、燃气安全等工作，研究通过《威海市环翠区2023年消防工作目标任务》《环翠区分类培育高质量纳统攻坚突破行动方案》。

第25次常务会议（8月18日）主要议题：研究部署派出所工作标准化建设、幼儿园托班管理等工作，研究通过《环翠区幼儿园托班管理办法（试行）》。

第26次常务会议（9月8日）主要议题：研究部署改革发展、信用审批等工作，研究通过《环翠区打造食品经营领域“承诺即入、审管联动”信用审批新模式实施方案》。

第27次常务会议（9月27日）

主要议题：研究部署“超级黄金周”旅游高峰应对、“三农”、根治欠薪、水生态环境保护等工作，研究通过《环翠区旅游业高质量发展四大提升行动实施方案》。

第28次常务会议（10月20日）主要议题：研究人事任免相关工作。

第29次常务会议（10月31日）主要议题：研究部署法治建设、网络安全和信息化等工作。

第30次常务会议（12月8日）主要议题：研究部署金融产业发展、法治政府建设、行政效能提升、安全生产、耕地保护等工作，研究通过《“高效办成一件事”大力提升行政效能若干措施》《威海市环翠区农村供水水质提升专项行动工作方案》《环翠区创建全省消除结核病先行区实施方案》。

第31次常务会议（12月13日）主要议题：研究耕地指标等工作。

第32次常务会议（12月26日）主要议题：研究部署经济发展、社会治安防控体系现代化建设等工作，研究通过《关于威海市环翠区2023年国民经济和社会发展计划执行情况与2024年国民经济和社会发展计划（草案）的报告》《关于2023年威海市环翠区和区级预算执行情况与2024年威海市环翠区和区级预算（草案）的报告》等。

【区政府重要工作会议】 2023年，区政府组织召开重要会议3次。

全区安全生产工作会议　4月4日召开。会议要求，各级各部门和广大企业要认真分析形势、查找不足，聚焦问题、消除隐患，落实责任、防患未然，确保全区安全形势持续稳定。要找准关键和要害，聚焦“隐患整治”靶向攻坚，以“制度落实年”为契机，认真执行省“八抓20项”制度措施，全面夯实安全生产基层基础；以“企业本质安全”为根本，强化教育培训和内部监管，确保企业主体责任履行到位；以“重点行业领域”为关键，有针对性地开展排查治理，从源头上消除风险隐患。要立足治标和治本，强化“系统观念”筑牢屏障，健全责任落实体系、风险防范体系、应急救援体系，常态化开展集中攻坚行动，压紧压实属地责任、行业责任、社会责任，保障群众生命财产安全。

全区森林防灭火指挥部会议暨林长制工作专题会议　10月30日召开。会议强调，各镇（街道）、相关部门要提高思想认识，压紧压实各方责任，抓实抓细各项措施，确保全区森林防火形势安全稳定。要坚持防在先、防在前，加大森林防火宣传力度，引导群众自觉增强移风易俗、护林防火意识。要加强防火队员、卡口工作人员、机关干部的业务培训，将森林防火责任落实到人头，严防进山路口、严控进山人员，做到守住山、看住人、管住火。要开展好“双盲”实战应急演练，配齐配强物资装备和处置力量，增强森林火灾科学施救能力。要抓住防火重点，强化林区边缘、涉林景区以及墓地周边等重点区域、重点部位、重点人员管理，降低源头风险，筑牢森林防灭火防线。

全区优化营商环境专题推进会议　11月23日召开。会议传达全市优化营商环境工作推进暨市场主体满意度提升专题调度会议精神，研究部署营商环境优化提升工作。会议指出，优化营商环境是贯彻上级决策部署，提升市场主体满意度的重要抓手，相关部门单位要聚焦2023年工作冲刺、2024年工作谋划的关键节点，扬优势补短板，推动优化营商环境工作走在全市前列，持续擦亮“营在环翠商通未来”品牌。会议强调，要进一步提升营商环境工作质效，加强联动配合，强化业务培训，提升为企服务水平，推动营商环境建设取得新突破；要把市场主体满意作为评判优化营商环境的工作标准，做到“有求必应、无需不扰”，高效率推动企业走访全覆盖；要加大与上对接推介力度，争取更多上级政策落户，打响营商环境好口碑。要高水平谋划好明年工作，结合优势产业，努力打造一批亮点，精准谋划一批具体可操作的重点工作，下大力气解决企业急难愁盼问题，以“实敢当”工作作风推动全区营商环境实现大提升、再上新台阶。

（王世虎）

营商环境优化

【概况】 2023年，环翠区坚持优化营商环境与大抓经济一体推进，深化制度创新，加快流程再造。年内，牵头起草《乡镇（街道）便民服务中心建设规范》，在全市率先将公共场所卫生许可业务下放到镇级便民服务中心；将8.6万余户市场主体以属地为单位全量分包，压实责任，全力服务市场主体；统筹推动政务服务“一件事一次办”，推行建筑工程施工综合许可“九证合一”，市场主体满意度与群众满意度同步提升。先后获评山东省县域经济高质量发展先进县、省级文旅康养强县、对外开放先进县等省部级荣誉20余项，环翠区争创绿色低碳高质量发展先行区、地籍调查等37个项目被纳入国家级和省级试点。

【组建营商环境专班】 2023年，环翠区成立营商环境专门领导小组，实行书记区长双组长制，将优化营商环境纳入全区定期会商攻坚突破事项，领导班子各领域“总指挥”协同推进；创新组建营商环境工作专门机构，由区投资促进中心承接区营商环境工作专班相关职责，统筹推进原有招商引资和优化营商环境等涉企服务工作，建立健全1个工作专班抓统筹、18个指标抓具体、6个专题组抓协同工作体系，破除制约营商环境改善的体制机制障碍，确保任务落实高效有力。

【服务市场主体】 2023年，环翠区将8.7万余户市场主体以属地为单位全量分包，形成“区领导重点分包—经济部门专业分包—镇街基层全面分包”格局，落实责任制，优化营商环境，全力服务市场主体；成立9个基层服务企业团队，18个涉企服务部门安排专业人员专职负责为市场主体答疑解惑，依托“威海市智能走访平台”，完成两轮全量市场主体走访，收集解决问题诉求1360件；建立新办事项跟踪服务体系，从源头避免不满问题积压，25个涉企服务部门梳理回访事项4.4万件，满意度99.57%，收到企业锦旗和感谢信129件，集中督察整改问题49项。

【“一件事一次办”】 2023年，环翠区对全区“6+1”类（“6”指行政备案、行政裁决、行政给付、行政奖励、行政确认、其他行政权力，“1”指公共服务）依申请政务服务事项进行认领、梳理、审核、发布、动态管理工作，认领区级事项745项，确认实施镇级事项47项、村级事项14项，认领率和确认率100%；同步开展数据优化提升工作，事项可网办率99%，可全程网办率95%，平均承诺办结时限压缩至1.7天；围绕国家“5+8”类一件事推进“一件事一次办”改革，统筹推动全区相关部门政务服务“一件事一次办”，年内办理一件事主题服务18236件次。在政务服务中心大厅设置“民宿一件事”“食品生产经营一件事”等8个一件事专窗，在镇级便民服务中心推出“新生儿出生一件事”套餐办，在全区范围内开展“渔具生产一件事”改革试点，出台环翠区“渔具生产企业一件事”集成服务实施方案，提报“一件事一次办”规范指引。

【进一次门查多项事】 2023年，环翠区通过“双随机、一公开”检查市场主体1622户，部门联合抽查占比71.93%，实现“进一次门查多项事”，推动检查比例、频次与市场主体信用风险分类结果对接，达到“增监管效能、减迎检负担”双重效果，百分之百应用信用风险分类结果，强化标签运用，对219项抽查事项应用标签化管理，提升靶向监管精准度。

【助企纾困解难提效】 2023年，环翠区聚焦助企纾困解难，提升金融服务质效：落实“要素跟着项目走”机制，召开金融助力经济高质量发展暨重点项目融资推介会，推介重点项目54个，对接融资需求420亿元；开展金融机构高管走基层“十百千万”活动，覆盖企业117家、重点项目95个，为企业和项目解决融资需求5864万元；加大对小微企业和个体工商户支持力度，组织各镇（街道）对38233户市场主体融资需求全面摸排，召开7次银企对接活动，覆盖融资需求企业122家，达成融资意向2.6亿元；强化政金对接合作力度，与中国建设银行威海分行建立战略合作关系，加强在海洋经济、绿色低碳、文化旅游、共同富裕及实体经济等领域的沟通协作；抓好拟上市企业培训，先后组织新元化学（山东）股份有限公司、山东百盟信息技术有限公司等7家企业到深圳、上海等地参加资本市场培训；支持企业开展资本运作，家家悦集团股份有限公司定向增发4.08亿元金融债、威海市商业银行发行50亿元绿色金融债、威海广泰空港设备股份有限公司发行7亿元可转债；制作原创投教产品13个，服务投资者5451人，获得省证监局2022—2023年山东辖区省级投教基地考核优秀评级。

【市场准入一码通办】 2023年，环翠区牵头起草《乡镇（街道）便民服务中心建设规范》地方标准，在全市率先将公共场所卫生许可业务下放到镇级便民服务中心，依托商事登记自助终端实现公共场所卫生许可秒批秒办；在政务服务云平台归集上传电子证照数据39735余条，完成32种电子证照同步制发并实现同步签章；将“鲁通码”与政务服务大厅叫号系统、一窗式综合受理系统无缝对接，实现叫号取号、扫码办事、证照授权等一码通办应用。

【建筑施工许可九证合一】 2023年，环翠区推行建筑工程施工综合许可“九证合一”新模式，将9个事项整合为建筑工程施工综合许可1个事项，办理时限压缩至2小时，实现施工许可阶段只办理一个事项即可开工建设；建立基于信用承诺基础上的土地“预转让”项目审批制度，对于未完成开发投资总额25%以上的建设用地，在符合要求情况下，先行办理不动产“预告登记”，企业只需作出相应承诺，采取容缺预审方式提前放行，确保项目及早开工建设。

【办税质效持续优化】 2023年，环翠区积极拓展“非接触式”办税模式，依托“威您办”远程办税服务、电话热线辅导、自助办税终端等，年内处理工单4069件，通过“税智通”将纳税人在市场监督管理部门登记注册的工商信息同步到电子税务局，提高纳税人办税效率；推行全程电子化无纸化退税，变以往纳税人“申请办”为税务局“主动退”，退税时限缩短至1个工作日，确保税费优惠政策执行到位。

【知识产权审判改革】 2023年，环翠区推进知识产权审判“三合一”改革，建立知识产权民事案件技术调查官机制，联合市场监管部门印发知识产权司法协同保护方案，探索“行政调解+司法确认”工作机制。年内，调处涉乳山牡蛎、淄博烧烤等知识产权纠纷1287件，通过“行政调解+司法确认”方式化解知识产权纠纷4件，支持1名权利人的惩罚性赔偿请求。

【涉企案执行力度加大】 2023年，环翠区加大涉企案件执行力度，依法维护企业合法权益，加强执行时间节点、程序节点督促提醒，加快案件流转，全年执结各类案件4877件；派员入驻公安车管部门，与不动产登记中心开通查控专线，至年末，线上查控财产3.2亿元、房产2606套、汽车3764辆；不定期开展涉民营企业中小微企业案件、涉营商环境案件凌晨集中执行行动5次，以法治手段保障企业应收账款及时回笼；开展企业信用修复活动，为符合条件的91家失信企业进行信用修复，依法为企业在政府采购、招标投标、融资信贷等方面扫清障碍。

（王世虎）

大数据建设与发展

【概况】 2023年，环翠区围绕政府效能、政务服务、城市智慧化建设、数据要素赋能等推进数字政府、数字社会、数字经济一体化发展。年内，获得省级一体化大数据体系县级节点建设专项资金35万元，争取智慧社区建设省级专项奖补资金157.6万元，争取新型数据中心省级专项奖补资金213.1万元；推进“互联网+监管”，监管事项覆盖率和及时率100%，全年监管行为数量94105条；打造大数据创新应用、智慧城市建设等案例40余个、应用场景和解决方案160余个，主动公开政府信息5000余条，发布新闻资讯2000余条；严格按《威海市政务信息系统项目管理办法》论证全区政务信息系统项目，组织论证14次，论证项目62个次，节约财政资金390万元，实现项目论证、立项、绩效、验收等重点环节闭环管理。

【数字政府建设】 2023年，区大数据中心加快机关内部业务事项数字化，通过集中培训、联合办公方式，分批次进行事项流程梳理，完成义诊活动备案、公务邮箱管理等核心业务事项流程搭建385项，结合部门需求上线请假、办公用品领取、用印等通用事项流程400项，沟通部门自建业务系统与“山东通”平台对接，提升机关运行效能，接入农村资产、区应急救援企业等30余个；对“山东通”建立管理员动态调整机制，根据干部调整情况更新统一用户系统组织架构管理常态化，确保“山东通”通信录人员信息、兼职排序、组织机构准确完整。至年末，全区注册账号6756个，账号激活率99.9%；推进“互联网+监管”，监管事项覆盖率和及时率100%，全年监管行为数量94105条，发布监管动态和曝光台信息236条。

【公共服务数字化提升】 2023年，区大数据中心推动各类政务服务系统向一体化政务服务平台和“爱山东”平台（环翠分厅）迁移整合；围绕“双全双百”工程，推进政务服务事项接入900余项；围绕生产生活需求，在社会保障、医疗卫生、交通出行等领域，开发上线幼儿园招生入学、人才码、威海话学习、健康医疗等服务10余项；结合“数字强省”宣传月活动，在威高广场等多处电子屏播放宣传短片，组织宣传车队、志愿者在特色旅游景区、便民服务中心等人员密集场所开展形式多样的宣传活动，提高群众对“爱山东”App的关注度；汇聚治理视频监控21293路，为预防打击违法犯罪、创新社会治理、建设平安城市、服务保障民生等提供数据支撑；打造各类大数据创新应用、智慧城市建设等案例40余个、应用场景和解决方案160余个。

【“无证明城市”建设】 2023年，区大数据中心加快数据共享应用，征集数据共享需求40余条，依托区县级节点申请并返还“无证明”数据接口、信用环翠等20余项数据，督促修改整合数据400多条；推进“无证明城市”建设，强化证照证明数据共享，推广“免证办”，迭代发布电子证照证明“用证”事项清单3000余项；推进无证明城市建设向基层赋能，打造鲸园街道、张村镇、孙家疃街道3个市级“无证明镇（街道）”试点；组织各镇（街道）、部门领取无证明模板300余个，打造

“无证明镇（街道）”场景10余个；协调各部门拓展“鲁通码”在政务办事、门禁通行、文化旅游、医疗健康等扫码办事场景应用，通过摆放宣传资料、播放短视频、安排引导员等方式，引导办事群众使用“鲁通码”，年内打造“鲁通码”应用场景200余个。

【智慧社区建设】 2023年，区大数据中心对全区城市社区智慧社区建设摸底调研，完善共用智慧社区平台功能，增加居民扫描居民码出入小区功能；对竹岛街道兴威社区、天翔社区智慧化设施进行完善提升，打造智慧养老、健身预约、警民联动等应用场景18个；组织各镇（街道）根据省级智慧社区建设指标，重新梳理报送智慧社区建设名单，建成智慧社区31个，智慧社区覆盖率68.89%，竹岛街道兴威社区被评为省级标杆型智慧社区（二类）。

【政府门户网站运行】 2023年，区大数据中心严格落实上级关于宣传工作整体思路，加强对政府网站重要敏感信息监督管理。对于拟对外发布内容，严格按照“三审三校”制度进行审核把关，未出现违背主流意识形态内容；加强环翠区人民政府网站运维管理，督促应公开但未及时公开部门及时更新，年内，主动公开政府信息5000余条，发布新闻资讯2000余条；认真落实各项网络安全防护措施，定期开展网络安全自查，及时整改漏洞和隐患，积极参加市委网信办、区委网信办、公安环翠分局等单位开展的网络安全事件应急演练，提升应急处置能力。

【数据要素价值释放】 2023年，区大数据中心依托威海市政务信息资源共享交换平台，组织各部门开展政务数据资源目录整改工作，将全区资源目录挂载率、更新率、共享率等指标提升至100%；建设“城市大脑”综合赋能中心，结合数据直达基层和一体化大数据平台县级节点两个试点建设，搭建覆盖全区“环翠智脑”综合应用平台，首批开发防汛抗旱、市场监管、开放式景区游客管理、卫生健康、统计5个专题应用，未成年人保护、防火、应急指挥、智慧社区、视频监控、信用体系6部门应用入驻“城市大脑”。

【数字底座夯实】 2023年，区大数据中心加强政务网络管理，完善《网络安全管理制度》《网站安全应急预案》，明确网络安全分管领导和具体负责人，及时处理系统存在弱口令等安全隐患，优化、整合、扩充宽带出口，升级改造全区政务外网公共服务域“一网多平面”功能，提升网络支撑能力，70余个区直部门完成网络改造，注册账号4000余个；严格按《威海市政务信息系统项目管理办法》要求论证全区政务信息系统项目，全年组织论证14次，论证项目62个次，节约财政资金390万元，实现项目论证、立项、绩效、验收等重点环节闭环管理；统筹推进全区等级保护测评工作，年内完成环翠区人民政府网站、区融媒体生产发布平台系统、区公共信用信息平台、区公安视频图像信息应用平台、区一体化大数据平台（城市大脑）5个业务系统三级等级保护备案测评和综合应用平台二级等级保护备案测评。年内，环翠区大数据中心被评为第三批山东省数据开放创新应用实验室。

（苗　洁）

行政审批服务

【概况】 2023年，环翠区立足市场主体和群众需求，深入开展审批服务效能提升行动，紧盯“零违纪、零投诉、零差错”目标，强化审批模式改革创新。全区745个“6+1”类依申请政务服务事项进厅率100%，可网办率99%，可全程网办率95%，平均承诺办结时限压缩至1.7天。推进“一件事”改革，年内，办理各类“一件事”主题服务事项1.46万件次；实现施工许可审批服务高度集成，发出山东省首批“九证合一”施工综合许可证。

【优化集成式服务】 2023年，区政务服务大厅设置8个“一件事”专窗，在镇级便民中心推出“新生儿出生一件事”等服务套餐。年内，办理各类“一件事”主题服务事项1.46万件次；将工程建设项目领域“城镇污水排入排水管网许可”事项并入“建筑工程施工综合许可”事项，在“八证合一”基础上，实现施工许可审批服务高度集成，办理时限压缩至2小时内。8月，环翠区发出山东省首批“九证合一”施工综合许可证，年内服务威海市海王旋流器有限公司海王绿色环保装备项目、山东光焱新材料科技有限公司二期等项目顺利办证。

【“无证明大厅”建设】 2023年，环翠区将“鲁通码”与政务服务大厅叫号系统、一窗式综合受理系统无缝对接，实现叫号取号、扫码办事、证照授权等一码通办场景应用，有效减少实体证照证明材料提交，在政务服务云平台归集上传电子证照

2023年8月23日，山东省大数据工作现场推进会与会人员考察观摩环翠区政务服务大厅　（区行政审批服务局　供图）

数据3.81万条，完成34种电子证照同步制发签章。8月23日，全省大数据工作现场推进会（胶东片区）组织考察环翠区政务服务大厅，环翠区无证明城市建设工作获得肯定，相关经验做法在《人民日报》刊发。

【基层政务服务升级】 2023年6月，山东省政务服务领域培训会“云游大厅”环节，环翠区线上推介张村便民服务中心建设经验，展示环翠区基层政务服务标准化规范化建设成果。9月9日，区行政审批服务局牵头起草的山东省首个镇级便民服务中心建设地方标准《乡镇（街道）便民服务中心建设规范》（DB3710-22-31）发布实施，为提升基层便民服务水平提供规范指引。

【企业开办模式创新】 2023年，区行政审批服务局依托山东省企业开办“一窗通”平台，联合税务部门，打造个人股权变更“一件事”。申请人完税情况在线查验，无需纸质凭证，减少部门间往返办事。推行企业“一照多址”改革，探索同一市域内设立多个经营场所模式，帮助企业实现“一张执照、多点经营”，企业登记注册效率提升。推进涉企证照“一照关联”“一码通行”，通过纸质、电子营业执照二维码“二码合一”，实现更多涉企电子许可证件信息共享，电子营业执照和“企业码”跨区域、跨层级、跨部门应用更加顺畅。

2023年6月28日，区行政审批服务局组织召开乡镇（街道）便民服务中心建设规范技术审查会　（区行政审批服务局　供图）

【公共场所卫生许可服务下沉】 2023年，环翠区在威海市率先将公共场所卫生许可事项下沉至镇级便民中心办理，破解群众大厅、镇（街道）“两头跑”多点办证难题。结合已经下放的营业执照、食品经营许可等事项，实现“我要开食品店”“我要开理发店”等高频办事场景就近办理，方便基层群众办事。年内，服务镇（街道）群众就近办理450余次。

【食品经营领域信用审批】 2023年，环翠区以食品经营领域为切入点，强化事前介入指导，跟进事中事后监管，鼓励和引导市场主体守信践诺，探索打造食品经营领域“践诺即入、审管联动”信用审批极速模式，实现市场主体准入即准营。年内，应用该模式服务市场主体135户，相关经验入选中国信用共建优秀案例2023年度推荐榜。

（杨晴晖）

人事人才工作

【概况】 2023年，环翠区提升事业单位用人自主权，引导事业单位因事设岗、按岗聘用、以岗定薪、合同管理，推动人岗相适、人事相宜，激发事业单位工作人员干事创业活力。年内，区事业单位公开招聘聘用220人；核定员额法官、检察官90人，司法辅助和司法行政人员69人；核定绩效考核奖金总额406.37万元。

【事业单位公开招聘】 2023年，环翠区事业单位公开招聘聘用220人，其中普通事业单位聘用71人、卫生健康系统事业单位聘用42人、教育系统事业单位聘用98人、通过考察方式进编的2021年招募“三支一扶”（支农、支教、支医和扶贫）人员9人。

【事业单位年报统计】 2023年，环翠区有事业单位247个，其中公益一类209个、公益二类38个；事业单位工作人员6594人，其中管理岗位904人、专业技术岗位5671人、工勤技能岗位94人，兼职人员75人。

【事业单位年度考核】 2023年，区人力资源社会保障局完成2023年度事业单位工作人员6594人年度考核备案工作。考核特殊情况191人，其中新招聘事业单位工作人员因2023年度不满考核年度半年的，参加年度考核，只写评语，不确定等次150人。因病、事假累计超过考核年度半年的，参加年度考核，不确定档次19人。因受处分年度考核为基本合格2人，不合格5人，不确定等次15人。

【管理岗位职员等级晋升】 2023年，环翠区各单位根据《威海市环翠区事业单位管理岗位职员等级晋升工作实施方案》，制定本单位职员等级晋升方案，对于符合九级职员条件的人员，积极开展职员等级晋升工作。至年末，十级职员晋升九级职员共计16人。

【职称评审】 2023年7月18日，区人力资源社会保障局印发《关于做好2023年度职称评审工作的公告》，指导监督在环翠区行业主管部门设立的各系列各级别评审委员会有序开展职称评审工作。年内，评审建设工程初级25人，建设工程中级8人；工程技术初级36人，工程技术中级133人；药品技术初级31人；艺术专业初级13人；农业技术初级1人；新型职业农民初级22人，新型职业农民中级9人。办理全日制院校毕业生职称资格认定89人，外地调入职称确认12人。

【工资调整】 2023年，环翠区为7863名机关事业单位人员晋升工资，为3768名机关事业单位工作人员办理日常工资、福利等审批手续，为229名符合退休条件职工办理退休审核手续，为82名因病去世退休人员办理一次性待遇核算，对纳入集中管理的739名编外人员薪酬待遇进行晋级调整。

【津贴补贴规范】 2023年，环翠区执行岗位津贴450人，清理停发安全生产监管监察岗位津贴30人；增发符合享受乡镇补贴1958人，调增后人均补贴标准319元。

【年度考核奖核定】 2023年，环翠区财政局牵头，区督查考核办、区委编办、区委组织部、区人力资源社会保障局联合对2021年度考核奖进行核定，共74个事业单位6029人，其中不参加考核人数331人，审核金额9988.72万元。

【一次性绩效工资核发】 2023年，区人力资源社会保障局等六部门印发《关于印发威海市环翠区事业单位绩效工资实施意见的通知》，要求结合2022年度机关公务员一次性奖金发放，部署环翠区事业单位奖励性绩效总量核定工作，核定事业单位奖励性绩效总量13690.43万元，其中全额拨款事业单位5824人共5267.11万元；差额拨款、自收自支事业单位918人共8423.32万元。对区法院、区检察院2023年度员额法官、检察官和司法辅助、司法行政人员绩效考核奖励总量进行核定，员额法官、检察官90人，司法辅助和司法行政人员69人，核定绩效考核奖金总额406.37万元。

【工资年报统计】 2023年，区人力资源社会保障局开展公务员和事业单位工资年报统计工作。至年末，全区在编公务员（含参公群团和参公事业）1149人，人均年工资159345元，在编事业人员6954人，人均年工资154748元。

【评比达标表彰】 2023年，环翠区根据《关于报送2024年度评比达标表彰项目和创建示范活动的通知》文件要求，开展环翠区2024年创建示范活动申报、调整变更、撤销工作。根据山东省评比达标表彰活动工作要求，结合环翠区工作实际，申报环翠区2024年评比达标表彰项目“环翠区绿色低碳高质量发展先进集体”50个、“先进个人”100名。

【“智慧人社”一体化建设】 2023年，环翠区梳理“智慧人社”一体化平台工资领域本地化人社事项44组，补充环翠区业务事项，填报特定事项流程模板；清理纳入人事板块数据清理范围的系统基础信息，整改威海市人事管理信息系统中个人基础信息和单位基础信息部分，其中在职人员8145名、离退人员1491名、历史人员3875名；从工资系统中提取2023—2028年到达退休年龄的在职人员数据898人，模拟推算退休工资待遇，保障机关事业单位养老保险过度期结束后待遇平稳衔接。

【编外人员管理】 2023年，环翠区有编外人员1785人，其中区直部门469人，有一级员工25人、二级员工61人；镇（街道）机关522人，有一级员工106人、二级员工162人；中小学教师135人；社区工作者659人，有一级员工100人、二级员工112人。

【人才项目申报】 2023年，威海市海王旋流器有限公司王书礼获得“2023年度国务院政府特殊津贴”；大田工业科技（威海）有限公司张旭阳获得“2023年山东省政府特殊津贴”；威海市赢海通信技术有限公司周志权获得“山东省鼓励社会力量引进高层次人才奖励”；威海市海王旋流器有限公司张光伟、张永涛，威海魏桥科技工业园有限公司张晶，威海广泰空港设备股份有限公司徐晖、房彦峰，三角轮胎股份有限公司于卫远、尚文艺，山东华素制药有限公司郑海轩，威海建设集团股份有限公司杨昊章，威海怡和专用设备制造有限公司娄云飞，山东双轮股份有限公司张本营，威海海鑫新材料有限公司刘纯森，威海博宇食品有限公司龙莉军，家家悦集团股份有限公司伯秋旭，威海倍佳贸易有限公司刘荣君获评“环翠区产业骨干人才”。

【博士后工作】 2023年，威海市海王旋流器有限公司、威海银兴预应力线材有限公司获批博士后科研工作站。威海栖桐科技发展有限公司刘晨获得第二届全国博士后创新创业大赛“创业赛”组别新一代信息技术赛道金奖。环翠区博士后设站单位、博士后人员获得多项资金扶持。三角集团有限公司孙翀、付宏勋、姜宁，威海银兴预应力线材有限公司侯方伟，威海市商业银行股份有限公司刘敬富、曹婷婷，山东双轮股份有限公司王文杰，威海栖桐科技发展有限公司王海滨、徐庚、贾朝清，威海广泰空港设备股份有限公司赵元亮，威海市海王旋流器有限公司赵帅，新元化学（山东）股份有限公司王琳琳，山东百盟信息技术有限公司班喜程14人获得博士后在站生活津贴84万元；山东双轮股份有限公司王文杰、威海市商业银行股份有限公司刘敬富、威海栖桐科技发展有限公司贾朝清分别获得威海市博士后项目启动二等重点资助10万元；三角集团有限公司李琳、威海广泰空港设备股份有限公司朱强分别获得威海市配套奖励8万元；威海栖桐科技发展有限公司王海滨、徐庚分别获得山东省博士后创新项目三等资助3万元。

【高层次人才活动】 2023年10月12日，“山东省博士后科技服务团威海企业行——留日博士环翠行”活动在环翠区举行。上半场以推介会形式，推介环翠区就业创业和人才政策，威海广泰空港设备股份有限公司等2家企业现场签约成功；下半场组织12名留日博士到羊亭镇中国（威海）农业科技产业综合示范园项目、桥头镇菱角湾自然学堂考察交流，达成初步合作意向9项。12月14日，“2023中国威海·国际英才创新创业大会”在环翠区举行，2个博士后项目获得“2023年度威海市优秀博士后项目”，三角集团有限公司、威海建设集团股份有限公司、威海广泰空港设备股份有限公司入围“2023年度威海市人才竞争力10强企业”，3名医疗产业国家级创业导师受邀到阿普塔恒煜（威海）医疗器材有限公司交流对接。年内，为7名“2022年度全市年度纳税50强”企业高层次人才及其他2名高层次人才办理“威海英才卡”，为2名高层次人才办理“山东惠才卡”，为7名高层次人才提供绿色通道服务。5名在谈项目核心人员获批商务精英类“威海英才卡”，78名高层次人才享受医疗体检服务。

（曲雅婷　王雅雯　魏　雯　朱晓媛）

退役军人事务

【概况】 2023年，区退役军人事务局深入开展退役军人事务系统“实敢当”作风提升行动，完成新一轮全国全省双拥模范城考评、山东省“双清单、三助力”建设试点，建成威海市首家“荣军联盟”，配合驻威部队开展军产清理工作，圆满完成年度接收安置任务，被退役军人事务部评为2023年度《中国退役军人》宣传工作先进单位。

【服务保障体系建设】 2023年，区退役军人事务局在9个镇（街道）189个村（社区）建成退役军人服务站，实现市、县、乡、村四级退役军人服务保障体系实体化运行；布局“一中心多站点”机构模式，分类打造拓展型服务站，将服务触角延伸到各行各业，基本实现“横向到边、纵向到底”全覆盖，完善服务保障体系化。

【志愿服务】 2023年，区退役军人事务局“环翠老兵”志愿服务大队引导退役军人志愿组织主动“亮旗帜、亮身份、亮作为”，激励退役军人在文明实践中展示风采；按照“有组织、有人员、有制度、有项目、有保障”标准，制定志愿服务计划，保证每月至少开展一次志愿服务活动，全年开展志愿服务活动20余次，在重要节点开展植树造林、环境保护、走访慰问活动，擦亮“环翠老兵”志愿服务品牌，推动退役军人志愿服务体系化、专业化、特色化、规范化建设。

2023年7月13日，威海市暨环翠区“荣军联盟”集中授牌及拥军惠民月活动启动仪式现场 （区退役军人事务局 供图）

【就业创业扶持】 2023年，区退役军人事务局持续开展就业创业扶持活动，组织自主择业军转干部参加就业创业能力提升培训班；结合退役士兵返乡报到情况，通过各镇（街道）工作群、退役老兵微信群发布线上线下退役军人专场招聘会6次；组织当年退役士兵参加适应性培训和技能培训；为38家军创企业和个体工商户发放创业贷款845万元，提高退役军人就业创业热情；组织2家优秀军创企业参加黄河流域退役军人创业创新成果展销对接会，威海格润环保科技有限公司获评优秀参展企业；推荐华厦网络科技服务（威海）有限公司和正世信息科技（山东）有限公司，参加第三届山东省退役军人创业创新大赛，获得三等奖和优胜奖。

【拥军氛围营造】 2023年，区退役军人事务局创新军地“1+5”双拥共建模式，即每个驻军单位和1个区直部门、1个镇（街道）、1个社区、1所学校、1家企业建立共建关系，做实做细走访慰问、困难救助、光荣牌悬挂、立功受奖报喜工作，为官兵安心练兵备战当好坚强后盾；动员社会力量建成威海“阳光兵心”志愿服务中心、环翠“心丝带”关爱退役军人心理健康服务中心、天翔社区“军嫂爱心团”等30余个社会化拥军组织，招募志愿者3000余名，开展拥军活动300余场。

【思想教育和权益维护】 2023年，区退役军人事务局开展“老兵永远跟党走”系列教育实践、退役军人思想政治指导员队伍建设、清明节及烈士纪念日向烈士敬献花篮活动，引导退役军人坚定信仰信念，听党话跟党走；探索建立“专项基金+司法救助”等多样化帮扶援助模式，借助社会力量为退役军人排忧解难，与威海爱尔眼科医院开展“情暖老兵守护光明”公益行动，帮助患有白内障老年退役军人实现光明，众多退役军人及近亲属自愿申报，年内完成手术56例。

【“荣军联盟”打造】 2023年7月13日，区退役军人事务局借助威高商圈资源优势，建立全市首家“荣军联盟”，招募成员单位520余家，涵盖商贸商超、金融保险、医疗康养、文化旅游、交通物流等领域，现役军人持有效证件、退役军人凭“威海荣军卡”“优待证”即可享受商品价格优惠和服务优待，形成具有地域特色的拥军品牌效应。

【优秀退役军人服务站及优秀退役军人】 2023年，威海市环翠区伴儿行青少年服务中心项目获评“传承红色基因·赓续红色血脉——退役军人关爱青少年志愿服务项目”，环翠区桥头镇退役军人服务站刘远波被评为2023年度全省“百名优秀新媒体宣传员”，环翠区羊亭镇人武部部长张航被评为“2023年度100名全省优秀服务标兵”，环翠区机关事务服务中心刘永涛被评为“2023年度全市最美志愿者”，环翠区天翔社区退役军人服务站获评“2023年度100家全省优秀退役军人服务中心（站）”，李立、董立军被评为威海市“最美退役军人”。

（曲 蕾）

外事工作

【概况】 2023年，区商务局按照区委区政府工作要求，对接上级业务部门，做好外事服务工作。年内，排查全区外语标识4063处，更新更换49处；新增垃圾桶体三语标识400处。

【因公出国管理】 2023年，环翠区办理因公临时出国团组11批62人次，实际出访团组7批43人次。

【国际化语言环境建设】 2023年，区商务局按照市、区外事工作要求，督导各成员单位依据《威海市城市公示语中英、中韩文译写规范》，对辖区内外语标识进行梳理、整改，确保城市国际化语言环境建设效果。年内，排查全区设置外语标识4063处，更新更换外语标识49处，新增垃圾桶体三语标识400处。

【友好城区交流互通】 2023年，区商务局与韩国仁川中区、大邱中区、首尔衿川区等友好城区保持联系，利用邮件、电话、微信等适时问候，及时了解友城经济发展情况，拓展交流渠道与合作领域。

（杨　萌）

信访工作

【概况】 2023年，区信访局紧紧围绕区委区政府工作大局，忠诚履行为民解难、为党分忧的政治责任，信访问题源头治理深入推进，为全区经济社会发展提供有力的信访服务保障。年内，16名区级领导参与接访273天，接待群众来访58批58人次，办结率和化解率为100%；排查矛盾隐患217件，并逐一明确包案领导和责任人；中央交办第三批重复信访事项50件全部按期化解，年内发生的信访事项均得到有效处置。

【矛盾排查】 2023年，区信访局坚持重点时期集中排查与平时动态排查相结合，排查矛盾隐患217件，逐一明确包案领导和责任人员，依法把问题化解在基层和萌芽状态。

【积案化解】 2023年，区信访局针对积案基数大、难案老案多的实际，开展“治重化积”专项工作，逐案压实工作责任，研究制定工作措施，采取会议推动、实地检查等方式加强调度督导，综合运用行政、法律、经济、政策手段，推进问题化解。年内，中央交办第三批重复信访事项50件全部按期化解。

【信访“一案一卷”】 2023年，区信访局开展信访事项“一案一卷”工作，认真落实“两见面双签字”要求，全面收集信访事项调查处理及化解过程中形成的相关材料，逐案整理建档，36件信访积案和全部初信初访事项完成建档工作。

【领导接访】 2023年，区信访局按照“平时每个工作日、重点时期每天都有区级领导接访”规定，区级领导带领相关部门单位公开接访和联合接访。年内，16名区级领导参与接访273天，接待群众来访58批58人次，办结率和化解率为100%。

【信访基础业务建设】 2023年，区信访局严格规范信访事项办理程序，优化受理、告知、调查、听证、答复、复查、回访环节，提高信访工作正规化水平，年内发生的信访事项均得到有效处置，初次信访及时受理率和按期办结率100%，一次性化解率99.3%，群众满意率99.2%以上。

【信访复查】 2023年，区信访局加强信访复查工作专业化制度化建设，保障群众合法权益。年内，受理信访事项复查申请39件，按照《信访工作条例》访诉分离规定，对属涉法涉诉类信访事项出具不予受理告知书18件，其余21件按期办结。

【基层信访治理】 2023年，区信访局学习“枫桥经验”，践行“四下基层”工作法，深入基层督导检查领导干部公开接访、初信初访办理、信访积案化解等工作，分析研判信访形势，推进问题有效解决。

2023年12月14日，区委主要负责人在竹岛街道接待来访群众

（区信访局　供图）

【信访法治化建设】 2023年，区信访局推进信访法治化建设，引导群众依法合理信访，在"《信访工作条例》宣传日""宪法宣传周"重要节点时期广泛宣传《信访工作条例》，发放宣传材料2000余份，解答问题200余个，征集群众意见建议10余条，接待处理群众诉求30余个。

（吴崇宁）

应急管理

【概况】 2023年，环翠区按照《山东省县级应急指挥中心建设指南》一级标准，升级改造环翠区应急指挥中心；加强应急预案体系和应急救援队伍建设，制订印发《区政府领导班子成员2023年安全生产重点工作清单的通知》，压责任、强监管、补短板、堵漏洞、防风险、保安全；针对不同风险等级生产经营单位实施差异化精准化监管，全年检查生产经营单位7282家次，查改问题隐患6320项，未发生生产安全事故；深化工贸企业有限空间作业专项治理，排查发现问题403处，整改率100%；开展省、市异地执法检查，查改问题隐患1560项，立案处罚企业99家，罚款99.6万元；编制完成区级总体应急预案和33个专项应急预案；完成以火灾防控、灭火救援为中心的各项工作任务，为全区经济社会高质量发展提供坚实安全保障。3月16日，环翠区消防救援大队获评全国消防安全专项整治三年行动"先进大队"称号。

【安全生产责任落实】 2023年，环翠区坚持"党政同责、一岗双责、齐抓共管、失职追责"原则，制定印发《区政府领导班子成员2023年安全生产重点工作清单的通知》，修订印发《威海市环翠区安全生产行政责任制规定》，明确各级领导干部、各级部门单位安全生产职责，全面构建整体联动的安全生产工作格局；制定《关于进一步明确有关行业领域安全生产监管职责的通知》，以职责法定、"三管三必须"（管行业必须管安全，管业务必须管安全，管生产经营必须管安全）、业务相近为原则，明确新兴行业领域安全监管职责；指导辖区内2个旅游度假区、1个风景名胜区制定安全生产责任边界清单，消除监管盲区，构建职责清晰、分工明确、相互配合的安全监管工作机制。年内，区领导开展安全生产督导检查70次，区政府安全生产委员会办公室下发督办通知42份，压实行业属地监管责任。

【重大事故隐患排查整治】 2023年，环翠区实施专项行动"一把手"动员部署机制，区领导在常委会、常务会议、区长办公会议专题听取汇报，结合实际编制全区应急工作方案，在22个重点行业领域全面铺开，各镇（街道）和相关部门分别制定专项行动方案，明确任务分工；成立专项行动工作专班，点对点盯办工作不力、隐患整改不到位单位，实行隐患督办机制，挂牌督办整改难度较大的重大事故隐患；分层次分领域开展重大事故隐患专项行动培训会，发放《工贸企业重大事故隐患判定标准明白纸》3万余份，到企业宣讲40余次，帮扶指导重点企业573家，曝光典型案例6起。年内，检查生产经营单位7282家次，查改问题隐患6320项，其中重大事故隐患314项，行政处罚109次，罚金110.661万元，企业和企业负责人"一案双罚"5次，责令停产整顿3家，奖励安全生产举报6件，奖励金额3.75万元。

【重点行业领域专项整治】 2023年，环翠区加强重点领域安全监管。开展加油站、互联网销售危险化学品等化工领域专项执法行动，分析、研判、部署安全监管工作，检查危化品、一般化工及医药企业215家次，查改问题288处；开展化工行业安全生产整治提升专项行动，加强重大危险源、老旧装置、重大事故隐患、特殊作业等关键环节部位安全风险防控，查改问题382处，其中重大隐患10处。以冶金工贸领域重大隐患排查治理为重点，执法检查全区粉尘涉爆、金属冶炼、有限空间等企业，聘请专家帮扶指导辖区企业扩大巩固工贸行业安全生产专项整治成果，深化工贸企业有限空间作业专项治理，排查发现问题403处，整改率100%。开展烟花爆竹"打非"及旺季安全监管专项行动，强化风险管控，检查批发企业和零售网点67家次，发现隐患17处，核查有关烟花爆竹"12345"政务服务便民热线举报单10余件，发放宣传材料500份、警示提醒短信10万余条。开展违规电气焊作业和违规施工、预防高处坠落、有限空间作业安全三类专项整治行动，摸排涉电气焊作业企业72家次，查改问题291项，行政处罚6次，罚款9.3万元；检查涉高处作业企业771家次，查改问题300项，其中重大隐患2项，行政处罚2次，罚款2.2万元，公布典型执法案例1个；摸排有限空间1752处，均已设置警示标识和风险告知；检查有限空间3105处次，查改问题72项。

【安全生产执法】 2023年，区应急局针对不同风险等级生产经营单位实施差异化精准化监管，运用法治手段解决安全生产培训“走过场”、假证从事特种作业、涉爆粉尘类违法违规行为等安全生产突出问题，开展省、市异地执法检查和示范性执法检查活动6次。检查企业360家次，查改问题隐患1777项，立案处罚企业99家，罚款99.6万元；落实重大执法决定法制审核、执法公开、全过程记录制度，重大执法决定法制审核执行率100%、行政处罚决定公开率100%、行政处罚全过程记录率100%。

【安全生产体系建设】 2023年，环翠区利用山东省政务服务网，优化审批办理流程，实现行政许可审批“一次办好”，依法核发并公示危险化学品经营许可证44份、第三类非药品类易制毒化学品经营备案证明11份、烟花爆竹经营（零售）许可证17份，注销危险化学品经营许可证2份；投资1000余万元，聘请第三方机构帮扶企业推行“捆绑式援助性”安全标准化和“双重预防体系”，全区40家危险化学品企业、340家工贸规模以上企业、892家小微企业建成并有效运行，动态巡查规模以上和重点领域企业双体系网上平台运行情况，约谈不达标企业10家次；加强安全生产社会监督，在企业厂区门口、人员密集场所醒目位置悬挂张贴有奖举报公告牌2万余张，2.4万人次通过扫描公告牌二维码了解举报奖励制度和典型案例，奖励安全生产举报6件，奖励金额3.75万元。

【应急指挥中心迁址】 2023年，环翠区按照《山东省县级应急指挥中心建设指南》一级标准，升级改造区应急指挥中心，区应急指挥中心迁至位于羊亭镇的环翠区公共文化服务中心，统筹管理远遥渔港视频监控系统、智慧水利监测预警管理系统等7个涉灾涉险部门信息系统；推进粉尘涉爆、液氨制冷重点企业视频监控资源接入工作，定期排查270余路视频监控资源在线情况；系统培训9个镇（街道）网格员和重点企业安全员400余人，线上答疑550余次，组织镇（街道）、村（社区）每月通过平台巡查辖区内企业，督促企业按月自查隐患，集中整治隐患问题794处。

【应急预案体系建设】 2023年，环翠区加强以应急队伍建设、应急预案编修和演练为主要内容的应急预案体系建设，建立以区级总体应急预案为统领，33个专项应急预案为支撑的应急预案体系；开展应急预案编制培训，指导生产经营单位做好应急预案备案、修订、评审。年内，编制完成区级总体应急预案和专项应急预案33个。

【应急力量建设】 2023年，环翠区依据“全灾种、大应急”任务要求，加强综合应急救援队伍、专业应急救援队伍、社会救援队伍建设，全区有综合性应急救援队4支、专业性应急救援队11支、社会救援队2支、兼职应急救援队50余支，应急处置专家库包括化工、法规科技、应急救援、交通运输、职业健康等领域专家110名。常态化开展多种形式应急实战演练，年内，开展自然灾害类、事故灾难类区级专项应急演练16次，参演人员1000余人；生产经营单位组织演练540余次，参演人员1.36万人。

【应急物资储备】 2023年，环翠区追加预算资金专项用于采购救灾物资实物储备，建有区级应急物资储备库1个、应急物资保障库23个，应急设备物资10万余件，采购物资可满足5000余人储备标准；设立地下600立方米大型储水池1处，供森林消防车应急使用。区级应急物资储备库位于环翠区中心区位，应急状态下，可通过应急通道在30分钟内实现覆盖全区的应急物资投送。

【防灾减灾联动】 2023年，区应急局会同区自然资源局、区水利局、区农业农村局、区海洋发展局、区林业发展中心等主要涉灾部门，每季度会商辖区自然灾害风险形势；完善区、镇（街道）、村（社区）三级灾害风险隐患排查报送管理工作体系，逐级确定灾害风险隐患排查报送信息员、管理员和应急处置责任人，开展灾害信息员培训2次，确定灾害信息员532人；坚持群测群防，落实宏观观测周报告和重大宏观异常速报制度，确定区级地震宏观监测点7处、市级地震宏观观测点7处，为全区户籍人口及家庭购买自然灾害公众责任保险和家庭财产损失保险，提供风险转移、分担和损失补偿服务。

【防汛防台风】 2023年，环翠区严格落实汛期联合值班值守制度，应急、水利、消防三部门在区应急局指挥中心24小时值班值守，建立健全汛期应急叫应机制，实现点对点“叫应”；加强极端天气监测预警，加密雨情水情统计频次，网格化管理全区水库塘坝、地质灾害隐患点、山洪威胁村等防汛重点位置，加强重点部位防汛检查力度，出动检查组400个，排查区域1476处，查改隐患94个；突出预警叫应、人员转移等措施，立足早识别、早防范、早处置，开展山洪威胁村转移避险演练活动。

2023年11月10日，环翠区2023年森林火灾应急处置实战演练在嵩山街道闫家庄南山举行（区应急局 供图）

【森林防灭火】 2023年，环翠区制定印发《环翠区森林防灭火重点时段“三级包保驻守督导”工作方案》《环翠区森林防灭火提示提醒制度》《环翠区扑火前指组成及职责分工细则暨森林火灾现场指挥部“一张图”》，与相关单位签订森林防火责任书475份，举行森林火灾应急演练，提高应对森林火灾的应急处置能力和森林防灭火组织指挥、协同作战、信息化联动调度等应急响应能力；开展野外火源治理和查处违规用火行为专项行动，查改问题隐患106处，清明节和五一节期间，调度机关干部上山助防3500余人次，先后组织全区无脚本、不定时间地点的“双盲”演练3次。

【安全宣传教育】 2023年，环翠区加强企业安全培训，推动职工“知风险、会操作、能应急”，抓实企业“三级”教育（即新入厂职员和工人的厂级安全教育、车间级安全教育和岗位级安全教育），培训职工20余万人次；组织全区危险化学品、冶金工贸等企业主要负责人、安全总监556人参加“大学习、大培训、大考试”，企业参考率和合格率100%；加强应急管理干部队伍建设，结合地区、行业、领域实际，以“安全生产月”活动为契机，邀请省市专家宣讲法律法规，解读安全生产政策，组织各级领导干部集中培训和专题培训50余场500余人次，组织案例点评、执法练兵活动5场；通过公众号、企业联络群、短信等发送安全提醒，开展安全知识宣传活动1500余场，发放宣传资料10万份，面对面解读普及安全常识和法律法规，解答咨询3000余人次。

【消防安全责任落实】 2023年，区消防救援大队组织召开消防专题会议6次，印发《2023度消防工作目标任务》，分解工作责任，明确责任单位；以“一行业一标杆”方式推进教育、民政、卫健、文旅、商务等六大行业系统消防安全标准化达标创建工作；开展系统内隐患排查治理，健全会商研判、联合检查、情况通报机制，开展多部门联合检查20余次，检查单位230余家，整改隐患300余处；调整消防安全重点单位名录，消防安全重点单位从263家增至371家，对新增重点单位及时纳入消防监管，建立完善档案资料，明确消防安全“自知自查自改”要求，压实社会单位消防安全主体责任；重大节日及重要节点，区政府主要领导带队开展消防安全检查，连续17年未发生较大及以上火灾事故，环翠区消防救援大队获得消防安全专项整治三年行动先进大队称号。

【消防隐患排查整治】 2023年，区消防救援大队在开展消防安全专项整治三年行动基础上，开展重点领域消防安全大排查大整治严执法专项行动，各镇（街道）、部门检查单位1665家次，督促整改隐患1628处；消防部门检查单位1353家次，督促整改隐患2621处，下发行政处罚决定书100份、临时查封决定书10份，责令“三停”单位10家，罚款105万元，约谈重点单位300余家次；开展全区城镇燃气消防安全风险隐患排查整治，排查企业685家，整改隐患297处；吸取山西吕梁市永聚煤矿“11·16”火灾事故教训，开展洗浴场所消防安全专项整治行动，督促整改隐患21处，立案处罚4家，罚款60550元；开展工贸企业、电缆井、仓储物流等单位专项整治，摸排各类场所3200余家次，整改隐患800余处。

【消防安全宣传培训】 2023年，区消防救援大队聚焦末端消防安全治理，探索创新消防安全治理模式，推动镇（街道）安全生产和消防工作力量融合、监管综合，全区9个镇（街道）消防监督工作站实现从组织机构、管理制度到机制运行有序运转，夯实基层“神经末梢”安全基础；把矛盾化解在基层，以提升两个满意度为核心，加大走访力度，办理热线工单1608件，比去年上升34%，群众诉求办理结果满意率

95%。发挥消防科普教育基地、主题公园、主题社区等阵地作用，开展消防培训教育活动86场次、消防演练72场次，为317家消防安全重点单位上门培训，受益群众10万余人；开展全区消防宣传“五进”示范创建活动，打造桥头镇洛西村为消防宣传标准化建设农村试点。

【消防执勤备战】 2023年，区消防救援大队立足辖区全灾种大应急实际，组建地震、水域等救援队伍，修订水域、化工等跨区域类型预案，完善专业作战力量编成，开展对“高地大化”（高层建筑、地下建筑、大跨度大空间厂房、化工企业）以及水域、地震、山岳、雨雪冰冻灾害等事故演练371家次；全区消防救援队伍接警出动1269起，出动车辆2779辆次、消防指战员1.5万余人次，营救疏散被困人员96人，抢救保护财产价值2100余万元；妥善处置“3·10”蓝玻物流电商快递产业园物流仓库火灾事故、“9·11”南竹岛生活小区H区3号楼门市房液化气罐闪爆事故、“10·15”嵩山街道台下村工业园厂房火灾事故。

【消防经费保障】 2023年，环翠区投入45万元，为森林消防中队建设智能化接处警系统，配齐单兵图传、5G布控球、无人机、卫星电话等通信装备；投入27万元，为森林消防中队更新个人防护装备；投入16万元，解决各队站营房日常维修问题。

（李　琰　王翔宇）

机关事务服务

【概况】 2023年，区机关事务服务中心深入贯彻落实习近平总书记“要坚持勤俭办一切事业”的原则，全方位推进机关事务工作提质增效，为区委区政府中心工作提供有力服务保障，被确定为第一期山东省机关事务管理标准化信息化示范单位创建单位。年内，为13处办公地点投保公众责任险，协调区财政局将两处周转房产权划转至中心名下，5家党政机关获“节约型机关”称号，39家单位获“威海市节水型单位”称号，威海卫人民医院获评“2023年度全省公共机构生活垃圾分类示范单位”，全区党政机关“节约型机关”创建率达100%。

【标准化信息化示范单位创建】 2023年，区机关事务服务中心根据《关于开展第一期山东省机关事务管理标准化信息化示范单位创建工作的通知》，创新工作思路，推行标准化信息化管理，被确定为第一期山东省机关事务管理标准化信息化示范单位创建单位，创建周期为2年，2025年8月验收。

【公务用车管理】 2023年，区机关事务服务中心对全区64个区直部门、9个镇（街道）公务用车使用管理政策落实情况进行实地检查，发现问题立行立改；组织公务用车使用管理培训，对《环翠区公务用车管理细则》、公务用车监管平台及线上审批登记业务操作流程进行解读，确保公务用车管理使用合规；做好公务用车数据统计，涉及188个部门437辆公务用车。年内，全区新增公务用车5辆，报废10辆，调拨2辆，按规定配备新能源汽车2辆，全年公务活动出车103176次。

【办公用房管理】 2023年，区机关事务服务中心聘请第三方对全区66个区直部门和9个镇（街道）开展办公用房实地测量，绘制办公用房平面图，建立区办公用房信息基础数据库，实现“以图管房”；合理调配资源，解决办公用房刚性需求，为4个部门、4个专班调剂分配办公用房14间，面积463.36平方米；为13处办公地点投保公众责任险；健全周转住房申请、腾退流程和审批手续，协调区财政局将两处周转房产权划转至中心名下。

2023年11月28日，区机关事务中心举办环翠区公务用车使用管理培训会

（区机关事务中心　供图）

【节约型机关建设】 2023年，区机关事务服务中心以节约型机关建设为抓手，深入落实“过紧日子”要求，组织召开公共机构节约能源资源培训会，对节约型机关创建、生活垃圾分类、节水型单位创建工作进行安排部署。5家党政机关获“节约型机关”称号，39家单位获“威海市节水型单位”称号，威海卫人民医院获评“2023年度全省公共机构生活垃圾分类示范单位”，全区党政机关“节约型机关”创建率达100%。会同电力部门完成远遥墩办公区20套分体式空调柔性负荷控制系统示范项目与工会办公楼80台空调系统柔性控制示范项目，降低机关运行成本。

【保障能力建设】 2023年，区机关事务服务中心细化公物仓入仓物资分类，完善出入仓手续，确保区级公物仓调拨、处置流程流畅高效，与区国有资产中心建立联动机制，各单位办公物资需求优先通过公物仓满足，调配不足再进行采购。公物仓完成接收闲置资产189件（套），为6家单位配置资产39件（套），为4家专班临时出借资产86件（套），节约财政资金17万元。树立过“紧日子”思想，非必要不维修不改造，实施大中修项目3个，粉刷室内外墙面1400平方米，铺地板革100余平方米，维修办公区屋顶防水200余平方米，清理雨水井20多个。8家集中办公区食堂纳入营养健康食堂创建范围，制定环翠区机关食堂营养菜谱，收录菜品150多道、汤粥30多道、面食60多道，确保各食堂服务均等化、菜式多样化、营养一致化。对集中办公区开展安全生产综合检查4次，聘请威海市应急管理专家库在册专家开展燃气专项检查2次，发现整治安全隐患；开展消防应急演练1次，对临期的139具欠压、罐体锈蚀灭火器及55个灭火器箱体进行更换和维护保养。

（姜　鹏）

里口山管理服务中心

【概况】 2023年，里口山管理服务中心发挥里口山资源优势，以争创乡村振兴齐鲁样板示范区为目标，坚持“山水为本底、生态为特色、旅游为载体、产业为重心、文化为灵魂”发展理念，着力提升里口山AAAA级旅游景区和省级民宿集聚区品牌价值。年内，里口山生态产业化经营案例入选山东省自然资源领域生态产品价值实现实践典型案例，里口山乡村休闲旅游入选山东省乡村特色文化艺术典型案例，张村河入选省级美丽幸福示范河湖，里口山管理服务中心被评为威海市文明单位。辖区内王家疃村被认定第三批全国乡村治理示范村、第二批全省乡村治理示范村、山东省社会科学普及示范村、省级党员教育现场教学基地、山东省乡村文化建设样板村、市级民族团结进步示范教育基地；福德庄村获批第三批全省十百千乡村振兴示范村；刘家疃村获批省级乡土产业名品村。

【党组织建设】 2023年，里口山管理服务中心党委组织开展主题党日学习12次、党课5次、集中学习30次，开展专题组织生活会1次、民主评议党员1次，开展谈心谈话10余次。组织召开意识形态、网络意识形态专题会议3次，党员干部意识形态专题培训会议4次。开展保密工作专题会议4次，稳妥处置各类网络舆情4起。组织理论中心组学习13次，开展志愿服务活动12次。里口山管理服务中心党委开展主题教育学习20余次，组织辖区党员集中培训3天，党委班子成员参加主题教育读书班4期，组织村（社区）党员开展党的创新理论学习5次，开展调研10余次，撰写调研报告5篇。结合“我为发展献良策、解难题、建新功”活动，里口山管理服务中心开展“我为里口山旅游献一策”活动，征求意见建议32条。

表7　2023年里口山管理服务中心股份经济合作社基本情况一览表

序号	合作社名称	党组织书记	理事长	集体经济收入（万元）	人均收入（万元）
1	王家疃村股份经济合作社	李向君	李向君	86.72	2.8
2	姜家疃村股份经济合作社	郭建敏	郭建敏	135.62	2.3
3	刘家疃村股份经济合作社	刘杰增	刘杰增	162.94	2.2
4	福德庄村股份经济合作社	陈善友	陈善友	368.22	2.26

【党员队伍建设】 2023年，里口山管理服务中心开展村级班子届中调研，通过现场述职、民主评议和个别谈话形式，对4个班子14名村干部民主评议，掌握村级班子运行以及村干部履职情况。7月11日，王家疃村被山东省委组织部确定为“省级党员教育现场教学基地”，教学视频《山的卫士》获山东省优秀党员教育电视片（党课）二等奖、最佳编导奖，入选“灯塔大讲堂”专栏。年内，发展党员5人、入党积极分子11人，培育村级后备干部12人，培育推荐市级乡村振兴首席专家1名。

2023年6月10日，天之谷垂钓露营基地“走，钓鱼趣”汉鼎全民垂钓系列活动举行（里口山管理服务中心 供图）

【党风廉政建设】 2023年，里口山管理服务中心教育引导党员干部遵守党的政治纪律和政治规矩，遵守中央八项规定及实施细则，加强党风廉政教育和反腐败力度。年内，召开党风廉政会议15次，开展廉政谈话2次，启用第一种形态30人次。

【招商引资与项目建设】 2023年，里口山管理服务中心立足区域实际，围绕国家AAAA级旅游景区和省级民宿集聚区品牌建设，利用原有村庄居住用地规划，因地制宜开展招商引资工作，持续发展乡村旅游，同时进一步完善区域水、电、暖配套设施，全部实施污水集中处理，组织专业团队提供项目规划技术服务，加强项目后期管理，促使项目早落地早收效，推进里口山近郊休闲样板片区乡村振兴高质量发展。年内，新增柿子谷房车露营基地、里口山民俗文化博览园、山里人家旅游综合体、天之谷垂钓基地等文旅产业项目。

柿子谷房车露营基地位于王家疃村北，总投资1000万元，主要利用原有村庄居住用地规划设置智能化生态环保型房车16辆、咖啡屋5处、接待中心6处、餐饮7处、帐篷6处、研学基地2处，打造集露宿、餐饮、观光、休闲、度假、亲子活动于一体的户外房车露营基地，8月投入运营。

天之谷垂钓基地位于里口山水库，占地8.8公顷，分三期建设。一期投资1000万元，年内，完成河道清淤、驳岸砌石、绿化、围网安装、鱼苗投放等工程，5月对外开放户外露营、路亚垂钓、烧烤团建等项目，6月举办“走、钓鱼趣”汉鼎全民垂钓系列活动，8月举办天之谷抽鲢鳙大赛，年内，接待游客1600余人。

里口山民俗文化博览园位于里口山景区游客中心，背靠广福寺，项目占地1000多平方米，投资300万元，打造以素食文化为主体，涵盖素食小食、茶点、文创礼品、中式禅服、威海特产等“禅”文化博览园，4月投入运营。

山里人家旅游综合体项目位于王家疃村三亩地停车场，占地600余平方米，投资600万元，改造11栋特色民宿，6月投入运营，是一处集特色餐饮烧烤、露营团建、观光住宿于一体的旅游综合体。

【基础设施改造】 2023年，里口山管理服务中心投资387万元，在福德庄村南侧修建里口山文体公园和榜样主题公园。项目占地1.4万平方米，其中新建舞台以及广场铺装3753平方米，透水混凝土1170平方米，增设健身器材6套以及水洗石、防腐木等休闲坐凳；绿化面积3213平方米，栽种云杉、红叶榉、银杏、日本晚樱、腊梅、连翘、二月兰、似羽芒等多种绿植，绿化区域加装灌溉系统，铺设沥青路面1000平方米，保证居民日常健身休闲需求和整个广场的绿化效果。榜样主题公园集榜样展示、活动展演、健身休闲等于一体，步道沿线设置47块榜样人物公益展牌，成为里口山党员教育的红色“新地标”。6月28日，在新落成的里口山文体广场公园举办里口山首届广场文艺晚会；9月20日，举办里口山首届农村趣味运动会。

【数字景区建设】 2023年，里口山管理服务中心持续完善景区数字化系统。年内，更换监控设备（摄像头）18台、环网交换机14台、摄像机电源22台、环网交换机电源14台、POE模块1台；清洁摄像头镜头122个，加固处理监控杆28处，摸排线路（电源线、光缆、网线）9.4万米；预埋管道3.9万米、弱电井450余套，维修预埋管120米，维修弱电井18套，更换老化光缆、电源线520米；检修监控室磁盘阵列、核心交换机、汇聚交换机、服务器等设备，更换损坏存储硬盘8块，保证数字景区智慧平台正常运转。

【里口山民宿品牌提升】 2023年，里口山管理服务中心制定民宿管理、服务标准及各项规范化制度，制作安装统一标识牌，吸引社会资本300万元，打造村上·喜柿、润庭、屿森等5栋精品民宿；安装乡村创业平台（商亭）16个，6月商户入驻运营，里口山民宿集聚区承载游客住宿总数120余人。

【社会事业】 2023年，里口山管理服务中心通过组织开展“慈心一日捐”等活动，筹集善款，开展社会公益活动，管理中心、辖区企业和辖区各村捐款115550元，用于开展慈善大病救助、遇困高考新生救助等工作，助力环翠区共同富裕先行示范区建设，推动全区慈善事业高质量发展；开展大病救助工作，防止群众因病致贫，因病返贫，年内，发放大病救助款8万余元，13名群众获得救助。

【基层治理】 2023年，里口山管理服务中心组织治保、网格等工作人员培训学习15次，组织开展隐患排查、矛盾化解、社情收集、帮扶解困、敲门扫楼、上门走访等活动40余次，解决矛盾纠纷48起（其中邻里矛盾纠纷26件，婚姻家庭纠纷12件，其他10件），治安巡逻防控11起，特殊人群管理服务3起，政策法规宣传15起；受理“12345”政务服务便民热线307件，回访率100%，满意率逐年提升；掌握上报社情民意、安全隐患、突发事件等动态信息，反映群众诉求，化解治安隐患，提升治理水平，年内，采集基础信息2318条，全部录入威海市网格化服务管理信息平台。

【志愿服务活动】 2023年，里口山管理服务中心组织辖区内4个村常态化开展理论宣讲、“五为”志愿服务、移风易俗等志愿服务活动。年内，开展志愿服务活动70余场，受众2000余人次；里口山乡创中心组织团建活动48场，举办座谈会21场，承接外地考察学习班50批次。

【安全生产】 2023年，里口山管理服务中心制定安全生产督导检查工作方案，贯彻落实安全生产主体责任，定期开展安全生产月活动，组织辖区内54家企业学习安全生产基本知识、观看安全生产警示教育片，强化安全防范意识。年内，组织召开各村及企业安全生产会议6次、防汛演练1次、防灭火演练2次，与相关单位签订安全生产责任书54份，走访沿街门市等重点场所405家次，排查整改安全隐患40处，发放安全生产宣传页280份、企业安全生产手册120本。

【应急救援队伍建设】 2023年，里口山管理服务中心在现有应急救援队员20名的基础上，成立村居应急救援队伍4支，总人数28人，负责应急救援装备和物资的储备、维护、保养，配合上级救援队伍，负责辖区内救援服务保障工作。至年末，建设应急物资储备库60平方米、大帐篷32顶，储备被子200件、褥子200件、毛巾被200件、帐篷50顶、大衣200件。

【里口山乡村音乐节】 2023年11月19日，里口山乡创中心举办“乡村好时节·LET’S购”主题年·2023里口山乡村音乐节。音乐节上演歌伴舞、小提琴演奏、情景剧、独唱等节目，同时开展趣味嘉年华活动，嘉年华区域分游戏区和美食街两个模块，套圈、面部彩绘、小小考古家、推推乐等20多种游戏和40余种私厨美食令人流连忘返。音乐节还推出“主题商圈+乡村好物”“流量转销量”等购物新模式，推动“乡村好时节”品牌跨界出圈。

【王家疃获批全国乡村治理示范村】 2023年11月2日，王家疃村被农业农村部、中央宣传部、司法部认定为“第三批全国乡村治理示范村”。

（马赛赛）

中国人民政治协商会议环翠区委员会

综　述

【概况】 2023年，中国人民政治协商会议第十五届威海市环翠区委员会（简称区政协十五届委员会）有委员156名、常委30名，下设办公室、委员活动工作室两个办事机构，以及文史和学习委员会、经济教科卫体委员会、三胞联谊委员会、学习提案法制委员会、农业和农村委员会5个科级专门委员会。年内，区政协常委会聚焦“精致、幸福、充满活力的共同富裕先行示范区”建设，落实省、市、区委工作部署，坚持团结和民主两大主题，坚持建言咨政和凝聚共识双向发力，发挥专门协商机构作用，深化“幸福环翠·和合政协”品牌建设，助力全区经济社会发展。召开议政性常委会议2次，开展重要协商活动6次，组织视察、调研、督导活动19次。收到提案105件，立案84件，培育重点提案12件。立案提案均办复，委员满意率为100%。

【委员主体作用发挥】 2023年，区政协常委会实行委员履职年度考核制度，修订完善委员考核实施办法，激发委员履职积极性。制定《政协环翠区委员会界别委员活动组实施办法》，建立界别组工作任务和联系服务群众工作“两张清单”。委员通过界别组等活动载体，围绕企业发展、警务创建、儿童友好实践基地建设等开展界别协商、调研视察等活动。围绕传承雷锋精神、关爱老人身心健康等主题，开展政策咨询、健康义诊、“邻里宴”等公益活动。年内，开展界别活动20余场次，联系服务群众600余人次。委员个人捐款捐物合计316万元，19人获得市级以上荣誉称号。区政协被市政协评为2023年度反映社情民意信息工作表现突出集体，获评市级优秀提案5篇，优秀社情民意信息5篇，优秀调研成果一等奖2篇、二等奖3篇、三等奖2篇。

【协商平台建设】 2023年，区政协常委会印发《关于推进“有事多商量·和合议事”协商平台建设的工作方案》，对政协协商议政作出制度设计。推进实体平台建设，在竹岛街道四方社区打造“有事多商量·联四方和合议事室”，联合社区卫生服务中心、律师事务所，开展健康义诊、法律知识讲座、公益服务进社区等活动，就打造社区“15分钟医疗圈”开展基层协商。推进线上平台建设，建立“山东通”线上“和合议事厅”，实施重大协商活动“线上+线下”“场内+场外”多维协商模式。年内，组织线上协商活动4次，175人次参与，提出意见建议180余条。

【主题教育活动】 2023年，区政协常委会围绕“学思想、强党性、重实践、建新功”总要求，成立学习贯彻习近平新时代中国特色社会主义思想主题教育活动领导小组，开设主题教育读书班4期，举行专题研讨4次，班子成员为基层党组织上党课4次。建立问题清单，制定整改措施10条，全部落实到位。班子成员带头开展调查研究，围绕中心工作到基层调研12批次，形成调研报告6篇，举办专题调研成果交流会和典型案例剖析会，运用新思想研究新情况、解决新问题的能力得到提升。

（韩　超）

重要会议

【中国人民政治协商会议第十五届威海市环翠区委员会第二次会议】 2023年1月7—8日召开。会议听取和审议孙青松代表区政协十五届委员会常委会所作的常委会工作报告；听取和审议邓洁代表区政协十五届委员会常委会所作的提案工作报告；列席环翠区第十九届人民代表大会第二次会议，听取并讨论区政府工作报告及其他报告；审议通过中国人民政治协商会议第十五届威海市环翠区委员会第二次会议决议。

【政协常委会会议】 2023年，区政协十五届委员会召开常委会会议5次。

区政协十五届五次常委会会议 2023年1月6日召开。会议听取增选区政协十五届委员会委员情况说明；通过毕建鹏辞去区政协十五届委员会委员、常委的申请；审议通过区政协十五届委员会常委会工作报告（讨论稿）并推举报告人；审议通过区政协十五届委员会提案工作报告（讨论稿）并推举报告人；审议通过关于召开区政协十五届二次会议的决定；审议区政协十五届二次会议议程（草案）和日程；审议通过区政协十五届二次会议常务委员轮值名单；审议通过区政协十五届二次会议秘书长、副秘书长名单；审议通过区政协十五届二次会议委员分组名单和各组召集人名单。

区政协十五届六次常委会会议 2023年1月8日召开。会议听取大会秘书长关于委员讨论情况的综合汇报；审议通过大会决议（草案）。

区政协十五届七次常委会会议 2023年5月11日召开。会议传达学习习近平总书记在学习贯彻习近平新时代中国特色社会主义思想主题教育工作会议、在参加中共中央政治局第四次集体学习和在广东考察时的重要讲话精神，研究贯彻落实意见；通过有关人事事项。

2023年1月7日，中国人民政治协商会议第十五届威海市环翠区委员会第二次会议开幕 （区政协办公室　供图）

区政协十五届八次常委会（扩大）会议 2023年7月25日召开。会议传达学习习近平总书记在全国生态环境保护大会上的重要讲话精神；听取区政府关于2023年上半年全区经济社会发展情况通报；听取区政府办公室关于区政协十五届二次会议以来提案办理情况的报告；围绕“深入实施海洋强区战略、加快推进浅海科技湾区建设”进行专题协商议政，张元波介绍远遥浅海科技湾区建设进展情况，于玲玲、宋江威、谢晓伟、姜鉴、朱国滨、孟杰6名委员现场交流发言，区发展改革局、区科技局、区海洋发展局和孙家疃街道主要负责人与委员互动交流。会议采取线上线下同步进行，现场委员发言的同时，80余名委员在线上“和合议事厅”提出意见、建议100余条，归纳形成建议案，得到区委、区政府主要领导批示。

区政协十五届九次常委会（扩大）会议 2023年10月25日召开。会议传达学习习近平总书记在第三届“一带一路”国际合作高峰论坛开幕式重要讲话精神；围绕“打造精致、幸福、充满活力的共同富裕先行示范区”，聚焦“推动公共服务优质均等共享”进行专题协商议政。施润平、王若男、徐青苗、任春荣、姜书光、李建中、林辰蔚7名委员发言。区发展改革局主要负责人介绍打造共同富裕先行示范区、推动公共服务优质均等共享情况。区教育体育局、区民政局、区人力资源社会保障局、区文化和旅游局、区医保局主要负责人与委员互动交流，70余名委员在线上“和合议事厅”提出意见、建议90余条。

（韩　超）

政治协商

【概况】 2023年，区政协常委会就“加快居家社区适老化改造，提高社区养老服务水平”“加大文化惠民工作力度，提升群众精神文化生活水平”“加快青年友好型阵地建设，护育青年人才成长，助力高质量发展”“挖掘区位优势，加快文旅融合，提升区域经济活跃度”“加强农村基层社会治理，助力乡村振兴”“打造社区医疗15分钟幸福圈”开展专题协商6次，围绕“小区物业智慧化管理”开展界别协商1次，围绕“加大教师培训力度，着力培养全市乃至全省名校长、名师队伍”开展对口协商1次。

【专题协商】 2023年6月28日，区政协常委会围绕“加快居家社区适老化改造，提高社区养老服务水平”调研协商。区政协主席孙青松带队进行集中调研和座谈协商，副区长李静茹参加座谈协商，区政协副主席、区工商联主席邓洁参加活动。调研组到环翠楼街道养老服务中心、东南村社区食堂和威海市陆零壹贰叁肆玖便民服务中心察看养老机构服务情况，了解居家适老化改造现状及存在问题。随后召开座谈会，4名委员代表发言。

6月29日，区政协常委会在竹岛街道四方社区举行“有事多商量·联四方和合议事室”揭牌暨首次协商议事活动。区政协主席孙青松、区委副书记于晓光、区政协副主席宋崴出席活动。在座谈会上，相关职能部门、镇（街道）、社区、居民代表和政协委员就如何打造社区“15分钟医疗圈”交流发言。

7月12日，区政协常委会围绕“加大文化惠民工作力度，提升群众精神文化生活水平”调研协商。区政协主席孙青松带领调研组开展集中调研和座谈协商，副区长崔军强参加座谈协商，区政协副主席宋崴参加活动。调研组到竹岛街道翠竹社区文化服务中心、望岛城市书房和环翠楼街道东北村社区文化服务中心，了解文化惠民工作开展情况，委员隋杰、冯吉海、王华军、刘卫卫发言，提出意见、建议17条。

9月4日，区政协常委会围绕“加快青年友好型城区建设，护育青年人才成长，助力高质量发展”召开专题协商会，区政协主席孙青松、区委副书记于晓光与政协委员、相关职能部门工作人员一起剖析问题、提出建议。区政协副主席林青松参加活动。会前，调研组到威高广场·天空里、威海市青年发展服务中心、国际海洋青年创新创业基地等地，观摩青年友好项目，察看服务硬件设施建设情况，了解青年人才引用情况。5名委员围绕发展青年新兴领域产业、拓宽青年活动空间、拓展青年创业服务平台、丰富夜间经济形态等提出意见、建议。

2023年6月29日，区政协常委会在竹岛街道四方社区举行“有事多商量·联四方和合议事室”揭牌仪式 （区政协办公室 供图）

9月13日，区政协常委会围绕“挖掘区位优势，加快文旅融合，提升区域经济活跃度”调研协商，区政协副主席林青松带领委员到“侨乡号”游轮、威海民俗文化邨等地考察调研，座谈协商，3名委员对文旅融合工作提出意见、建议。

11月29日，区政协常委会围绕“加强农村基层社会治理助力乡村振兴”调研协商，区政协副主席、区工商联主席邓洁组织委员到羊亭镇、里口山管理服务中心调研农村基层社会治理情况。区委组织部、区农业农村局、区司法局、里口山管理服务中心和王家疃村就分管领域基层治理的经验做法进行交流。

【界别协商】 2023年5月18日，区政协副主席林青松带领分管委员会及部分政协委员，围绕小区物业智慧化管理开展专题调研。调研组到竹岛街道金凤苑小区、保利凯旋公馆小区、望府公馆小区等地，了解小区智慧化改造、小区与市智慧物管平台对接、完善智慧基础设施建设等情况，对物业智慧化管理工作提出意见、建议。

【对口协商】 2023年8月18日，区政协副主席、区工商联主席邓洁带领分管委员会及部分政协委员，围绕“加大教师培训力度，培养全市乃至全省‘名校长’‘名师’队伍”开展专题调研，了解学校教师培训、名师队伍建设等工作，8名政协委员提出意见、建议。

（韩 超）

民主监督与参政议政

【概况】 2023年，区政协常委会围绕区委、区政府工作重点，确定区政协具体履职内容50项。年内，组织开展调研视察、座谈协商、议政建言等履职活动38次，征集意见建议300余条，收到提案105件，立案84件，培育重点提案12件，立案提案全部办复，委员满意率为100%。

【调研视察督导】 2023年3月31日，区政协主席孙青松以区副总林长身份到责任区域棉花山督导调研森林防火工作，区政协副主席、区工商联主席邓洁参加活动。督导组到棉花山防火通道、戚东夼瞭望点、合庆蓄水池等地，了解林区防火基础设施建设、林下可燃物清理、森林消防队伍及装备建设等情况，就有关问题与相关负责人沟通交流。

4月7日，区政协主席孙青松到环翠楼街道督导文明城市创建工作。督导组到属相街、威高广场等地，检查督导沿街商铺“门前三包”、市容环境、市容秩序等情况。

4月27日，区政协副主席宋崴带领部分政协委员，围绕“加强非物质文化遗产传承、保护与发展”，到威海锡镶文化馆、尹派宫氏八卦拳研究会、磨爱麦新威附路店、吉呈轩公益文化空间调研考察。

4月27日，区政协副主席、区工商联主席邓洁带领部分政协委员，围绕“完善医疗保障制度，构建‘15分钟医保服务圈’”开展调研视察。调研组到竹岛街道翠竹社区卫生服务中心、广誉远医药连锁海滨北路店、环翠区中医医院，了解医疗机构打造“15分钟医保服务圈”情况。

5月24日，区政协主席孙青松专题调研禁渔期渔船管控情况，区政协副主席、区工商联主席邓洁参加活动。调研组到合庆码头、远遥中心渔港码头等地，了解伏季休渔靠泊渔船管理、人员值班值守、安全监管、服务保障等情况。

6月7日，区政协副主席宋崴带领部分界别组委员到桥头镇调研文旅新业态发展情况。调研组到红色东南乡、锡镶技·威海非遗文化体验基地、山东健康中医药研学基地、菱角湾环翠区中小学生综合实践基地，通过实地察看、听取讲解等方式，了解红色文化、非遗文化、研学旅游等文旅新业态发展情况。

6月15日，区政协常委会围绕“‘四季环翠·山海链乡’系列活动助推乡村振兴”开展专题视察调研，区政协主席孙青松、副主席林青松参加活动。调研组到里口山乡村会客厅、羊亭河湿地公园、温泉镇后亭子夼阳光里农场等地，了解乡村振兴项目整体规划、基础设施建设、产业发展、乡村旅游提升等情况。

8月16日，区政协副主席、区工商联主席邓洁带领部分政协委员，围绕水利防汛开展专题视察调研。调研组到冶口水库、区水利防汛物资库、张家山水库、石家河（桥头段），听取防汛工作情况汇报，查看、了解水位流量、排水设施运行、防汛备汛预案设置、堤防安全现状、水库库容及防汛物资储备等情况。

【专题议政】 2023年7月25日，区政协常委会围绕“深入实施海洋强区战略，加快推进远遥浅海科技湾区建设”召开专题议政性常委会。组织开展实地调研3次，调研组成员采取“微调研”方式，走访专家学者、相关职能部门、湾区企业代表20余人次，归纳制约湾区发展的5个方面问题，征集促进湾区建设意见、建议23条。《关于深入实施海洋强区战略，加快推进远遥浅海科技湾区建设》议案，得到区委、区政府主要领导批示。

10月25日，区政协常委会围绕“打造精致、幸福、充满活力的共同富裕先行示范区”，把推动公共服务优质均等共享作为主攻方向，召开专题议政性常委会。成立由主要负责人带队的25人专题调研组，下设3个专题调研小组，分别由班子成员牵头，到部门、街道、社区、学校、医疗卫生机构开展调研，撰写调研材料17篇，征集意见、建议130余条，归纳提炼形成建议案，得到区委、区政府主要领导批示。

（韩　超）

政协提案

【提案办理】 2023年，区政协常委会收到提案105件，经提案审查委员会审查，立案84件，其中12件被评为年度优秀提案。立案提案中，数字经济、产业升级、招商引资、乡村振兴、康养文旅等方面26件，占30.9%；精致城市建设、老旧小区改造、垃圾分类等方面13件，占15.5%；教育、医疗、文化、体育、养老及社会保障等方面25件，占29.8%；智慧警务、社会治理、社区建设、物业管理等方面20件，占23.8%。区政协常委会将意见、建议、提案及时移交给区政府，并定期与区政府办公室对接，对办理进度及效果进行督促检查。至年末，立案提案均办复，委员满意率为100%。

表8　2023年度区政协优秀提案一览表

序号	提案人（单位）	提案名称
1	医药卫生、社会福利和社会保障组	关于完善医疗保障制度构建“15分钟医保服务圈”的建议
2	特别邀请人士组	关于打造智慧警务强化社会维稳防控能力的建议
3	林辰蔚、姚嘉敏、孟杰	关于提升文旅品质提振文旅消费的建议
4	柳楠、丛明燕、冷娜、张路平、王永	关于提高老龄居民就医服务水平的建议
5	民盟环翠支部	关于加强美丽乡村建设打造环翠式齐鲁样板助推共同富裕示范区建设的建议
6	农工党环翠支部	关于推广数字家庭建设进一步优化智慧养老服务的建议
7	董少沣	关于加强社区大数据应用进一步提升社会治理效能的建议
8	李建欣	关于突破“旅游淡旺季明显短板”的建议
9	孙晓伟	关于旅游民宿规范管理的建议
10	许晓冬	关于提高小微企业活力的建议
11	王飞、张翚鹰	关于推动企业加快数字化转型的建议
12	侯成伟	关于助力民营企业发展的建议

【优秀提案摘编】关于完善医疗保障制度构建“15分钟医保服务圈”的建议。环翠区通过业务下放、统一标准等措施，与医疗机构、银行、保险公司等单位加强合作，建立健全均衡高效的全生命周期医保服务体系，分批完成区、镇（街道）、村（社区）三级经办网络全覆盖，方便群众就近享受医疗保障服务。但基层医疗机构人员编制少、医疗卫生服务人员扎根困难且年龄偏大、群众需要就近办理的部分业务无法下放、医保政策知晓率不高等问题仍然存在。为此，医药卫生、社会福利和社会保障组委员建议：通过业务部门招考、上级指派、增加工资待遇等方式为村卫生室配备专业全面、吃苦耐劳的乡村医生；建立健全业务培训指导制度；充分发挥全区药店的辐射带动作用，探索药店提供部分医疗保障代办或政策宣传等业务；强化服务监督，设立星级评比；通过行政审批“放管服”改革，简化定点民营医疗机构审批流程；加强社会养老保险和医疗保险的系统升级；加大对医疗保障业务知识的宣传力度。

关于打造智慧警务强化社会维稳防控能力的建议。环翠区大力加强“智慧公安”建设，突出智慧警务引领作用，由“兵力整合”向“信息整合、数据支撑”转变，不断提升基层实战支撑力，重大维稳安保、重大事件处置、重大案件侦破、重大舆情应对均可快速响应、全局支撑，社会维稳防控能力明显提升。但仍然存在数据融合应用度不高，对新业态的监管数据支撑不够等问题。特邀组委员建议：在机制健全上再提档升级；人才储备上再提档升级，给予一定的政策支持，引进专业人才，加强大数据人才队伍建设，提升基层公安机关的作战能力；在智能感知上再提档升级，在智慧应用上再提档升级，按照“服务一线、技术融合、机制创新”的信息化建设新思路，优化政务服务大厅的自助办证机、自助领证机、临时证打印机等设备的联网运行，方便群众就近办、自助办、实时办；在智慧预警上再提档升级，坚持“可防可控”理念，用智慧化手段感知“风从何来”，用智慧清单及时提醒跟进化解，形成网上网下整体作战优势。

关于加强美丽乡村建设打造环翠式齐鲁样板助推共同富裕示范区建设的建议。加强美丽乡村建设，是贯彻落实国家、省、市政策的必然要求，同时对精致城市建设、区域经济发展具有重要意义。民盟环翠支部委员建议：守牢底线，确保不发生规模性返贫，健全防止返贫监测帮扶机制，强化政策制度支持力度，缩小收入差距，拓宽农民就业、务工渠道，推进农村劳动力合理流动；聚焦产业，优先支持联农、带农、富农产业发展，强化科技支撑水平，补上技术设施营销短板，延伸产业价值链条，推动产业提档升级，健全利益联结机制，加快“三产”融合，大力发展农产品精深加工，突出山海融合，发展一批乡村旅游项目和网红打卡地；强化涉农资金保障与运用，用好管好乡村振兴补助资金，深入推进农村集体产权制度改革，深化乡村振兴领域金融体制改革，加快推进农村宅基地“三权分置”改革；人才振兴，做好“引、培、留”三篇文章，探索创新校企村三级联动人才培养模式，健全县乡村三级农村培训网络，完善人才发展保障机制；土地保障，探索乡村产业发展用地路径，保持种植面积“动态平衡”，推动特色产业可持续发展，制定保障农村特色产业发展的用地政策，做好乡村产业项目土地规划，完善盘活存量建设用地政策，加快推进集体土地产权改革，规范宅基地入市用途，鼓励民宿、酒店等第三产业用地开发；强基固本，抓好基础设施提档升级，推进城乡环卫一体化，城乡基础设施互联互通，提升农村基本公共服务水平，推行“信用+”共建共享治理模式；因地制宜，培育具有环翠底蕴的乡村文旅品牌，传承非遗文化，打造生态观光、文化旅游、休闲采摘、禅修康养、红色教育、体育赛事、亲子研学为一体的综合性旅游景区，实现全域旅游与全域城市化互促互进。

关于推广数字家庭建设进一步优化智慧养老服务的建议。环翠区以获批山东省社区治理暨养老服务创新实验区和医养结合示范先行区为契机，坚持政府引导与市场机制相结合，创新社区养老服务模式，打造线上虚拟养老院，以互联网思维提供多元化养老服务。为了进一步优化全区智慧养老服务，农工党环翠支部委员建议：结合智慧健康养老工程，同步开展数字家庭试点建设，进一步推进养老产业的数字化、智慧化；加强宣传引导，给予政策支持，坚持党建引领，充分发挥各级政府和社区组织作用，开展加快发展数字家庭政策宣传贯彻、技术指导、交流合作与成果推广活动。相关职能部门建立协同机制，形成工作合力，综合利用信息化资源，推动数字家庭系统基础平台建设，强化工程规划建设管理，引导相关市场主体立足居民消费新需求，推动数字家庭产业协同发展。

关于加强社区大数据应用进一步提升社会治理效能的建议。近年来，随着社会结构深刻转型，居民需求和诉求日趋多元化，城乡社会的住房、养老、便民服务、流动人口管理等问题日益凸显，对社区治理的方式和手段都提出了更高要求。目前社区大数据应用仍存在大数据思维尚未深入人心、大数据应用领域相对狭窄、大数据安全和居民隐私保护问题亟待解决等问题。委员董少沣建议：树立和培育大数据思维，打通社区治理创新的“最后一公里”；不断拓展大数据应用场景，充分挖掘使用“最威海是环翠”App等平台，利用大数据高效整合公共服务、商业和社会服务资源，搭建全方位、联通共享、功能齐全的“智慧社区”大数据资源中心平台，进一步畅通居民信息获取和意见表达渠道，提升居民参与社区治理的主动性和积极性；建设安全有效的社区大数据共享机制，聘请专业的安全技术人员参与社区大数据治理工作，建立完善数据分析评估体系，将传统的信息安全防护手段与大数据技术进行深度融合，通过跨领域的技术协同，提升大数据环境下的数据安全与隐私保护能力。

关于提高老龄居民就医服务水平的建议。近年来，环翠区高度重视老龄居民就医服务工作，将其作为提高群众满意度的重要内容，多措并举提高老龄居民就医服务水平。但仍存在老年人缺乏医疗知识导致就医不及时、行动不便导致就诊困难等难题。政协委员柳楠、丛明燕、冷娜、张路平、王永建议：完善服务体系，促进医养结合，加强医院、卫生院、社区卫生服务中心的康复、护理功能，鼓励为居家老年人建立家庭病床，提供上门服务，提升养老机构服务水平。优化人才培养，建设专业队伍，推进紧密型医疗联合体建设，在卫生院和社区卫生服务中心开设“名医工作室”，邀请上级医院富有经验的医生坐诊。搭建服务平台，促进数据共享。深化以信息共享为支撑的老年医疗服务机构间的内部协同，实现以数据开放为基础的多元化创新的老年医疗数据流动，利用互联网搭建便捷医生服务团队，利用健康服务小程序等平台，让符合条件的专业医师注册成为线上咨询医生，为居民提供便捷医疗咨询服务。强化政策宣传，做好宣传引导。线上，引导居民关注相关公众号、视频号等，及时了解相关政策，同时将辖区医疗机构简介、位置、联系方式绘成“健康地图”，便于居民进行选择；线下，建议各镇（街道）、社区组建队伍，开展“敲门扫楼”入户走访，同时组织更多专业医疗讲座，全面增强居民健康素养。

关于提升文旅品质提振文旅消费的建议。2023年，随着一系列利好政策和举措落地生效，文旅消费需求加速释放，旅游市场呈现整体向好态势，带动部分旅游业态复苏发展。旅游热度迅速升温的背后，也存在民宿监管难度较大、旅游业态不够丰富等问题。政协委员林辰蔚、姚嘉敏、孟杰建议：完善服务机制，设立投诉服务赔付金，建立旅游诚信机制。强化民宿管理，充分发挥属地派出所、社区、物业力量，做好民宿底数摸排工作，积极引导民宿业主安装住宿登记系统，督促其及时报备。丰富旅游产品，结合特色打造一批文化底蕴深厚、艺术价值较高、符合大众审美的文创产品，在游客集中的商场、景区景点、网红打卡点、高端酒店等进行销售，为游客购买环翠特色产品提供便利。挖掘一批特色美食、网红小吃等，利用微信、抖音、小红书等平台进行宣传推广。构建千里山海“自驾公路+驿站+徒步道”立体格局，刺激旅游消费。对环海路、半月湾、大相框等网红打卡地旅游项目进行改造提升，增加特色游览项目，加强宣传引导，重点围绕华夏城、“侨乡号”游轮、威高广场、温泉一条街等消费场所开发主题路线，引导游客到大型景区景点、商超等进行游览消费，进一步拉动文旅消费增长。

（韩　超）

专门委员会

【文史和学习委员会】 2023年，区政协文史和学习委员会组织政协委员成立15人的专题调研小组，观摩竹岛街道翠竹社区文化服务中心、望岛城市书房、环翠楼街道东北村社区文化服务中心等地，组织“加大文化惠民工作力度，提升群众精神文化生活水平”专题协商，委员结合调研、集中调研情况提出意见、建议，形成《关于环翠区文化惠民工作的调研报告》。年内，启动《“5·23”歌咏会50周年口述史》编撰工作。2022年出版的《环翠非遗口述史》获评全市优秀文史书刊，获得全省政协优秀文史书刊二等奖。1997年的文史资料《英舰在刘公岛的四十二年》和《我驾银鹰接总理》被省政协主编的《山东文史荟萃》收录。

【经济教科卫体委员会】 2023年，区政协经济教科卫体委员会走访各界别组委员，围绕楼宇经济倍增计划、发展绿色海洋产业、打造蓝色粮仓等进行调研、协商、座谈，征集意见建议。围绕基层卫生机构服务基层情况，到温泉镇卫生院和孙家疃社区卫生服务中心视察调研，了解医疗机构提高诊疗水平、提升为民服务等方面情况。

【三胞联谊委员会】 2023年，区政协三胞联谊委员会履行界别职责，走访看望区政协台港澳侨宗教界委员和区台胞台属联谊会负责人，宣讲全区经济社会形势和重点工作。会同相关部门组织接待香港大学生考察学习“初心·1932”展馆、威海民俗文化邨和吉呈轩非物质文化遗产展馆等，传播环翠红色文化和非遗传统文化。会同市政协相关委室接待西藏自治区日喀则市政协考察威海海洋科技馆，组织“威海市筑牢中华民族共同体意识示范创建工作”环翠区考察活动。参与评审展现威海卫籍香港警察的4集历史专题片《港岛威警》。

【学习提案法制委员会】 2023年，区政协学习提案法制委员会组织委员学习贯彻中共二十大精神和政协提案工作条例，结合调研视察、专题协商、座谈交流等活动履职尽责。印发年度重点提案培育选题初选目录，加强提案选题指导，加大重点提案和集体提案培育力度，培育重点提案12件。实施班子成员分包督办重点提案制度，强化提案办理协商，与主办、协办单位加强沟通，开展场景式督办协商，办结立案提案84件，委员满意率达100%。

【农业和农村委员会】 2023年，区政协农业和农村委员会围绕“三农”和乡村振兴重大战略，聚焦“三农”热点问题，组织委员开展视察、调研、协商等活动。先后就森林防火、加快建设宜居宜业和美乡村、智能制造和新材料发展、禁渔期渔船管控、特色农业助力乡村振兴、中医药发展、基层医疗机构优质服务基层行、水利防汛等进行视察调研，并就农村基层治理开展专题协商。

（韩　超）

中国共产党环翠区纪律检查委员会 环翠区监察委员会

综　述

【概况】 2023年，区纪委监委机关内设13个职能室（部），派驻纪检监察组6个；区委巡察机构设立巡察办公室1个、巡察组4个；全区内4个镇全部设立纪委和派出监察室，5个街道全部设立纪检监察工委。区纪委监委有序推进“深学习、实调研、抓落实”工作年活动，举办全员综合素能提升培训班和镇（街道）、国企纪检监察干部综合业务培训班2期，“明纪学法讲堂”“实战练兵课堂”“明纪释法讲堂”3期，全面提升干部政治本领和业务能力；组织开展应知应会知识测试12次，推动以考促学、以学促干。

【派驻机构建设】 2023年，环翠区有派驻纪检监察组6个。年内，区纪委监委健全完善《派驻机构“双向任务”清单》，聚焦项目建设、执法管理、物资采购、资产出租等重点领域和风险环节，派驻纪检监察组嵌入工作会议、工作现场、决策事项中，全面掌握被监督部门主体责任履行、“三重一大”（重大事项决策、重要干部任免、重大项目投资决策；大额资金使用）事项运行情况，及时发现问题校正偏差，列席会议180余次，监督“三重一大”事项1100余项，发现问题210个、问题线索16条；深化派驻机构改革，从整合资源、优化结构、管理体制等方面，重新调整63个监督单位、3个联系单位，推动派驻机构更好履职尽责。

【纪检监察队伍建设】 2023年，区纪委监委举办全员综合素能提升培训班和镇（街道）、国企纪检监察干部综合业务培训班2期，“明纪学法讲堂”“实战练兵课堂”“明纪释法讲堂”3期；组织开展应知应会知识测试12次，推动以考促学、以学促干，全面提升纪检监察干部政治本领和业务素能。

（于　力）

重要会议

【中共威海市环翠区纪委十六届三次全体会议】 2023年4月21日召开。会议由区纪委常委会主持。区委常委、区纪委书记、区监委主任张勇代表区纪委常委会作题为《深入学习贯彻党的二十大精神　坚定不移推进全面从严治党　为打造精致、幸福、充满活力的共同富裕先行示范区提供坚强保障》工作报告。会议以习近平新时代中国特色社会主义思想为指导，全面落实党的二十大精神，深入贯彻二十届中央纪委二次全会和十二届省纪委二次全会、十六届市纪委二次全会精神，总结全区全面从严治党工作，分析形势，部署任务。

【环翠区党风廉政警示教育大会】 2023年4月21日召开。区委常委，有关区领导，区纪委委员，各镇（街道）、里口山管理服务中心及区直和省市驻区各部门单位主要负责人参加会议。会议深入学习贯彻习近平总书记关于党的自我革命战略思想，认真落实中央纪委全会部署和省纪委全会、市纪委全会精神，深化一体推进不敢腐、不能腐、不想腐，以案促改、以案促治、以案促教。会上集中观看威海市纪委监委摄制的警示教育片《贪欲裹挟下的权力漩涡》。

2023年4月21日，环翠区党风廉政警示教育大会召开

（区纪委监委　供图）

【环翠区国企领域专题警示教育大会】 2023年6月5日召开。会议要求，扛牢管党治党政治责任，切实强化使命担当，坚持以严的基调强化正风肃纪，一刻不停推进党风廉政建设和反腐败斗争。会议组织观看警示教育片《量错的人生》，传达《关于十六届市委第二轮巡察情况的通报》，区国有资产中心、区城市发展投资有限公司、区国有资本运营有限公司分别做表态发言。

【首次监察官宪法宣誓仪式】 2023年11月10日，区监委首次监察官宪法宣誓仪式举行。区委常委、区纪委书记、区监委主任、三级高级监察官张勇主持宣誓仪式并监誓，区纪委副书记、区监委副主任、一级监察官于时杰领誓。区纪委监委领导班子成员，机关各部门单位、各派驻纪检监察组、区委巡察机构、区直机关纪检监察工委、各镇纪委、各街道纪检监察工委首次确定为监察官的干部参加宣誓仪式。会议指出，监察官宪法宣誓，既是神圣庄重的法律仪式，更是监察官对国家和人民的庄严承诺。监察官要牢记宪法誓词，践行承诺，树立宪法信仰，恪守宪法原则，弘扬宪法精神，履行宪法使命，捍卫宪法尊严；始终保持如临深渊、如履薄冰的警醒，做到自身正、自身硬、自身净，自觉接受组织监督、民主监督、社会监督、舆论监督，确保党和人民赋予的权力不被滥用、惩恶扬善的利剑永不蒙尘，不断擦亮监察官这一党和人民赋予的光荣称号。

【区纪委常委会会议】 2023年，区纪委召开区纪委常委会会议32次，传达学习中共中央总书记习近平重要讲话、重要指示批示精神，传达学习上级有关重要会议、文件精神和法规制度，研究重点工作、重要案件、专项工作、“三重一大”、干部队伍建设等议题。其中部分会议主要议题：

1月12日会议主要议题：传达学习习近平总书记在二十届中央纪委二次全会、中央经济工作会议上的重要讲话精神，传达学习威海市委经济工作会议精神、威海市十八届人大三次会议精神、威海市政协十四届二次会议精神、环翠区十九届人大二次会议精神、环翠区政协十五届二次会议精神，研究重点工作开展情况。

2月2日会议主要议题：传达学习省纪委十二届二次全会精神，传达学习威海市2023年工作动员大会精神，环翠区委经济工作会议暨2023年工作动员大会精神。

3月14日会议主要议题：传达学习习近平总书记在全国“两会”上的重要讲话，研究重点工作开展情况。

4月13日会议主要议题：传达学

2023年11月10日，区监委举行首次监察官宪法宣誓仪式

（区纪委监委　供图）

习习近平总书记参加中共中央政治局第四次集体学习时的重要讲话精神、在学习贯彻习近平新时代中国特色社会主义思想主题教育工作会议上的重要讲话精神，研究重点工作开展情况。

5月6日会议主要议题：传达学习习近平总书记在二十届中央全面深化改革委员会第一次会议、广东考察、视察南部战区海军时的重要讲话精神，研究重点工作开展情况。

5月25日会议主要议题：传达学习习近平总书记在二十届中央财经委员会第一次会议、在河北雄安新区考察并主持召开高标准高质量推进雄安新区建设座谈会时的重要讲话精神，研究重点工作开展情况，研究“三重一大”事项。

7月17日会议主要议题：传达学习习近平总书记在中共中央政治局第六次集体学习、江苏考察时的重要讲话精神，对党的建设和组织工作、防汛救灾工作作出的重要指示精神，研究重点工作开展情况。

8月18日会议主要议题：传达学习习近平总书记在四川、陕西汉中考察时的重要讲话精神，对防汛救灾作出的重要指示精神，研究干部队伍建设工作，研究“三重一大”事项。

9月20日会议主要议题：传达学习习近平总书记在黑龙江考察时的重要讲话精神；习近平总书记对新时代办公厅工作作出的重要指示精神，在新时代推动东北全面振兴座谈会、中共中央政治局会议、视察78集团军、听取新疆维吾尔自治区党委和政府及新疆生产建设兵团工作汇报时、中共中央政治局常务委员会议上的重要讲话精神，研究重点工作开展情况，研究“三重一大”事项。

（于　力）

纪律检查和案件审理

【概况】 2023年，区纪委监委强化政治监督，对贯彻落实中共中央总书记习近平重要指示批示和党中央重大决策部署情况开展监督检查，发现问题305个，深入镇（街道）、驻在部门等基层一线调研157次；加强对“关键少数”的日常监督，建立完善全区857名区管干部及重点岗位人员廉情档案，对监督单位领导班子成员、重点岗位人员约谈312人次，报请或会同党委（党组）召开党风廉政建设专题会议155次，发现违纪违法问题线索78件78人次，提出纪律检查建议19份，严把选人用人政治关、品行关、作风关、廉洁关，回复党风廉政意见152人次。

【信访举报办理】 2023年，区纪委监委深入落实“初次举报及时办、重复举报重点办、上级交办马上办”工作要求，结合实际工作制定《关于加强和改进信访举报办理的工作指引》，明确各部门工作职责，规范接收、转办、答复、反馈和澄清正名5个环节24项重点工作，提高信访举报办理质量和效率；实地查看各镇纪委、街道纪检监察工委来访接待场所、信访工作处置档案，通过专题培训、以干代训、发送工作提示等方式，提升基层工作人员接待群众来访和信访工作处置规范化水平，保护干部权益，激励担当作为，审慎稳妥推进失实检举控告澄清正名和打击诬告陷害工作，建立区纪委监委负责人主抓、分管负责人协抓，信访室、案管室、纪检监察室、派驻纪检监察组共同参与的工作机制，为8名受到失实检举控告党员干部澄清正名，打击诬告陷害1人次。

【腐败案件查处】 2023年，区纪委监委突出严的基调，深化正风肃纪，维护纪律刚性，加大查办腐败案件力度。科学运用监督执纪“四种形态”处理党员干部276人次，运用第一、第二、第三、第四种形态处理党员干部人数分别占比66.3%、22.1%、5.1%、6.5%，形成用纪律规矩管住大多数的治理格局。年内，处置问题线索257件，立案93件，留置7人，给予党纪政务处分91人，其中县管干部12人；移送司法机关4人，挽回经济损失1290余万元。

【扫黑除恶】 2023年，区纪委监委围绕“强监督·护民生”专项行动扫黑除恶、“扫伞破网”，严查党员和监察对象涉黑涉恶腐败及充当“保护伞”问题，做到有腐必惩、有“伞”必打，查处涉恶腐败和“保护伞”问题2起2人。

【“跟进式”警示教育】 2023年，区纪委监委引导党员干部正确对待错误、正确对待处分，对查处的典型违纪违法案件开展“跟进式”警示教育，压实全面从严治党主体责任和监督责任，对2家单位、4名受处分人员开展“跟进式”警示教育。

【“关怀式”帮扶教育】 2023年，区纪委监委开展“关怀式”帮扶教育，对全区基层党组织开展“关怀式”帮扶教育工作情况实行台账管理，要求基层党组织对受处分人员做好常态化教育管理，帮助受处分人员真心改错、认真工作，有38名受处分人登记在册。

【“暖心式”回访教育】 2023年，区纪委监委常态化开展回访教育工作，按照中共威海市纪委机关、中共威海市委组织部印发《关于对受处分处理人员开展关爱回访的工作意见》要求，对关爱回访工作进行细化并印发《审理提示》1期，开展关爱回访66人。

（于　力）

党风政风监督

【概况】 2023年，区纪委监委突出“两个维护”深化政治监督，围绕“1+7+N”（“1”是以黄河流域生态保护和高质量发展专项监督为统领，“7”是将基层治理不良现象及不担当不作为慢作为乱作为假作为问题专项整治与优化营商环境监督专项行动、房屋产权确权颁证历史遗留问题专项整治等7类专项整治工作，“N”是对违建别墅、统计造假、金融风险防范化解等多类专项监督）专项监督强化系统治理，狠抓“两个责任”（党委主体责任、纪委监督责任）落实，持之以恒正风肃纪，作风建设取得新成效。

【政治监督】 2023年，区纪委监委聚焦“两个维护”，推动党中央决策部署落实到位，聚焦习近平总书记重要讲话、重要指示批示精神和党中央重大决策部署、省市区委工作安排，构建“1+7+N”专项监督工作格局，围绕护航优化营商环境、金融风险防范化解等开展监督检查50余次，下发提示（提醒）函28份，高标准完成全区78家部门单位政治监督活页建设，客观全面反映被监督单位政治生态情况；督促深化运用“一两双双”监督机制（“一台账、两清单、双责任、双问责”），针对上轮巡视反馈未整改完成问题，调度督导相关部门加大问题整改力度，确保整改工作取得实效。

【落实中央八项规定精神和纠治“四风”】 2023年，区纪委监委强化作风建设，纠治“四风”（形式主义、官僚主义、享乐主义、奢靡之风），向各级各部门主要负责人发送一封信，组织签订《自觉杜绝收送消费卡承诺书》80份，发放《落实中央八项规定精神60条红线》提示卡8000余份，通报违反中央八项规定精神典型问题2起，查处享乐主义、奢靡之风问题9起9人；深入开展不担当不作为慢作为乱作为假作为问题专项整治，梳理“12345”政务服务便民热线群众不满意工单，就干部工作作风问题实地察访，查处形式主义、官僚主义问题15起27人。

【党内监督】 2023年，区纪委监委强化党内监督，压实管党治党政治责任，区纪委负责人与下级党委（党组）“一把手”党内谈话30人次，督促各级党委（党组）运用监督执纪“第一种形态”处理710人次，“红脸出汗”成为常态；将问责作为全面从严治党的重要抓手，持续释放失责必问、问责必严的强烈信号，年内实施容错纠错2起、党内问责4起。

【整治群众身边腐败和不正之风】 2023年，区纪委监委站稳群众立场，严肃整治群众身边腐败和不正之风，全面开展乡村振兴领域问题线索“大起底”和“回头看”，通过来信、来访、来电、网络等渠道广泛收集线索，通过发放工作提示、约谈提醒、廉政谈话等形式，指导督促职能部门履行好主体责任；围绕全面推进乡村振兴，借力“阳光村居”，探索实行项目引进提级审核、专项支出提级审批、重大合同提级审查监督模式，查处发生在群众身边的腐败和不正之风问题28起42人。

（于　力）

巡察工作

【概况】 2023年，区委巡察机构坚守政治定位，统筹谋划部署落实省级共性改革任务，加强对领导班子成员尤其是“一把手”的监督，推进对村（社区）巡察，对区科协、环翠楼街道整改落实情况实地评估，做实巡察“后半篇文章”。年内，开展区委常规巡察3轮，涉及8个区直部门单位、6个镇（街道）及辖属6个村、95个社区、47个股份经济合作社。

【第二轮巡察】 2022年11月10日，区委巡察工作领导小组召开巡察工作动员部署会，至2023年2月10日，对鲸园街道、环翠楼街道2个党工委及其辖属36个社区、股份经济合作社党组织开展常规巡察，发现问题391个。

【第三轮巡察】 2023年4月19日，区委巡察工作领导小组召开巡察工作动员部署会，至7月21日，对孙家疃街道、竹岛街道、张村镇、嵩山街道4个党（工）委及辖属112个村、社区、股份经济合作社开展常规巡察，发现问题1187个。

【第四轮巡察】 2023年9月18日，区委巡察工作领导小组召开巡察工作动员部署会，至11月3日，对区地方金融监督管理局、区机关事务服务中心、区融媒体中心、区司法局、区委党史研究中心、区市政园林服务中心、区统计局、区环境卫生服务中心8个区直部门单位开展常规巡察，发现问题252个。

（毕媛媛）

廉洁宣传教育

【概况】 2023年，区纪委监委围绕深入推进新时代新征程纪检监察工作高质量发展，扎实做好理论学习、舆论宣传、纪律教育、廉洁文化建设工作，营造良好舆论氛围，紧盯"关键少数"、年轻干部、重点领域，开展经常性纪律教育，运用身边案件摄制警示教育片2部，强化警示震慑，筑牢纪法防线。

【警示教育】 2023年3月13日，区纪委监委组织70余名85后科级干部到威海廉政警示教育馆接受警示教育，督促年轻干部增强纪律意识和规矩意识，重温入党誓词，坚定初心使命。

4月11日，区纪委监委组织20余名新提拔重用干部到威海廉政警示教育馆接受警示教育，提醒党员干部拧紧廉洁自律拒腐防变的总开关。

10月24日，区纪委监委组织威海市环通产业投资集团有限公司、威海市环翠区国有资本运营有限公司以及威海宾馆等区属国企中层以上干部到威海廉政警示教育馆开展警示教育，加强国企领域党风廉政建设和反腐败工作，推动党员干部固本培元，筑牢拒腐防变思想防线。

区人力资源社会保障局打造的"清廉之角"（拍摄于2023年8月7日）

（区纪委监委　供图）

【"清廉之角"建设】 2023年，环翠区纪委监委以"清廉之角"建设为抓手，谋划打造小而精、特而优的廉洁文化宣传阵地。按照"一点一策"原则，选取人流量大的群众休闲场所、权力集中的政府部门和涉及民生保障的事业单位，打造21处各具特色的廉洁文化角。"清廉之角"坚持因地制宜、观感优先，立足公园、小游园等原有设施，适度增设内容，运用图片、漫画等形式把廉洁文化融入城市"微景观"，让党员群众看得见、受触动、有感悟。把查办的典型案件创作成主题漫画，投放到机关单位"清廉之角"，用身边事警醒身边人，推动机关单位围绕单位廉政风险点、发生的违纪违法案件等开展定向警示教育。督促各级党组织把"清廉之角"与精致城市建设、基层治理、乡村振兴等工作结合起来，扩大廉洁文化覆盖范围，凝聚崇廉尚洁的社会共识，推进新时代廉洁文化建设走深走实。

【清廉商圈建设】 2023年，环翠区纪委监委围绕"清廉单元"建设要求，将环翠楼街道商圈打造成具有环翠特色的清廉商圈，创新"监督服务保障"工作模式，倡导诚信经营，护航风清气正的营商环境，助推经济社会高质量发展。

（于　力）

民主党派与工商联

综　述

【概况】 2023年，环翠区有民革环翠区支部、民盟环翠区支部、民建环翠区总支、民进环翠区支部、农工党环翠区支部、致公党环翠区支部、九三学社环翠区支社7个民主党派基层组织。有民主党派成员248人，其中民革15人、民盟55人、民建46人、民进49人、农工党20人、致公党24人、九三学社39人。区委统战部以学习贯彻习近平新时代中国特色社会主义思想为主题，开展主题教育26次；组织召开党外人士座谈会6次，提交调研报告7篇；打造民主党派助力乡村振兴项目，以羊亭镇宝石山片区为重点服务片区，开展活动16场次，解决实际问题42个。4月15日，环翠区民主党派之家揭牌启用。

【基层组织建设】 2023年，全区新发展和转入民主党派成员9人。各民主党派基层组织探索实施民主党派主委轮值联合工作制度，组织科技成果转化调研、文旅新业态调研等活动7次，实现不同界别特色党派之间的融合互补和优势叠加。做好阵地服务保障，4月15日，环翠区民主党派之家揭牌启用，举办环翠统战讲坛、"凝心铸魂强根基、团结奋进新征程"主题教育培训等交流学习活动。

【思想政治建设】 2023年，区委统战部以学习贯彻习近平新时代中国特色社会主义思想为主题，开展主题教育26次，通过政治理论教学、专题读书班、红色教育基地现场教学等方式，对各民主党派成员进行思想政治教育引领。7月19—21日，环翠区统一战线培训班在蓝天宾馆举办，组织各民主党派集中培训3天，深入学习《习近平新时代中国特色社会主义思想概论》《中国新型政党制度》等理论，到乳山市统一战线工作项目观摩点学习，引导党外人士提高政治意识，增强统战工作责任感和使命感。

【履职能力建设】 2023年，区委统战部发挥新型政党制度效能，搭建常态化参政议政平台，围绕党外人士关心关注的内容开展现场调研和民主协商活动，组织召开党外人士座谈会6次，结合"推动技术研发成果转化为生产力，助力企业转型升级、实现高质量发展""优化营商环境工作""乡村振兴""发挥浅海科技湾区核心引领作用，推进区域海洋经济发展提质增效""旅游新业态融合发展"等听取党外人士意见建议，为区委、区政府科学民主决策提供参考。组织各民主党派基层组织开展重点考察调研，提交调研报告7篇，助力全区经济社会高质量发展。

【社会服务】 2023年，区委统战部引导各民主党派基层组织融入乡村振兴工作大局，打造助力乡村振兴项目，以羊亭镇宝石山片区为重点服务对象，7个民主党派基层组织认领服务项目22项，以"项目化、清单化"方式统筹推进。年内，开展农业指导、健康义诊、剪纸培训等活动16场次，帮助片区解决资金、技术、医疗等实际问题42个。

（林　哲）

中国国民党革命委员会威海市环翠区支部委员会

【概况】 2023年，中国国民党革命委员会威海市环翠区支部委员会

（简称民革环翠区支部）有党员15人。其中，各级人大代表、政协委员4人（威海市人大代表1人、环翠区政协委员3人），担任民革威海市委会委员1人、民革威海市委会内部监督委员会委员2人、专委会成员5人。

【参政议政】 2023年，民革环翠区支部立足本职，围绕区委、区政府中心工作和社会热点问题深入调研，建言献策。提交《关于加强青少年体育设施建设的建议》《关于建立社区智慧服务平台的建议》《关于有条件放开农村落户限制 以“新村民”带动乡村振兴》提案3篇，《关于加强里口山设施建设的建议》《关于加强对网红景点卫生管理的建议》等民生类社情民意信息6篇，《关于威海市人才公寓建设的调研报告》《关于社区社会组织参与基层社会治理的研究》《关于全市温泉资源精准招商和开发利用情况的调研报告》3篇。配合民革威海市委会调研推动电商、西洋参、海洋预制菜、再生资源回收等产业及海洋经济发展。支部主委、威海市人大代表于玲玲的议案《关于加强青少年体育设施建设的建议》被威海市人大常委会评为“威海市2023年度优秀市人大代表建议”，以民革威海市委会名义提报的《关于推动直播电商产业高质量发展 培植企业直播经济集群的建议》被民革山东省委会、山东省政协立案采用。

【组织建设】 2023年，民革环翠区支部开展“凝心铸魂强根基、团结奋进新征程”主题教育，加强基层组织建设。11月10—11日，邀请民革济南市天桥区总支部到环翠区开展学习交流活动，与民革济南市天桥区总支部及下属治新支部分别签署友好支部共建协议，围绕基层组织建设、党员发展等问题座谈交流，并到威海市海洋科技馆、中国甲午战争博物馆等地参观学习，探索基层组织建设新路径，推动民革基层组织工作上新台阶。

2023年11月11日，民革天桥区总支部和民革环翠区支部缔结友好支部签约仪式举行
（区委统战部　供图）

【思想建设】 2023年，民革环翠区支部深化政治理论学习，严格教育培训，提升党员政治信念和理论研究水平。组织支部党员学习中共二十大精神、习近平新时代中国特色社会主义思想专题摘编以及习近平系列重要讲话精神等理论知识；传达学习各级统战工作会议精神、民革威海市委会历次会议精神；学习《民革章程》《民革内部监督工作条例》以及《中国国民党革命委员会纪律处分办法（试行）》有关规定等党内文件；组织党员参加民革威海市委会、区委统战部组织的各项学习培训活动。学习贯彻民革中央、山东省委及威海市主题教育动员会会议精神，参与区级层面主题教育活动，组织支部党员用习近平新时代中国特色社会主义思想武装头脑、指导实践、推动工作。

【社会服务】 2023年，民革环翠区支部探索新时期社会服务工作新内涵，拓展社会服务新形式，鼓励、引导党员参与社会服务工作。结合传统节日和社区志愿活动安排，走进社区开展“变废为宝 创皂美好”“维护她权利 关爱在身边”“学技能 除隐患 保平安”“传诚美德 信约朝阳”等活动十余次，提升责任意识和服务意识；组织党员多次参加扶农扶贫、防疫救灾等志愿活动，捐赠款物价值近8万元。

（林　哲）

中国民主同盟威海市环翠区支部委员会

【概况】 2023年，中国民主同盟威海市环翠区支部委员会（简称民盟环翠区支部）有盟员55名。盟员中有各级人大代表、政协委员8人，其中威海市人大代表1人、威海市政协委员1人、环翠区政协常委2人（均兼任市级职务）、其他政协委员6人。年内，被民盟山东省委会、民盟威海市委会分别授予2023年度“参政议政先进集体”称号。

【参政议政】 2023年，民盟环翠区支部发挥盟员联系面广、智力集聚、议政活跃优势，聚焦百姓关心的热点难点问题，为经济社会发展献计出力。年内，向威海市、环翠区提交议案、提案7件，立案5件（向威海市人大提交《关于大力支持开放“工业科技公共文化创意空间”的建议》议案1份，向区政协提交《关于加强美丽乡村建设打造环翠式齐鲁样板助推共同富裕示范区建设的建议》《关于服务贸易创新发展的建议》《关于做好环翠“乡村找房”App推广工作的意见建议》《关于促进疫情过后旅游业复苏发展的建议》提案4份），其中《关于加强美丽乡村建设打造环翠式齐鲁样板助推共同富裕示范区建设的建议》获评威海市、环翠区两级政协优秀提案；撰写《连片打造“大环翠”畜禽粪污资源化整县推进的实践探索》调研报告1篇，报送社情民意信息15篇，其中《关于加快修订市场准入相关法规进一步优化营商环境的意见建议》社情民意信息被民盟山东省委会、山东省政协采纳。

【组织建设】 2023年，民盟环翠区支部贯彻组织发展原则，处理质量与数量、巩固与发展关系，集中多元化领域优势，壮大组织队伍，55名盟员分布在文化教育、医药卫生、科技、政府机关等；优化升级民盟之家，融入环翠区民主党派之家大集体，为盟员组织活动、学习交流提供场所和平台。

【思想建设】 2023年，民盟环翠区支部严格教育培训，召开支部委员会3次，集中传达学习上级文件精神和“实敢当”作风专项行动要求。组织盟员参加区委统战部组织的统一战线培训班，坚定盟员政治信念，提升个人素养。加强思想宣传工作，以“次次活动有汇报”的工作要求，报送宣传稿件10篇，扩大民盟环翠区支部的社会影响力。

【社会服务】 2023年，民盟环翠区支部践行“工作在单位，活动在社区，服务双岗位”要求，将支部特色、盟员优势、群众需求有机融合，提升社会服务质量和群众认可度。在羊亭镇宝石山片区黄埠屯村开展民主党派助力乡村振兴活动，开展村民剪纸服务、宝石山片区注册商标调研等活动3次；结合自身实际和人才特点，组织开展民主党派“强服务、争第一”解放思想走进企业活动、“传承雷锋精神 弘扬时代新风”主题实践志愿活动、“月满金秋抒浓情 乐享山海过中秋”睦邻做月饼活动等，参与民盟威海市委会组织的“支部联学 同心共建”活动，取得双服务、双促进、双提升的良好效果。年内，支部盟员获得国家、省、市、区各类荣誉30余项。

（林　哲）

中国民主建国会威海市环翠区总支部委员会

【概况】 2023年，中国民主建国会威海市环翠区总支部委员会（简称民建环翠区总支）设有2个基层支部，有会员46人（一支部23人、二支部23人）。其中12名会员担任市区两级人大代表和政协委员。年内，提报提案和社情民意信息20余篇，在扶贫助残、助老助教助困、组织助残公益演出等活动中捐献款物价值40余万元。

【参政议政】 2023年，民建环翠区总支号召广大会员聚焦区委“大抓经济”重点工作，围绕中心服务大局，密切关注政府工作重点、经济发展堵点、改革攻坚难点和社会民生热点，提报意见、建议和社情民意信息20余篇；聚焦社会老龄化加速而催生的“银发经济”发展契机，结合环翠区老年用品产业优势，提出打造新的经济增长极和产业优化升级的对策建议，提报《关于构建老年用品产业体系推动“银发经济”高质量发展的建议》，被区政协采纳。

【思想组织建设】 2023年，民建环翠区总支深入开展“凝心铸魂强根基、团结奋进新征程”主题教育活动。4月，开展常读史书、铭记历史、珍惜和平“世界读书日”系列活动，到威海东南乡及海警军营观摩等红色教育活动。坚持政治首位标准，把好入口关、优化结构、保持界别特色，遵照会员年度发展指标，健全初选、考察、批准等程序，严格思想审核和培训考察，发展纳新会员4名，优化会员结构。

【社会服务】 2023年，民建环翠区总支带领会员持续打造“彩虹·筑梦”社会公益品牌，助力民生改善。关爱弱势群体，成立爱援祥艺术团，开展残疾人技能培训。关注教育事业，实施捐资助学，9月开学季，为威海市桥头小学捐赠音箱等教学设备和健康查体卡，并围绕校园欺凌事件和安全隐私开展宣传。关心地震灾区冷暖，爱援祥公益中心筹集20余万元物资支援甘肃积石山地震灾区。拓展公益服务新领域，在暑期和国庆旅游高峰时期，开展“助力文明创建 展示威海之美”大型社会服务活动，组织志愿者40多人次，为高铁站旅客提供购票指导、搬运行李、路线指引、爱心帮扶等服务，展示“好客山东·爱在威海”文旅品牌形象。

（林　哲）

中国民主促进会威海市环翠区支部委员会

【概况】 2023年，中国民主促进会威海市环翠区支部委员会（简称民进环翠区支部）新发展会员4人，会员总数49人，具有中高级以上职称15人，占会员总数的30.61%。其中，威海市政协委员2人、环翠区政协委员6人（包含1名区政协副主席，兼任市政协常委）。年内，4名会员获得民进山东省委会“优秀会员”称号。

【参政议政】 2023年，民进环翠区支部向威海市政协提交提案4件，向区政协提交提案6件、社情民意信息11件。《发挥柞峦资源，重振柞蚕产业》《关于大力发展威海市夜间经济的调研报告》2篇调研报告被民进威海市委会定为重点调研课题，在市政协十四届二次会议议政大会上提报提案1篇并发言。年内，1篇调研报告被民进山东省委会采用并报送全省两会。

【思想组织建设】 2023年，民进环翠区支部划分4个工作落实小组，建立主委、副主委、委员、小组长的分层组织管理体系；在竹岛街道四方社区建立“民进会员之家”，定期组织学习交流、开展讨论调研，进一步统一思想、增强凝聚力。组织支部会员参加民进威海市委会举办的“凝心铸魂强根基、团结奋进新征程”主题教育暨“强素质聚共识”专题培训班。

【社会服务】 2023年，民进环翠区支部做好民进威海市委会“共享阳光·同绘彩虹”共同富裕行动品牌建设工作，与温泉镇“如康家园”残疾人之家结对，发挥会员特长，对残疾人进行精神和物质双重精准帮扶，助力“如康家园”项目健康平稳运营。民进中央副主席高友东视察调研“共享阳光·同绘彩虹”共同富裕行动品牌时，给予高度评价。参与民主党派助力乡村振兴“同心创共富”项目，组织会员走进农村为基层群众免费查体、理发、书写春联等。

（林　哲）

中国农工民主党威海市环翠区支部委员会

【概况】 2023年，中国农工民主党威海市环翠区支部（简称农工党环翠区支部）有党员20名，均具有大学及以上学历。其中，市人大代表1人，市政协委员1人，区人大代表1人，区政协常委3人，区政协委员1人。

【思想组织建设】 2023年，农工党环翠区支部加强思想建设和组织提升，参加农工党威海市委会“强服务、争第一”思想解放活动小组会议、“凝心铸魂强根基、团结奋进新征程”主题教育动员会。召开主题教育动员会、一届三次全委（扩大）会议等会议，传达学习农工党中央、农工党山东省委会、农工党威海市委会主题教育动员会以及历次会议精神。成立环翠区支部主题教育领导小组，推进支部及广大党员筑牢共同思想政治基础，加强自身建设，提高履职本领。

2023年6月26日，民进环翠区支部组织会员到羊亭镇宝石山片区为居民体检

（区委统战部　供图）

【参政议政】 2023年，农工党环翠区支部利用政党协商、政协协商等平台，围绕医药卫生、人口资源与环境等领域开展调研，积极建言献策。年内，提交《关于创新发展我市“医养结合”养老产业的建议》调研报告1份，获得市委主要领导批示；提交《关于对威海精致城市建设的意见建议》《应对老年人病患可能骤增的建议》《关于推广数字家庭建设，进一步优化智慧养老服务的建议》《关于疏堵并举 破解针对老年人的保健品欺诈困局的建议》《建议多部门协作提高全区婚检率》提案5篇；提交《关于“技术研发成果如何转化为生产力，助力企业转型升级，实现高质量发展”的意见建议》《关于促动旅游消费的意见建议》《关于优化全区营商环境的建议》《关于加强威海市特色农产品推广的建议》《关于应对旅游高峰的建议》《加强租赁电动车管理的建议》《关于合理管控旅游旺季住宿价格的建议》《关于响应“以竹代塑”倡议大力发展全区竹产业的建议》社情民意8篇；支部主委李侃侃提交的《关于利用欧洲能源危机的窗口期加快引进欧洲高技术企业的建议》、支部副主委臧春光提交的《建议结合实施乡村振兴战略以美丽村居建设为突破口推动建筑行业良性可持续发展》2篇社情民意被威海市政协评为优秀社情民意。

【社会服务】 2023年，农工党环翠区支部发挥医药卫生界别优势，开展社会服务工作。关注困难群众，春节期间到竹岛街道翠竹社区走访慰问贫困家庭，送去关爱温暖。守护儿童健康成长，参加竹岛街道山海社区与环翠区望府实验幼儿园组织的“随风之旅”主题志愿服务活动，对幼儿健康保障进行专业指导；开展儿童抽动障碍义诊活动，提供健康咨询和中医防护指导。参与民主党派助力乡村振兴活动，到临港区草庙子镇周家庄村、羊亭镇宝石山片区开展多次义诊活动，为村民提供内科、外科、妇科及口腔科免费诊断及建议，并向羊亭镇宝石山片区捐赠血压计、血糖仪、脉氧仪等医疗设备及医用酒精等医疗物资，价值3100余元。

（林　哲）

中国致公党威海市环翠区支部委员会

【概况】 2023年，中国致公党威海市环翠区支部委员会（简称致公党环翠区支部）有党员24人，均具有大学及以上学历。其中，省人大代表1人，市人大代表2人，市政协常委1人，市政协委员1人，区政协常委2人，区政协委员3人。

【参政议政】 2023年，致公党环翠区支部报送社情民意、各类提案、宣传信息43篇。其中，2篇被致公党中央采用（支部主委林辰蔚撰写的《关于加快城市旅游高质量发展的建议》被致公党中央采用、《推动传统文旅消费转型升级的意见建议》被致公党中央杂志《中国发展》公众号采用），6篇被致公党省委会采用（支部主委林辰蔚撰写的《关于加快城市旅游高质量发展的建议》、党员张建芬撰写的《关于设立“中华全球招才引智平台”精准引进海外人才的建议》《关于建立全省旅游联动机制，促进文旅经济快速复苏的建议》《关于合理调整工伤职工一次性伤残就业补助金的建议》、党员高斌撰写的《关于完善和统一“警衔的取消”规定的意见和建议》、党员柏健撰写的《AIGC（生成式人工智能）高速发展背景下保护民族文化阵地面临的问题及期盼建议》），1篇受到市委主要领导批示（支部主委林辰蔚撰写的《关于提升文旅品质和提振文旅消费的建议》），1篇被威海统一战线公众号采用（支部主委林辰蔚撰写的《画好统战“同心圆” 奏响乡村振兴“协奏曲”——小支部 大作为》），2篇在威海市党外人士座谈会上被采纳（党员张建芬撰写的《关于政法工作的建议》、党员高斌撰写的《关于法院工作的建议》）。

【思想组织建设】 2023年，致公党环翠区支部开展“凝心铸魂强根基、团结奋进新征程”主题教育，明确“学思想、强根基、重履职、建新功”总要求，坚持学思用贯通，知信行合一，增进对中国共产党领导和中国特色社会主义的政治认同、思想认同、理论认同、情感认同。年内，组织支部会议2次、支部活动10余次，深化主题教育成效转化为参政履职的成果。新发展政治觉悟高、思想品德优、具有侨海（归侨侨眷、与海外联系广泛）特色的党员2名，为队伍建设注入新活力，壮大支部力量。

【社会服务】 2023年，致公党环翠区支部利用人才优势开展社会服务。联合山东大学（威海）支部、区青年企业家商会举办第一期“致公助企”公益沙龙，为企业家发展提供专业指导；支部副主委卢海涛捐建27个村“农村洗衣驿社”，为乡村振兴贡献力量；党员张建芬为16家企业开展法律知识讲座，为威海市人大“法治优化营商环境”专业代表小组做“企业科技创新与知识产权保护”专题讲座，助力企业健康发展，营造营商法治氛围；党员李佰科在中秋节、重阳节等节日看望慰问文登区界石镇张格庄村老人，年内捐赠金额3万元以上；党员高斌到青海省门源县捐资助学，为当地生活困难的优秀学生捐赠助学金5000元，向12名家庭贫困的少年儿童捐款捐物5000元，为经开区皇冠街道长峰馨安社区居民提供义务法律服务；党员孟丽丽向山东省青少年发展基金会捐助10万元，用于“威海经济技术开发区伙伴计划”项目；党员高永娟为甘肃积石山保安族东乡族撒拉族自治县红十字会捐款500元；党员林涛组织人员到高新区怡园街道中盛园社区免费为老年人体检，捐款捐物价值 1.5万元。年内，党员张建芬被山东省仲裁发展促进会授予“全省优秀仲裁员”称号，党员孟丽丽被山东省女企业家协会授予“山东胶东五市杰出创业女性奖”。

【走访调研】 2023年，致公党环翠区支部发挥侨海特色，开展对外交流活动。联合澳门城市大学开展文旅新业态调研，介绍威海历史文化、非遗文化、网红景点和文旅乡村振兴等项目，交流文旅产业发展、文旅品牌打造、文创产品设计经验，宣传威海城市形象。支部副主委王晓光到俄罗斯开展蔬菜种植、汽车贸易考察交流，到非洲刚果（布）开展矿产资源考察；党员孟丽丽赴德国、意大利、美国、越南开展进出口业务交流及贸易考察，加强国际合作交流；副主委卢海涛组织中国、韩国儿童青少年举办艺术画展2次，通过绘画搭建两国沟通桥梁。

（林　哲）

九三学社威海市环翠区支社

【概况】 2023年，九三学社威海市环翠区支社（简称九三学社环翠区支社）有社员39人，来自医疗、法律、教育等行业和领域。有各级人大代表、政协委员10人，其中威海市人大代表2人、政协委员2人，环翠区人大代表2人、政协委员7人。

【参政议政】 2023年，九三学社环翠区支社完成调研报告1篇；提交人大建议、政协提案以及社情民意信息8篇，其中1篇被威海市委统战部采用并在《威海统战》刊登，得到市委主要领导批示。联合九三学社威海市法律工作委员会、区司法局组织召开共建法制政府建设调研座谈会，为环翠法治政府建设建言献策，山东大学（威海）法学院教授、九三学社威海市委会法律工作委员会主任贾焕银提出的“合规环翠”得到肯定。与九三学社哈工大（威海）支社在远遥浅海科技湾区就打造威海海洋科技城开展联合调研，调研报告得到市区主要领导批示。7月24—25日，九三学社中央在威海召开九三学社全国社会服务工作会议，九三学社社员、区农业农村局副局长杨爱芳代表环翠区在会议上作典型发言。

【思想建设】 2023年，九三学社环翠区支社开展“强服务、争第一”解放思想讨论活动和“凝心聚魂强根基、团结奋进新征程”主题教育活动，组织广大社员通过集中学习中共二十大报告、九三学社章程和个人自学等方式提高理论素养，坚定理想信念。组织社员参加环翠区统一战线培训班，用习近平新时代中国特色社会主义思想武装头脑、指导实践、推动工作，增强履职本领。

【社会服务】 2023年，九三学社环翠区支社主动担当，打造社会服务工作亮点品牌。组织社员企业走进竹岛街道陶家夼、北竹岛、戚家庄等社区开展两个月的“送医送健康”大型健康义诊，用实际行动将医疗

2023年11月14日，九三学社环翠区支社到羊亭镇宝石山片区开展“乡村振兴　拥抱光明”活动
（区委统战部　供图）

技术和暖心服务送进基层社区；参与民主党派助力乡村振兴活动，与羊亭镇党委签订共建协议，在宝石山片区开展多场次“乡村振兴 拥抱光明”活动，宣传眼健康知识、开展义诊活动，捐赠蔬菜种子1000余袋，助力片区群众联享共富生活。

（林 哲）

环翠区工商业联合会

【概况】 2023年，区工商联有会员2532个，其中团体会员10个，直属会员101个，个人会员9个，所属商会会员2412个；镇（街道）商会9个，青年企业家商会1个，民办非盈利社会组织1个。年内，对照“政治引领好、队伍建设好、商会发展好、作用发挥好、工作保障好”标准要求，拓展服务载体，提升服务质效，助力民营经济高质量发展。

【政治引领】 2023年，区工商联传达学习习近平总书记在看望参加政协会议的民建、工商联界委员时的重要讲话以及党的二十届二中全会公报，提升政治素养，组织政治理论线上学习活动6期，培训民营企业家500余人次。6月28日，举办“追忆光辉岁月 传承红色精神”主题活动，组织全体党员、企业家代表到荣成市郭永怀事迹陈列馆、羊亭镇宝石山片区观摩学习，接受革命传统教育，助力乡村振兴。8月11日，组织企业家学习《中共中央 国务院关于促进民营经济发展壮大的意见》，交流学习心得，坚定企业发展信心。11月2日，举办企业家座谈会，专题学习交流习近平总书记致中华全国工商业联合会成立70周年的贺信精神。

【参政议政】 2023年，区工商联发挥参政议政主渠道作用，引导执委企业建言献策，有关建议、提案被区人大常委会、区政协采纳24篇，《关于有效带动激发民间投资的建议》被中华全国工商业联合会、山东省政协采用。通过全国工商联线上调研平台开展民营企业运行状况、营商环境等调研活动8次，为上级制定政策提供数据支撑。围绕民营经济高质量发展开展调研，形成《中小民营企业发展存在的问题与对策建议》调研报告1篇。

2023年6月28日，环翠区工商联组织企业家开展“追忆光辉岁月 传承红色精神”庆“七一”主题活动 （区工商联 供图）

【招商引资】 2023年7—9月，区工商联根据环翠区政府部署，制定《环翠区参与筹备2023中国民营企业500强峰会暨全国优强民营企业助力山东绿色低碳高质量发展大会工作机制》，明确领导小组下设的综合协调组、招商引资组、新闻宣传组工作职责，上报环翠区阶段性工作成果简报8期、项目信息11个，威海市铝深加工产业链绿色高质量发展会议暨魏桥（威海）铝精深加工产业园开园仪式活动信息作为招商工作亮点在山东省大会组委会第4期周通报刊发。梳理中国500强民营企业在环翠区投资项目22个，协调企业参与拍摄中国500强民营企业在威海投资情况集锦。制定《环翠区参与威海市产业合作推介会活动方案》，联合有关镇（街道）、部门开展家家悦控股集团股份有限公司董事长王培桓、利群集团股份有限公司总裁助理董梁等8位参会企业代表以及郑州瀚琳机械制造有限公司鑫达精密制造、青岛华瓷新材料有限公司高性能碳化硅精密陶瓷2个签约项目的跟踪服务，完成各项参会议程。年内，走访商会组织和会员企业，宣传推介环翠区产业和优势资源，捕捉招商线索，开展招商活动4期，引进威海源创智慧电子信息科技有限公司项目，完成到位资金1.8亿元。

【会员服务】 2023年，区工商联开展民营企业大走访大调研活动，走访商会、企业100余家次，收集企业融资、扩建、培训等需求10条，联合农业银行、日照银行、浦发银行开展“银企共赢”主题活动，协助企业获得贷款、授信4000万元。开通政策直通车，通过线上推送、上

2023年8月11日，区工商联联合浦发银行举办银企共赢对接会

（区工商联　供图）

门走访方式，向民营企业推送山东2023年“稳中向好、进中提质”政策清单、威海2023年惠企政策集成、推动经济高质量发展政策文件汇编等政策信息10余项。联合区税务局面向小微企业和个体工商户讲解增值税小规模纳税人减免增值税、个税专项附加抵扣等政策。2月7日，威海市环翠区永汇安联合企业服务中心在山东凌云志法商学院揭牌。中心拥有理事单位11家、专业咨询讲师70余位，为1200余家企业免费提供咨询、培训服务，赋能中小经济实体高质量发展。

【民营企业家培训】 2023年，区工商联依托全国、山东省工商业联合会学习平台、威海市环翠区永汇安联合企业服务中心举办“涉案企业合规改革的实践与发展”“法财税融合内控数字化管理高峰会”等线上线下培训活动15场，培训企业家及企业高管1000余人次。10月12—21日，组织环翠区4名青年企业家参加威海市新生代企业家创新能力提升专题培训班，到江苏省常州市、无锡市学习智能制造、大数据应用、乡村振兴等内容，为企业创新发展提供新思路。

【公益事业】 2023年1月，区工商联开展“万企兴万村”活动，组织企业走访桥头镇报信村、涧北村以及环翠楼街道海城社区20余户困难群众，赠送价值3万元生活用品。3月11日，组织200余名企业员工开展“共建美好家园”植树活动。6月29—30日，到枣庄市台儿庄区明远实验小学慰问学生，捐赠价值4万元的书包和文化衫。

（刘军威）

群众团体

环翠区总工会

【概况】 2023年，区总工会围绕全区中心工作，把握“大抓经济”工作主基调，创新思路举措，积极履职尽责。成立威海市首家特色街区联合工会、首家跨境电商仓储行业联合工会；开设特种作业培训班，110名职工取得特种作业操作证书；举办环翠区第十二届职工职业技能大赛，29家企业91名职工参赛；筹措52万余元资金，开展金秋助学、冬送温暖、困难职工帮扶工作；开展“惠工保”工作，惠及职工近5万人；参与裁前、诉前调解案件158件，帮助职工挽回经济损失449.8万元。推评全国最美户外劳动者服务站点1家、全国“五一劳动奖状”企业1家、山东省劳动模范和先进工作者6名、山东省新时代岗位建功劳动竞赛标兵8名、山东省巾帼建功标兵1名、山东省工会爱心托管班1家、山东省“工会妈妈小屋”示范点1家，争取上级无偿资金238万余元。

【基层工会组织建设】 2023年，区总工会加强与行业主管部门联动，发挥基层工会一盘棋作用，重点围绕新就业形态、农民工、社会组织等领域群体，推动工会组织扩大覆盖面，新建基层工会组织36家，新增会员2961人。锚定工会组织和工会工作“双覆盖双提升”（已经实现组织覆盖的，消除工作盲区，推动工会组织从“有形覆盖”向“有效覆盖”提升；暂时无法实现组织覆盖的，延伸工作触角，先服务职工再发展会员、先工作覆盖再进行组织覆盖提升）目标任务，找准纳新工作切入点，实行服务先行、活动吸引、资源融合等举措。4月18日，威海市首家特色街区联合工会——环翠区属相街特色街区联合工会成立；5月24日，威海市首家跨境电商仓储行业联合工会——环翠区嵩山街道跨境电商仓储行业联合工会成立。通过“指尖入会”（通过“齐鲁工惠”App网上会员之家扫码加入工会组织）活动，吸纳会员250余名。

2023年5月24日，环翠区嵩山街道跨境电商仓储行业联合工会成立
（区总工会　供图）

【和谐劳动关系建设】 2023年，区总工会联合区人力资源社会保障局、区工商联签发《关于深入推进2023年集体协商工作的通知》，组织开展集体协商工作，签订“1+3”（综合集体合同+工资（薪酬激励）专项集体合同+女职工权益保护专项集体合同+安全卫生专项集体合同）集体合同234份，覆盖企业282家，覆盖职工20751人，动态签订率86%；建立工会+仲裁、工会+法院对接机制，实行律师仲裁、法院坐班制度，免费提供一站式法律援助服务，全年提供法律咨询102人次，参与裁前、诉前调解案件158件，帮助职工挽回经济损失449.8万元。年内，环翠区报送的“劳动者造成企业损失引发劳动争议案”入选“山东省工会维护职工权益典型”优秀案例；组织开展线上线下普法宣传活动32场，“法治体检”活动16场，发放宣传资料2000余份，向劳动者宣讲《中华人民共和国劳动法》《中华人民共和国工会法》《中华人民共和国劳动合同法》《保障农民工工资支付条例》《山东省工会劳动法律监督条例》等法律法规，促进职工学法、守法，营造良好的学法普法氛围。

2023年6月14日，威海市环翠区工会第十六次代表大会召开

（区总工会　供图）

【环翠区工会第十六次代表大会】 2023年6月14日，环翠区工会第十六次代表大会召开，大会讨论通过威海市环翠区总工会第十五届委员会工作报告，审议批准威海市环翠区总工会第十五届委员会财务工作报告和第十五届经费审查委员会经费审查报告，选举威海市环翠区总工会第十六届委员会和经费审查委员会，选举出席威海市工会第十八次代表大会的代表。以无记名投票方式等额选举于超为环翠区总工会第十六届委员会主席，杨林伟、柳雯菁、刘光民为环翠区总工会第十六届委员会副主席。

【争先创优】 2023年，区总工会弘扬劳模精神、劳动精神、工匠精神，加强先进典型选树服务。年内，获评全国“五一劳动奖状”企业1家（威海魏桥科技工业园有限公司）、山东省劳动模范和先进工作者6名、山东省新时代岗位建功劳动竞赛标兵8名、山东省巾帼建功标兵1名（威海磨爱麦食品有限公司技术员孙海燕）、山东省工会爱心托管班1家（环翠区环翠楼街道东北村社区居民委员会馨语悦然职工子女托管班）、山东省“工会妈妈小屋”示范点1家（威海广泰空港设备股份有限公司“工会妈妈小屋”）、“威海工匠”3名、威海市新时代岗位建功劳动竞赛标兵个人15名、“威海市创新明星”1名（威海广泰空港设备股份有限公司工人姚新杰）、“威海市带徒名师”1名（威海广泰空港设备股份有限公司电气设计部部长房彦峰）、威海市工会爱心托管（育）班1家（环翠区环翠楼街道东北村社区居民委员会馨语悦然职工子女托管班）、威海市“工会妈妈小屋”示范点1家（威海万达广场商业管理有限公司“工会妈妈小屋”）、威海市厂务公开民主管理优秀单位2家（威海浦源食品有限公司、威海中远海运重工科技有限公司）、威海市推动厂务公开民主管理工作优秀单位1家（威海市环翠区国有资产服务中心）、威海市女职工工作示范单位2家（威海市环翠区国有资本运营有限公司、环翠区鲸园街道北门外社区联合工会）、威海市女职工建功立业标兵岗5个、威海市女职工建功立业标兵5名、威海市优秀职工42名。

表9　2023年全国“五一劳动奖状”单位（环翠区）一览表

获奖单位	所属行业	授奖时间	授奖机关
威海魏桥科技工业园有限公司	制造业	2023年4月	中华全国总工会

表10　2023年山东省劳动模范和先进工作者（环翠区）一览表

序号	姓　名	性别	出生年月	工作单位及职务	授奖时间	授奖机关
1	李文轩	男	1970年12月	威海广泰空港设备股份有限公司董事长、总经理	2023年4月	中共山东省委、省政府
2	陈德波	男	1982年3月	威海海鑫新材料有限公司生产技术处处长	2023年4月	中共山东省委、省政府
3	王恩茂	男	1964年4月	威海贝草夼旅游开发有限公司董事长	2023年4月	中共山东省委、省政府
4	原永党	男	1965年1月	威海市环翠区海洋发展研究中心农业技术推广研究员	2023年4月	中共山东省委、省政府
5	孙宏伟	男	1995年1月	威海市消防救援支队环翠大队桥头消防救援站消防员	2023年4月	中共山东省委、省政府
6	张旭阳	男	1994年12月	威海大田工业装备有限公司制造车间机床装调维修工	2023年4月	中共山东省委、省政府

表11　2023年山东省新时代岗位建功劳动竞赛标兵（环翠区）一览表

序号	姓　名	性别	出生年月	工作单位及职务	授奖时间	授奖机关
1	宋邵伟	男	1991年11月	威海万泰磁电科技有限公司加工中心班长	2023年12月	山东省总工会
2	袁　龙	男	1990年4月	威海化工机械有限公司焊工	2023年12月	山东省总工会
3	王龙浩	男	1990年2月	威海广泰空港设备股份有限公司工人	2023年12月	山东省总工会
4	张晓峰	男	1986年10月	威海中远海运重工科技有限公司钳工	2023年12月	山东省总工会
5	王银平	男	1988年3月	威海埠崎机械股份有限公司数控车工	2023年12月	山东省总工会
6	李林林	男	1987年2月	威海海鑫新材料有限公司电气管理员	2023年12月	山东省总工会
7	崔永玺	男	1983年7月	大田工业科技（威海）有限公司技术工程师	2023年12月	山东省总工会
8	马　霏	女	1985年3月	威海市环翠区总工会生产保障部科员	2023年12月	山东省总工会

表12　2023年“威海工匠”（环翠区）一览表

序号	姓　名	性别	出生年月	工作单位及职务	授奖时间	授奖机关
1	崔瑞良	男	1986年12月	威海埠崎机械股份有限公司数控铣班长	2023年8月	威海市人民政府
2	曾凡项	男	1980年7月	威海魏桥科技工业园有限公司纺部实验室工艺组长	2023年8月	威海市人民政府
3	马金霞	女	1977年1月	威海市世澳进出口有限公司艺术总监	2023年8月	威海市人民政府

表13　2023年威海市新时代岗位建功劳动竞赛标兵（环翠区）一览表

序号	姓　名	性别	出生年月	工作单位及职务	授奖时间	授奖机关
1	王龙浩	男	1990年2月	威海广泰空港设备股份有限公司工人	2023年12月	威海市总工会
2	李林林	男	1987年2月	威海海鑫新材料有限公司电气管理员	2023年12月	威海市总工会
3	于　迪	男	1995年5月	威海新北洋数码科技有限公司机械手焊接班长	2023年12月	威海市总工会
4	郭东升	男	1977年1月	威海正平机械加工有限公司工人	2023年12月	威海市总工会
5	毛会丁	男	1989年7月	威海龙港纸业有限公司电仪部长	2023年12月	威海市总工会
6	崔永玺	男	1983年7月	大田工业科技（威海）有限公司技术工程师	2023年12月	威海市总工会

续表

序号	姓　名	性别	出生年月	工作单位及职务	授奖时间	授奖机关
7	孟凡亭	男	1969年4月	威海市鸿安建筑集团股份有限公司施工员	2023年12月	威海市总工会
8	姜双景	男	1981年1月	威海魏桥科技工业园有限公司平保队长	2023年12月	威海市总工会
9	李　昂	男	1997年11月	威海中远海运重工科技有限公司班组长	2023年12月	威海市总工会
10	李　奇	男	1980年1月	威海市环翠区张村镇卫生院中医科主任	2023年12月	威海市总工会
11	林乐乐	男	1975年11月	威海广泰空港设备股份有限公司焊工	2023年12月	威海市总工会
12	尹艺星	男	1979年1月	威海市超人跑腿便民服务有限公司网约送餐员	2023年12月	威海市总工会
13	纪　晓	男	1982年1月	威海威腾物流运输有限公司快递小哥	2023年12月	威海市总工会
14	赵燕英	女	1973年6月	威海市欣娃母婴护理服务有限公司月嫂	2023年12月	威海市总工会
15	张全军	男	1996年11月	威海市环翠区鲸园街道北港社区网格长	2023年12月	威海市总工会

表14　2023年威海市女职工建功立业标兵岗（环翠区）一览表

序号	获奖单位	所属部门	授奖时间	授奖机关
1	中共威海市环翠区委党史研究中心	年鉴编辑组	2023年3月	威海市总工会
2	山东汇泉工业有限公司	缝纫三班	2023年3月	威海市总工会
3	威海市祥云物业服务有限公司	祥云花园小区项目组	2023年3月	威海市总工会
4	威海口腔医院	特诊科	2023年3月	威海市总工会
5	威海裕罗电器装配有限公司	自动开线打端班	2023年3月	威海市总工会

表15　2023年威海市女职工建功立业标兵（环翠区）一览表

序号	姓　名	性别	工作单位及职务	授奖时间	授奖机关
1	蒲玉燕	女	威海市环翠区妇幼保健计划生育服务中心检验科副主任	2023年3月	威海市总工会
2	孙海燕	女	威海磨爱麦食品有限公司技术总监	2023年3月	威海市总工会
3	张　晋	女	威海市陆零壹贰叁肆玖便民服务中心党支部副书记、副主任	2023年3月	威海市总工会
4	谷芳馨	女	威海市环翠区市场监督管理局个体私营经济服务中心主任	2023年3月	威海市总工会
5	李裕伟	女	威海市环翠区工业和信息化局民营经济发展中心创业辅导科科长	2023年3月	威海市总工会

表16　2023年威海市优秀职工（环翠区）一览表

序号	姓　名	性别	出生年月	工作单位	授奖时间	授奖机关
1	崔昊一	男	1987年4月	威海魏桥科技工业园有限公司	2023年8月	威海市总工会
2	谷　晓	男	1992年2月	威海晨光电子有限公司	2023年8月	威海市总工会
3	林媛媛	女	1987年9月	山东双创人孵化器有限公司	2023年8月	威海市总工会
4	王明旭	男	1974年3月	威海祥同彩印包装纸业有限公司	2023年8月	威海市总工会

续表

序号	姓　名	性别	出生年月	工作单位	授奖时间	授奖机关
5	王荣霞	女	1990年5月	国药控股（威海）威高医药有限公司	2023年8月	威海市总工会
6	于　美	女	1981年9月	威海伟建实业有限公司	2023年8月	威海市总工会
7	郑　腾	男	1991年10月	威海中远海运重工科技有限公司	2023年8月	威海市总工会
8	卢郑伟	男	1981年12月	威海震宇智能科技股份有限公司	2023年8月	威海市总工会
9	赵立娜	女	1985年5月	威海宝飞龙钓具有限公司	2023年8月	威海市总工会
10	邓　颖	男	1983年10月	威海市海王旋流器有限公司	2023年8月	威海市总工会
11	曲晓绪	男	1975年11月	威海龙港纸业有限公司	2023年8月	威海市总工会
12	曲晓华	女	1983年2月	山东华素制药有限公司	2023年8月	威海市总工会
13	于建群	女	1986年10月	威海浦源食品有限公司	2023年8月	威海市总工会
14	周　勇	男	1989年2月	威海市环翠区温泉镇卫生院	2023年8月	威海市总工会
15	王　霞	女	1977年10月	山东新大东股份有限公司	2023年8月	威海市总工会
16	郭　双	女	1987年10月	威海裕罗电器装配有限公司	2023年8月	威海市总工会
17	薛　成	男	1991年1月	威海邦德散热系统股份有限公司	2023年8月	威海市总工会
18	黄永恩	男	1984年2月	海众（威海）新材料有限公司	2023年8月	威海市总工会
19	孙庆敏	女	1975年7月	威海海滨渔具有限公司	2023年8月	威海市总工会
20	李巧燕	女	1988年8月	环翠区双举海参经营部	2023年8月	威海市总工会
21	史雨晨	男	1997年5月	威海市万通置业有限公司	2023年8月	威海市总工会
22	尹　洁	女	1988年10月	中国邮政集团有限公司威海市环翠区分公司	2023年8月	威海市总工会
23	崔军涛	男	1985年7月	威海市鸿安建筑集团股份有限公司	2023年8月	威海市总工会
24	徐少杰	男	1978年12月	威海市兴源集团公司	2023年8月	威海市总工会
25	王　丹	女	1975年7月	威海同方项目管理咨询有限公司	2023年8月	威海市总工会
26	王迎兵	男	1973年1月	威海通明照明工程有限公司	2023年8月	威海市总工会
27	韩亚慧	女	1990年10月	威海市陆零壹贰叁肆玖便民服务中心	2023年8月	威海市总工会
28	梁朝阳	男	1986年2月	威海大地工程测绘有限公司	2023年8月	威海市总工会
29	高贞东	男	1983年2月	山东银凯特能源科技有限公司	2023年8月	威海市总工会
30	单丽卫	男	1982年11月	威海华夏培训中心有限公司	2023年8月	威海市总工会
31	张训南	男	1992年3月	威海亿美运动器械有限公司	2023年8月	威海市总工会
32	董丽华	女	1974年9月	威海市锦华小学	2023年8月	威海市总工会
33	冯　媛	女	1975年2月	威海市明湖路学校	2023年8月	威海市总工会
34	郭小妮	女	1977年8月	威海市鲸园小学	2023年8月	威海市总工会
35	刘　波	女	1979年5月	威海市塔山小学	2023年8月	威海市总工会
36	王　颖	女	1982年4月	威海口腔医院	2023年8月	威海市总工会

续表

序号	姓　名	性别	出生年月	工作单位	授奖时间	授奖机关
37	范小艺	女	1979年7月	威海卫人民医院	2023年8月	威海市总工会
38	王　芳	女	1982年10月	威海市环翠区温泉镇卫生院	2023年8月	威海市总工会
39	孙　亮	男	1984年9月	威海广泰空港设备股份有限公司	2023年8月	威海市总工会
40	苗文亮	男	1975年12月	威海市宇王集团有限公司	2023年8月	威海市总工会
41	王从泉	男	1972年12月	威海洁通环卫发展有限公司	2023年8月	威海市总工会
42	王　蓓	男	1981年12月	威海市环翠区国有资本运营有限公司	2023年8月	威海市总工会

【创新工作室打造】 2023年，区总工会推进全区劳模（工匠人才）创新工作室创建工作，加强高技能人才队伍建设，深化劳模工匠等高技能人才在创新驱动发展中的引领示范作用。打造区级创新工作室3家（威海市环翠区张村镇卫生院李奇创新工作室、威海瑞沐精工科技有限公司卢金平创新工作室、威海广泰空港设备股份有限公司于学艺创新工作室），推评市级创新工作室6家（威海市环翠区张村镇卫生院李奇创新工作室、威海瑞沐精工科技有限公司卢金平创新工作室、威海广泰空港设备股份有限公司于学艺创新工作室、威海广泰空港设备股份有限公司梁建锋创新工作室、威海广泰空港设备股份有限公司赵凡胜创新工作室、威海广泰空港设备股份有限公司高峰创新工作室）。

【职工技能培训与劳动竞赛】 2023年，区总工会走访调研企业50余家，摸清职工培训意愿，举办低压电工、焊工两期特种作业培训班，环翠区41家制造业企业115名职工参训，其中110人通过考试取得“特种作业操作证书”，合格率96%；督导张村镇、羊亭镇、桥头镇等9个镇（街道）结合各自镇域特点，举办“乡村振兴 一镇一品”劳动竞赛，包含消防技能比武、母婴技能、建筑业、叉车、花饽饽等9个场次，电工、测量、面点等15个工种，涵盖职工380人。7月7日，在威海职业学院举办环翠区第十二届职工职业技能大赛，大赛由理论考试和实操考试两部分组成，设电工、焊工、钳工、车工、数控车工、数控铣工、汽车维修7个工种，全区29家企业91名职工参赛。

【岗位创新创效】 2023年，区总工会开展职工创新创效竞赛活动，威海广泰空港设备股份有限公司、威海怡和专用设备制造有限公司等5家企业的6名职工获评“2023年威海市职工创新创效竞赛市级决赛奖”，威海广泰空港设备股份有限公司申报的创新创效成果获山东省职工创新创效决赛三等奖。

【创新技术对接转化服务】 2023年，区总工会开展创新技术对接交流活动，邀请全国五一劳动奖章获得者卢文涛，威海工匠戚建平、崔瑞良、宋邵伟、蔡玉印等，交流研讨威海大田工业装备有限公司技术难题2项，并给予技术指导。年内，促成卢文涛与威海大田工业装备有限公司达成技术合作。

【职工教育与文体活动】 2023年，区总工会开展“劳模工匠进校园”

2023年7月7日，环翠区第十二届职工职业技能大赛在威海职业学院举办
（区总工会　供图）

主题宣讲5场次，组织企业开展常态化宣讲60场次。开展工会新媒体原创作品征集、职工达人秀、环翠区“5·23”歌咏会企业合唱专场、环翠区首届职工羽毛球比赛等文化活动9场。帮助18家企业27名职工（农民工）参加一线职工“求学圆梦”行动，完成在线学历提升报读和省市级学费补助申报。结合职工需求和工会工作，依托“最威海是环翠”App和“齐鲁工惠”App同步开展“云送清凉·工会有礼”“工读书会·云上悦读”“迎中秋·贺国庆”等活动8场。

2023年9月13日，区总工会组织一线职工到青州疗休养

（区总工会　供图）

【产业工人队伍建设改革】 2023年6月13日，区总工会召开产业工人队伍建设改革工作推进会，贯彻落实中央和省、市关于推进产业工人队伍建设改革的工作要求，迎接全市评估考核。会议对109项评估考核指标详细解读，从组织领导、思想引领、建功立业、素质提升、地位提高、队伍壮大、提升产业工人创新力七个方面，分解责任和工作任务。各单位按照会议部署要求，积极完善档案资料、工作台账。年内，环翠区在全市产业工人队伍建设改革工作成效评估中位列第二名。

【安全生产】 2023年，区总工会与区应急局联合印发《2023年“查身边隐患、保职工安全、促企业发展”活动行动方案》，组织9个镇（街道）工会开展“安全生产第一课”、“查保促”知识竞赛、“安全隐患随手拍”、“安康杯”消防技能竞赛等活动，参与职工4846名；指导企业工会开展隐患排查、消防演习、安全生产教育培训等活动，参与职工9600余人，查找安全隐患620余处，已全部整改。推评威海市“查保促安康”竞赛活动优胜单位4个（威海中远海运重工科技有限公司、威海市环翠区通达市政工程有限公司、威海金蚂蚁汽车广场有限公司、山东汇泉工业有限公司），推评威海市“安全生产标准化示范班组”7个（威海小商品批发市场物业管理有限公司设备安全科、威海广泰空港设备股份有限公司电源车间、威海市宇王集团有限公司制冷设备班组、威海瑞沐精工科技有限公司注塑生产A组、威海市环翠区通达市政工程有限公司项目部、威海邦德散热系统股份有限公司成品包装组、山东汇泉工业有限公司智能班组），推评威海市“查保促安康”竞赛活动先进个人16名（姜永建、许丽、孙华伟、孟凡江、李磊、刘豪、肖磊、刘晓燕、陈峰、王鹏程、戚黎平、李昌龙、初和明、郭洪宇、刘丽娜、史玉华）。

【帮扶服务】 医疗互助保障。2023年，环翠区有373家单位2.76万名职工参保住院医疗保险，298家单位2.2万名职工参保住院津贴保障项目，惠及病患职工2524人次，发放理赔金192.3万元。

为民办实事。2023年，区总工会开展“夏送清凉”活动，为1.9万余名职工和农民工发放清凉慰问物资价值30万元；为416名新就业形态劳动者会员发放口罩6000个、新春福袋304份；联合爱心企业为环卫户外劳动者、快递员、外卖配送员等新就业形态劳动者赠送口腔护理套装1695份，价值20万元；为困难职工发放慰问金、生活救助、医疗救助47.53万元；对13名困难职工家庭子女发放助学金5.1万元；开展一线职工疗休养活动，组织104名一线优秀职工分3批次到青州开展区级疗休养活动。

心理健康服务。2023年，区总工会依托职工心理健康服务站，开展24小时线上咨询、心理咨询师每周免费坐班服务，为11名职工进行线下个案心理疏导，开展身心放松减压操培训2场；有计划、有重点地开展心理知识培训、讲座、沙龙活动15场，受益职工1500余人。

【工友创业园打造】 2023年，区总工会培育推评“省级工友创业园”

1家（山东双创人孵化器有限公司）、“省级农民工之星”1名（威海市宇王集团有限公司于占斌）、“市级工友创业园”2家（山东创意集团有限公司、山东银凯特能源科技有限公司）、市级“优秀工友创业园”1家（威海宝飞龙钓具有限公司）、“市级农民工之星”2名（威海邦德散热系统股份有限公司薛成、山东汇泉工业有限公司宋海霞）、“2023年威海市职工幸福企业试点单位”1家（威海广泰空港设备股份有限公司）；结合生产经营需求开展岗位技能培训和农村实用技术培训54场，培训就业困难职工、农民工680人次。

【户外劳动者服务站点打造】 2023年，区总工会推动工会户外劳动者服务站点建设扩面提质，完成2家户外劳动者服务站点建设，至年末，打造服务站点36家，实现辖区全覆盖，服务户外劳动者1万余人次。威高广场商圈工会户外劳动者服务站点获评“全国最美服务站点”。鲸园街道古陌岭路会客厅工会户外劳动者服务站点获评“威海市最美工会户外劳动者服务站点”。

【工人文化宫】 2023年，区总工会加强工人文化宫阵地管理，持续推进工人文化宫自主运营，为全区广大职工提供优质学习交流平台，开展技能培训等各类公益性服务20场；全年向广大职工错时、延时开放乒乓球、台球等运动项目，开展有氧健身操、静态瑜伽、尊巴等团课300余节，接待职工会员1万余名；通过活动联办、培训联做、平台联建，开展女职工“凝心铸魂跟党走，团结奋斗新征程”职工健步走活动、2023青年联谊交友会、“青春有约，情定羊亭”联谊交友等各类大型活动10余场次，实现工人文化宫资源整合、优势互补、全区共享。

（丁文凯）

中国共产主义青年团环翠区委员会

【概况】 2023年，团区委落实环翠区“实敢当”作风提升专项行动，聚焦主责主业，从服务青年紧迫需求、强化青年发展保障、促进青年全面发展等方面入手，开展青年工作。年内，推介公安环翠分局城里派出所为2023—2024年度全国维护青少年权益岗创建单位，推动鲸园街道古北社区入选2023年中央专项彩票公益金支持青年社会组织服务社区青少年“伙伴计划”示范项目实施社区，入选山东省“青年驿站”优化提升试点、共青团山东省委“070”勇敢者行动试点单位，推动鲸园街道古北社区、竹岛街道海源社区、温泉镇亿和社区入选山东省“青春社区 伙伴计划”青年社会组织参与基层社会治理创新服务项目实施社区。

【青年发展友好型城区建设】 2023年，团区委聚焦山东省青年发展友好型城区建设试点工作，优化城区青年友好环境，加速青年城区融入。3月，经威海市青年工作联席会议办公室评定，鲸园街道、张村镇、环翠楼街道东北村社区、张村镇魏桥社区、竹岛街道观海社区、羊亭镇新阳社区、远遥浅海科技湾区7处入选威海市首批青年发展友好型镇（街道）、社区、阵地，依托相关阵地开展青年文体娱乐活动85场次，参与青年10.9万人。8月，鲸园街道、孙家疃街道2处青年发展服务中心［威海青年发展服务中心（环翠）、威海青年发展服务中心（环翠半月湾站）］投入使用，为青年提供政策咨询、就业指导等多项服务，开展各类活动108场次，参与人数3000人次。11月，环翠区通过山东省青年发展友好型县域建设试点中期评估。

【“特种兵”环翠游保险】 2023年，环翠区针对旅游旺季需求，首创性出台“特种兵”旅游安全套餐，包含2项保险——“特种兵”环翠游安全无忧险：到环翠区旅游的青年及家属、朋友花费1元投保，可享受包含驾驶非机动车意外伤害保险在内的多项风险保障，每次投保保障3天；组织者责任险：该保险由政府买单、群众受益，参与团区委组织（含主办、承办）的各类文体娱游活动，由团区委为参与者免费投保，全年保额1000万元。团区委在5处热门景点设置旅游志愿服务站点，开展保险政策宣传解读等志愿服务，479人投保，服务青年5600余人次。

【基层共青团组织建设】 2023年，团区委深耕县域基层共青团组织改革工作，巩固拓展改革成果，团的“三力一度”（组织力、引领力、服务力、大局贡献度）进一步提升。探索创新新兴领域建团路径，新建非公企业团组织54个。4月，落实少先队荣誉激励机制，推报“红领巾奖章”四星章个人3名、集体1名，五星章个人1名，成功申报全国红领巾中队3个。5月起，分批次开展发展团员工作，完成1570个团员发展指标，推动新发展团员100%注册成为志愿者，推优入团率100%。9月起，推动团员和青年主题教育与党的第二批主题教育协同

2023年10月20日，中国共产主义青年团环翠区第二十次代表大会召开

（团区委　供图）

推进、有机联动，组织动员全区1023个团支部完成“4+1”（4次专题学习会、1次团组织生活会）任务，依托青年之家、青春社区等团属阵地开展学习培训、理论宣讲等活动208场次，“智慧团建”系统团支部覆盖率100%。10月20日，召开共青团环翠区第二十次代表大会，确定代表145名，选举产生共青团威海市环翠区第二十届委员会常务委员、书记和副书记，李俊莹当选共青团威海市环翠区第二十届委员会书记，宋双爱、郭起康当选副书记。

【大学生实践活动】 2023年，团区委搭建联系青年平台，促进青年与地方发展对接，支持招才引智工作。5月，开展“百万大学生进社区”实践活动，组织山东大学（威海）等8所驻威高校336名学生，与张村镇魏桥社区等14个社区、阵地结成对子，常态化开展实践活动。6月，开展“青鸟计划”大学生实习实践活动，通过微信、青鸟计划平台等宣传发动，征集岗位353个，收到全国各高校大学生实习意向425份，吸纳200余名大学生参加实习活动。7月1日，联合区委组织部举办“青春电竞·感知环翠”TGA青年电竞人才环翠行活动，邀请20名参赛选手走进远遥浅海科技湾区、威海创新园等特色园区以及半月湾等网红地标，近距离了解产业发展和人才政策。7月27日，联合区人力资源社会保障局开展“威海籍学子家乡名企行”活动，组织20名威海籍大学生到威海广泰空港设备股份有限公司、山花地毯集团有限公司等单位参观交流。年内，入选山东省“青年驿站”优化提升试点。

【志愿服务】 2023年，团区委深化青年志愿服务，注重青年参与社会治理，展现青春力量。联合13家青年社会组织，开展“精致童年”为小、“青春有约 相聚环翠”为青、“金晖助老”为老志愿服务项目，开展活动78次，服务680人次，增强团属社会组织参与社会治理的责任担当意识。7月，针对旅游旺季游客秩序维护、环境保护、电瓶车安全等问题，组织5个镇（街道）建立青年志愿服务队，组建3个志愿型青年突击队，汇聚暑期返家乡大学生、外卖小哥、社会组织等领域青年志愿者100余名，实施“游客点单—志愿者接单—突击队跟单”志愿服务闭环管理模式，解决游客诉求5000余次。11月，链接社会爱心资源，为困境青少年新建2所希望小屋，搭档社会组织提供亲情陪伴、课业辅导等暖心服务；帮扶2名品学兼优的大学生申请“中国茅台·国之栋梁——2023希望工程圆梦活动”助学金1万元。

2023年7月1日，“青春电竞·感知环翠”TGA青年电竞人才环翠行活动举办

（团区委　供图）

2023年8月12日，团区委组织青年志愿者参与中国山地自行车公开赛服务活动
（团区委　供图）

【青少年权益维护】 2023年，团区委聚焦青少年权益维护，保护青少年身心健康，打造青少年健康成长常态长效机制。6月，联合公安部门推介城里派出所为2023—2024年度全国维护青少年权益岗创建单位；跟随信息时代步伐，以微信互动知识问答获得学校积分等多种方式开展防电信网络诈骗等内容宣传12次，设置公共法律服务亭、法治小展厅等宣传角3处，服务600人次。8月，推动鲸园街道古北社区入选团中央“伙伴计划”项目实施社区，完成青少年思想引领、参与社区治理等服务29次，服务800余人次。10月，入选共青团山东省委“070勇敢者行动”（由团省委组织开展，聚焦校园欺凌防治工作，维护青少年合法权益）试点单位，组织威海市鲸园小学等6所试点学校成立工作联合会，建立37个“070”工作室，实现全区中小学全覆盖，开展活动82场次，受众1.2万余人。

（李晴宜）

环翠区妇女联合会

【概况】 2023年，全区妇联工作坚持服务大局与服务妇女相统一，在思想引领、儿童友好、创新创业、组织建设、家庭教育、维权关爱等方面积极作为。通过织密组织网络、加强阵地建设等重点举措，推动妇联组织坚强有力，阵地建设规范标准，执委作用发挥充分有效，更好地发挥党联系妇女群众的桥梁纽带作用。年内，区妇联获评“山东省妇联组织建设改革先行区妇联”、99公益日“齐鲁润春蕾”联合募捐先进集体荣誉，“五心”（“初心”“凝心”“匠心”“益心”“暖心”）向党巾帼红获评山东省妇联系统优秀党建品牌，桥头镇报信村入选山东省妇女联合会“美丽庭院建设工作通报表扬村集体”名单，竹岛街道天翔社区党总支书记、主任、退役军人服务站站长于静被山东省妇女联合会、山东省退役军人事务厅、山东省军区政治工作局评为山东省第13届“十佳兵妈妈”。

【基层妇女组织建设】 2023年，区妇联坚持“党建带妇建”，不断推进新经济组织、新社会组织、新就业群体等领域妇联建设，指导成立超人跑腿妇女委员会等“四新”领域妇联组织19个，开展服务30余场；与区社会治理服务中心联合印发《关于推进基层妇联建设与网格化服务管理工作融合发展的实施意见》，推动妇联执委深度参与基层社会治理；组织开展基层妇联干部培训4场次，培训执委360人次。开展“森林防火巾帼行动”，发动执委选聘523名妇女担任巾帼林长，开展森林防火工作。年内，被授予“山东省妇联组织建设改革先行区妇联”。

【“厚德环翠 美在我家”品牌建设】 2023年，区妇联深入贯彻省妇联对“美丽庭院”建设工作要求，以“乡村振兴巾帼行动”为统领，因地制宜打造“厚德环翠 美在我家”工作品牌。充分发挥典型引领、信用激励、项目领办等作用，改善农村人居环境，助力乡村生态振兴。着眼农村人居环境改善、思想观念提升和行为习惯养成，抓长效补短板，实现“美丽庭院”建设工作提质增效。

【家风家教宣传引领】 2023年，区妇联开展“最美家庭”“好婆婆”“好媳妇”评选活动，选树市级“最美家庭”15户、“好婆婆”21人、“好媳妇”18人，引领全区广大妇女和家庭崇德向善。举办“凝聚家力量 培育新风尚”主题活动，选树

2023年12月13日，“凝聚家力量　培育新风尚”颁奖活动举办

（区妇联　供图）

区级“最美家庭”、“最美家庭”教育指导师、“五好先生”“好婆婆”“好媳妇”等典型140个，搭建连接家庭、学校和社会的桥梁，助推家庭建设与经济社会发展同步推进。举办“巾帼心向党　奋进新征程”巾帼宣讲活动200余场次，受众5000余人次。

【家庭教育】　2023年，区妇联打造镇（街道）家庭教育指导服务站2处，实施家庭教育“百千万”工程，开展家教指导300余场，实施“润童成长”家庭支持计划亲职教育项目，开展亲职教育工作坊活动30余场。

【巾帼创业就业】　2023年，区妇联联合山东药品食品职业学院迅腾产业学院共建“环翠区巾帼电商（迅腾产业学院）实训基地”，联合双创人孵化园持续打造汇翠谷·巾帼创业基地，围绕电商创业、人力资源、市场营销等领域举办新媒体电商培训讲座50期，选拔优秀主播36人。实施“心连心·促就业”项目，开展新型家政、母婴技能等培训活动20场次，拓展妇女就业渠道。汇翠谷·巾帼创业基地孵化13个女性直播电商企业，举办3场银企对接会，助力50余位女性创业者解决资金需求。

【服务品牌打造】　2023年，区妇联深化“爱·益·家”公益服务项目，投入资金17万元，在威海市范围筛选购买妇女儿童专业化服务项目10个，入驻环翠区29个妇女之家等基层阵地，以“阵地+社会组织+公益项目”方式开展服务253场次，服务妇女儿童6000余人次。聘请第三方监管机构，督导项目服务32场次，确保项目实施质量和效果。

【儿童友好城区创建】　2023年，区妇联制定《环翠区2023年儿童友好城区建设十大行动》方案，举办儿童友好社区建设培训班，指导羊亭镇、张村镇和兴社区、威海天和美术馆等13处儿童友好空间进行适儿化改造，形成“童享美育·天和启蒙”“童心童治　以融助童”“新阳童行”等特色品牌空间。绘制开发“环翠区亲子体验游导览地图”，分类展示环翠区9大类47处儿童友好空间及9条主题研学线路。以“童参与·童快乐·童成长”为主题，开展“少年儿童心向党　关爱守护伴成长”暑期儿童关爱系列、亲子研学、美育体验、农学实践等活动350余场次，受益儿童5000余人次；开展儿童观察团活动200余场次，不断增强儿童参与城市建设意识。

2023年6月26日，环翠区汇翠谷·巾帼创业基地新媒体技能培训班举办

（区妇联　供图）

2023年3月18日，羊亭镇新阳社区开展“纸鸢乘梦　童绘友好”儿童友好活动

（区妇联　供图）

【婚姻家庭辅导】 2023年，区妇联开展“幸福护航”婚姻家庭辅导服务，通过“热线电话+在线课堂+面对面辅导”方式，为家庭提供情感梳理、心理疏导等服务，接待家庭2300余个，成功劝和夫妻1200余对，收到锦旗26面、感谢信120余封。开展“让爱由心启航”婚姻家庭志愿者能力提升培训12场次，培训志愿者200余人次。推进诉调衔接工作机制，派驻调解员入驻诉讼服务中心，开展婚姻家庭和妇女儿童人身损害赔偿案件调解，处理案件558件，达成和解266件，维护妇女儿童合法权益。

【巾帼关爱】 2023年，区妇联擦亮“与爱同行”关爱服务品牌，搭建公益桥梁，发动社会力量帮扶弱势群体，募集资金20余万元，用于“巾帼寒冬送暖”“阳光社会妈妈”“捐资助学”“助梦飞翔”等关心关爱服务，帮助困难妇女儿童204人次。

（汤济旭　丛瑜婷）

环翠区科学技术协会

【概况】 2023年，区科协全面落实《威海市环翠区全民科学素质行动规划纲要实施方案（2021—2025年）》目标任务，弘扬科学家精神，全民科学素质不断提升。年内，撰写典型经验案例列入山东省科学技术协会典型案例库2项，被山东省科学技术协会授予山东省2023年“全国科技工作者日”优秀组织单位、全国科普日活动优秀组织单位称号，被山东省反邪教协会授予2023年度全省反邪教协会系统先进集体称号。环翠区被中国科学技术协会授予2021—2025年度第二批全国科普示范县（市、区）称号。

【科技人才服务】 2023年，环翠区有科技工作者3.59万人。区科协开展大走访活动，走访科技工作者90人次，收集企业和科技工作者意见建议10余条；开展环翠区科技工作者情况调查，完成电话调查1200户、填写问卷调查600份，样本涉及中小型企业8家、普通中学5所、医疗卫生机构7家以及农业、畜牧、林业、渔业、农技推广机构5家；邀请中国科学技术协会党校“领航计划”的11位青年科技领军人才与华东岩土工程集团有限公司、山东双轮股份有限公司、威海亿芯源半导体科技有限公司科技人员，围绕行业发展开展座谈交流，搭建高科技人才连接桥梁；推荐威海市海王旋流器有限公司张光伟、三角轮胎股份有限公司张金云、威海卫人民医院楚晓丰参加第16届威海市自然科学优秀学术成果申报并获三等奖；举办环翠区中小学科技辅导员培训班，培训中小学科技辅导员200人次。5月24日，围绕“全国科技工作者日”，区委副书记于晓光走访慰问环翠区科技英才、环翠区第三届青年科技奖获得者代表并与其座谈。年内，组织“科技英才”专题报道5期。

【科普基地建设】 2023年，区科协加强科普基础设施建设，提升服务水平，争取山东省科学技术协会资金25万元，为竹岛街道海韵社区建设户外科普设施，为威海新戴明青少年视觉健康科普体验馆增加移动科普宣传车。年内，威海生命健康安全体验馆等7家单位成为市级科普教育基地，威海海洋智能装备研究中心等7家单位入选2023年威海市“科普研学游”特色活动项目基地。威海海洋智能装备研究中心、威海市普陀路小学获评市级优秀科普研学游基地、优秀科创助力双减试点单位。威海海洋科技馆被山东省科学技术协会命名为2023—2025年度山东省科普教育基地并入选山东省科普示范工程项目。

【乡村振兴科普惠农行动】 2023年，区科协开展“送技下乡”活动，组织专家先后到羊亭镇王家夼村、温泉镇双寺夼村开展农业技术培训。推荐孙波（威海市宝丰果蔬专业合作社）、丛群（威海七彩生物科技有限公司）进入“乡村振兴专家服务团”，选树羊亭镇阮家口村阮树涛、张村镇莱海社区张世永为市级农村科普带头人，遴选威海坤润园艺有限公司科普基地、环翠区鑫星家庭农场科普基地为市级农村科普示范基地。

【全国科普日活动】 2023年9月18日，威海市暨环翠区全国科普日主场活动及启动仪式在大世界步行街举行，威海市委常委、副市长张宏璞，区委副书记于晓光出席活动。设置市区两级科普教育基地、高校、科研院所等专业类科技成果、科普资源展示站台10余个；设置眼睛保护、近视控制等研学体验岗23个；为威海广泰空港设备股份有限公司高级工程师李伟等7人颁发中国科协专利应用工程师证书。年内，区科协聚焦中心工作围绕教育、卫生健康、食品安全开展科普大联合行动，举办科普活动400余场，受益群众2万余人次。

【亮点典型推荐】 2023年，区科协推介威海海洋智能装备研究中心参评“科创筑梦　助力双减科普行动”申报，4月，被中国科学技术协会青少年科技中心、中国青少年科技教育工作者协会评为优秀单位；围绕全国科普示范区创建撰写《汇聚英才齐发力 高点定位踏征程 以大科普为抓手 潜心研创全国科普示范区》案例，围绕基层科协组织建设创新撰写《坚持“四个服务”，推进开放型、枢纽型、平台型科协组织建设》案例，8月，两案例被山东省科学技术协会公布表彰，纳入典型案例库；9月，推荐威海市望海园中学主要负责人参加中国科学技术协会全国“三长”（科协系统农技站站长、医院院长、学校校长）会议作典型经验交流。年内，竹岛街道毕彬被中国科学技术协会评为2022年科普中国信息员。

（薛文静）

2023年9月18日，2023年威海市暨环翠区全国科普日活动启动仪式在大世界步行街举行

（区科协　供图）

环翠区文学艺术界联合会

【概况】 2023年，区文联贯彻落实党的二十大关于文化建设的战略部署，坚持“二为”（为人民服务、为社会主义服务）方向、“双百”（百花齐放、百家争鸣）方针，以打通文联服务群众“最后一公里”为工作目标，团结引领广大文艺工作者筑牢意识形态、创作文艺精品、培养文化人才、繁荣文化事业。

【群团建设】 2023年，区文联加强文联基层组织建设，在建立镇（街道）级文联基础上，推动文艺向基层下沉、服务向基层延伸，采取区级文艺家协会同镇（街道）级文联结对共建方式，组织开展丰富多彩的文化培训和文艺活动。5月23日，山东省文联在环翠区举办文艺进万家 健康你我他——“与人民同行·2023山东文艺志愿者在行动”主题活动启动仪式，为全区9个镇（街道）级文联授牌，在中国油画小镇建立威海市文艺创作基地。山东省文联环黄渤海“深入基层 扎根人民”调研小分队在中国油画小镇、里口山等地开展多场以书法、摄影、美术等为主题的文艺志愿服务及座谈交流会。

【文艺精品成果】 2023年，区文联加大重点项目创作和推介力度，报告文学《致敬，老兵》入选山东省作家协会2023年重点扶持项目；与青海省联合创作编排的现代京剧《长空烈焰》在青海大剧院首演，入选第十届中国京剧艺术节，并在四川省成都市展演。参与“第十三届山东省泰山文艺奖”“威海市文艺精品扶持奖励项目”申报评选，其中电影《村头村尾》、京剧《郭永怀》获得泰山文艺奖，实景剧《古道战狼》、吕剧《迟到的军功章》、纪录片《逆行我见》5部作品获得市级扶持。

【“我们的中国梦——文化进万家”活动】 2023年，区文联先后开展“我们的中国梦——文化进万家”、送戏下乡、送欢乐下基层、文艺培训指导等志愿服务活动600余场，培养基层文艺骨干1000余人，提升群众文化服务水平。推进“深入生活 扎根人民”文艺志愿轻骑兵进基层成果展示展演活动，发布《“深入生活 扎根人民”环翠区新时代文明实践文艺志愿服务项目活动方案》，发动文联各协会、社会团体、国有院团参与，每月第二个周在属相街开展文艺培训及汇演等活动，打通文艺服务群众“最后一公里”。4—12月，区剪纸家协会、区摄影家协会、区音乐舞蹈家协会、区京剧家协会、区戏剧家协会、区曲艺家协会在属相街相继开展2023年“深入生活 扎根人民”环翠区新时代文明实践文艺志愿服务活动、环翠区“5·23”歌咏会50周年摄影展、“我们的中国梦——文化进万家”庆祝中国共产党成立102周年文艺汇演、环翠区“弘扬国粹 传承经典”京剧演唱会、环翠区新时代文明实践文艺轻骑兵进基层群众性小戏小剧巡演、“曲”颂时代“艺”心向众——环翠区新时代文明实践文艺志愿轻骑兵群众性小戏小剧巡演等文化文艺活动。区作家协会开展“文化进万家——环翠区作家协会走进修远润生文学讲座”系列活动，区书法家协会开展“万福迎春”文化惠民志愿者走基层为民写春联送福活动，丰富群众精神文化生活。

【《环翠文艺》编辑】 2023年，区文联调整《环翠文艺》版块、专栏，优化内文编排设计。理顺刊物投送工作，提升刊物投递快捷度。年内，编辑出版《环翠文艺》4期，合订本1期，刊发各类文艺作品50万字。

2023年5月23日，山东省文联文艺进万家 健康你我他——“与人民同行·2023山东文艺志愿者在行动”主题活动启动仪式在环翠区举行

（区委宣传部 供图）

（袁 荃）

中国国际贸易促进委员会威海市环翠区委员会

【概况】 2023年，区贸促会围绕招商引资、贸易促进两项中心工作，组织外出招商引资活动14次，组织环翠区65家企业、100多人次参加各类大型展会和市场推广活动11次，发挥环翠区“国家原产地签证审批改革试点”优势，协助签发全区出口商品原产地证书8895份。

【招商引资】 2023年，区贸促会先后对接第四届跨国公司领导人青岛峰会、首届中国供应链促进博览会等，赴北京、上海、深圳等地开展招商引资系列活动。邀请沙特TIJAN集团中国区代表、韩国仁川中区开港洞政府代表以及韩国产业代表、吉尔吉斯斯坦贸易促进协会会长、谷夫科技有限公司、中国节能协会氢能专业委员会、考科利尔竞立（苏州）氢能科技有限公司、鲁东大学农学院、中国核学会应用技术研究院、中能全联能源有限公司等40余批120人次到环翠区考察。注册落地项目2个，分别是威海撼山专用车辆项目、威海谊达国际贸易项目；洽谈储备韩国正现产业项目、韩鱼油加工项目、新能源智能植物工厂项目等一批有效性项目。

【会展经济】 2023年，区贸促会组织环翠区65家企业、100多人次参加中国国际进口博览会、跨国公司与中国主题展、中国国际供应链促进博览会、山东省外贸优品展销会、越南国际渔具博览会等国内外大型综合性展会及市场推广活动。

其中，越南国际渔具博览会上，威海海龙王户外用品有限公司、威海金飞仕渔具有限公司、创威智能科技有限公司等11家钓具企业同新加坡、西班牙等国家采购商现场达成协议意向金额近1000万元。年内，组织威高骨科材料有限公司、威海化工机械有限公司参加跨国公司与中国主题展；组织威海西港游艇有限公司、威海朝阳游艇开发有限公司、山东新大东股份有限公司等5家企业参加山东省外贸优品展；组织威海蓝湾海洋工程装备研究院有限公司、威海正世信息科技有限公司参加首届中国国际供应链促进博览会。

【原产地签证认证优化服务】 2023年，区贸促会发挥环翠区获批“国家原产地签证审批改革试点”优势，采用电子签证、自主打印等方式，让企业足不出户即可完成原产地签证申领程序。全年协助签发出口商品原产地证书8895份，其中RCEP项下优惠原产地证4540份，涉及货物金额约3.3亿元，企业减免进口关税约1600万元，比上年增长38%。

【营商环境提升】 2023年，区贸促会围绕招商引资、外经外贸政策、国际贸易壁垒、国际贸易预警等重点领域，深入企业开展调研，护航企业高质量发展。走访企业36家，了解项目进展及诉求，征集企业在研发费补助、展会等方面需求50余项；对接中国贸促会贸易推广交流中心、省贸促会、市贸促会、区发展改革局、区商务局等，为企业进行政策解读，帮助企业破解难题，完成《推动制造业企业向“智造业”升级》等3篇调研报告，为企业提前转发贸易预警信息100余条，助力环翠区营商环境优化提升。

【商事法律服务】 2023年，区贸促会开展涉外商法培训、送法服务、以案释法等综合服务，推动商事法律服务力量下沉。开展镇（街道）贸易促进业务工作指导2次、走进企业普法营商环境及贸易投资等线下活动36次。利用“最威海是环翠”App、服务企业群等线上普法宣传载体，进行法规宣传和政策解读，帮助企业增强法律意识和合规意识。至年末，开展主题普法和学法考试活动12次。

（许浩然）

环翠区残疾人联合会

【概况】 2023年，环翠区入选2023年山东省持证残疾人基本状况调查评估样本区、村（社区）残疾人协会建设评估样本区。区残联全面调查环翠区7514名持证残疾人基本状况和真实需求，加强改进村（社区）残协标准化、规范化建设，为精准服务残疾人提供基础。持续优化残疾人证办理，为长期卧床行动不便的残疾人提供上门评残服务，免费办理残疾人证1485个，其中上门办证90个。为100户困难需帮扶残疾人家庭发放春节救助慰问金12万元，为18名残疾人办理重度残疾人提前5年领取居民养老保险金事项，为7名残疾人大学生发放励志助学金4万元。举办山东省视力残疾人强技能促就业工作交流观摩现场会。8月24日，在2022年全省残疾人事业发展补助资金绩效评价情况的通报中，环翠区在48个样本县中排名第二。12月27日，环翠区残疾人“文创工坊”试点获评山东省残疾人事业发展创新试点工作评价“优秀”等次。

【残疾人保障】 2023年，环翠区提高重度残疾人护理补贴、困难残疾人生活补贴标准。护理补贴一级由上年的164元提高到181元、二级由140元提高到151元，为3130名残疾人发放护理补贴590万元；生活补贴一、二级由170元提高到201元，三、四级由138元提高到151元，为550名低保残疾人发放困难残疾人生活补贴113万元。联合区人力资源社会保障局为352名符合条件的重度残疾人代缴居民养老保险，为1833名参加居民医疗保险的重度残疾人发放居民医疗保险补贴。按照每户1500元的标准，为50户困难重度残疾人家庭实施无障碍改造。

【残疾人康复】 2023年，区残联将残疾人免费健康体检项目纳入政府为民实事，率先实现残疾人免费体检“全覆盖”。为5874名残疾人提供家庭签约医生服务，残疾人家庭医生签约服务率为80%。组织实施家庭医生签约、精神残疾人医疗救助、辅助器具适配、重度肢体残疾人居家康复、白内障手术补贴等残疾人重点康复项目，服务残疾人6700余人次。为244名残疾儿童提供精准康复训练，有康复需求的残疾儿童服务率达100%；为244名残疾儿童提供康复训练救助，支出费用347.84万元；为222名0～12岁残疾儿童提供送训补助，支出费用75.16万元。为53名残疾人提供精神病服药救助，为52名重度肢体残疾人提供居家康复服务，为140名残疾人开展白内障复明手术，为558名残疾人配发助听器、护理床、轮椅等辅助器具693件。提升残疾儿童康复机构服务规范化水平。至年末，全区有残疾儿童定点康复机构7家。

【残疾人就业】 2023年，区残联多措并举促进残疾人就业创业，打造市级以上残疾人就业基地3处，1390人实现就业增收，残疾人就业率60.9%。通过年审企业171家，安置571名残疾人就业。对接区人力资源社会保障局，为残疾人提供帮扶帮富乡村公益性就业岗位46个、城镇公益性岗位6个。联合威海市农业科学院、威海大姐职业培训学校为困难残疾人举办农村适用职业技术培训，为20名残疾人提供技能培训。新建孙家疃街道、嵩山街道2处“如康家园”残疾人之家，运营“如康家园”残疾人之家7处，安置76名智力、精神和重度肢体残疾人从事辅助性就业项目。温泉镇“如康家园”残疾人之家创新开展残疾人抖音直播，30余名智力障碍青年直播创业，销售金额5000元，收获粉丝1.9万人。11月8—10日，山东省视力残疾人强技能促就业工作交流观摩现场会在环翠区举办。年内，温泉镇亿和社区“如康家园”残疾人之家案例入选山东省“如康家园”优秀案例汇编，威海长城爱心大本营入选山东省残疾人辅助性就业机构名单。

【残疾人权益】 2023年，区残联通过“12345”政务服务便民热线平台处理涉残问题63件，满意率、处结率100%。发挥统战资源，民进威海市直支部和民进环翠区支部分别与环翠楼街道“如康家园”、温泉镇“如康家园”结对分包，民进环翠区支部与社会组织合作设立助残志愿点。联合区司法局设立公共法律服务联络点，为残疾人提供普法宣传、法律咨询、依法维权等家门口的法律服务。联合区委政法委、区检察院、区司法局，在裕罗电器装配有限公司宣讲残疾人就业用工权益保障；联合区检察院、区法学会开展针对聋哑残疾人专场普法，通过手语向特殊群体传递司法温情。

【活动扶残】 2023年，区残联举办“逐梦篮球、残健共融”篮球运动，被中央广播电视总台社会与法栏目报道宣传。举办第七个“全国残疾预防日”主题宣传活动、“我是你的眼，同走幸福路”第40个国际盲人节主题公益活动和“快乐运动，精彩有我”2023环翠区残障人士趣味运动会等系列公益助残活动20余场。联合区红十字会开通“有爱无碍”助残爱心捐款账号，多渠道、多方式汇聚爱心力量，筹集捐款15万元；动员爱心企业家参与关爱困难残疾人工作，捐赠区残疾人事业发展资金36万元和价值1万元的爱心物资；开展“有爱无碍”项目认领活动，助力盲人应急出行爱心项目、助力残疾儿童圆梦爱心项目由3家社会机构认领。组织“企业+帮助星星的孩子”活动，豪顿华未来项目组与康复中心结盟开展点亮星空与爱同行活动，捐助2万余元文体活动器材。开展“99公益日”募捐工作，动员区直机关、企业、社会团体和社会爱心人士参与活动，筹集善款60余万元，位列威海市各区市第一名。

【持证残疾人基本状况调查】 2023年，区残联入选山东省持证残疾人基本状况调查评估样本区。6月，启动调查工作，调查220个村（社区）的残疾人服务和残疾人工作情况，内容涵盖持证残疾人基本信息、住房、教育、就业、社会保障、基本医疗与康复、无障碍、文化体育8个方面的基本状况和服务需求。根据调查数据分析环翠区持证残疾人精准服务的优势与不足，提高残疾人满意度。年内，调查持证残疾人7514人。其中，入户调查7086人，占比94.3%；电话调查428人，占比5.7%，调查完成率100%。

（查月莉）

环翠区红十字会

【概况】 2023年，区红十字会推进红十字基层组织建设和“三救三献”

2023年8月11日，由环翠区残联主办，市区两级肢残协会、威海爱援祥公益服务中心承办的公益助残活动在联通电影院举行。图为区残联志愿服务队志愿者代表合影

（区残联　供图）

（三救：应急救援、人道救援、应急救护，三献：献血液、献造血干细胞、献人体器官组织）核心业务，开展应急救护、募捐救助、志愿服务等工作，发挥人道领域政府助手作用。年内，获评山东省红十字应急救护综合能力示范单位、“5·8”人道公益日众筹工作成绩突出单位、山东省红十字应急救护工作先进单位等荣誉。

【基层组织建设】 2023年10月31日，区红十字会印发《环翠区红十字会成立镇（街道）红十字会基层组织的实施意见》，制定2023年基层组织建设工作实施方案，推进建立镇（街道）、村（社区）基层工作网络，形成覆盖城乡的红十字组织网络。至年末，全区镇（街道）、村（社区）等红十字会基层组织有222个，镇（街道）红十字建会覆盖率100%。

【培训基地打造】 2023年，区红十字会在环翠区中小学生综合实践基地打造面积200平方米的红十字生命健康安全教育体验馆。划分应急救护、消防安全、地震安全、红十字多媒体教学等模块，配置AED训练仪、电子灭火器、安全体验资源包、急救宣传手册，用于红十字文化宣传展示、应急救护培训、防灾避险互动体验、专业技能实训等。面向中小学生开展以“关爱生命·救在身边”为主题的应急救护系列公益讲座和体验培训，年内，接待参观体验学生4000余人。

【应急救护宣传与培训】 2023年，区红十字会完成应急救护“五进”培训（进学校、进社区、进企业、进机关、进农村）20场次，应急救护知识技能持证培训人数9443人，应急救护宣传普及3万余人次。创新推进应急救护事业进高校，首次开辟高校作为造血干细胞捐献宣传工作主阵地，深入山东大学（威海）、威海职业学院、山东药品食品职业学院等高校开展科普宣讲4场，2000余名学生参与。

2023年9月4日，区红十字会工作人员到威海市望海园中学开展应急救护培训活动

（区红十字会 供图）

【筹捐救助】 2023年，区红十字会在“5·8”人道公益日期间，参与“应急救护一体机”“一块走”众筹项目，利用微信公众号及网络筹资平台募集公益资金7.11万元。为5名白血病、4名先心病儿童办理救助金申请，拨付到位救助金13万元。联合区残联成立“有爱无碍”爱心基金，定向资助盲人应急出行，注入首批爱心捐赠金2万元。联合区税务局、区残疾人康复中心等单位为困难儿童家庭进行募捐帮扶，筹集资金7万余元。为患白血病儿童募集社会爱心捐款14万余元。开展“红十字博爱送温暖”春节走访活动，走访困难家庭50余户、单位12家，捐赠物资价值2万余元。

【造血干细胞捐献】 2023年，环翠区新增造血干细胞入库志愿者210名，入库志愿者数比上年增长200%，完成造血干细胞志愿捐献2例。7月14日，竹岛街道文昌社区居民、“丁染烫造型”经理马学印完成采集捐献，成为环翠区第12例、威海市第104例造血干细胞捐献者；维达商贸有限公司济南分公司威海区域业务经理董海洋完成采集捐献，成为环翠区第13例、威海市第105例造血干细胞捐献者。

（朱成霞）

法　治

政法委与综治

【概况】 2023年，区委政法委围绕区委“提升首位度、担当抓落实”工作主基调，加大涉黑涉恶线索摸排核查力度，摸排涉黑涉恶问题线索43条；完成重大项目、重大决策社会稳定风险评估登记备案工作76项；开展“涉法涉诉信访攻坚化解”专项行动，全区纳入省攻坚的89件案件化解88件，化解率98.88%；构建三级联动一站式矛盾纠纷化解体系，培育品牌调解室100个、金牌调解员120名，为建设精致、幸福、充满活力的共同富裕先行示范区提供坚强政法保障。年内，被威海市委、市政府授予威海市社会治理工作先进集体称号，孙家疃街道化解涉海涉渔纠纷“海上枫桥”经验做法被评为全国“枫桥式工作法”。

【平安环翠建设】 2023年，区平安建设领导小组贯彻总体国家安全观，强化风险防范意识，建设平安环翠。2月21日，组织召开平安环翠建设工作会议，制订下发《关于深化平安环翠创建活动的实施方案》《环翠区开展“七无”平安社区（村）创建工作实施方案》，开展“七无”平安社区（村）创建（无邪教、无刑案、无涉毒、无非法集资、无传销、无诉讼、三无信访）和七大行业领域平安创建活动（平安校园、平安医院、平安企业、平安景区、平安渔港、平安铁路、平安家庭）；6月7日，举办《中华人民共和国反有组织犯罪法》集中宣传暨环翠区“平安建设志愿服务月”活动启动仪式，稳步推进全区社会治安重点地区重点问题集中治理工作，深化“雪亮工程”建设，推动社会风险隐患、矛盾纠纷早排查、早发现、早化解，维护辖区治安良好局势。

【《中国共产党政法工作条例》贯彻落实】 2023年，区委政法委贯彻落实《中国共产党政法工作条例》和相关配套制度，开展新时代党的政法工作。出台《环翠区政法系统2023年政治轮训方案》，分层次、分批次开展政治轮训，加强全区政法队伍政治建设；组织开展政法队伍教育整顿监督执纪执法成果展，引导政法干警知敬畏、存戒惧、守底

2023年2月21日，平安环翠建设工作会议召开　（区委政法委　供图）

线。年内，召开区委政法委员会全体（扩大）会议4次，研究推动全区政法工作，提升党管政法工作水平。

【基层治理宣传】 2023年，区委政法委以孙家疃街道“小事不出船、大事不出港、矛盾不上交”的“海上枫桥工作法”为素材，拍摄专题片《海上新“枫”景》；以基层政法委员、社区民警、网格员日常工作为原型，编排《环翠楼下的平安故事》舞台剧，展现环翠区基层治理工作新进展和新成效。两个节目在威海市“时代政法先锋”颁授典礼展演。

【市域社会治理】 2023年，区委政法委统筹推进社会治理，坚持把市域社会治理现代化试点工作作为“一把手”工程推进，先后召开平安环翠建设工作会议、区委政法工作会议等，对验收工作进行重点部署。3月28日，威海市迎接全国市域社会治理现代化试点验收动员部署会议召开，实地观摩环翠区嵩山街道向阳社区、社会治理服务中心；4月，“全国市域社会治理现代化试点”山东省验收组实地观摩环翠区点位10个。年内，助力威海市获评“全国市域社会治理现代化试点合格城市”。

【一站式矛盾纠纷多元化解】 2023年，区委政法委创新发展新时代“枫桥经验”，打造一站式矛盾纠纷多元化解机制“环翠样板”。依托各级综治中心，构建三级联动一站式矛盾纠纷化解体系；做大做强调解队伍，成立21个行业性调解委员会、218个村居调解委员会和779个网格调解工作室，培育品牌调解室100个、金牌调解员120名，建成由620名调解人员组成的一站式矛盾纠纷调解资源库；率先完成山东省一站式矛盾纠纷多元化解线上平台620个账号开设和力量库建设，实现矛盾纠纷线上线下一体化解决。

【社会稳定风险评估】 2023年，区委政法委制定社会稳定风险评估操作指南，督导各镇（街道）、有关部门做好风险研判，规范评估材料，运用评估结果，跟踪防范风险。与区发展改革局等单位梳理全区重大决策、重大项目清单，做到应评尽评，保证重大项目风险“防范在先，化解在前”。年内，完成重大项目、重大决策社会稳定风险评估登记备案工作76项，其中区级重大项目59个、市级及以上重大项目17个，完成率100%。

【扫黑除恶】 2023年，区委政法委巩固深化扫黑除恶专项斗争成果，常态化推进扫黑除恶斗争，持续保持对黑恶势力违法犯罪高压态势。加大涉黑涉恶线索摸排核查力度，制发提示函6件，督促行业部门加大摸排力度，摸排涉黑涉恶问题线索43条，全部核查完毕。推进重点行业领域整治，加大行业乱象整治力度，下发“三书一函”（监察建议书、司法建议书、检察建议书、公安提示函）20件，全部完成整改。开展《中华人民共和国反有组织犯罪法》实施一周年宣传活动，开展宣传教育活动120余场次，发放宣传资料40000余份、手提袋3000个，解答群众法律问题200余个。

【反邪教警示教育】 2023年，区委政法委推进反邪教警示教育宣传进校园，筑牢校园反邪教阵地。在山东省首创将反邪教教育纳入中小学道德与法治课程体系；提出“全区共上一堂反邪课”工作思路，联合区教育体育局形成反邪教教案2个，录制精品示范课视频2个，在全区39所中小学全面推广；组织全区中小学生“拒邪教 扬正气”主题书画作品征集评选活动，收集优秀书画作品120幅并集萃成册，供全区中小学生学习。

【“送法进企业、纾困助发展”走访活动】 2023年，区委政法委践行“中心工作推进到哪里，政法工作就服务保障到哪里”理念，以实际行动服务实体经济发展。3月13日，印

2023年6月8日，环翠区扫黑除恶斗争领导小组全体（扩大）会议暨全区扫黑除恶斗争推进会召开
（区委政法委 供图）

发《关于在全区政法机关开展“送法进企业、纾困助发展”活动的实施方案》，全区政法机关领导干部结合政法工作实际，组成31支服务团队深入辖区67家企业开展实地走访调研，切实了解企业实际需求，为企业提供法律服务。年内，走访调研企业139次，收集意见建议52条，帮助企业解决问题51个，提升辖区企业对全区营商环境、法治环境满意度。

【司法体制改革】 2023年，区委政法委加强对智慧法院、“四大检察”创新融合、智慧警务、法治文化建设等政法领域改革任务的统筹部署、协调推进，完善制度机制，提升办案质效。推进智慧法院建设，开展“为群众办实事示范法院”创建活动，探索构建婚姻家庭、就业、医疗等民生案件“诉源治理+矛盾调解+司法审判”的全链条审理模式。推进“四大检察”（刑事检察、民事检察、行政检察、公益诉讼检察）工作创新融合发展，制定关于推动“四大检察”融合发展的指导意见、线索发现移交、案件协同办理等工作机制。推进法治文化阵地“提质扩面”工程建设，打造区法治文化创作基地。

【执法司法规范化建设】 2023年，区委政法委组织开展执法司法顽瘴痼疾排查整治及执法司法突出问题专项检查两项行动，督导政法各单位按照“底数清、问题清、整改措施清、结果清”要求，针对“六大顽瘴痼疾”“执法司法不规范”等重点问题深入排查，逐项建立动态问题台账，采取“季度调度+清单制”方式，确保执法司法突出问题找全面、挖透彻、治到位。年内，排查执法司法顽瘴痼疾问题10大类53个、执法司法突出问题5大类90起案件（有信访、舆情等隐患案件1件），全部制定整改措施，定期调度整改进展，提升全区政法机关执法司法公信力。

【“涉法涉诉信访攻坚化解”专项行动】 2023年，区委政法委开展“涉法涉诉信访攻坚化解”专项行动，成立工作专班，建立“日提醒+周调度+月通报”工作机制，常态化推进专项行动走深走实。对未化解的“骨头案”“钉子案”，落实一名包案领导、一个工作专班、一套化解方案、一份“两见面、双签字”材料“四个一”工作机制，倒排工期、挂图作战，综合运用释法说理、公开听证、会商研判等方式集中攻坚。扎实开展“依法终结专项行动”，推动符合条件的案件“应终尽终”，年内，山东省高级人民法院信访终结评审委员会审核通过32件，居威海市首位。建立依法打击工作联席会议制度，牵头组织属事、属地共同研判、合力攻坚，依法处置信访活动中违法犯罪行为人23人；全区纳入省攻坚的89件案件化解88件，化解率98.88%。

【法学会工作】 2023年，区法学会聚焦规范化建设提升行动，团结带领全区法学法律工作者，服务社会大局和法治实践。深入开展“双百”及青年普法志愿者法治文化基层行活动，举办“普法宣传进校园、法治护航助成长”“保护少年的你”等法治专题讲座3场，促进未成年人全面健康成长；开展法学会规范化建设提升行动，成功争创“中国法学会县级法学会融媒体建设试点”；邀请山东众成清泰（青岛）律师事务所知识产权部工作人员，为远遥浅海科技湾区30余家企业讲解知识产权相关理论及实践，助力湾区经济发展。年内，首席法律咨询专家在重大信访案件、重大矛盾纠纷、重大风险评估等方面提供法律服务30余次，相关经验材料被山东省法学会采纳4篇。

（于淑佳）

法治政府建设

【概况】 2023年，环翠区全面落实《法治政府建设实施纲要（2021—2025年）》，印发《2023年威海市环翠区法治政府建设工作计划》，开展法治政府建设典型培树和示范创建活动，加快推进法治政府建设，提升依法行政水平。开展行政复议质量提升年活动，落实简繁分流制度，切实提升行政复议质效；制定并印发《威海市环翠区行政应诉管理办法》，严格执行庭审观摩制度，实现行政机关负责人出庭率100%；编制《环翠区2023年度重大行政决策事项目录》，开展镇（街道）合法性审查全覆盖工作和重大行政决策提升年活动，明确各镇（街道）合法性审查机构、人员及合法性审查范围，健全镇（街道）合法性审查机制；在各调解组织中全面引入信用管理手段，建立全市首家商圈楼宇劳动争议调解组织——环翠区楼宇商圈劳动争议调解委员会；通过拓宽民营企业参与行政执法监督渠道，开展“企业大走访”“律企同行”公益法律服务等活动，持续优化全区法治化营商环境。

【法治政府示范创建】 2023年，环翠区参加第三批法治政府示范创建活动，区委全面依法治区委员会办公室制定印发法治政府建设示范创建实施方案，对照法治政府建设示范指标体系操作指南，对104项指标逐项分析，明确每项指标的责任单位。召开法治政府建设示范工作推进会，解读法治政府建设示范创建活动，安排部署创建法治政府建设示范区工作。整理上报指标材料104项，完成《强化基层政务服务能力 打造乡镇（街道）便民服务中心 建设标准化“地方模板”》《聚多元共治合力 打造“3213”矛盾纠纷化解模式》2个综合示范创建和单项示范创建材料申报。聘任全市首批28名法治建设监督员，助力法治建设水平提升。开展法治政府建设典型培树活动，组织各单位对照标准查摆问题，制定措施补齐短板，年内，向市委全面依法治市委员会办公室推荐5个典型单位。举办环翠区法治建设专题培训班，围绕党的二十大精神、行政处罚法、行政复议与行政应诉实务等方面，培训法治工作人员。举办共建法治政府座谈会，邀请九三学社威海市环翠区支社、九三学社威海市法律工作委员会代表，开展全区法治政府建设工作座谈交流，为提升全区法治政府建设水平建言献策。

【行政复议与行政应诉】 2023年，区司法局设立涉企复议案件办理“绿色通道”，落实简繁分流制度，对主要材料符合受理条件、其他材料不全的案件实行“容缺受理”“一次性告知补正”，压缩审理时限，采取“一案一报告”“类案总结”方式，强化涉企行政复议案件数据统计分析应用。制订并印发《威海市环翠区行政应诉管理办法》，严格执行庭审观摩制度。开展复议质量提升年活动，复核200余件复议文书履行情况，均履行到位。年内，受理行政复议案件108件，审结96件（不含2022年结转），直接纠错率18.52%；全市法院涉环翠区行政机关一审行政应诉案件70件（不含2022年结转），其中区政府作为复议机关与部门共同应诉15件，行政机关负责人出庭率100%。

【规范行政决策】 2023年，环翠区全面落实重大行政决策程序，编制《环翠区2023年度重大行政决策事项目录》，发布政府重大行政决策1项。开展镇（街道）合法性审查全覆盖工作和重大行政决策提升年活动，明确各镇（街道）合法性审查机构、人员及合法性审查范围，健全镇（街道）合法性审查机制。年内，完成领导批办件3件，提出书面法律意见17件，配合部门征求意见26件；完成《威海市客运出租汽车管理若干规定（草案）》等征求意见工作9件；反馈行政规范性文件指导意见7件次，开展合法性审核工作6件次，组织清理行政规范性文件36件；备案全区机关事业单位合同1960份；对群众诉求办理职责提出裁定意见22件次。

【行政执法监督】 2023年，区司法局开展委托行政执法、行政处罚法贯彻实施情况、功能区行政执法、省市两级行政权力下放情况等执法专项监督4次。组织38个执法单位制订2023年行政执法工作和执法人员学习计划，制作《威海市涉企行政检查管理办法》《威海市企业分级分类监管办法》解读课件，组织重点执法部门相关负责人和执法人员450余人学习。加强涉企执法监督，开展现场“伴随式”监督，跟踪部分行政检查活动；召开“面对面·听企业讲”座谈会，为执法部门和企业搭建双向互动平台。组织开展行政执法证年审、申领和培训、考试工作，207人通过审验，64名新申领人员和四年年审人员完成培训并通过考试。

【矛盾纠纷多元化解】 2023年，区司法局在各调解组织中全面引入信用管理手段，组建“流动调解室”，建立全市首家商圈楼宇劳动争议调解组织，成立环翠区楼宇商圈劳动争议调解委员会，以威高广场为中心辐射周边商业楼宇。年内，各调解组织调解案件3950余件，开展矛盾纠纷排查600余次，2篇文章在全省坚持和发展新时代“枫桥经验”

2023年9月22日，环翠区“面对面·听企业讲”座谈会举行
（区司法局 供图）

主题征文活动中获奖。

【法治化营商环境】 2023年，环翠区拓宽民营企业参与行政执法监督渠道，开设行政执法协调监督联系点7个，联合26个行政执法部门开通涉企行政执法投诉举报绿色通道，完成执法问题整改7个。结合“企业大走访”等活动，收集企业反馈困难问题、意见建议等32件，通过开展普法培训、政策指导等多种方式予以解决。组织律所常态化开展“律企同行”公益法律服务活动，解决法律难题306个、提供企业合规法律服务103件次。环翠公证处对在环翠区登记注册的规下企业、个体工商户申请的公证事项采取公证费减免40%政策，为老、幼、病、残等特殊群体开通公证法律服务“绿色通道”，推出预约办证、上门办证、亮码办证等配套便民措施，实行公证服务“周末不打烊”。

【法治宣传教育】 2023年，区司法局推进“谁执法谁普法”责任制落实，印发《2023年全区普法依法治理工作要点》《2023年威海市环翠区普法责任清单》，组织开展各类普法活动800余场次，发放资料6万余份，10万余人受益。3月3日，在环翠楼街道骆驼公园创建全省首家社区公共法律服务亭，配备法律援助、人民调解、司法鉴定、公证等法律服务宣传手册，公示服务电话，社区法律顾问、社区民警、人民调解员等轮值坐班。探索形成“企业点单、司法局派单、律所接单”服务方式，8月，组织讲师团到威海市模具行业协会为60余家单位进行专题普法讲座。开展“八五”普法中期评估，10月25日，山东省评估组到竹岛街道翠竹社区实地检查验收。

（丁超男）

2023年10月25日，山东省评估组到竹岛街道翠竹社区进行“八五”普法中期评估检查

（区司法局 供图）

公 安

【概况】 2023年，公安环翠分局围绕安保维稳“一条主线”，坚守社会大局平稳、公安队伍不出事“两条底线”，实现人民群众满意、党委政府满意、公安工作高质量发展“三个目标”，树立争先创优、担当负责、落实落地、规矩规范“四种理念”，打好政治安全保卫战、社会风险化解战、严打犯罪主攻战、公共安全守护战、队伍教育整顿攻坚战“五大战役”，培树智慧警务、低空警务、全民反诈、合成作战、基层基础、公安宣传“六大品牌”。年内，查处邪教非法活动14起，成功追回威海市潜逃马来西亚红通逃犯，八类严重暴力犯罪、命案现案破案率保持100%。破获本地电信诈骗案件839起，挽回损失400余万元；破获涉毒案件76起，抓获涉毒嫌疑人143人；办理经济犯罪案件79起，为企业和群众挽回经济损失1354.4万元；破获“食药环知”（食品、药品、环境、知识产权）领域刑事案件20起，抓获犯罪嫌疑人131名，涉案金额9000万元。孙家疃派出所获评全国公安机关成绩突出青年集体，城里派出所获评山东省第三批“枫桥式公安派出所”。

【打击违法犯罪】 2023年，公安环翠分局常态化开展扫黑除恶斗争，八类严重暴力犯罪、命案现案破案率保持100%。推进电信网络诈骗犯罪治理攻坚，破获电信诈骗案件839起、抓获犯罪嫌疑人956人。深化禁毒人民战争，破获涉毒案件76起，抓获涉毒嫌疑人143人，毒品管控形势向好。防范处置经济金融风险，抓获犯罪嫌疑人59名，为企业和群众挽回经济损失1354.4万元。重点推进“昆仑2023”等行动，破获“食药环知”领域刑事案件20起，抓获犯罪嫌疑人131名，打掉犯罪团伙4个，捣毁制假售假黑窝点6处。聚焦群众反映强烈的侵财和黄赌违法犯罪，开展“铁拳”“夏季治安打击整治”等专项行动和小案侦防比武竞赛，破获传统盗抢骗侵财案件525起，挽损率94.5%，破获黄赌刑事案件37起、行政案件139

2023年8月8日，全市公安机关派出所工作标准化建设暨“枫桥式公安派出所”创建现场推进会在公安环翠分局警务合成作战大队举行

（公安环翠分局　供图）

起。年内，完成全国“两会”、杭州亚运会等系列安保任务。

【警务机制创新】 2023年，公安环翠分局完善“情指行”（情报、指挥、行动）一体化运行机制，打造集合成作战中心、治安要素管控中心、智慧侦查中心、数字督察中心等功能于一体的“指挥—勤务—巡处”警务运行模式。优化治安基础要素管控平台，完善优化信息采集、数据核录、日常管控、智能预警等功能，实现资源整合、科技赋能、数智驱动。

【基础警务】 2023年，公安环翠分局推进派出所工作标准化建设，建立完善“机关围着基层转”警力支援体系。改造“老破小”派出所基础设施11个；对嵩山路派出所新营房进行标准化建设并投入使用；坚持和发展新时代“枫桥经验”，城里派出所被命名为山东省第三批“枫桥式公安派出所”。夯实环翠特色警务品牌，承办山东省治安、特巡警系统队伍建设以及威海市“枫桥式公安派出所”创建、派出所保障标准化推进等现场会，户政创满意等5项工作被威海市公安局现场会交流推广。

【“创安创满”】 2023年，公安环翠分局把“创安创满”作为“党委一号”工程推进，在威海市公安机关首设并实体运行“民意回访中心”，建立“三级回访、五级办理”工作机制，二次回访满意率比2022年上升12%，全口径回访率、办结率100%。深化公安“放管服”改革，每周组织窗口民警、辅警集中学习，推进“全科警长”“户籍＋”等服务，户籍业务“一窗通办”“跨省通办”等便民服务全部实现。主动融入发展大局，通过“警企联络员”“专职民警进工业园区”等措施，定期走访企业，持续推出惠企纾困等措施，帮助企业解决实际困难。

【低空警务】 2023年，公安环翠分局引进价值500余万元的“哨兵”垂直起降固定翼无人机蜂巢系统，建立民警梯队培养机制和警用场景研发实验室，配合政府完成防汛救灾、森林防火、渔船管控等任务60余次，协助侦破案件30余起，形成“无人机+警务+政务”实战应用新格局。

【社会治安管理】 2023年，公安环翠分局推进“治患治访治乱、清底清仓清零”三治三清专项行动，抓住源头管控、源头治理、源头防范

2023年10月20日，公安环翠分局在旅游码头向群众展示新型无人机系统

（公安环翠分局　供图）

等关键环节，最大限度消除不安全、不稳定因素，整改火灾隐患1万余处，监督爆破作业10次，保障安全生产秩序。开展“守海护岸2023”“猎鲨2023”快艇整治等专项行动，破获涉海案件26起，追回价值20余万元被盗快艇1艘。

【旅游警务】 2023年，公安环翠分局开展“千里山海自驾游”平安带建设，建成半月湾、华夏城、里口山3处联勤工作站，针对暑期旅游旺季游客激增状况，安排机关警力下沉“网红点、打卡地”巡逻值守，为游客提供平稳有序旅游环境。会同区文化和旅游局、区海洋发展局、区消防救援大队等部门开展联合执法和安全隐患排查，建立沿海涉险搜救和纠纷急速调解机制，为游客提供寻人、寻物等救助服务192件，化解涉旅游矛盾纠纷264起，获赠锦旗、感谢信32面（封）。

【警队建设】 2023年，公安环翠分局学习宣传贯彻党的二十大精神，开展主题教育，强化意识形态建设。深化党建引领，落实“第一议题”制度，创新开展“微党课”“微课堂”“微服务”等党员教育活动。坚持以主题教育推动公安工作高质量发展，上下联动解决实际问题，实现全区公安系统主题教育上下贯通、整体推进。常态化开展全警实战练兵，组织各类素质能力提升培训班27期，受训民辅警1200余人次。把牢“严”的主基调，专项整治执法司法突出问题，一体推进“查、改、治、建”，以执法突出问题整治推动全区法治公安建设。

（范育松）

2023年12月1日，公安环翠分局组织开展全区公安机关学习贯彻习近平新时代中国特色社会主义思想主题教育专题党课　（公安环翠分局　供图）

检　察

【概况】 2023年，区检察院受理审查逮捕案件163件205人、审查起诉案件820件1086人，批准逮捕139人、提起公诉732人、不起诉111人，提出抗诉4件；纠正监管活动、社区矫正违法等情形35次，参与专项巡回检察14次；办理各类民事检察监督案件94件、行政检察监督案件30件、公益诉讼检察监督案件26件，检察建议采纳率100%；办理涉未成年人审查起诉案件40件48人；承担山东省人民检察院“事心双解和为贵”试点，促成各类轻微刑事案件和解86件；与区委政法委、区纪委监委建立“执法监督+专责监督+法律监督”三项监督衔接协作机制，经验做法刊发于最高人民检察院《地方信息摘要》第33期、《山东检查情况反映》第58期。年内，“民间借贷领域职业放贷人类案监督应用”获得山东省数字法治系统建设“应用案例类”优秀成果奖、威海市检察机关大数据法律监督模型竞赛一等奖。第二检察部被山东省税务局、山东省人民检察院、山东省公安厅等六部门表彰为“山东省打击骗取留抵退税成绩突出集体”，6件案事例作为参考性案例、典型案例在全省检察机关推广。

【刑事检察】 2023年，区检察院受理审查逮捕案件163件205人、审查起诉案件820件1086人，批准逮捕139人、提起公诉732人、不起诉111人，提出抗诉4件。持续推进扫黑除恶斗争，审查起诉的高某冬等24人恶势力犯罪组织案，被告人被判处有期徒刑11年至9个月不等。办理故意杀人、抢劫、强奸等恶性犯罪案件26件33人。起诉危害食品药品安全犯罪26件81人。依托侦查监督与协作配合办公室，提前介入侦查535件，监督立案22件、撤案14件，纠正漏捕漏诉39人，其中对周某钊掩饰、隐瞒犯罪所得案追加洗钱犯罪，成为威海市首例起诉并获判决支持的“跑分类”（为电信网络诈骗、网络赌博等违法犯罪活动提供银行账户并帮助转账的行为）洗钱犯罪案件。办理电信网络诈骗案件292件386人，提起公诉304人，占威海市的31.6%。针对非法吸收公众存款、洗钱等犯罪起诉13人，涉案金额8.4亿余元，在审查起诉环节追缴违法所得200余万元。加大反腐败力度，起诉职务犯罪案件4件4人，其中依法从严办理造成国有财产损失1666万元的房某发受贿、国有公司人员滥用职权案。

【刑事执行监督】 2023年，区检察院纠正监管活动、社区矫正违法等情形35次，参与专项巡回检察14次，共104个工作日。查办司法工作人员职务犯罪案件2件2人，均作出有罪判决。

【民事检察】 2023年，区检察院作为威海市唯一的山东省人民检察院民事检察联系点，办理当事人申请民事生效裁判监督案件32件，其中26件服判息诉；提出再审检察建议4件，获得采纳并改判。办理审判程序监督案件24件、执行监督案件23件，检察建议采纳率100%。支持29名农民工起诉，追讨欠薪58万余元。依法打击职业放贷行为，提出再审检察建议3件，全部获得采纳并改判。

【行政检察】 2023年，区检察院办理审判程序监督案件6件、非诉执行监督案件21件、行政裁判案件1件，提出的检察建议全部被采纳。行政争议实质性化解1件，沈某行政争议化解案作为典型案例被山东省人民检察院推送至最高人民检察院。

【公益诉讼检察】 2023年，区检察院办理个人信息保护、妇女儿童权益保护、国有财产保护等领域案件26件，挽回国有财产损失50万余元，督促行政机关对1750人的信息进行去标识化处理，保护公民个人信息安全。探索“蓝碳+绿碳”生态修复新模式，办理于某胜滥伐林木案时，创新利用生态服务功能损失费进行海草种植，监督当事人种植海草1万余株，实现替代性修复，工作经验被山东省人民检察院转发。年内，督促整治违法侵占海域行政公益诉讼案获评山东省检察机关海洋保护公益诉讼典型案例；“共建海洋生态多维联动保护新模式”工作经验作为威海市基层检察院建设典型事例，被推送至山东省人民检察院。

【未成年人检察】 2023年，区检察院办理涉未成年人审查起诉案件40件48人，对侵害未成年人犯罪零容忍，依法从严办理相关案件28件32人。“双向保护”涉案未成年人，司法救助11名未成年被害人14万余元，对21名未成年犯罪嫌疑人进行犯罪记录封存，提供涉案未成年人心理疏导28人次，开展家庭教育指导34次，发出督促监护令37份，帮助受害者走出阴影、罪错者回归社会。针对宾馆违规接待未成年人、强制报告落实不到位等行业治理、部门监管问题，发出检察建议7件，全部获回复整改。建设“村级未成年人工作站”5个，推进未成年人保护工作向基层延伸。

【数字检察】 2023年，区检察院利用检察业务应用系统建立数据模型，梳理分析全市涉毒案件情况，发现线索27条，监督立案6件8人，其中洗钱犯罪2件，全部获判决。开展民法典施行后新旧法律衔接适用专项监督活动，利用大数据分析，提出检察建议12件。研发民间借贷领域职业放贷人法律监督模型，发现案件线索100余条、立案11件，督促追缴税款及滞纳金120万余元并建立协调配合工作机制。年内，“民间借贷领域职业放贷人类案监督应用”获得山东省数字法治系统建设“应用案例类”优秀成果奖、威海市检察机关大数据法律监督模型竞赛一等奖。

【法治化营商环境】 2023年，区检察院服务企业发展，联系走访各类企业42家，协调解决问题23个；为43名民营企业家开展企业合规法治辅导；成立惠企政策宣讲团，为11家企业1400余人进行宣讲。开设“涉企绿色通道”，涉企案件办案时长比上年缩减18%，有效减少企业诉累。打击破坏市场经济秩序、侵害企业权益犯罪61件123人，其中打击侵犯环翠区近海刺参养殖产业犯罪团伙2个、提起公诉17人。办理涉知识产权案件9件25人，打击“假茅台”“假乳山牡蛎”等假冒注册商标行为。

【基层矛盾化解】 2023年，区检察院畅通信、访、网、电、视频等诉求反映渠道，落实领导公开接访、包案化解制度，接待群众来信来访296件次，通过释法说理和教育疏导实现就地化解。以承担山东省人民检察院“事心双解和为贵”轻罪办案机制试点为契机，与区司法局建立“检调对接”工作机制，与区社会治理服务中心建立“联合调解”工作机制，邀请人民调解员、网格员等参与公开听证、矛盾调解等工作，推动矛盾纠纷解决在基层、在源头、在诉前，促成各类轻微刑事案件和解86件。年内，“三源共治”（矛源实治、诉源善治、访源精治）工作法被山东省人民检察院转发，在山东省检察机关轻罪治理试点工作现场会上交流推广；办理的聋哑人管某故意伤害案获评全省检察机关“事心双解和为贵”典型案例。

2023年9月20日，区检察院在环翠区中小学生综合实践基地举行菱角湾乡村振兴法治教育基地揭牌仪式　（区检察院　供图）

【社会治理现代化】　2023年，区检察院针对办案中发现的税务征收、交通管理等领域存在问题，制发社会治理类检察建议12份；开展燃气安全、烟花爆竹安全经营等专项监督活动，督促整改安全隐患34处；联合区法学会、区残联开展针对聋哑人等特殊群体专场普法，建设乡村振兴法治教育基地1处，聘任“益心为公”志愿者30名。年内，进乡村、企业、学校开展普法活动18场次，受众6500余人，进一步服务基层法治建设。

【联合监督机制】　2023年，区检察院与区委政法委、区纪委监委建立“执法监督+专责监督+法律监督”三项监督衔接协作机制，强化检察建议的监督刚性，工作经验做法被最高人民检察院转发推广。针对涉海涉渔社区矫正对象外出经营难问题，区检察院会同区司法局、区海洋发展局制定出台管理办法，为该类人员外出生产经营提供政策支持和监管依据，相关经验被检察日报社正义网发表。

【队伍建设】　2023年，区检察院开展“第一议题”学习、理论中心组集体学习、集中轮训等72次。贯彻《中国共产党政法工作条例》，请示报告重大事项15次。制定“人才培养三年规划”，推行“思政+业务”双导师培养机制，着力打造党性强、业务精的检察生力军。落实中央八项规定精神、新时代政法干警“十个严禁”、防止干预司法“三个规定”，开展警示教育活动320人次，队伍纪律作风向好。年内，1名干警获评威海市首个“全省检察业务专家”，7名干警获评山东省检察机关党建工作表现突出个人、全省经济犯罪检察实务竞赛“优秀选手”等荣誉。

（郑德静）

法　院

【概况】　2023年，区法院紧扣“公正与效率”主题，坚持为大局服务、为人民司法，审执结各类案件15955件，比上年上升13.6%。其中，审结刑事案件535件、民事案件3571件、商事案件5198件、行政案件120件，执结案件4877件，办结非诉保全、强制清算与破产等其他案件1654件。年内，优化营商环境、绿色金融审判等工作经验先后在全国、全省政法系统推广，区法院政治部被山东省高级人民法院授予“全省法院政治工作先进集体”称号，审判管理办公室（研究室）先后被山东省高级人民法院授予“全省法院调研工作先进集体”“全省法院审判管理工作中表现突出集体”称号。

【刑事审判】　2023年，区法院审结各类刑事案件535件，其中审结高某冬等24人恶势力犯罪组织案，依法办理故意伤害、抢劫等暴力犯罪案件62件。重拳打击财产领域犯罪，审结涉1480名参与人的假意售卖新能源汽车原始股传销案、办理电信网络诈骗及关联犯罪案件158件，对以开办辅导班、冒充淘宝客服等方式实施诈骗行为的被告人依法处以刑罚，追赃挽损300余万元。应对社会治安形势变化，审理售卖假冒保健品等危害食品药品安全犯罪案件11件。

【民事审判】　2023年，区法院审理就业、医疗、婚姻家庭等民事案件3571件，为78名困难当事人发放救助金183万元。开展涉法涉诉信访案件化解攻坚行动，强化全网端接访、院领导线下接访等机制，办理来信来访193件次，通过信访救助基金、异地联调实质化解一批信访积案。开展上门送法、“云端普法”等活动30场次。

【商事审判】　2023年，区法院紧扣优化营商环境及“大抓经济”部署，创设“百商荟翠”司法品牌，推进涉企案件办理、对企司法服务等重点工作，审结商事案件5198件，助企发展工作经验被中央政法委《法治参考》推广；创建知识产权案件技术调查官机制，协同市场监管局印发10项保护措施，化解知识产权纠纷1287件。打造“融翠”绿色金融司法微工程，优化“金融智审平台”批量立、审、调功能，审结金融案件2954件；维护金融市场发展秩序，先后8次联合监管部门对金融领域突出问题进行联防联议，诉前、诉中接力化解2700万元金融纠纷。

【行政审判】 2023年，区法院审结各类行政诉讼案件120件，对35件行政决定依法裁定准予强制执行，探索推行“行政调解协议+司法确认”模式，切实维护法治权威。针对行政管理突出问题举办座谈会，邀请30余家市直行政机关参与旁听庭审，促进严格规范公正文明执法。聚焦住房、交通等民生领域强化实质解决纠纷，推动涉违章建筑、保险待遇等19件行政争议于审前和解成功。践行“两山”（绿水青山就是金山银山）理念，监督支持威海市生态环境局依法处理某化学公司排放水污染物行政处罚案，共建守护蓝天、碧水、净土的法治防线。

【风险化解】 2023年，区法院坚持府院联动协力治理建筑领域多发风险，支持监督重整计划执行，推动617套住宅顺利交付；多案联调一揽子化解8700万元住宅项目纠纷，15天内帮助115名业主解决与开发商间房屋差价纠纷，入选山东省最高人民法院诉前调解典型案例。精准研判个案背后的社会治理漏洞，针对企业用工、预售资金监管等问题发出司法建议12份，推动劳动者、消费者权益保障机制不断健全。关注城乡统筹发展中的司法问题，张村、温泉、羊亭、临港4处法庭审理涉土地流转、农产品销售等案件3038件。

【执行工作】 2023年，区法院聚焦群众胜诉权益保障，执结各类案件4877件，执行到位金额7.9亿元。围绕“查人找物”难题，派专人入驻公安车管部门，与不动产登记中心联合开通查控专线，线上查控财产3.2亿元、房产2606套、汽车3764辆。清单式推进财产处置、案件终本等环节，制定文件对19个执行节点强化监督管控，确保各程序规范开展。推动诚信体系建设，对6056名被执行人进行限高、失信，帮助履行义务的1278人次修复信用。集中攻坚群众关切的“骨头案”，开展专项执行行动13场，拘传、拘留、罚款83人次。

【诉讼服务】 2023年，区法院增设3个速裁团队，推行“二次分流、调审并轨”办案模式，通过速裁程序快审快办案件5039件，30%的案件在诉讼程序中成功调解。创新“管家式送达”机制，将抖音、美团等软件作为送达找人新途径，电子送达20余万次。举办新闻发布会宣传智慧诉讼服务，组织线上调解、开庭8400余次，通过“12368”诉讼服务热线“即接即办”诉讼事项6500件，为年迈、残疾当事人上门办理应诉事务、入户调解纠纷，推动司法办案用时更短、体验更佳。12月4日，立案庭被山东省高级人民法院评为“诉服有温度”竞赛活动先进集体。

【多元解纷】 2023年，区法院创建“和润环翠”司法品牌，健全矛盾纠纷多元化解体系，调派审判团队入驻“一站式”矛盾纠纷调解中心，9名法官下沉至镇（街道）参与矛盾纠纷调解工作，与39个基层调解组织线上对接，推动8738件纠纷诉前达成调解，调解成功率62%。

【未成年人教育保护】 2023年，区法院继续推动“法育青翠”家庭教

2023年7月14日，威海市环翠区校园安全先议办公室授牌仪式举行
（区法院　供图）

育联合指导行动，协同10个部门在全区39所学校设立校园安全先议办公室，应邀到山东教育电视台宣讲家庭教育法规，聘请心理咨询师参与涉未成年人纠纷化解及心理疏导，围绕防范欺凌、校园安全等主题入校开展渗透式教学等，筑牢青少年“家校院”教育保护防线。

【队伍建设】 2023年，区法院深入开展学习贯彻习近平新时代中国特色社会主义思想主题教育，组织轮训学习、司法调研活动79场。认真执行请示报告制度，严格落实意识形态工作责任制，各支部开展“三会一课”400余场次，与张村镇皂河社区深化党建联建，“党旗环法·红心映翠”党建品牌在全省法院党建与审判执行工作深度融合党建品牌创新竞赛中获得三等奖。落实中央八项规定及实施细则精神，持续抓好防止干预司法“三个规定”落实，开展“实敢当”作风提升专项行动，排查整改问题隐患29件次，组织警示教育9场、审务督察55次，围绕重要节点加强廉政提醒，推动广大干警严守纪律。积极配合全区首届员额法官履职评议工作，举行庭审观摩、优秀庭审评选等活动17次，组织人民法院大讲堂、案例精讲等业务培训920人次，6名法官被评为全省审判工作先进个人。

（王佳丽）

2023年9月18日，环翠区员额法官、员额检察官履职评议动员大会召开

（区法院　供图）

司法行政

【概况】 2023年，区司法局履行“一个统筹，四大职能”，为高质量建设共同富裕先行示范区提供坚实法治保障。年内，调处各类纠纷3950余件，排查纠纷802件，预防纠纷659件；全区律师、公证、司法鉴定以及基层法律服务机构办理各类法律服务事项12472件；创建国家级民主法治示范社区4处（嵩山街道牛角沟村、桥头镇碑鲁村、竹岛街道翠竹社区、张村镇新柳社区），省级民主法治示范社区3处（竹岛街道海天社区、羊亭镇贝草夼村、桥头镇信河北村）。

【基层法律服务】 2023年，环翠区有基层法律服务所9家，基层法律服务工作者31人，其中本科生16人、专科生15人。基层法律服务工作者担任5家企业、28个村（社区）法律顾问，代理民商事诉讼案件350件、行政诉讼案件2件、非诉讼案件50件，咨询和代写法律文书202件，调解案件55件，仲裁案件27件。

【社区矫正与安置帮教】 2023年，区司法局树立“治本安全观”，依托“山东省智慧矫正平台”“雪亮工程”“在矫通”“矫务通”等App以及串联矫正对象、矫正工作人员、矫正小组成员，开展特殊人群日常管理。以《中华人民共和国社区矫正法》颁布实施3周年为契机，开展教育活动；强化与监狱选派警察的配合协调，加强对矫正对象的信息化核查；开展社区矫正对象心理矫正，与威海市环翠区心丝带心理健康服务中心合作，对所有矫正对象进行心理测试、建档立册，对存在心理问题的矫正对象采取跟踪矫治、因人施法的个性化心理辅导方式纠正开解。3月8日，出台《威海市环翠区推进“警矫联动”建设实施方案》，打通社区矫正警矫协作的关键环节。8月24日，出台《环翠区矫正对象涉海涉渔外出活动监督管理办法（试行）》，年内，批准5名涉海涉渔对象外出申请，解决涉海涉渔社区矫正对象海上作业存在的跨区域、连续性、监管难等问题。

【远程提审会见】 2023年，区司法局为监狱服刑人员家属提供远程视频会见189人次，为公安、法院、纪检监察等部门通过远程视频会见系统提审在押人员42次。

【普法宣教】 2023年，区司法局压紧压实“谁执法谁普法”责任制，

2023年3月3日，学雷锋志愿服务活动暨公共法律服务亭启用仪式在环翠楼街道西门外社区举行 （区司法局 供图）

印发《2023年全区普法依法治理工作要点》《2023年威海市环翠区普法责任清单》，转发《关于实施法治乡村建设“四个一”工程的工作方案》，组织法治带头人、法律明白人参加宣传实践活动260余场。3月3日，环翠区环翠楼街道西门外社区公共法律服务亭启用，为群众就近提供法律咨询、法律援助、普法宣传、人民调解等服务。10月，迎接省、市两级开展“八五”普法中期评估。加强重点对象普法，利用“灯塔—党建在线”、“学习强国”学习平台、“法治威海”微信公众号、“威海市国家工作人员学法考法平台”等，组织8468名在编在岗机关干部开展自学、培训、考试，参与率、合格率100%。开展“新春送福·法润万家”“全民国家安全教育日活动”“美好生活·民法典相伴”“青年法治文化基层行”“共筑强军梦想 送法进军营”“习近平法治思想集中宣传月”、“12·4”国家宪法周等大型法治宣传教育活动800余场次，参与人数10万余人次，发放宣传资料6万余份。环翠区法治宣传教育中心年内接待参观30场次、1000余人次。

【人民调解】 2023年，环翠区有调解员1122人、调委会268个，调处纠纷3950件。3月，出台《关于在全区推行“信用+调解”工作机制的实施方案》，在全区推行“信用+调解”工作机制。8月，与区检察院联合开展“检调对接”工作，在全市率先以“检调对接”方式完成刑事和解纠纷案件。开展调解员素质提升年活动，对全区专兼职调解员进行业务培训2次，对37名调解员进行考核定级，建立54人调解专家库；出台专职调解员考核办法，完善调解案件补贴发放办法，组织调解员开展自查自评、与高新区进行互查互评，进一步规范调解案卷。

【律师工作】 2023年，环翠区有律师事务所23个、执业律师156人，办理诉讼类案件2899件、非诉讼类业务1469件。常态化实施服务企业“十百千”工程，开展“律企同行营在环翠”公益法律服务活动，解决法律难题306个，提供企业合规法律服务103件次；每周二安排律师在鲸园街道西门外社区公共法律服务亭值班提供法律咨询，辐射周边近百户中小微企业、个体商户。10月24日，《威海市环翠区律师事务所合规管理指引（试行）》正式发布，共10章98条，是全省首部县级律师事务所合规管理指引。21家

2023年11月15日，羊亭镇人民调解委员会专职调解员收到当事人赠送的锦旗 （区司法局 供图）

律师事务所和8家法律服务所的62名律师和16名法律服务工作者为全区218个村（社区）担任法律顾问，提供法律咨询9800次、开展法治宣传812次、提供法律意见659件次、参与人民调解工作176件次。13个律师事务所的70余名律师进驻区法院诉讼服务中心，开展导诉服务；28名律师担任63所公立中小学、幼儿园的法律辅导员（非公立学校未覆盖法律辅导员），提供法律咨询、法律意见、法律援助、法治宣传等服务。

2023年10月24日，区司法局召开《威海市环翠区律师事务所合规管理指引（试行）》发布会（区司法局 供图）

【公证工作】 2023年，环翠公证处有执业公证员3名，办理公证6203件。其中，国内公证1062件、涉外公证5133件、涉台港澳8件，较去年增长37.51%。办理零接触公证80件，接待来访人数7000余人次。

【法律援助】 2023年，区法律援助中心持续贯彻应援尽援理念，落实刑事辩护全覆盖、认罪认罚从宽制度，推进“援律访调”机制建设，受理案件8件；组建32名“法援银龄”专业法律服务志愿队伍，为残疾人、老年人等重点群体提供上门服务8次；持续打造“法援惠民生”品牌，开展法律援助宣传26次。年内，受理并指派法律援助案件1264件，承办刑事法律援助案件1057件、民事法律援助案件204件、行政法律援助案件3件，为当事人节省诉讼费271.4万元，挽回经济损失458万元。

【司法鉴定】 2023年，环翠区有司法鉴定所1家，为威海威铭司法鉴定所，业务范围为法医临床鉴定。年内，受理司法鉴定案件1204件，其中受法院委托案件187件、受交警委托案件60件、受个人委托案件957件，比上年增长30.16%。

（丁超男）

军 事

区人民武装部

【概况】 2023年，区人武部贯彻上级决策部署，以习近平新时代中国特色社会主义思想为指导，深入贯彻习近平强军思想，以学习宣传贯彻党的二十大精神为主线，强化政治引领，聚焦主责主业，强化思想政治建设和党风廉政建设，推进国防教育，巩固基层建设基础。年内，组建环翠红色女子民兵排；重点面向理工类大学毕业生，完成年度兵员征集任务；完成民兵组织整顿工作；基层武装部建设均达到示范标准。

【思想政治建设】 2023年，区人武部开展习近平新时代中国特色社会主义思想主题教育、党的二十大精神学习教育及实践活动、军委主席负责制学习教育，落实党委理论学习中心组理论学习制度，开展群众性理论学习活动，筑牢官兵举旗铸魂意识。落实党管武装工作制度，召开镇（街道）书记党管武装工作述职会议、区委常委议军会议，牵头开展现场办公、军事日等活动，增强各级管武兴武意识。做好民兵政治工作，用好教学资源，在民兵队伍中开展红色教育，探索军地共建民兵预建党组织方法路子。推进全民国防教育走深走实，5月、10月，分批组织开展全区中小学和党政机关“同升国旗、同唱国歌”活动，相关做法被中央广播电视总台《国防时空》栏目及中国军视网等媒体报道。

【兵员征集】 2023年，区人武部适应新形势下征兵学历要求，在巩固扩大大学毕业生征集成果的基础上，重点面向理工类毕业生，继续挖掘各级各类院校毕业生和高级技工类院校毕业生潜力。组织体检业务培训，落实资格认证、持证上岗制度，加强体检过程监管督查，杜绝因体检疏忽造成退兵隐患问题；以“五率”（报名率、上站率、合格率、择优率、退兵率）考评为抓手，注重征兵宣传、体格检查、政治考核、

2023年9月28日，威海市“爱国故事我来讲”启动仪式暨环翠区“同升国旗　同唱国歌”全民国防教育成果展示活动在威海市望海园中学举行

（区人武部　供图）

役前教育训练、集体定兵和入营跟访“六个”关键环节，巩固提升兵员征集质量；借助带编入伍和定向招聘等优惠政策，完成年度兵员征集任务。

【民兵组织整顿】 2023年，区人武部根据军分区阶段工作安排，开展民兵组织整顿。进行民兵组织整顿专项潜力调查，会审核查重点数据，确保各类潜力数据确实可靠；对接辖区驻军，收集掌握军兵种编兵需求，有效完成民兵编组任务。2月，召开全区人民武装工作会议，全面展开民兵组织整顿。区人武部负责人划区分片开展“访企问潜”活动，遍访区内企业，摸清编兵底数；建立党委委员帮抓制度，对9个镇（街道）进行一对一帮抓指导。6月中旬，完成全区民兵组织整顿集中点验。

【基层达标建设】 2023年，区人武部结合“双争”（争创“四铁”先进单位，争当“四有”优秀个人）和基层武装部建设星级达标考评活动，规范建设基层武装部“四室一库一站”（办公室、资料室、活动室、值班室、战备器材库、应急指挥站）和社区民兵连，推动基层建设提档升级。根据国防动员系统大抓基层建设年要求，统筹抓好基层武装部和民兵基层建设。巩固提升6个镇（街道）已完成建设成果，指导鲸园、竹岛、羊亭3个镇（街道）武装部参加考评，全区9个镇（街道）武装部建设均达到示范标准。指导区直机关工委、区城市发展投资有限公司、山东药品食品职业学院武装部3个单位按规范要求完善武装部建设，满足辖区3种以上类型基层人民武装部要求。

（刘晓刚）

双拥工作

【双拥模范城创建】 2023年，环翠区对照新修订的《双拥模范城（县）创建命名管理办法暨考评标准》，制定配套工作方案，召开全区创建全国全省双拥模范城动员部署会议，协调相关成员单位开展观摩点打造、文件资料整理、电视宣传片制作、双拥画册绘制等准备工作，确保实现双拥模范城“九连冠”目标。11月中旬，省考评调研组通过实地调研、查阅资料、听取汇报，对环翠区双拥模范城（县）创建工作进行考评，并给予肯定。

【军民共建】 2023年，区退役军人事务局结合2023中国（威海）合唱节暨环翠区第50届“5·23”歌咏会，打造双拥合唱专场，组织驻区部队、机关企事业单位及社会团体参与展演。联合相关单位开展军地联谊、普法宣传教育、心理辅导、阅读推广、走访慰问等活动。组织驻区部队开展社区义诊、急救知识培训、军营开放日、联合训练、新生军训等军地共建活动89场次，覆盖1.5万人。推进部队衔接支持乡村振兴任务，海军采购欠发达地区农副产品，遴选威海市3家企业9类农副产品纳入部队消费帮扶农副产品供应清单，助力地区产业发展。相关活动信息被退役军人事务部、省退役军人事务厅网站及齐鲁频道《双拥进行时》栏目等媒体平台宣传报道。

【拥军优属】 2023年，环翠区继续推进“双清单、三助力”（“双清单”即军地互提需求、互办实事；“三助力”即助力拓宽“后路”、助力巩固“后院”、助力扶持“后代”）建设，在全省双拥工作领导小组会议上进行试点经验交流。协调军地解决营区绿化、官兵婚恋、任务保障、水管铺设以及地方国防教育、军地共建等问题需求17项。着力推进靖子军事管理区军产清理工作，解决军地历史遗留问题。持续关注官兵“三后”［“后路”（转业安置）、“后院”（家属就业）、“后代”（子女入学）］问题，为现役军人家属解决随军就业安置、工作调动问题，为随军未就业家属足额发放地方生活补助194.5万元，为现役军人子女协调就近入托、入学。贯

2023年5月20日，环翠区退役军人事务局、共青团环翠区委联合举办“青春有约·相聚环翠”军地联谊活动　　（区退役军人事务局　供图）

彻落实立功喜报送达制度，联合区人武部、属地镇（街道）、村（社区），以装裱喜报、张贴横幅、敲锣打鼓的形式，为3名二等功臣、39名三等功臣送达喜报，并发放慰问金9.1万元。

【拥政爱民】 2023年，驻区部队利用自身优势开展丰富多样的拥政爱民活动。区人武部投资15万元，发展帮扶村产业项目，改善基础设施条件，培育乡村文明新风，支持地方经济社会建设；为2022年评定的4所全国国防教育示范学校配备价值20万元的办公用品、教学设备，激发学校国防教育引领示范作用。驻军某部以“扬帆新时代、奋进新征程”为主题举办军营开放活动，邀请驻地党政机关、共建单位、官兵家属和居民群众1500余人参观，营造关心国防氛围；推进海军部队衔接支持乡村振兴任务，加大消费帮扶措施落实力度，投入20余万元采购欠发达地区农副产品，指导营区超市设立欠发达地区产品销售专区；选派15名医务人员到戚家庄居委会开展义诊活动，为村民提供血压、检验、外科、内科4个项目的医疗服务。中国人民解放军九七〇医院威海医疗区专家医疗队进村、进社区义诊51次，发放宣传资料4000余份；到社区举办健康讲座、急救知识培训18次，1200余名群众受益。武警威海支队动用700余名兵力，协助公安干警完成武装押解、武装巡逻等专项勤务80余起，协助市委、市政府完成二级警卫勤务1起、一级警卫勤务1起；投资10万元为乳山市下草埠村规划部分村容村貌改建。威海海警局到威海市翠竹小学、威海市好望角小学、威海市第十中学、威海市崮山中学等地开展国防教育。

【优抚褒扬】 2023年，区退役军人事务局对接各医疗机构和医保部门，落实优抚对象基本医疗保险、大病及意外伤害救助、优抚对象医疗补助事宜，推行优抚对象医疗费“一站式”结算服务，年内核发医疗补助。组织开展清明祭英烈和“9·30”中国烈士纪念日等系列主题活动，祭扫烈士墓356座，7200余人参加。排查全区零散烈士墓23处，拟定《威海市环翠区零散烈士墓管理保护协议书》，明确监管单位、管护责任单位和具体管护人，共同签署意见书，压实责任，专人负责。落实优抚对象抚恤补助资金发放工作，为优抚对象发放抚恤补助资金，为义务兵家庭发放优待金。

（曲　蕾　刘晓刚）

人民防空

【概况】 2023年，环翠区加强人防应急建设，开展国防人防相关宣传教育活动，强化国防观念和人防意识；发放应急救援包并培训使用技能，提升防空防灾技能和应急能力。

【人防应急建设】 2023年，区发展改革局配合市国防动员办公室，为环翠楼、鲸园、竹岛、嵩山、孙家疃5个街道部分居民发放人防应急救援包，并开展相关使用技能培训。组织工作人员参加省、市举办的国防、人防相关集训，提高应急应战的专业素质和能力水平。

【人防宣传教育】 2023年，区发展改革局结合“4·15”全民国家安全教育日、“5·24”防空防灾警报试鸣日等重要时间节点，通过线上线下相结合的方式，组织开展各类全民国防人防宣传教育活动。组织重点企业开展国家安全、人民防空相关宣传活动，400余人次参加；向30个部门及9个镇（街道）的218个村（社区）发放人民防空相关学习手册560余份，在部分镇（街道）悬挂宣传横幅；依托全省“国防有我”知识竞赛、全市中小学国防知识竞赛等活动，联合区委宣传部、区委区直机关工委、区教育体育局等部门、单位，推进国防人防教育进机关、进学校、进社区。

（刘子佳）

经济管理

宏观经济管理

【概况】 2023年，环翠区坚持稳中求进工作总基调，主动服务和融入新发展格局，围绕打造共同富裕先行示范区的目标定位，树立“大抓经济”工作鲜明导向，推动重点任务攻坚突破、落实落地，全区经济回升向好，高质量发展扎实推进。全年地区生产总值初步核算数据为450.42亿元，比上年增长3.1%，三次产业结构调整为9.2：26.6：64.2，一般公共预算收入40.63亿元，比上年增长5.8%，全体居民人均可支配收入比上年增长5.3%。年内，获评全省县域经济高质量发展先进县，连续3年获该荣誉。

【绿色低碳高质量发展】 2023年，环翠区积极融入全省绿色低碳高质量发展先行区建设，制定《威海市环翠区深化新旧动能转换推动绿色低碳高质量发展三年行动计划（2023—2025年）》《2023年重点工作任务》，以及全区深化新旧动能转换推动绿色低碳高质量发展工作指挥部工作规则、办公室工作细则，构建上下联动、左右协同的一体化格局，推进各项重点任务落实。年内，山东双轮股份有限公司、威海化工机械有限公司、威海宝威新材料科技有限公司、威海银兴预应力线材有限公司4家企业被确定为首批山东省绿色低碳高质量发展先行区建设企业试点，威海市海王旋流器有限公司被确定为山东省“十强”产业集群领军企业。

【黄河流域生态保护和高质量发展】 2023年，环翠区加强与沿黄省区的对接合作，研究制定推动黄河流域生态保护和高质量发展年度工作要点，推进各项重点任务落实。年内，羊亭镇与西安羚控电子科技有限公司产学研合作项目及山东威高骨科材料股份有限公司与西南交通大学、山东第一医科大学附属省立医院产学研合作项目被列入山东省推动黄河流域生态保护和高质量发展2023年省际合作事项清单。

【服务业高质量发展】 2023年，环翠区加大市场主体培育力度，支持服务业新型业态和重点支撑领域发展，区发展改革局、区财政局联合印发《环翠区关于进一步加快服务业发展的扶持意见》，围绕三大领域六个方面出台28条细则，加快发展金融服务业、现代物流业、商务服务业等生产性服务业，提升发展商贸流通业、旅游业、文化产业、体育产业、社区服务业、康养服务业等生活性服务业，提高服务业经济发展质量和区域核心竞争力。年内，环翠区北海文化旅游集聚区被确定为2023年度山东省现代服务业集聚区，山东百盟信息技术有限公司被认定为2023年度生产性服务业领军企业。

【共同富裕先行示范区打造】 2023年，环翠区加快打造“精致、幸福、充满活力的共同富裕先行示范区”，研究制定《威海市环翠区共同富裕先行示范区创建2023年重点工作任务》，明确共同富裕先行示范区创建实施路径、具体措施、进度安排，统筹各项任务有序推进、落实落地、见行见效。年内，《环翠区精准发力靶向攻坚 深度融入共同富裕先行区建设》典型案例刊发于威海市共同富裕先行区创建工作指挥部《工作简报》第10期，威海市委、市政府授予环翠区“2022年度共同富裕先进单位”称号。

海王环保智能装备制造项目（拍摄于2023年12月1日）
（区发展改革局　供图）

【重点产业项目建设】 2023年，环翠区优化项目建设分级攻坚推进机制，打造“专班抓项目、专员跟企业、专人解难题”全流程服务体系，形成重点产业项目全过程服务、问题快速高效会商的闭环管理模式，全力解决项目建设难点、堵点问题，推动项目早开工、快建设、早投产。年内，海王环保智能装备制造项目、宏信智能绿色环保CTP项目等110个省市县重点项目全部开（复）工建设，投产或投入运营71个；爱华海绿色图文影像新材料项目、光焱医用新材料生产项目等97个区级重点产业项目投产或投入运营45个。

【无偿资金争取】 2023年，环翠区各级各部门深入研究政策导向，找准上级政策与区级实际的结合点和突破口，有针对性谋划争资载体，多轮筛选、主动推介，争取到位各类无偿资金10.3亿元，其中区发展改革局争取各类无偿资金1.4亿元，非普惠性资金额居全区各部门首位。

【创新平台争创】 2023年，区发展改革局坚持“提升增量、优化存量”两手抓，助推企业加强创新能力建设，提升创新平台运行水平，指导16家市级企业技术中心通过评价。山东华素制药有限公司技术中心获批省级企业技术中心，新元化学（山东）股份有限公司、威海新北洋数码科技有限公司2家省工程实验室和威海化工机械有限公司等11家市工程实验室通过优化整合纳入新序列管理名单。至年末，全区有国家级企业技术中心3家，省级企业技术中心21家，省级工程研究中心5家，市级企业技术中心20家，市级工程研究中心15家。

【对口支援和东西部协作】 2023年，环翠区开展青海省门源县结对乡镇、重庆市忠县石宝镇对口支援工作以及重庆市云阳县巴阳镇东西部协作工作。研究制定《2023年威海市环翠区东西部协作工作要点》，推进产业协作提档升级、人才交流持续深化；组织羊亭镇、威海市环翠区城市发展投资有限公司按照“十四五”东西部帮扶框架协议完成帮扶任务；全年拨付援建资金763万元，支持协作地发展产业项目及改善居住环境等；引导全区有关部门、企事业单位开展各类帮扶活动，全年采购重庆市云阳县农副产品50.06万余元，捐赠服装等物资折款124.8万元。

【省级县域经济高质量发展先进县】 2023年5月30日，山东省人民政府印发《关于2022年度县域经济高质量发展差异化评价结果的通报》，环翠区被确定为高质量发展先进县，连续3年获评该荣誉。

（刘子佳）

国有资产监督管理

【概况】 2023年，区国有资产中心强化风险管控，定期对企业进行风险评估研判；深入开展亏损企业治理工作，确定减亏目标及减亏举措；开展2022年度全面审计，加强国有资本监管。新成立1家由区国有资产中心作为股东的国有独资企业，完成两户国有企业合并。至2022年末，37户国有企业资产总额736.47亿元，营业收入50.52亿元，资产负债率76.28%，国有资本保值增值率为104.77%。全区行政事业性国有资产总额93.43亿元，负债总额56.74亿元，净资产36.69亿元。

【国企资本运作优化】 2023年，威海市环通产业投资集团有限公司、威海市中城公有资产经营有限公司、环翠区国有资本运营有限公司等区属国有企业利用AA、AA+主体信用评级，拓宽融资渠道，提升融资能力。两户国有企业威海市梦海演艺有限公司、威海市文化艺术活动中心有限公司实行合并，10月31日完成工商变更，国有资本布局结构进一步优化。

表17　2023年环翠区属国有企业名单

序号	企业名称
1	威海环晟文旅发展有限公司
2	威海市环翠区环晟商业经营管理有限公司
3	威海市齐盾保安服务有限公司
4	威海恒盛投资发展有限公司
5	威海市环翠区国有资本运营有限公司
6	威海远遥渔港有限公司
7	威海市里口山旅游发展有限公司
8	威海合庆码头管理服务有限公司
9	威海恒隆旅游开发有限公司
10	威海市财鑫资产运营有限公司
11	威海世茂环晟置业有限公司
12	山东环晟供应链管理有限公司
13	威海市中城公有资产经营有限公司
14	威海小商品批发市场物业管理有限公司
15	威海市环翠区一轻房地产开发有限公司
16	威海洁通环卫发展有限公司
17	威海大地工程测绘有限公司
18	威海市环海投资发展有限公司
19	威海市环翠园林工程有限公司
20	威海市环翠区环晟广告传媒有限公司
21	威海环晟贸易有限公司
22	威海环通文化艺术有限公司
23	威海汇骏投资管理有限公司
24	威海市环翠区通达市政工程有限公司
25	威海市环翠区新创投资运营有限公司
26	威海明珠广播电视广告有限责任公司
27	威海恒达汽车租赁有限公司
28	威海市环晟置业有限公司
29	威海市环翠区城市发展投资有限公司

续表

序号	企业名称
30	威海光语电影有限公司
31	威海市环翠区环晟建材科技有限公司
32	威海市环通产业投资集团有限公司
33	威海市文化艺术活动中心有限公司（2023年与威海市梦海演艺有限责任公司合并）
34	威海红帆英才培训有限公司
35	威海市骏良实业有限公司
36	威海通明照明工程有限公司

【国企风险管控】 2023年，区国有资产中心强化风险管控，定期对企业效益、偿债能力等进行风险评估研判。组织召开专题会议，对全区国有企业投资、融资、资产等情况摸底。深入开展亏损企业治理工作，7月25日，制定《环翠区区属及权属企业亏损专项整治实施方案》，督导相关企业制定减亏方案，确定减亏目标及减亏举措，确保按期完成整治任务。11月22日，下发《关于进一步加强国有企业参股管理的通知》，切实提高全区国有企业参股管理的制度化、规范化水平，维护国有资本安全。12月8日，在环翠区第十九届人民政府第30次常务会议上，汇报《关于进一步规范区属国有企业投融资工作的意见（讨论稿）》，全面规范区属国有企业投融资工作。

【国企增资】 2023年，区国有资产中心联合威海市环通产业投资集团有限公司、威海市中城公有资产经营有限公司，通过货币和实物出资相结合的方式，对4家区属国有企业（山东汇通城市发展投资有限公司、山东环海产业投资有限公司、威海市中鑫投实业集团有限公司、威海市中臻实业集团有限公司）增加注册资本，增资后企业注册资本全部为10亿元。7月12日，环翠区召开专题会议，会议议定新成立1家由区国有资产中心作为股东的国有独资企业——威海市中亿盛实业集团有限公司，注册资本10亿元，所属行业为资本市场服务。

【行政事业单位资产管理】 2023年，区国有资产中心完成资产统计年报工作，至2022年末，全区行政事业性国有资产总额93.43亿元，负债总额56.74亿元，净资产36.69亿元。4月初，组织全区开展行政事业性国有资产处置管理专项整治工作，聚焦处置制度、处置程序、处置条件、处置方式、处置收入5个重点环节，帮助各单位规范资产处置流程，推动单位资产处置管理迈入科学化、规范化轨道。开展“资产管理效率年”活动，对资产从入口到出口进行全方位监管。运用预算一体化系统平台，推进资产管理与预算管理有机结合，实现多系统终端数据互通，使资产与资金管理联系更加紧密，推动国有资产更好发挥效益。年内，组织各单位资产管理人员开展教育培训4次，培训300余人，其中线上3次、线下1次。

【国资国企监管】 2023年，区国有资产中心委托审计机构，对区属37户国有企业开展2022年度全面审计，重点审查投资项目、融资情况、薪酬情况，加强国有资本监管和风险控制。发现账务处理不规范、资金管理不到位等共性问题以及投融资方面的新问题，其中共性问题均督导企业整改到位，对新问题督导企业以及主管部门建立问题台账，实行销号制度，促进被审计单位立审立改。推进国资国企在线监管系统（二期）建设，落实国资监管信息化建设任务，提升国资监管效能，推进监管职能转变，2月完成系统试运行并组织区属国有企业开展专题培训，4月通过专家论证并投入使用，为企业高质量发展提供数据保障。

【国企党组织建设】 2023年，区国有资产中心党委推进“国企党建发展年”活动。结合国企改革发展实际动态优化调整基层党组织3个，完成11个支部换届选举、增补委员工作；组织区属国有企业党员干部深入学习党的二十大、全国“两会”、“实敢当”作风提升专项行动会议精神；建强党员队伍，全年纳新15名，按期转正13名预备党员；深入实施

2023年2月23日，区国有资产中心党委召开2022年度区属国有企业党组织书记履行全面从严治党责任暨抓基层党建工作述职评议会议

（区国有资产中心　供图）

党员分类管理，举办各类培训班6期，参训500余人次。全年班子成员带头上廉政党课4次，组织廉政知识测试2次，开展廉政警示教育8次，廉政谈话2次，下发廉洁提醒函5次，开展落实中央“八项规定”自查自纠2次，组织国有企业党员领导干部填写廉情档案41份。至年末，区国有资产中心党委下属党支部17个、党员234名。

【国企安全生产】 2023年，区国有资产中心组织区属国有企业开展消防大检查、百日攻坚等系列活动。全年开展检查70余次，成立检查组50余个，出动检查人员200余人次，整改隐患20余处；组织各类演练6次，600余人次参与；组织各类学习活动12次，7000余人次参与。

（张梦琦）

财　政

【概况】 2023年，环翠区完成一般公共预算收入40.63亿元，比上年增长5.8%，加返还性收入、转移支付收入、上年结转结余收入、调入资金、地方政府一般债务转贷收入、动用预算稳定调节基金等60.57亿元，收入总计101.2亿元。全区一般公共预算支出38.82亿元，加“上解支出”（下级财政部门将本年度的财政收入上解至上一级的财政部门）、地方政府一般债务还本支出、安排预算稳定调节基金、结转下年支出等62.38亿元，支出总计101.2亿元。加强政府采购管理，采购项目71宗，节约资金174.4万元，节支率2.7%。加强财政投资项目评审，结算审核评审项目69个，审减资金3258万元，审减率11%。助力经营主体纾困发展，全区减税降费17.8亿元。1月18日，区财政局被山东省财政厅确定为“2022年会计基础工作规范化单位”；8月4日，环翠区在2022年全省县（市、区）政府采购脱贫地区农副产品总额排第三名，被山东省财政厅通报表扬。

【政策助力区域经济发展】 2023年，区财政局加强“政银担”（政府、银行、担保机构）协同支农合作深度，落实农业信贷担保、信财银保、政府采购支持企业发展等政策，帮助548家企业及农户融资22.6亿元。8月10日，环翠区在全省“政银担”协同支农工作现场会上作典型经验交流发言。支持文旅惠民消费季等活动，发放消费券338.78万元，带动餐饮、汽车等消费8250余万元。落实组合式税费政策，围绕减轻市场主体税费负担，加快留抵退税政策执行，完成增值税留抵退税1.5亿元，惠及企业330余家。设立4000万元“实敢当”考核激励专项资金，根据乡镇组、街道组季度目标管理考核结果，对贯彻落实经济社会发展相关政策表现突出的镇（街道）给予激励支持，助力镇（街道）统筹发展。

【财源建设】 2023年，区财政局夯实“大财源”建设，定期组织召开“财源建设联席会议”，调度各镇（街道）土地出让收入、配套费清缴等工作，确保存量财源不流失；利用“部门协作、信息共享”协税护税综合机制，掌握税源动态，确保应收尽收。年内，全区完成一般公共预算收入40.63亿元，比上年增长5.8%。其中，完成税收收入36.67亿元，比上年增长12.9%，税收占比90.2%。全区争取转移支付资金12亿元，其中通过争取省生态文明强县、省现代流通强县等获得扶持资金2830万元，获得落实财政政策措施真抓实干成效明显地方督查激励奖励资金200万元。接受区人大常委会对政府支出预算“事前、事中、事后”全过程监督问效，提升政府支出预算管理工作质量，把牢预算支出关口，建立“定期清理、限期使用、超期回收”长效机制，清理盘活存量资金0.87亿元，统筹用于经济社会发展急需支持领域。加强政府采购管理，采购项目71宗，节约资金174.4万元，节支率2.7%。加强财政投资项目评审，结算审核评审项目69个，审减资金3258万元，审减率11%。

【保障和改善民生】 2023年，区财政局始终把民生支出作为财政保障的重中之重，完成民生支出32.1亿元。坚持教育优先发展，完成教育支出7.7亿元，实施教育提质工程，支持创建全国学前教育普及普惠县、义务教育优质均衡发展县；完善义务教育公用经费拨付方式，使资金直达40个中小学预算单位；通过财政体制结算妥善解决临近行政区域学位紧张问题，推进义务教育均衡发展。完成卫生健康支出2.6亿元，大力实施健康环翠行动，支持里口山医院建设和中医医院特色发展，深化医疗卫生体制改革，构建15分钟医保服务圈，基本公共卫生服务年人均保障标准比上年提高5元。完成社会保障和就业支出5.8亿元，其中发放一次性创业补贴、就业困难人员灵活就业社保补贴、城镇公益性岗位补贴等3800余万元，将城乡低保、残疾人两项补贴等困难群众补贴标准在上年保障标准基础上提高10%，居民医疗保险财政补助标准由每人每年610元提高至640元。争取新增政府专项债券1.15亿元，支持老旧小区改造和乡村振兴项目，人居环境持续优化。

【政府债务管理】 2023年，威海市财政局核定环翠区地方政府债务限额89.39亿元，至年末，环翠区地方政府债务余额88.87亿元，控制在限额范围内。区财政局加大地方政府债券争取力度，争取再融资债券19.83亿元，依托园区基础设施项目、森林保护与建设项目、乡村振兴项目等争取新增政府专项债券11.8亿元，缓解偿债压力和区域重点项目建设资金压力。坚持“全区一盘棋”，加大对全区地方政府债务、城投债及其他国有企业债务的全面摸底和风险排查力度，成立环翠区防范化解城投债风险领导小组和支持国有企业高质量发展工作专班，做好提示预警和风险防范化解。严格执行新增政府债务审批制度，加强政府投资项目的可行性论证和财政承受能力论证，牢牢守住不发生系统性风险的底线。

【财政预算绩效管理】 2023年，区财政局按照建立“全方位、全过程、全覆盖”预算绩效管理体系的要求，组织区直部门对预算编制涉及的409个项目进行绩效目标编报，对项目执行情况开展绩效监控，对64个区直部门开展整体绩效管理。指导督促区直部门对2022年度的426个项目进行绩效自评，覆盖率100%。选取2022年度11个重大项目（政策）开展重点绩效评价，评价完成后印发《关于做好财政支出项目重点绩效评价结果整改落实工作的通知》，督促抓好整改落实。出台《威海市环翠区镇（街道）财政运行综合绩效评价方案》，监测镇（街道）财政运行状况，防范化解镇（街道）财政风险。

【财政体制改革】 2023年，区财政局深化财政体制改革，探索建立与区镇两级事权划分相适应的收支分配体制，在保持镇（街道）财政独立的基础上，制定《关于调整完善镇（街道）财政管理体制的意见》，将镇（街道）承担的义务教育经费上划为区级支出范围，大幅提高镇（街道）保障能力。推进预算绩效管理改革，出台《威海市环翠区全面推进成本预算绩效管理工作实施方案》，将成本预算绩效管理融入预算编制、执行、监督全过程。选取教育基建支出、校车运营补助、公厕免费开放运行等项目开展重点成本效益分析，根据分析结果制定成本定额标准，核定项目支出标准，成本标准将应用于以后年度部门预算编制。8月21日，工作经验典型材料《发挥财政杠杆作用助力对外开放的分析研究》获得山东省财政厅、山东省财政学会组织开展的“深入学习贯彻党的二十大精神 加快推动山东财政改革发展”主题征文二等奖。10月，典型材料《深入改革创新 全面激发镇街财政内生动力》刊发于《威海通讯》。

【财政监督管理】 2023年，区财政局完善财政管理制度，健全财政内部控制体系，审核完成全区73家行政事业单位内部控制报告。在全区组织开展财经纪律重点问题专项整治行动、政府购买服务专项整治行动和代理记账行业违法违规行为专项整治行动，发现问题立查立改。加大会计信息质量检查力度，抽取区统计局、桥头镇等8个单位、镇（街道），检查公务接待费、差旅费等执行情况，规范财经秩序，推动行业健康发展。

【财政专业技能培训】 2023年4月19日，区财政局组织全区财政系统业务骨干36人到西南财经大学开展财政系统预算绩效管理业务培训。6月1日，举办全区预算管理一体化系统提档升级培训班，围绕预算编制、预算执行及单位会计核算业务应用操作等专题培训150余人。8月24日，举办全区行政事业单位财会人员履职能力提升培训班，邀请山东

2023年6月1日，环翠区预算管理一体化系统提档升级培训班举办
（区财政局　供图）

财经大学副教授韩跃、杨晓光和财务审计专家鹿新授课，各镇（街道）、区直部门110余名财会人员参加培训。9月6日，举办全区预算绩效管理专题讲座，围绕分行业分领域共性项目绩效指标体系和成本预算绩效管理培训100余人，提升全区财政从业人员专业技能水平。

（徐　艳）

税　务

【概况】　2023年，区税务局严守组织收入三条红线，确保“应收尽收”；落实税费支持政策，确保“应享尽享”。至年末，不含海关代征，完成税收收入75.12亿元，比上年增长11.49%；完成一般公共预算地方级税收收入36.67亿元，比上年增长12.9%。组织非税收入17.08亿元，组织社保费收入54.07亿元。退税减税缓税降费34亿元，其中留抵退税3.03亿元，阶段性缓缴社会保险费8508万元。年内，区税务局第一税务分局（办税服务厅）被共青团中央评为二星级全国青年文明号。

【改革试点攻坚破难】　2023年，区税务局配合山东省税务局完成优化国有土地使用权出让收入征收流程试点直连工作，扛牢试点单位责任，实施费源信息与合同一致性核验，完善征收业务链条，防范征收风险。推进依法治税，严格落实行政执法“三项制度”“首违不罚”事项清单制度，发布公示事项13项3万余条，上传执法音像记录82条，受理逾期未缴纳税款重大执法决定法制审核1份，整改疑点问题24条。试点运行期间，成功审核3笔国有土地使用权出让收入费源信息，完成全额入库2笔1509.99万元；保证金入库1笔1390.29万元。

【和谐征纳关系】　2023年，区税务局开展“听您说·威您办”大走访活动，聚焦纳税人关注的痛点问题、重点事项，构建“收集—研判—分流—联动—督办—反馈”工作闭环，对220户重点税源企业走访服务，多轮次走访纳税人1.4万户次，解决诉求问题870余条；组建税企服务群23个，精准推送政策辅导15.95万户次，收集整理问题咨询1430余个，推动市场主体减负担、降成本；开展热线来电“穿透式”分析，汇总整理热点问题数据，建立知识库，规范应答口径，降低来电偏离率。至年末，在省内热线来电偏离率排名由年初127名提高至31名。

2023年7月27日，区税务局税收顾问团队走访威海广泰空港设备股份有限公司
（区税务局　供图）

【工作机制创新】 2023年，区税务局探索建立“产业园区+税务专员+企业协会”三方协作机制，与区工商联联合开展“春雨润苗”“中小企业服务月”活动，到双创人孵化器产业园区，为200余户中小企业送计问需、现场答疑，让各项税惠政策助力中小微企业稳健发展。发挥税收大数据作用，开展供应链“补链”企业筛查，精准对接采购、销售遇阻企业，帮助企业找货源、开销路，为5户企业牵线搭桥，签订合同金额3172.66万元。组建“业务股室+分局”专家服务团队，对招商引资重点项目定制个性化“管家式”服务，从立项施工到后续发展，提供全流程政策支持、便捷办税服务，助推重大项目早竣工、早投产、早增效。

2023年8月24日，区税务局工作人员走访威海宝威新材料科技有限公司
（区税务局 供图）

【智慧办税】 2023年，区税务局聚焦税费服务智能化、精细化、个性化提升，完成具备智慧预约导税、重点办税事项兜底处理、云端智慧响应、权益救济功能的2000平方米新型“零柜台”智慧税务大厅设计规划；打造智慧办税多元体验，与竹岛街道、环翠楼街道等5处街道达成一键呼叫自助办税设备“网格化”配置协作意向，推动税费服务智能化升级，实现纳税人“家门口”办税。拓展非接触式办税，推行“自助办”“掌上办”“网上办”全新服务模式。年内，处理“威您办”工单4069件，热线专家团队接听纳税人、缴费人来电4万余通。

【税费争议化解】 2023年，区税务局完善公职律师涉税争议咨询调解与社会保险费征缴争议咨询调解联动机制，建立“2+2+N”（线上线下两个渠道、区局分局两级联动、N个部门协作调解）工作机制，在区局设立1个“税费争议调解中心”、分局设立“税费争议调解小组”，组建由“公职律师+三师人员（获得注册会计师、注册税务师、法律职业资格证的人员）+业务骨干+社会力量”组成的专业调解团队，通过集体会商、全程帮办等方式，分级分类化解矛盾争议。探索新时代“枫桥经验”与税收工作的有机融合，以省级旅游度假区分局为首批“枫桥式”税务分局建设单位，重点围绕税费矛盾争议化解，建成为纳税人缴费人办实事、解难题、防风险、护权益的场所，成功化解税费争议12起。年内，化解各类税费争议118户次，其中涉及税费优惠政策83户次、社保费征缴30户次，入库费款187.22万元，回访满意率100%。

2023年6月14日，区税务局工作人员在办税服务大厅辅导纳税人自助办税
（区税务局 供图）

【税源监管】 2023年，区税务局建立“行业监管+风险管理”团队，运用税收大数据抓好风险防控工作，对住宿餐饮、律师事务所、渔具、加油站等行业监管进行探索，守住不发生系统性、区域性风险底线。年内，全区住宿餐饮业纳税人销售

额17.63亿元，比上年增长13.89%，剔除一次性因素、政策因素，入库税款4217万元，其中增值税2034万元，比上年增长118%；145户入库税款实现正增长。全区93.75%的律师事务所应税所得率实现提升，补缴税款、滞纳金587.13万元。全区渔具业入库税款比上年提高15.77%，实现正增长。完成17户民营加油站的自查自纠和重点检查，调增销售额555万元，增加税收收入94.78万元，税负比上年增长0.26%。

【联动治税】 2023年，区税务局树牢“大征管、大协同”理念，强化税费征管、风险应对等上下联动机制。在“以地治税”方面，探索建立税费一体化联动监管新模式，机关股室、第一税务分局及各税源管理单位协同联动，实行数据共享，建立分类档案35户240余条，缴纳契税7327万元、印花税67万元；建立国有土地使用权出让收入欠费动态管理台账，清理欠费8.3亿元。持续加强与区人力资源社会保障局、区医保局、区法院等部门的工作配合和数据共享，通过税费共治不断扩大数据采集范围，年内获取各部门数据信息123万余条次。加强与检察机关在机制共建、税收共治、数据共享等领域合作，打造税检合作新典范，防范化解税收监管领域风险，提升税收治理效能。

（黄小怡）

审计监督

【概况】 2023年，区审计局聚焦主责主业，找准审计服务现代化强区建设的切入点和着力点，依法履行审计监督职责，完成预算执行审计、领导干部经济责任审计、政府投资审计等审计项目28个，查出管理不规范金额9.83亿元，审减工程结算资金1.07亿元。提出审计建议85条，移送相关部门处理事项6件，报送审计情况反映7篇，审计结果获区委区政府主要领导批示13次。

【领导干部经济责任审计】 2023年，区审计局开展区人力资源社会保障局、区市场监管局、区档案馆、鲸园街道等2个镇（街道）、18个部门单位领导干部经济责任审计项目，主要审查贯彻执行国家和省市区经济决策、防范风险和廉洁从业从政情况，促进“治已病、防未病”，把重大风险隐患解决在萌芽状态，审计结果报告同步存入领导干部个人廉政档案和人事档案。年内，开展领导干部经济责任审计项目20个（其中任中审计项目12个，占比60%），查处管理不规范金额62451.54万元、违规金额11.18万元，提出审计建议49条。

【预算执行审计】 2023年，区审计局紧扣预算审查监督要求，推进本级预算执行和其他财政收支情况审计，同时对区司法局、区文化和旅游局等单位部门预算执行情况全面审计。重点审查预决算编制及执行、财政资金统筹盘活、预算绩效管理等方面，总结提炼可操作的预算执行数据分析模型6个，下发疑点数据228条，查出管理不规范问题金额12672.61万元，揭示问题17项，推动被审计单位建章立制9项。

【自然资源资产审计】 2023年，区审计局推动相关部门出台《关于切实加强森林资源保护工作的意见》《环翠区水资源管理监督检查办法（试行）》《环翠区公益性公墓规范管理实施意见》等系列文件，涉及森林资源保护、水资源管理、公墓管理、建筑垃圾处置、名胜区环境保护等。12月8日，根据《山东省审计厅关于2023年全省审计机关优秀审计项目评审结果的通报》，里口山区域山火修复暨山水林田湖自然资源资产情况审计调查项目获山东省审计机关优秀审计项目二等奖。

【政府投资审计】 2023年，区审计局聚焦区委、区政府工作重点，不

2023年8月28日，2022年度区级预算执行和其他财政收支审计工作情况专题调研会召开

（区审计局　供图）

断提高投资审计监督质量。推进政府重大投资项目审计监督力度，加强重点民生项目审计，重点关注政策执行、项目布局、建设管理、运营维护以及项目绩效等总体情况。年内，开展海峰路地下综合管廊建设、里口山仙姑顶区域植被复绿等5个审计项目，完成政府督办批示15个。审核预算控制价资金73112.31万元，审调金额2055.29万元，审减金额2091.88万元。审核结算资金53438.15万元，审减金额6448.99万元。

【大数据审计】 2023年，区审计局践行“科技强审”理念，围绕人才、技术、成果等要素，强化大数据审计能力建设。扩充大数据审计人才队伍，全年通过山东省审计厅计算机审计中级考试6人、审计署计算机审计中级考试1人。开展技术学习交流会，推动数据分析思路方法分享，举行数据分析大比武，以赛促学、以赛代训，提升大数据审计技能水平。探索应用无人机三维实景建模、地理信息系统（GIS）空间分析、Python（编程语言）等技术手段，节约人力和时间成本，提高审计质效。年内，大数据审计筛查疑点3112条，落实问题43个。结合理论研究与业务实践，汇总大数据审计思路、技术方法等经验成果，梳理完善大数据审计清单7张，形成金融、经责等领域审计模型16个，撰写智慧审计案例1篇，大数据攻关课题《构建“空天地”时空大数据 积极探索自然资源与政府投资融合审计》被山东省审计厅收录为书面典型交流材料。

【审计整改】 2023年，区审计局完善审计整改工作机制，强化成果运用，整合监督资源，开展审计整改。按照立行立改、分阶段整改、持续整改三种类型分类提出整改要求，通过整改台账每月跟踪调度进展情况。聚焦资金使用重点领域，督促9个单位上缴非税收入、追回违规发放的补助资金等，促进增收节支6876.81万元；推动完善老旧小区物业管理、公益性公墓管理等方面制度52项，将整改成果转化为治理效能。结合区人大常委会调研工作，确定预算执行审计的5个重点整改责任单位，总结整改成效，剖析整改薄弱环节，形成整改工作合力。

【内部审计】 2023年，区审计局把握新时代内审工作的职责定位，强化对内审工作的指导监督，夯实内审人才选拔和业务培训工作。以“争创省级示范单位，打造优秀项目”为目标，实行“一把手总调度、分管领导分工负责、业务科室对口帮包”的三级督导模式，选定区自然资源局、区人力资源社会保障局等8个单位作为重点，定制个性化指导监督方案，精准实施现场指导，查摆梳理各类内审工作存在问题40余项、促进修订完善制度18项。开展优秀项目推选工作，高标准规范审计流程、挖掘审计成果，推荐的区人力资源社会保障局就业补助资金管理使用情况内部审计项目获威海市优秀内部审计一等奖。推荐79名内审人员收录到市级内审人才库管理，组织内审人员围绕“内部审计执业精神和专业能力研究”撰写论文，获得威海市内部审计优秀论文二等奖1篇、三等奖2篇。

（于　晨　曲飞宇）

统计管理

【概况】 2023年，区统计局树立大抓经济工作导向，发挥统计信息、咨询、监督三大职能优势，加强统计法治建设，规范升规纳统工作，强化普法宣传和基层基础建设。年内，完成第五次全国经济普查单位清查工作，采集单位18252家、个体户30198家；完成山东省1%人口抽样调查；撰写统计分析34篇、统计信息139篇、统计约稿230篇；申报入库规模以上企业119家。

【第五次全国经济普查清查工作】 2023年8月26日，环翠区第五次全国经济普查单位清查工作启动，9月1日全面铺开。年内，组织培训3次，召开调度会议10次，划定471个普查小区、7762个建筑物，选聘普查员931人。采集单位18252家、个体户30198家（全区底册单位31666家、个体户56609家），采集占比57.64%、53.34%。底册外新增单位545家，占采集单位总数比重3.0%；底册外新增个体户5051家，占采集个体户总数比重16.73%。

【统计服务】 2023年，区统计局创新工作思路，为区委、区政府准确把握宏观形势和科学决策提供形势研判和预警信息。年内，整理编印年度统计资料《威海市环翠区统计年鉴（2022）》1期，整理编印月份统计资料——威海2022《环翠区统计月报》11期。在全区首创《环翠统计》电子专刊，刊发2期6篇优秀统计分析。在威海市首创推出《经济指标统计凭证辅导手册》，公布2部24小时服务电话，解答镇（街道）、各部门以及企业各类统计咨询500余次。围绕全区中心工作，贴近主题主线撰写统计分析34篇、统计信息139篇、统计约稿230篇。

【山东省1%人口抽样调查】 2023年，区统计局对接区卫生健康局、公安环翠分局、区民政局、区住房城乡建设局等部门，获取行政信息，开展山东省1%人口抽样调查工作。调查涉及环翠区9个镇（街道）、41个抽样村居、187个抽中小区。年内，完成1640个住房单元、4268人的入户登记工作。

【基本单位名录库建设】 2023年，区统计局发挥职能作用，利用区市场监管局、区税务局等部门资料，核销变更和注销单位，核查有潜力入库的企业，充实“四上企业”（规模以上工业企业、资质等级建筑业企业、限额以上批发零售住宿餐饮企业、限额以上服务业企业）名录库和固定资产投资储备库建设。固定资产投资储备库包括纳入上报项目和未纳入上报项目两部分，实行“区级创建、镇（街道）级核实、共同管理、动态维护”原则，通过“区级下发总库—镇（街道）核实补充分库—区级汇总完善总库”工作程序，进行充实完善。定期进行准“四上企业”实地走访和项目摸查，形成动态监控机制，掌握全区企业成长情况和投资项目进展情况。年内，通过走访调研、跟踪调度，核准企业信息，筛选119家规模以上企业申报入库。新入库企业中包括规模以上工业企业24家、资质内建筑业企业12家，限额以上批发零售住宿餐饮企业64家、具有资质的房地产企业2家、规模以上重点服务业企业17家。

【统计业务培训】 2023年，区统计局实施“年轻干部能力素质提升计划”，组织开展统计业务技能竞赛和“我来讲业务”活动，提高统计业务人员技能素养。对全区“四上企业”开展年报培训，培训500余人次，培训内容涉及工业、能源、科技、贸易、劳动工资、投入产出和统计法律法规等。组建业务骨干讲师团，实施精准分类授课，年内，召开经济指标培训会14次，培训1000余人，印发经济指标明白纸资料10余种，从源头提高数据质量。

【统计执法检查】 2023年，区统计局提高统计数据质量，年初制订2023年统计“双随机、一公开”执法检查计划，在全区“四上企业”范围内“双随机”（随机抽取检查对象、随机选派执法检查人员）抽取38家企业进行统计执法检查。联合区市场监督管理局对全区29家企业进行跨部门“双随机”联合执法检查，拓展统计执法检查方式，提高统计执法质效。年内，未发现统计违纪违法问题。

【统计法规宣传】 2023年，区统计局以“9·20”中国统计开放日、“12·8”统计法颁布纪念日等节点，开展统计法治宣传教育。9月20日，在威高广场举行第十四届“经济大普查，数说新时代”主题统计开放日活动。12月8日，在鲸园街道北港社区开展宣传统计法宣传活动。年内，以区产业相关部门、服务社区和“四上企业”报表单位为重点开展“送法上门”活动，发放《统计法明白纸》《升规纳统工作指导手册》等统计宣传读物400余份。

（郑方圆）

市场监督管理

【概况】 2023年，区市场监管局筑牢“三品一特”（食品、药品、重点工业产品、特种设备）四大安全防线，履行消费维权、知识产权保护、质量提升服务等职能。年内，查办各类违法违规案件5330起，受理调解“12315”消费者投诉举报专线、“12345”政务服务便民热线等各类投诉举报22664件，为消费者挽回经济损失210余万元。强化地理标志商标保护工作，严厉打击侵犯地理标志商标专用权行为。至年末，全区有地理标志证明商标3件（威海刺参、威海苹果、威海大花生），许可使用地理标志商标企业21家。

【市场监管执法】 2023年，区市场监管局采取多种措施推进“双随机、一公开”监管工作。将信用风险分类融入“双随机、一公开”监管，强化事中、事后监管，优化营商环境。联合各部门建立“双随机、一公开”监管抽查事项清单和抽查计划，动态更新“一单两库”，运用标准化管理实现精准、智能、科学监管，推动执法规范化和精准化，形成“双随机、一公开”抽查工作指引、“双随机、一公开”监管随机抽查事项清单等多项制度，确保各项任务落实全覆盖。年内，联合区人力资源社会保障局、区住房城乡建设局等27个部门开展执法检查141次，检查单位1256家，覆盖34项抽查事项，问题发现率41.4%，实现“进一次门、查多项事”。推动检查比例、频次与市场主体信用风险分类结果对接，同一对象抽查率0.08%，检查结果在国家企业信用信息公示系统公示，达到“增监管效能、减迎检负担”双重效果。以监督抽检、专项整治、联合执法、投诉举报处置为主要稽查手段，严厉打击虚假宣传、商标侵权、制售假冒伪劣等违法行为，维护市场秩序。至年末，立案查处食品药品违法、虚假宣传等案件215起，罚没款276万元。

【食品药品安全监管】 2023年，区市场监管局强化食品全链条监管，突出食品生产、流通等环节监督检查和抽检，组织开展食品药品安全进企业、进社区活动20余次。开展食安护佳节、旅游餐饮单位、单位食堂、学校食堂等专项抽检1841批次，不合格65批次，合格率96.5%。对入市食用农产品实行“批批快检”，快检食用农产品18.31万批次，不合格产品174批次，均在销售前下架销毁。建设农产品批发市场食品安全信息化追溯体系，338家入场经营户全部亮码销售，农产品均可追溯。强化食品生产企业监管，产品验证检验率、食品安全自查报告率、特殊食品安全管理人员线上考试率全部达到100%。推行“互联网+明厨亮灶”模式，引导全区108家学校食堂、幼儿园食堂、2家中央厨房、20家养老机构食堂开通后厨监控视频，实现对后厨异常事件识别、预警、处置、统计等一体化远程智能监管，“互联网+明厨亮灶”建成率100%。开展新冠病毒抗原检测试剂、药品经营、特殊药品和含特殊药品复方制剂、家庭过期药品回收、化妆品线上净网线下清源行动，医疗器械质量安全风险隐患排查治理，医疗美容用药品和医疗器械等专项整治；运用智慧监管系统调度药师考勤情况，对未按时打卡的单位进行实地检查；完成药品抽检65批次、医疗器械抽检4批次。对抽检不合格的食品药品，立案查处的同时集中约谈，规范生产经营行为。强化食品药品违法案件查处，查办食品类案件167起，药品类案件18起，向公安机关移交涉嫌犯罪案件1起。

【知识产权工作】 2023年，区市场监管局推进知识产权工作，借助知识产权宣传周、“3·15”国际消费者权益日等活动，开展知识产权保护普法宣传。通过走访调研、集中培训、交流座谈等形式，提升企业知识产权创造与保护意识，挖掘专利资源，提高机构服务水平。年内，环翠区获批2023年度国家知识产权强县建设试点县。全区授权专利2278件，其中发明专利254件。加强地理标志产品保护，指导威海刺参协会组织威海金鹏水产有限公司进行“威海刺参”（湿参）地理标志商标换标及“威海海参”地理标志保护产品申请工作。加大知识产权优势企业培育力度，山东百盟信息技术有限公司、山东华素制药有限公司、威海中远海运重工科技有限公司3家企业获批2023年度国家知识产权优势企业，威海普益船舶环保科技有限公司、山东履信思源防伪技术有限公司、威海银河生物技术有限公司等9家企业入选山东省知识产权优势企业培育名单。加强知识产权专项项目业务指导，威海市钓具产业专利导航获批山东省产业类导航项目，获得补助资金40万元；山东履信思源防伪技术有限公司的液体可变色防伪技术研发项目获得“2023中国·山东新旧动能转换高价值专利培育大赛”一等奖。年内，查处知识产权行政案件14件，全部结案，完成专利侵权行政裁决案件2件，行政调解司法确认案件1件。

【商标管理】 2023年，国家知识产权局公布首批参加“千企百城”商标品牌价值提升行动的商标品牌和指导站名单，三角轮胎股份有限公司、威海广泰空港设备股份有限公司、威海双创人孵化园商标品牌指导站、威海市渔具和休闲用品产业商标品牌指导站入选全国首批名单。

【商品交易市场监管】 2023年，区市场监管局强化线上线下监管，督促农贸（期集）市场开办方落实市场主体责任。线下督促在营流通、餐饮业户落实进货查验和索证索票制度，禁止制售野生动物及其制品，检查相关业户1488家次；线上检查网站、网店142个，监测平台1个，要求网络交易平台对新增野生动物交易信息进行屏蔽。年内，未发现环翠区电商企业通过网络售卖野生动物、野味及其制品行为。

【涉旅消费纠纷处置】 2023年，区市场监管局严格落实涉旅消费纠纷快速处置制度。旅游旺季期间，执行24小时值班值守和领导带班制度，全面落实首问负责制，接诉后快速响应，辖区市场监管所执法人员15～30分钟到达现场，对涉及市场监管领域的投诉第一时间回复并快速处置。受理“12345”政务服务便民热线和电话投诉761件，多部门联动办理工单11件，快速处结197件，群众满意率100%，切实维护“千里山海·自在威海”旅游品牌形象。

【旅游市场监管】 2023年，区市场监管局围绕旅游旺季重点领域，加大对旅游市场的监管力度，以辖区内的餐饮店、农家乐、宾馆、酒店、民宿、景点、停车场等场所为重点监管对象，对食品安全、价格行为、广告宣传等方面开展专项检查。共检查旅游餐饮服务单位535家次，发现问题81个，督促现场整改问题48个，下发《当场行政处罚决定书》21份。加大对未明码标价、价格欺诈、餐饮单位管理不规范、经营者违法宣传等违法行为的惩戒和处罚力度，曝光典型案例，责令整改存在的问题。重点对威高广场、岩崎游乐场、华夏城景区和百纳大酒店等住宿、娱乐和景区等公众聚集场所开展安全检查工作，排查整治特种设备安全隐患，督促各企业加强内部安全培训，做好应急处置。旅游季以来，累计检查重点企业场所90余家，排查隐患60余处。对网红打卡地、旅游场所饭店、集贸市场、早夜市等地的计量器具开展专项检查行动，检定电子秤1042台。

【特种设备安全管理】 2023年，环翠区登记在用特种设备8851台，比上年增长9.98%。其中，电梯6134部，比上年增长10.67%；锅炉69台，比上年减少2.85%；压力容器1197台，比上年增长3.63%；起重机械787台，比上年增长8.25%；场（厂）内机动车辆658台，比上年增长20.73%；大型游乐设施6台，比上年减少33.33%；特种设备使用单位1139家，比上年增长12.21%，全年定检率连续12个月保持100%。办理变更业务496件、停用业务181件、注销业务371件、启用业务261件、补正告知业务140件。年内，区市场监管局开展各类专项整治行动22次，出动人员1100余人次， 监督检查598家特种设备生产、使用和气瓶充装单位，排查整治隐患220处，预警督导4433台临期特种设备报检检验，下达特种设备安全监察指令书31份，立案查处1起，罚款3万元。结合重要时段、重点时期保障需要，加强特种设备安全监察工作，规范特种设备使用行为，开展特种设备安全宣传教育，以“人人讲安全，个个会应急”为主题，组织特种设备安全宣传培训活动8次，线上推送安全警示提醒19则，发布安全简报2期。至年末，处理“12345”政务服务便民热线特种设备投诉举报案件308件，处置检验机构反馈问题报告单52份，组织集中应急演练3次。

【质量监督管理】 2023年，区市场监管局印发生产领域重点工业产品质量安全监管目录，将9大类154种产品列入目录。印发生产领域重点工业产品质量安全日常监督检查计划，对涉及危化品和危化品包装物及容器、食品相关产品等14类重点工业产品的139家生产企业开展检查。先后开展“3·15”晚会曝光问题产品排查及电动自行车、儿童和学生用品、燃气用品、重点工业产品质量安全隐患排查、获证企业“双随机”检查等各类专项整治，出动检查人员118人次，检查相关生产企业55家次，抽检生产领域产品70批次。配合山东省市场监督管理局完成3家检验检测机构检查，配合威海市市场监督管理局完成4家检验检测机构检查、2家生产领域强制性产品认证企业检查，自行组织开展18家检验检测机构、14家强制性获证企业、6家自愿性认证获证企业检查，相关问题已整改完毕，维护全区认证认可市场秩序。加强质量强区与品牌建设工作，威海广泰空港设备股份有限公司获得第九届山东省省长质量奖提名奖，威海市山花地毯集团有限公司手工地毯上榜第二批“好品山东”名单，威海银河生物技术有限公司、威海宝威新材料科技有限公司、山东汇泉工业有限公司、山东百盟信息技术有限公司获评山东省高端品牌培育企业。至年末，全区拥有山东省省长质量奖获奖企业2家、提名奖获奖企业2家，“好品山东”企业3家，山东省高端品牌培育企业15家。

（于　群）

2023年9月13日，区市场监管局执法人员检查液化石油气瓶充装站（长峰二分站）设施安全情况

（区市场监管局　供图）

价格管理

【概况】 2023年，环翠区创新价格管理思路，优化工作方式方法，落实上级各项降费减负政策，强化市场价格监测。严格开展收费管理，及时处理群众价格投诉事项，依法依规做好价格认定。每周调度60种生活必需品零售价格数据，全年制作《环翠价格监测》34期，发放《环翠区市场监督管理局关于规范旅游市场价格行为的提醒告诫书》1300份。

【价格监测】 2023年，区发展改革局加强价格监测预警，做好蔬菜、肉蛋奶等重要民生商品日常价格监测。开展“五一”旅游市场调查、“中秋节”月饼价格调查、海产品应急价格监测、小麦玉米产销和价格调查等专项行动，每周调度60种生活必需品零售价格数据，全年制作《环翠价格监测》34期，为市场调节和政府决策提供参考依据。

【收费管理】 2023年，区发展改革局严格开展收费管理，开展中小学服务性收费和代收费、机动车停放、养老、托育、殡葬等服务收费调研，强化行政事业性收费事中事后监管。

【价格认定】 2023年，区发展改革局严格按照规定程序和方法开展价格认定工作，为18个提出机关出具价格认定结论书63份、不予受理结论书21份，案件标的总额450.19万余元，维护全区市场价格秩序，提供合法合理的价格依据和参考，保障群众合法权益。

【价格投诉举报处理】 2023年，区发展改革局全年处理“12345”政务服务便民热线转办以及各种渠道投诉举报的涉及价格事项751件，办结率100%；区市场监管局处理价格类“12345”政务服务便民热线转办、各种渠道投诉举报等910件，主要集中在住宿管理、停车服务收费等领域，办结率100%。

【明码标价宣传】 2023年，区市场监管局通过“最威海是环翠”公众号、环翠区人民政府网站发布明码标价行为提醒告诫书及物业服务收费政策，发放《环翠区市场监督管理局关于规范旅游市场价格行为的提醒告诫书》1300份，规范经营者明码标价行为，维护市场价格秩序平稳。

（刘子佳 于 群）

社会信用建设

【概况】 2023年，环翠区启动建设“诚信大数据智慧平台”，上线“信用环翠”掌上平台，打通生活圈和工作圈的信用壁垒，实现信用建设的双向对接、互联互通。加强行业领域信用监管，探索多领域“信用+”场景应用以及“信用+”社会治理新模式。建立“一处罚一告知”的“两书同达”工作机制。举行环翠区首届美德诚信模范典型表彰暨诚信大数据智慧平台发布仪式，展现厚德环翠和诚信环翠建设优秀成果。年内，环翠区首家“信用超市”揭牌运营，国家级标准化试点通过验收，“信易+”应用典型案例获评国家级应用典型案例。

【“诚信大数据智慧平台”建设】 2023年，环翠区以大数据技术为支撑，启动建设“诚信大数据智慧平台”，上线“信用环翠”掌上平台，构建起以诚信大数据资源共享应用为重点的“1+1+1+N”（1个社区诚信指数评价体系、1个“诚信大数据智慧平台”、1个诚信二维码、N个“信易+”惠民便企应用场景）智慧信用系统。年内，126家诚信商户入驻，推出覆盖餐饮美食、文化旅游、休闲采摘、电影演出、商超购物、美容美发、医疗健身、汽车维修、图书借阅等18个领域的400余项信用惠民便民应用场景，投入免费商品或服务价值800余万元，惠及群众12余万人次。5月17日，举行“诚信大数据智慧平台发布仪式”；9月11日，山东省大数据局印发《关于开展大数据创新应用提升行动的通知》，区社会信用中心申报的《诚信大数据创新应用》入选2023年山东省重点打造应用场景名单。

【信用应用与监管】 2023年，区社会信用中心在多行业领域探索“信用+”场景应用，指导各行业主管部门健全完善分级分类监管

2023年5月17日，区社会信用中心负责人在诚信大数据智慧平台发布仪式上介绍平台功能

（区社会信用中心 供图）

2023年11月24日，威海市环翠区信用修复培训会召开

（区社会信用中心　供图）

用小站”为载体、“宝石分”为标准，以点连线带面全域打造羊亭镇宝石山片区6个行政村信用联盟，激发乡村振兴新动能；创新“信用+调解”标准化工作模式，将信用手段植入人民调解，预防和化解涉企矛盾纠纷；结合群众需求打造“信用+”特色项目，开展“信用+惠民市集”、环翠楼商圈“诚信兴商”系列活动等。年内，创作5部系列情景剧、公益短片，支持基层开展诚信模范典型选树及表彰兑换活动500余次，发布宣传报道600余篇，营造人人有责、人人尽责的社会治理氛围。

制度，以信用评价结果、信用等级高低为依据，对市场主体实行差异化监管。与区税务局、区财政局联合印发《税收共治　信用共管　助推营商环境优化升级实施方案》，开展对市场主体法定代表人、财务负责人和办税人员及涉税专业服务机构服务人员的信用评价工作；与区司法局联合印发《关于在全区推行“信用+调解”工作机制的实施方案》，在全区各级调解组织中引入信用管理手段，通过实施信用承诺、信用警示、失信惩戒等方式，强化信用监管约束，倒逼当事人履约践诺，提高调解协议履行效率；联合区行政审批局在食品经营领域打造“承诺即入、审管联动”信用审批新模式，审批效率提高75%。

【“两书同达”工作机制】 2023年，环翠区贯彻执行《山东省发展和改革委员会、山东省司法厅、山东省市场监督管理局关于实施行政处罚决定和行政处罚信息信用修复告知“两书同达”的通知》，建立“一处罚一告知”的“两书同达”工作机制，向法人和非法人组织送达行政处罚决定书时，同步送达行政处罚信息信用修复告知书，引导市场主体及时纠正失信行为、消除不良影响。年内，发放信用修复告知书193份，指导20家企业开展信用修复。

【“信用+”社会治理模式】 2023年，环翠区聚焦群众需求，探索“信用+”社会治理新模式。以“信

【环翠区首届美德诚信模范典型表彰】 2023年5月17日，由区委宣传部、区社会信用中心主办的“诚耀威海　信满环翠——环翠区首届美德诚信模范典型表彰暨诚信大数据智慧平台发布仪式”在环翠楼街道属相街举行，对美德诚信单位和个人代表、诚信公益合伙人代表进行表彰。授予威海浦源食品有限公司等6家企业“诚信模范企业党组织”称号，授予威海市城里中学等3所学校

2023年5月17日，“诚耀威海　信满环翠——环翠区首届美德诚信模范典型表彰”仪式在属相街举行

（区社会信用中心　供图）

"诚信模范学校党组织"称号，授予区住房城乡建设局等5个部门"诚信模范机关党组织"称号，授予羊亭镇下炉村等19个农村"诚信模范农村党组织"称号，授予羊亭镇新阳社区等20个社区"诚信模范社区党组织"称号，授予董田芳等90人"美德诚信模范个人"称号，授予山东侨乡国际旅游有限公司等8家企业"诚信公益合伙人"称号。

【环翠区首家"信用超市"揭牌运营】 2023年，环翠区以环翠楼街道东北村社区为试点，突破传统的政府投入资金对诚信主体信用激励的"单向输血"模式，依托社区实体商店建立"信用超市"，方便居民就近灵活兑换信用商品，帮助市场主体通过诚信招牌增加客流和人气，让信用可记录、可储存、可兑换。2月24日，环翠区首家"信用超市"在环翠楼街道东北村社区揭牌运营。

【国家级标准化试点通过验收】 2023年5月23日，国家标准化管理委员会印发《2023年度社会管理和公共服务综合标准化试点项目考核评估合格名单的通知》，确定98个项目为社会管理和公共服务综合标准化试点考核评估合格项目。环翠区承担的"山东威海信用体系建设标准化试点"考核评估合格。

【"信易+"应用典型案例入选国家级应用典型案例】 2023年9月，商务部、国家发展改革委等13个部门开展"诚信兴商宣传月"活动。国家发展改革委围绕信用便民惠企，面向全国各地方组织开展"信易+"应用典型案例征集评选。经过初步审核、专家评审、复核审核三个阶段，最终评选出80个"信易+"应用典型案例。区社会信用中心申报的《"信易+数字化"应用场景 开启环翠"信用生活"》获评"信易+"应用典型案例。

（肖子男）

自然资源管理

【概况】 2023年，区自然资源局严格资源保护，强化要素保障，为建设精致、幸福、充满活力的共同富裕先行示范区贡献自然资源力量。年内，落实新增建设用地指标61.73公顷，报批建设用地6个批次，面积63.75公顷；供应各类土地17宗，面积41.31公顷；完成房屋产权确权颁证历史遗留问题化解销号涉及项目36个、居民7383户；通过会签方式为20家民营企业出具意见书、办理不动产证，妥善解决困扰民营企业多年的历史遗留问题。完成2个土地整治项目并通过验收，新增耕地面积134.54公顷；违法占用耕地问题全部按要求处置到位，实现土地卫片发现违法占用耕地和新增乱占耕地建房"双清零"目标；完成全区31个测量标志点巡查管护，确保标志点使用效能。3月1日，环翠区被自然资源部自然资源确权登记局确定为全国地籍调查工作示范点；12月1日，区自然资源局执法案卷被自然资源部办公厅评为2023年案卷评查优秀案卷；12月27日，环翠区入选山东省第二批自然资源基层法治联系点。

【建设用地管理】 2023年，全区土地征收上报并获批建设用地6个批次，面积63.75公顷，其中新增建设用地61.73公顷，保障全区重点项目用地需求。年内，区自然资源局完成土地征收成片开发方案编制，11月20日获得山东省政府批复，方案涉及6个镇（街道）23个项目，占地面积54.07公顷，为全区项目落地提供土地要素保障。

【土地供应和利用】 2023年，区自然资源局协调镇（街道）和环翠规划分局等部门，开展批而未供和闲置土地处置工作，处置批而未供土地101.38公顷、闲置土地10.46公顷，促进土地节约集约利用。年内，全区供应土地17宗，面积41.31公顷，出让价款6亿元。7月3日，环翠区里口山风景名胜区生态产业化经营案例入选山东省自然资源领域生态产品价值实践典型案例。

【耕地保护】 2023年，区自然资源局编制完成2023年耕地"进出平衡"总体方案，涉及耕地流出7.4204公顷、耕地流入8.4032公顷。完成土地整治项目2个（桥头镇大贞村等22个村土地整治项目、桥头镇黑石村等26个村土地整治项目），11月12日通过市级验收，并分别于12月24日、12月26日通过自然资源部审核确认新增耕地面积134.54公顷。6月27日，环翠区桥头镇耕地保护工作经验做法入选山东省乡镇耕地保护典型做法，《山东自然资源简报》第8期予以刊登推广。

【执法监察】 2023年，自然资源部下发环翠区土地执法卫片图斑261个、182.41公顷（耕地43.47公顷），涉及违法占用耕地图斑23个、23.41公顷（耕地3.42公顷）；山东省自然资源厅下发农村乱占耕地建房图斑28个、1.14公顷（耕地1.09公顷）。区自然资源局督导镇（街道）进行整改，强化工作调度，对违法占用耕地问题全部按要求处置到位，实现违法占用耕地“双清零”目标。

【国土变更调查】 2023年，区自然资源局开展2022年度环翠区国土变更调查工作，国家下发图斑2653个，面积1378公顷。年内，重点审查新增耕地、林地和违法建设用地等图斑，更新区级国土调查数据库，形成年度变更增量包，在全市率先完成成果上报并通过省级和国家级核查。

【地籍调查工作示范点建设】 2023年3月1日，环翠区被自然资源部确定为全国地籍调查工作示范点，成为全国15个地籍调查工作示范点之一。年内，印发《威海市环翠区地籍调查示范点实施方案》，完成地籍调查示范点项目招标工作，选定项目作业单位，确定基本工作路线。6月8日、12月18日，区自然资源局代表环翠区分别参加由自然资源部自然资源确权登记局、中国国土勘测规划院组织的全国地籍调查创新示范交流研讨会并进行交流发言。

【地质矿产治理】 至2023年年末，全区共发现矿种16种，探明储量8种。全区5处地质灾害隐患点均实行“一点一预案”，完善群测群防网络，落实巡查、值班、预警预报、应急处置等制度，防范地质灾害事故发生。对已封堵的废弃矿山洞口开展隐患排查，设置警示牌予以安全提示。年内，环翠区馨悦玩具厂旁地质灾害防治项目被列入环翠区2023年增发国债第三批项目清单，获批国债资金418万元。

2023年12月18日，全国地籍调查创新示范交流研讨会在江苏省宿迁市召开，区自然资源局代表环翠区进行交流发言 （区自然资源局 供图）

【测绘管理】 2023年，区自然资源局完成10家测绘中介机构测绘资质年度检查和测绘成果质量抽查工作，促进测绘资质单位规范化运营。巡查管护全区31个测量标志点，确保标志点使用效能。完成“环翠地理信息平台2.0”系统三期功能开发，整合历年地类变更数据，完善自动出图功能，增强系统功能性。

【历史遗留问题化解】 2023年，区自然资源局作为环翠区开展房屋产权确权颁证历史遗留问题整治工作专班办公室牵头部门，完成全区房屋产权确权颁证历史遗留问题化解销号，涉及项目36个、居民7383户。通过会签方式为20家民营企业出具意见书、办理不动产证，妥善解决21个民营企业土地房屋产权历史遗留问题。

【政策法规宣传】 2023年6月25日，区自然资源局在属相街开展第33个“全国土地日”宣传活动，宣传耕地保护和节约集约用地相关政策法规，制作发放宣传资料200余份，接受群众咨询200余人次。8月29日，开展全国测绘法宣传日暨国家版图意识宣传周活动，提高公众认识地图和使用地图能力。9月7日，与桥头镇联合制作的普法宣传节目，在山东省自然资源厅、山东广播电视台广播乡村频道《法润自然·绿水青山》自然资源普法节目里专题报道。

（丛振宁）

海洋发展

综　述

【概况】 2023年，环翠区以经略海洋和海洋强区为统领，推动海洋经济转型升级，海洋产业体系日趋完善。年内，区委海洋发展委员会召开第八次全体会议，审议通过《中共威海市环翠区委海洋发展委员会2023年工作要点》；印发实施《威海市环翠区海洋电子信息和智能装备产业发展三年行动计划（2023—2025）》，推动总投资7.4亿元的16个重点项目高质量发展；威海海洋科技馆二期海洋探索研学基地项目完成改造，全年接待游客23.5万人次，获评国家AAA级旅游景区；全年实现海洋生产总值253.98亿元，比上年增长5.49%，占全区生产总值56.39%；水产品总产量（不含远洋捕捞）38.19万吨，增长4.05%，其中，养殖产量29.03万吨，增长4.63%，国内捕捞产量9.16万吨，增长2.25%；新建离岸式省级田园型海洋牧场1处、公益性海钓场1处，开发深远海筏式养殖700公顷，建成公益性海洋牧场服务平台1处。

【海洋发展专题会议】 2023年7月31日，区委海洋发展委员会召开第八次全体会议。会议听取区委海洋发展委员会2022年工作开展情况及2023年工作思路，审议通过《中共威海市环翠区委海洋发展委员会2023年工作要点》。会议要求，高标准推进远遥浅海科技湾区建设，全力抓好规划布局、优化运营机制、落实湾区管理工作，持续盯好前期项目招引情况，进一步发挥国家海洋技术中心等高层次科研机构“磁吸效应”，加快推进项目落地见效；用好用活国家现有政策，争取更多国家和省、市政策资金支持；大力培育海洋产业新动能，紧盯海洋船舶业、海洋交通运输业、海洋药物和生物制品业等重点领域，支持企业产业升级；把重点项目建设作为“海洋强区”主要抓手，全力解决存在的梗阻问题，推动项目早投产、早见效；坚决守牢海上安全底线，做好渔船综合管控、海上安全保障、自然岸线监管工作，从严惩处海洋伏季休渔违规行为，全力提升海上安全防范水平，切实维护好海岸线资源。

【海洋电子信息和智能装备产业发展三年行动计划】 2023年7月14日，区政府办公室印发《威海市环翠区海洋电子信息和智能装备产业发展三年行动计划（2023—2025）》，为海洋电子信息智能装备产业发展提供指导，重点实施园区载体引航行动、产业升级引导行动、科技创新引领行动、人才强基引育行动，推动总投资7.4亿元的16个重点项目高质量发展。年内，威海市赢海通信技术有限公司立项威海市舰船激光通信技术研发与应用重点实验室，威海市海水综合利用产业技术研究中心、威海激光通信先进技术研究院成功备案2023年度省级新型研发机构，蓝湾海洋“面向渔船监管的通遥一体化‘威海壹号’卫星系统研制”项目与中国科学院微小卫星创新研究院签订产学研合作协议。激光通信先进技术研究院召开“立方星激光通信终端”在轨验证方案评审会及产品出厂质量预评审活动，中国卫星互联网集团、中国航天科工二院、中国航天科工三院、中国遥感应用协会、中国航天科技五院等单位专家参与评审会；“星地高可用度激光通信”项目获“鲁融杯”先进技术创新大赛二等奖。威海畅享海天新材料科技股份有限公司、威海朝阳船艇开发有限公司、威海瑞阳船艇开发有限公司被认定为省级专精特新中小企业，威海中远海运重工科技有限公司入选威海市数字化车间。

【远遥浅海科技湾区建设】 2023年，区远遥浅海科技湾区坚持规划引领、多元投入、岸上海上岛上立体推进思路，扎实推进浅海湾区建设。年内，完成威海海洋科技馆二期海洋探索研学基地项目改造，总投资2200万元，改造面积3149平方米；以国家海洋综合试验场部省共建为依托，争取上级资金1565万元，其中省财政专项资金815万元，用于试验场安全保障系统升级、坐底试验平台设计研制及加工、综合观测浮标设备采购等基础配套项目；制订实施《威海市褚岛保护和利用规划》，提升湾区综合保障能力；依托国家海洋技术中心，联合天津大学、自然资源部北海局等60家机构成立国家海洋综合试验场协同创新平台，为试验场和湾区建设提供智力支撑；组织威海市海水综合利用产业技术研究中心和威海激光通信先进技术研究院成功备案2023年度省级新型研发机构（全市仅有两家获评机构），新增省级众创空间1处（山东大学海洋科技创新众创空间）、市级创新平台2处（赢海通信重点实验室、新翰驰“一企一技术”研发中心）；围绕海洋智能装备、海洋电子信息两大方向开展双招双引活动，新引进落地项目10个（山东铂金动力科技有限公司、山东天聚汇能微电子有限公司、威海星空科技创新有限公司、山东中吉海工石油工程有限公司、威海风正船舶工程有限责任公司、威海市海量声纳海洋科技有限公司、威海悦科智能科技有限公司、山东乙工兴海洋工程有限公司、威海力铭智能科技有限公司、威海市蓝绿清膜材料科技有限公司），新入驻科研团队5个（哈工大BMS芯片项目科研团队已注册山东天聚汇能微电子有限公司，海洋电驱动动力关键零部件项目团队已注册山东铂金动力科技有限公司，中科院自动化所智能博弈演练场项目团队已入驻蓝贝海洋科学中心，山东省科学院海洋仪器仪表研究所新能源船舶动力系统研发及产业化项目科研团队已注册威海天健海洋科技有限公司，自然资源部天津海水淡化与综合利用研究所特种反渗透膜元件产业化项目团队已注册威海市蓝绿清膜材料科技有限公司）；新增山东科邦威尔复合材料有限公司和威海市赢海通信技术有限公司2家国家高新技术企业。至年末，湾区培育国家高新技术企业6家、国家科技型中小企业10家，入驻企业达40家，企业营业收入超9600万元；累计引进国家级人才3名，自主培育国家级人才2名、泰山产业领军人才等省级人才项目6个。制订《国家海洋综合试验场（威海）运营管理办法》，为进场试验单位提供标准化服务，年内，中科院自动化研究所、航天科技集团、航天科工集团、北京航空航天大学、自然资源部第三海洋研究所等试验单位到湾区试验，全年提供试验场试验服务40余次，接待浙江省舟山市东海实验室、国家海洋标准计量中心等上百家单位观摩考察。

【威海海洋科技馆开馆】 2023年8月14日，威海海洋科技馆开馆暨2023山东省研学旅行创新线路设计大赛海洋研学选拔赛启动仪式在威海海洋科技馆举行。与会领导为山东省省级海洋意识教育基地、山东省科普教育基地揭牌。威海海洋科技馆位于威海国际海洋科技城北部板块——远遥浅海科技湾区内的蓝贝海洋科学中心二、三层，总面积约1.6万平方米。整个工程分两期打造，一期位于蓝贝海洋科学中心二层，是威海海洋科技馆常设展厅，以“我们身边的海洋”为主题，分为威海与海洋、近海岸边、深海洋底、人海和谐四大主题展区；二期工程位于蓝贝海洋科学中心三层，主要由海洋探索中心、海洋剧场、研学实验室等部分组成。年内，威海海洋科技馆接待游客23.5万人次，获评国家AAA级旅游景区。

（谷杰泉　王思文）

2023年8月14日，威海海洋科技馆开馆暨2023山东省研学旅行创新线路设计大赛海洋研学选拔赛启动仪式举行　（区海洋发展局　供图）

海洋经济

【概况】 2023年，环翠区优化空间布局，培植新兴产业，推动海洋经济绿色高质量发展。年内，召开第八次海洋委员会全体会议，推进17个年度总投资8.13亿元的市级海洋产业重点项目建设，完成年度投资9.1亿元，投资完成率112%；全区实现海洋生产总值253.98亿元，比上年增长5.49%，占全区地区生产总值比重56.39%。

【海洋第一产业】 2023年，环翠区水产苗种繁育主要品种有大菱鲆、牙鲆、许氏平鲉、黑鲷、海参、文蛤等，是全国重要的鲆鲽鱼种业基地。至年末，建成国家级牙鲆原种场1家、国家级花鲈原种场1家、省级文蛤原种场1家，刺参“鲁海2号”被农业农村部审定为水产新品种；海水养殖品种有海参、扇贝、牡蛎等，养殖方式以近浅海底播增殖和深远海贝类筏式养殖为主，养殖面积11500公顷，养殖产量29.03万吨，比上年增长4.63%；建成专业远洋渔船28艘，其中投产20艘，作业范围涵盖太平洋、印度洋及西南大西洋公海，远洋捕捞产量9800吨，产值1.72亿元，运回自捕水产品7700吨。

【海洋第二产业】 2023年，环翠区围绕海洋食品、海洋医药与生物制品等开展技术攻关，海洋生物与健康食品产业发展迅速，主要品类有海洋药品、骨水泥、海洋功能食品、鱼酿调味品及加工的海产品等；威海市宇王集团有限公司、威海鲜之郎食品有限公司、威海青正蓝海食品有限公司、威海博宇食品有限公司水产品初加工和冷藏保鲜设施设备建设项目实施方案先后获批。年内，启动海洋电子信息和智能设备产业发展三年行动计划，推进实施16个海洋电子信息和智能装备产业项目，至年底，完成投资4.97亿元，投资完成率66.86%；威海激光通信先进技术研究院、威海市海水综合利用产业技术研究中心获批山东省新型研发机构，中远海运重工科技有限公司入选威海市数字化车间，“特种反渗透膜元件制备、应用技术研究与产业化”项目完成产业化选址；山东双轮股份有限公司入选首批山东省绿色低碳高质量发展先行区建设试点企业。

【海洋第三产业】 2023年，环翠区持续完善滨海旅游设施，景观景点内涵丰富，旅游收入比上年大幅增加。华夏城景区（神游海洋世界AAAAA级）、侨乡号游轮（AAAA级）、半月湾景区（AAA级）3处涉海旅游景区全年接待游客491.58万人次，旅游收入3.43亿元，比上年增长217.6%和232.75%；威海海洋科技馆全年接待游客23.5万人次，获批国家AAA级旅游景区。以全国最美乡村路环海路为轴线，打造沉浸式、互动式 、体验式旅游项目，完善里口山·威海之心驿站、孙家疃·哈雷驿站和华夏城·生态驿站3处驿站智能结算系统和充电桩、公共卫生间、停车位等硬件设施；在环海路孙家疃段打造14处集观景与艺术写生为一体的观景平台，结合文化属性，增设地面彩绘、立体雕塑、休闲集装箱驿站等配套设施；完成孙家疃、里口山、望岛“醉·蔚海”彩绘墙3处创意路段，推出“滨海风情游”“观山、阅海、品文化、游田园”“沧海湛蓝”“山海寻味”等5条精品旅游线路，涵盖中国油画小镇、北山路特色街区、环海路等30余处精品旅游目的地。围绕环海路、孙家疃网红打卡点、旅游景区、游玩攻略等，策划推出“冬游环翠”系列文旅活动，通过“掌上威海”“文旅环翠”“最威海是环翠”等新媒体平台推出“冬游环翠”专题推介15篇，阅读量超过30万人次。

（谷杰泉　马　潇）

海洋渔业

【概况】 2023年，环翠区以推进海洋渔业高质量发展为中心，实施“水产种业提升、深远海养殖开发、远洋渔业拓展、渔业资源养护”行动，加快产业转方式调结构，产城融合发展水平稳步提升。全年实现水产品总产量（不含远洋捕捞）38.19万吨，比上年增长4.05%；水产养殖面积11500公顷，增长6.48%；渔业总产值65.37亿元，增长5.7%。

【海水养殖】 2023年，环翠区实施海水养殖深蓝行动，优化养殖发展布局，审核发放离岸4千米以外水域滩涂养殖证4宗，推动实施威海鸿昇海洋开发有限公司与威海产业投资集团有限公司合作开发远海养殖，新建筏式养殖设施500公顷。至年末，全区海水养殖面积达11500公顷，增长6.48%，全年实现养殖产量29.03万吨，增长4.63%。

【海洋种业】 2023年，环翠区实施海洋种业优选计划，推动水产种业创新发展。年内，组织威海裕隆水产开发有限公司做好国家级花鲈原种场资格复查，威海圣航水产科技有限公司“鲁海2号”刺参新品种获批威海市水产良种培育项目，推荐“圣航1号”牙鲆申报新品种；威海圣航水产科技有限公司与山东省海洋科学研究院等单位共同完成的“刺参新品种培育及其绿色养殖技术建立与推广应用”项目，获山东省科技进步奖二等奖；在全国率先开展无规定水生动物疫病苗种场创建工作，威海圣航水产科技有限公司获批国家级无规定水生动物疫病苗种场。

【远洋渔业】 2023年，环翠区组织威海昌和渔业有限公司、威海荣玛渔业有限公司、威海市环海水产有限公司3家远洋渔业企业实施7个远洋渔业项目：昌和渔业太平洋海域金枪鱼项目，昌和渔业印度洋公海金枪鱼项目，荣玛渔业北太平洋公海鱿鱼钓项目，荣玛渔业东南太平洋和西南大西洋公海鱿鱼钓项目，环海水产北太平洋公海鱿鱼钓项目，环海水产东南太平洋和西南大西洋公海鱿鱼钓项目，环海水产太平洋海域金枪鱼项目；派出20艘专业远洋渔船出海作业；威海昌和渔业有限公司获批开展北印度洋资源探捕项目。年内，全区实现大洋性远洋渔业产量9800吨，产值1.72亿元、运回自捕水产品7700吨，产量和产值比上年大幅下降。

【渔业品牌打造】 2023年，环翠区组织威海市宇王集团有限公司、威海浦源食品有限公司等参加“好品山东”优质农产品推介会3次。威海浦源食品有限公司被农业农村部认定为2023年农业国际贸易高质量发展基地。

【海洋牧场建设】 2023年，环翠区重点推进省级海洋牧场示范区项目建设。威海蓝源水产有限公司、威海富泽水产养殖有限公司建设离岸式田园型海洋牧场200多公顷，威海海恩蓝海水产养殖有限公司省级海洋牧场示范区（装备型）深水智能大网箱设计方案通过中国船级社第三方审核。至年末，威海蓝源水产有限公司、威海富泽水产养殖有限公司、威海海恩蓝海水产养殖有限公司3处海洋牧场获批省级海洋牧场示范区。

2023年12月2日，双岛湾海洋牧场服务平台施工现场

（区海洋发展局　供图）

【双岛湾海洋牧场服务平台建成】 2023年，山东安海投资有限公司在双岛湾离岸5千米海域建设公益型海洋牧场平台，为养殖业户提供贝类水产品海上分苗、清洗、分拣等作业场所，提高养殖工效和产品质量，减少作业时间和岸滩污染。12月23日，双岛湾海洋牧场服务平台通过竣工验收，整个项目包括海上固定工作平台1座、面积665.39平方米，浮动式工作平台4座、面积700平方米。

（刘浩明　马　潇）

海洋科技

【概况】 2023年，环翠区强化海洋科技创新，全面提升国家海洋综合试验场（威海）服务保障能力。至年末，全区有涉海高新技术企业55家、科技中小型企业55家；新授权海洋领域发明专利20件，涵盖海洋装备制造、鱼饵、生物技术多个领域。

【国家海洋综合试验场（威海）建设】 2023年，环翠区依托国家海洋技术中心，联合天津大学、自然资源部北海局等60家机构成立国家海洋综合试验场（威海）协同创新平台，深入实施创新驱动发展和建设海洋强国战略，提升海洋科技创新能力；充分发挥国家海洋综合试验场公共服务平台优势，推进海洋科技协同创新和集聚创新，服务海洋科技成果转化与海洋装备产业发展，支撑海洋业务体系建设。年内，中科院自动化研究所、自然资源部第三海洋研究所等多家试验单位前来试验，提供试验场试验服务40余次；9月22日，协助举办东北亚海洋绿色低碳高质量发展大会海

2023年9月22日，国家海洋综合试验场协同创新平台在环翠区成立

（区海洋发展局　供图）

洋试验场建设与发展分会高端论坛。

【校地合作】 2023年，环翠区依托远遥浅海科技湾区，聚焦海洋电子信息与海洋智能装备等高端产业，强化校地合作力度，利用哈尔滨工业大学（威海）信息科学与工程学院资源优势，将高校资源、人才资源转化为创新创业源泉；依托国家海水利用工程技术（威海）中心，发展“蓝水工程”，初步形成中小型海水淡化装置产业链。年内，开展海水淡化柱塞式增压泵能量回收装置及性能测试平台、水产养殖鲆鲽鱼类病原分离鉴定及其特性研究、一种摆动振动发电装置的设计方法、产学研合作“BMS芯片项目”、水下机器人研究等6个校地合作项目。

【海洋新兴产业】 2023年，环翠区围绕海洋食品、海洋医药与生物制品等海洋新兴产业，组织企业和科研机构开展技术攻关，开发新产品，提高产品附加值。年内，山东威高骨科材料股份有限公司研发的海洋生物骨水泥投产，威海市宇王集团有限公司成功开发南极磷虾小分子肽规模化生产技术，研制相关产品7种。威海市宇王集团有限公司、威海博宇食品有限公司等4个水产品初加工和冷藏保鲜设施设备建设项目以及威海市海洋生物健康促进中心环翠分中心建设项目获批实施，威海市宇王集团有限公司、威海博宇食品有限公司、威海青正蓝海食品有限公司加入威海市预制菜产业联盟。

【涉海企业科技发展】 2023年，威海圣航水产科技有限公司与山东省海洋科学研究院等单位共同完成的“刺参新品种培育及其绿色养殖技术建立与推广应用”项目，获得省科技进步奖二等奖；威海市宇王集团有限公司海洋精准营养与靶向功能食品关键技术集成及产业化项目入选2023年度省蓝色人才专项，“南极磷虾小分子肽规模化生产技术研究及应用”山东省重点研发计划（重大科技创新工程）项目通过验收；威海人生药业股份有限公司开展的山东省新旧动能转换重大产业攻关项目——药用海藻多糖产业化制备关键技术开发项目通过省级专家组验收；威海市海王旋流器有限公司成功申报博士后科研工作站；威海市海水综合利用产业技术研究中心、威海激光通信先进技术研究院成功备案2023年度省级新型研发机构，山东大学海洋科技创新众创空间成功备案省级科技企业孵化载体。

【渔业技术推广】 2023年，环翠区编制完成基层渔技推广补助项目实施方案，通过公开遴选，威海富泽水产养殖有限公司、威海鸿昇海洋开发有限公司等渔业科技试验示范基地开工建设。年内，招募2名企业技术员作为基层特聘渔业技术人员，重点推广牡蛎“海大1号”水产新品种；组织8名渔业技术员参加山东省渔业技术人员培训班；威海圣航水产科技有限公司获批国家级水产绿色健康养殖技术推广“五大行动”骨干基地。

（谷杰泉　马　潇）

海域海岛管理

【概况】 2023年，环翠区通过规范用海、科学助海、执法护海、修复兴海等举措，确保海洋资源合理开发利用。年内，编制完成《威海市褚岛保护和利用规划》，明确规划期间褚岛保护和利用目标；全区确权海域面积3.11万公顷，未发生非法围填海行为，未发生破坏自然岸线现象，自然岸线保有率保持在52.59%。

【自然岸线监管】 2023年，环翠区强化岸线和用海监管，严格限制围填海和破坏自然岸线行为。根据自然资源部审定的全国海岸线修测成果，对辖区12处海域自然岸线分段，逐段明确岸段监管执法责任人。严格落实监管责任要求，加强岸线巡查，核实疑似占用自然岸线问题线索2处，未发现破坏自然岸线现象。

【海洋生态修复】 2023年，环翠区以海岸带生态修复为抓手，强化海岸带保护监管，继续实施远遥浅海科技湾区近岸海域整治、孙家疃海岸线整治2个海洋生态修复项目。至年末，完成远遥浅海科技湾区水域清淤9.05万立方米，孙家疃海区岸线加固0.355千米。

【海岛管理】 2023年，环翠区管辖海域有大小无居民海岛18个，海岛总面积278673平方米，分别为大截岛、连林岛、伏狮岛、远遥岛、海龟岛、屏风岛、青岛、黄岛、牙石岛、褚岛、日岛、褚岛东南礁、黑岛、黄埠岛、小牙石岛、西小岛、海龙石、中顶岛。其中，褚岛是国家海洋局2011年4月公布的首批“开发利用无居民海岛”。2023年，环翠区结合褚岛自然环境条件和开发利用现状，以及《远遥浅海科技湾区功能区划》赋予褚岛国家海洋综合试验场（威海）中岛基试验区职能，编制《威海市褚岛保护和利用规划》，明确规划期间褚岛保护和利用目标，划定海岛保护和利用空间分区，为后续管理部门对褚岛的开发和利用使用活动提供依据。年内，采取环岛巡视和登岛检查等方式，开展海岛专项执法行动，查处破坏海岛、违法养殖、盗采海砂等不法行为，保护海岛资源和生态环境。

【海域动态监管】 2023年，环翠区充分利用海域动态监管系统有序开展海域权属数据整理、围填海历史遗留问题监管处置、海域海岛统计调查等工作。年内，完成27个未批已填类图斑和2个已批未完成填海项目基础信息入库工作；完成海域有偿使用情况及围填海情况填报工作；全区确权海域面积3.11万公顷，未发生非法围填海行为，未发生破坏自然岸线现象，自然岸线保有率保持在52.59%。

【海域岸线执法巡查】 2023年，环翠区严格落实海岸带巡查制度，加强对辖区海岸线巡查检查。年内，出动执法人员140人次、执法车辆68辆次，陆上行程2200千米，海岸带巡查68次，开展疑点疑区核查4次，未发现违规用海行为。

（王　丽　何春睿）

位于环翠区合庆（南山咀）东的“三连岛”：黄岛、青岛、牙石岛（拍摄于2023年5月20日）　（威海市环通产业投资集团有限公司　供图）

渔业管理

【概况】 2023年，环翠区围绕渔政管理、渔业安全生产管理、水产品质量安全监管和渔业资源修复等开展工作，确保渔业生产秩序稳定。年内，完成水产品快速检测478批次，抽检合格率100%；辖区在册捕捞渔船实现北斗终端全覆盖；增殖放流日本对虾、黑鲷、许氏平鲉、褐牙鲆、短蛸、条石鲷、鲢、鳙、草鱼等苗种3682万尾。

【渔政管理】 2023年，环翠区开展“中国渔政亮剑2023”系列专项执法行动，加强技术手段监管，推进“宽带入海”项目建设，完善依港管船机制，精准打击渔业违法行为，实现渔船非法越界捕捞全年零发生，查获违法违规渔船89艘，清理各类网具2794套。

【伏季休渔】 2023年5月1日12时至9月1日12时，环翠区进入海洋伏季休渔期，全区372艘应休渔船集中停靠在远遥中心渔港、靖子码头、合庆码头、湾九里停泊点、双岛湾码头5个休渔港。伏季休渔期间，驻巡港队伍24小时值守监管，未发生违规案件；开展坞修转港审批，强化坞修监管，完成坞修转港渔船128艘次。区海洋发展局联合区市场监管局、公安环翠分局、属地镇（街道）开展伏休市场巡查6次，查处违规销售渔获1起，罚款2万元。

【涉外渔船管理】 2023年，环翠区有涉外作业能力渔船157艘，其中取得涉韩入渔资格渔船14艘。区海洋发展局严格按照规定组织合格渔船船东参加入渔资格抽签，召集相关渔船船东开展涉外渔业法律法规和安全知识教育。年内，通过监控平台，监控涉外渔船11.4万艘次，电话警告劝离在韩国专属经济区三海里警戒线附近作业渔船53次，未发生越界捕捞和进入敏感水域作业问题。捕捞作业期间，实时跟踪管理，通报入渔2180艘次。

2023年1月30日，环翠区渔业安全生产“开工第一课”在远遥渔港开课
（区海洋发展局　供图）

【渔业安全生产】 2023年，环翠区加强涉渔主体培训教育，举办“开工第一课”“安全生产月”等安全教育培训活动12次，发放宣传手册4600份，开办船员技能培训班15期，培训船员506名。开展渔业行业重大事故隐患排查整治行动、渔业安全生产“制度落实年”行动、渔业安全生产“百日攻坚”“商渔共治”等各类安全检查和专项整治行动，出动检查组467个次、检查人员964人次，检查渔船1333艘次，发现整改安全隐患141处。提升渔业安全监管水平，完成400套“插卡式”AIS（船舶AIS系统即Automatic Identification System，是一种船舶自动识别系统）的验收工作，36艘“网络入海”项目试点渔船和218艘在册捕捞渔船配备北斗终端设备，辖区在册捕捞渔船北斗终端实现全覆盖。完善应急保障机制和应急管理制度，开展综合性演练1次、专项演练6次。严格落实重要天气信息预警机制，发布返港避风通告、气象预警、禁航通知等128次，召回渔船择港避风60次。严查违法违规行为和安全风险隐患，确保涉渔安全零事故，《环翠区靶向发力深入推进渔业行业安全治理》被省政府安委会办公室发文推广，农业农村部公布2022—2023年度平安渔业创建示范名单，环翠区和远遥渔港通过平安渔业示范县和全国文明渔港复核。

【水产品质量监管】 2023年，环翠区抓牢水产质量安全管理，持续开展试行食用水产品合格证制度，强化渔业镇（街道）监管队伍建设，建立网格化管理。年内，为渔业镇（街道）配备2台（套）快检设备，完成水产品快速检测478批次，完成部级、省级、市级等水产品质量监督抽检46批次，抽检合格率100%。

【水生动物病害测报】 2023年，环翠区在全省率先开展无规定水生动物疫病苗种场创建工作。威海圣航水产科技有限公司“牙鲆无病毒性神经坏死病苗种场”获批第一批国家级无规定水生动物疫病苗种场；威海圣航水产科技有限公司、威海裕隆水产开发有限公司、威海百世海洋科技有限公司、威海北海水产开发有限公司、威海蓝源水产有限公司、威海富泽水产养殖有限公司、威海市市区水产养殖有限公司、威海圣鲲水产有限责任公司被选为年度水产养殖病情测报点，每月定期调度疫病发生情况。

【渔业资源修复】 2023年，环翠区持续开展渔业资源修复工作，5月至11月间，根据季节变化，组织多次水产苗种增殖放流。年内，招标采购日本对虾、黑鲷、许氏平鲉、褐牙鲆、短蛸、条石鲷、鲢、鳙、草鱼等苗种3712多万尾，完成放流3682万尾。

【外来入侵物种普查】 2023年，环翠区按照山东省农业农村厅《外来入侵物种普查面上调查技术规程》要求，联合山东大学（威海）开展首次水生生物外来入侵物种调查，踏查水库16个、坑塘4个、湿地2处、河流2条，走访村庄30余个，在温泉镇五渚河流域发现入侵物种克氏原螯虾，在冶口水库发现入侵物种蓝鳃太阳鱼。

（张荣训　李　强　马　潇）

农　业

综　述

【概况】 2023年，环翠区实现农林牧渔业总产值77.05亿元，比上年增长5.8%。其中，农业总产值3.64亿元，增长4.2%；林业总产值0.07亿元，增长1575.5%；畜牧业总产值1.57亿元，增长3.7%；渔业总产值65.37亿元，增长5.7%；农林牧渔服务业总产值6.39亿元，增长9.1%。花生总产量2773.73吨，增长2.02%；蔬菜总产量38008.5吨，增长2.7%；果品总产量70059.9吨，增长2.8%。

【农业保险】 2023年，环翠区农作物参保总面积1941.384公顷。其中，小麦871.05公顷，投保率93.75%，参保农户3284户；玉米974.57公顷，投保率69.04%，参保农户3936户；花生43.9公顷，参保农户364户；苹果51.7公顷，参保农户36户，设施农业参保0.2公顷。年内，保险理赔面积125.2公顷，理赔金额243688.79元，涉及农户3143户。其中，小麦理赔24.2公顷，理赔额45708.2元；玉米理赔93公顷，理赔额144226元。

【农产品质量安全检测】 2023年，环翠区根据《中华人民共和国农产品质量安全法》规定，按照《2023年山东省食品安全重点工作安排》以及市级考核要求，结合农时和农产品上市季节，对全区农产品开展不定期例行检测和监督抽检。抽检品种主要有番茄、茄子、芹菜、韭菜、大葱、西葫芦、大白菜、普通白菜（小白菜、小油菜）、辣椒、黄瓜、豇豆、花椰菜、苹果、梨、草莓、樱桃、桃子、葡萄等。年内，完成农产品定量检测120批次，合格率100%；配合省级抽查65批次，合格率100%；果蔬药残快速检测1400批次，合格率99.9%；抽检农药20个样品，合格率100%。

【农业综合执法】 2023年，环翠区集中开展春季农资打假专项治理行动和农作物种子市场检查，重点检查是否有违规销售使用禁（限）用农药、假冒伪劣农资、走私农资行为，是否执行农药查验及进销货台账制度，是否经营来源不明、无中文标识肥料，是否经营套牌侵权、未审先推种子违法行为，维护农资市场经营秩序，确保农业生产安全。年内，出动执法人员302人次，检查农资经营单位119家次、农产品生产基地32家。全区农资市场经营秩序稳定，种子经营规范、备案齐全，农药检查未发现假劣违禁产品；立案查处违法行为4起，责令整改1起，协助市场监管部门调查案情3起，调解损害赔偿1起。年内，环翠区农业综合执法大队被评为山东省农药管理先进单位。

【农技服务与示范推广】 2023年，环翠区加强农业新技术服务和示范推广，农技人员深入田间地头就大田作物田间管理、设施蔬菜种植、果园管理、农业机械安全使用等技术指导400余人次，印发《适合环翠区推广的农作物新品种》《环翠区2023年小麦春季管理技术意见》《2023年环翠区小麦中后期管理技术意见》《2023年环翠区玉米生产技术意见》《夏玉米后期生产管理技术》《2023年秋冬蔬菜生产管理技术等指导意见》等，为农户提供农技服务，解决农业生产难题；组织农技人员及农户参加全省线上线下农技培训班6期100余人次，提高各级农技工作人员业务知识储备，提升农户田间管理水平；指导建立玉米、花生、甘薯3个新品种试验示范项目，推广农作物新品种与配套技术18个，组织镇（街道）农技人员和种植大户参加示范现场观摩会，筛选适宜环翠区种植作物品种，为农民提供有针对性的指导意见，全区良种推广覆盖率达到95%以上；从“基层农技推广体系改革与建设补助项目”中筛选并示范主导品种36个、主推技术8项，主推技术到位率100%，建成农业科技示范基地2个，培育农业科技示范主体100个。

（王锦程　马　也）

种植业

【概况】 2023年，环翠区组织开展大田作物新品种试验示范现场观摩会，筛选适宜本地区种植作物品种，为农民提供有针对性的指导意见；大力推广农业防治、物理防治和生物防治技术，采购高效低毒和低残留农药发放至镇（街道），实现小麦条锈病、玉米草地贪夜蛾等重大病虫害绿色防控。年内，粮食总产量1.5万吨，其中，小麦收获面积929.11公顷，总产量5205.66吨；玉米收获面积1411.55公顷，总产量8404.31吨；花生总产量2773.73吨，增长2.02%；蔬菜总产量38378.5吨，增长3.7%；果品总产量70059.9吨，增长5.7%。

【粮食综合生产能力提升】 2023年，环翠区粮食综合生产能力全面提升，超额完成上级下达的生产指标。威海市下达给环翠区的粮食种植面积为2066.7公顷，实际完成粮食播种面积2593.3公顷，其中小麦926.7公顷、玉米1426.7公顷、大豆46.7公顷、甘薯193.3公顷；落实耕地地力保护补贴、实际种粮农民一次性补贴184.37万元；投保政策性农业保险小麦871.05公顷、玉米974.57公顷；实施农作物肥效和化肥利用率试验示范基地4处，“三新”（使用配方施肥新技术、叶面肥和植物生长调节剂新产品、无人机新机具）配套服务1200公顷。年内，小麦亩产测产387.2公斤/亩，总产量0.53万吨，比上年增长39%；玉米亩产测产407公斤/亩，总产量0.87万吨，比上年增长2.4%；“非粮化”地块整治整改129处，合计33.582公顷。

【农业植物检疫】 2023年，环翠区加强农业植物检疫工作，防止农业植物检疫性有害生物传播蔓延，保障农业生产安全、生态安全和人民群众身体健康。年内，重点开展苹果蠹蛾、果蔬害虫等外来危险检疫对象的阻截带建设和监测工作，建立疫情阻截带20处，投放性诱剂230个；抓好农产品产地及调运检疫工作，苗木生产期间及时开具调运检疫证书，开展调运检疫3批次。

【小麦病虫害防治】 2023年，环翠区坚持全面预防做好农作物重大病虫害防治工作，常态化开展病虫害监测预警，科学指导防治，组织环翠区农业重大有害生物应急防控演练现场会，指导镇（街道）拉网式普查小麦条锈病、茎基腐病、赤霉病，有效监控易发地块。年内，发布农作物病虫情报15期，电视指导讲座3期；利用上级下拨专项资金，采购高效低毒低残留生物农药等小麦重大病虫害防控物资，发放至各镇（街道），实施“一喷三防”，防控总面积929.11公顷，实现小麦病虫害绿色防控全覆盖。

【测土配方施肥】 2023年，环翠区组织技术人员采集省、市、县三级土壤监测点样品20个，化验580项次；在农作物主要生长期内定期采集化验土壤墒情，采集土样432个，发布《土壤墒情简报》18期；推广应用测土配方施肥技术，在果品、蔬菜、花生、春玉米、夏玉米和冬小麦生产中，发布测土施肥配方、技术月历等技术指导意见，全区测土配方施肥面积达到90%以上。

（王锦程　马　也）

果　业

【概况】 2023年，环翠区果业生产形势稳中有进，果品种类有20余个，总产量70059.9吨，其中苹果产量62594.5吨。全区现代化苹果园153.67公顷，采用宽行密株、支架支撑、起垄栽培等适应机械化省工栽培技术，平均亩产4吨，比传统苹果园产量提高1倍，生产用工节省60%，优质果率达85%。新元果业（山东）集团有限公司创建“国家农业技术集成创新中心渤海湾产区苹果轻简高效生产技术集成创新示范基地”，优质果率提高5%，病虫果率控制在5%以下，果肉硬度提高5%，人工成本降低50%以上，每亩增效2000元以上，辐射带动现代栽培模式苹果园1743.32公顷。

【果园现代化建设】 2023年，环翠区结合全区高素质农民培训，利用“基层农技推广体系改革与建设补助项目”加快建设现代化苹果园农业科技示范基地，组织农业科技示范户观摩学习，推广现代标准化种植模式，降低人工成本，提高苹果品质，促进企业增收和农业增效。农技人员深入果农中间开展技术指导，印发《2023年环翠区春季果园生产管理技术指导意见》《果树花期晚霜冻害与灾后补救技术意见》《环翠区2023年夏季果园防灾减灾技术》《低产低质果园改造技术》等材料，利用科技大集发放技术明白纸，通过政府网站、媒体、现场技术指导等方式进行农技宣传推广，加快果园现代化建设步伐。

【国家农业技术集成创新中心示范基地】 2023年，环翠区根据《全国农技中心关于印发国家农业技术集成创新中心园艺作物技术集成创新示范2022年工作方案的通知》要求，在上级部门技术支撑下，创建国家农业技术集成创新中心渤海湾产区苹果轻简高效生产技术集成创新示范基地项目进展顺利。

环翠区渤海湾产区苹果轻简高效生产技术集成示范基地始建于2022年3月，由环翠区农业农村事务服务中心和新元果业（山东）集团有限公司承担实施，2023年7月通过农业农村部验收，是国家在全国果树产区内设立的唯一一个集成创新示范基地。项目地址位于环翠区羊亭镇，面积5.33公顷，主要栽植富士、金冠、嘎啦、威海金等品种果树，被全国农业技术推广服务中心授予“国家农业技术集成创新中心示范基地”称号。基地充分发挥技术、人才、资金、机械装备、检测手段和示范基地优势，积极推动矮砧新技术普及应用，对新建园区进行技术指导或建成园服务示范，覆盖范围包括山东、河北、辽宁、陕西、山西、河南、新疆、甘肃、云南、贵州等省（自治区）。

【苹果矮砧轻简集约栽培】 2023年，环翠区大力推广果园新技术，引导果农增产增收。威海市华峰三优富士专业合作社在桥头镇南子城村应用苹果现代矮砧集约高效栽培绿色发展技术，建设现代化矮砧轻简集约栽培果园40公顷。新建园矮化、脱毒、新品种苗木采用率90%以上，苹果现代矮砧集约栽培综合配套技术应用率90%以上，国标优质果率85%，盛果期苹果亩纯收入1.5万元以上，推动威海苹果核心产区产品质量提升和品牌创建，带动农民增收。区农业农村事务服务中心落实上级农技中心提出的技术工作要求，细化工作方案和技术措施，抓好核心技术和配套技术落实，初步构建部门协同、行业融合、体系联动的技术集成创新工作机制，确保各项工作和技术措施落实到位。

（王锦程　马　也）

畜牧业

【概况】 2023年，环翠区加快畜牧业新品种新技术示范与推广应用，积极推进生猪稳产保供工作，大力开展畜产品质量安全管理，维护国家食品安全城市和山东省农产品安全城市建设成果。年内，全区肉产量3729.3吨，蛋产量5054.9吨，奶产量1788.7吨；生猪存栏2.146万头，蛋鸡存栏34.55万只，肉鸡出栏26.48万只，牛存栏1167头，羊存栏5052只。

【畜牧业发展】 2023年，环翠区加快畜牧业新品种和先进适用技术的示范推广应用，选定威海康源藏香猪养殖公司为畜牧业科技示范基地，主推兽药减量化、饲料环保化养殖技术、饲用豆粕减量替代技术、蛋鸡减抗养殖适用技术、规模猪场安全清洁与健康养殖技术、畜禽源头减量与粪污资源化综合利用技术，组织技术人员参加基层农技推广集中培训，提升基层农技推广人员综合素质，建立技术人员抓示范基地、示范户带动辐射户的技术推广机制，及时将畜禽新品种、新技术、新信息传给养殖户；保持畜禽养殖规模化、集约化、标准化。至年末，全

2023年10月21日，威海东巽生物科技有限公司在2023年山东畜牧业高质量发展大会暨第38届山东畜牧业博览会上获金奖

（区畜牧兽医事业发展中心　供图）

区有标准化养殖场11家，其中国家级标准场2家、省级标准化场1家。年内，组织创建威海市“精致牧场”1家、减抗养殖场4家；组织威海东巽生物科技有限公司参加第38届山东畜牧业博览会，其生产研发的天然虾青素和相关添加产品分别获得优质畜产品金奖和银奖。

【生猪稳产保供】 2023年，区畜牧兽医事业发展中心积极推进生猪稳产保供工作，通过分解下达产能调控目标，明确生猪生产稳定度任务为能繁母猪存栏1900头、规模猪场保有量13家，目标任务明确到镇（街道）；组织市级生猪产能调控基地环翠区华义猪场发挥引领示范作用，加大生猪保险政策宣传；通过畜禽养殖微信群以及中心公众号等发布生猪、能繁母猪保险政策，让畜禽饲养者充分知晓养殖政策，提高养殖积极性。至年末，全区能繁母猪存栏2172头，规模猪场保有量13家，产能调控目标完成。

【畜产品质量安全监管】 2023年，环翠区开展畜产品质量安全管理，维护国家食品安全城市和山东省农产品安全城市建设成果。年内，多次开展生鲜乳、兽用抗菌药减量、饲用豆粕减量替代专项行动，巡查指导场户932家次，开展“瘦肉精”快速检测3327批次，风险监测蛋奶等畜产品301批次，合格率100%。区畜牧兽医事业发展中心联合区市场监督管理局、公安环翠分局开展“农资打假”下乡宣传活动，组织全区从业人员集中培训3次，指导督促各生产经营主体严格执行禁用兽药和兽药休药期规定；落实承诺达标合格证制度，将全区规模养殖场和部分大型专业户纳入承诺达标合格证生产主体名录，配备电子合格证打印机，按照“谁生产、谁用药、谁承诺”原则，督促养殖者树立质量安全主体责任意识。至年末，开具食用农产品合格证7944张，附带合格证上市农产品908.43吨。

【养殖污染整治】 2023年，环翠区开展畜禽粪污资源化利用水平提升专题培训，指导养殖场（户）树立畜禽粪污资源化利用第一责任人意识，提高畜禽粪污资源化利用规范化标准化水平，推动畜禽粪肥就地就近还田利用；督导养殖场（户）配齐粪污收集、转运、利用设施，基本建立粪污资源化处理模式；开展汛前畜禽养殖隐患排查整治、黄河流域生态保护和高质量发展集中整治、羊亭河水质“增Ⅲ”治理行动，排查养殖场（户）964次，发现隐患11处，年内全部完成整改；推进畜禽粪污综合利用信息共享，通过农业部直连直报平台、山东省智慧畜牧业务支撑服务系统，将全区养殖场（户）全部纳入数字监管，实现生产档案、管理台账电子化，全区畜禽养殖场（户）粪污处理设施装备配套率 100%，畜禽粪污综合利用率 92%。

【动物疫病防控】 2023年，环翠区召开春季秋季重大动物疫病防控工作会议，确保强制免疫动物疫病群体免疫密度保持在90%以上，应免畜禽免疫密度达到100%；召开2次全区规模养殖场强制免疫“先打后补”推进会议，对强制免疫“先打后补”系统进行现场培训，培训规模养殖场从业人员、区镇系统审核人员53人；选派专业技术人员对全区村级动物防疫员开展免疫技术培训，进行“面对面、手把手”操作示范。至年末，全区注射高致病性禽流感H5+H7疫苗54.3万毫升，免疫家禽82.2万羽；注射猪口蹄疫疫苗5.31万毫升，免疫生猪4.78万头；注射小反刍兽疫疫苗0.86万头份，免疫羊0.68万只；注射牛羊口蹄疫O-A型灭活疫苗1.05万毫升，免疫牛0.22万头、羊0.98万只。全区未发生区域性重大动物疫情。

【非洲猪瘟防控】 2023年，环翠区开展非洲猪瘟“大清洗、大消毒”活动，督促指导养殖场（户）定期做好养殖环节消毒工作。年内，出动2920人次巡查生猪养殖场（户）1489场次，排查生猪191897头次，消毒养殖场（户）554户次、45.67万平方米，消毒生猪运输车辆161辆次，未发现疑似非洲猪瘟疫情；向12家生猪规模场、57家养猪专业户发放《冬春季非洲猪瘟防控关键技术》《秋冬季生猪主要疫病防控技术要点》等宣传材料，指导场户提升生物安全防护水平，增强场户科学养殖、防治疫病技能；抓好风险监测，以养殖场户、生猪运输车辆和外市调入生猪为重点，定期抽检生猪养殖场（户）及运输车辆，检测养殖场（户）样品96份，生猪运输车辆样品192份，结果全为阴性。

【人兽共患病防控】 2023年9月7日，环翠区召开全区重大动物疫病指挥部成员单位联席会议，区畜牧兽医事业发展中心与区卫生健康局、区林业发展中心签署《环翠区人兽共患传染病防控合作备忘录》，联合成立环翠区人兽共患传染病防控工作小组和专家委员会，三方强化互联互通、联合调查、联合研判、联合处置、联合报告、联防联控，协同推进全区人兽共患传染病防控。区畜牧兽医事业发展中心联合区卫生健康局对羊亭河湿地公园等野鸟栖息地以及规模养禽场开展高致病性禽流感专项流行病学调查及风险监测，排查规模养禽场34家次、家禽77.5万羽，检测野鸟新鲜粪便30份、养禽场血清样品60份、粪便拭子60份，未发现异常；开展以“为了同一健康而努力”为主题的世界狂犬病日科普宣传进社区服务活动，现场发放《狂犬病防控知识要知道》宣传挂图70余份；定期巡查排查网格内牛羊养殖、调运、屠宰、疫病状况，向牛羊养殖从业人员发放《人畜共患病防控技术手册》《人畜共患病（布鲁氏菌病）防控知识明白纸》《动物炭疽防控知识明白纸》等宣传材料。年内，巡查牛羊养殖户235户次，检查牛1513头、羊6577只，未发现异常；开展人畜共患病防控专题培训12次，培训牛羊养殖场（户）及从业人员628人次。

【动物诊疗机构管理】 2023年2月2日，环翠区组织辖区动物诊疗机构负责人和业务骨干召开动物诊疗机构落实安全生产责任暨规范诊疗活动会议，对诊疗机构负责人及相关人员进行“开工第一课”和诊疗业务培训，提升责任意识，强化机构管理。年内，新开业动物诊疗机构4家，停业注销2家。至年末，全区动物诊疗机构有21家。

【动物及动物产品检疫】 2023年，环翠区严格按照产地检疫规程实施畜禽检疫，受理申报动物检疫率、到现场或指定地点检疫实施率和操作到位率100%。年内，检疫生猪16738头、牛273头、羊2203只、禽2345.48万羽、马31匹、犬猫67只，检疫结果全部合格。

【病死畜禽无害化处理】 2023年，环翠区依托威海天保生物科技有限公司病死畜禽无害化收处体系，直接到场到户收集病死畜禽，统一转运至文登场区集中处理。年内，收集处理病死猪3037头、病死牛1头、病死羊63只、病死禽6.3014吨，有效维护畜产品源头安全。

【无疫区维护】 2023年，环翠区加强畜禽饲养监管，强化无疫区易感动物和动物产品调运监督检查，对申请输入易感动物或动物产品的货主，核查相关资料，接到动物落地报告后，及时到现场查证验物，指导养殖场做好隔离饲养工作。至年末，全区申报外引动物7批次10.09万羽雏鸡，均按照申报、指定通道等输入易感动物准入程序引入，经隔离检疫全部合格，未发生因外引易感动物而引发疫情。

（马希瑞）

农业产业化

【概况】 2023年，环翠区依据《威海市“十四五”推进农业农村现代化规划》，以农业高质高效实现新突破、乡村宜居宜业营造新气象、农民富裕富足谱写新篇章为目标，贯彻省市级产业发展政策和规划，通过农业产业化经营主体培育、品牌建设等路径实现农业现代化发展。至年末，全区有市级以上农业产业化龙头企业22家，农业绿色食品认证产品27个，知名农产品品牌9个。

【农业龙头企业】 2023年，环翠区有家家悦集团股份有限公司、威海市宇王集团有限公司、威海浦源食品有限公司等市级以上农业产业化龙头企业22家，其中国家级1家、省级4家、市级17家，产业涵盖水产品加工、农产品加工、苗木花卉生产等，农业产业化组织年营业收入162亿元，就业人数2.83万人，带动农户43万户（含辖区外），年均增收1.5万元；龙头企业通过“公司+基地+农户”等形式，在生产、加工、销售上实现联结，促进一、二、三产有机融合；运用大数据等信息技术开发“环翠·链乡”平台，聚集盘活优质涉农资源要素，推广培育“四季环翠”地域品牌，激发乡村优质资源活力和近郊文旅消费潜力。

山东威高四海酿造有限公司生产车间（拍摄于2023年1月10日）

（羊亭镇　供图）

表18　2023年环翠区农业产业化龙头企业一览表

序号	级别	企业名称
1	国家农业产业化龙头企业（1个）	家家悦集团股份有限公司
2	山东省农业产业化龙头企业（4个）	威海市宇王集团有限公司
3		威海环山农牧科技有限公司
4		威海北海水产开发有限公司
5		威海浦源食品有限公司
6	威海市农业产业化龙头企业（17个）	威海市粮食收储中心
7		威海市世荣进出口有限公司
8		山东绿苑环境科技集团有限公司
9		威海市望联种禽有限公司
10		山东威高四海酿造有限公司
11		威海博宇食品有限公司
12		威海秾芳园农业科技有限公司
13		威海壹贰叁肆玖农副产品配送有限公司
14		威海振威畜禽有限公司
15		威海喜盈门乳品有限公司
16		威海三昌食品有限公司
17		威海市亿霖果蔬有限公司
18		威海绿苑植物材料有限公司
19		威海市新元果业技术服务有限公司
20		威海市蔬菜有限公司
21		威海市七彩生物科技有限公司
22		威海市大山前食品有限责任公司

【绿色食品认证】 2023年，环翠区根据农业农村部办公厅《关于印发农业生产“三品一标”提升行动有关专项实施方案的通知》，通过示范引领、政策激励以及农技服务等措施，引领农业标准化和绿色生产发展。年内，全区农业绿色食品认证产品27个、地理标志保护产品1个，认证农产品包括苹果、大樱桃、猕猴桃、葡萄、桑葚、蟠桃、地瓜和花生等；认证产品注册商标15个，有“福鑫源”大樱桃、“堡子顶”大樱桃和苹果、“科地丰美”苹果、“麟凤源”苹果、“红苹果”苹果、“翠红”苹果、“海枫”苹果、“宝丰晶滢”桃、“宝丽滢”猕猴桃、“羊亭欢乐谷”桑葚、“里口山秋歌”葡萄和大樱桃、“富贵长泰”黄瓜、芹菜和西红柿、“山壮”鸡蛋、“月铭园”小白菜和油菜、“周炜翔”猕猴桃等，农业标准化生产面积2000公顷。

【品牌农业建设】 2023年，环翠区深入贯彻威海市全面发力梯次推进品牌建设思路，组织申报省、市级知名农产品品牌，至年末，全区有知名农产品品牌9个，其中省级3个、市级6个。

【现代农业发展】 2023年，环翠区持续推进发展现代农业，争取上级专项资金500万元，在桥头镇建设总投资1251.36万元13.33公顷的设施

表19　2023年环翠区知名农产品品牌一览表

序号	级别	品牌名称
1	山东省知名农产品品牌	威海市宇王集团有限公司“宇王”牌水产品
2		威海富盛食品有限公司“BLUE DOLPHIN蓝海豚”牌苹果
3		威海浦源食品有限公司“浦源”牌水产
4	威海市知名农产品品牌	威海市环翠区威盛大樱桃农民专业合作社“威盛”牌大樱桃
5		威海欢乐谷植物种植专业合作社“羊亭欢乐谷”牌桑葚
6		威海市宝丰果蔬专业合作社“宝丽滢”牌桃
7		环翠区福鑫源农业生态园“福鑫源”牌大樱桃
8		威海新元果业技术服务有限公司“科地丰美”牌苹果
9		威海利农农业生产资料有限公司“幺幺红”牌苹果

蔬菜高效特色农业项目1个；出台《关于加快推进环翠区预制菜产业高质量发展实施意见》，推动农产品加工产业提档升级，申报第七批威海市知名农产品品牌1个（“幺幺红”牌苹果）、市级农民专业合作社示范社1家（威海南胶葡萄农民专业合作社）、绿色食品认证5个（里口山秋歌大樱桃、福茂农民合作社威海金苹果、月铭园农民合作社小白菜、月铭园农民合作社油菜、威翔家庭农场猕猴桃）。

（王锦程　马　也）

农机管理

【概况】 2023年，环翠区农业机械总动力14.5万千瓦，农用拖拉机5728台，配套机具9100台套，农用排灌动力机械2345台；联合收割机39台，其中履带式收割机18台；完成机耕作业面积2697公顷、机播面积2987公顷、机收面积2814公顷。年内，注销农机合作社2家、农机配件商店2家。至年末，全区有从事农业生产的农机合作社1家、农机维修网点2家、农机配件商店3家。

【农机安全整治】 2023年，环翠区围绕监理工作目标，落实农机专项治理措施，与农机手签订农机安全生产责任书80份，开展农机安全宣传，发放宣传材料4000余份。年内，查处无证驾驶、超速超载、客货混装、无牌行驶、车辆到期未年检、无反光标识等违章行为28处，整改28起，开展农机事故应急演练1起。

【农机购置补贴发放】 2023年，环翠区收到国家农机购置补贴资金54万元、山东省补贴资金11万元，2022年账户结余1260元，可使用补贴资金65.126万元。上半年发放补贴资金40.084万元，下半年发放25.042万元，补贴农户47户（包括3户报废补贴）。从事农业生产单位6个，补贴机具70台（套）（包括2022年超录6台）。

【农机人员培训】 2023年，环翠区培训农机技术人员322人，其中园田机械手252人，农机维修从业人员6人，拖拉机驾驶员21人，拖拉机驾驶员复训23人，农机购置补贴政策解读答疑人员20人。

（王锦程　马　也）

工 业

综 述

【概况】 2023年，环翠区聚焦工业经济运行协调服务、创新驱动发展、企业膨胀扩张、企业发展服务、绿色安全发展等工作，修订《环翠区关于加快工业和信息产业高质量发展的扶持意见》，推进产业集群化、高端化、智能化、绿色化发展，推动全区经济运行稳中有进和工业经济高质量发展。环翠区“4+3”制造业产业集群完成工业总产值279.5亿元，比上年下降9.5%；新建5G基站240座，至年末，全区有5G基站1207座；新增国家级专精特新“小巨人”企业4家，国家级“绿色工厂”2家，省级制造业单项冠军企业2家，省级“绿色工厂”3家，省级“瞪羚”企业5家，省级专精特新中小企业37家，创新型中小企业51家；全区有国家级智能制造优秀场景1家、省级智能制造场景2家。至年末，环翠区有规模以上工业企业175家，工业增加值比上年增长0.2%。全区规模以上工业企业实现主营业务收入327.1亿元，比上年下降1.8%；利润28.7亿元，比上年增加6.9%。年内，环翠区被山东省工业和信息化厅先后评为山东省数字经济“晨星工厂”试点县（市、区）、山东省2023年度DCMM（数据管理能力成熟度）试点县（市、区）、山东省轻工纺织行业数字“三品”示范县（市、区）。7月11日，环翠区钓具及休闲运动产品特色产业集群被山东省工业和信息化厅认定为2023年山东省中小企业特色产业集群。

【“4+3”制造业产业集群建设】 2023年，环翠区聚焦“4+3”制造业产业集群发展，发挥区域资源优势，推进产业集群化、高端化、智能化、绿色化发展，培育高端装备制造、新材料、生物医药、新一代信息技术4个新兴产业，改造提升服装、食品加工、钓具3个传统产业，育强以新材料、高端装备制造为引领的“4+3”制造业产业集群。至年末，全区“4+3”制造业产业集群完成工业总产值279.5亿元，比上年下降9.5%；实现主营业务收入302.5亿元，比上年下降3.0%。

【数字经济发展】 2023年，环翠区以数字化驱动工业生产方式变革，提高制造业创新能力，主攻数智赋能、数实融合，助推传统工业转型升级。环翠区入选山东省首批数字经济“晨星工厂”试点县（市、区）、山东省2023年度DCMM试点县（市、区）。6月9日，山东百盟信息技术有限公司全家视屏软件、山东同域网络安全技术有限公司一体化网络安全管理服务平台、山东捷迅通讯技术有限公司智慧海湾生态监管服务平台入选山东省“数字赋能”优秀产品；7月3日，山东百盟信息技术有限公司“大屏服务软件”项目获批第三批山东省软件产业高质量发展项目；8月14日，三角轮胎股份有限公司轮胎行业研产销集成管控平台入选山东省工业互联网重点平台、威海瑞沐精工科技有限公司基于产业互联的精密塑制品智能制造平台入选山东省工业互联网储备平台；9月13日，威海天之卫网络空间安全科技有限公司、山东百盟信息技术有限公司、山东同域网络安全技术有限公司入选山东省数字经济重点项目名单；11月13日，威海新北洋数码科技有限公司“数码科技软件工程技术中心”、山东百盟信息技术有限公司“泛屏终端工程技术研究中心”、山东同域网络安全技术有限公司“企业技术研发中心”获批山东省软件工程技术中心；12月1日，威海瑞沐精工科技有限公司入选山东省新一代信息技术与制造业融合发展试点示范；12月25日，威海天之卫网络空间安全科技有限公司、威海云数数据科技有限公司入选山东省大数据“三优两重”项目名单；7月10日—12月25日，山东环球渔具有限公司等10家企业入选山东省DCMM贯标试点企业。

表20　2023年环翠区新增山东省DCMM贯标试点企业一览表

序号	企业名称	入选时间
1	山东环球渔具有限公司	7月10日
2	威海三元塑胶科技有限公司	7月10日
3	威海新北洋荣鑫科技股份有限公司	7月10日
4	威海瑞沐精工科技有限公司	7月10日
5	威海震宇智能科技股份有限公司	7月10日
6	威海允祯未来服装有限公司	7月10日
7	山东汇泉工业有限公司	7月10日
8	威海朝阳船艇开发有限公司	12月25日
9	山东华素健康护理品有限公司	12月25日
10	山东华素制药有限公司	12月25日

【环翠区获评山东省数字经济“晨星工厂”试点县（市、区）】 2023年4月21日，三角轮胎股份有限公司、威海新北洋数码科技有限公司、威海广泰空港设备股份有限公司、威海宝威新材料科技有限公司等8家企业被确定为威海市数字经济“晨星工厂”。6月9日，环翠区被山东省工业和信息化厅评为山东省数字经济“晨星工厂”试点县（市、区），25家企业入选山东省数字经济“晨星工厂”项目培育库；12月28日，威海广泰特种车辆有限公司、威海瑞沐精工科技有限公司、威海银河生物技术有限公司入选山东省数字经济“晨星工厂”项目培育库。年内，全区有28家企业入选山东省数字经济“晨星工厂”项目培育库。

表21　2023年环翠区新增山东省数字经济“晨星工厂”一览表

序号	企业名称	入选时间
1	威海海鑫新材料有限公司	6月9日
2	威海广泰空港设备股份有限公司	6月9日
3	山东环球渔具股份有限公司	6月9日
4	三角轮胎股份有限公司	6月9日
5	山东创意集团有限公司	6月9日
6	山东华素制药有限公司	6月9日
7	山东名流泵业科技股份有限公司	6月9日
8	威海新北洋荣鑫科技股份有限公司	6月9日

续表

序号	企业名称	入选时间
9	威海中远重工科技有限公司	6月9日
10	阿普塔恒煜（威海）医疗器材有限公司	6月9日
11	威海市海王旋流器有限公司	6月9日
12	威海黑海游艇有限公司	6月9日
13	山东汇泉工业有限公司	6月9日
14	山东双轮股份有限公司	6月9日
15	威海市山花地毯集团有限公司	6月9日
16	威海硕科微电机有限公司	6月9日
17	山东威高骨科材料股份有限公司	6月9日
18	威海邦德散热系统股份有限公司	6月9日
19	威海三元塑胶科技有限公司	6月9日
20	威海新北洋正棋机器人股份有限公司	6月9日
21	威海西港游艇有限公司	6月9日
22	威海喜盈门乳品有限公司	6月9日
23	威海怡和专用设备制造有限公司	6月9日
24	威海宝威新材料科技有限公司	6月9日
25	威海新北洋数码科技有限公司	6月9日
26	威海广泰特种车辆有限公司	12月28日
27	威海瑞沐精工科技有限公司	12月28日
28	威海银河生物技术有限公司	12月28日

【5G基站建设】 2023年，环翠区将5G网络基础设施建设列入2023年为民实事清单，推进5G网络建设、应用推广，发挥5G新型基础设施的规模效应和带动作用，支撑环翠区工业互联网和信息化发展。建立专班协调机制，协调中国铁塔股份有限公司威海市分公司、基础电信运营商解决进场难、转改直、电价高等难题。年内，新建5G基站240座，提前完成全年新建146座基站任务。至年末，环翠区有5G基站1207座，占全市总数18%，完工率164.4%。

【重点企业发展】 2023年，环翠区强化企业发展主体地位，集中优势资源向重点企业延伸，开展企业梯次培育，实现工业企业高质量发展。威海海鑫新材料有限公司、新元化学（山东）股份有限公司、山东百盟信息技术有限公司、山东捷讯通信技术有限公司4家企业被工业和信息化部认定为专精特新“小巨人”企业；新元化学（山东）股份有限公司、威海兴泰包装制品有限公司等37家企业被认定为山东省专精特新中小企业；威海汉鼎工业自动化有限公司、威海浩林碳纤制品有限公司等51家企业被认定为山东省创新型中小企业；威海市海王旋流器有限公司、山东百盟信息技术有限公司、新元化学（山东）股份有限公司、山东华素制药有限公司、山东双轮埃姆科泵业有限公司5家企业获批山东省“瞪羚”企业；威海广泰空港设备股份有限公司、山东汇泉工业有限公司2家企业被认定为山东省制造业单项冠军企业；威海人生药业集团股份有限公司、威海宝威新材料科技有限公司入选山东省服务型制造示范企业名单。全区32个市级重点工业项目计划总投资83.5亿元，2023年计划投资25.9亿元，年内完成投资29.7亿元，完成率114.7%。其中，威海邦德散热系统股份有限公司系列散热器数字化生产二期项目、威海诚毅智能设备有限责任公司恒通智能设备制造厂区、威海蓝杭新材料科技有限公司高端复合材料生产项目、威海兴华智能制造科技有限公司智能装配配件生产项目等9个项目已投产或部分投产，形成新的经济增长点。至年末，环翠区有国家级专精特新“小巨人”企业8家，山东省专精特新中小企业83家，山东省创新型中小企业101家，山东省“瞪羚”企业11家，国家级制造业单项冠军企业1家，山东省制造业单项冠军企业9家，山东省制造业单项冠军产品1个。

表22　2023年环翠区新增山东省专精特新中小企业名单

序号	企业名称	认定时间
1	新元化学（山东）股份有限公司	5月9日
2	威海兴泰包装制品有限公司	5月9日
3	威海畅享海天新材料科技股份有限公司	5月9日
4	阿普塔恒煜（威海）医疗器材有限公司	5月9日
5	威海山花华宝地毯有限公司	5月9日
6	威海雨霖纤维制品股份有限公司	5月9日
7	威海华洋药业有限公司	5月9日
8	威海三方橡胶机械有限公司	5月9日
9	威海冠羽体育用品有限公司	5月9日
10	威海海滨渔具有限公司	5月9日
11	山东双海电气设备安装有限公司	5月9日
12	威海青正蓝海食品有限公司	5月9日
13	威海德旭船舶有限公司	5月9日
14	威海朝阳船艇开发有限公司	5月9日
15	威海仲丽复合材料有限公司	5月9日
16	山东双轮埃姆科泵业有限公司	5月9日
17	威海安达体育用品有限公司	5月9日
18	威海市新会渔具有限责任公司	5月9日
19	山东友大慧成科技有限公司	5月9日
20	威海能联信息技术有限公司	5月9日
21	威海人生药业有限公司	5月9日
22	威海松龄诺可佳中药饮片股份有限公司	5月9日
23	威海龙港纸业有限公司	5月9日
24	威海博胜气动液压有限公司	5月9日
25	威海立达尔机械股份有限公司	5月9日
26	威海通佳电器有限公司	5月9日

续表

序号	企业名称	认定时间
27	威海盛卡林户外用品有限公司	5月9日
28	石中剑（威海）渔具有限公司	5月9日
29	威海瑞阳船艇开发有限公司	5月9日
30	威海市远际户外用品有限公司	5月9日
31	威海丹宏体育用品有限公司	5月9日
32	威海博锐化工机械有限公司	5月9日
33	威海新北洋荣鑫科技股份有限公司	5月9日
34	山东同域网络安全技术有限公司	5月9日
35	威海海鑫新材料有限公司	5月9日
36	威海恒力户外用品有限公司	5月9日
37	赛奎鹰智能装备（威海）有限责任公司	5月9日

表23　2023年环翠区新增山东省创新型中小企业名单

序号	企业名称	认定时间
1	威海汉鼎工业自动化有限公司	4月24日
2	威海浩林碳纤制品有限公司	4月24日
3	山东双海电气设备安装有限公司	4月24日
4	威海大河新材料科技股份有限公司	4月24日
5	山东晤松电子科技有限公司	4月24日
6	威海仁源渔具有限公司	4月24日
7	威海宁威电子科技有限公司	4月24日
8	山东新派科技有限公司	4月24日
9	威海鱼栖林钓具有限公司	4月24日
10	威海安达体育用品有限公司	4月24日
11	威海丹宏体育用品有限公司	4月24日
12	威海海龙王户外用品有限公司	4月24日
13	威海德旭船舶有限公司	4月24日
14	威海格润环保科技有限公司	4月24日
15	威海锦盛源环保科技有限公司	4月24日
16	威海市宝洋渔具有限公司	4月24日
17	威海山花华宝地毯有限公司	4月24日
18	山东银凯特能源科技有限公司	4月24日

续表

序号	企业名称	认定时间
19	山东恒阳电子股份有限公司	4月24日
20	威海博睿软件科技有限公司	4月24日
21	威海薪源电子科技股份有限公司	4月24日
22	威海恒力户外用品有限公司	4月24日
23	威海市研拓复合材料科技有限公司	4月24日
24	威海众成电子有限公司	4月24日
25	阿普塔恒煜（威海）医疗器材有限公司	4月24日
26	威海菲沃瑞体育用品有限公司	4月24日
27	威海博锐化工机械有限公司	4月24日
28	山东格物智能科技有限公司	4月24日
29	威海天泽建筑材料有限公司	4月24日
30	山东友大慧成科技有限公司	4月24日
31	威海中腾医药科技有限公司	4月24日
32	山东垣安智能科技有限公司	4月24日
33	山东双轮埃姆科泵业有限公司	4月24日
34	威海三方橡胶机械有限公司	4月24日
35	威海市远际户外用品有限公司	4月24日
36	威海能联信息技术有限公司	4月24日
37	威海创诚机械设备有限公司	4月24日
38	威海龙港纸业有限公司	4月24日
39	威海诺曼底船舶技术有限公司	4月24日
40	威海瑞阳船艇开发有限公司	4月24日
41	威海荣泽工业自动化设备有限公司	4月24日
42	威海人生药业有限公司	4月24日
43	威海海鑫新材料有限公司	4月24日
44	威海景航机械有限公司	4月24日
45	威海水利工程集团有限公司	4月24日
46	山东哈威智能科技有限公司	12月26日
47	威海和威精密模具有限公司	12月26日
48	威海瑞祥铸造机械有限公司	12月26日
49	山东双合节能环保技术股份有限公司	12月26日
50	威海兴友精密塑胶有限公司	12月26日
51	威海市赢海通信技术有限公司	12月26日

表24　2023年环翠区重点工业项目一览表

序号	项目名称	所在地	序号	项目名称	所在地
1	威海温商置业有限公司高端装备新材料产业园二期项目	羊亭镇	16	威海鲁能电气有限公司电气设备生产制造扩产项目	嵩山街道
2	威海光焱新材料科技有限公司医用新材料生产项目	羊亭镇	17	威海浦鲸智能设备有限公司水下智能机器人研发生产项目	嵩山街道
3	威海市瀚玉化纺有限公司高性能纤维及复合材料制造项目	羊亭镇	18	威海银创微电子技术有限公司IGBT模块扩产改造项目	嵩山街道
4	威海鸿宇新材料科技有限公司复合新材料生产项目	羊亭镇	19	威海市世一网业有限公司特种新材料项目	嵩山街道
5	西安羚控电子科技有限公司复合翼蜂巢无人机和飞行模拟器项目	羊亭镇	20	威海魏桥科技工业园有限公司新型纤维绿色智能一体化改造项目	张村镇
6	威海市环翠区国有资本运营有限公司、威海市环翠区城市发展投资有限公司亿达（威海）新材料应用创新中心项目	羊亭镇	21	鑫元铝包装容器生产制造项目	张村镇
7	威海广泰特种车辆有限公司高端空港装备及特种装备工厂项目	羊亭镇	22	威海市鸿海碳纤维制品有限公司碳纤维复合腔体构件生产与研发项目	张村镇
8	威海兴泰包装制品有限公司医用包装材料生产项目	羊亭镇	23	威海诚毅智能设备有限责任公司恒通智能设备制造厂区项目	张村镇
9	威海顺迈华峰自动化科技有限公司自动化设备研发生产项目	羊亭镇	24	威海汉鼎科技有限公司体育产业研发生产基地新厂房项目	张村镇
10	威海北途威科技有限公司碳纤维制品生产项目	羊亭镇	25	威海兴华智能制造科技有限公司智能装备配件厂区项目	张村镇
11	威海市海王旋流器有限公司矿山智能装备制造项目	羊亭镇	26	威海瀚琳机械制造有限公司汽车发动机配件研发生产项目	张村镇
12	威海宝丽化妆品有限公司高档化妆容器加工项目	羊亭镇	27	威海宏悦纤维有限公司新型智能化高速转杯纺纱生产项目	张村镇
13	山东君行悦新材料科技有限公司新型合成材料项目	竹岛街道	28	山东威高骨科材料股份有限公司骨科植入产品扩产项目	张村镇
14	威海宇安贸易有限公司电子科技研发生产项目	温泉镇	29	爱华海（威海）图文影像有限公司绿色图文影像新材料生产线项目	张村镇
15	威海华新药业集团有限公司医药产业园项目	嵩山街道	30	威海联东金岛实业有限公司联东U谷·威海科创智汇港项目	张村镇

续表

序号	项目名称	所在地	序号	项目名称	所在地
31	威海蓝杭新材料科技有限公司高档复合材料生产项目	嵩山街道	40	威海君子风包装科技有限公司年产1000吨食品包装盒生产项目	张村镇
32	山东环球渔具股份有限公司环翠钓具共享平台基地项目	张村镇	41	山东中复神龙新材料科技有限公司高性能复合纤维拉丝布生产项目	张村镇
33	中科锐金（山东）钛业科技有限公司医疗钛合金材料生产项目	张村镇	42	威海一木钓具有限公司一木户外用品改建项目	张村镇
34	威海宝威科技新材料有限公司新材料智能工厂项目	张村镇	43	威海万泰磁电科技有限公司万泰磁电项目	桥头镇
35	威海市鸿安建筑集团有限公司新型建筑部件研发及生产配套项目	张村镇	44	威海步特户外用品有限公司充气艇、充气式冲浪板生产项目	桥头镇
36	威海方舟仿生科技有限公司科技创业园建设项目	张村镇	45	威海邦德散热系统股份有限公司系列散热器数字化生产二期项目	桥头镇
37	威海盟联碳纤维制品有限公司碳纤维制品制造项目	张村镇	46	博优化纤（威海）有限公司纱线生产线改扩建项目	桥头镇
38	威海宏信新材料有限公司智能版基生产线项目	张村镇	47	威海喜盈门乳品有限公司酸爽饮与苏打水生产线建设项目	桥头镇
39	威海中远海运重工科技有限公司电气装配生产车间项目	张村镇	—		

【技术创新】 2023年，环翠区深入贯彻新发展理念，注重制造业创新体系建设，强化企业技术创新主体地位，充分发挥技术创新示范企业标杆和示范作用。三角轮胎股份有限公司、山东环球渔具股份有限公司、威海市海王旋流器有限公司、山东双轮股份有限公司等15家企业40个项目被列入山东省企业技术创新项目计划；山东环球渔具股份有限公司、威海银兴预应力线材有限公司、威海西港游艇有限公司被评为山东省技术创新示范企业。威海市海王旋流器有限公司密度场梯度连续强化型三产品重介质旋流器入选2023年度山东省首台（套）技术装备及关键核心零部件生产企业及产品名单。

【创新平台建设】 2023年，环翠区立足实际，着眼创新驱动发展，围绕破解共性关键技术的突破和产业技术难题，打造高水平创新平台，为工业经济高质量发展奠定科技研发支撑。3月27日，阿普塔恒煜（威海）医疗器材有限公司等11家企业研发机构被认定为威海市工业企业“一企一技术”研发中心。6月29日，威海中远海运重工科技有限公司等4家企业研发机构被认定为山东省“一企一技术”研发中心；9月13日，山东双海电气设备安装有限公司等4家企业研发机构被认定为威海市工业设计中心。至年末，全区有各级工业设计中心42家，其中国家级工业设计中心1家、省级工业设计中心9家、市级工业设计中心20家、区级工业设计中心12家；全区有各级“一企一技术”研发中心59家，其中省级“一企一技术”研发中心28家，市级“一企一技术”研发中心31家（“一企一技术”研发中心、工业设计中心实行梯次培育，单个企业按照最高级别进行统计）。

表25　2023年环翠区新增省、市级“一企一技术”研发中心一览表

序号	级别	名　　称	认定时间
1	省级	威海新北洋荣鑫科技股份有限公司研发中心	6月29日
2		山东同域网络安全技术有限公司研发中心	
3		威海宝威新材料科技有限公司研发中心	
4		威海中远海运重工科技有限公司研发中心	
5	市级	阿普塔恒煜（威海）医疗器械有限公司研发中心	3月27日
6		山东华素制药有限公司研发中心	
7		山东峻垚信息技术有限公司研发中心	
8		山东省圣达地理信息测绘工程有限公司研发中心	
9		山东双轮股份有限公司研发中心	
10		山东新翰驰防务科技有限公司研发中心	
11		石中剑（威海）渔具有限公司研发中心	
12		威海泓方金属复合材料股份有限公司研发中心	
13		威海市远际户外用品有限公司研发中心	
14		威海山花华宝地毯有限公司研发中心	
15		威海亿美运动器械有限公司研发中心	

表26　2023年环翠区新增市级工业设计中心一览表

序号	名　　称	认定时间
1	山东双海电气设备安装有限公司工业设计中心	9月13日
2	威海新北洋正棋机器人股份有限公司工业设计中心	
3	威海民盛体育用品有限公司工业设计中心	
4	威海银河生物技术有限公司工业设计中心	

【智能制造和数字化车间】 2023年，环翠区以智能制造项目申报为契机，助力企业加快智能化、数字化改造，推动山东汇泉工业有限公司、威海允祯未来服装有限公司等十余家重点培育企业开展智能制造项目建设。威海宝威新材料科技有限公司基于数字孪生工厂建设的碳纤维产品数字化设计与仿真智造场景被认定为国家级智能制造优秀场景，威海市海王旋流器有限公司高端流体设备加工制造数字化车间被认定为山东省数字化车间，山东汇泉工业有限公司基于AI算法的5G智能柔性排产场景被认定为山东省智能制造场景，威海中远海运重工科技有限公司镇流器数字化车间、山东汇泉工业有限公司5G智能服装制造车间、威海允祯未来服装有限公司允祯未来服装数字化车间被认定为威海市数字化车间。至年末，全区有国家级智能制造示范工厂1家、国家级智能制造优秀场景1家、省级智能工厂4家、省级数字化车间2家、省级智能制造场景2家、市级智能工厂3家、市级数字化车间（含无人车间）15家。

【绿色发展】 2023年，环翠区着力推进绿色制造体系建设，实施分级精细培育，筛选设备先进、管理高效、代表性强企业，建立国家级、省级、市级三级绿色制造体系培育

库实施动态管理，扎实推进产业绿色化、绿色产业化。三角轮胎股份有限公司先后获评省级、国家级“绿色供应链管理企业”，威海海鑫新材料有限公司、威海新北洋数码科技有限公司获评山东省“绿色工厂”，山东汇泉工业有限公司、山东华素健康护理品有限公司获评威海市“绿色工厂”，威海海鑫新材料有限公司、山东华素制药有限公司获评威海市“绿色供应链管理企业”。至年末，全区有国家级“绿色工厂”2家，国家级“绿色供应链管理企业”1家，省级“绿色工厂”3家，省级“绿色供应链管理企业”1家，市级“绿色工厂”4家，市级“绿色供应链管理企业”2家。

（王晓冰）

新材料产业

【概况】 2023年，环翠区有规模以上新材料及其制品企业22家，实现主营业务收入39.66亿元、利润7988万元。其中，重点企业有威海海鑫新材料有限公司、威海银兴预应力线材有限公司、新元化学（山东）股份有限公司、威海宝威新材料科技有限公司等，主要产品包括铝箔材料、预应力线材、新型化工材料、碳纤维复合材料等，新材料及其制品业总体发展态势平稳。年内，新元化学（山东）股份有限公司、威海海鑫新材料有限公司被工业和信息化部认定为专精特新“小巨人”企业。

【新元化学（山东）股份有限公司被认定为国家级专精特新“小巨人”企业】 2023年，新元化学（山东）股份有限公司生产氟硅橡胶270吨，国内市场占有率40%以上，被工业和信息化部认定为国家级专精特新“小巨人”企业，被山东省工业和信息化厅认定为山东省“瞪羚”企业。公司围绕氟硅材料产品生产原料三氟丙烯、三氟丙基甲基环三硅氧烷（D3F）、三氟乙醇和甲基丙烯酸三氟乙酯等开展系列研发工作，高性能氟硅橡胶具有耐高低温、耐油等优点，可解决耐油密封制品普遍存在的高低温涉油条件下变形、破裂、漏油问题，产品应用于航空航天、汽车、石油天然气、精密仪器、高端液压系统密封、电子电气元件封装等涉油密封领域。年内，实现营业收入2.57亿元、利润4318万元，上缴税金2519万元。

【威海海鑫新材料有限公司被认定为国家级专精特新“小巨人”企业】 威海海鑫新材料有限公司主要生产高档CTP版基等高精铝板带箔等产品，通过质量管理、环境管理、职业健康安全管理三级体系认证，拥有Achenbach冷轧机组、Vollert卷材立体化智能管理装置、Herkules轧辊磨床、BWG纯拉伸机组、Kampf纵剪机组等先进生产设备，实现自动化和智能化。2023年，被工业和信息化部认定为国家级专精特新“小巨人”企业。年内，实现主营业务收入20.42亿元、利润1522万元。

【重点企业简介】 威海宝威新材料科技有限公司。公司成立于2001年，致力于高性能碳纤维复合材料研发和生产，开发碳布、碳带、玻璃布、预浸碳丝等超薄碳纤维预浸料系列产品，应用于先进电子设备、体育用品、交通轨道、汽车等领域。拥有碳纤维复合材料领域授权发明专利43项。年内，获评国家智能制造优秀场景、山东省数字经济“晨星工厂”，实现营业收入2918万元、利润-2061万元。

威海银兴预应力线材有限公司。公司成立于2001年，是国内预应力线材生产龙头企业，首批预应力混凝土用钢丝、钢绞线生产制造企业。产品应用于高速铁路、公路、桥梁、港口、核电站、LNG储罐等大中型基建项目，出口欧盟、美国、俄罗斯等20多个国家和地区。2023年，获得工业领域最高奖“中国工业大

威海海鑫新材料有限公司CTP版基生产设备（拍摄于2023年8月20日）
（区工业和信息化局　供图）

威海银兴预应力线材有限公司预应力钢绞线产品（拍摄于2023年7月23日）
（区工业和信息化局　供图）

奖”，获评山东省技术创新示范企业。年内，实现营业收入5.62亿元，利润734万元。

（王晓冰）

高端装备制造产业

【概况】 2023年，环翠区有规模以上装备制造企业32家，实现主营业务收入170.3亿元、利润22.2亿元。涵盖通用设备制造业，专用设备制造业，汽车制造业，铁路、船舶、航空航天和其他运输设备制造业，电气机械和器材制造业5个行业大类。重点企业有山东双轮股份有限公司、威海广泰空港设备股份有限公司、威海市海王旋流器有限公司、威海化工机械有限公司、威海西港游艇有限公司等，产品主要涉及空港地面设备、泵类产品、高压反应釜、矿山设施、改装车、汽车零部件及配件、船舶等。年内，威海广泰空港设备股份有限公司被山东省工业和信息化厅认定为省级制造业单项冠军示范企业；山东双轮埃姆科泵业有限公司、威海博锐化工机械有限公司、威海新北洋荣鑫科技股份有限公司、威海朝阳船艇开发有限公司、赛奎鹰智能装备（威海）有限责任公司被山东省工业和信息化厅认定为省级专精特新中小企业；威海市海王旋流器有限公司密度场梯度连续强化型三产品重介质旋流器被山东省工业和信息化厅认定为山东省首台（套）技术装备。

【威海广泰空港设备股份有限公司拓展廊桥业务板块】 2023年，威海广泰空港设备股份有限公司获评山东省制造业单项冠军企业，“广泰”商标被国家知识产权局办公室列入首批参加“千企百城”商标品牌价值提升行动的企业商标品牌名单。公司与山东省机场管理集团共同出资设立山东安泰空港装备有限公司，相继中标新建浙江丽水机场、烟台蓬莱国际机场两个登机桥项目，共计24套8000万元。廊桥业务板块补齐威海广泰空港设备股份有限公司地面设备研发生产领域空白，使其成为具备为一架飞机、一个新建机场“一站式”配齐空港地面设备能力的企业。年内，实现主营业务收入12.2亿元、利润1.3亿元。

【威海中远海运重工科技有限公司获得全球首张中国船级社船用产品试验证书】 2023年，威海中远海运重工科技有限公司生产销售船舶压载水设备等产品293台（套），与上海交通大学产学研合作成果船舶压载水处理系统关键技术获得产学研合

威海市海王旋流器有限公司高端流体设备加工制造数字化车间（拍摄于2023年8月2日）
（区工业和信息化局　供图）

威海西港游艇有限公司生产的豪华游艇（拍摄于2023年7月6日）
（区工业和信息化局　供图）

作创新成果一等奖，被国家知识产权局认定为国家知识产权优势企业，研发机构被山东省工业和信息化厅认定为省级“一企一技术”研发中心。新产品氨燃料供给系统获得全球首张中国船级社船用产品试验证书，使企业成为国内首个在模拟船舶场景下成功运行氨燃料供应系统的厂家。年内，实现主营业务收入3.8亿元、利润2804万元。

【重点企业简介】　威海市海王旋流器有限公司。2023年，公司生产销售旋流器等产品3万余台（套）；申请专利10余项，其中发明专利5项。被认定为“国家级博士后科研工作站”，在高层次人才联合培养、科研平台建设上取得突破；各项经济指标连续5年实现正增长，被山东省工业和信息化厅认定为山东省“瞪羚”企业；坚持新发展理念，率先布局全产业链，被山东省发展和改革委员会认定为“山东省十强产业领军企业”；加速数字化、网络化、自动化、智能化升级，赋能企业发展，获批山东省首批数字“晨星工厂”；高精度逆流洗砂机、尾矿库安全绿色筑坝技术2项重大科技成果达到国际先进水平。年内，实现主营业务收入8.6亿元、利润2.8亿元。

威海西港游艇有限公司。2023年，公司制造销售各类游艇包括豪华游艇、休闲游钓艇、钓鱼船、观光船、客船、智能无人船等110余条（艘），与哈尔滨工业大学（威海）等单位合作研发的海空天一体化海洋观测技术与智能装备研发项目申请2项发明专利。年内，实现主营业务收入3518.9万元，利润-438.5万元。获得山东省优秀诚信企业、山东省体育行业领军企业、山东省技术创新示范企业等称号。

（王晓冰）

生物医药产业

【概况】　2023年，环翠区有规模以上生物医药企业13家，实现主营业务收入21.8亿元、利润1.9亿元。重点企业有山东威高骨科材料股份有限公司、阿普塔恒煜（威海）医疗器材有限公司、山东华素制药有限公司、威海人生药业集团股份有限公司、威海华洋药业有限公司、威海华新药业集团有限公司等，主要产品涉及脊柱、关节及其配套类植入物，口罩、防护服等防护用品，小儿解表口服液、新复方大青叶片和热炎宁颗粒等中成药，布洛芬胶囊、单硝酸异山梨酯胶丸等药品。山东华素制药有限公司、阿普塔恒煜（威海）医疗器材有限公司获评山东省数字经济“晨星工厂”，威海华洋药业有限公司、阿普塔恒煜（威海）医疗器材有限公司被认定为山东省专精特新中小企业。

【重点企业简介】　山东华素制药有限公司。2023年，公司主要生产心脑血管类药品。产品列入国家重点支持的高新技术领域目录，其中（元治）盐酸贝尼地平片及原料为国内首仿与独家产品，适应症为原发性高血压；（元坦）格列吡嗪分散片为国内独家剂型产品，适应症为Ⅱ型糖尿病。主打品种盐酸贝尼地平片为新一代钙离子拮抗剂（CCB），被列为国家863火炬计划产品。拥有现代化生产车间，设计产能每年10亿片。年内，获评山东省数字经济“晨星工厂”、威海市“绿色供应链管理企业”等称号。年内，实现主营业务收入5.1亿元、利润1.1亿元。

威海华洋药业有限公司。2023年，公司设有前处理车间、提取车间、综合制剂车间、软膏车间、口服液车间、质量控制中心及综合仓库、中药材仓库等，拥有片剂、硬胶囊剂、颗粒剂、软膏剂、合剂5个剂型生产线、15个制剂品种。常年生产品种热炎宁颗粒、外用应急软膏、银杏叶片、断血流颗粒4个。年内，被山东省工业和信息化厅认定为山东省专精特新中小企业。至年末，实现营业收入2618万元、利润

威海华洋药业有限公司生产车间（拍摄于2023年3月24日）

（区工业和信息化局 供图）

177万元。

阿普塔恒煜（威海）医疗器材有限公司。2023年，公司拥有助推器外观设计专利2项和实用新型设计专利7项（一种无针注射器用耐高压活塞、一种新式的鲁尔帽上料装置、一种新式的鲁尔帽组装设备、预灌装封注射器临床配药用输液双通阀、一种注射器保护套、一种两用推杆活塞、一种免组装预灌封注射器用橡胶鲁尔锁护帽）。年内，实现营业收入3162万元、利润202万元。被认定为山东省专精特新中小企业、山东省创新型中小企业、山东省数字经济“晨星工厂”、威海市“一企一技术”研发中心。

（王晓冰）

新一代信息技术产业

【概况】 2023年，环翠区有规模以上新一代信息技术企业12家，实现主营业务收入17.6亿元、利润-6236万元。涵盖电子信息、集成电路、软件及信息技术服务三大领域，重点企业有威海新北洋数码科技股份有限公司、威海新北洋荣鑫科技股份有限公司、威海三元塑胶科技有限公司等。产品主要涉及计算机及自主终端设备、金融终端产品、电子元器件、汽车线束等。年内，威海新北洋数码科技有限公司被认定为山东省数字经济“晨星工厂”、威海市数字经济“晨星工厂”，威海新北洋荣鑫科技股份有限公司被认定为山东省专精特新中小企业、山东省DCMM贯标试点企业、山东省数字经济“晨星工厂”。

【重点企业简介】 威海新北洋数码科技有限公司。2023年，公司专注于无人环境下智能自助服务的智能终端解决方案的研发、生产、销售和服务，主导产品包括智能柜类产品（快递柜、寄存柜、取餐柜、智能取餐系统、智能充换电柜等）、自助售货机类产品（智能微超、展示柜、自提/售卖柜等）以及其他自助终端（自助售检票、自助查询机等）。生产各类自助终端产品5.4万台（套），其中物流柜产品2.8万台、新零售产品2.1万台、自助类产品0.5万台。获评山东省数字经济“晨星工厂”、威海市数字经济“晨星工厂”。年内，实现主营业务收入4.4亿元、利润-7915万元。

威海新北洋荣鑫科技股份有限公司。2023年，公司主要从事金融行业相关机具产品的研发、生产和销售等业务，拥有智慧网点解决方案、纸币清分解决方案、硬币流通解决方案、银行柜面及其他系列产品四大产品生产线。年内，实现主营业务收入3.97亿元、利润2059.4万元。获评山东省专精特新中小企业、山东省DCMM贯标试点企业、山东省数字经济“晨星工厂”。

威海三元塑胶科技有限公司。2023年，公司致力于大型精密橡塑制品制造和模具制造技术研发，主导产品惠普打印机系列配件市场占有率15%以上，建有威海市大型精密橡塑制品和模具制造工程技术研究中心。年内，生产精密注塑件产品6000余万件，实现主营业务收入1.3亿元、利润-213.2万元。

山东百盟信息技术有限公司。2023年，公司主要从事泛智能终端系统研发和运营推广服务业务，主要合作伙伴为三大运营商以及TCL、创维、海信等主流电视机厂商。系列产品被评为2023年全国企业数字化转型与赋能优秀案例、软件产业高质量发展重点项目、“金桥奖”优秀项目、“数据赋能”优秀产品、数字经济重点项目、企业品牌创新成果和威海市“数字赋能”优秀产品。年内，实现主营业务收入5265.19万元、利润1468.88万元。

山东捷讯通信技术有限公司。公司是以自主技术研发、平台运营和系统集成为核心业务的国家高新技术企业，专注于生态环境信息化管理系统和智慧城市综合解决方案，主导产品有智慧海洋、智慧管廊、智慧景区、信息安全服务等多项大型智慧大数据共享信息化综合管理平台系统，主要面向的客户群体为生态环境治理、智慧城市管理、智慧景区运维等职能部门、企事业单位等，是国家专精特新“小巨人”企业、山东省先进中小企业、山东省首批服务型制造“1+N”示范企业。2023年，公司实现主营业务收入6718.2万元，利润1351.2万元。

（王晓冰）

纺织服装产业

【概况】 2023年，环翠区有规模以上纺织服装企业30家，实现主营业务收入28.2亿元、利润9675.3万元。重点企业有威海魏桥科技工业园有限公司、威海市山花地毯集团有限公司、山东汇泉工业有限公司等。年内，环翠区被山东省工业和信息化厅认定为山东省轻工纺织行业数字“三品”示范县（市、区）。

【重点企业简介】 威海魏桥科技工业园有限公司。2023年，公司下设两个生产区，生产纯棉精梳纱线和高支高密纯棉坯布两大类主导产品，棉纱最高纱支500支，坯布最高密度1800根。“魏桥”牌产品是中国名牌产品和世界著名品牌产品，市场覆盖欧盟、美国、日本、韩国、东南亚等120余个国家和地区。年内，实现主营业务收入4.3亿元、利润633.5万元。被认定为威海市数字经济“晨星工厂”，入选威海市工业互联网应用示范项目名单。

威海市山花地毯集团有限公司。2023年，公司被认定为山东省数字经济“晨星工厂”，旗下威海山花华宝地毯有限公司被认定为山东省专精特新中小企业、山东省创新型中小企业。成为中国首艘国产大型游轮“爱达·魔都号”、中国商飞C919国产大飞机合格供应商，为中国—中亚五国峰会、成都大运会、杭州亚运会、阿坝州建州70周年庆典、武汉天河国际机场、广州白云会议中心等提供服务。年内，实现主营业务收入1.1亿元、利润30.7万元。

山东汇泉工业有限公司。2023年，公司集服装设计研发、服装贸易、服装品牌加工、高档面料开发定制于一体，拥有自主品牌“valafranca（威朗法兰）”“ever spring”。产品主要包括风衣、西服、夹克、裤子等，远销美国、欧盟、日本、南美等国家和地区。年内，实现主营业务收入8625万元、利润252.8万元。公司被认定为山东省制造业单项冠军企业、山东省DCMM贯标试点企业、山东省数字经济“晨星工厂”、威海市“绿色工厂”，“汇泉5G智能服装制造车间”获评威海市数字化车间。

（王晓冰）

食品制造产业

【概况】 2023年，环翠区有规模以上食品制造企业12家，实现主营业务收入12.5亿元、利润9401万元。重点企业有威海喜盈门乳品有限公司、威海浦源食品有限公司、威海博宇食品有限公司等。年内，威海喜盈门乳品有限公司被山东省工业和信息化厅认定为山东省数字经济“晨星工厂”。

【重点企业简介】 威海喜盈门乳品有限公司。2023年，公司集乳品研发、制造、生产于一体，主导产品有养味系列果味奶饮品、养味系列乳酸菌饮品、养味系列果汁饮品、奔跑系列功能性饮品、焙尔先生系列咖啡饮品、藏秘灵菇酸奶饮品、酸爽饮饮品、苏打水饮品八大系列。拥有专利授权7项，其中发明专利2项。年内，实现主营业务收入2.5亿元、利润6234.4万元。被认定为省

威海喜盈门乳品有限公司生产车间（拍摄于2023年12月30日）

（区工业和信息化局　供图）

级数字经济“晨星工厂”。

威海博宇食品有限公司。2023年，公司主导产品为鱿鱼、多春鱼、鳕鱼、调理鸡肉、鲐鲅鱼、竹荚鱼等烧烤、蒸煮、油炸调理品，是国内多春鱼全系列产品供应商，持有“鲜之郎”商标，产品销量居日本市场前列。年内，实现主营业务收入4亿元、利润2386万元。

威海浦源食品有限公司。2023年，公司专注海鲜调味品生产，年发酵能力30000吨，拥有固定资产2亿元、6项专利技术，自主研发的鱼酿酱油系列产品获得国家级发明专利。年内，实现主营业务收入3605.5万元、利润87.3万元。7月12日，公司被农业农村部认定为农业国际贸易高质量发展基地。

（王晓冰）

钓具产业

【概况】 2023年，环翠区有规模以上钓具企业32家，实现营业收入24.05亿元、利润2.24亿元。重点企业有山东环球渔具股份有限公司、威海宝飞龙钓具有限公司、威海汉鼎渔具有限公司等，主要产品有钓鱼竿、鱼线轮、渔具配件、游艇、冲浪板五大类。至年末，威海海滨渔具有限公司、威海安达体育用品有限公司等16家钓具企业被认定为山东省专精特新中小企业。年内，省工信厅公布2023年度山东省特色产业集群名单，环翠区钓具及休闲运动产品特色产业集群入选，是环翠区首个省级特色产业集群，进一步提升环翠钓具产品、产业知名度。

【重点企业简介】 山东环球渔具股份有限公司。2023年，公司有职工2000余人，专业从事碳纤维及玻璃纤维钓鱼竿开发和制造，年渔竿生产能力1500万支，是全国制造业单项冠军示范企业、全国轻工行业重点骨干企业和省级重点工业企业。拥有省级企业技术中心、省级技术创新示范企业、省级互联网平台、省级数字化车间、省级工业设计中心、威海市复合材料钓具工程研究中心以及专项实验室6个、专利43个。产品销往欧洲、美国、日本等30余个国家和地区。年内，实现营业收入9.8亿元、利润1.5亿元。

威海宝飞龙钓具有限公司。2023年，公司主要生产中、高档碳纤维钓竿，建有集休闲垂钓竞赛、渔业休闲体验、工业观光旅游、研发生产销售以及宝飞龙钓鱼学校为一体的综合性工业旅游观光园。拥有授权专利35项，其中发明专利2项、实用新型专利21项、外观专利6项、计算机软件著作权6项。参与起草、修订《钓具钓鱼竿支架》《钓具安全通用要求》和《钓具分类和术语》3项行业标准以及《钓鱼竿》团体标准。年内，实现工业总产值5434万元、利润382万元。

汉鼎体育用品公司。2023年，公司主营业务为渔具线上、线下销售，在天猫、抖音、京东等平台设有线上官方旗舰店，线下业务通过加盟、招商代理等方式开展。至年末，在全国拥有2000余家代理商，荣获山东省放心消费示范单位荣誉称号。自主研发自动胶带段缠机、自动车丝机、自动喷涂机等10余款自动化设备，申请发明和实用新型专利30余项，完成销售300余万元。

（王晓冰）

建筑业

建筑行业监管

【概况】 至2023年年末，环翠区有建筑业企业135家（不含市政企业），其中总承包资质企业51家、专业承包资质企业84家（含建筑工程、公路工程、电力工程、机电工程、水利水电工程、石油化工工程等）。其中，一级资质总承包企业2家（威海水利工程集团有限公司为水利水电工程施工总承包，威海市鸿安建筑集团股份有限公司为建筑工程施工总承包）、一级资质专业承包企业6家（华东岩土工程集团有限公司为地基基础工程专业承包，威海三立建设工程有限公司为消防工程和建筑机电安装工程专业承包，山东捷讯通信技术有限公司为电子与智能化工程专业承包，威海华中装饰设计工程有限公司和威海新线装饰工程有限公司为装饰装修工程专业承包，山东吉升昌门窗幕墙有限公司为建筑幕墙工程专业承包）。年内，全区有房屋建筑工程在建项目83个，总建筑面积479万平方米；竣工项目65个，建筑面积150万平方米。区住房城乡建设局强化闭环管理，引导企业守牢安全底线，在建工程质量验收合格率、安全监督覆盖率、起重机检测率均为100%。

【建筑市场管理】 2023年，区住房城乡建设局坚持“检查就是执法，严管就是厚爱”理念，强化“责任追究、信用惩戒、经济处罚”综合惩治力度，着重治理转包、违法分包、挂靠、无证上岗等违法行为，打击压缩合理工期、压缩安全措施经费现象，对事故隐患、违法行为逾期未整改或整改不到位、屡查屡犯、屡罚不改的企业，予以停产停业、顶格处罚。印发《威海市环翠区建筑市场“双随机、一公开”监管工作方案》，抽查违法违规行为、主要管理人员在岗履职、农民工工资支付等情况。对5个在建项目进行随机抽查，发现并整改问题20个。对未到岗履职、合同签订不规范、未提供工资证明、监理企业技术资料不规范等问题企业责令其限期整改。

【建筑用工管理】 2023年，区住房城乡建设局按照“跟踪督办、整改销号、跟踪回访”的闭环管理模式，继续实施“兜底式”人工费拨付、红黄绿“亮灯预警”等制度；针对群体性欠薪投诉量大的项目，实行“一项目一专班、一班组一对策”机制，制定化解方案，动态清零。将分管负责人和监管人员电话张贴于项目醒目位置，保持24小时畅通，在工人安全帽上张贴维权二维码，力求将问题消灭于萌芽状态。年内，化解欠薪案件235起，协调发放工资2200余万元，约谈警示欠薪投诉多发、预警处置不到位项目51个，通报慎用施工企业16家、慎用班组人员10人。

【建筑企业服务管理】 2023年，区住房城乡建设局鼓励建筑业企业转型升级，支持企业走高质量发展路线，培育山东同人数据智能有限公司、威海威畅市政工程有限公司、威海辰宇建设工程有限公司、磊升建设集团有限公司4家年产值突破亿元企业。实施“走出去”战略，支持企业拓展新的市场空间，提升承揽业务规模，威海建设集团股份有限公司、威海水利工程集团有限公司等7家企业出省施工，完成外埠产值7.7亿元。在企业监管方面变“被动”为“主动”，每月组织新开工项目进行安全监督交底，现场指导安全生产、围挡设置、工资平台开设等事项，推动项目顺利开工。

【安全生产】 2023年，区住房城乡建设局按照“查隐患防事故、管风险控隐患”工作思路，开展特种作业人员、汛期暑期安全生产、违规电气焊及违规施工、有限空间作业、预防高处坠落事故专项整治行动，发现并整改各类隐患问题700余个，对安全生产责任落实不到位的17家企业13名相关责任人记录不良行为，对情节较重的9家企业5名负责人立案调查，罚款25.88万元。

（王思予）

建筑施工管理

【概况】 2023年，区住房城乡建设局通过“项目网格化、问题清单化、整改闭环化”方式，推进建筑工地环境、建筑工程质量、建筑原材料、混凝土搅拌企业等常态化监管。日常巡查结合聘请专家重点检查，开展各类排查整治行动8次，做到全程监管、违法必罚。指导项目争创省级安全文明标准化工地，大西庄城中村改造、港头村城中村改造、兰亭七彩阳光、碧水云天4个项目获评2023年度山东省建筑施工安全文明标准化工地。

【优质工程创建】 2023年，区住房城乡建设局加大优质工程培育力度。年内，省住房城乡建设厅下发《关于公布2022年度全省智慧工地建设典型案例的通知》，由区城市发展投资有限公司建设、威海建设集团股份有限公司施工的威海市里口山医院项目被评为二星级智慧工地，是威海市唯一一个入选项目。栖霞街及周边地区综合整治项目一期（北区）、城投海滨路项目1#塔楼、家家悦羊亭购物广场项目、威海宏达置业服饰创意设计中心项目、海信君澜项目获评“2023年山东省建筑工程优质结构工程”。

【工程招投标管理】 2023年，区住房城乡建设局依托公共资源交易平台，对77个房屋建筑和市政工程项目进行线上全流程招投标监管，规范招投标电子化流程。利用电子监管系统开展事中监管，对问题易发、多发环节以及发生过违法违规行为的主体适当增加抽查频次。8月，环翠区开展线上标后评估试点工作，实现线上招投标事中、事后监管闭环。10月1日，开始落实招标采购文件公平竞争审查制度，按照“谁招标谁审查”原则，强化招标人的公平竞争意识。

【工地环境管理】 2023年，区住房城乡建设局聚焦扬尘污染整治工作重点，按照“网格化监管、差异化管控、常态化巡视”管理模式，督导施工企业严格落实扬尘治理“六个百分百”（工地周边围挡100%、物料堆放覆盖100%、出入车辆冲洗100%、施工现场地面硬化100%、在建工地湿法作业100%、渣土车辆密闭运输100%）治理要求，实施“挡、洗、洒、盖、清、硬、洁”七字标准。以无人机航拍、民生微实事和数字城管反馈问题整改为契机，督导企业开展建筑施工项目扬尘治理达标提升活动，推动扬尘治理工作标准化、常态化。年内，与82个在建项目签订扬尘治理工作目标承诺书，召开季度形势分析会4次，开展覆盖全项目扬尘防治大排查大整治3轮，整治扬尘问题110余个，硬化、整修建筑施工道路、场区11万平方米，覆盖、更换防尘网60余万平方米。

【工程质量管理】 2023年，区住房城乡建设局推行住宅“透明工厂”制度。2月17日，印发《环翠区关于推进建筑工程“透明工厂”建设的通知》，结合“先验房后交房”业主开放活动，选取海信君澜项目作为重点培育试点，打造精装竣工交付样板间以及墙面、地面、吊顶等细部工艺样板，通过实体样板展示、工地开放日等多种方式向业主开放，逐步实现住宅工程质量信息透明、建设过程透明、交付实体透明。9月16日，全市住建系统2023年“质量月”启动，在栖霞街及周边地区综合整治项目设立工程质量风险分级管控观摩分会场，通过看板、工艺样板等，重点展示工程质量风险管控制度、工程质量风险分级管控实施差异化监管优秀成果等，全市住建系统质量监督人员和部分施工、开发、监理企业负责人等100余人参加观摩。开展住宅质量常见问题专项整治，抽查景和家园、绿轴住宅等20个在建项目防水材料、保温材料及现场施工质量，抽查抽测威海齐德新型建材有限公司、威海冠宏商品混凝土有限公司等13家预拌混凝土企业试验室、原材料，约谈建设、施工、监理等单位20余家，信用惩戒5家，行政处罚4家，倒逼企业压实主体责任。

【建材质量监管】 2023年，区住房城乡建设局依托威海市“双随机、一公开”抽查监管平台，对在建建筑工程项目、预拌混凝土生产企业开展“双随机、一公开”抽查。制定抽查、抽测建筑材料清单，通过政府购买服务方式，重点抽检钢筋、砂石等影响结构质量安全及管材管件、防水卷材、外墙保温材料等影响使用功能的建筑原材料。年内，抽测各类建筑原材料130余批次，抽测结果均合格。

【混凝土搅拌企业管理】 2023年，全区有预拌混凝土生产企业12家。区住房城乡建设局每月不定期抽检各商业混凝土企业原材料，全年抽检砂、石子等各类原材料40余批次，抽检结果均合格；开展预拌混凝土质量专项整治，全覆盖抽查抽测主体在建工程项目2轮，抽测结果均合格；对存在达到等效养护龄期混凝土构件的单位工程，按不同强度等级抽取构件进行回弹，抽查墙、柱、梁等各类构件270余个，回弹结果均满足设计要求。

【消防管理】 2023年，区住房城乡建设局依托消防审验管理信息系统，完成消防验收项目19个、备案项目86个。推行消防验收“三帮三办”模式（“三帮”即验前帮助企业梳理申报材料，验时帮助企业查明问题根源，验后帮助企业尽快完成整改；“三办”即主动服务上门办，材料不全指导办，企业服务定制办），切实提高服务质量和效率。编制《环翠区消防验收及备案抽查工作服务手册》，针对重点项目，帮助企业验前梳理申报材料，验时查明问题根源，验后完成整改。结合“消防审验专家行”活动，组织消防专家上门指导服务重点项目10余个，出动专家30余人次，解决消防施工问题40余个，提供合理化建议10余条，为企业缩短消防验收、备案抽查周期。

【绿色建筑推广】 2023年，环翠区全面推广绿色建筑标准，推动绿色建筑提质增效。贯彻执行《山东省绿色建筑促进办法》《绿色建筑评价标准》等，督促施工图审查机构严格把关绿色建筑设计专篇，确保新建民用建筑全面采用绿色建筑标准设计建设。完成施工图审查新建民用建筑项目8个，总建筑面积50.53万平方米，全部达到绿色建筑设计标准，实现绿色建筑设计达标率100%。发挥示范引领作用，鼓励建设高星级绿色建筑，威海市民中心及5A、5B、6A、6B商务办公楼入选山东省绿色建筑与建筑节能（二星级绿色建筑）试点示范创建项目。

【新技术应用推广】 2023年，区住房城乡建设局推动中德生态示范城市建设，引进德国被动式建筑技术，按照省级示范工程标准，建设威海国际新材料创新中心6#展示中心和7#创新商务中心、区公共文化服务中心（一期）项目2#楼文化中心两个被动式超低能耗绿色建筑项目。年内，上述两个项目入选山东省绿色建筑与建筑节能（超低能耗与近零能耗建筑）试点示范创建项目。探索建设智慧住宅，提高住宅数字化、智能化水平，海信君澜项目入选山东省建设科技（智慧住宅）示范工程创建项目。推广装配式建筑应用，鼓励建设高标准装配式建筑，落实房地产开发项目建设条件意见书有关装配式建筑的规定要求，实行住宅建筑全装修，引导落实建筑信息模型（BIM）技术应用，推广应用预制楼梯、叠合楼板、预制内隔墙、建筑结构与节能一体化等装配式部品构件及技术。从施工图审查开始把关，确保新建项目装配面积比例及装配率满足政策要求、施工图设计符合规范标准。年内，全区新开工装配式建筑面积8.07万平方米，区公共文化服务中心（一期）项目1#楼入选山东省新型建筑工业化（绿色建造方向）示范计划项目名单，威海市里口山医院获评山东省建设科技（BIM技术应用）示范工程。

（王思予）

勘察设计

【概况】 2023年，环翠区发挥行业部门指导作用，强化行业人才共育，推进校企合作、强强联合，鼓励企业开展技术创新，提升自身竞争力。为营造公平竞争的市场环境，规范市场行为，持续开展“双随机、一公开”督导检查，推动勘察设计行业水平稳步提升。至年末，环翠区有勘察设计企业25家，其中甲级资质企业13家。

【勘察设计行业管理】 2023年，区住房城乡建设局强化勘察设计行业人才培育，组织开展企业设计人员能力提升培训13期，培训1000余人次，配合市级部门开展山东设计·大师讲堂、精致城市沙龙论坛等系列活动，提升勘察设计人员技术水平。规范市场行为，开展全区勘察设计行业市场和质量“双随机、一公开”检查，对问题企业下达责令整改通知书9份，约谈企业3家。

【全过程数字化图纸闭环管理】 2023年，区住房城乡建设局推行全过程数字化图纸闭环管理。召开勘察设计变更管理暨全过程数字化图纸闭环管理推进会议，勘察、设计、施工图审查单位及部分建设单位50余人参会，邀请平台管理系统技术负责人介绍平台系统，演示各单位网上变更操作流程，现场解答企业咨询，收集反馈意见，推动系统优化。选定金蚂蚁汽车广场29#、30#汽车仓储车间等项目为试点，成立由勘察设计、质量消防、城建档案等部门科室及软件系统平台公司组成的指导服务小组，全程跟踪服务，建立工作联系群，实时答疑解惑。年内，实现金蚂蚁汽车广场29＃、30＃汽车仓储车间，海信观澜一期项目数字化竣工图纸档案归档，为企业节省费用数万元。

（王思予）

重点建筑企业

【威海市鸿安建筑集团股份有限公司】 2023年，公司发挥体制、机制和管理优势，突出经济运行质量及风险防范工作，承建盛唐碧水云天住宅、城建新苑贰号、五洲太阳城天鸽园二期、威海方舟仿生科技有限公司厂房、鸿安新型材料生产车间、威海金泓集团有限公司厂房搬迁、威海兰亭七彩阳光、山东华都托盘制造有限公司新型储酒罐、威海沃达新材料有限公司厂区、山东韬浦泵业船用泵及海水淡化泵等项目。至年末，签订合同额10.1亿元，完成施工面积71万平方米，实现建筑业总产值3.77亿元、利税1122万元。

【华东岩土工程集团有限公司】 2023年，公司在开拓烟台、青岛、济南等省内重点目标城市建筑市场的基础上，积极承接中石化、中石油等大型企业工程，以及高铁、高速公路、机场等大型基础工程、优质工程。其中，承揽济南遥墙机场综合交通枢纽围护结构地连墙工程、芝罘湾创新试验区项目基坑支护及桩基工程、深圳高世代面板产业配套项目基坑支护土石方及桩基工程、盘锦精细化工及原料工程项目桩基工程、山东管网北干线天然气管道工程勘察工程等工程项目，与中石化石油工程设计公司签订战略合作协议。年内，实现建筑业总产值4.99亿元、利税2478万元。

（王思予）

重点工程项目

【栖霞街及周边地区综合整治项目一期（北区）项目】 项目是典型的卫城历史风貌区，位于威海主城区繁华商业中心，南邻世昌大道，北接和平路，西邻东城路；由12个单体及配套用房建筑组成，总建筑面积48574.75平方米，总造价10.85亿元；由威海城市投资集团有限公司投资建设，清华大学建筑设计研究院有限公司、北京华清安地建筑设计有限公司、山东新元建筑规划设计有限公司设计，威海建设集团股份有限公司负责施工，山东裕达建设工程咨询有限公司负责监理。2021年12月开工建设，至2023年年末，北区地下车库二层改造，以及车库地墙面、1～5号楼屋面、外墙保温及抗裂砂浆面层施工及室外管线施工基本完成；南区支护工程及土方、工程桩施工完成。年内，项目获评“2023年山东省建筑工程优质结构工程”。

【城投海滨路项目】 项目位于威海湾中心区域，北侧为蓝湾怡庭小区，南侧为威海市农商银行，东临海滨附路，西临青岛北路；由5个单体建筑组成，总建筑面积80483.48平方米，总造价3.62亿元；由威海城投置业有限公司投资建设、威海市建筑设计院有限公司设计、威海建设集团股份有限公司施工、威海市天垣工程咨询管理有限公司监理。2023年3月开工建设，主体施工计划2024年年末结束。年内，项目1#塔楼获评“2023年山东省建筑工程优质结构工程”。

【威海老港区城市更新改造项目】 项目为商业综合体，位于海滨北路与昆明路交叉口东侧；由1个单体建筑组成，总建筑面积118383平方米，总投资18亿元。由威海城市投资集团有限公司投资建设、清华大学建筑设计研究院有限公司设计、威海建设集团股份有限公司负责施工、威海市天垣工程咨询管理有限公司负责监理。2023年7月开工建设，至年末，完成北区主体施工。

2023年11月2日，施工中的老港区城市更新改造项目

（区住房城乡建设局　供图）

（王思予）

商贸服务业

综　述

【概况】 2023年，环翠区商贸企业采取多种经营方式和手段，提升优化服务，做强品牌，为区域经济发展和人民生活提供多元服务。年内，区属9家重点商贸企业实现营业收入173.89亿元。全区社会消费品零售总额比上年增长3.8%，其中限额以上单位社会消费品零售总额增长2.4%。在限额以上批发和零售单位商品零售额中，粮油、食品类下降2.5%；烟酒类下降6.0%；服装、鞋帽、针纺织品类下降3.8%；日用品类下降3.5%；五金、电料类下降0.5%；体育、娱乐用品类下降4.3%；中西药品类增长23.3%；石油及制品类增长150.3%；汽车类增长20.4%。全区规模以上服务业营业收入增长19.3%。其中，文化体育娱乐业增长186.9%，科学研究和技术服务业增长103.6%，租赁和商务服务业增长36.5%。

【商贸业态提档升级】 2023年，区商务局坚持提升流通效率与生产效率“两手抓”，以新业态重塑零售优势、新技术提升流通网络，环翠区被山东省商务厅、山东省财政厅认定为第二批山东省现代流通强县；引导商贸流通企业树立绿色发展理念、倡导绿色消费、提供绿色服务，推动企业转型升级，指导威海万达广场成功申报绿色商场；推进城市一刻钟便民生活圈建设，依托环翠楼街道东北村社区、竹岛街道文昌社区、竹岛街道海景社区3个社区，高标准打造一刻钟便民生活圈样本，推荐鲸园街道鲸园社区、北门外社区参与威海市第二批一刻钟便民生活圈试点。

【商贸流通主体壮大】 2023年，区商务局修订《环翠区关于进一步加快服务业发展的扶持意见》，引进龙头商贸企业利群嘉瑞宝家电商场入驻环翠区，促进商贸流通领域高质量发展。制定《商贸领域纳统攻坚突破行动方案》，重点突破农产品批发市场、水产品批发市场、电商、住宿、餐饮等领域，解决商贸领域纳统问题。至年末，新增纳统法人单位107家，其中月度纳统31家、年度纳统73家。

【消费复苏行动】 2023年，区商务局做好餐饮消费券、汽车消费券组织、宣传、发放及审核等工作，引导餐饮服务单位及汽车销售企业参与活动，线上线下齐发力，扩大政企联合让利力度，促进消费市场回暖。发放三轮餐饮消费券，带动餐饮消费450万元；核销440余份汽车消费券，带动汽车销售7799万元。抓住旅游热潮，引导重点商场联合举办专题促销活动，威高广场、威海万达广场、振华商厦等推出80余场优惠让利活动；组织威海三联家电、苏宁电器、家家悦电器、威百家电等重点家电销售企业举办“家电惠民补贴活动”；组织金蚂蚁汽车广场举办周年庆活动，组织威海万达广场车展，引导汽车进商圈，利用商圈人流量发挥大额消费带动作用。

【特色商圈】 威高广场商圈。位于环翠区商业中心区，东至海滨北路，南至宝泉路，西至新威路，北至昆明路，地处四条城市交通主干线围合处，北依威海市政府，南邻环翠区政府，连接属相街商业街，是威海市商业中心区域核心，2013年8月开业。商圈总占地10.33公顷，建筑面积37万平方米，其中商业面积21万平方米、地下停车场7.8万平方米、停车位1600余个。2023年，以开业第十年为契机，以城市时尚潮流中心为定位，持续推进首店经济模式，用全新商业理念创新营销，引领城市消费升级，打造新颖时尚的社交、休闲、消费空间。

万达广场商圈。位于威海市统一南路东、望岛路南、仙姑顶路南北侧，总占地14.52公顷，总投资40亿元，包括建筑面积约11万平方米的万达广场、4万平方米的商业金街，是一座集商业、娱乐、特色街区、现代化SOHO等多功能于一体的城市综合体，2020年12月3日开业。2023年，引进新一代万达广场产品，突出消费体验，注重文化性，结合地方特色，打造体现当地文化的主题商业街区。

【“老字号”企业】 2023年，环翠区有“山东老字号”企业4家，分别是威高四海酿造有限公司、金猴集团有限公司、威海红东实业有限公司、威海卫酒业集团有限公司；“威海老字号”企业11家，分别是威高四海酿造有限公司、金猴集团有限公司、威海红东实业有限公司、威海卫酒业集团有限公司、威海市光明眼镜有限公司、威海市康乐实业有限公司、威海云汉刀具有限责任公司、山东双轮股份有限公司、家家悦集团股份有限公司、威海人生药业集团股份有限公司、威海中威橡胶有限公司。

【安全生产】 2023年，区商务局压紧压实部门安全生产职责，保障行业领域安全稳定。落实安全生产工作职责，组织开展安全生产大排查大整治行动，加强法定节假日等关键时段安全防范工作，精准实施百日攻坚行动，以大型商业综合体等人员密集场所消防安全、餐饮场所燃气安全、地下商场超市防汛防台为重点，严查安全生产隐患。年内，派出93个督导检查组，检查商贸领域生产经营单位998家次，查改问题隐患1324个。

【成品油监督管理】 2023年，区商务局印发《关于开展2023年成品油“自流黑”专项整治的通知》，开展4个月的成品油“自流黑”［无合法手续的自备罐及装置（设施）、非法流动加油车、黑加油站等违法违规行为］专项整治，检查全区成品油经营企业各类证件、台账、发票等情况。年内，36家成品油零售企业（加油站）参加年检，其中中国石化加油站17家、中国石油加油站5家、大威石油加油站5家，其他民营加油站9家，合格率100%。

（陈全鑫）

【特色商业街区发展】 属相街文化特色街区。全长315米，有威震海疆、天干地支广场及旧影长廊等文化景观，展现威海文化特色，丰富群众休闲生活。2023年，街区有文创非遗、特色餐饮、休闲娱乐等商户50余家，举办文化活动20余场，人流量超过100万人次。联合属地街道、高校等优势资源，通过“线上推广+线下活动”模式持续宣传，打造威海城市文化新地标。年内，被评为山东省旅游休闲街区。

新威附路历史文化街区。占地面积15.6万平方米，经营面积11741平方米，东至海滨北路，西至新威路，南至大润发北支路，北至陶瓷路，主街长870米，街宽6米。以“威海1902”时光记忆为主题，挖掘历史文化资源，注重多元文化融合，引入法国、意大利等9个国家的异域元素，汇聚文创咖啡、特色酒吧等11大类60余家文化业态商户；打造省级非遗旅游体验基地、省级非遗传承教育实践基地“吉呈轩”，聚集传统锔艺、剪纸、锡镶、鲁绣、木板年画、皮影戏、胶东花饽饽等非遗项目，展现威海人文民俗特色。2023年，拥有店铺105个，接待游客12万人，营业额2080万元。开展“红色放映厅”露天观影、夜间音乐季、爱心公益、青少年安全教育等11大类主题特色活动近200场，参与人数1万余人。

孙家疃海滨特色街。位于孙家疃街道北山路北端，有商铺60余家，包含餐饮酒店31家。2023年，以拓展街区空间、美化环境风貌、提升配套设施为切入点，融合美食、油画、海洋等元素，对街区绿化亮化、涂鸦美化、地面铺装等改造提升。在业态布局上，明确“海鲜+烧烤”特色餐饮街区定位，结合文明城市创建和信用“五进”工作，大力推进“诚信进商户”行动，建立店铺食品安全、环境卫生诚信考核机制，打造“诚信经营示范街”。

（毕建玲　张宏图　刘　钊）

电子商务

【概况】 2023年，环翠区围绕山东省、威海市电子商务高质量发展要求，扩大电子商务应用，培育电商“新业态”，促进消费提质升级。至年末，环翠区完成网络零售额98.4亿元，比上年增长12%，占全市网络零售额39.2%。

【渔具电商产业带打造】 环翠区深入贯彻落实省委、省政府工作部署和省政府《关于促进电子商务高质量发展若干措施的通知》等文件精神，培育建设电商产业带，打造电商“网红”产品，助力区域特色产业发展壮大。2023年，区商务局依托渔具优势资源，发展直播电商、产地仓、直采基地等新业态，培育壮大直播电商主体队伍，推动直播电商集聚发展，环翠区渔具电商产业带获评山东电商产业带。培育威海富源百川钓具有限公司、威海鱼猎人钓具有限公司为山东电商直播基地，山东汉鼎体育用品有限公司云仓为山东电商云仓，威海喵小浪供应链管理有限公司、威海楚门传媒有限公司为山东直播电商企业，家家悦优鲜线上购物平台为山东电子商务平台。

【品牌建设】 2023年，区商务局紧抓新媒体电商发展机遇，开展“互联网+品牌”宣传模式，对接电商平台、直播机构资源，策划举办系列主题活动，提升品牌知名度。推动山东汉鼎体育用品有限公司举办“2023汉鼎全民垂钓季”活动，抖音话题播放量超过2400万次。组织企业参加“2023金秋双节直播季”系列活动，利用直播和短视频推广宣传，提高特色产品销售量。威海汉鼎智能科技有限公司、威海鱼猎人钓具有限公司、威海富源百川钓具有限公司获评“2023金秋双节直播季十佳直播基地”，环翠渔具电商产业带获评“2023金秋双节直播季十佳电商产业带”。

（陈全鑫）

物流业

【概况】 2023年，环翠区重点加快丰航物流园、家家悦威海物流中心、威高物流园等物流园区建设，定期跟踪物流园区发展情况，宣传物流业领域相关政策，帮助企业解决生产经营中遇到的困难问题。年内，区发展改革局、区财政局联合印发《环翠区关于进一步加快服务业发展的扶持意见》，对首次获得国家三星级、四星级、五星级资质证书的物流企业进行扶持，进一步推动全区现代物流业高质量发展。

【丰航物流园】 位于环翠区温泉镇，占地10公顷，建筑面积6万余平方米。主营第三方物流业务、物流托管业务和客户自营业务，采用仓储与运输配套相结合的模式，形成集入库、包装、储存、发运等于一体的高度集成化物流供应链条，入驻顺心捷达、京东云仓、中通快运等物流快递企业。自有运输车辆60余辆，外协车辆200余辆，配套快递、快运及运输专线，服务辐射全国30个大中小城市。2023年，物流园与三角轮胎股份有限公司、山东顺心快运有限公司威海分公司等签约合作威海地区云仓项目，实现产销配物流供应链服务一体化。

【家家悦威海物流中心】 位于环翠区温泉镇，占地12公顷，建筑面积4.5万平方米。采用高位立体货架进行商品存储，设有零拣及存储仓位4万个，库存容量100万件，配置商品品种1.8万个，常温物流日吞吐量高峰期15万件，生鲜物流日均吞吐量300吨。2023年，物流中心上线定时达系统，根据到店时间要求、车型限制、路网约束、门店要货量等条件，输出全局路线规划，通过事前计划、事中监控、事后分析三个环节管控，打造高效准时的配送体系。

【威高物流园】 位于环翠区羊亭镇，占地25.9公顷，仓储总面积12万平方米。包含生活配套服务中心、商务展销中心、物流中转分拨中心、仓储物流中心、电商物流中心、公用型保税库、国际快件监管中心、快递分拨中心，提供电商直播、仓库租赁、仓配三方、跨境服务、快递服务、物流运输等一站式服务，是集仓储、物流、贸易、跨境功能于一体的智慧现代化物流园，入驻中通、圆通、韵达、顺心捷达等物流快递企业。2023年，物流园以多元化服务体系及扶持优惠政策，吸引重庆全民达、深圳途比速运等多家物流平台入驻，进一步完善物流集散中心、物流配送公共服务中心，让入驻各大物流快递企业实现人、车、货的高效调度。

（刘子佳）

楼宇经济

【概况】 2023年，环翠区深入实施楼宇经济倍增行动，聚焦配套政策、楼宇服务、盘活闲置、产业培育等方面攻坚发力，推动全区楼宇经济高质量发展。建立楼宇资源库，对楼宇资源全面排查核实，摸排3000平方米以上及具有较大发展空间的重点楼宇116座、总建筑面积218.4万平方米，为招商引资、政企互动提供有力支撑。研究制定《环翠区楼宇经济产业招商指南（试行）》，加大楼宇优质项目招商引资力度。年内，成立楼宇联盟服务中心，引进桔子酒店、利群商业中心等楼宇项目74个，盘活20万平方米楼宇资源。

【楼宇联盟服务中心成立】 2023年，区商务局探索成立环翠区楼宇联盟服务中心，建立“1+7+N”楼宇联盟运营模式，按照“中心统筹、商圈协同、楼宇联动”思路，组织7个中心城区镇（街道）党（工）委，协同N个商圈（社区）党群服务中心，辖内N家重点楼宇联动，提供项目接洽、协助选址、手续代办等一站式楼宇服务。

【楼宇经济政策扶持】 2023年9月12日，区商务局、区财政局联合印发《环翠区关于加快楼宇经济发展的扶持意见》，按照楼宇经济发展阶段，对改造提升楼宇配套、鼓励盘活闲置楼宇、打造特色专业楼宇、发展亿元楼宇、提升楼宇服务品质5个方面开展扶持。至年末，扶持企业36家。

【税收过千万楼宇】 2023年，环翠区有税收过千万元楼宇50座，总建筑面积91.65万平方米，全口径税收总额29.98亿元，集中分布在环翠楼街道、鲸园街道、竹岛街道、孙家疃街道4个街道。环翠楼街道有纳税过千万元楼宇18座，总建筑面积50.36万平方米，全口径纳税总额15.06亿元；鲸园街道有纳税过千万元楼宇16座，总建筑面积13.55万平方米，全口径纳税总额4.18亿元；竹岛街道有纳税过千万元楼宇15座，总建筑面积30.2万平方米，全口径纳税总额10.59亿元；孙家疃街道有纳税过千万元楼宇1座，总建筑面积5400平方米，全口径纳税总额1061.8万元。其中，纳税过亿元的楼宇有：环翠楼街道财政大楼、市级机关八号办公楼、烟台银行大厦，竹岛街道城投办公楼、中海商务办公楼，鲸园街道威建总部办公楼。

表27　2023年环翠区税收过千万楼宇一览表

序号	楼宇名称	地址	楼层（层）	建筑面积（平方米）	纳税总额（万元）
1	财政大楼	海滨北路60号	18	17000	67564.15
2	城投办公楼	青岛北路158号	12	12000	60790.97
3	市级机关八号楼	世昌大道45号	12	10000	24032.97
4	烟台银行大厦	世昌大道16号	12	7500	16799.09
5	威建总部办公楼	昆明路13号	5	7000	11943.35
6	中海商务办公楼	位于渔港路北侧、刘公岛路西侧	27	20400	10817.51
7	和平路93号楼	和平路93号	6	4000	6923.06
8	海裕城A座	世昌大道3-2号	12	12000	5029.46
9	滨海商厦	海滨北路103号	4	12000	4231.52
10	南竹岛C、D座	青岛北路69号	4	8000	3953.51
11	移动办公楼	新威路10号	4	5400	3601.00
12	中国人民财产保险楼	新威路13号	12	7000	3520.99
13	威高SOHO A座	海滨路17号	15	12000	3513.30
14	恒升大厦	西城路24号	8	18000	3466.00
15	邮储银行大楼	文化东路47号	9	5000	3125.90
16	迪尚大厦	新威路17-6号	17	23000	3034.51
17	海信商务办公楼	位于渔港路北侧、刘公岛路西侧	30	18200	3005.49
18	中信大厦	青岛北路2号	39	50255	2972.57
19	湾九里商务办公楼	湾九里32号楼	33	17000	2896.39
20	农商行大厦	海滨中路56号	21	49000	2839.90

续表

序号	楼宇名称	地址	楼层(层)	建筑面积(平方米)	纳税总额(万元)
21	怡和写字楼	高山街28号	6	4500	2800.94
22	威海卫大厦	海港路82号	15	49000	2759.53
23	半岛印象	世昌大道93号	16	127664	2738.79
24	品乐坊	青岛北路75号	18	59986	2548.19
25	海源电力办公楼	昆明路21-110号	5	3000	2477.94
26	太平洋财险大楼	育华路21号	6	3600	2456.88
27	水利局大楼	渔港路38号	5	6000	2418.09
28	财金中心	世昌大道39号	12	29414	2343.40
29	基金港	海滨北路15-1号	3	3000	2288.52
30	国际金融大厦	青岛北路9号	26	20000	2274.97
31	名座大厦	海滨北路111号	18	18700	2100.18
32	建行大楼	世昌大道19号	18	25000	2056.59
33	港华燃气大楼	青岛中路69号	6	3500	2028.37
34	华联购物	和平路8号	12	36000	2005.39
35	交通银行大楼	海滨北路34号	6	3600	1722.05
36	振华商厦	新威路89号	6	63000	1710.04
37	汇泉商厦	世昌大道26号	7	13000	1622.58
38	工商银行大楼	海滨北路14号	6	6000	1620.74
39	联通办公楼	新威路40号	6	3000	1603.00
40	卫生大厦	青岛北路28号	20	20000	1548.25
41	祥云实业办公楼	统一路438号	4	3000	1472.27
42	望岛村商务楼宇	望岛名郡89号	6	5000	1443.00
43	国网电力大厦	昆明路23号	26	20000	1387.69
44	威高大厦	新威路17-1号	14	9718	1331.02
45	农业发展银行大楼	统一路18号	7	7000	1298.20
46	纳达金融大厦	新威路37-14号	7	3800	1250.11
47	国际合作办公楼	统一路16号	4	3500	1190.34
48	桔子酒店楼	统一路416号	7	8000	1120.45

续表

序号	楼宇名称	地址	楼层（层）	建筑面积（平方米）	纳税总额（万元）
49	北海大厦	葡萄滩海水浴场东	7	5400	1061.80
50	金地大厦	和平路1号	21	38387	1012.24
总计	—	—	—	916524	299753.20

备注：市级机关八号办公楼闲置空间出租给威海市商业银行和威海市水务集团有限公司

（陈全鑫）

住宿餐饮

【概况】 2023年，环翠区有规模以上住宿企业24家（含市管星级饭店5家、区辖星级旅游饭店2家），规模以上餐饮企业28家，星级饭店10家（四星级饭店6家、三星级饭店3家、二星级饭店1家），星级民宿12家（五星级民宿2家、四星级民宿3家、三星级民宿7家）。环翠区成立全市首家区级精品民宿协会，在旅游民宿的项目落地、行业自律、业务培训、政策法规宣传、标准化建设等方面协助政府开展工作，提升旅游民宿业规范化、特色化、集群化运营水平和市场竞争能力。入会精品民宿200余家，开展民宿行业培训4次。年内，限额以上住宿业实现营业额4.94亿元，比上年增长32.3%；限额以上餐饮业实现营业额2.82亿元，比上年增长66.6%。

表28　2023年环翠区星级饭店一览表

序号	名称	级别	地址
1	威海百纳瑞汀酒店	★★★★	新威路58号
2	威海卫大厦	★★★★	海港路82号
3	威海蓝天宾馆	★★★★	环海路1号
4	威海阳光大厦	★★★★	统一路88号
5	威海塔山宾馆	★★★★	塔山西路10号
6	威海抱海大酒店	★★★★	海滨中路29号
7	银鹏大酒店	★★★	火炬南路531号
8	威海电子宾馆	★★★	环海路15号
9	玉龙湾大酒店	★★★	环海路300号
10	威海清泉大酒店	★★	公园路5号

【餐饮行业服务】 2023年，区文化和旅游局挖掘和保护环翠饮食文化资源，提升环翠小吃、餐饮和名优特产品牌，出台环翠区首届名优小吃评选活动方案；充分展示环翠美食风味特色、美食文化的传承和创新，组织威海百纳瑞汀酒店、威海电子宾馆、威海清泉大酒店、威海蓝海御华大饭店等餐饮企业参加威海市文化和旅游局举办的“千里山海 嗨享WEI海”2023最鲜美食荟评选活动。其中，威海电子宾馆参赛的“芝士焗乳山牡蛎”等5道菜品获评“来威海必吃的威海名菜”，威海清泉大酒店参赛的“清泉大鲅鱼饺子”获评“来威海必尝的威海名吃”，威海百纳瑞汀酒店“四季自助百汇”获评“来威海必打卡的自助餐厅”。

【民宿业品牌化聚集化发展】 2023年，区文化和旅游局加快实施乡村旅游精品工程，大力发展乡村旅游民宿，突出旅游民宿集聚效应，引导连点串线成片发展。依托绿色生态和海洋文化等资源优势，构建多层次、个性化的特色民宿产业体系，推动民宿向产业集群发展，满足游客追求自然、体验民俗、深度休闲多元化需求。2022年9月获评的省级旅游民宿集聚区里口山民宿集聚区，35栋民宿可提供床位174张；2023年12月入选的省级旅游民宿集聚区培育单位孙家疃民宿集聚区，384家民宿可提供房间1367间，其中精品民宿15家、三星级民宿4家、四星级民宿2家。

归海民宿外景（拍摄于2023年夏）　　（区文化和旅游局　供图）

【星级民宿管理】 2023年，区文化和旅游局落实《关于促进旅游民宿高质量发展的指导意见》文件精神，推动全区旅游民宿向规范化、优质化方向发展。根据《旅游民宿等级划分与评价》标准，指导12家民宿申报省级星级民宿。4月26日，山东省文化和旅游厅公布2022年山东省五星、四星级旅游民宿名单，环翠区那天·乌托邦民宿、禅驿·云本院子符合山东省五星级旅游民宿标准，柿园民宿、释家民宿、心宿·海边民宿符合山东省四星级旅游民宿标准。10月23日，威海市旅游饭店星级评定委员会批准环翠区清雅轩民宿、听海·乌托邦民宿、归海民宿、畅海民宿、山和水居民宿、琴舍民宿、和合之家民宿为三星级旅游民宿。至年末，12家星级民宿接待游客16万人次，比上年增长32.8%；营业收入1075.4万元，比上年增长58.3%。

表29　2023年环翠区星级民宿一览表

序号	名称	级别	地址
1	那天·乌托邦民宿	★★★★★	王家疃村慢街1号
2	禅驿·云本院子	★★★★★	威海民俗文化邨2号院109
3	柿园民宿	★★★★	王家疃村东街50号
4	释家民宿	★★★★	环海路215号和219号
5	心宿·海边民宿	★★★★	环海路170-4号
6	清雅轩民宿	★★★	西庄村南街48号
7	听海·乌托邦民宿	★★★	远遥村5号
8	归海民宿	★★★	环海路170-10号
9	畅海民宿	★★★	环海路170-2号
10	山和水居民宿	★★★	山海华府26号101
11	琴舍民宿	★★★	王家疃村南街39号
12	和合之家民宿	★★★	王家疃村东街59号

（宋雨露）

金融业

综 述

【概况】 2023年，环翠区深化地方金融改革，防范和化解金融风险，助力金融服务实体经济。至年末，环翠区有金融机构87家。其中，市级及以上银行机构23家，保险机构38家，证券期货机构15家，地方金融组织4家，基金管理公司7家。区地方金融监管局开展普惠金融服务，召开银企对接活动7场，达成融资意向2.6亿元。2023年，各金融机构纳税总额16亿元，金融业增加值占GDP比重为11.07%。

【普惠金融】 2023年，区地方金融监管局提升小微企业信贷可得性，常态化开展普惠金融服务。扩大银企对接范围，组织各镇（街道）摸排38233户市场主体融资需求，召开银企对接活动7场，推动金融服务直达市场主体，覆盖有融资需求企业122家，达成融资意向2.6亿元。至年末，环翠区普惠金融重点领域贷款余额较年初增加40.81亿元，普惠金融重点领域贷款余额占比提高0.72%。

2023年2月24日，环翠区金融助力经济高质量发展暨重点项目融资推介会议召开
（区地方金融监管局 供图）

【企业上市】 2023年，区地方金融监管局优化企业上市服务水平，推动企业上市进程。加强上市后备企业培育，邀请北京证券交易所、青岛蓝海股权交易中心有限责任公司等机构专家到企业实地走访调研，组织山东百盟信息技术有限公司、威海银河生物技术股份有限公司等7家拟上市企业参加各级资本市场培训8次。11月24日，新元化学（山东）股份有限公司完成上市辅导备案，正式进入辅导期。

（孙晶怡）

金融监管

【概况】 2023年，区地方金融监管局通过现场检查、非现场监管、年审和分类评级等多种形式，加强地方金融组织监管。依托网格化风险防控体系和企业信息双向推送机制等多种举措防范地方金融风险，守住不发生区域性、系统性金融风险底线。深入开展“无非法集资”社区（村居）创建活动，从源头加强群众非法集资防范意识，案件发生率和参与集资人数较风险高发期分别下降75%、95%。

【分级分类监管】 2023年，区地方金融监管局坚持非现场监管和现场检查相结合，每月调度分析地方金融组织经营运行情况。采取不定期到经营场所查阅复制纸质文件及计算机系统信息、谈话问询相关人员等方式，现场检查地方金融组织合规经营情况。4月，委托第三方中介机构对4家正常经营的地方金融组织开展分类评级和现场检查工作，针对检查问题，开展限期整改；实施分类监管，约谈小额贷款公司1家，按照山东省地方金融监督管理局和威海市地方金融监督管理局的安排部署，组织开展地方金融组织公司治理监管评估工作，重点关注党的领导、股东治理、“三会一层”（股东大会、董事会、监事会和高级管理层）建设、内控风控、关联交易治理等重点领域，通过召开座谈会、地方金融组织自查、现场检查、第三方中介机构进场审计检查、配合省局现场督导等方式，排查地方金融组织公司治理问题和隐患；实行部门联合监管，与区税务局通过联合“双随机、一公开”方式对4家地方金融组织现场检查。

【非法集资排查整治】 2023年，区地方金融监管局通过“12345”政务服务便民热线、上级部门风险提示等途径收集金融风险线索，发现大连福慧集团威海分支机构等企业存在非法吸收公众存款风险。针对问题企业，联合区经侦大队、区市场监管局等部门采取重点关注、约谈、现场检查、张贴风险提示等多种方式调查处置，督导问题企业良性清退。年内，清退资金7074.5万元。

【“无非法集资”社区（村居）创建】 2023年，区地方金融监管局深入贯彻《防范和处置非法集资条例》，从源头加强非法集资风险监测预警，牵头推动开展“无非法集资”社区（村居）创建活动。5月11日，国务院处置非法集资部际联席会议办公室及山东省地方金融监督管理局到环翠区调研防范和处置非法集资工作，肯定环翠区“无非法集资”社区（村居）创建以及全链条防控非法集资做法。10月16日，环翠区“无非法集资”社区治理经验做法被国务院处置非法集资部际联席会议办公室《处置非法集资动态》工作简报（2023年第24期）刊登。

【防范非法集资宣传】 2023年，区地方金融监管局组织金融稳定发展领导小组成员单位开展形式多样的防范非法集资宣传活动。针对养老、旅游、预付消费等非法集资高发领域开展宣传教育活动，印制《关于警惕借养老服务、旅游服务、预付消费之名进行非法集资的风险提示》，张贴在相关企业门前和人流密集处，加强对群众的风险预警提示；通过“最威海是环翠”App政务号发布非法集资典型案例科普帖；联合各镇（街道）开展防范非法集资“七进”（进机关、进工厂、进学校、进家庭、进社区、进村组、进网点）宣传教育活动300余次，发放宣传册5万余份，提升群众金融风险防范意识。

（孙晶怡）

金融服务

【概况】 2023年，区地方金融监管局发挥桥梁纽带作用，搭建政银企对接平台。创新企业融资需求摸排形式，通过二维码形式推广金融产品、融资政策、融资需求；开展金融机构高管走基层活动，走访对接重点项目95个；组织7家企业参加资本市场培训8次，助推1家企业完成上市辅导备案正式进入辅导期；推动环翠区人民政府与中国建设银行股份有限公司威海分行达成战略

2023年7月28日，“搭建政金企对接平台，助力企业高质量发展”政金企对接会议在羊亭镇连城智谷产业园召开　　（区地方金融监管局　供图）

合作，深化在海洋经济、绿色低碳、实体经济等重点领域合作；组织金融机构参与各级金融人才评选活动，推动1人获评“齐鲁金融英才”、4人获评“齐鲁金融之星”。

【金融辅导】 2023年，区地方金融监管局开展金融辅导优化工作，发挥金融辅导机制优势。开展金融机构高管走基层活动，全面走访相关消费场景、产业园区、重点项目、民营企业，对有融资需求的企业和项目实现高管走访全覆盖，走访对接企业117家、重点项目95个，解决企业融资需求4014万元、项目融资需求1850万元。6月9日，区地方金融监管局被山东省地方金融监督管理局评为“2022年度山东省金融辅导工作表现突出基层单位”。

【人才服务】 2023年，区地方金融监管局推动区域金融人才队伍建设，利用环翠区企业大走访、营商环境座谈对接契机以及微信工作群等，宣传人才选拔工作意义。威海市商业银行股份有限公司张家恩获评“齐鲁金融英才”，威海市商业银行股份有限公司杨彬彬、威海农村商业银行股份有限公司王俊峰、中国农业发展银行股份有限公司威海市分行朱晓欣、中国出口信用保险公司山东分公司威海营业部张磊4人获评“齐鲁金融之星”。

【资本市场发展】 2023年，区地方金融监管局推进多层次资本市场发展，邀请北京证券交易所、青岛蓝海股权交易中心有限责任公司等机构专家走访调研山东隆济时节能科技股份有限公司、山东百盟信息技术有限公司等8家上市后备企业，为企业上市规划提出指导性意见。先后组织7家企业到深圳、上海等地参加资本市场培训8次。11月24日，新元化学（山东）股份有限公司完成上市辅导备案，正式进入辅导期。支持上市公司运用再融资等方式做大做强，家家悦集团股份有限公司非公开发行股票募集资金总额4.08亿元、威海市商业银行股份有限公司发行50亿元绿色金融债券、威海广泰空港设备股份有限公司发行7亿元可转换债券。

（孙晶怡）

2023年2月16日，区地方金融监管局邀请青岛蓝海股权交易中心有限责任公司专家走访羊亭镇中渔科尼（山东）环保科技有限公司

（区地方金融监管局　供图）

银　行

【概况】 2023年，环翠区有市级以上银行业金融机构23家，为中国农业发展银行、中国工商银行、中国农业银行、中国银行、中国建设银行、交通银行、中国邮政储蓄银行、威海市商业银行、威海农村商业银行、中信银行、招商银行、中国民生银行、青岛银行、浦发银行、兴业银行、恒丰银行、齐商银行、光大银行、威海富民村镇银行、日照银行、烟台银行、平安银行、齐鲁银行。

【中国银行股份有限公司威海环翠支行】 至2023年年末，中国银行股份有限公司威海环翠支行各项存款余额60.55亿元，较年初增加9.90亿元；各项贷款余额47.33亿元，较年初增加6.57亿元；实现利息收入9695万元，中间业务收入992万元，完成账面利润5195万元。

【中国农业银行股份有限公司威海环翠支行】 至2023年年末，中国农业银行股份有限公司威海环翠支行各项存款余额28.92亿元，较年初增加0.68亿元；各项贷款余额28.85亿元，较年初增加0.47亿元；实现利息收入11489万元，中间业务收入1466万元，完成账面利润4387万元。

【中国工商银行股份有限公司威海环翠支行】 至2023年年末，中国工商银行股份有限公司威海环翠支行各项存款余额125.95亿元，较年初增加11.66亿元；各项贷款余额84.6亿元，较年初增加1.4亿元；实现中间业务收入5071万元，完成账面利润26786万元。

【中国建设银行股份有限公司威海环翠支行】 至2023年年末，中国建设银行股份有限公司威海环翠支行一般性存款时点余额77.8亿元，新增8.8亿元；各项贷款余额66.2亿元，较年初增加25.2亿元；实现主营业务收入2.3亿元，完成账面利润1.8亿元。

【交通银行股份有限公司威海环翠支行】 至2023年年末，交通银行股份有限公司威海环翠支行存款余额34.59亿元，较年初新增2.38亿元；人民币各项贷款余额9.62亿元，较年初增加3.97亿元；实现利息收入1843.21万元，中间业务收入388.38万元，完成账面利润2360.97万元。

【威海市商业银行股份有限公司】 威海市商业银行股份有限公司成立于1997年7月21日，辖济南、天津、青岛等126余家分支机构，是山东省内唯一覆盖16地市网点的城市商业银行。至2023年年末，资产总额3918.77亿元，较年初增加481.74亿元，增长14.02%；各项存款余额较年初增加371.03亿元，增长16.17%；各项贷款余额较年初增加256.68亿元，增长15.62%。全年实现净利润21.16亿元，同比增长1.82%。

（孙晶怡）

保　险

【概况】 2023年，环翠区有中国平安财产保险股份有限公司威海中心支公司、中国人民财产保险股份有限公司威海市分公司、中国太平洋财产保险股份有限公司威海中心支公司、中国人寿保险股份有限公司威海分公司、太平人寿保险有限公司威海中心支公司等保险业金融机构38家。

【中国人民财产保险股份有限公司威海市分公司】 2023年，中国人民财产保险股份有限公司威海市分公司实现保费收入9.44亿元，为威海市43.82万辆次机动车、750家大中型企业、420余艘船舶以及进出口贸易行业、工业生产行业、交通运输业、建筑业、医疗事业、教育事业、农业等提供风险保障17183亿元。至年末，处理各类赔案21.02万件，支付赔款7.4亿元，缴纳各类税收1.22亿元（含代收代缴车船使用税），公司保费规模、风险保障规模、赔付规模及税收贡献居威海财产保险行业首位。

【中国太平洋财产保险股份有限公司威海中心支公司】 2023年，中国太平洋财产保险股份有限公司威海中心支公司实现保费收入2.97亿元，比上年增长7.67%，完成税收3816.7万元，市场份额居威海保险市场第三位。年内，公司研发推广创新险种，开拓专利保险，依托专利事务所和产业园区实施跟进。

【中国人寿保险股份有限公司威海分公司】 2023年，中国人寿保险股份有限公司威海分公司承保威海市城乡居民大病保险148.25万人，提供风险保障5903.19亿元；承保城镇职工大病保险106.27万人，提供风险保障5313.40亿元；“银龄安康工程”参保52万人次，提供风险保障511.88亿元。年内，完成保额6223.34亿元，赔给付7.53亿元。

（孙晶怡）

证　券

【概况】 2023年，环翠区有中泰证券股份有限公司威海分公司、海通证券股份有限公司威海高山街证券营业部、中信证券（山东）有限责任公司威海文化东路证券营业部等证券公司营业部以及期货公司15家。

【中泰证券股份有限公司威海分公司】 2023年，中泰证券股份有限公司威海分公司服务实体经济与地方发展，聚焦“投资+投行”策略，助力威海专精特新企业及科技型中小企业转型升级。至年末，完成3项债券承销业务和3单财务顾问服务，实现交易总额2796.42亿元、营业收入1.25亿元、净利润3023万元，缴纳地方税收6280.83万元。

【海通证券股份有限公司威海高山街证券营业部】 2023年，海通证券股份有限公司威海高山街证券营业部以财富管理业务为核心，以经纪业务为基础，融资类等业务取得突破。至年末，海通证券股份有限公司威海高山街证券营业部实现交易额1192.96亿元、营业收入3684.25万元、净利润1547.36万元，缴纳地方税收584.36万元。

【中国中金财富证券有限公司威海青岛北路证券营业部】 2023年，中国中金财富证券有限公司威海青岛北路证券营业部在证券经纪、证券投资咨询、证券交易、证券承销与保荐等方面取得突破。至年末，中国中金财富证券有限公司威海青岛北路证券营业部有员工15人，完成A股+基金交易总额545亿元，实现营业收入3278.33万元，净利润1749.17万元，缴纳地方税收144.77万元。

（孙晶怡）

融资担保公司与小额贷款公司

【概况】 2023年，环翠区有融资担保公司1家（威海齐东融资担保有限公司），小额贷款公司3家（威海市环翠区宏源小额贷款有限公司、威海市环翠区信元小额贷款有限公司、威海齐东小额贷款有限公司）。区地方金融监管局采取非现场监管和现场检查相结合的方式，每月调度分析4家地方金融组织经营运行情况。至年末，担保金额21.87亿元，投放贷款7.81亿元。

【威海齐东融资担保有限公司】 威海齐东融资担保有限公司是山东省政府性融资担保机构、山东省担保行业协会理事单位。2023年，通过“信财银保”融资服务平台、总对总业务、“齐鲁进口贷”和汇率避险业务等担保增信措施，比上年新增担保金额21.87亿元。

【威海市环翠区宏源小额贷款有限公司】 2023年，威海市环翠区宏源小额贷款公司主要为环翠区中小型企业和个人提供贷款融资咨询、财务管理顾问及企业发展规划等服务，加大对小微企业放款力度，缓解小微企业融资难问题。至年末，投放贷款1.72亿元，实现营业收入1026万元。

【威海市环翠区信元小额贷款有限公司】 2023年，威海市环翠区信元小额贷款公司以国有资产保值增值为宗旨，办理各项小额贷款业务，开展小企业发展、管理、财务等咨询业务。至年末，投放贷款5584万元，实现营业收入459万元。

【威海齐东小额贷款有限公司】 2023年，威海齐东小额贷款有限公司为符合国家政策导向且具有发展潜力的创新型中小企业、高新科技企业以及“三农”产业等提供贷款融资及理财服务。至年末，投放贷款5.54亿元，实现营业收入3513万元。

（孙晶怡）

旅游业

综　述

【概况】　2023年，环翠区新增AAA级旅游景区两个，全区有国家AAA级以上旅游景区9家、省级旅游度假区2家、国家级工业旅游示范点1处、省级工业旅游示范基地1家、省级工业旅游示范点8家、省级旅游强镇8个、省级旅游特色村13个、省级农业旅游示范点18个。环翠区立足人居品牌和滨海生态资源优势，整合资源，提升品质，持续丰富文旅业态和产品供给，推动休闲旅游业快速发展。打造网红打卡地20余处、星级以上民宿12家，增设旅游配套设施360处，开放公共露营绿地25万平方米；启动旅游旺季热线处理快速反应机制，印发《环翠区旅游业高质量发展四大提升行动实施方案》，助力旅游服务水平提升。年内，环翠旅游形势火爆，AAA级及以上旅游景区接待游客776.25万人次，实现旅游收入4.59亿元，分别比上年增长160.43%、178.05%。12家星级民宿、5家星级酒店营业额分别为1075.4万元、6588万元，分别增长58.3%、68%。环翠区入选山东省文旅康养强县名单。

【山东省文旅康养强县创建】　2023年，环翠区以文旅产业为基础，从综合承载力、核心吸引力、经济影响力、环境竞争力、创新发展力五个方面进行项目论证，对照创建标准逐条分解、剖析，制订切实可行的创建计划；积极争取市局支持，搜集汇总市级、高新区、经开区、临港区的大环翠文旅康养数据，编写形成申报材料。围绕“康·养·游·文”，形成多元互促、功能互补、全域联动的产业融合发展机制，建成产业发展全域布局、服务对象全龄覆盖、产品消费全季满足的“文旅康养之都”。12月29日，环翠区被认定为2022年度山东省文旅康养强县。

【旅游资源普查】　2023年，环翠区依托旅游工作领导小组，召开全区旅游资源普查工作动员部署和培训会，开展普查操作流程培训，完成预目录编制、外业调查、资源评价等工作，梳理旅游资源单体1000余处，进一步摸清旅游资源家底。

（宋雨露）

旅游项目建设

【概况】　2023年，环翠区规划打造“一核引领　两翼驱动　全域提升”旅游发展新格局。“一核引领”指以里口山风景名胜区为核心，引领精品旅游提档升级；“两翼驱动”指北翼依托北海旅游度假区，打造滨海旅游带，做活“海”文章；南翼依托近郊水源地，做活“湖、河”文章；“全域提升”就是实施全域旅游战略，解决“夏季热、冬季冷”“白天热、晚上冷”短板。年内，实施重点文旅项目17个，投产7个。新增AAA级旅游景区两处，打造网红打卡地20余处，增设旅游配套设施360处，开放公共露营绿地25万平方米。推动民宿向产业集群发展，全区星级民宿达到12家。12月25日，山东省文化和旅游厅公布“第三批山东省旅游民宿集聚区培育单位名单”，孙家疃街道入选。

【项目招引与建设】　2023年，环翠区优化重点产业项目带动作用，实施总投资60.81亿元的文旅项目17

个，至年末，里口山农旅教体综合实践基地、里口山民俗文化博览园、天之谷垂钓露营基地（一期）、禹星源文体休闲综合体项目（一期）等7个项目完工并投入运营；半月湾文旅服务综合体、“侨乡号”游轮游客服务中心等项目按计划节点推进。在项目招引方面，重点推进桔子酒店、智慧文旅、航天主题村、半月湾艺术餐厅等6个内资项目，其中桔子酒店项目投产，智慧文旅项目在建，4个项目在谈，完成实物工作量840万元，到位资金1.33亿元。

半月湾景区太空舱（拍摄于2023年8月22日）
（威海市环通产业投资集团有限公司　供图）

【AAA级及以上旅游景区创建】2023年，区文化和旅游局对照旅游景区质量等级评定标准要求，从景区文化、景区服务、景区安全以及智慧景区打造等方面，指导景区梳理排查、补齐短板，有针对性地完善景区创建工作。围绕提升体验感，华夏城景区新上古道战狼实景演艺项目，华夏生态体验馆改建工程“五一”完工对外开放；半月湾景区新上房车营地、太空舱、海岸灯光秀等项目；羊亭河湿地公园新上帐篷露营、太空舱民宿等项目。11月24日，威海海洋科技馆、威海东南乡景区获评国家AAA级旅游景区；华夏城景区获评2023山东省智慧旅游样板片区；属相街获评第二批省级旅游休闲街区。

【乡村旅游提档升级】2023年，区文化和旅游局围绕乡村振兴主题，加快开发“现代农业+文化旅游”产业链，打造园林化、景观化、特色化的乡村旅游亮点。按照乡村振兴战略总要求以及精品创建工作标准，挖掘精品乡村旅游资源，指导各镇、村在文旅资源开发、产品业态挖掘、服务水平提升等方面精准施策，从文旅产业、生态环境、服务设施、综合管理、民宿建设等方面提档升级。11月6日，温泉镇东凿村获评第四批全省景区化村庄，全区省级景区化村庄总数达11家；11月7日，桥头镇信河北村获评山东省乡村旅游重点村。

表30　环翠区省级景区化村庄一览表

序号	名称	地址	评定时间
1	张村镇王家疃村	张村镇	2021年4月
2	嵩山街道五家疃村	嵩山街道	2021年4月
3	温泉镇张家山村	温泉镇	2021年4月
4	羊亭镇贝草夼村	羊亭镇	2021年4月
5	桥头镇信河北村	桥头镇	2021年12月
6	张村镇刘家疃村	张村镇	2021年12月
7	张村镇姜家疃村	张村镇	2021年12月
8	孙家疃街道伴海社区	孙家疃街道	2022年8月
9	张村镇福德庄村	张村镇	2022年8月
10	桥头镇南子城村	桥头镇	2022年8月
11	温泉镇东凿村	温泉镇	2023年11月

表31　环翠区省级乡村旅游重点村一览表

序号	名称	称号	评定时间
1	张村镇王家疃村	国家乡村旅游重点村	2020年7月
2	羊亭镇贝草夼村	山东省乡村旅游重点村	2021年12月
3	张村镇姜家疃村	山东省乡村旅游重点村	2022年8月
4	桥头镇信河北村	山东省乡村旅游重点村	2023年11月

【精品旅游线路打造】 2023年，环翠区推出精品旅游线路10条。“青山翠微之旅”：环翠楼公园登高、看山海大观，仙姑顶景区祈福、赏玉雕世界，华夏城景区探险、读生态传奇，里口山风景名胜区乡约，享受慢生活；“沧海湛蓝之旅”：半月湾景区看日出沧海，侨乡号游轮乘风破浪，猫头山看山海奇观，威海海洋科技馆享无限惊喜；“城市多彩之旅”：新威附路、属相街、威海民俗邨、威海东南乡景区等；“山海寻味之旅”：串联区内特色美食、网红咖啡、休闲采摘，点位包含映像威海、北山街特色美食街区、抱海大酒店、西准·崖尚咖啡、秋歌采摘园等；“城市漫游之旅”：育华路、东山路、海源公园，点位包含海源公园、合庆码头、城市会客厅、一战华工纪念馆等；“乡村采摘之旅”：包含宝丰生态园等；“非遗文创之旅”：包含威海螺钿漆器工艺等；“冬游环翠1”：里口山·柿柿如意，桥头镇·冬青红火，半月湾·冰与雪；“冬游环翠2”：地中海滑雪场、威虎山滑雪场；“冰凌奇观之旅”：葡萄滩海水浴场、猫头山、半月湾、海源公园、环海路、威海公园。

（宋雨露）

旅游宣传推广

【概况】 2023年，环翠区坚持品牌化运营思路，挖掘、串联景区、温泉、特色街区、酒店民宿、购物等旅游资源，通过“文旅环翠”“掌上威海”等微信公众号、Hi威海新闻客户端等平台进行宣传展示。举办2023威海市环翠区文化旅游季启动仪式、“环翠有礼”城市礼物文创设计大赛、2023“中国旅游日”威海主题日活动暨属相街手造集市启动仪式、半月湾国际沙滩音乐节、2023威海·里口山乡村音乐节等特色宣传推广活动，媒体、平台播放量破百亿次。

【媒体宣传】 2023年，环翠区推出“青山翠微”“沧海湛蓝”等精品旅游线路10条，发布宣传稿件98篇，网络点击量500余万次；策划推出“冬游环翠”系列文案，介绍全区网红打卡点、旅游景区、游玩攻略等，通过“掌上威海”“文旅环翠”“最威海是环翠”等媒体平台发稿15篇，阅读量30余万次。以体验、打卡方式，推出“环目皆翠、只等你来”“跟我游环翠”等主题宣传活动，在“文旅环翠”微信公众号及威海新闻网、小红书等媒体平台进行报道，点击量500余万次。制作“观山·悦海·品文化”环翠区主题线路推介、“观山·悦海·游田园·品文化”环翠区精品旅游路线推介文旅宣传视频2个，视频话题讨论4000余万次。在高铁威海站出站口、高速路设置旅游宣传广告牌，提升环翠旅游知名度、美誉度。

【主题活动】 2023年，环翠区举办2023“中国旅游日”威海主题日活动暨属相街手造集市启动仪式、“购

2023年11月17日，环翠区冬季旅游推介暨文旅品牌交流会举行
（区文化和旅游局　供图）

非遗 够精彩”2023年威海市文化和自然遗产日暨非遗好物大荟、2023中国（威海）合唱节暨环翠区第50届“5·23”歌咏会、半月湾国际沙滩音乐节等大型文旅促进活动。相关单位组织开展“畅游粉黛花海”“金秋游温泉”“遇见东南乡遇见威海锡镶”红色东南乡劳动研学游、2023威海·里口山乡村音乐节等系列文旅活动，打造里口山露营、羊亭河公园赏花、桥头研学等特色近郊旅游品牌活动。借助“黄河大集”开展热潮，组织开展桥头大集首届星光夜市民俗文化节、羊亭河公园“黄河大集点亮文化星火”、年轻人的“黄河大集”、随机舞蹈“点燃夏夜”等各类文化活动近千场次，在《人民日报》、大众网等媒体刊发多篇宣传报道。11月17日，环翠区举行冬季旅游推介暨文旅品牌交流会，全面推介环翠区冬季文旅资源和暖冬惠民政策，同时举行人才培养基地签约仪式。

【“引客入威”计划】 2023年，环翠区推进“引客入威”计划，会同市文化和旅游局举办“千里山海、自在威海”中外旅行商推介会，推出环翠区春季旅游短视频，组织部分旅行社、景区景点赴东北三省推介环翠文旅资源。邀请俄罗斯10余家旅行社到华夏城、“侨乡号”游轮等景区考察，与俄罗斯远东芒果国际旅行社签订合作协议，为开拓国外市场奠定基础。

（宋雨露）

旅游管理

【概况】 2023年，环翠区实施旅游业高质量发展“四大提升行动”。“五一”、暑期高峰期及“十一”前，分别召开全区星级饭店、星级民宿、旅行社、景区等重点文旅企业服务保障工作会议，培训、检查其安全生产、明码标价、食品安全、文明服务等情况。对全区4处旅游购物店进行督导检查，严禁出现强制消费等问题。加强旅行社规范整治，提高导游服务水平，未发现不合理低价游、导游强迫购物等情形。发布《致全区文旅行业经营单位的倡议书》，倡导文旅从业者文明服务、规范经营。年内，全区旅游市场运行平稳，未发生安全事故。

【旅游业发展“四大提升行动”】 2023年9月28日，区政府办公室印发《环翠区旅游业高质量发展四大提升行动实施方案》，从服务水平、旅游业态、宣传运营、监管水平四大方面，明确具体工作21项，以及近期、短期和长期目标，助力旅游服务水平提升，激发旅游市场活力。区文化和旅游局多次调度相关部门提升进展，形成阶段性进展报告，并编写相关调研报告，推动全区旅游业高质量发展。

【投诉处理机制优化】 2023年，环翠区启动旺季及节假日旅游热线处理快速反应机制，建立包括24个部门和镇（街道）的微信工作群，及时处置、反馈热线问题，上级反馈75条问题均得到有效处置。用好“小巷管家”、固定联系人、文明志

表32 2023年环翠区属A级旅行社一览表

序号	名称	级别	地址
1	山东两岸国际旅行社有限公司	AAAA	青岛中路66-6号
2	威海环球国际旅行社	AAA	公园路24号
3	威海顺安国际旅行社有限公司	AAA	海港大厦10楼1012室
4	威海华运国际旅行社有限公司	AAA	东城路86号A1222室
5	威海海之旅旅行社有限公司	AAA	渔港路79-9号
6	威海丽景国际旅行社有限公司	AAA	金线顶路90号204室
7	山东长颈鹿国际旅行社有限公司	AAA	海滨北路129-9号
8	威海海洋国际旅行社有限公司	AAA	新威路37号三和置业710室
9	山东全彩国际旅行社有限公司	AAA	新威路11号北洋大厦1203室
10	威海馨悦国际旅行社有限公司	AAA	海滨北路111号10楼1007室
11	威海海天假期国际旅行社有限公司	AAA	海滨北路116号

愿者等队伍，通过微信公众号、短信、一封信等载体，对本地居民和外地游客加强引导，提升游客、居民满意度。年内，全区受理旅游投诉800余件，消费纠纷主要集中在住宿、购物就餐、电动车租赁以及景区服务等方面，均在规定时限内处理完毕。

（宋雨露）

旅游资源

【概况】 环翠区自然旅游资源以海、岛、滩、湾、泉、山为特色，海岸线52千米，沿线有葡萄滩海水浴场、半月湾海水浴场等，褚岛、日岛、黑岛等大小海岛18个，宝泉汤、温泉汤优质地下温泉2处，里口山、正棋山、猫头山等山地风景区。人文资源以秦汉文化、民俗文化、道教文化为代表。至2023年年末，全区有AAA级以上旅游景区（点）9处。其中，华夏城景区为国家AAAAA级旅游景区，仙姑顶景区、海滨生态公园风情带·“侨乡号”游轮、里口山风景名胜区为国家AAAA级旅游景区。

【华夏城景区】 国家AAAAA级旅游景区，位于环翠区西部，是华夏文化旅游集团股份有限公司历经20余年修复威海龙山44处矿坑，将环境治理与旅游开发相结合的重要成果。建成于各个采石场上的景点各具特色，有再现华夏城生态修复过程的华夏生态体验馆、生态教育长廊；有全面展示尧舜禹时期历史文化的禹王宫，集中展示胶东民俗特色的民俗文化馆；有在矿坑里打造的地下工程——威海人民防空教育馆，矿坑上面覆土绿化，矿坑下面游客参观；有一览威海市区城市风貌、体验震撼视觉效果的高空5D玻璃桥；有展示胶东特色渔业文化的威海神游海洋世界；有依矿坑地势而建的中国跨度最大的华夏第一牌楼、世界罕见的三面圣水观音，以及杂技、马术等丰富多彩的传统演出。其中，在矿坑里打造的会跑的实景演艺——《神游传奇》秀开创自然景观与人文景观相结合的实景演艺先河，观众乘坐移动式看台可以欣赏到水、陆、空全方位的跨时空演艺。2023年，华夏城景区升级改造生态体验馆，增设彩虹滑道体验项目及《城南硝烟》《古道战狼》日间剧场，获评省级智慧旅游样板片区。华夏文化旅游集团股份有限公司获评山东精品旅游十大影响力品牌、山东精品旅游十佳文旅融合单位，被纳入山东省首批“百企领航”文旅企业培育名单。

表33　2023年环翠区属国家AAA级以上旅游景区一览表

序号	名称	级别	认定时间
1	华夏城景区	AAAAA	2017年2月
2	仙姑顶景区	AAAA	2010年5月
3	海滨生态公园风情带·“侨乡号”游轮	AAAA	2014年6月
4	里口山风景名胜区	AAAA	2021年12月
5	半月湾风景区	AAA	2015年11月
6	羊亭河湿地公园	AAA	2020年1月
7	威海市裕红祥丝绸文化博物馆	AAA	2020年9月
8	威海东南乡景区	AAA	2023年11月
9	威海海洋科技馆	AAA	2023年11月

【仙姑顶景区】 国家AAAA级旅游景区，位于竹岛街道望岛社区西北部，距威海市中心不足5千米。仙姑顶是巍峰山脉主峰，海拔375米。其中的仙姑庙始建于宋朝建德年间，1992年重修，根据传说中的仙姑生日，恢复每年农历三月十五的庙会。庙会持续7天，有秧歌、锣鼓、耍狮、舞龙、京剧、吕剧等表演。2010年4月28日，景区以“仙姑顶玉文化旅游区”新形象对外开放。改造后的景区以仙姑文化、玉文化和福文化为主题，引进2000多吨优质岫玉，依托道家文化和民间传说，精心制作大型玉雕艺术品近千件，成为全国玉石总量最多、单体玉雕最大的旅游风景区。景区还有五行门、通灵元玉、三多桥、如

意湖、万寿广场、玉福广场、仙禄广场、乾坤玉道、通灵玉道元宝台、九龙壁、仙姑神殿等景观。2022年11月15日至2023年2月28日（大年三十至正月初五除外），景区对威海市民免费开放，外地游客享受门票半价优惠。6月18日至8月31日，对2023年全国应届中考、高考考生及在校学生免费开放。

【海滨生态公园风情带·“侨乡号”游轮】 国家AAAA级旅游景区，位于威海市区海滨沿线，包括幸福公园、威海公园、悦海公园、“侨乡号”游轮。幸福公园位于市中心威海湾畔，北起体育路，南至金线顶，占地面积20公顷。始建于1983年，原名海滨公园，后经多次改造，于2006年7月更名为幸福公园。公园自北向南分为海韵、海阅、海赋、海情、海翔5大景区，是集旅游、休闲、商业、餐饮、娱乐为一体的综合性开放式公园。威海公园位于幸福公园南部，面向威海湾，总面积67.6公顷，由北向南沿海岸线依次布局5个主题景区：供儿童游乐的海伢景区，情侣驻足的海恋景区，以文化活动、娱乐休闲为主的中心文化广场，畅想大海、抒发情怀的海颂景区和表现海洋科技的海慧景区。以威海公园为主体的海滨南路环境绿化美化工程获2001年中国建筑工程“鲁班奖”。悦海公园位于威海公园南、海上公园北，占地面积15.4公顷，绿化面积8.84万平方米，分为休闲运动区、主广场中心区、科普游憩区及海上游乐区。“侨乡号”游轮由山东侨乡集团总投资1亿元打造，长95.8米，宽15.8米，分上下4层，载客量478人，游轮融合海上观光、娱乐休闲、迎日祈福等多种元素，设置最能体现威海特色、观景角度最佳、沿途风景最美的航线两条。

【里口山风景名胜区】 国家AAAA级旅游景区，坐落在市区西南5千余米处，自然景色秀丽，植被繁茂，水资源丰富，素有“威海氧吧”“城市绿肺”的美誉。景区依托里口山优美的自然风光和地处城区的区位优势，以“打造市民享受慢生活首选目的地”为目标，以“生态性开发，保护性建设”为原则，聚焦基础配套设施完善、生态环境修复、产业培植打造、美丽乡村建设等，打造集生态观光、文化旅游、休闲采摘、禅修康养、红色教育、体育赛事、亲子研学为一体的综合性旅游景区。2023年，新增柿子谷房车露营基地、里口山民俗文化博览园、山里人家旅游综合体等文旅产业项目。

【半月湾风景区】 国家AAA级旅游景区，位于孙家疃街道环海路，景区礁奇岛多，林秀海碧，滩平沙细，森林覆盖率68%，负氧离子含量5万个/立方厘米，空气纯净清新，环境优美宜人。投资10亿元、长10千米的环海景观大道，串连梭鱼台、铃铛石、蟒眼滩、猫头山、靖子头、龙王庙等传统民俗旅游景点，服务驿站、观景台、停车场等配套设施齐全，还有帆船基地、游艇等健身项目，连续多年成为威海铁人三项世界杯赛比赛场地。2023年，新上房车营地、太空舱、海岸灯光秀等项目，半月湾日出成为网红旅游景观。

【羊亭河湿地公园】 国家AAA级旅游景区，以羊亭河两岸为主体，东起羊亭镇贝草夼村，西至孙家滩村河桥，东西全长10余千米，湿地面积接近40公顷。公园景观形式多样，绿化物种丰富，水系生态保护完好，形成芦苇茂盛、蛙声悠扬、野鸭成群、白鹭啾鸣的自然景观。公园以各种时令花卉为依托，一年当中三季有花。还设有动物园、亲鸟园、戏水区、儿童运动场、儿童游乐场等。2023年，新上帐篷露营、太空舱民宿等项目。

【威海市裕红祥丝绸文化博物馆】 国家AAA级旅游景区，“山东老字号”“省级非物质文化遗产项目保护单位”、山东省首批“省级非遗工坊”、威海市科普教育基地、《丝绸中国》四星级示范店，博物馆集陈列、展览、收藏、研究、研学、社会教育、优秀传统工艺传承及文创文旅产品销售等于一体，设有丝绸与文化展区、柞蚕放养过程展区、威海老纺车展区、柞蚕制种标本展区、桑蚕生长标本展区、熨斗梭子演变展区、威海老木丝织机展区、省级非物质文化遗产项目——古法纩丝区、丝绸检测仪器展区、科普研学区、文创文旅产品区、锦绣文化区等12个区域，系统展示威海的山蚕文化。2023年，威海裕红祥丝绸文化科技有限公司获评省级文化产业示范基地。

【威海海洋科技馆】 位于远遥浅海科技湾区蓝贝海洋科学中心二、三层，总面积1.6万平方米，为“省级海洋意识教育基地”“山东省科普教育基地”。科技馆以“我们身边的海洋”为主题，分为“序厅”“威海与海洋”“近海岸边”“深海洋底”“人海和谐”五大展区。通过先进的数字化展示手段和物理装置，全方位展现威海及世界海洋科技的发展历程与海洋科技成果，成为3~10岁儿童探索海洋的乐园。2023年，威海海洋科技馆获评国家AAA级旅游景区。

【威海东南乡景区】 位于桥头镇信河北村，占地280万平方千米。桥头镇因位于威海卫东南部，旧时民间按位置习惯称其为“东南乡”。战争时期，桥头镇人民顽强抵抗侵略者，留下许多英雄事迹，记录在册的烈士达501人。2021年，桥头镇立足底蕴深厚的红色文化，在信河北村打造红色东南乡展馆。展馆建筑面积880平方米，以图文档案并现形式，系统总结和展示东南乡红色历史，生动再现经典革命历史瞬间，形成以红色文化为代表的东南乡景区。景区致力于打造文化旅游、红色文化传承、非遗文化研学、博物馆民宿体验、影视拍摄、休闲观光等多元化乡村旅游综合体，并将非遗与文化旅游相结合，开设“非遗文化+红色文化+传统文化+农耕文化”研学融合试验地，打造宝物鉴定、书画创作、故事场景感受和互动体验中心。利用威海锡镶紫砂茶壶博物馆吸引陶瓷、皮影、草编、柳编、剪纸、花饽饽等非遗传承人和传统手工匠人入住。通过商品展示和现场手工制作，弘扬地方非遗文化。2023年，景区获评国家AAA级旅游景区。

（宋雨露）

威海东南乡景区（拍摄于2023年7月2日）　（桥头镇　供图）

开放型经济

对外国及中国港澳台地区贸易

【概况】 2023年，环翠区推动外贸稳规模优结构，促进跨境电商发展。至年末，环翠区实现货物进出口总额206.3亿元，比上年下降13.6%。其中，出口额176亿元，下降11.7%；进口额30.3亿元，下降22.3%。从贸易方式看，一般贸易进出口额144.4亿元，下降17.9%，占全区贸易进出口总额比重70%；加工贸易进出口额60.6亿元，增长0.4%，占全区贸易进出口总额比重29.4%。

【出口市场结构】 2023年，环翠区企业与196个国家和地区有贸易往来，对韩国、日本、欧盟、美国四大传统市场出口额105.3亿元，比去年下降15.4%，占全区出口总额比重59.8%。其中，对韩国出口额34.1亿元，下降14.9%，占全区出口总额19.4%；对日本出口额26.5亿元，下降11.3%，占全区出口总额15.1%；对欧盟出口额22.8亿元，下降17.5%，占全区出口总额12.9%；对美国出口额21.9亿元，下降18.7%，占全区出口总额12.4%。新兴市场方面，对俄罗斯出口额9.7亿元，增长28.6%，占全区出口总额5.5%。

【市场开拓】 2023年，区商务局推动企业“线上＋线下”双向开拓国际市场，积极参与威海市国际市场开拓行动，指导75家次企业参加RCEP境外展会，组织威海广泰空港设备股份有限公司、威海新元化工有限公司等145家次企业参加中东（迪拜）国际机场设备展览会、东京时尚产业展（春）、中国山东出口商品（俄罗斯）展览会等国际性展会，组织60家次企业参加第133、134届广交会、28家企业参加第六届中国国际进口博览会，组织24家企业参加第三届韩国（山东）进口商品博览会并取得良好成效，推动参展企业融入国际国内双循环体系。3月8日，第五届中韩（仁川）跨境电商大会在韩国仁川·威海馆举办，食客村集团与韩国“（株）健康的人们”合作开发的生产项目、百马云仓韩国海外仓项目、丝路通跨境物流小镇项目成功签约，带动贸易进出口额16亿元。

【服务贸易主体培育】 2023年，环翠区持续参与新一轮深化服务贸易创新发展试点，发挥威海国际经济技术合作股份有限公司、中国外运华中有限公司威海分公司等重点企业示范引领作用，挖掘物流、仓储、设计等新增主体，推动服务贸易结构升级，培育新增长点。至年末，全区服务贸易数据库进出口额8.49亿美元，培育服务贸易新增主体6家，服务进出口总额居各区市前列。

【贸易促进】 2023年，区贸促会对接海内外商协会，加强与韩中经济文化交流中心、日中经济贸易中心、韩国贸易协会等海外商协会和国际经贸机构联系，为企业搭建沟通桥梁。借助中国贸促会贸易推广交流中心调研机会，为威海广泰空港设备股份有限公司、威海方正国际合作有限公司等企业开展政策解读，引导企业充分利用《欧盟地理标志协定》，参加“中外地理标志产品博览会”等国际展会开拓海外市场。

表34　2023年环翠区重点企业进出口情况统计表

序号	企业名称	进出口额（万元）	比上年增长（%）
1	三角轮胎股份有限公司	385470	10.0
2	威海纺织集团进出口有限责任公司	208364	-20.8
3	威海倍佳贸易有限公司	89662	18.1
4	威海裕罗电器装配有限公司	58518	-9.0
5	威海博宇食品有限公司	47516	5.6
6	山东丝路通国际物流发展有限公司	44010	104.4
7	威海广泰空港设备股份有限公司	33844	161.7
8	威海墨函贸易有限公司	30572	716.7
9	威海邦德散热系统股份有限公司	27539	-6.8
10	威海海鑫新材料有限公司	24396	48.4
11	威海思来进出口有限公司	20885	9.4
12	威海市纺织服装进出口有限公司	19498	-34.6
13	威海丰国电子有限公司	17361	21.5
14	博优化纤（威海）有限公司	16931	29.7
15	威海瑞新达供应链管理有限公司	16634	—
16	威海好龙食品有限公司	15877	-22.9
17	威海亿美运动器械有限公司	14368	-33.5
18	威海洪博贸易有限公司	12843	8.9
19	威海市农盛农副产品有限公司	12716	-39.3
20	威海精诚进出口有限公司	12174	-10.2

（陈金鑫　许浩然）

吸收外国及中国港澳台地区投资

【概况】 2023年，环翠区坚持“大抓经济”工作导向，聚力招商引资，加大对外开放力度，促进外国及中国港澳台地区投资高质量发展。至年末，环翠区全年实际使用外国及中国港澳台地区投资13981万美元，比上年下降28.9%。

【投资情况调查】 2023年，区商务局组织全区282家外商及中国港澳台商企业报送投资信息报告（年度报告），了解企业投资、经营情况，为规范投资管理、提升精准服务水平提供信息支撑。

【项目引进】 2023年，区商务局邀请IWG集团、北创汇有限公司、韩国光进精密株式会社等公司高层人士参加第四届跨国公司领导人青岛峰会，推动俄罗斯计算机零部件生产项目于威海产业推介会现场签约。年内，全区新设立外商投资企业43家，其中总投资1000万美元以上6家，分别是矩阵国际展览（威海）有限公司、威海启明星新材料有限责任公司、威海富亚贸易有限公司、威海融嘉新材料有限公司、威海港能投清洁能源有限公司、威海圣禾供应链管理服务有限公司。

表35　2023年环翠区重点外国及中国港澳台地区投资企业一览表

单位：万美元

序号	企业名称	注册地址	投资总额	注册资本
1	华润置地（威海）有限公司	竹岛街道威海湾九里-32号楼1、2层	59600	6800
2	中海海嘉（威海）地产有限公司	竹岛街道东窑东街11号	21033	7712
3	博优化纤（威海）有限公司	桥头镇兴达路7号	10207	4207
4	锦湖韩亚高尔夫俱乐部（威海）有限公司	孙家疃街道远遥村	9840	7910
5	威海泉悦旅游开发有限公司	温泉镇泉乐坊小区-33号-3	9559	3202
6	威海宏信新材料有限公司	张村镇魏桥（威海）铝精深加工产业园内	8000	3000
7	博优技术纺织品（威海）有限公司	桥头镇兴达路7号Y5号楼	5320	2320
8	山东威高骨科材料股份有限公司	张村镇旅游度假区香江街26号	5118	5118
9	华润电力风能（威海环翠）有限公司	桥头镇	4894	1631
10	威海凤舞房地产开发有限公司	竹岛街道塔山中路-169号-9	3323	3323
11	威海华韵服装有限公司	孙家疃街道北海大厦二楼208、210	3185	3185
12	威海港华燃气有限公司	竹岛街道青岛中路69号	2960	1199
13	威海裕罗电器装配有限公司	温泉镇双佛路-76-1号	2370	1529
14	光进光学机械（威海）有限公司	张村镇火炬南路571-1、571-2号	2000	714
15	山东东鑫电子有限公司	张村镇沈阳中路911号	1900	1900
16	亚洲工友（威海）有限公司	温泉镇青岛南路-689号	1700	801
17	山东双轮埃姆科泵业有限公司	张村镇省级旅游度假区东鑫路-6-7号	1660	1600
18	威海山花惠美地毯有限公司	环翠楼街道和平路113号	1500	600
19	海纳根润滑油有限公司	张村镇沈阳中路555-1号	1411	1411
20	阿普塔恒煜（威海）医疗器材有限公司	羊亭镇凤凰山路1350号	1327	663
21	威海先优包装科技有限公司	羊亭镇凤凰山路-987-1、-2、-3号	950	835
22	威海锦阳电子有限公司	张村镇九华路259号	500	500

（陈全鑫）

国际经济合作

【概况】　2023年，环翠区备案设立境外企业（机构）5个，对外承包工程合同额5.25亿美元，比上年增长14.2%；完成营业额5.36亿美元，比上年下降1.3%。派出各类劳务人员3149人，比上年增长56.5%。

【境外承包】　2023年，环翠区威海国际经济技术合作股份有限公司开展境外承包工程业务，签订合同额1000万美元以上项目11个。

【境外投资】　2023年，区商务局鼓励企业围绕优势产能合作领域，开展互利共赢境外投资，积极参与构建国内国际双循环发展体系，推动环翠区对外投资合作稳步发展。12月15日，威海国际经济技术合作有限公司、三角轮胎股份有限公司被认定为山东省本土跨国公司重点培育企业。

（陈全鑫）

国内经济合作

【概况】 2023年，环翠区制订《环翠区招商引资奖励办法》《环翠区关于扶持总部经济发展的意见》，把握“大抓经济”工作导向，聚焦新材料、高端装备制造等主导产业，在招商引资方面攻坚突破。围绕京津冀、长三角、粤港澳等重点区域，紧盯目标企业，开展精准招商引资活动。先后到滨州、北京、西安、南京、成都、上海、赣州等地开展招商推介及项目对接活动840余次。年内，完成内资实物工作量7.9亿元；新引进内资项目19个，其中过亿元项目6个（包含过20亿元项目1个），世界500强和中国500强投资项目3个。

【合作考察】 2023年，环翠区把招商引资作为全区经济社会发展“一号工程”，围绕主导产业，瞄准重点区域，紧盯目标企业，强化以商招商、以企引企、产业链招商，持续加大项目招引力度。

2月3—4日，区委书记张刚，区委副书记、区长于晓东到山东魏桥创业集团有限公司，推进智能版基生产线项目。

2月9—11日，区委副书记、区长于晓东带队到雨润控股集团有限公司，推进雨润欢乐海岸一期项目；到普洛斯投资（上海）有限公司，推进普洛斯全球物流中心项目；到IWG集团，推进IWG灵活办公中心项目；到库卡机器人（上海）有限公司，推进库卡康复机器人项目；到乐凯华光印刷科技有限公司，推进爱华海绿色图文影像新材料生产线项目。

2月14—17日，区委书记张刚带队到特来电新能源股份有限公司，推进光储充放一体化智能充电站项目；到福建盼盼饮料有限公司，推进家家悦盼盼集团合作项目；到深圳航天科技创新研究院，推进高性能低成本复合材料研发制造产业园项目。

3月14日，区委副书记、区长于晓东带队到北京中关村科技发展（控股）股份有限公司，推进华素制药扩产项目。

3月28日，副区长崔军强带队参加第三届儒商大会威海产业合作推介会，邀请山东文旅集团有限公司党委副书记季将等12位嘉宾参会。会议期间，佰鸿未来科技产业园、宝威碳纤维复合材料研发生产、颐养家园威海颐养中心3个项目签约。

5月12日，区委副书记、区长于晓东带队到中国航天科技集团有限公司，推进海洋无人装备与技术联合创新中心项目；到中国科学院自动化研究所，推进智能博弈演练场项目。

7月19—20日，区委副书记、区长于晓东带队到滁州高教科创城中航未来航空产业园，推进中航未来职业教育项目；到绿萌科技股份有限公司，推进果蔬采后智能装备研发制造中心项目。

7月31日至8月1日，区委书记张刚带队到北京中航未来科技集团有限公司，推进中航未来职业教育项目；到魏桥国科研究院，推进魏桥国科联合实验室威海基地项目；到北京琨山资本管理有限公司，推进产业发展基金项目；到安美适（北京）医疗科技有限公司，推进健康医疗综合基地项目。

8月9—10日，区委书记张刚带队到西安羚控电子科技有限公司，推进羚控无人机机场研发及生产项目；到陕西佰鸿未来科技集团有限公司，推进佰鸿未来科技产业园项目；到西安自由星宸航天科技有限公司，推进自由星宸材料科技项目。

9月11日，区委副书记、区长于晓东带队参加2023中国民营企业500强峰会暨全国优强民营企业助力山东绿色低碳高质量发展大会威海产业合作推介会，邀请家家悦集团股份有限公司董事长王培桓、利群集团股份有限公司副总裁董梁等6位嘉宾参会。会议期间，鑫达发动机精密零部件生产等2个项目签约。

10月10日，区委书记张刚带队参加第四届跨国公司领导人青岛峰

2023年3月28日，第三届儒商大会威海市招商引资项目集中签约仪式举行，环翠区完成3个项目签约　（区商务局　供图）

会威海产业推介会和威海“Citywalk城市漫游图鉴”发布会暨下午茶活动，邀请IWG集团中国区总裁胡懋，山东魏桥创业集团有限公司执行董事、副总经理张艳红等16位嘉宾参会。会议期间，计算机零部件生产、高端汽车精密零部件生产等5个项目签约。

10月28—29日，区委书记张刚带队到中远海运重工有限公司，推动威海中远海运重工科技有限公司项目；到卡帕亚洲科技（嘉善）有限公司，推进高端精密零部件项目；到雨润控股集团有限公司，推进雨润欢乐海岸一期项目。

11月6日，区委副书记、区长于晓东带队到成都英德生物医药装备技术有限公司，推进创新型千升级细胞培养生物反应器研发产业平台项目；到AG超玩会电子竞技俱乐部，推进电竞综合性园区项目。

11月28—30日，区委书记张刚带队到瑞茂通供应链管理股份有限公司，推进山东环晟供应链管理有限公司环晟供应链项目；到郑州瀚琳机械制造有限公司，推进瀚琳汽车发动机配件研发生产、鑫达发动机精密零部件生产项目。

【内资项目引进】 2023年，环翠区引进内资项目19个，其中山东佰鸿未来生物技术有限公司佰鸿未来科技产业园、威海兴恒新材料科技有限公司兴恒动力电池铝箔等过亿元项目6个，山东菱角湾运营管理有限公司环翠区中小学生综合实践基地、威海市嘉瑞宝商业有限公司利群商业中心等亿元以下1000万（含）以上项目13个。

表36　2023年环翠区新引进内资项目一览表

序号	企业及项目名称	投资方	总投资（万元）	落地镇街
过亿元项目（6个）				
1	山东佰鸿未来生物技术有限公司佰鸿未来科技产业园项目	陕西佰鸿未来科技集团有限公司	207000	羊亭镇
2	威海兴恒新材料科技有限公司兴恒动力电池铝箔项目	河北兴恒新材料科技有限公司	50000	张村镇
3	威海华瓷新材料有限责任公司华瓷高性能碳化硅精密陶瓷项目	上海客商李清华等	25000	羊亭镇
4	山东新一代新材料有限公司新一代铝包装新材料生产项目	珠海新一代复合材料有限公司	20000	张村镇
5	威海嘉士通食品供应链有限公司食品加工项目	苏州佳士通食品供应链管理有限公司	13000	桥头镇
6	安美适（山东）生物技术开发有限公司健康医疗综合基地项目	海南皓成生物科技合伙企业（有限合伙）等	10000	嵩山街道
亿元以下1000万（含）以上项目（13个）				
1	山东菱角湾运营管理有限公司环翠区中小学生综合实践基地项目	山东颐养健康集团教育发展有限公司	9660	桥头镇
2	威海市嘉瑞宝商业有限公司利群商业中心项目	青岛北方国贸集团股份有限公司	6000	竹岛街道
3	威海长峰商业运营管理有限公司长峰家具城项目	浙江客商张军华	2800	竹岛街道
4	威海驼峰岭农业发展有限公司高效特色农业项目	菏泽客商史鹏飞	2000	桥头镇
5	威海阳光心理医院有限公司特色医养项目	鲁东欣康医药科技（青岛）有限公司	2000	温泉镇
6	威海亚美渔具有限公司渔具生产项目	内蒙古赤峰市客商姚坤	1400	羊亭镇
7	山东颐养健康集团服务运营管理有限公司威海护理院颐养家园威海颐养中心项目	山东颐养健康集团服务运营管理有限公司	1300	温泉镇
8	威海卡尔玛德医疗科技有限公司医疗科技项目	浙江伽奈维医疗科技有限公司	1200	羊亭镇

续表

序号	企业及项目名称	投资方	总投资（万元）	落地镇街
9	威海玉威酒店管理有限公司康铂高端商务酒店项目	河北客商孔维玉	1100	张村镇
10	中国邮政储蓄银行股份有限公司威海分行项目	中国邮政储蓄银行股份有限公司	1000	环翠楼街道
11	威海喜悦酒店管理有限公司桔子酒店项目	东营客商吴闻波	1000	鲸园街道
12	威海西准崖尚餐饮管理有限公司文旅休闲养生基地项目	沈阳客商姜明山	1000	孙家疃街道
13	威海市中康中医医院有限公司康复康养项目	莆田市旺达康投资有限公司	1000	竹岛街道

【招大引强】 2023年，环翠区聚焦招大引强，引进世界500强和中国500强投资项目3个，分别是环翠区中小学生综合实践基地项目、利群商业中心项目、颐养家园威海颐养中心项目。

表37 2023年环翠区招大引强项目一览表

序号	企业及项目名称	投资方	总投资（万元）	落地镇街
1	山东菱角湾运营管理有限公司环翠区中小学生综合实践基地项目	山东颐养健康集团教育发展有限公司（世界500强山东能源集团有限公司三级子公司）	9660	桥头镇
2	威海市嘉瑞宝商业有限公司利群商业中心项目	青岛北方国贸集团股份有限公司（中国500强利群集团股份有限公司关联企业）	6000	竹岛街道
3	山东颐养健康集团服务运营管理有限公司威海护理院颐养家园威海颐养中心项目	山东颐养健康集团服务运营管理有限公司（世界500强山东能源集团有限公司四级子公司）	1300	温泉镇

（陈全鑫）

城市建设

城市规划

【概况】 2023年，威海市自然资源和规划局环翠规划分局对重点区域、重点地段规划设计方案深入研究论证，依法推进控制性详细规划调整。孙家疃街道半月湾南岸，侨乡号游客服务中心，万福山庄北侧戚东夼城中村改造，绿轴三期地块，恒大御龙天峰地块，金线顶路北、刘公岛路西南地块控制性详细规划调整审议通过；推进经营性用地和工业用地出让工作，出具用地出让规划示意图20份，用地面积705.8公顷；推进建设项目设计方案联合审查，审批规划建筑设计方案74项。至年末，完成建设项目选址技术审查8项，用地面积25.8公顷；完成建设用地规划许可技术审查24项，用地面积51.08公顷；完成建设工程规划许可技术审查42项，建筑面积84.43万平方米；核发建设工程竣工规划核实合格证53份，建筑面积143.9万平方米。

【六地块控规调整方案审议通过】 2023年4月26日，威海市自然资源和规划局局长办公会第6次会议通过孙家疃街道半月湾南岸地块、侨乡号游客服务中心地块控规调整及指标论证方案。孙家疃街道半月湾南岸地块规划总建筑面积3.5万平方米，容积率 0.7，建筑高度13米。根据项目建设需要，对半月湾南岸地块进行控规调整，将社会停车场用地、旅馆用地和排水用地调整为商业商务用地和排水用地，调整后总用地面积3.58公顷，容积率 0.55，建筑密度35%，绿地率45%，最大建筑高度13米，社会停车场和污水泵站作为地块配套设施。侨乡号游客服务中心地块位于刘公岛客运中心东、刘公岛路北，为解决金线顶公园建设征用侨乡集团土地利益补偿问题，建设指挥部议定，在侨乡号游轮码头南侧给侨乡集团置换一块交通枢纽用地，用于建设配套设施。根据侨乡集团拟建候船厅项目需要，将地块内原规划商业用地调整为交通枢纽用地，容积率由0.2调整为0.44，最大建筑密度由10%调整为15%，最小绿地率由35%调整为20%，最大建筑高度由16米调整为23米。

6月9日，威海市自然资源和规划局局长办公会第8次会议通过万福山庄北侧戚东夼城中村改造地块指标论证方案。地块中市政道路保留，分为2宗地出让，地块一出让用地面积3.6万平方米，容积率1.68，建筑密度36%，绿地率22%，最大建筑高度22米；地块二出让用地面积0.17万平方米，容积率1.79，建筑密度32%，绿地率24%，最大建筑高度24米。

9月18日，威海市自然资源和规划局局长办公会第12次会议通过绿轴三期地块控规调整及指标论证方案。绿轴三期地块位于环翠区塔山路西、城阳路北，地块用地面积约2.37公顷，为保障地下空间整体开发利用，同时避让现状林地，保证气象观测限高要求，北侧0.51公顷用地由公园绿地调整为商业服务业用地，要求地上以公共绿地为主，地下以停车场配套设施为主，保障轴线空间通透性。地块综合容积率由4.08调整为3.5，调整后地块建筑密度35%，绿地率25%，建筑限高150米。

11月19日，威海市国土空间规划委员会第2次会议审议通过恒大御龙天峰地块，金线顶路北、刘公岛路西南地块控规调整方案。恒大御龙天峰地块位于环翠区嵩山路西、华夏路两侧，调整内容为：地块二规划用地面积约9.15公顷，用地性质为二类居住用地，容积率由1.85调整为1.90，调整后建筑限高80米，其他指标保持不变。地块三规划用地面积约6.43公顷，用地性质为二类居住用地，容积率由1.80调整为1.90，调整后建筑限高80米，其他指标保持不变。地块四规划用地面积约5.08公顷，用地性质为二类居住用地，容积率由1.5调整为1.96，调整后建筑密度22%，绿地率35%，建筑限高55米。地块五规划用地面积约2.37公顷，用地性质为其他商务用地，调整后建筑密度20%，绿地率35%，其他指标保持不变。地块六规划用地面积约4.98公顷，用地性质由原商业用地调整为二类居住用地，容积率由0.5调整为1.05，调整后建筑密度22%，绿地率35%，建筑限高30米。地块七规划用地面积由0.61公顷调整为0.8公顷，用地性质由原文化设施用地调整为商业用地，容积率由0.5调整为1.0，调整后绿地率35%，其他指标保持不变。金线顶路北、刘公岛路西南地块规划用地面积约5.66公顷，用地性质由原商业用地调整为商住混合用地，建筑密度由20%调整为25%，绿地率25%调整为30%，调整后容积率保持不变，商住比为3∶7，建筑外立面按照公建化立面设计。

【重点工程规划与审批】 2023年，环翠规划分局坚持规划刚性控制，加强用地规划管理，认真做好土地出让规划研究，加快推进经营性用地和工业用地出让工作，出具用地出让规划示意图20份，用地面积705.8公顷，其中经营性用地11宗，工业用地9宗。对沧口路北住宅项目、锦翠花园（姜南庄旧村改造三期）、松顶文化健康养护中心项目、环翠区利用华能（威海）电厂余热供暖工程竹岛站、侨乡号游客服务中心项目、威海高端铝精深加工产业园基础设施项目等建筑设计方案认真研究，结合历史脉络合理安排功能分区和建筑布局，明确重点区域定位，打造精品建设项目。

【城乡规划审批管理】 2023年，环翠规划分局继续推进建设项目设计方案联合审查，简化办事流程，提高审批效率。年内，审批规划建筑设计方案74项，其中居住项目11项，商业及公共设施项目8项，工业仓储项目36项，加装电梯项目9项，外观改造项目6项，危房改造项目4项。严格按照建设项目规划许可审批流程，做好规划技术审查工作，完成建设项目选址技术审查8项，用地面积25.8公顷；完成建设用地规划许可技术审查24项，用地面积51.08公顷；完成建设工程规划许可技术审查42项，建筑面积84.43万平方米。核发建设工程竣工规划核实合格证53份，建筑面积143.9万平方米。在土地出让期间，对唯一意向单位，配合相关部门启动“拿地即开工”审批模式。

（丛润兴）

城市更新

【概况】 2023年，环翠区扎实推进50余项城建重点工程，以高质量发展、高品质生活、高标准环境、特色化发展为基本内涵，推进城市有机更新，让城市更精致、更宜居、更便捷、更舒适。年内，实施宫松岭路改造、望岛河游园适儿化改造等一批重点项目，对国家卫生城碑绿地等实施绿化节点改造，修复园林植被绿色伤疤，提高存量绿地品质和功能；对8个老旧小区进行改造更新，改造楼宇169栋，受益居民5350户。年内，环翠区获评山东省推进城市更新改善人居环境工作突出县。

【物业服务提质增效】 2023年，环翠区以党建引领红色物业建设，实施行业形象共塑年行动，凝聚行业力量，彰显行业担当，提升物业服务管理质效。年内，组织开展“美好家园共建物业阳光服务”行动，整治乱堆乱放问题7800余个、公共收益不公开不透明问题154个；在20个小区增设健身器材130套；推进物业企业整合，6个小区完成物业企业重新选聘，17个不达标物业企业被清退，威海广华物业服务有限公司、东北村小区入选第二批齐鲁红色物业星级服务企业，区住房和城乡建设局、环翠楼街道西南村社区、威海市大川物业服务中心相关经验做法入选山东省住房和城乡建设厅物业服务行业文明创建办实事典型案例。

【老旧小区改造】 2023年，环翠区投资13960万元，对竹岛街道红叶谷小区、环卫局家属楼小区，鲸园街道朝阳南区、安全局小区、樱花小区，环翠楼街道石河社区、西北村社区，孙家疃街道远遥东区8个老旧小区进行改造更新，改造面积42.1万平方米，改造楼宇169栋。改造工程年初完成立项、方案设计、招投标等前期工作，5月开始进行道路、室外管网、绿化、智慧化等改造施工，11月底完成竣工验收，直接受益群众5350户。年内，远遥东区改造项目入选山东省城镇老旧小区改

孙家疃街道远遥东区老旧小区改造项目完成后新增的儿童活动场地（拍摄于2023年12月24日）

（区住房城乡建设局　供图）

造"揭榜挂帅"试点任务清单（第一批）。

【棚户区改造】　2023年，区住房和城乡建设局深入开展棚户区改造建成交付专项整治行动，通过现场踏勘、召开专题会、发放督办函等方式协调解决项目推进中遇到的问题，加快推进项目进度。9月，在省级棚户区改造安置住房建成交付专项整治行动中，顺利完成羊亭镇港头、于家夼项目销号。至年末，在建的大西庄安置区续建项目主体封顶，进入室内配套施工。

【城市更新样板片区】　2023年，环翠区继续实施《威海市环翠区城市更新卫城片区实施方案》，坚持"留改拆"并举，以保留利用提升为主，将城市更新和精致城市建设、公园城市建设、城市国际化等城市发展战略紧密结合。同时发挥卫城大院、威海剧院、半月湾文旅服务综合体等项目引擎作用，加快推进栖霞街建设和属相街业态升级，持续打造"15分钟生活圈"，不断提升精致引领能力和综合服务功能。6月，环翠区全面总结五年来精致城市建设成果，组织11家重点企业参加威海首届"精致城市·幸福生活"博览会，展示环翠区精致城市建设工作成效。

（王思予）

房地产开发与管理

【概况】　2023年，环翠区房地产开发投资、竣工面积、销售面积呈下行趋势，新开工面积呈上升趋势。年内，房地产开发投资45.24亿元，较上年下降7.8%；房地产项目竣工面积87.31万平方米，较上年下降32.2%；商品房销售面积57.64万平方米，较上年下降7.1%；房地产新开工建筑面积30.55万平方米，较上年增加19.9%。

【房地产行业管理】　2023年，环翠区为提振市场信心、消化房屋存量、提高住宅品质，组织开展多轮精品楼盘推介促销活动，努力带动房地产市场企稳回暖。协同市住房和城乡建设局以及市场监管部门，开展在售项目销售行为专项检查、开发企业双随机检查，全区房地产企业均较好执行预售资金监管、销售现场信息公示要求，未发现违法违规行为。

【保交楼工作】　2023年，环翠区针对房地产销售、融资两端受阻，恒大、富力等品牌房企资金链断裂，出现停工、延期交付等问题，牵头成立区保交楼专项借款工作专班、区"保交楼稳民生"工作专班，组织各镇（街道）对辖区内问题项目排查梳理，建立台账，明确化解措施及化解时限，会同各部门及属地镇（街道）全力推进保交楼工作；区政府分管领导定期召开保交楼专题会议，听取项目推进情况，研究存在问题及解决思路；区住房和城乡建设局会同属地镇（街道）及区城市发展投资有限公司多方筹措资金，解决中南、万达部分项目资金难题，推动项目现场施工，延期的中南熙悦二期、碧水源、璟悦台、桂花园二期、泉乐坊、裕荣华府项目1736套陆续交付，恒大海上帝景项目陆续交付4个批次1617套，停工的世茂雅庭、海宴台、海岳府项目陆续复工。

（王思予）

市政基础设施建设

【概况】　2023年，区市政园林中心以改善人居环境、补齐城市短板、治理"城市病"为核心，推进市政基础设施建设管理，提升城市安全韧性。年内，实施8项市政道路工程，对3条道路进行海绵化改造，摊铺维修沥青路面3.17万平方米，整

2023年9月21日，菊花顶路无线电管理处公交站点港湾式改造完工
（区市政园林中心　供图）

修人行道8800平方米，改造公交港湾式车站7处，优化路口8处，改造积水点13处，巡查、养护、检测桥梁30座，扎实做好城市夏季防汛、冬季清雪防滑工作，确保城市道路畅通和市民出行安全。

【市政道路建设改造】　2023年，区市政园林中心督导实施宫松岭路（统一路—北山路）、重庆街（北山路—菊花顶路）、少年路（文化路—昆明路）、花园南路（统一路—高山街）等8项市政道路工程，新建、改造道路3.34千米，摊铺沥青路面2.14万平方米，施划道路标线1.19万平方米，安装隔离护栏4000余米，在仙姑顶路、峰北路、花园南路铺设透水砖5300余平方米，推进海绵城市建设。

【道路微改造】　2023年，区市政园林中心坚持“以人为本、人车兼顾”交通设计原则，根据交警部门建议及道路实际通行情况，通过微调整道路交叉口及微改造公交港湾提升交通品质。年内，优化塔山中路与渔港路交叉口、望岛路与青岛路中心交叉口、仙姑顶路与青岛路中心交叉口等8处路口，港湾式改造北山路西侧戚谷疃站点、菊花顶路东侧市政府站点、菊花顶路北侧无线电管理处站点等7处公交站点，有效缓解道路交通压力。

【市政设施管护】　2023年，区市政园林中心坚持“整修、优化、提升”日常养护模式，推进市政设施管理养护常态化精细化，维修沥青路面1.03万平方米，整修人行道板8800平方米，修补路缘石3000余米，整修检查井1200余次、便道桩600余次、护栏260余米，灌缝约5000米。

【桥梁维护管理】　2023年，区市政园林中心组织环翠区通达市政工程有限公司、威海威畅市政工程有限公司对所属30座桥梁进行巡查养护。年内，维修桥面铺装18平方米，更换桥梁护栏6米，桥梁扶手刷漆保养197平方米；聘请西安长大公路工程检测中心对辖区30座桥梁进行检测，桥梁运行状况良好。

【城市路灯管理】　2023年，区市政园林中心建立完善路灯故障随报随修制度和质量效率自检体系，提升路灯案件快速反应、快速维修能力。定期开展路灯箱变检查，检修高压侧断路器、变压器接地是否良好以及清洁变压器配件灰尘，记录损坏、老化、外接电情况，全程跟踪维修情况并检查验收，确保路灯设施完好率达96%以上，路灯亮灯率达

2023年6月29日，市政工人维修路灯
（威海市环通产业投资集团有限公司　供图）

2023年9月14日，市政园林服务中心工作人员在新威路防汛
（威海市环通产业投资集团有限公司　供图）

99%以上。年内更换灯泡1300个、镇流器350个、灯头42个、灯罩98个、灯杆13支、井盖20套、接线盒盖136个、PE管1200米、电缆2100米。

【城市防汛】 2023年，区市政园林中心压实防汛责任，实时监控低洼易涝区、挡土墙等重点区域和薄弱环节。年内，清理雨水斗、检查井8800余座次，疏通雨水管沟1.3万余米，清淤5500立方米；排查整治同和路与海滨路交叉口、海港路与昆明路交叉口、金线顶路与海滨路交叉口等13处安全隐患。6—9月集中降雨天气，市区未出现明显积水内涝情况。

【市政案件处理】 2023年，区市政园林中心加大案件处置力度，回应各类市政诉求，通过“回头看”等方式在处置期内办结案件。年内受理“12345”政务服务便民热线案件1796件、威海市城市综合管理服务平台案件1989件，案件处理率和回复率均为100%。

（王维美）

公路交通

【概况】2023年，区交通事务发展中心围绕交通强国山东示范区建设目标，聚焦高质量发展，开展农村公路项目建设，提升农村公路建管养运水平，着力构建畅、安、舒、美公路交通网。年内，争取上级交通类无偿资金930万元，完成区级城建重点工程2项，改造农村公路12条11.35千米，拆除重建、维修加固农村公路危旧桥8座，完成为民办实事项目1项，完善农村公路生命防护工程，安装中央分隔带护栏3700米。

【农村公路改造】 2023年，区交通事务发展中心承担农村公路改造和农村公路危旧桥改造2项区级城建重点工程，工程总投资1717万元，改造涉及张村镇火炬南路（黄河街至长江街段）、昌华路中段（火炬南路至沈阳路段）合计1.75千米，羊亭镇北观进村路、和兴路至义和村合计0.9千米，温泉镇虎山路S301至工友路段、柳泉路S301至柳河路段、泉盛路南段S301至工友路段合计1.8千米，桥头镇桥头中心大街S303-S301段、裕桥路（旺桥路至鸿桥路段）、鸿桥路（新桥路至兴桥路段）、马井泊进村路、桥顺路（金鸡路至兴桥路段）合计6.9千米，4个镇农村公路总计里程11.35千米；投资498万元，拆除重建、维修加固涉及张村镇庐山路柳沟河小桥、威海艺校南柳沟河小桥，温泉镇林家庄中桥、马夼小桥，桥头镇西于家桥、洛后桥，里口山管理服务中心姜家疃小桥、王家疃小桥8座农村公路危旧桥。

【旅游公路提升】 2023年，区交通事务发展中心投资1300万元，对涉及张村镇（张村—羊亭，串联里口山风景名胜区）、羊亭镇（羊汪线，串联羊亭河公园；鲁东至店上村，串联贝草夼地下交通站展馆）、孙家疃街道（环海路合庆至里窑段，串联猫头山景区）4条旅游公路进行路面养护，补充完善旅游设施，总里程35千米，4月完成招投标程序，6月底开工，年内完工3条。

【农村公路防护】 2023年，区交通事务发展中心投资329万元，完善农村公路生命防护工程，主要涉及环海路、沈阳路、里口山路、黄河街等路段。推进为民实事项目，安装中央分隔带护栏3700米、路侧波纹梁护栏1200米、标志牌63个、指路哨兵20个、凸透镜20个，喷画标线2.5万平方米。

【环山快速路建设】 2023年，区交通事务发展中心会同区自然资源局、区文化和旅游局、里口山管理服务中心、环翠规划分局及羊亭镇、张村镇、嵩山街道、竹岛街道，优化

S302环山快速路建设方案，多次前往山东省交通运输厅沟通对接，完成项目可行性研究报告编制，项目被列入山东省“十四五”综合交通发展规划统筹推进。

【无偿资金争取】 2023年，区交通事务发展中心争取上级无偿资金930万元，其中，旅游公路提升工程首次争取省级文化廊道提升工程补助资金480万元，全部用于2023年旅游公路提升工程，占比全市最多，实现争资突破。

【招引项目落地】 2023年，区交通事务发展中心组织人员两次到临沂实地考察，引进“威海市区域性沥青废旧料再生应用中心”高标准节能降碳项目落户桥头镇，年内到位资金1000万元，项目已完成基础建设。

【铁路沿线环境整治】 2023年，区交通事务发展中心更新铁路沿线环境综合治理工作机制铁路沿线“双段长”名单，协调各成员单位和各镇（街道）（成员单位有区政法委，区发展改革局，区工业和信息化局，区财政局，区自然资源局，区住房和城乡建设局，区水利局，区农业农村局，区应急局，区综合行政执法局，区畜牧兽医事业发展中心，区市政园林中心，区林业发展中心，公安环翠分局，生态环境分局，竹岛街道，温泉镇，张村镇，桥头镇）建立沿线隐患动态管理和日常巡查机制；投入财政资金40万元开展防尘网、彩钢瓦、塑料大棚等外部环境隐患专项排查整治活动，整治问题隐患64处，清运垃圾300余立方米。

【交通安全专项行动】 2023年，区交通事务发展中心开展交通安全专项行动，吸纳市区两级专家技术人员30人，组成7个工作组，开展联合督导、现场办公、轮值会议等活动42次，会同交警部门及各镇（街道），对22处平交路口、临水临崖、急弯陡坡危险路段建立排查整改台账，开展道路交通安全大排查大整治；会同交警部门、区应急部门约谈81家重点企业，督促企业加强安全管理及车辆运营安全。年内，开展道路交通安全宣传20次，张贴海报200张，发放宣传单8000份。

【全省旅游公路建设现场会】 2023年3月25日，山东省旅游公路建设现场会在威海市召开，与会人员对环翠区X008县道（环海路）观摩点现场调研，环翠区作为全省唯一一个县市区在现场会上作经验交流。会议对环翠区绿色规划理念、交旅融合发展、一站全享配套、建管运维机制予以肯定。

【交通强国建设试点】 2023年7月5日，全国交通强国建设试点工作推进会议威海路线现场观摩会在环翠区召开，交通运输部党组书记、部长李小鹏到X008县道（环海路）观摩点现场调研。李小鹏对环翠区积极探索“农村公路+”融合发展模式，深入推进“快进慢游深体验”旅游交通体系建设经验给予肯定。

【海峰路西延工程完工】 2023年12月1日，海峰路西延项目正式完工通车。海峰路西延工程全长6.2千米，东起华旺路，西至天目路，纯沥青道路宽度26米，总宽度38米，双向六车道，总造价9000万元。海峰路作为羊亭镇东西向“三横”主干道之一，西连双岛湾科技城，东接万达商圈、韩乐坊商圈。区公共文化服务中心、里口山医院、爱山实验学校、家家悦大型商业综合体等都在海峰路沿线。海峰路西延工程原定2024年施工，羊亭镇政府为进一步改善辖区产业发展环境，提高镇域综合承载能力，加快产城融合发展，申请区政府将施工期限提前。7月12日，区行政审批服务局做出《关于2023年羊亭镇海峰路西延段项目可行性研究报告的批复》，同意建设羊亭镇基础设施项目。项目完工通车后，进一步优化羊亭镇营商环境，加快推进产城融合，成为提高城市交通服务水平，带动羊亭镇经济社会高质量发展的快速走廊。

（陈　涛）

城市管理

【概况】 2023年，环翠区以“实敢当”精神深化作风建设，本着打造“完善网格化管理、精细化服务、信息化支撑的基层治理平台”的发展思路，立足实际，主动谋划，扎实开展专项整治行动，实现城市管理提质增效，持续提升城市环境品质和群众获得感、幸福感、满意度。年内，督导整治容貌秩序问题9900余处，与商户签订“门前五包”责任书4752份，整治问题户外广告和招牌设施60处、乱拉线缆楼宇6270栋、乱停放非机动车7000辆次，拆除违法建筑123处，督导餐饮店清洗油烟净化设施720次，智能AI识别案件数量63753件次，为民办实事50件。

【市容市貌精细化管理】 2023年，区综合行政执法局成立市容市貌提升专项工作领导小组，班子成员牵头，全体机关干部分为9个督导组，分片包干，联合各镇（街道）执法中队在繁华商圈、景区景点周边及网红打卡地加强流动商贩管理，规范电动自行车停放秩序，推进“门前五包”责任制落实。年内，督导整治容貌秩序问题9900余处，与商户签订“门前五包”责任书4752份并张贴公示牌；完成8900处招牌设施、406处户外广告摸排，清理大世界、文化路、统一路等主次干道以及半月湾、大相框等旅游热点区域沿街商户门头、墙体灯箱、条幅、野广告290处，清理乱挂条幅及广告32处；整治存在问题户外广告和招牌设施60处，鼓励67家新开商铺门头设置增加英文、韩文标识，督导46家新设置或超过检测期限大型户外广告产权人进行安全检测；统筹调度环翠楼、鲸园、竹岛、孙家疃、嵩山街道及移动、联通、电信、广电、铁塔电信运营商开展“飞线”整治，整治乱拉线缆楼宇6270栋、大型“高空飞线”650处。

【特色街区和露天市场管理】 2023年，区综合行政执法局规范管理特色街区和季节性惠农摊点、早餐摊点、早夜市、农村大集等露天市场，明确管理要求，建立摊点档案，公布环翠区4类露天摊点分布图，引导流动摊贩到指定位置规范经营；制定《夜间经济错时执法管理方案》，6月至10月，每天进行夜间错时执勤，对辖区重点路段、特色街区容貌秩序进行检查，规范摊点经营秩序，整改问题3000余处，督导相关街道整改早夜市及周边摊点占道经营、环境卫生公共安全问题325个；建立农村大集管理清单，创建农村大集微信群，强化日常农村集市道路交通安全排查，印发宣传单1200份，增设道路警示牌10块，完成区级督办民生微实事1件、区级督办农村大集检查发现问题5项20个，开展实地督查反馈并整改集市占道经营问题33处，规范摊点经营120个。

【清雪防滑】 2023年，区综合行政执法局组建清雪队伍约7000人，调配清雪机械944台，其中滚刷80台、推雪铲169台、撒布车125台、装载机234台、清运车301台、多功能拖拉机35台；准备扫把、铁锹、推雪铲等12000余把，反光锥500个，临时围挡3200片；细化融雪剂使用标准，禁止在支路、人行道和公园广场等区域使用融雪剂。年内，组织清雪24次，处理与清雪防滑相关问题11件，其中污雪违规处置9件、中大型清运雪设备占压人行道1件、不规范使用清雪作业机械1件。区环卫服务中心成立清雪应急领导小组，下设机械清雪突击队4支、人工清雪突击队7支、人工强化作业组6个、保障小组5个及人工作业网格160个，配备拖拉机、撒布机、装载机、自卸车等清雪设备51台套，储备融雪剂1341吨，铁锹、扫帚等1000件，清雪24次。区市政园林服务中心出动清雪车辆290台（套），参加清雪600余人。区住房城乡建设局及时发布降雪预警信息，部署干部职工、物业、房地产企业做好清雪工作，组织清雪人员900余人；各镇（街道）及里口山管理服务中心，根据雪情启动清雪应急预案，调配清雪机械473台（套）开展清雪工作。

【停车管理和服务】 2023年，区综合行政执法局通过集中销号及“12345”政务服务便民热线投诉情况，摸排群众诉求集中小区，协调区住房和城乡建设局、区物管办和物业企业现场办公。年内，解决顺沁园多个商铺占用公共车位、老刺参酒楼周边停车乱、温泉明珠小区内车辆占用公共充电桩、戚家夼物业张贴违规停放车辆告知单等不规范难点堵点问题9件，清理废弃汽车217辆，拆除私自安装地桩地锁、反光锥等占用公共停车位问题460处；结合老旧小区改造，新建、改建嘉禾苑小区网点楼南停车场、环海路沿线停车场、半月湾北岸停车场，增加停车位2600个；持续推行21家机关企事业单位内部停车场错时开放，提供停车位935个；节假日期间，开放景区周边空地作为临时停车区域，方便游客停车。

【违法建设治理】 2023年，区综合行政执法局调整执法中队网格员体系，定岗、定人、定责，完善巡查、管控、处置机制，要求各执法中队与镇（街道）网格对接，针对重点地段、重点区域重点巡查，将违法建设整治工作列入各镇（街道）城镇容貌精致管理考核；发挥镇（街道）网格及社区、物业等基层组织作用，对辖区内违法建设问题及时发现、及时处置；加强对违法别墅工作力度，按周报送违建别墅工作台账，坚决杜绝新增违建别墅；制定《违法建设集中治理行动方案》，组织各镇（街道）制订拆除计划，年内，拆除违法建设123处，拆除面积3.5万平方米。

【电动自行车综合治理】 2023年，区综合行政执法局开展以“文明旅游，志愿同行”为主题的志愿服务活动，发动3000余名志愿者在半月湾、海源公园等区域引导游客文明驾驶和规范停放电动自行车；对全区近3万辆电动自行车、5700余处住宅小区设置的充电端口进行排查，摸清底数，会同区市政园林中心在海源公园停车场北侧设1处临时停放区，约230个车位，打造区级公园有效缓解电动自行车停放压力的“海源模式”；加强对电动自行车乱停放、倒伏、占用盲道等行为整治力度，累计整理乱停放非机动车7000余辆次，劝导违规乘骑行为800余次；联合交警部门、区市场监管局、区交通事务发展中心对租赁电动车行业进行集中整治，检查租赁电动车商户99家、电动车2935辆，取缔无证租赁摊点15处，清理车辆141辆，清理租赁商户占道经营车辆480辆。

【建筑噪声整治】 2023年，区综合行政执法局制定《2023年环翠区执法局施工噪声问题整治方案》，组织各镇（街道）执法中队摸排辖区内49个建筑工地，建立工作台账，查处工地夜间超时施工问题2起，罚款6000元。

【餐饮油烟整治】 2023年，区综合行政执法局印发《致环翠区饮食业经营业主的一封信》，委托专业检测机构对历年各级环保督办案件中涉及油烟扰民饭店及日常群众举报强烈的餐饮店进行专业检测87次，检测结果均符合排放标准；组织各镇（街道）执法中队定期巡查检查督导重点餐饮店清洗油烟净化设施720次，清理周边环境卫生600次。

【扬尘和乱倒垃圾治理】 2023年，区综合行政执法局结合扬尘治理工作，联合交警部门联合执法50余次，组织各镇（街道）执法中队加大巡查检查力度，发现整治乱倒垃圾问题60余处，通过调取监控、协调交警查询渣土车信息等手段调查取证，查处乱倒垃圾违法行为6起，罚款1200元。

【“三线”环境综合整治】 2023年，区综合行政执法局加强对“三线（海岸线、铁路线、公路线）”环境综合整治，制定《2023年环翠区综合行政执法局关于沿海岸滩垃圾污染防治专项行动方案》《环翠区海岸线环境卫生整治工作方案》，对半月湾、葡萄滩、靖子码头环海路重点区域，联合相关部门开展实地检查5次，整改市、区反馈问题133个（区级101个，市级32个）；按照《环翠区春季防尘网、彩钢瓦、塑料大棚等外部环境隐患专项排查整治活动方案》，常态化开展巡查检查，整改铁路沿线市、区反馈问题54个（区级17个，市级37个）；不定期开展“四不两直”实地督导巡查，对辖区环山路周边区域内环境脏乱差等问题进行排查，对省、市级重要观摩路线整治全程跟踪督办、达标销号，完成全市精致城市论坛沿线环境整治反馈问题11个，完成省市等重要观摩路线整治10余次，实地督导整改问题16个。

2023年8月23日，区综合行政执法局检查餐饮店油烟净化设施

（区综合行政执法局　供图）

【城乡环卫一体化管理】 2023年，区综合行政执法局结合农村人居环境整治提升五年行动及文明城市创建和卫生城市复审工作，制定《2023年城乡环卫一体化年度考核办法》，对全区涉农镇（街道）驻地和村庄道路、房前屋后及沟渠、库塘、采摘园、农家乐等区域排查整治，纳入日常管理保洁范围，考核结果纳入全区城镇容貌精致化管理考核，推进问题及时发现、及时派遣、及时处置。年内，下发整改通知148次，巡查反馈问题1244个，自查自纠“三线”不精致问题549个，整改问题1793个；配合生态环境分局完成羊亭河水质增Ⅲ攻坚突破工作。

【数字城管运行】 2023年，区综合行政执法局牵头制定《环翠区数字城管重点案件攻坚整治工作方案》，引导各镇（街道）执法中队加大街面巡查力度，对涉及重点案件的环境容貌类问题、易反复发生、集中发生案件的区域进行大数据分析，实时通报重点关注。年内，处置数字城管案件（门头牌匾、私搭乱建等类）528件，按期结案率100%，无返工案件，部门案件处置始终保持区级考核满分状态；协助区社会治理服务中心完成数字城管案件450件，协助各镇（街道）完成数字城管案件296件。

【智慧城管AI平台建设】 2023年，区综合行政执法局运用AI人工智能、互联网、大数据现代信息技术，打造“自动识别—快速处置—基层延伸”新型高效闭环处置执法模式，即利用遍布市区的视频监控，通过AI分析服务器对视频画面进行实时分析，自动发现城市管理问题，系统自动立案，经平台管理员判定后点对点发送至基层城管执法人员处置终端，进行快速处置、结案，提升问题从发现到处置的效率，减轻基层巡查执法负担。试点开展以来，市级数字化监督员派遣案件数量与2022年同期相比平均每月减少案卷量300余件，问题整改治理率100%；占道经营类问题从发现到治理时间平均减少30分钟，可查询采集考评部位120个，自动抓拍准确率达90%，智能AI识别案件数量63753件次，结案率99%。

【行政执法规范化建设】 2023年，区综合行政执法局落实行政执法公示制度，建立音像记录设备使用管理台账，行政执法事项网上运行率100%。年内，对各镇（街道）执法中队的行政执法文书管理及音像记录情况检查3次，完成线上行政处罚案件53件，修订执法文书编号规则，建立执法文书管理台账，每月调度和不定期现场检查，并将检查情况通报全局。

【执法案件审核】 2023年，区综合行政执法局制定《法治建设工作计划》，完成新立案审核53件，处罚决定审核34件，结案审核3件，案件审核率100%，法院强制执行决定案件1件，政府批复强制执行案件5件，完成重大行政执法案件集体讨论18次，召开听证会3次。

【行政执法培训】 2023年，区综合行政执法局组织执法人员参加行政执法典型案例网上专题学习、学习习近平法治思想暨强化行政执法能力建设专题培训班、全市行政执法专题培训班。年内，组织季度执法业务培训4次、骨干培训班5期，在威海市国家工作人员学法考法平台开展习近平法治思想暨法律知识考试，通过率100%。

【便民服务】 2023年，区综合行政执法局坚持“补位”理念，做好临时占道、大型户外广告等行政许可事项现场勘验及事中事后监管工作。在商家企业开展临时占地促销活动时，结合中高考、重大赛事和接待活动以及天气情况，通过现场勘验源头把关、事中事后跟踪监管服务方式，做好考场和赛事环境保障、事故预防工作，杜绝影响城市容貌、噪声扰民、违规审批导致安全隐患问题出现。年内，出具现场勘验表650份，接受群众现场、电话咨询及回复“12345”政务服务便民热线2500余次，为群众办实事50余件。

（赛宗耀）

园林绿化

【概况】 2023年，环翠区因地制宜开展绿化养护管理，全面普查整改绿地、游园植被及公共设施，实施九华路隧道北延、仙姑顶路（海滨路—青岛路）北侧道路绿化和10处道路节点微改造，实施望岛河游园适儿化改造和望岛河绿道（海滨路—青岛路）建设，开放海源公园三连岛段、羊亭公园二期等5处公园绿地，对新威路、文化路、昆明路等11处路段及节点实施绿化景观亮化，营造优美靓丽城市环境。

【道路绿化建设】 2023年，环翠区投资860万元，实施九华路隧道北延、仙姑顶路（海滨路—青岛路）北侧2条道路绿化及10处道路节点微改造，新建、改造绿化面积2.98万平方米。九华路隧道北端至世昌大道约260米，隧道南端至黄河街约480米，两侧绿化面积1.5万平方

2023年10月16日，九华路隧道北延绿化工程完工

（区市政园林中心　供图）

米，总投资398万元，栽植乔灌木733株、球类522株、地被灌木草花10万余株，绿化工程9月竣工。仙姑顶路北侧绿化提升工程（海滨路—青岛路）配合仙姑顶路人行道工程建设，投资117万元，绿化面积4300平方米，栽植乔灌木91株、球类115株、地被灌木草花5万余株，绿化工程8月竣工。S201、环翠路、机场路、威荣路等10处节点微改造工程投资345万元，绿化面积1.05万平方米，采取整体提升、重点打造思路，合理搭配乔、灌、花、草等苗木以及景石元素，打造季相多变的精致路口节点，绿化工程10月竣工。

【精品游园建设】 2023年，环翠区投资2570万元，实施望岛河游园适儿化改造项目及望岛河绿道（海滨路—青岛路）建设。望岛河游园适儿化改造项目东起海滨路，西至青岛路，两岸景观面积1.67万平方米，根据场地宽度、周边环境及功能需求，游园分为亲水漫步段、滨水休闲段、全龄悦动段三个功能分区。望岛河绿道结合望岛河游园适儿化改造项目，在望岛河南北两岸公园内建设绿道，增设绿道标识，绿道全长1.3千米。

【游园养护管理】 2023年，区市政园林中心全面普查绿地、游园公共设施，整改健身器材、游乐设施30余处，督导各镇（街道）整改公园设施问题23处。海源公园新增2处“智惠易站”，增加节能灯6座、标识牌10处，新增及维护原有公益广告、导视牌等便民设施46处，三连岛绿地、骆驼公园增设休闲桌凳4套，提升公园游园服务水平。

【绿地养护管理】 2023年，区市政园林中心结合环境综合整治和创城攻坚行动，推进园林绿地环境整治。各路段划锄杂草241.4万平方米，清运绿化弃料及垃圾2610.8吨，修剪乔灌木7.2万株、绿篱109.2万平方米、草坪206.6万平方米；按照“上青下绿、不见露土”标准，推进行道树补植与绿地修复，实施昆明路绿化改造提升工程，补栽乔灌木24.4万株、地被植物21.7万平方米，为22条道路和6座过街天桥花箱更换草花138万盆。

【绿化景观亮化】 2023年，区市政园林中心围绕市区重要区域、重点路段及节点实施春节绿化景观亮化项目，在新威路、文化路、昆明路、三角花园节点、和平路卫生城碑节点等11处路段及节点，安装装饰彩灯，其中灯笼2.1万个、造型灯1.1万个、灯带1.1万米、灯串2714串、地插灯1420支、流星雨297套、灯网632张、造型摆件15种。

【绿地开放共享】 2023年，区市政园林中心本着“因地制宜、放管结合”原则，制定完善《环翠区城市公园绿地开放共享试点工作方案》《公园开放突发事件应急预案》，推动绿地开放共享，逐步开放海源公园三连岛段、羊亭公园二期、里口山景区滨河公园、王家疃三亩地活动广场、半月湾绿地5处公园绿地，开放共享面积25万平方米，为市民和游客提供免费搭帐篷、野餐空间；强化日常养护管理和应急队伍管理，推广地块轮换养护方式，完善便民服务设施，在三连岛段绿地新增1处共享绿地指示牌，半月湾绿地新增4处共享绿地指示牌。

【监督考核机制】 2023年，区市政园林中心强化日常监督考核，将考核情况和“12345”政务服务便民热线、威海市城市综合管理服务平台案件全部纳入考核范围。每月不定期实地检查考核养护区域，考核成绩直接与养护费挂钩，让考核压力变成驱动力，提升精细化管理水平。年内，受理“12345”政务服务便民热线案件1044件、威海市城市综合管理服务平台案件377件，案件处理率和回复率100%。

（王维美）

环境卫生

【概况】 2023年，区环境卫生中心聚力打造精致城市环翠样板，稳步推进道路清扫、垃圾清运、公厕建管、垃圾分类工作，城区135条管护道路深度保洁率100%，提升20条道路达到精致道路标准，出动清运车19000车次，清运生活垃圾151879.27吨；新建垃圾分类房88座，对260个垃圾分类集中收集点照明设备升级改造，创建省级垃圾分类示范社区2个，市级五星示范小区8个。年内，环翠区首个垃圾分类主题宣教场所入选山东省城乡生活垃圾分类工作典型案例，区环境卫生中心被评为“2023年度全省环卫工作优秀示范单位”“山东省环卫文化先进单位”。

【道路保洁】 2023年，区环境卫生中心制定印发《提标提质城区环境卫生提升群众满意度工作方案》，明确道路清扫保洁、生活垃圾收集设施管护、垃圾清运、公厕保洁4项工作重点11项具体措施；完善“网格保洁—巡管管护—应急处置”三级管理体制，确保人员到位、责任到位、措施到位；全区划定265个保洁网格，落实专人专格专职管理，保证道路突发污染30分钟处置到位，废弃物滞留时间不超5分钟，城区135条管护道路深度保洁率100%；

海滨路、半月湾等重点区域配备小型电动车64台，实施巡回快速保洁，每日出动洒水车、清扫车18台，保洁员500余人，每天洒水4—5次，机械化清扫3—4次，全方位清理卫生死角；涉旅高峰路段实行“双人岗”应急作业保障模式，延长保洁作业时间，主干道保洁时间达16~18小时，次干道达12~13小时；开展环境卫生综合整治专项行动4次，更新主次干道果皮箱420个，提升20条道路达到精致道路标准（即道路保持清洁见本色，无飘浮垃圾、油渍及尘土；道路两侧绿化带内无垃圾、无大量陈腐性落叶；道路旁果皮箱等分类设施封闭性完好，外体干净，消杀运转及时，标志明显，无残缺破损和垃圾外溢等），本着“宁可跨前一步交叉重叠，也不后退一步形成断档”原则，强化保洁标准和责任延伸，道路保洁组、队之间责任范围相互延伸50米，确保全方位零死角。

【垃圾清运】 2023年，区环境卫生中心强化垃圾清运力度，中心城区划定9个频繁满溢重点区域，成立6个突击清运队，增加清运频次，安排5个清运车次常规性清运至晚间8时，安排3个清运车次巡回清运至晚间11时，提高垃圾清运效率；实现“小快宁全直运”（“小”：在背街小巷和生活小区的垃圾清运中，逐步改用7立方米小型清运车替代12立方米大型清运车辆；“快”：每个车组由一辆具备压缩功能的22立方米大型运输车和两辆7立方米小型清运车组成，小车负责清运收集，满载后通过“车车对接”功能倒装入22立方米大型运输车中，小车投入下一轮清运作业，大车满载后直接运往垃圾处理厂，垃圾收运可不受时间地点限制，生活垃圾清运周转时间由6~8小时缩短至3~4小时；“宁”：传统大型清运车行驶和清运时噪音较大，特别是清晨作业影响居民休息，小型清运车全自动操作，噪音控制在50分贝以内，有效解决噪音扰民问题；“全直运”：淘汰落后垃圾中转站，市中心不再设立垃圾中转点，小车满载后通过“车车对接”功能倒装入大车中，大车满载后直接运往垃圾处理厂）清运方式覆盖中心城区2/3以上区域，有效解决大车进城拥堵、进社区扰民问题；根据“旺季添桶，淡季减桶”原则，在120处垃圾投放点增加分类垃圾桶500个，对重点单位发放清运联系卡预约清运、定时定点清运，对可预计的量大垃圾，主动对接上门清运，对景区景点、网红区等加强衔接沟通，设置集中清运点，定时拖桶，必要时增加专门清运保障车。年内，出动清运车19000车次，清运生活垃圾151879.27吨。

【公厕管护】 2023年，区环境卫生中心牵头开展全区公厕问题排查整治行动，对全区各单位公厕、镇（街道）管护公厕实行抽查，发现整改问题26处，建立问题台账，倒排工期，重点解决卫生差、人员不足、维修不及时、部分厕位不开放问题；督导调度城区旱厕排查整改，强化环卫公厕落实“六无六洁”（六无：无痰涕纸屑、无蝇蛆粪迹、无尿碱污垢、无泥土积水、无积尘蛛网、无堵塞臭味；六洁：墙壁洁、门窗洁、地面洁、隔板洁、便槽洁、厕所周围5米洁）保洁标准，安装毒饵站、防蝇帘等，夯实病媒生物防治措施；配备移动公厕1座，有效保障“2023年半月湾国际沙滩音乐节沙滩音乐节”“中国山地自行车公开赛”“威海铁人三项赛”重大活动游客如厕需求；建立分级快速维修机制，划分3个管理片区，每片区设1名专职检查员，每日72座公厕轮检全覆盖，确保小修不过夜，大修24小时保障。年内，维修设备设施3055处，更换部件1224件。

【垃圾分类】 2023年，环翠区召开3次生活垃圾分类推进会，制定年度工作计划及各镇（街道）考核指标，全域9个镇（街道）以及里口山管理服务中心220个村（社区）开展垃圾分类创建行动，各行业主管部门引导辖区39所中小学、483家机关企事业单位开展垃圾分类工作，入户宣传22万户，线下宣传1950余场；新建垃圾分类房88座，对260个垃圾分类集中收集点照明设备升级改造；创建竹岛街道望岛社区、环翠楼街道塔山社区2个省级垃圾分类示范社区；创建竹岛街道望岛小区、九里小区，环翠楼街道西南村小区、塔山小区，鲸园街道凤鸣谷小区、祥云花园小区、阳光花园小区，孙家疃街道外窑回迁小区8个市级五星示范小区；开展垃圾分类联合执法检查7次，对各镇（街道）所辖物业小区、企业等1486个投放点位的设施设备达标情况进行检查，发现不达标点位231个，年内已整改到位。

【垃圾分类宣教基地】 2023年，区环境卫生中心进一步完善位于纪念路与建设西街交叉口的由20世纪90年代垃圾回收站改建的环翠区首个垃圾分类主题宣教场所，从设计层面凸显“变废为宝”“闲置改造”生态理念。宣教基地始建于2021年11月，占地面积120平方米，经过连续补充完善逐渐形成宣传展示、实地投放、现场兑换三大功能区，摆脱传统宣教基地重教学轻实践模式，将知行合一理念融入其中，集科教性、互动性、体验性于一体，让垃圾分类知识深入人心。2023年1月，垃圾分类宣教基地案例入选山东省城乡生活垃圾分类工作典型案例。

（刘俐昱）

乡村振兴

农村改革

【概况】 2023年，环翠区以促进农村集体增收、保农村稳定为目标，深化农村集体经济组织产权制度改革，开展农村集体资产权属归位全国试点，加强农村集体“三资”（货币资金、资产和资源）管理，整改不规范合同1477份、债权5.14亿元、债务8.28亿元；审计41个村级集体经济组织及其下属企业财务收支情况。完成2个合作社5宗土地、11宗房地一体资产权属变更登记办证工作；累计盘活农村闲置房屋2257栋，整治低效农用地379.2公顷，推出帮扶项目20个，凝心聚力打造乡村振兴齐鲁样板。

【农村基本经营制度完善】 2023年，环翠区根据省、市关于工商企业等社会资本通过流转取得土地经营权资格审查、项目审核和风险防范的相关规定，制定印发《关于做好工商企业等社会资本通过流转取得土地经营权资格审查、项目审核和风险防范管理的通知》，依法强化对工商资本流转农村土地经营权的监管，做好农村土地经营承包管理。至年末，全区家庭承包经营农户16255户，承包耕地3912公顷，土地流转面积1136公顷。未收到社会资本规模流转资格审查、项目审核申请，未发现相关争议。

【农村财务审计与集体资产管理】 2023年，环翠区将农村财务审计与农村大数据管理平台相结合，实现审计数据线上调阅、线下查核“双联审”机制，强化农村集体资金监管，防范资金挪用风险。合理使用“环翠区农村大数据管理平台”，整合“三资”管理、审批管理、产权交易和银农直联4个板块，搭建大数据指挥中心，配套使用手机App，实现管理规范、运行高效、使用便捷、“三资”安全；开展农村集体“三资”专项整治行动，整改不规范合同1477份、债权5.14亿元、债务8.28亿元；开展农村集体资产权属归位试点工作，解决梗阻问题10个，落实支持政策5项，出台制度文件3个；审计41个村级集体经济组织财务收支情况，过户土地33宗、房屋18宗，变更9个下属企业投资主体。《环翠区抓实全过程管理强化镇街代管资金专项审计监督》经验在省、市“三资”整治简报刊发。

【新型农民经济组织建设】 2023年，环翠区根据《农民专业合作社法》和上级有关促进新型农业经营主体规范提升的政策要求，整理下发制度汇编，强化政策解读，从规范运营管理、财务管理等方面完善提升农村经营体制，激活农村发展要素，促进农民增收。至年末，全区有农民专业合作社303家，其中县级以上示范社28家（省级1家、市级7家、县级20家）；家庭农场139家，其中县级以上示范场17家（省级3家、市级6家、县级8家）。

【农村集体经济发展】 2023年，环翠区开展结对帮扶行动，区直部门一对一帮扶经济发展相对薄弱村，协助村集体建设产业项目、解决滞销农产品、协调资源出租，促进集体增收。年内，升级完善“环翠·链乡”平台，与“乡村找房”平台深度融合，接入“最威海是环翠”App，进行涉农优质资源和低效闲置资源双推介，发布推广信息330条，盘活农村闲置房屋2257栋，整治低效农用地379.2公顷，打造帮扶项目20个。

【集体资产权属归位国家级试点】 2023年，环翠区以承担集体资产权属归位国家级试点为抓手，持续规范农村集体资产权属关系，巩固农村集体产权制度改革成果。2020年，环翠区开始对农村集体登记类资产登记情况进行调查摸底并形成资产清单，开启集体资产权属归位工作（集体资产由村民委员会划转至农村集体经济组织），但因资产过户费用高等因素影响，此项工作未能顺利推进。2023年，环翠区重启集体资产权属归位工作，并抓住时机申报国家级试点。2023年8月22日，农业农村部政策与改革司印发《关于开展农村集体产权制度改革相关试点备案的复函》，批复环翠区为集体资产权属归位国家级试点地区。据此，环翠区确定6个镇（街道）、12个合作社先行先试（张村镇皂南台社区股份经济合作社、桃园社区股份经济合作社；竹岛街道南竹岛社区股份经济合作社、陶家夼社区股份经济合作社；羊亭镇北观村股份经济合作社、北小城村股份经济合作社；温泉镇西崮村股份经济合作社、西七夼村股份经济合作社；孙家疃街道山东社区股份经济合作社、靖子社区股份经济合作社；里口山管理服务中心刘家疃村股份经济合作社、福德庄村股份经济合作社）。至年末，完成2个合作社5宗土地、11宗房地一体资产权属变更登记办证工作，面积3.15万平方米；完成4个合作社下属企业投资主体变更工作，完成5个合作社无形资产权利权属登记工作。

（王锦程　马　也）

乡村产业发展

【概况】 2023年，环翠区加快乡村产业发展，依托乡村振兴十大样板片区谋划市级重点项目9个、区级重点产业项目26个和区级重点文旅融合项目9个；推动产业融合发展，强化政策引领，健全产业链条，推动产业由规模数量型向质量效益型转变；积极培育新型农业经营主体，规范提升农民合作社、家庭农场等。至年末，全区有市级以上农业产业化龙头企业22家，省、市级知名农产品品牌9个，打造重点产业项目66个；登记注册家庭农场139户、农民合作社278家，村党组织领办合作社19家；年内，获财政奖补资金4500万元，带动社会投资13084.05万元；桥头镇信河北村入选山东省乡村旅游重点村，桥头镇所前泊村、南子城村、羊亭镇北上夼村、张村镇刘家疃村、温泉镇张家山村获评2023年省级乡土产业名品村，环翠区获评2022年农产品加工业高质量发展先行县。

【乡村振兴样板片区建设】 2023年，环翠区依托里口山近郊休闲样板片区、轻户外运动基地样板片区、玉皇顶文旅融合样板片区、宝石山高效生态农业样板片区、正棋山休闲样板片区、五渚河生态样板片区、菱角湾城乡融合样板片区、黄粱寺休闲观光样板片区、龙山湖高效生态农业样板片区、伟德山生态旅游样板片区十大样板片区，谋划总投资1.846亿元禹星源文体休闲综合体项目、羊亭镇阮家口农业科技产业园、新元果业农林生物防控研究中心、海参特种功能性食品研发中心及智能化精深加工中试生产线建设项目、桥头镇特色高效种植农业项目、智能化苹果冷链仓储物流项目、里口山天池·汉鼎垂钓户外体验中心、黄粱寺循环农业产业园项目、乡忆南子城项目9个市级重点项目，以及总投资5.366亿元的26个区级重点产业项目和总投资4080万元的9个区级重点文旅融合项目，坚持全要素、全方位推进，立足特色、厚植优势，推动片区内党建联合、资源整合、产业融合、人才聚合；推动菱角湾城乡融合样板片区创建齐鲁样板省级示范区。10月9日，山东省打造乡村振兴齐鲁样板观摩团到环翠区里口山近郊休闲样板片区王家疃村、菱角湾城乡融合样板片区信河北村，围绕乡村共富党建联盟建设、红色遗迹打造、产业发展等现场观摩。

【产业融合发展】 2023年，环翠区把发展乡村产业作为农民增收和实施乡村振兴战略的头号工程，强化政策引领，健全产业链条，推动产业由规模数量型向质量效益型转变，印发《关于加快推进环翠区预制菜产业高质量发展的实施意见》，培育农业产业化龙头企业，打造知名农产品品牌，创建高效特色农业项目。至年末，全区有市级以上农业产业化龙头企业22家，省、市级知名农产品品牌9个；打造七彩生物冷凉植物示范基地、中小学生综合实践基地等重点产业项目66个；先后申报创建省级现代农业产业园、省级高效特色农业项目、农产品加工业高质量发展先行县项目，获财政奖补资金4500万元，带动社会投资13084.05万元。省级农业产业园投资1.33亿元发展以苹果和海参为主导的智慧农业，从生产、加工、仓储、保鲜等环节实现全产业链提升。在

2023年12月16日，区农业农村局技术人员到桥头镇高效特色农业项目现场查看大棚西红柿长势 （区农业农村局 供图）

桥头镇建设面积13公顷的设施蔬菜高效特色农业项目1个，打造40公顷苹果现代矮砧集约高效栽培现代果业基地1个，项目引进先进水肥一体化及物联网设备，实现生产全程智能化监控管理。

【旅游与休闲农业】 2023年，环翠区依托近郊优势和乡村旅游资源，借力乡村振兴样板片区重点项目建设，完善城郊休闲农业基础设施，建设重点产业项目，完善发展路径。里口山管理服务中心利用自然资源优势，围绕里口山名胜风景区构筑“吃、住、行、游、购、娱”乡村旅游新格局，大力发展“农业+休闲旅游”产业；羊亭镇打造集绿色果蔬生产、科技农业、特色休闲采摘于一体的现代农业产业，引进先进生产技术与设备，建设乡村振兴产业研究中心等系列产学研一体的农业项目；嵩山街道做大做强运动赛事品牌，打造“农业+运动”产业；温泉镇发挥毗邻崮山水库、正棋山的山水资源优势，发展以养生休闲产业为代表的现代休闲农业；桥头镇发挥区域传统农业优势，建设中小学生综合实践基地、黄窠寺野蚕文化体验基地、蓝天田园自然教育实践基地等农村文旅产业项目。至年末，全区采摘园、垂钓、湿地公园达30处，采摘品种20个，农家乐22家，红色展馆7处；拥有里口山王家疃慢街、羊亭河湿地公园、石窝剧场、中小学实践基地等近郊休闲旅游点10余处。年内，接待游客260.7万人次，年营业收入10820万元，初步形成以观光、采摘、体验、休闲、垂钓、餐饮、文体娱乐为主要特色的城郊休闲农业和乡村旅游新格局。桥头镇信河北村入选山东省乡村旅游重点村，桥头镇所前泊村、桥头镇南子城村、羊亭镇北上夼村、张村镇刘家疃村、温泉镇张家山村获得2023年省级乡土产业名品村称号。

【现代农业经营体系】 2023年，环翠区积极培育新型农业经营主体，推进农村党组织领办合作社有序健康发展。年内，新增家庭农场31家、农民合作社9家。至年末，全区登记注册家庭农场139户，农民合作社278家、省级以上农民合作社示范社1家、省级示范场3家、省级以上农业产业化龙头企业5家；村党组织领办合作社19家，覆盖行政村18个、农户760户，村集体收入106.3万元，社员人均收入7.51万元。

【农产品加工高质量发展先行县】 2023年8月3日，山东省农业农村厅、山东省畜牧兽医局、山东省财政厅联合印发《关于印发2022年现代农业强县、农业绿色发展先行县、农产品加工业高质量发展先行县和畜牧业高质量发展先

2023年4月11日，福德庄村村民在村大棚内采摘樱桃（融媒体中心 供图）

行县名单的通知》，环翠区被评为2022年农产品加工业高质量发展先行县，获得省级财政奖补资金500万元；总投资1764万元的威海浦源食品有限公司鱼类冷冻调理预制菜项目、海洋鱼类半封闭地上发酵项目以及威海喜盈门乳品有限公司乳酸菌无菌灌装生产项目被纳入先行县建设。

（王锦程　马　也）

乡村建设

【概况】 2023年，环翠区按照《美丽乡村建设指南》和省、市关于和美乡村建设要求，围绕农村人居环境整治提升、美丽乡村建设、城乡融合发展、衔接乡村振兴集中推进区建设、农村基础设施网建设行动、农村危房改造、农村改厕等重点任务，强化措施，全要素推进乡村建设，各项工作取得明显成效。至年末，盘活闲置农房118栋、低效农用地50.5公顷、集体闲置资产3处；高标准完成市级下达的43个省级清洁村庄创建任务；完成2022年开始建设的7个省级、市级美丽乡村建设工作，同时推进6个新创建的省级、市级美丽乡村建设；对全区484户农村户厕实施改造；羊亭镇被山东省住房和城乡建设厅确定为山东省小城镇创新提升行动卫星镇试点。

【“两清三化”行动】 2023年，环翠区聚焦农村低效闲置资源盘活，深入实施“两清三化”行动（两清：实现农村残垣断壁和撂荒地动态清零；三化：按照推进一体化、流转多元化、盘活精准化原则，将农村“闲资源”变成“活资产”），引入一批富民兴村产业，每个涉农镇（街道）至少新打造2个示范项目，激活乡村振兴资源要素，带动村集体与群众双增收。至年末，5个涉农镇（街道）盘活闲置农房118栋、低效农用地50.5公顷、集体闲置资产3处，建成精品民宿、亲子研学等“两清三化”示范项目12个。

【农村人居环境整治】 2023年，环翠区组织涉农镇（街道）以“三清一改”为重点，全面清理水塘、排水沟等死角盲角，高标准完成市级下达的43个省级清洁村庄创建任务。至年末，发动群众投工投劳5960人次，发放宣传材料17835份，清理农村生活垃圾13187.09吨、村内水塘106口、村内排水沟150千米、畜禽粪污等农业废弃物712.2吨。

【和美乡村建设】 2023年，环翠区因地制宜，统筹产业发展、公共服务、基础设施、人居环境、乡村治理各方面因素，考虑尊重农民群众实际需要和意愿，组织村民参与和美乡村建设，统筹推进农村公共基础设施建设与管护，推动和美乡村建设项目稳定发挥效用。年内，2022年始建的2个省级美丽乡村（羊亭镇南郊村、桥头镇信河北村）、5个市级美丽乡村（羊亭镇下炉村、温泉镇堂子村和栾家店村、桥头镇北子城和所前泊村）全部完工；新创建的省级美丽乡村（桥头镇义河北村）、市级美丽乡村（桥头镇姚家圈村、马井泊村，羊亭镇上炉村，温泉镇双寺夼村，嵩山街道小镇村）正在建设。推荐羊亭镇贝草夼村申报全国美丽宜居村庄、省级廊道文化体验重点村；环翠区“杏园”贝草夼、里口山乡村休闲旅游入选山东省乡村特色文化艺术典型案例。

【新型城镇化和城乡融合发展】 2023年，环翠区贯彻落实各级关于城乡融合发展相关政策，研究制定新型城镇化和城乡融合发展年度目标任务，聚焦人口市民化、智慧城镇化、绿色城镇化、均衡城镇化、双向城镇化等重点领域，高标准谋划19项重点工作，明确新型城镇化和城乡融合发展具体措施，各项任务有序推进。年内，18个项目被列入山东省新型城镇化与城乡融合发展重点项目；组织各镇申报省级小城镇创新提升行动试点，4月19日，羊亭镇被山东省住房和城乡建设厅确定为山东省小城镇创新提升行动卫星镇试点。至年末，全区常住人口城镇化率达90.26%。

【农村基础设施建设】 2023年，环翠区依托十大样板片区，谋划投资15.4873亿元建设24个基础设施项目，提升片区内基础设施水平，改善居民生活条件。投入区级衔接推进乡村振兴工作补助资金434万元，在桥头镇建设6个基础设施项目，改善交通条件。年内，6个项目全部完工并通过验收。

【农村危房改造】 2023年，区住房和城乡建设局通过政府购买服务方式，按照“监测预警、加强保障”和“及时发现、即时帮扶”原则，对符合标准的农村低收入群体住房实施动态监测，对新鉴定出的危房及时建档、列入计划、落实资金，确保应改尽改。聘请山东华侨建筑设计有限公司对全区653户脱贫享受政策人口和监测帮扶对象住房逐户开展危险性鉴定，共出具有效鉴定报告571份，未发现和上报农村低收入群体住房安全问题。

【农村改厕】 2023年，环翠区持续推进农村厕所改造升级，制定《2023年环翠区农村改厕实施方案》，并按照“政府引导、农民主体、因地制宜、方便适用、分类施策、整村推进”的基本原则，对羊亭镇阮家口村350户、温泉镇罗家村134户农村户厕实施改造，将原来旱厕升级为“三格式”水冲厕所，粪污由农户自治模式改为集中污水站处理模式，改变农村厕所样貌。

（王锦程　马　也　王思予　刘子佳）

乡村治理

【概况】 2023年，环翠区坚持“五级书记”抓乡村振兴工作责任制，建立党政领导班子、镇村书记、党员干部推进乡村振兴战略实绩考核制度，将考核结果作为选拔任用干部依据；以基层党建统领乡村社会治理，完善乡村治理体系，加强农村党组织建设，完成22个村党组织动态调整；重视乡村人才队伍建设，引进与培养各类乡村振兴首席专家32人；深化乡村文明行动，推动文明实践、文明培育、文化惠民等重点工作，建设全国文明村1个、省级文明村镇21个、省级文明社区30个，实现区级以上文明村镇全覆盖。年内，环翠区完善乡村治理结构，成功入选全省首批“信用+”体系统筹推进美德山东和信用山东建设试点；张村镇王家疃村入选第三批全国乡村治理示范村；桥头镇和羊亭镇北上夼村、温泉镇小庄村、里口山福德庄村、桥头镇南子城村被认定为山东省乡村振兴示范县、乡、村。

【农村党组织建设】 2023年，环翠区积极探索“共富公司”“共富市集”等村民集体增收新路径，开展村党组织达标创建活动，对105个行政村全面摸排，了解村情民意，逐村逐项推动村党组织全面规范。年内，5个“强基村”全部销号，22个村党组织进行动态调整；依托桥头镇党群服务中心打造党建综合阵地1处，并入选省级试点；共富党建联盟经验被国家乡村振兴局《乡村振兴简报》刊发，省、市主要领导给予肯定批示；里口山近郊休闲样板片区、菱角湾城乡融合样板片区入选山东省乡村振兴现场会观摩点。

【人才队伍建设】 2023年，环翠区聚焦乡村振兴样板片区建设，深化乡村振兴首席专家制度，引进与培养、全职与兼职相结合，招募产业发展、致富引领、规划创意等各类乡村振兴首席专家32人。至年末，全区乡村振兴首席专家达到112名。新元果业（山东）集团有限公司董事长黄宝堂、山东大学商学院副院长陈学胜、威海华康太融文旅发展有限公司董事长王春晓、里口山管理服务中心王家疃村党支部书记李向君、威海惟农生物科技有限公司董事长刘恩玺、威海市威腾锡镶工艺技术研发有限公司总经理王海峰、威海那天旅游文化发展有限公司总经理林涛、温泉镇张家山村党支部书记张华刚、羊亭镇南郊村党支部书记杜善昭、嵩山街道小镇村党总支书记徐少岩获评“2023年度环翠区优秀乡村振兴首席专家”。其中，黄宝堂、王春晓、李向君3人获评“2023年度威海市优秀乡村振兴首席专家”。7月6日，成立由山东大学商学院教授布乃鹏任团长、乡村振兴首席专家王春晓等4人为成员的“乡村振兴专家服务团”，助力桥头镇乡村振兴产业融合发展。年内，开展服务活动6场次，帮助服务对象解决实际问题3项，培训人员150人次，落地项目2项，成果转化2项。10月12日，举办“山东省博士后科技服务团威海企业行——留日博士环翠行”活动，邀请9名农业专业留日博士实地考察，初步达成合作意向。搭建基层与专家资源对接交流平台，组织263人参加高素质农民培训，评选新型职业农民31人；建设乡村振兴继续教育基地2处、市级以上乡村振兴专家服务基地4处，培训专业技术人才2000人次。

【乡村文化建设】 2023年，环翠区以“5·23”歌咏会为核心组织群众文化活动，开展文化交流活动1000余场次，参与群众10万余人次；组建227支宣讲队伍下乡宣讲1800余场次，受众15万人次；以乡村振兴为主题的环翠区本土电影《村头村尾》获评第十三届山东省“泰山文艺奖”电影类三等奖。年内，建设全国文明村1个、省级文明村镇21个、省级文明社区30个，实现区级以上文明村镇全覆盖；新建嵩山街道小镇村、桥头镇北子城村乡村书房2处，对羊亭城市书房进行提档升级；坐落于羊亭镇的环翠区公共文化服务中心正式对外开放；威海东南乡景区获批国家AAA级旅游景区。12月4日，桥头镇信河北村新时代文明实践站、锡镶技·威海非遗文化体验基地、菱角湾自然学堂入选威海市乡村文化振兴工作现场推进会观摩点。

【省级农村“信用+”试点】 2023年，环翠区完善乡村治理结构，结合实际构建农村“信用+”治理体系。3月23日，环翠区被确定为全省首批“信用+”体系统筹推进美德山东和信用山东建设试点，制定印发

《环翠区构建农村“信用+”体系统筹推进美德山东和信用山东建设试点工作方案》，选取羊亭镇上炉村、温泉镇小庄村、嵩山街道小镇村、桥头镇盘川夼村和威海市南胶葡萄农民专业合作社进行试点。至年末，试点村（社区）村规民约基本完善，建立村民档案1636户，开展志愿服务130次，参与人数1020人次；开展公益活动6次，参与人数35人次；公开表扬8次，表扬人数782人次；发放喜报18次，表彰人数27人；举办“好婆婆好媳妇”等孝老爱亲评选5次，选出“好婆婆好媳妇”41人。

【王家疃入选全国乡村治理示范村】 2023年，环翠区根据农业农村部、中央宣传部、司法部《关于开展第三批乡村治理示范村镇创建工作的通知》要求，培育树立乡村治理基层典型，健全乡村治理体系，增强乡村治理能力，统筹开展第三批乡村治理示范村镇创建。张村镇王家疃村确立“全国乡村治理示范村”创建目标，积极推行“四融”工作法，即党建引领融合村务管理提效能、网格化管理融合服务群众强自治、信用建设融合乡村治理展新风、智慧景区管理融合美丽乡村建设促发展，全力打造共同富裕美丽乡村。11月2日，农业农村部、中央宣传部、司法部印发《关于公布第三批全国乡村治理示范村镇名单及前两批全国乡村治理示范村镇复核结果的通知》，王家疃村入选第三批全国乡村治理示范村。

【省级乡村振兴示范镇（村）】 2023年11月，第三批山东省乡村振兴示范县乡村认定名单公布，环翠区桥头镇和羊亭镇北上夼村、温泉镇小庄村、里口山福德庄村、桥头镇南子城村被认定为山东省乡村振兴示范镇和示范村。至年末，全区3个镇（羊亭镇、张村镇、桥头镇）和10个村（张村镇王家疃村、羊亭镇贝草夼村、张村镇刘家疃村、嵩山街道五家疃村、温泉镇张家山村、羊亭镇梅家沟村、羊亭镇北上夼村、温泉镇小庄村、里口山福德庄村、桥头镇南子城村）先后被认定为山东省乡村振兴示范镇和示范村。

（王锦程　马　也　刘子佳）

脱贫攻坚成果巩固拓展

【概况】 2023年，环翠区贯彻落实《中共山东省委 山东省人民政府印发贯彻落实〈中共中央、国务院关于实现巩固拓展脱贫攻坚成果同乡村振兴有效衔接的意见〉的若干措施的通知》，按照威海市关于脱贫攻坚系列决策部署，统一协调相关职能部门落实帮扶政策，建立健全帮扶机制，巩固拓展脱贫攻坚成果，平稳有序做好过渡期内帮扶工作，确保不发生规模性返贫。年内，排查农户6522户17979人，为621户脱贫群众发放冬季一次性取暖补贴20.01万元，为402户脱贫群众发放孝善养老补助19.296万元，为3名在校脱贫学生发放雨露计划补助资金0.9万元；拨付省内协作资金360万元；争取乡村公益岗数量17个，每岗可带动脱贫群众每月增收800元。

【防返贫动态监测】 2023年，环翠区持续完善农村低收入群体防返贫监测帮扶体系，抓好动态监测，对每月新增农村低保对象、分散供养特困人员、低保边缘家庭、临时救助对象以及孤儿、事实无人抚养儿童、重点困境儿童信息、新增县域内医疗机构救治的30种大病专项救治病种农村患者信息、新办理及变更重度残疾人证的农村人口信息进行分解，组织镇（街道）逐条入户走访核实，及时掌握脱贫享受政策人口和非贫困户因病、因灾、因突发事件导致易返贫致贫的基本信息，为采取有效帮扶措施提供决策依据。

2023年12月7日，区农业农村局帮扶责任人到桥头镇脱贫户家中走访

（区农业农村局　供图）

年内，排查农户6522户17979人，认定符合条件对象1户2人。

【帮扶政策落实】 2023年，环翠区根据市里统一规定，对符合条件的监测帮扶对象和脱贫政策享受人口，围绕“两不愁三保障”（两不愁：不愁吃、不愁穿；三保障：教育保障、医疗保障、住房保障）和饮水安全等硬性指标，因人因户开展帮扶，切实做好基本生活保障，多渠道增加收入。教育方面，全区脱贫享受政策人员中有在校生8人，其中高中（含中职）阶段3人、义务教育阶段适龄学生5人，全部正常接受教育，无失学、辍学现象。医疗方面，为脱贫享受政策人口及监测对象每户配备家庭签约医生1名，开展上门服务2000余次，落实医疗“六重保障”（基本医疗保险资助政策、大病保险倾斜支付政策、医疗机构减免政策、医疗救助托底保障政策、医疗商业补充保险政策、再救助政策）机制，落实大病保险倾斜政策，防止因病返贫。住房方面，动态监管脱贫群众及监测对象住房情况，开展拉网式住房安全鉴定1次。饮水安全方面，全区105个行政村实现集中供水和水质检测全覆盖，全区农村居民自来水供应量、水质等指标全部达到农村饮水安全评价标准。设立脱贫享受政策人口和监测帮扶对象公益岗位17个，每人每月享受补助800元，扩大低收入群体增收渠道。

【省内协作帮扶】 2023年，环翠区继续与枣庄市台儿庄区开展协作帮扶，拨付台儿庄区财政协作帮扶资金360万元；增强双方企业合作，推进就业帮扶，开展专业技能培训，环翠区70多家企业参与，为对方培训200余人次。

【衔接资金项目实施】 2023年，环翠区投入财政衔接资金434万元，新建6个基础设施类项目（盘川夼村山路硬化项目、邓家店村山路硬化项目、前宅库村村内道路整修项目、桥头村村内水沟整修及山路硬化项目、马井泊村村内水沟整修及山路硬化项目、方吉村山路整修项目），项目实施方案编制指向明确、实化量化、合理可行，资产确权到相关村。至年末，6个基础设施项目全部完工，改善了村民的生产生活条件，方便了农业生产经营，为群众出行提供便利。

（王锦程　马　也）

生态环境保护

环境状况与综合治理

【概况】 2023年，环翠区细颗粒物（$PM_{2.5}$）平均浓度23微克/立方米，优良天数比例87.8%，重污染天数为0；重点河流水质全部达到“Ⅲ”类标准，近岸海域水环境质量达标率100%；土壤及辐射环境质量稳定，医疗废物全部得到安全处置，未发生一般以上环境污染和生态破坏事故；申请中央农村环境整治资金1726万元，用于桥头镇农村生活污水治理工作。年内，环翠区被山东省生态环境厅、山东省财政厅确定为2022年度山东省生态文明强县，获得奖补资金1000万元；威海双岛湾——威海湾区被山东省生态环境厅确定为第一批省级美丽海湾优秀案例；鲸园街道花园社区被山东省生态环境厅确定为近零碳社区示范创建单位，获批省级专项资金20万元。

【区生态环境委员会工作会议】 2023年8月18日，环翠区生态环境委员会召开2023年第一次全体会议，传达威海市生态环境委员会第二次全体会议精神，听取《威海市环翠区生态环境委员会2023年度工作要点》，议定以区生态环境委员会办公室名义印发执行。12月22日，区生态环境委员会召开2023年第二次全体会议，传达全市生态环境保护大会暨美丽威海建设推进会议精神，安排部署区生态环境保护相关工作。

【大气污染防治】 2023年，生态环境分局开展挥发性有机物“1+5”专项整治（“1”是进一步完善大气环境监测网络作为支撑保障，“5”是轮胎橡胶制品、修造船、加油站、汽修、体育用品制造5个挥发性有机物重点行业），做好臭氧攻坚应对准备，排查使用过滤棉、活性炭等吸附介质企业，对70家不符合规范要求、吸附效果差的企业集中更换。开展工业企业无组织排放控制管理，排查涉及火电、建材（含洗沙企业、砖瓦、石材、搅拌站等）、铸造等重点行业及燃煤锅炉企业18家，发现、整改问题10处。开展移动源全链监管，检查辖区内机动车环保检验机构11家，对3家存在问题机构停线处理，对1家弄虚作假机构依法处罚10万元。路检路查柴油货车79辆，非道路移动机械937辆，检查加油站36家，发现整改问题32处；依法立案查处在禁止使用高排放非道路移动机械区域使用高排放非道路移动机械环境违法行为2起。修订《环翠区重污染天气应急预案》，细化企业应急减排措施，将2023年排查核实的200余家涉气企业全部纳入应急减排清单进行动态监管；利用走航监测数据，加强涉气企业监管，现场检查企业62家，取缔“散乱污”企业8家。

【水污染防治】 2023年，生态环境分局开展汛前河湖水质隐患排查整治，督促镇（街道）对环翠区辖内8条河流进行33轮次全面摸排，发现并整改影响水质问题12个。实施羊亭河水质“增Ⅲ”行动，制定《环翠区羊亭河水质“增Ⅲ”治理方案》，对羊亭河开展10轮次全流域和1轮次重点点位人工取样检测，摸排发现整改影响水质问题152个，羊亭河水质从Ⅳ类提升至Ⅲ类。开展入海排污口排查整治，委托第三方对17处入海排污口进行2轮次人工取样检测，同时开展月度排查整治行动，排查入海排污口33轮次，发现并解决问题3处。开展入海河流总氮排查整治，分析研判3条省控河流总氮变化趋势，排查292个点位，定期对石家河、羊亭河、五渚河开展人工取样检测，对高值区进行徒步巡查和原因分析，为做好总氮削减工作打基础。

【噪声污染防治】 2023年，生态环境分局在建设项目管理上严格审批产生噪声的建设项目，要求建设单位按照相关法律法规落实噪声污染防治措施要求。开展“送法入企”活动，向涉噪声企业宣传《中华人民共和国环境噪声污染防治法》，提升企业噪声污染防治意识。开展声环境治理，全区夜间22时至次日6时禁止除抢险抢修等特殊作业外的夜间施工。高考、中考及在校学生学业水平等级考试期间，对可能影响考生休息和考试正常进行的噪声源严格管控。

【农村水环境治理】 2023年，生态环境分局开展农村生态环境治理，改善农村人居环境质量。申请中央农村环境整治资金1726万元，用于桥头镇农村生活污水治理工作。全区85个行政村完成农村生活污水治理，完成比例达78.7%（山东省对农村生活污水整县完成比例要求为55%），农村污水处理设施运行率100%，区域内农村黑臭水体保持动态清零。联合区畜牧兽医事业发展中心开展畜禽养殖禁养区起底式大排查，排查22家，未查出禁养区内已关闭或搬迁的畜禽养殖场（户）“死灰复燃”、新建养殖场（户）、已关闭畜禽养殖场（户）周围环境未整治到位问题。

【土壤污染防治】 2023年，生态环境分局提升土壤污染源头防控水平，动态更新土壤污染重点监管单位名录，督促5家重点监管单位严格落实污染隐患排查法定义务，开展土壤隐患排查“回头看”及自行监测，防范土壤污染风险；开展“一住两公”（住宅用地、公共管理与公共服务用地）地块调查，加强用地准入管理和部门联动监管，杜绝未依法开展土壤污染状况调查地块进入用地程序，全区重点建设用地安全利用率达到100%。

2023年9月6日，生态环境分局在温泉镇冶口水库检查农村生活污水治理情况

（生态环境分局 供图）

【项目审批与管理】 2023年，生态环境分局根据“要素跟着项目走”原则，为山东光焱新材料科技有限公司光焱新材料生产项目等12个区级以上重点项目多方筹措调剂总量，助力项目顺利通过审批。以项目减排为抓手，推动区域环境改善，在全区范围内筛选上报重点减排工程项目2个，并推动工程有效实施。强化排污许可管理，提升发证质量，完成排污许可登记1426家，简化管理70家，重点管理21家，对80家已核发排污许可证企业进行现场核实，未批准“两高”项目。

【固体废物与辐射管理】 2023年，生态环境分局推进“无废城市”建设，打造名流环境科技股份有限公司、威海华夏城“无废景区”固废利用项目、威海刘公岛生活源固体废物治理项目等“无废细胞”典型样板，形成一批可复制、可推广的创新模式；开展化学物质调查，组织17家企业参加现场培训，完成180家企业化学物质现场调查，指导13家企业填报全国化学品生产使用环境信息管理系统；强化危废平台监管与重点管控，开展危险废物专项整治，督导420家产废企业完成2023年危险废物管理计划申报备案工作，组织医疗废物收集处置单位（威海市环保科技服务有限公司）定期开展风险隐患排查，推进机动车维修行业危险废物专项排查整治，对9个镇（街道）、249个村（社区）开展清废行动，对70家企业、193家重点场所的危险废物开展拉网式、起底式排查整治“百日攻坚”行动，发现整改问题119处；开展核与辐射安全防范，多部门联合印发《威海市环翠区关于联合开展2023年度全区

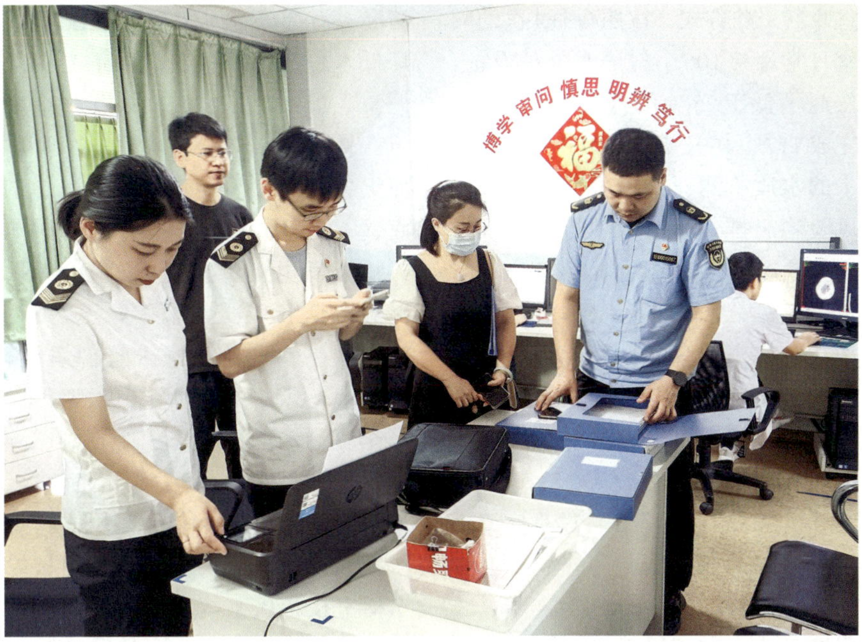

2023年8月31日，生态环境分局联合区卫生执法部门开展核技术利用情况“双随机、一公开”联合执法　（生态环境分局　供图）

核技术利用单位隐患排查专项行动方案》，不定期开展联合检查，联合相关单位召开辐射安全监管工作会议，将需要办理辐射安全许可证的宠物医院、牙科诊所等72家放射性诊疗机构纳入监管。

【生态环境执法】 2023年，生态环境分局扎实开展综合执法和污染源随机抽查工作，提高重点区域、重点领域和重点问题的抽查比例，实现差别化靶向监管，智慧监管系统录入检查企业150家次，存在问题企业36家次，针对存在环境违法问题企业依法立案查处，对10家轻微环境违法行为企业启动生态环境损害赔偿；畅通生态环境保护监督渠道，查处“12345”政务服务便民热线和“12369”环境保护举报热线平台转办的生态环境信访案件1200余起；推出“执法检查+环保医生”工作模式，在6个镇（街道）开展免费“诊断”服务，424家企业发现问题600余个，整改完成22家，整改问题132个。

【应急预案编制与演练】 2023年，生态环境分局高标准抓好应急管理和安全生产工作，加强企业应急能力建设，督促124家企业完成突发环境事件应急预案编制及备案工作，督促200余家企业落实企业安全生产主体责任；联合区应急局在威海博宇食品有限公司举行液氨泄露应急演练，加强各部门应急处置协同作战能力；排查整治企业突发环境事件风险隐患，组织50余家企业对照环境应急管理情况自查表开展全方位无死角自查自纠，确保问题隐患整改到位。

【生态环境保护督察】 2023年，生态环境分局完成剩余7件省级生态环境保护督察交办件和1件中央生态环境保护督察交办件销号工作。开展“回头看”，核查第二轮中央生态环境保护督察件16件、第二轮省级生态环境保护督察件103件，杜绝反弹回潮。推动新建污水处理厂供地问题解决，制定《新建污水处理厂用地工作方案》，捋清时间节点，对各责任单位进行周调度；6月28日，取得《威海市人民政府关于将部分国有建设用地使用权利划拨给威海市水务集团有限公司的批复》。

【环境保护宣传教育】 2023年，生态环境分局开展环保知识进校园、环保科普进社区活动，常态化开展保护环境立德树人宣讲和志愿服务，

2023年6月2日，生态环境分局联合区人民法院、张村镇东塘社区到威海环境再生能源有限公司开展“6·5”环境日主题宣传活动

（生态环境分局　供图）

发放宣传资料500余份。持续开展“送法入企”活动，通过“提醒式”执法，提升企业依法经营观念。组织威海环境再生能源有限公司开展环保设施向公众开放活动，联合区人民法院、张村镇东塘社区开展“5·22”国际生物多样性日、“6·5”环境日主题宣传活动。

（冯童童）

水资源保护

【概况】 2023年，环翠区践行“节水优先、空间均衡、系统治理、两手发力”治水方针，统筹发展与安全两大任务，在重点水利工程建设、农村饮水安全、水旱灾害防御、水政水资源水土保持以及队伍建设方面取得优异成绩；“两个清零、一个提标”工作获省级督查表彰，农村水质提升工作经验在省级媒体介绍；争取中央资金674.78万元，实施大中型水库移民扶持项目12个。

【水利项目建设】 2023年，环翠区推动重点水利项目建设，提升可持续发展水动力。年内，投资3500万元实施冶口水库抬田增容工程，通过清淤、加固坝坡等提升水库拦蓄能力；投资575万元修缮嵩山街道、温泉镇、桥头镇因强降雨受损的水库、塘坝、护岸等水利工程，保障水利设施安全运行；投资450万元实施冶口、安夼两座小型水库除险加固工程，解决病险水库大坝漏水、防汛路破损、溢洪道不畅通问题，提升水库防洪抗灾能力。

【农村饮水安全】 2023年，环翠区统筹城乡协调发展，着力抓好农村饮水安全。年内，投资81万元，通过政府采购方式，按照每月1次的频率日常巡检106个村的水处理设备，按照不低于25项的检测指标要求，完成117个村龙头水、106个村直饮水的水质检测；开展农村供水水质风险隐患排查整治专项行动，不定期督导检查117个村的取水工程、供水工程、安全管理等。6月，区水利局联合桥头镇政府在新建村实施农村饮水水源置换工程，成为威海市首个引入管道直饮水的农村。此项工作在山东水利公众号、齐鲁网、闪电新闻App作为典型经验推广。

【农村水质提升】 2023年，环翠区印发《威海市环翠区农村供水水质提升专项行动工作方案（2023—2025年）》，规划实施88个村的规模化供水并网工程，将全区规模化供水覆盖率提升至85.2%。持续做好水质问题整改工作，针对5月中旬水质检测有30个村水质不达标的问题，建立水质整改工作台账，年内全部整改完成。

【水旱灾害防御】 2023年，环翠区调整区水利防汛抗旱指挥部成员名单，强化责任分解落实，印发《环翠区水利防汛抗旱应急预案》，调整更新小型水库安全度汛“三个责任人”及大坝安全责任人名单，落实度汛行政、技术、巡查“三个责任人”；在羊亭镇举办山洪灾害防治暨水旱灾害防御应急演练，严格执行24小时值班和到区应急局联合值班制度；汛期以来，对全区水利工程运行情况及应急预案执行情况开展拉网式排查，督导镇（街道）对辖区所有水库、骨干河道及重点塘坝巡查排险。台风“杜苏芮”“卡努”和历次强降雨期间，紧急派出检查组到各镇（街道）实地检查水库、塘坝运行和山洪灾害防御责任落实情况，对部分水库、塘坝提前预泄，降低水位，组织各镇（街道）提前调集人员和防汛物资，确保安全度汛。按照“宁可备而不用，不可用而无备”原则，新建防汛物资储备库，筹足筹齐皮划艇、冲锋舟、无人机、发电机、救生衣、救生圈、卫星电话和照明设施等防汛物资；依托智慧水利监测预警管理系统，安排专人密切监测31个自动雨量站、35个自动水位站以及19个视频监测站，及时上报统计汇总雨水情信息，为领导决策提供准确可靠数据支撑；依托威海市广播电视台建立与村级广播直接相接系统，预警广播直接到村到户，确保遇到汛情险情迅速响应，保障群众生命财产安全。

【水资源管理】 2023年，环翠区严抓水资源水土保持管理，加大水资源“数字化治理”创新应用。严格控制用水总量，提高用水效率，以信息化手段为支撑，保证取水监管高效规范。为41家非农业用水户下达用水计划，覆盖率100%，完成非农业用水户用水量核定工作，未出现超计划用水现象，用水总量目标可控。加强水资源保护和管理，发挥水资源最大刚性约束，封停6处位于公共供水管网覆盖范围内取水许可证不予延续的自备井取水口。以“世界水日”“中国水周”“全国城市节约用水宣传周”为契机，联合各机关单位、各镇（街道）组织形式多样的宣传活动，全面提高社会公众涉水法律法规意识、节水意识。组织威海市东山宾馆有限公司、威海市塔山中学2家单位成功申报市级节水型单位，威海市东山宾馆有限公司获得山东省节水标杆称号。根据水利部、山东省水利厅开展水土保持“天地一体化”遥感监测问题整改任务，完成整改销号违规图斑

2023年5月14日，山东省节水工作现场会在威海召开，副省长陈平（前排左二）以及16地市分管负责人和山东省水利系统负责人到华夏城景区观摩园区节水工作情况　　　　（区水利局　供图）

11批次87处，完成5.16平方千米年度目标责任评估考核任务。落实“用地清单制”，根据自然资源局出让地块情况，在土地供应前完成水资源论证、水土保持、防洪影响等评估，形成“用地清单”，在土地供应时一并交付用地单位，打包2023年计划出让45宗地，推进方案编制工作，提高项目建设效率。根据《山东省水利厅关于开展水土保持示范创建工作的通知》，山东省水利厅组织创建省级水土保持示范县、省级水土保持示范工程和省级水土保持科技示范园，威海华夏城获评省级水土保持科技示范园。5月14日，山东省节水工作现场会在威海召开，副省长陈平以及16地市分管负责人和山东省水利系统负责人到华夏城观摩园区节水工作情况。6月18日，环翠区作为山东省首个通过省级雨污合流管网清零现场验收的县（市、区），被山东省委办公厅、山东省政府办公厅在《关于对2022年度落实有关重大政策措施真抓实干成效明显地方予以激励的通报》中通报表扬。

【水利移民保障】 2023年，环翠区关注水库移民民生福祉，争取中央资金674.78万元，实施大中型水库移民扶持项目12个，对移民村进行产业扶持、道路硬化、环境整治、农村饮水工程建设；按时足额发放大中型水库移民扶持资金124.38万元，争取上级资金124.8万元，委托第三方每年按照固定分红收益率7%、总分红收益固定8.74万元，向指定的贫困移民支付分红收益。

（范昱君）

河湖湾管理

【概况】 2023年，环翠区深入学习贯彻习近平生态文明思想，践行“绿水青山就是金山银山”发展理念。年内，审议并通过《环翠区总河长令（第1号）——关于统筹推动河湖长制高质量发展的通知》，印发《威海市环翠区2023年度河湖长制工作要点》，编制完成《威海市环翠区河湖长制发展规划》；以河湖湾长制工作为抓手，开展河湖建设、河湖湾日常巡查、清“四乱”和“河清海晏”志愿服务活动，推进美丽幸福河湖建设；区、镇、村三级河湖湾长巡查14600余次，督导整改“四乱”问题116处，五渚河与张村河通过省级美丽幸福示范河湖验收。

【总河长会议】 2023年7月31日，环翠区总河长会议召开。会议审议并通过《环翠区总河长令（第1

2023年7月31日，2023年度环翠区总河长会议召开

（区生态文明建设协调中心　供图）

号）——关于统筹推动河湖长制高质量发展的通知》等文件。会议要求，区级河湖长要带头履职尽责，按要求定期巡河巡湖，重点问题亲自督办；相关单位、镇（街道）要协助区级河湖长提升河湖管理能力，确保河湖管理保护到位；抓好美丽幸福河湖建设，积极开展省级美丽幸福示范河湖创建工作，按照“河畅、水清、岸绿、景美”要求做好美丽河湖达标工作，确保全流域河流达到美丽幸福河湖基准；抓好问题排查整改，加大对沿河污水管网破裂以及工业企业污染、生活污水、畜禽养殖污染等问题排查力度，做好污染防治工作；采取“四不两直”方式，常态化、不定期对全区河湖进行巡查，对于发现的乱堆、乱建、乱排、乱占、乱采问题加大督办力度，确保河湖“长治久清”。

【河湖湾长调整】 2023年，环翠区总河长会议审议通过并印发《威海市环翠区2023年度河湖湾长制工作要点》《区级河湖长巡查河湖工作规则》《威海市环翠区河湖长制重点督办事项处置预案》等文件，对全区30条河流、23座水库、5处海湾的区、镇、村三级河湖湾长进行调整。全区设区级河湖长8名、镇级河湖长45名、村级河湖长113名；区级湾长8名、镇级湾长5名、村级湾长17名。实时更新111块因相关河长变更或损坏需要更换的公示牌，新设河长制公示牌102块、湖长制公示牌27块、湾长制公示牌8块。

【河湖规划编制】 2023年，环翠区编制完成《威海市环翠区河湖长制发展规划》，从体制机制建设、水资源保护、河湖水域岸线空间管控、水污染防治与水环境治理、水生态修复、水旱灾害防御六个方面，提出河湖长制新时期工作目标和任务，保证河湖管理有序进行。

【河湖湾长巡查】 2023年，环翠区实施“周旬提醒、月度通报、年度考核”工作机制，督促各级河湖湾长做好分包河湖湾巡查工作。年内，三级河湖长日常巡查1.1万次，三级湾长、湾管员巡查3600余次，巡查里程1万余千米。区生态建设协调中心结合职能做好羊亭河水质“增Ⅲ”工作，督导羊亭河及其支流各镇级、村级河长切实做好分包河道巡查工作，建立台账，发现并整改河道漂浮物、垃圾问题106处。

【河湖湾清“四乱”】 2023年，环翠区采取“四不两直”方式，常态化、不定期对全区河湖湾实地巡查，对于发现的乱堆、乱建、乱占、乱采问题，中心以督办通知的方式“点对点”下发至相关镇（街道），督导相关单位限期整改。年内，下发督办通知45次，督导整改问题116处。

【美丽幸福河湖建设】 2023年8月15日，环翠区五渚河（嵩山街道西庄村—崮山水库）在争创水利部淮河流域幸福河湖活动中，通过水利部淮河水利委员会及山东省河长制办公室、山东省水利厅组织的联合验收。12月25日，水利部淮河水利委员会正式公布淮河流域幸福河湖名单，五渚河入选。12月13日，山东省河长制办公室印发《关于公布2023年省级美丽幸福示范河湖名单的通知》，环翠区张村河入选省级美丽幸福示范河湖名单。区生态文明建设协调中心组织相关镇（街道）及里口山管理服务中心依照“河畅、水清、岸绿、景美、文化”标准，完成张村河、九龙河、石家河、大北山河、埠前河、鹿道口河、戚家庄河、柳沟河、寨子河、城南河等河湖达标工作。至年末，辖区内所有河流均达到市级美丽河湖标准。

【“河清海晏”行动】 2023年，环翠区大力创建“河清海晏”行动特色党建品牌，区生态文明建设协调中心与区文明办联合发文，要求各镇（街道）及河湖湾长制办公室成员单位落实河湖湾长制工作决策部署，结合实际开展水生态保护项目；与区华益社会工作服务中心等社会公益组织合作，向全区发出保护海洋水生态倡议，组织成员单位及相关村（社区）开展志愿服务活动50余次；争取中国海洋发展基金会全国“净滩”活动主会场落户环翠区，并于10月8日举行“净滩”活动启动仪式。年内，“河清海晏”行动先后开展公益“净滩”、开学第一课、沿岸徒步行各类海洋生态保护志愿活动7场。

【河湖治理经验推广】 2023年5月14—18日，山东省河湖长制和水旱灾害防御专题培训班暨全省节水工作现场会在威海举行，与会人员现场观摩考察华夏城省级水利风景区蓄水节水项目，环翠区作典型发言，交流羊亭河和五渚河治理经验；7月16日，齐鲁网推出《威海市环翠区：探索“河湖长+”模式构建河流治理新格局》经验文章；11月23日，山东省河长制办公室发文推广羊亭河效益河湖建设经验，威海市委主要领导作出肯定批示。

【上级反馈问题整改】 2023年，环翠区实时落实整改上级部门反馈的辖内河湖湾管理问题。海湾方面，开展两轮“净滩2023”专项行动，对市湾长办发现的涉及环翠区的6处“乱堆”问题进行整改，出动人员16人次、船只2艘次、3吨货车6车次，清理清运垃圾、杂物、漂浮物10余立方米；河湖方面，对国家水利部遥感复核的59个问题、山东省水利厅暗访发现的2个问题现场核实整改。

（蔡浩林）

森林资源保护

【概况】 2023年，环翠区围绕生态立区发展战略，以推深做实林长制为抓手，统筹保护和发展，守安全做特色，推进林业高质量发展，开展退化林修复400公顷、森林抚育200公顷，栽植各类苗木34.5万余株，连续4年实现松材线虫病疫情发生面积和病死树数量双下降，被国家森林和草原局授予“松材线虫病疫情防控攻坚行动先进单位”称号。

【林业有害生物防治】 2023年，环翠区坚持以清理病死松树为核心、以媒介昆虫防治为辅助综合防治策略，点上精准除治和面上高效防控同步用力，采取疫情普查、疫木除治、媒介昆虫防治一体化防治模式，全区松材线虫病疫情发生面积和病死树数量连续4年双下降，松材线虫病疫情得到有效控制，被国家林业和草原局授予“松材线虫病疫情防控攻坚行动先进单位”称号。年内，辖区内林业有害生物发生面积5164公顷，其中松材线虫病发生面积4704公顷、病死树8595株，全部清理完成。打孔注药13.5万瓶，开展飞机施药防治传媒昆虫作业2轮，作业面积1.52万公顷。其他林业有害生物有美国白蛾、松墨天牛、悬铃木方翅网蝽、长林小蠹，均为轻度发生。

【花境职业技能竞赛】 2023年5月至8月，山东省技能兴鲁职业技能大赛——花境职业技能竞赛在华夏生态农场举行。区林业发展中心牵头承办此次职业技能大赛。经过前期报名、方案初评、设计深化、现场施工等环节，10组各具特色、季相景观丰富的花境作品亮相威海华夏生态林场花境谷。经花境职业技能竞赛评审委员会综合评审，授予青岛青枫景观设计有限公司一等奖，济南亿禾世纪园林绿化有限公司等3个单位二等奖，威海职业学院（旷野新生）等6个单位三等奖；授予威海职业学院（旷野新生）最佳设计奖，济南亿禾世纪园林绿化有限公司最佳施工奖，威海职业学院（经略海洋）最佳养护奖，烟台市芝罘园林工程有限责任公司最佳网络人气奖；授予济南市园林和林业绿化局优秀组织奖；授予威海市林业发展中心和环翠区林业发展中心2个单位突出贡献奖。环翠区在全省花卉高质量发展现场会暨花卉产业发展现场会作典型发言。

【威海市森林防火现场会】 2023年3月9日，威海市森林防火暨森林防火工作专班现场推进会议在环翠区里口山林场举行。与会人员沿里口山山脉查看防火通道、蓄水设施、隔离围网、生物隔离带等建设情况，查看森林防灭火设备配备情况，通过视频监控系统调度森林防火工作，观看引水上山工程及扑灭山火演练。会议要求各级各部门克服麻痹侥幸心理，摸清护林防火各类设备设施底数，加强物资储备管理，补齐补强设施设备短板；突出抓好源头管控，推进野外火源和违法用火专项治理，加强对重点区域、重点时段管控；加强宣传教育，提升全社会森林防火意识，把森林防火工作抓实抓牢。环翠区作典型发言。

【植树造林】 2023年，环翠区组织开展“绿满威海·四季多彩”国土绿化行动，完成400公顷退化林修复项目，栽植云杉、梓树、元宝枫、红叶石楠等苗木16万余株；在张家山林场、正棋山林场实施200公顷森林抚育项目，对自然整枝不良、通风透光不畅树林进行抚育，提升森林质量，优化森林结构；组织机关

2023年7月20日，花境职业技能竞赛作品区域鸟瞰图

（区林业发展中心　供图）

干部、社区志愿者、专业施工单位和社会团体3.5万人，在各镇（街道）植树点、双岛林场植树点等地开展植树活动，栽植黑松、云杉、美国红枫、红叶石楠、五角枫、黄栌等苗木18.5万余株。

【林长制工作改革】 2023年，环翠区建立健全基层护林组织体系，在各镇（街道）建立基层林业工作站，镇级林长办加挂林业工作站牌子。区级总林长、副总林长先后召开20余次会议研究部署森林防火工作，到镇（街道）督导检查42次；各镇（街道）、里口山管理服务中心、国有双岛林场与林区周边生产经营单位、林区内施工单位签订森林防火责任书400余份。规范“民间林长”招募聘任流程和责任义务，15名“民间林长”巡林20余次，发现报告毁林、病虫害问题10余处并整改到位。开展“林长尽责年”活动，完善林长制协作会议制度，明确各级林长巡查内容责任，促进各级林长履职尽责，形成纵向齐抓、横向协作的聚合效应。

【森林草原湿地调查】 2023年，区林业发展中心组织实施森林、草原、湿地调查监测，开展森林矢量标准地标准木调查工作，完成标准地调查144个、标准木调查159株。至年末，全区林草湿资源总量15720公顷，其中林地14800公顷、草地620公顷、湿地300公顷。组织对国家林业和草原局下发的7个疑似图斑和山东省自然资源厅下发的251个疑似图斑进行核查，确定图斑变化原因，摸清森林资源动态变化情况，维护林区生态安全。至年末，完成2022年度森林督查26个违法图斑和山东省自然资源厅反馈监督问题查处整改工作，收缴罚款56379元，原地恢复林地面积6.6409公顷，补植林木10545株，通过国家、省、市三级验收。开展森林草原湿地全量数据更新工作，完成7958个重点图斑核实与举证照片迁移工作、852个不一致图斑的外业举证工作，同步形成本年度调查监测数据库，为全区林草湿资源管护工作提供基础数据支撑。

【古树名木保护】 2023年，环翠区按照上级对古树名木保护工作安排，

表38　环翠区二级保护古树名录一览表

序号	古树编号	树种名	树龄（年）	树高（米）	胸（厘米）/（地）围（厘米）	冠幅（米）	位置	管护责任人
1	37100210001	银杏	约500年	16.5	349	17	桥头镇观里东村社区服务中心院内西侧	夏清丽
2	37100210002	银杏	约500年	16.2	359	15	桥头镇观里东村社区服务中心院内西侧	夏清丽
3	37100210003	银杏	约500年	14.4	474	17	温泉镇林家院村（旧址）东崮山寺	林家院村村委
4	37100210004	银杏	约500年	17.6	356	20	竹岛街道望岛名郡小区内东南角广场	刘新亮
5	37100210005	龙爪槐	约500年	8.8	197	9	张村镇王家疃村西520米路南	王家疃村村委
6	37100210006	槐	400余年	9.8	299	16	孙家疃街道望海山海城小区2-7号楼西广场	苗大勇
7	37100210007	国槐	约500年	14.2	402	15	孙家疃街道里窑村山海华府小区B-2别墅楼南广场	苗伟波
8	37100210008（为两棵缠绕的树）	柘	约500年	8.9+8.2	114+160	8+10	张村镇黄家皂村威海泰华纺织（昆仑路与香山街交界处）西北角院外（东株）	丛　群
9	37100210010	槐	420余年	15.8	376	18	桥头镇报信村南303省道北路边	报信村村委
10	37100210014	朴树	430余年	9.3	306	14	温泉镇张家山村西380米	张家山村村委
11	37100210020	黄连木	330余年	16.8	347	14	竹岛街道戚家庄小区47#楼南	戚家庄村村委
12	37100210021	槐	330余年	12.3	290	20	孙家疃街道凯悦商务酒店西南30米	黄泥沟村村委
13	37100210048	银杏	310余年	20.4	309	12	嵩山街道华夏城小区家家悦超市前	张家疃村村委

完成辖区内二级古树审核认定13处，经市政府同意向社会公布，强化古树名木资源调查和挂牌管理，推进濒危衰弱古树抢救复壮。

【野生动物保护】 2023年，环翠区对野生动物栖息地开展野外巡护监测，投入540人次，监测巡护2820千米，开展野生动物保护宣传活动14次，张贴宣传海报300张，发放宣传材料4000余份；对农村大集、花鸟市场、野生动物人工繁育单位开展执法排查6次，没有发现猎捕、杀害、贩卖野生动物等违法犯罪行为。

【森林防火】 2023年，环翠区相继出台《森林火险预警响应工作机制》《威海市环翠区森林防火工作责任清单》等文件，成立督导检查组，采取“四不两直”方式对各镇（街道）、里口山管理服务中心及国有双岛林场森林防火工作督导检查377人次，检查防火检查站、集中性墓地、监控值班室、防火通道、蓄水池（罐）等3185处次，发现并整改问题隐患57处；强化防火设施建设，新建蓄水池14处、阻隔围网9.065千米、瞭望塔1处、无人值守监控237处，硬化防火通道0.8千米；发送森林防火公益短信230余万条，增设警示牌和横幅1000余处、宣传道旗8000余个，出动无人机120架次，在旅游景区、森林防火重点镇（街道）村（社区）进山路口、林区与农用地交界处进行森林防火宣传300余小时。

（张　森）

节能减排

【概况】 2023年，环翠区贯彻落实“碳达峰”“碳中和”目标要求，制定印发《威海市环翠区深化新旧动能转换推动绿色低碳高质量发展三年行动计划（2023—2025年）》，加大能源结构调整力度，强化能耗“双控”管理，推进新能源开发利用，加强节能减排宣传，加快绿色能源低碳转型。

【能耗“双控”管理】 2023年，环翠区加强能耗“双控”管理，建立健全调度机制，按照“早发现、早预警、早调控”原则，对全区规模以上工业企业能耗逐月监测，对区内重点用能单位能耗实时监测并定期开展节能监察，及时对能耗异常企业开展分析研判，指导落实整改。年内，获批节能奖补资金47万元，用于节能降碳项目建设，发挥政策资金在节能领域的带动作用。

【“双碳”战略实施】 2023年，环翠区认真落实“双碳”有关部署，对照威海市碳达峰工作方案要求，实施能源绿色低碳转型、工业领域绿色转型、蓝碳引领特色创新、城乡建设绿色转型、交通运输低碳转型、循环经济助力降碳、生态保护修复增汇、机制创新支持降碳8大工程，开展绿色低碳科技创新、节能降碳增效、全民绿色低碳、绿色低碳开放四大行动，努力实现降碳、减污、扩绿、增长协同推进。年内，举办“碳达峰”“碳中和”专题培训班2期，相关行业参训人员3000余人次，重点学习“双碳”战略相关政策及实现路径，切实增强抓好绿色低碳发展本领。

【清洁能源推广】 2023年，环翠区大力发展分布式光伏发电项目，鼓励在工商企业、产业园区等屋顶建设规模化光伏项目。年内，新增分布式光伏发电装机容量1.8万千瓦，比上年增长8.43%；鼓励居民区、公共停车场、旅游景区等区域建设公共充电基础设施，至年末，全区累计建设电动汽车充电桩5201台。

【公共机构节能减排】 2023年，环翠区依托全国公共机构节约能源资源综合信息平台，对重点用能公共机构进行抽查，对能耗过高部门单位及时提醒并查找原因，全区公共机构单位建筑面积能耗、人均综合能耗、人均用水量较2020年分别下降4.08%、5.66%、6.12%。推行绿色建筑综合示范，区公共文化服务中心1号楼入选山东省新型建筑工业化（绿色建造方向）示范计划项目名单，2号楼入选山东省绿色建筑与建筑节能试点示范创建项目名单，里口山医院工程获评山东省建设科技（BIM技术应用）示范工程，全区绿色建筑和建筑节能设计达标率100%。加强集中办公区空调用电管控，完成2个集中办公区2600平方米100套空调系统柔性控制示范项目施工，能源利用效率提高5%。开展垃圾分类宣传、培训及督导检查，全区150家公共机构有序开展垃圾分类工作，39所中小学建立“基本分类+智能回收”模式，威海卫人民医院获评全省公共机构生活垃圾分类示范单位。

【节能减排宣传活动】 2023年7月10—16日，环翠区结合“节能降碳 你我同行”“积极应对气候变化推动绿色低碳发展”等节能宣传周、全国低碳日活动主题，采用“线上+线下”相结合方式，开展节能低碳宣传活动，传播普及低碳生活、绿色出行、垃圾分类、节约用电等节能降碳和绿色发展理念。

（姜　鹏　刘子佳）

科学技术

综　述

【概况】 2023年，环翠区实施创新驱动发展战略，深耕科技创新平台，夯实企业创新主体，加速创新要素集聚，为经济社会发展提供有力科技支撑。年内，高标准修订完善《环翠区关于推进科技创新的扶持意见》《环翠区关于优化提升威海创新园的扶持意见》，构建良好科技企业成长生态。至年末，全区有国家高新技术企业365家，国家科技型中小企业618家，高新技术产业产值占规模以上工业总产值比重为80.8%；签订产学研合作项目46项，技术合同成交额23.4亿元。

【《环翠区关于推进科技创新的扶持意见》修改】 2023年9月15日，区科技局与区财政局联合印发《关于修改〈环翠区关于推进科技创新的扶持意见〉的通知》，新修改的扶持意见从产学研合作、高新技术发展、创新平台、科技企业孵化载体、知识产权、科技发展计划、科技服务机构7个方面，对办理工商注册、在环翠区纳税的具有独立法人资格、财务制度健全的企事业单位、科研机构、民办非企业单位以及专利列入环翠区统计的专利权人进行扶持。

【《环翠区关于优化提升威海创新园的扶持意见》修改】 2023年9月15日，区科技局与区财政局联合印发《关于修改〈环翠区关于优化提升威海创新园的扶持意见〉的通知》，重点聚焦威海创新园经济贡献奖励、企业经济贡献奖励、高成长企业培育奖励、项目培育奖励、产业化奖励、活动承办奖励、股权融资补助、运营效能评价奖励、招大引强奖励9个方面，引导威海创新园各中心主办方有针对性提升入驻企业的成长性与竞争力，增强中心自身发展内生驱动力，引导企业加快成长为具有自主创新能力的科技力量。

【科技计划】 2023年，环翠区新立项实施各类科技计划37项，其中获批省级科技计划项目15项、市级科技计划项目22项。通过实施科技计划，提升企业关键核心技术能力，推动骨干企业创新发展。2023年全区规模以上工业企业研究与试验发展经费内部支出12.09亿元，占地区生产总值2.73%。

表39　2023年环翠区新增省级科技计划项目一览表

序号	项目名称	项目类别	承担单位
1	基于电信视频系统业务的泛屏智能终端系统优化和应用	山东省科技型中小企业创新能力提升工程	山东百盟信息技术有限公司
2	海藻纤维素碳材料在高浓度废水处置中应用及制品开发	山东省科技型中小企业创新能力提升工程	威海格润环保科技有限公司

续表

序号	项目名称	项目类别	承担单位
3	仿生酶解制备海星肽关键工艺研究	山东省科技型中小企业创新能力提升工程	威海银河生物技术有限公司
4	面向安全生产领域的知识图谱平台研发与应用	山东省科技型中小企业创新能力提升工程	山东新派科技有限公司
5	芽孢杆菌（Bacillus sp）等功能菌的高温生物合成作用研究及制剂开发	山东省科技型中小企业创新能力提升工程	威海科尼利合环保科技有限公司
6	超轻高强聚乙烯纤维布的热贴合技术的研发	山东省科技型中小企业创新能力提升工程	威海畅享海天新材料科技股份有限公司
7	基于岩藻多糖的清晰幽门螺旋食品的研究与开发	山东省科技型中小企业创新能力提升工程	威海人生药业有限公司
8	舰船激光通信技术研发与应用	山东省科技型中小企业创新能力提升工程	威海市赢海通信技术有限公司
9	空气动力船仿生减阻降耗关键技术研发及产业化	山东省科技型中小企业创新能力提升工程	威海诺曼底船舶技术有限公司
10	尿常规定量检测技术与体外诊断设备开发应用	山东省科技型中小企业创新能力提升工程	威海威仕泰医疗科技有限公司
11	小型激光光谱水质油污检测仪	山东省科技型中小企业创新能力提升工程	哈讯达（威海）光电科技有限公司
12	3D打印生物型膝关节系统产业化开发	山东省高端医疗器械创新创业共同体项目	山东威高骨科材料股份有限公司
13	自携介质的智能消防机器人研发与示范	省重点研发计划（竞争性创新平台）项目	威海广泰空港设备股份有限公司
14	跨域协同环境下的安全管理平台研究	省重点研发计划（竞争性创新平台）项目	威海天之卫网络空间安全科技有限公司
15	基于催化陶瓷膜的高效短流程水质净化与智慧管网关键技术与应用示范研究	省重点研发计划（竞争性创新平台）项目	山东中欧膜技术研究有限公司

表40　2023年环翠区新增市级科技计划项目一览表

序号	项目名称	承担单位
1	山东省空港地面设备技术创新中心	威海广泰空港设备股份有限公司
2	山东省海水淡化泵及能量回收装置技术创新中心	山东双轮股份有限公司
3	威海市机织地毯工程技术研究中心	威海市山花地毯集团有限公司
4	威海市高端降压药物重点实验室	山东华素制药有限公司
5	威海激光通信先进技术研究院	威海激光通信先进技术研究院
6	山东省旋流器院士工作站	威海市海王旋流器有限公司
7	威海市工业互联网安全技术创新中心	威海市天之卫网络空间安全科技有限公司
8	威海市海洋电子信息与装备技术创新中心	威海天航信息技术有限公司

续表

序号	项目名称	承担单位
9	威海市激光与光电信息技术产业研究院	威海光子信息技术产业研究院有限公司
10	海空天一体化海洋观测技术与智能装备研发	威海西港游艇有限公司
11	医用聚乳酸材料的关键技术研究及在可吸收骨科植入物中的应用	山东威高骨科材料股份有限公司
12	鲆鲽鱼类新种创制、高效养殖及其全产业链资源高值化再利用关键技术创新与示范	威海圣航水产科技有限公司
13	农产品产地仓储保鲜保活关键技术研究与应用	威海市宇王集团有限公司
14	氟工用高效自动清洗卧式反应釜的研发	威海化工机械有限公司
15	海参EPA磷脂的研发与产业化	威海博宇食品有限公司
16	面向智慧家庭全场景、多类别的智能终端协同运算及存储关键技术研发及应用	山东百盟信息技术有限公司
17	高铁轨道板用特种预应力新材料关键技术研究及产业化	威海银兴预应力线材有限公司
18	强化传质传热微界面材料研制及产业化	威海普益船舶环保科技有限公司
19	基于天然气（FGSS）、氨气（FASS）、甲醇（Methanol-LFSS）船舶气体双燃料供给系统研究与应用	威海中远海运重工科技有限公司
20	远遥墩卫星地面站	威海蓝湾海洋工程装备研究院有限公司
21	医用钴基合金的研究与开发	中科锐金（山东）钛业科技有限公司
22	超大间隔空间材料	山东中复神龙新材料科技有限公司

【科技成果】 2023年，环翠区登记重要科技成果8项。

表41　2023年环翠区登记重要科技成果一览表

序号	技术成果	企业名称
1	重载产品防爆技术研究	三角轮胎股份有限公司
2	高可靠性特种越野子午线轮胎开发	
3	重载网性自卸车定制的热积聚可控巨胎开发	
4	低碳节能环保配套轮胎的开发	
5	空港冰雪火灾应急装备研发与产业化	威海广泰空港设备股份有限公司
6	密度场梯度连续强化型三产品重介质旋流器开发与应用	威海市海王旋流器有限公司
7	和家TV软终端系统的研发	山东百盟信息技术有限公司
8	经皮椎间孔镜技术（PELD）治疗老年腰椎侧隐窝狭窄症的临床研究	威海卫人民医院

（胡馨月）

科研开发服务体系

【概况】 2023年，环翠区完善科研开发服务体系，指导企业建设科技创新平台，推动科技企业孵化载体提质升级。年内，全区新增省级技术转移服务机构1家、市级重点实验室6家、市级工程技术研究中心4家；新增国家级科技企业孵化器1家、省级众创空间1家。至年末，全区有国家级科技平台1家、省级科技平台27家、市级科技平台58家；国家级科技企业孵化器2家、国家级备案众创空间1家，省级科技企业孵化器4家、省级备案众创空间1家。

【创新平台建设】 2023年，区科技局搭建合作平台，鼓励骨干企业与高校院所合作设立联合研究中心，整合集聚科技资源，探索共建试验、研发检测平台。年内，新增省级新型研发机构2家（威海激光通信先进技术研究院、威海市海水综合利用产业技术研究中心），市级重点实验室6家。至年末，全区有国家级工程技术研究中心1家；省级技术创新中心2家、省级新型研发机构5家、省级工程技术研究中心10家（其中省级示范工程技术研究中心4家）、省级重点实验室3家、院士工作站2家、省级技术转移服务机构4家、省级海外高层次人才工作站1家；市级技术创新中心3家、市级重点实验室18家、市级工程技术研究中心36家、市级新型研发机构4家、市级创新创业共同体1家、市级创新联合体1家。

表42 市级以上科技创新平台一览表（91个）

序号	领域（名称）	承担单位	认定时间（年）	类别
		国家级（1个）		
1	国家空港地面设备工程技术研究中心	威海广泰空港设备股份有限公司	2009	工程技术研究中心
		省级（27个）		
1	山东省特种泵示范工程技术研究中心	山东双轮股份有限公司	2003	工程技术研究中心
2	山东省油料装备工程技术研究中心	威海怡和专用设备制造股份有限公司	2004	工程技术研究中心
3	山东省旋流分离示范工程技术研究中心	威海市海王旋流器有限公司	2004	工程技术研究中心
4	山东省反应釜搅拌装置工程技术研究中心	威海化工机械有限公司	2008	工程技术研究中心
5	山东省高性能子午线轮胎示范工程技术研究中心	三角集团有限公司	2008	工程技术研究中心
6	山东省太阳能薄膜电池工程技术研究中心	威海中玻光电有限公司	2008	工程技术研究中心
7	山东省氟硅新材料工程技术研究中心	威海新元化工有限公司	2010	工程技术研究中心
8	山东省自助服务设备工程技术研究中心	威海新北洋数码科技有限公司	2011	工程技术研究中心
9	山东省聚合物锂离子动力电池及系统集成工程技术研究中心	山东威高新能源科技有限公司	2012	工程技术研究中心
10	山东省医用高分子材料示范工程技术研究中心	山东威高骨科材料股份有限公司	2014	工程技术研究中心
11	山东省轮胎用橡胶新材料及应用技术重点实验室	三角集团有限公司	2010	重点实验室
12	山东省空港地面设备重点实验室	威海广泰空港设备股份有限公司	2011	重点实验室
13	山东省水泵节能关键技术重点实验室	山东双轮股份有限公司	2015	重点实验室
14	山东省院士工作站	威海市海王旋流器有限公司	2017	院士工作站
15	山东省院士工作站	威海银兴预应力线材有限公司	2019	院士工作站

续表

序号	领域（名称）	承担单位	认定时间（年）	类别
16	山东省空港设备技术创新中心	威海广泰空港设备股份有限公司	2020	技术创新中心
17	山东省海水淡化流体装备技术创新中心	山东双轮股份有限公司	2021	技术创新中心
18	青岛大学威海创新研究院	青岛大学威海创新研究院	2020	新型研发机构
19	威海光子信息技术产业研究院有限公司	威海光子信息技术产业研究院有限公司	2021	新型研发机构
20	山东中欧膜技术研究有限公司	山东中欧膜技术研究有限公司	2021	新型研发机构
21	威海激光通信先进技术研究院	威海激光通信先进技术研究院	2023	新型研发机构
22	威海市海水综合利用产业技术研究中心	威海市海水综合利用产业技术研究中心	2023	新型研发机构
23	环翠区首高科技术转移中心	环翠区首高科技术转移中心	2020	技术转移服务机构
24	大连理工大学科技园有限公司威海分公司	大连理工大学科技园有限公司威海分公司	2021	技术转移服务机构
25	山东惠知诚远知识产权运营服务股份有限公司	山东惠知诚远知识产权运营服务股份有限公司	2021	技术转移服务机构
26	国咨（山东）科技服务有限公司	国咨（山东）科技服务有限公司	2022	技术转移服务机构
27	山东省海外高层次人才工作站	威海银兴预应力线材有限公司	2023	海外高层次人才工作站
		市级（63个）		
1	威海市海洋生物制品工程技术研究中心	威海市宇王集团有限公司	2005	工程技术研究中心
2	威海市潜水泵工程技术研究中心	山东名流泵业科技股份有限公司	2006	工程技术研究中心
3	威海市精神中枢医药工程技术研究中心	威海华新药业集团有限公司	2006	工程技术研究中心
4	威海市现代纺织工程技术研究中心	威海魏桥科技工业园有限公司	2010	工程技术研究中心
5	威海市机织地毯工程技术研究中心	威海市山花地毯集团有限公司	2011	工程技术研究中心
6	威海市岩土工程技术研究中心	华东岩土工程集团有限公司	2012	工程技术研究中心
7	威海市海洋调味食品工程技术研究中心	威海浦源食品有限公司	2012	工程技术研究中心
8	威海市比目鱼育种工程技术研究中心	威海圣航水产科技有限公司	2012	工程技术研究中心
9	威海市建筑节能墙材工程技术研究中心	威海隆济时节能科技有限公司	2012	工程技术研究中心
10	威海市空调（制冷）泵工程技术研究中心	山东双轮埃姆科泵业有限公司	2013	工程技术研究中心
11	威海市供热计量及远程控制工程技术研究中心	威海震宇智能科技股份有限公司	2013	工程技术研究中心
12	威海市餐处弃物处理工程技术研究中心	山东名流餐处装备股份有限公司	2014	工程技术研究中心
13	威海市海洋特殊配方食品工程技术研究中心	威海博宇食品有限公司	2014	工程技术研究中心
14	威海市空调换热器工程技术研究中心	威海邦德散热系统股份有限公司	2014	工程技术研究中心
15	威海市橡胶机械工程技术研究中心	威海三方橡胶机械有限公司	2015	工程技术研究中心

续表

序号	领域（名称）	承担单位	认定时间（年）	类别
16	威海市高性能线材工程技术研究中心	威海银兴预应力线材有限公司	2015	工程技术研究中心
17	威海市可信云平台安全工程技术研究中心	山东捷讯通信技术有限公司	2015	工程技术研究中心
18	威海市应急水处理装备工程技术研究中心	威海怡和专用设备制造股份有限公司	2015	工程技术研究中心
19	威海市现金和票据处理设备及系统集成工程技术研究中心	威海新北洋荣鑫科技股份有限公司	2016	工程技术研究中心
20	威海市工业机器人伺服与控制系统工程技术研究中心	威海新北洋正棋机器人股份有限公司	2016	工程技术研究中心
21	威海市大型精密橡塑制品和模具制造工程技术研究中心	威海三元塑胶科技有限公司	2016	工程技术研究中心
22	威海市气动控制工程技术研究中心	威海博胜气动液压有限公司	2016	工程技术研究中心
23	威海市污水集约化处理工程技术研究中心	威海格润环保科技有限公司	2017	工程技术研究中心
24	威海市高性能混凝土预制品工程技术研究中心	威海齐德新型建材有限公司	2017	工程技术研究中心
25	威海市中药现代化工程技术研究中心	威海人生药业有限公司	2017	工程技术研究中心
26	威海市薄系列碳纤维预浸布工程技术研究中心	威海宝威新材料科技有限公司	2018	工程技术研究中心
27	威海市工业污水氧化处理工程技术研究中心	威海中远造船科技有限公司	2019	工程技术研究中心
28	威海市 API 泵工程技术研究中心	山东双轮股份有限公司	2011	工程技术研究中心
29	威海市现代果业装备工程技术研究中心	威海新元果业技术服务有限公司	2020	工程技术研究中心
30	威海市汽车玻璃预处理智能装备工程技术研究中心	威海市银河光电设备股份有限公司	2020	工程技术研究中心
31	轮胎模具激光清洗工程技术研究中心	威海光子信息技术产业研究院有限公司	2021	工程技术研究中心
32	威海市无人机技术研发与应用工程技术研究中心	威海天航信息技术有限公司	2021	工程技术研究中心
33	威海市泛屏智能软终端工程技术研究中心	山东百盟信息技术有限公司	2022	工程技术研究中心
34	威海市港口供应保障装备工程技术研究中心	山东新翰驰防务科技有限公司	2022	工程技术研究中心
35	威海市中药提取物工程技术研究中心	威海松龄诺可佳中药饮片股份有限公司	2022	工程技术研究中心
36	威海市海洋微生物污水处理工程技术研究中心	威海科尼利合环保科技有限公司	2022	工程技术研究中心
37	威海市骨科植入医疗器械重点实验室	山东威高骨科材料股份有限公司	2016	重点实验室
38	威海市氟硅新材料重点实验室	威海新元化工有限公司	2017	重点实验室
39	威海市离心分离技术重点实验室	威海市海王旋流器有限公司	2019	重点实验室
40	威海市智能感知与信息处理重点实验室	山东捷讯通讯技术有限公司	2020	重点实验室
41	威海市海洋天然药物重点实验室	威海人生药业集团股份有限公司	2020	重点实验室
42	威海市水资源环境与膜技术应用重点实验室	山东中欧膜技术研究有限公司、哈尔滨工业大学（威海）	2021	重点实验室
43	威海市无人机技术研发与应用重点实验室	威海天航信息技术有限公司	2021	重点实验室
44	威海市高端降压药物重点实验室	山东华素制药有限公司	2021	重点实验室
45	威海市特殊微界面技术重点实验室	威海普益船舶环保科技有限公司	2021	重点实验室

续表

序号	领域（名称）	承担单位	认定时间（年）	类别
46	威海市海洋功能性脂质重点实验室	威海博宇食品有限公司	2022	重点实验室
47	威海市智慧城市网络运营安全重点实验室	山东同域网络安全技术有限公司	2022	重点实验室
48	威海市反应釜流体混合搅拌技术重点实验室	威海化工机械有限公司	2022	重点实验室
49	威海市轻量化复合材料及结构精密智造重点实验室	威海宝威新材料科技有限公司	2023	重点实验室
50	威海市药用辅料明胶重点实验室	威海银河生物技术有限公司	2023	重点实验室
51	威海市舰船激光通信技术研发与应用重点实验室	威海市赢海通信技术有限公司	2023	重点实验室
52	威海市生物类特种蛋白研究重点实验室	威海威仕泰医疗科技有限公司	2023	重点实验室
53	威海市智能自助服务技术重点实验室	威海新北洋数码科技有限公司	2023	重点实验室
54	威海市轮胎胎面控制技术重点实验室	威海三方橡胶机械有限公司	2023	重点实验室
55	威海市高性能轮胎技术创新中心	三角集团有限公司	2018	技术创新中心
56	威海市海洋生物资源军用食品技术创新中心	威海市宇王集团有限公司	2018	技术创新中心
57	威海市游艇技术创新中心	威海西港游艇有限公司	2020	技术创新中心
58	威海西港玻璃钢船舶技术开发有限公司	威海西港玻璃钢船舶技术开发有限公司	2017	新型研发机构
59	威海蓝湾海洋工程装备研究院有限公司	威海蓝湾海洋工程装备研究院有限公司	2019	新型研发机构
60	山东中欧膜技术研究有限公司	山东中欧膜技术研究有限公司	2020	新型研发机构
61	青岛大学威海创新研究院	青岛大学威海创新研究院	2020	新型研发机构
62	威海水处理及膜技术创新创业共同体	中欧水处理及膜技术创新产业园	2020	创新创业共同体
63	威海市局域场景智能化专用车辆创新联合体	威海广泰空港设备股份有限公司	2022	创新联合体

【威海创新园优化提升】 2023年，区科技局制定《环翠区关于优化提升威海创新园的扶持意见》，加快推进由政府投入为主向市场化运作转变的模式，整合创新资源与服务，将威海创新园综合服务中心、环翠区科技创新孵化器合并运营管理。年内，新增入驻企业7家。至年末，入驻企业153家，其中高新技术企业34家、国家科技型中小企业50家。威海创新园被授予山东省小型微型企业创业创新示范基地称号。

【科技企业孵化载体建设】 2023年，山东双创人孵化器入选国家级科技企业孵化器、山东大学海洋科技创新众创空间入选省级众创空间。至年末，全区有国家级科技企业孵化器2家、国家级备案众创空间1家，省级科技企业孵化器4家、省级备案众创空间1家；在孵企业209家，新增在孵企业42家，新增授权知识产权148项，入库国家科技型中小企业89家，新培育高新技术企业18家。

【国家级科技企业孵化器】 2023年，国家级科技企业孵化器——环翠区科技创新孵化器、山东双创人孵化器新培育高新技术企业14家，入库国家科技型中小企业57家，新增授权知识产权97项，实现营业收入1.12亿元。在孵企业威海栖桐科技发展有限公司获评第十二届中国创新创业大赛山东赛区暨2023年“建行创业者港湾”山东省中小微企业创新竞技行动计划优胜企业。

【孵化载体活动】 2023年，区科技局提升孵化载体孵化水平，满足入孵企业发展需求，组织“走进国家级科技企业孵化器”观摩交流、银企对接会、科技型企业申报政策解读及认定管理培训、“股权激励整体解决方案”主题培训等活动。7月27日，联合威海佩敏知识产权代理有

2023年7月27日，区科技局开展科技型企业申报政策解读及认定管理培训　（区科技局　供图）

限公司开展科技型企业申报政策解读及认定管理培训，帮助企业了解科技创新政策和标准，提升科技型企业创新能力。至年末，组织各类创新创业活动53场，助力企业快速健康发展。

（胡馨月）

科技交流与合作

【概况】 2023年，区科技局推进政产学研协同创新，加强机构运营管理与服务，构建技术需求对接沟通桥梁，科技成果转化、服务成果实现新突破。依托技术转移机构深度挖掘高校技术和人才资源，促成产学研合作46项。年内，“智汇环翠”国际创新创业大赛暨海外高层次人才项目对接会、膜产业技术创新合作大会、航天防务通信与协同探测技术论坛等活动在环翠区举办。

【科技人才】 2023年，环翠区新增省级以上人才项目13项［威海市赢海通信技术有限公司3项、威海天之卫网络空间安全科技有限公司1项、山东威高骨科材料股份有限公司1项、威海广泰空港设备股份有限公司1项、山东中欧膜技术研究有限公司1项、威海奥牧智能科技有限公司1项、威海诺曼底船舶技术有限公司1项、山东天聚汇能微电子有限公司1项、赛奎鹰智能装备（威海）有限责任公司1项、威海普益船舶环保科技有限公司1项、博优化纤（威海）有限公司1项］。威海银兴预应力线材有限公司获批山东省海外高层次人才工作站，实现环翠区在该平台的零突破。至年末，全区有国家级人才项目5项、省级31项。

【“智汇环翠”国际创新创业大赛暨海外高层次人才项目对接会】 2023年12月19—20日，“智汇环翠”国际创新创业大赛暨海外高层次人才项目对接会在环翠区举办。大会以“智汇环翠 共创未来”为主题，融合路演推介、专项对接、实地考察等环节，邀请英国、瑞典等5个国家的10名专家学者，围绕新一代信息技术、新材料等领域同环翠区重点企业、创新平台相关人员展开对话，推动前沿创新成果、高水平人才团队落地环翠。会上，签约电子网络健康与居家养老、机器人及无人系统研发等合作项目11个，筑牢医养康养、高端装备等领域技术突破与产业更迭坚实基础。

【政产学研协同创新】 2023年，区科技局依托环翠区首高科技术转移中心、山东省科学院中试基地威海创新服务中心等技术转移机构深度挖掘高校技术和人才资源，以辖区

2023年10月17日，清华大学医学院李海涛实验室、威海威仕泰医疗科技有限公司项目合作签约仪式举行　（区科技局　供图）

企业技术需求、产业发展需要为导向推进技术、产业更迭，全年促成产学研合作46项。组织威海化工机械有限公司、威海人生药业集团股份有限公司、威海银兴预应力线材有限公司3家企业提报威海市—齐鲁工业大学（山东省科学院）产学研协同创新基金项目任务书，获批市级资金270.6万元，占全市项目数60%、全市资金数52.4%；走访大连理工大学，推动新型蓄能项目落地转化；组织威高骨科材料股份有限公司、威海新北洋数码科技有限公司、威海泓方金属复合材料股份有限公司等企业到清华大学、北京科技大学、北京化工大学、北京交通大学、北京工业大学、北京服装学院等重点高校开展产学研对接；组织威高骨科材料股份有限公司、威海新北洋数码科技有限公司与北京化工大学、北京工业大学专家探讨“拖拽式机器人”等项目和人才合作，分享市场近况和成果资源，拓宽研发产业思路。年内，威海威仕泰医疗科技有限公司、山东昕达智能装备有限公司、威海奈施尔生物科技有限公司3家企业分别与清华大学、北京交通大学、北京化工大学签订产学研合作协议。

2023年9月27日，“绿色低碳　创新发展”2023年膜产业技术创新合作大会举行　（区科技局　供图）

【膜产业技术创新合作大会】　2023年9月27日，膜产业技术创新合作大会举行。欧洲膜学会名誉主席恩瑞克·德里奥利，欧洲膜学会主席、意大利国家研究理事会膜技术研究中心高级研究员埃琳娜·托兹，中国工程院院士马军出席活动。大会以“绿色低碳　创新发展”为主题，6位外国专家、7位国内高校专家、知名企业代表做成果推介和主旨演讲，推动膜技术应用领域跨越式发展，为环翠区膜产业发展提供机遇。威海格润环保科技股份有限公司、威海华瓷新材料有限责任公司等5家企业签订合作协议。

【航天防务通信与协同探测技术论坛】　2023年8月21日，以“智能·融合·创新·共赢”为主题的航天防务通信与协同探测技术论坛在威海市举办。论坛由中国航天科工二院25所主办，环翠区人民政府、威海激光通信先进技术研究院、制导与引信信息网、毫米波遥感技术重点实验室协办。中国工程院院士以及中国航天科工集团有限公司、中国航天科技集团有限公司等30余家单位的百余名专家教授、科技工作者，携带最新科研成果展开学术交流。论坛通过聚焦航天防务通信与协同探测技术领域的新思想、新技术、新方法，加强跨领域学科的深度交流，形成科技创新合力。

（胡馨月）

高新技术产业发展

【概况】　2023年，环翠区开展高新技术企业培育和发展工作，引导有科技含量的中小企业开展创新活动，为高新技术产业发展提供后备资源。年内，全区净增88家企业通过高新技术企业认定，105家企业通过国家科技型中小企业评价。至年末，全区有国家高新技术企业365家、国家科技型中小企业618家。

【科技型企业培育】　2023年，区科技局围绕人工智能、云计算、大数据、5G等前沿领域不断集聚创新资源，定向引进、定点培养，持续跟踪保障服务，促进相关领域优质企业项目、高端人才落地发展。协助威海栖桐科技发展有限公司、山东百盟信息技术有限公司、威海奥牧智能科技有限公司、威海迈尼生物科技有限公司、威海美迪森医疗器械股份有限公司5家科技型中小企业参加山东省中小微企业竞技行动，其中威海栖桐科技发展有限公司获得“科创之星”称号；宣传科技成果转化贷及科技支行贴息支持、研发费用加计扣除及后补助、创新券以及创新人才等系列政策，完成9批次科技型中小企业申报工作，入库企业618家，比上年增长

20.4%；指导企业有序开展项目研发、知识产权储备、研发费归集等工作，协助开展融资对接活动，引导企业应用新技术、新材料，开展工艺流程再造和车间智能化改造，完成3批次高新技术企业申报工作。

【高新技术企业】 2023年，全区有威海龙港纸业有限公司、威海华洋药业有限公司、阿普塔恒煜（威海）医疗器材有限公司、威海银创微电子技术有限公司、山东双轮埃姆科泵业有限公司、山东鸿祥汽车内饰件股份有限公司、威海新北洋正棋机器人股份有限公司等153家企业通过高新技术企业认定，其中新认定企业101家。至年末，全区高新技术企业总数达到365家，比上年净增88家。

表43 2023年环翠区新认定高新技术企业一览表

序号	企业名称	序号	企业名称
1	威海栖桐科技发展有限公司	25	山东全维地信科技有限公司
2	威海韩泰自动化设备制造有限公司	26	威海米袋网络科技有限公司
3	威海海然运动器材科技有限公司	27	威海三信线缆有限公司
4	威海悦善金属制品有限公司	28	威海冠宏商品混凝土有限公司
5	威海瑞祥环保科技有限公司	29	威海昱星新材料股份有限公司
6	山东卓泰规划设计有限公司	30	威海国超渔具有限公司
7	哈讯达（威海）光电科技有限公司	31	圆源（威海）动力机械有限公司
8	威海市拓福渔具有限公司	32	威海众鑫机械设备科技有限公司
9	威海市金泰地质勘察有限公司	33	威海金科渔具有限公司
10	威海市三元渔具材料有限公司	34	威海市庆东渔具有限公司
11	威海鑫晟渔具材料有限公司	35	威海晟荣户外装备有限公司
12	威海斯沃特钓具有限公司	36	威海金海利户外用品制造有限公司
13	威海市赢海通信技术有限公司	37	威海麒铭电子有限公司
14	威海安达体育用品有限公司	38	威海爱羽体育用品有限公司
15	威海一铭户外用品有限公司	39	威海宜悦生体育用品有限公司
16	威海市方腾科技有限公司	40	威海威农科技发展有限公司
17	山东新派科技有限公司	41	威海普源新能源科技有限公司
18	威海仲丽复合材料有限公司	42	威海威尚户外用品有限公司
19	威海市金蚂蚁涂料有限公司	43	山东鲁济名师教育科技股份有限公司
20	威海雅克德力复合材料有限公司	44	威海汉威信息科技有限公司
21	威海泰卓复合材料有限公司	45	威海坤和户外用品有限公司
22	山东众志军创电子科技有限公司	46	威海博达自动化设备有限公司
23	山东同域网络安全技术有限公司	47	威海格绿班信息技术有限公司
24	山东省圣达地理信息测绘工程有限公司	48	威海锦凝机械加工有限公司

续表

序号	企业名称	序号	企业名称
49	威海明辉量具有限公司	76	威海益佳模具科技有限公司
50	威海戴家渔具有限公司	77	山东众象信息科技有限公司
51	威海柏尔特机械有限公司	78	威海成亚机械加工有限公司
52	山东声路信息技术有限公司	79	威海弘科自动化设备有限公司
53	威海翔悦户外用品有限公司	80	威海市珍瑞碳素制品有限公司
54	山东哈威智能科技有限公司	81	威海市新会渔具有限责任公司
55	中科锐金（山东）钛业科技有限公司	82	威海光子信息技术产业研究院有限公司
56	威海城旭仪器仪表有限公司	83	威海艾铂特户外用品有限公司
57	山东峻垚信息技术服务有限公司	84	威海君创环保科技有限公司
58	山东亿恒智能科技有限公司	85	威海大正金属制品有限公司
59	威海领路人渔具有限公司	86	威海旭奕信息科技有限公司
60	山东双合节能环保技术股份有限公司	87	威海正德电子设备有限公司
61	威海鑫广电气有限公司	88	威海超阳户外用品有限公司
62	威海海鸥航空地毯有限公司	89	威海卡尔玛德医疗科技有限公司
63	威海玉都塑料制品有限公司	90	威海友电电子科技有限公司
64	威海千士智能科技有限公司	91	山东博奥电力设备股份有限公司
65	威海宝丽化妆品有限公司	92	威海瑞能电力工程有限公司
66	威海市经纬复合材料有限公司	93	威海川图自动化设备有限公司
67	威海宝成科技服务有限公司	94	威海华锐仪表有限公司
68	威海维特利机电科技有限公司	95	威海雪翼户外用品有限公司
69	威海兰科流量设备有限公司	96	威海海龙王户外用品有限公司
70	威海市环保科技服务有限公司	97	威海昆仑钓具有限公司
71	威海万德渔具有限公司	98	山东新元建筑规划设计有限公司
72	威海蓬波金属制品有限公司	99	山东科邦威尔复合材料有限公司
73	威海瑞翔包装有限公司	100	威海德旭船舶有限公司
74	威海嘉鹄户外用品有限公司	101	贝草夼水处理科技（威海）有限公司
75	威海双隆建材科技有限公司	—	

【国家科技型中小企业】 2023年，全区有中科锐金（山东）钛业科技有限公司、威海银河生物技术股份有限公司、新元果业（山东）集团有限公司、山东光淼新材料科技有限公司、威海路坦制药有限公司等171家企业通过国家科技型中小企业评价。至年末，全区有国家科技型中小企业618家，比上年净增105家。

表44　2023年环翠区国家科技型中小企业评价入库企业一览表

序号	企业名称	序号	企业名称
1	威海祥同彩印包装纸业有限公司	33	威海名洋体育用品有限责任公司
2	威海博瑞精密机械有限公司	34	威海人生药业集团股份有限公司
3	威海领航渔具有限公司	35	威海雪翼户外用品有限公司
4	豪锋户外用品（威海）有限公司	36	威海银河生物技术股份有限公司
5	威海瀚诺新材料科技有限公司	37	威海凯硕生物科技有限公司
6	威海迈尼生物科技有限公司	38	威海东茂智能科技有限公司
7	威海海人工房户外用品有限公司	39	威海鸿宇包装有限公司
8	威海润泽自动化设备有限公司	40	威海市芙锦门窗有限公司
9	威海众威复合材料有限公司	41	合唯特（威海）系统门窗有限公司
10	威海晟荣户外装备有限公司	42	威海金海利户外用品制造有限公司
11	威海浩林碳纤制品有限公司	43	威海医柒科技有限公司
12	羽林研创（威海）智能科技有限公司	44	念仁（山东）智能科技有限公司
13	威海慧旋磁传动化工机械有限公司	45	威海市鸿泰渔具有限公司
14	山东中复神龙新材料科技有限公司	46	威海薪盛智能科技有限公司
15	威海合盛机械科技有限公司	47	威海洁宁文化科技有限公司
16	骏识（威海）科技开发有限公司	48	威海双全体育用品有限公司
17	威海市梦巴赫渔具有限公司	49	威海深蓝奇迹生物科技有限公司
18	威海极游户外体育用品有限公司	50	贝草夼水处理科技（威海）有限公司
19	威海人人观澜数据科技有限公司	51	山东里口山豆制品有限公司
20	中科锐金（山东）钛业科技有限公司	52	威海市图尚精密模具有限公司
21	威海星煜智能装备有限公司	53	威海盛源渔具有限公司
22	威海恒源智能科技有限公司	54	新元果业（山东）集团有限公司
23	威海大东精密机械有限公司	55	威海市泰威涂料有限公司
24	山东三润物联网有限公司	56	山东光焱新材料科技有限公司
25	威海市圣普生物科技有限公司	57	威海宏宝机械有限公司
26	威海常康医疗器械有限公司	58	威海腾澳渔具有限公司
27	威海康诺医疗器械有限公司	59	威海铭尔纳米科技有限公司
28	听渔轩（威海）体育用品有限公司	60	山东科瑞斯拓激光科技有限公司
29	威海博瑞达智能科技有限公司	61	威海威新节能科技有限公司
30	威海新容医用设备有限公司	62	威海市建设工程勘察设计审查中心有限公司
31	威海海越碳纤维制品有限公司	63	威海丹心软件科技有限公司
32	威海联业金属制品有限公司	64	山东照华智能科技有限公司

续表

序号	企业名称	序号	企业名称
65	威海海油石化有限公司	97	威海卓诚体育用品有限公司
66	小蘑屋（山东）智能科技有限公司	98	山东大象智能科技有限公司
67	山东侨乡国际旅游有限公司	99	山东世腾智慧科技有限公司
68	山东六品芳疗生物科技有限公司	100	正世信息科技（山东）有限公司
69	威海海纺服装有限公司	101	威海好莱供应链管理有限公司
70	山东凯润星投科技有限公司	102	威海金和户外用品有限公司
71	威海麒铭电子有限公司	103	威海路坦制药有限公司
72	华易云科技（威海）有限公司	104	威海智宇电子设备有限公司
73	威海菲沃瑞体育用品有限公司	105	威海谐和路桥检测技术有限公司
74	威海冠宏商品混凝土有限公司	106	威海双珲建筑机械有限公司
75	威海海博自动化有限公司	107	威海市宏威塑料有限公司
76	威海道恒智能电子有限公司	108	威海海鸥航空地毯有限公司
77	威海汉威信息科技有限公司	109	威海黑海游艇有限公司
78	威海康新医疗科技有限公司	110	威海市珍瑞碳素制品有限公司
79	威海谱跃光电科技有限公司	111	威海富华精密模具有限公司
80	威海逸云智能科技有限公司	112	威海悦善金属制品有限公司
81	威海华柒信息科技有限公司	113	威海和威精密模具有限公司
82	威海全悦科技有限公司	114	山东多沃基础工程有限公司
83	兆和能源（威海）有限公司	115	威海华发户外用品有限公司
84	威海万茂建材科技有限公司	116	海众（威海）新材料有限公司
85	绿苑规划设计（山东）有限公司	117	威海东星塑料模具有限公司
86	威海烨晟照明有限公司	118	威海志诚饲料有限公司
87	威海瑞祥环保科技有限公司	119	山东智航智能装备有限公司
88	威海有家制衣有限公司	120	威海北明电子商务有限公司
89	山东卓泰规划设计有限公司	121	威海盛迪户外用品有限公司
90	威海宝华信息技术有限公司	122	威海怀信生物科技有限公司
91	威海云帆信息技术有限公司	123	威海光宇粉末有限公司
92	徕兄健康科技（威海）有限责任公司	124	威海双圣地坪材料科技有限公司
93	威海亿芯源半导体科技有限公司	125	威海崇拓复合材料有限公司
94	山东天合网络空间安全技术研究院有限公司	126	威海旭东装饰有限公司
95	悦天智能装备（威海）有限公司	127	山东安泰空港装备有限公司
96	威海蓝湾海洋工程装备研究院有限公司	128	威海峰汇信息科技有限公司

续表

序号	企业名称	序号	企业名称
129	威海景铭大数据服务有限责任公司	151	威海市创为针织机械有限公司
130	威海鑫盛威机械有限公司	152	威海坤舆智能装备科技有限公司
131	威海拓路户外用品有限公司	153	威海市明骏信息科技有限公司
132	威海小徐精密机件有限公司	154	威海浩拓物资再生有限公司
133	威海昌顺电子有限公司	155	山东众益木业有限公司
134	威海德银供应链网络科技有限公司	156	山东凯西药业有限公司
135	威海恒量渔具有限公司	157	威海家家乐定制家具有限公司
136	威海文笔峰装饰工程有限公司	158	山东新真复合材料有限公司
137	威海十一数字科技有限公司	159	芒果湾（威海）汽车制造有限公司
138	威海德泰精工渔具有限公司	160	威海汉鼎工业自动化有限公司
139	威海山海中医院有限公司	161	威海东宏果品有限公司
140	威海路千寻户外体育用品有限公司	162	威海联创厨业有限公司
141	山东京书电子信息科技有限公司	163	威海激强户外用品有限公司
142	威海尚尚建筑工程有限公司	164	威海九丰进出口有限公司
143	威海明阳游艇有限公司	165	威海泓鸣包装有限公司
144	威海奥特体育用品有限公司	166	威海华陆数控机床有限公司
145	山东华素健康护理品有限公司	167	威海黑白丹澜文化传媒有限公司
146	威海晟威试验机有限公司	168	威海鱼栖林钓具有限公司
147	威海天元科技有限公司	169	威海华高建筑安装工程有限公司
148	威海泉润网络科技有限公司	170	威海经典文化传媒有限公司
149	威海川东服装有限公司	171	威海浩文印刷有限公司
150	威海冠邦汇汽车销售服务有限公司		—

【高科技企业发展扶持】 2023年，区科技局走访帮助企业争取各级创新扶持政策，通过送政策上门、召开新闻发布会及推送工作群等途径，向高科技企业推广科技创新政策，指导企业申报上级各类科技计划项目。年内，山东百盟信息技术有限公司、威海格润环保科技有限公司、威海银河生物技术有限公司、威海市赢海通信技术有限公司等11家企业获2023年山东省科技型中小企业创新能力提升工程立项；威海银创微电子技术有限公司、山东捷讯通信技术有限公司、威海栖桐科技发展有限公司、山东双海电气设备安装有限公司等101家企业获批山东省科技成果转化贷款4.62亿元；威海激光通信先进技术研究院获评山东省“省级”创新大赛二等奖（威海市企业最高奖），威海天之卫网络空间安全科技有限公司获评山东省“省级”创新大赛三等奖。年内，助力企业争取无偿资金7575.16万元，其中帮助威海新北洋数码科技有限公司、威海新元化工有限公司等126家企业争取研究开发财政补助资金1023万元。

（胡馨月）

教 育

综 述

【概况】 2023年，环翠区有义务教育阶段学校40所，其中小学22所、初中14所、九年一贯制学校3所、十二年一贯制学校1所（高中部为非义务教育阶段），在校学生60414人，教师4040人，小学、初中入学率100%，省级规范化学校比例为87%。有幼儿园68所，在园幼儿15107人，教职工2564人，学前3年毛入园率116.07%，省级一类及以上幼儿园占比94.12%，学前教育普惠率97.42%。有中等职业学校2所，在校学生1083人。年内，环翠区持续建设高质量教育体系，被确定为全国首批“完善普惠性学前教育保障机制实验区”，被认定为首批“全国学前教育普及普惠县”，教育强镇筑基工作在全省130个试点县中排名第2；区域教育信息化案例《构建“数据E+”智慧评价新模式 驱动教育优质发展》入选教育部典型案例。

表45　2023年环翠区中小学一览表

学校性质	序号	学校名称	在校生数量	教师数量	负责人	学校地址
中学（14所）	1	威海市实验中学	2469	184	张爱霞	育华路1号
	2	威海市环翠中学	1495	111	姜海宁	古寨西路156号
	3	威海市城里中学	2108	156	林荣学	和平路93号
	4	威海市塔山中学	1378	114	原　芳	塔山东路131号
	5	威海市古寨中学	2555	189	刘　波	古寨东路59号
	6	威海市第十中学	977	83	刘秀静	四方路北山
	7	威海市望海园中学	1808	134	王　静	胶州路96号
	8	威海市实验中学北校区	625	52	杨永霞	孙家疃街道办事处驻地
	9	威海市温泉中学	1665	123	刘德光	温泉镇虎山小区东
	10	威海市第七中学	2897	215	宋玲玲	张村镇普陀路北首
	11	威海市福泰中学	1570	117	姜永东	张村镇黄家皂路
	12	威海市第十三中学	392	41	方　静	桥头镇政府驻地
	13	威海市河北中学	365	31	方海威	海峰路258号
	14	威海市爱山实验学校	1141	88	谷　萍	羊亭镇和顺路2号

续表

学校性质	序号	学校名称	在校生数量	教师数量	负责人	学校地址
小学（22所）	15	威海市鲸园小学	1753	96	丛滋芬	文化东路5号
	16	威海市统一路小学	1290	79	陈　玲	和平路69号
	17	威海市长征路小学	1244	83	王金奎	古陌路17号
	18	威海市码头小学	1118	62	姚　芳	东山路15号
	19	威海市塔山小学	1198	74	王黎明	东窑街9号
	20	威海市古寨小学	2609	141	刘爱民	古寨东路62号
	21	威海市实验小学	1122	75	刘昌晓	庙耩路599号
	22	威海市南山小学	596	41	张建峰	文峰三街4号
	23	威海市翠竹小学	1936	102	江　军	沧口路西
	24	威海市北竹岛小学	1371	77	陈　华	塔山中路176号
	25	威海市望岛小学	2170	115	刘晓波	望岛河南侧
	26	威海市河北小学	1262	67	夏雪琴	海峰路258号
	27	威海市孙家疃小学	744	48	张娜娜	孙家疃街道办事处驻地
	28	威海市半月湾小学	292	26	孙春娟	迎海路28号
	29	威海市温泉小学	2377	126	刘德光	温泉镇虎山小区东
	30	威海市锦华小学	1474	81	孙林涛	张村镇火炬南路
	31	威海市千山路小学	1466	80	李自梅	张村镇西山村北
	32	威海市普陀路小学	1455	82	孙晓芹	张村镇普陀路北首
	33	威海市福泰小学	2529	134	丛　礼	张村镇一品南山小区西
	34	威海市桥头小学	525	33	邹宏伟	桥头镇政府驻地
	35	威海市武夷路小学	277	19	倪红梅	张村镇武夷路
	36	威海市第二实验小学	1452	113	李　端	古陌西路10号
一贯制学校（4所）	37	威海市新苑学校（九年）	2430	154	邹海霞	珠海路980号
	38	威海市羊亭学校（九年）	2140	132	李　蕾	羊亭镇政府驻地
	39	威海市明湖路学校（九年）	2447	147	刘军波	温泉镇邹家庄社区南
	40	威海市大光华学校（十二年）	1692	215	陶遵旭	张村镇黄河街58号

【教育经费】 2023年，全区教育经费总投入13.13亿元，其中国家财政性教育经费投入10.65亿元，占比81.11%。教育经费总支出13.14亿元（人员经费支出9.54亿元，占比72.6%；公用经费支出3.59亿元，占比27.32%；其他支出0.01亿元，占比0.08%），其中国家财政性教育经费支出10.64亿元（人员经费支出7.91亿元，占比74.34%；公用经费支出2.73亿元，占比25.66%）。生均一般公共预算公用经费支出，普通初中3294.85元、小学2168.15元、幼儿园1558.88元；生均公共财政预算教育事业费支出，普通初中15409.41元、小学9498.13元；生均公用经费基本支出，普通初中2822.19元、小学2257.44元、幼儿园3324.7元；生均日常公用经费支出，普通初中2166.6元、小学1593.7元、幼儿园1402.69元。残疾学生生均公

用经费按照不低于义务教育10倍的标准拨付，小学阶段每生每年9100元，初中阶段每生每年1.11万元。残疾幼儿、中小学学生交通费、学习用品和生活费补助，每生每年不低于4000元，家庭经济困难的残疾学生享受免费教育。

【校园改造建设】 2023年，环翠区投资1.435亿元，解决中小学大班额问题，升级改造校舍园舍。其中，投资1.2亿元，续建威海市河北中学、威海市武夷路小学（环翠区业余竞技体育运动学校）。威海市河北中学完成投资4000万元，9月1日投入使用；威海市武夷路小学完成投资8000万元。投资1000万元，升级改造部分公办中小学、幼儿园设施，包括水电暖、门窗、内外墙面、地面、屋顶、厕所、围墙等。投资1350万元，更新威海市塔山中学塑胶运动场。

【教育资助】 2023年，环翠区发放各类资助金652.63万元，惠及6559人次。其中，中等职业学校助学金12.4万元，惠及126人次；中等职业学校免学费319.76万元，惠及1967人次；高中助学金3.8万元，惠及38人次；高中免学费0.56万元，惠及7人次；非寄宿生生活补助62.96万元，惠及2264人次；寄宿生生活补助0.56万元，惠及10人次；农村学校班车补助11.94万元，惠及398人次；残疾学生（幼儿）生活补助90万元，惠及225人次；“爱心一日捐”补助资金70.2万元，惠及509人次；学前政府助学金54.68万元，惠及911人次；学前减免保教费25.78万元，惠及104人次。

【招生考试】 2023年，环翠区组织高等教育自学考试网上报名审核2次923人，办理自学考试毕业证书58个。组织成人高等教育资格审核5781人，报考24179科次。组织研究生考试网上审核13679人。组织初中学业水平考试，17所初中17892人参加考试，其中初四5862人、初三5936人、初二6094人。

【“平安校园”建设】 2023年，区教育体育局优化校园安全管理流程，重点抓好防溺水、防欺凌、校园安防等工作。实施区域统筹网格化责任管理，完善班子成员安全责任主体清单，成立安全分包巡查组，常态化开展安全隐患排查。推行校园每日、每月隐患排查整治工作机制，建立校园安全“一月一排查、一月一研判”督查工作制度。联合相关职能部门开展校园安保、校车安全、食品安全等检查18次，发现问题隐患656项，下发督办单526份，全部整改完毕。推动校车服务专业化、集约化运营，完善校车管理机制。5月23日，经验做法《环翠区“3+5+2”机制优化校车安全管理》被市政府安全生产委员会办公室《安全生产专项整治工作简报》（第33期）刊发。按标准配备校园专职保安394人，设置校园安全护学岗112处，实现调度、应急、指挥一体化。校园食堂“明厨亮灶”达标率为100%，校园安全监管中心实施常态化远程监管。加强校舍屋顶、墙体等关键部位排查，及时清理积雪及临空冰凌，消除潜在隐患。发挥校园主阵地作用，开发生命安全校本课程，常态化开展校园安全宣传教育活动。年内，印发《安全一封信》70余万份，编发《校园安全工作预警通报》16期，开展安全演练1231场。环翠区校园每日、每月安全隐患排查整治工作经验在全市范围内推广。

【教育督导】 2023年5月24—25日，环翠区完成2023年国家义务教育质量监测现场测试工作。教育部基础教育质量监测中心抽取环翠区20所义务教育阶段样本校（小学12所、初中8所）594名学生参与测试，样本校校长、相关年级班主任及相关科目任教教师305人参加问卷调查。10月23—24日，环翠区初步通过“国家义务教育优质均衡发展县”实地督导评估认定。12月18—31日，环翠区开展2023年度中小学校教育工作综合督导评估，动态指导全区中小学校的办学行为、内部治理、教育教学以及内涵发展情况。

（于泽滨）

教师队伍建设

【概况】 2023年，区教育体育局持续推进“内涵提升三年行动计划”，实施强师兴源提升工程，加强区名师工作室、市“四名工程”（名师、名课程团队、名班主任、名校长）等名优团队建设，通过立项课题、同研课堂、评优纳新等方式，带动教师梯次进步。招聘、引进教师99名，城乡教师交流轮岗228名。开展“强师德、正师风”专项行动，表彰先进典型，倡树模范引领，营造尊师重教风尚。至年末，全区有义务教育在编教师3569人，纳入政府集中管理编外教师135人，民办中小学自聘教职工282人。其中，正高级教师17人、高级教师721人、一级教师1504人。

【“内涵提升三年行动计划”推进】 2023年，区教育体育局采取线上、线下相结合的方式，邀请北京、上海、浙江等地的课程专家入校指导，以威海市统一路小学、威海市实验小学、威海市锦华小学、威海市鲸园小学、威海市古寨中学、威海市实验中学、威海市望海园中学、威海市城里中学8所学校为核心，辐射带动全区中小学校参与课程建设项目。组织小学语文、数学、英语、科学和初中语文、数学、英语、物理学科骨干教师240余人，分批次到上海开展情境访学，与全国知名专家、名校一线教师面对面探讨教法，开拓思路和眼界。

【名师工作室建设】　2023年，环翠区继续实施名师工作室建设工程，开展专题研讨活动50余次，走进“双助”（农村中小学校长助力培训工程和农村中小学骨干教师助力培训工程）学校送课20余次。搭建各层面成长交流平台，实施“主题化、结构化”校本研修，为教师梯次化自主成长提供指导与服务保障。名师工作室成员年均读书12本，接受高端培训近30次。

【教学能力提升活动】　2023年，区教育体育局注重全员素养提升，组织3600余名中小学教师完成山东省“互联网+”远程研修项目，参加教育部暑期教师研修，开展学科全员培训、新教师岗前培训。实施青年教师拔节工程，组织开展青年教师成长故事分享活动、教坛新星评选、新教师现场备课比赛等系列活动。年内，威海市明湖路学校高晓燕被列为齐鲁名师建设工程（2022—2025）人选，威海市武夷路小学倪红梅被列为齐鲁名校长建设工程（2022—2025）人选。

【师德师风建设】　2023年，区教育体育局确定“爱与责任”年度师德主题，以“赋能成长”作为引领师风主题，构建师德师风建设长效机制。召开2023年师德师风建设工作会议，明确年度师德师风建设重点任务，分别制定区级层面和学校层面师德教育活动方案。组织全体教师学习收看师德“开学第一课”，签订师德承诺书，系统学习《新时代中小学教师职业行为十项准则》《新时代幼儿园教师职业行为十项准则》等，组织师德师风培训学习200余次，组织教师代表在教师节庆祝表彰大会上进行师德宣誓。开展“树典型展形象促发展”先进典型评选活动，评选“环翠最美教师”10人、“环翠区教书育人楷模”40人、优秀教师100人、师德标兵100人。年内，威海市统一路小学邹小燕获评“威海最美教师”，威海市塔山中学原芳获评“威海市教书育人楷模”。

2023年9月7日，环翠区庆祝第39个教师节大会在威海市望海园中学举行。图为教师代表集体宣誓　　（区教育体育局　供图）

【教师招聘】　2023年，环翠区组织开展两次教师招聘考试。通过引进优秀毕业生考试引进毕业生10人，通过面试前置公开考试招聘中小学教师35人、幼儿园备案制教师54人。其中，安置山东省公费师范生38人，安置数量为历年之最。

【职称评聘及竞聘上岗】　2023年，区教育体育局组织开展中小学教师职称评聘和新一轮（2023.7.21至2026.7.20）事业单位工作人员竞聘上岗工作。年内，完成2022年度职称评聘工作，243人通过评审，其中，正高级职称5人（含基层1人）、高级职称94人（含基层44人）、中级职称144人。岗位竞聘涉及3828人，其中岗位晋升650人。至年末，2023年度中小学教师职称评聘工作进入启动阶段。

【城乡教师交流轮岗】　2023年暑期，环翠区下发《关于开展2023年城乡教师交流轮岗工作实施意见》，本着“城乡均衡、校际均衡、统筹兼顾、乡下优先”的原则，根据新学年学校建设、生源变化、师资结构等情况，结合学校需求和教师意愿，鼓励无农村任教经历的城区教师到农村学校支教、农村学校教师竞聘城区学校部分空缺岗位。按照交流轮岗教师比例不低于符合交流条件人数的10%、骨干教师比例不低于交流教师总数的20%要求，引导优秀校长和骨干教师向农村学校、薄弱学校流动，促进校长、教师优质资源合理配置。暑期教师交流轮岗228人，占符合交流条件人数的28%，其中骨干教师占32%。

（于泽滨）

基础教育

【概况】 2023年，环翠区坚持规范管理、公平保障、五育并举（德育、智育、体育、美育、劳育全面发展）、全面发展原则，落实立德树人根本任务，推进义务教育阶段“双减”改革、教育数字化、心理健康等工作，聚焦核心素养基础导向，实施“强德固本”“强智培优”“强身健体”“强美润心”“强劳践行”五大行动，发展学生综合素质；聚焦高质量发展主线，实施内涵发展提升工程，提升教育领域综合改革水平。年内，环翠区被确定为全国首批“完善普惠性学前教育保障机制实验区”，被认定为首批“国家学前教育普及普惠县”。

【学前教育】 2023年，环翠区新增3处公办幼儿园：嵩山第一幼儿园山水绿城分园、玉兰幼儿园牡丹分园、羊亭镇中心幼儿园名流海岸分园，新增学位720个。重新认定普惠性民办幼儿园20处。望府实验、龙泽府实验等7处幼儿园通过省级一类幼儿园认定，布谷奈、远遥、成乐3处幼儿园通过省级一类幼儿园复评，双泉城幼儿园通过省级示范幼儿园认定，望岛、羊亭镇中心等13处幼儿园通过省级示范幼儿园复评。全区省级示范幼儿园占比75%，省级一类及以上幼儿园占比94.12%。承办山东省学前教育教学成果培育暨教研基地中期交流活动，环发幼儿园、张村镇中心幼儿园被选为观摩点。承办山东省第三届“齐鲁幼师之星”市级展示活动，获评市级特等奖2人、一等奖2人、二等奖1人，其中2人参加省级比赛，分别获得二等奖、优秀奖。承办威海市学前教育质量提升项目培训中期总结暨课程游戏化专题研讨会。举办“环翠区幼儿园游戏开放月暨游戏质量提升现场观摩研讨活动”，开放观摩13处幼儿园。举办全区幼儿园游戏活动案例评选，评出优秀案例36个，获评省级幼儿园优秀游戏活动案例4个，其中省级一等奖1个、二等奖2个、三等奖1个。举办全区幼儿园优秀自制教（玩）具评比活动，评出获奖作品33个，其中获得省级一等奖1个、三等奖1个。加强学前教育宣传力度，获评省级优秀宣传作品15个，其中“幼有优育 幼耀精彩”短视频8个、“正能量·大流量”推文展播4个、学前教育优秀宣传稿件2篇、学前教育宣传月优秀文本案例1个。推进幼小衔接研究，论文《区域整体推进幼小双向协同科学衔接的实践研究》获得威海市基础教育教学成果一等奖；开展幼小科学衔接优秀案例遴选活动，获评市级一等奖4个、二等奖4个、三等奖7个，2个幼小衔接教研活动、2个幼小衔接教育活动分别获评省级一等奖、二等奖。举办学前教育优课评比，获评市级奖项28个，其中一等奖5个、二等奖12个、三等奖11个。获得“山东省首届原创绘本素材创意大赛”优秀奖3个，“沿黄九省（区）原创儿童图画书素材创意大赛”三等奖1个、优秀奖3个。区机关幼儿园张明明、张村镇中心幼儿园王笑梅被评为山东省幼儿园保教质量提升标兵。望岛、威海湾九里、张村镇中心3处幼儿园通过市级园本教研示范园遴选，被推荐参加省级评选。年内，环翠区被确定为全国首批“完善普惠性学前教育保障机制实验区”，被认定为首批“国家学前教育普及普惠县”，普及普惠县创建典型经验在“全省基础教育重点领域改革推进交流研讨活动”“山东省基础教育重点改革交流研讨活动（东部片区）”中进行分享交流。

【中小学教学】 2023年，全区小学招生8039人，毕业6730人；在校小学生35921人，比上年增长3.27%。初中招生6409人，毕业5956人；在校初中生24493人，增长1.15%。除了不具备接受教育能力者以外，适龄儿童入学率为100%。年内，区教育体育局推进单元整体教学实践研究。小学段聚焦小组合作学习具体路径和评价体系开发与实施，初中段以各个层面的集备研讨和学科教研活动为平台，加大单元起始课、概念课、实验课、导读课、听说课等不同课型实践研究力度。年度“开学第一课”评出一等奖208个、二等奖323个，研究论文评出一等奖231个、二等奖388个。在2023年度市级优课评选中，环翠区一等奖占比小学段为43.6%，初中段为41.2%。举行2022届新教师现场备课比赛，评出一等奖22名。举办学校、协作区、区三级青年教师“致青春 话成长”、老教师与青年教师“共话成长 薪火相传”系列故事分享活动，评出一等奖8名，汇编一等奖资料形成新教师上岗培训优质资源进行区域共享。

【“五育并举”融合发展】 2023年，区教育体育局优化完善五育并举育人体系，制定区、校两级全环境立德树人实施方案，推进“强德固本”

“强智培优”“强身健体”“强美润心”“强劳践行”五大行动，打造市级品牌项目5个、市级特色活动7个、市级优秀案例6个。推进“大思政课”建设，1节思政课获省级一等奖。选拔73名师生代表参加市级大阅读系列比赛，30人获得一等奖。提升人工智能课程水平，积极参加各项科创比赛，600名学生参加省、市科创大赛，获得一等奖107个。举办艺术展演4项、体育联赛6项，参与学生2700余人次。选派269名运动员参加市级比赛，获得第一名9个。与中央音乐学院联合开展系列活动，威海市鲸园小学、威海市普陀路小学、威海市望海园中学、威海市第七中学被授予“中央音乐学院考级生源培训基地”，威海市第七中学被授予“中央音乐学院乡村音乐教室”。4月24日，环翠区中小学第九届“时代之声”器乐比赛在威海市望海园中学举行。6月20日，威海市城里中学班级合唱团参加山东省合唱展示活动，获得省级一等奖；威海市码头小学获得山东省学生健康活力大赛两项冠军。4月27日，环翠区中小学综合实践劳动基地启动仪式举行，围绕“以劳树德”“以劳健体”“以劳育美”等五大主题，立体呈现环翠区建设省级劳动教育实验区工作成效。组织近5000名初中一年级学生到基地开展为期5天的劳动实践活动，培养学生劳动观念。环翠区《创新协同劳育机制提升五育并举品质》典型案例入编省级劳动教育现场会典型案例集，威海市千山路小学获评省级中小学劳动教育表现突出单位。

【中小学课后服务】 2023年，环翠区充实课后服务师资，投资24.8万元采购课后服务课程700余课时，内容涉及人文、科技、美育、体育、劳育、心理6大类31门，配备全套课件、教学设计、视频等教学资源。引进第二批非学科类培训机构，与哈尔滨工业大学（威海）开展战略合作，引进哈尔滨工业大学（威海）师生参与寒暑假课后服务，共建课后服务课程超市。联合区精神文明委员会办公室、区科协、区妇联等8个部门，建立假期托管联动机制，开放新时代文明实践站37个及文化馆、图书馆、科技馆等各类青少年校外活动场所。联合区委宣传部、区文化和旅游局，依托区图书馆和城市书房举办“童享未来”青少年成长读书会，66名骨干教师参与志愿服务，年内举行读书交流活动40余场。

2023年5月29日，中央音乐学院考级生源培训基地挂牌仪式在威海市望海园中学举行
（区教育体育局　供图）

【乡村教育振兴】 2023年，环翠区实施教育强镇筑基行动（通过提升乡镇驻地学校、幼儿园办学水平，带动乡村学校办学质量共同提高，缩小城乡教育差距，促进城乡教育一体化发展），推动乡镇中小学以“成长共同体”形式抱团发展。2月18日，典型案例《威海市环翠区张村镇发挥试点优势赋能镇域教育》被省教育厅发文推广。4月13日，全市教育强镇筑基行动现场推进会在威海市第七中学举行，与会人员观摩威海市第七中学、威海市锦华小学、威海市普陀路小学，区教育体育局、威海市第七中学作经验交流。9月5日，省教育厅发布《山东省教育厅关于对第一批、第二批省级教育强镇筑基试点乡镇实施评价情况的通报》，环翠区在全省130个省级试点乡镇中位列第2。

【心理健康教育】 2023年，环翠区推进“心桥”百千万工程（“百”指百名家庭教育指导师和生涯规划师，“千”指千名家庭教育骨干团队，“万”指万名家庭教育志愿者，全面推进“心桥”工程深入开展），通过专题培训、间周一次的读书引领、案例分析等方式，加强专家与骨干教师组成的专家团队建设。发挥骨干团队的辐射带动作用，依托“爱育未来”教师志愿服务团队，举办社区公益宣讲、广场咨询等系列活动100余场。课程化推进心育教育，落实全学科心育理念，探索开展中小学道德与法治学科、心理学科深度教学研讨活动。开展心理健康开学第一课及心理筛查活动，做好开学心理调适，提高学生心理防护能力。年内，区教育教学研究中心曲芳在山东省中小学心理健康教育教师基本功大赛中获得一等奖。

【特殊教育】 2023年，环翠区在“威海市第二期特殊教育提升计划”实施过程中，逐步形成以普通学校随班就读为主体、以送教上门为辅助、以远程教育为补充，统筹推进普通教育和特殊教育不断融合的残疾人教育体系。发挥威海市孙家疃小学、威海市望海园中学特殊教育资源中心的引领作用，加强普通中小学资源教室建设，为有需求的学生提供特殊教育设施设备。选派骨干教师进行业务支持、就读指导、信息咨询等，加大专（兼）职教师教学研讨力度，提升特殊教育质量。年内，全区义务教育阶段接收残疾学生192人，其中随班就读165人、送教上门27人。至年末，环翠区设有残疾人教育专家委员会1个，建成特殊教育资源中心2个、特殊教育资源教室17个，其中示范性特殊教育资源教室9个。

【信息化建设】 2023年，环翠区开展不同层面、不同专题的教师信息素养培训15次，培训教师1600余人次。探索人工智能在教育教学中的融合创新应用，形成基于大数据分析的精准教学、基于数字技术融合的互动教学等多种教学模式。依托6所“山东省教育评价改革实验基地”试点校、5所“国家中小学智慧教育平台”试点校、6所“教学大数据分析系统”试点校，开展数字化赋能教育评价改革实验探索，基于区对校过程性评价、校对师发展性评价、师对生多元化评价3个场景开展实践研究。区域教育信息化案例《构建“数据E+”智慧评价新模式，驱动教育优质发展》入选教育部案例集，相关做法在全省现场会进行交流。环翠区通过“山东省教育评价改革实验基地”评审，为全市唯一单位。完善“乐学环翠”教育平台建设和多平台对接，最大限度实行全域教育资源共享，教师、学生应用达标率均高于考核标准。至年末，“乐学环翠”平台上传资源5130个，浏览量18万余次，下载量3万余次。全区录制“名师辅导讲堂”236节、“空中课堂”992节，实现优质教学资源城乡学校共享。在全国青少年信息学奥林匹克联赛中，环翠区包揽全市前三名，获市级一等奖数量占比71%。

【教育科研】 2023年，区教育体育局聚焦以解决问题为核心的专项课题研究，重点关注课题的立项与结题，开展专题培训和过程性诊断指导，全年结题86项，申报省、市课题52项。结合教学成果推广，采用“专业引领、典型示范、培训驱动”策略，优化学校三级课程架构、学科拓展课程建设，探索开发跨学科主题课程，形成区域共建、校际共享、整体联动的区域课程建设实施模式。推选11个作品参加山东省课程方案评选，获得省级优秀课程奖项9个。优化单元作业设计，帮助学校建立校本化作业资源库，开发共享单元教学资源600余个，执教市级及以上公开课63节，经验交流64次。2月，出台《威海市环翠区关于进一步加强实验教学的指导意见》，驻校调研、查摆问题，依据问题制定实验教学清单，全学科实地督导评价，全面规范实验教学。在全省实验教学自制课件评选活动中，环翠区7件作品被推荐参加省级评选。

（于泽滨）

民办教育

【概况】 环翠区民办教育机构有中等职业学校2所、中小学2所、幼儿园28所、培训机构14所。14所培训机构中，有义务教育段学科类5所、高中段学科类4所、体育类1所、科技类4所。2023年，区教育体育局配合推进非学科类培训机构审批，审批非学科类培训机构2所，要求其在办公场所显著位置公示证照、课程、师资、制度等信息，落实合同签订、收费时长、授课时间等规范要求。

【校外培训机构监管】 2023年，区教育体育局指导新审批培训机构录入全国校外培训监管与服务平台，加强对培训机构全流程监管，通过年检、“平安消费”、高考志愿填报咨询摸排治理、培训材料和从业人员专项排查等专项督查，规范办学。印发《致家长一封信》，通过微信公众号公布有资质的培训机构名单，引导家长抵制违规机构。联合开展校外培训机构治理专项行动4轮，查看托管、教育咨询类机构200余所，对违规开展学科培训的18所机构下发停办通知书。利用全国校外教育培训监管与服务综合平台，对培训机构加强全流程监管，试点推进校外培训机构视频监控工作，经验做法入选省级优秀案例。

【“平安消费”专项行动】 2023年，区教育体育局落实《威海市校外培训“平安消费”专项行动实施方案》，成立督查组，开展“平安消费”专项行动。联合区市场监管局开展收费专项督查，查验各类培训机构课程收费公示、平台订单与实际学员数量、协议签订和收费单据数量、收费时长和最高金额、监管户余额情况。通过电话向家长了解情况，查证机构收费政策落实及规范办学情况。组织相关科室检查辖区各类培训机构安保聘用、防卫器材配备、消防器材维护、疏散通道畅通、监控维护、安全教育及演练记录等情况，发现问题8个并限期整改。通过“环翠教体”公众号发布校外培训“平安消费”倡议书，引导家长合理选择培训机构、规范签订服务合同，防范权益受损。

（于泽滨）

职业教育

【概况】 2023年，环翠区有中等职业学校2所，均为民办教育机构。其中，威海市海诚商业学校开设航空服务、计算机应用、会计事务、市场营销、社会文化艺术、康养休闲旅游服务6个专业，在校学生930人、教师70人；威海市常春藤外国语学校开设国际商务、休闲体育服务与管理、网络信息安全、艺术设计与制作4个专业，在校学生153人、教师71人。

【中职学校办学条件达标】 2023年，区教育体育局根据《山东省教育厅等5部门关于印发职业学校办学条件达标工程实施方案的通知》，指导2所中职学校根据存在问题制定达标整改方案，按照“谁举办、谁负责”原则，加强职业学校办学条件达标工作的指导督导和过程监测。威海市海诚商业学校通过购置设施设备完成仪器设备数量达标；威海市常春藤外国语学校通过租赁其他教学场地及建筑物，完成占地面积及建筑面积达标，通过增聘教师完成师资数量达标。至年末，两所学校均完成办学条件达标工作。

【威海市海诚商业学校】 2023年，威海市海诚商业学校以打造职教高地建设“升级版”职业教育改革政策为指引，深化职业教育创新发展高地建设。以“集群化”专业建设理念为指导，实施部系管理模式，加强特色化建设，设置春季高考部、夏季高考部、航空服务部、猎鹰特训部和校企合作部。组建以航空服务专业为核心的“文旅休闲康养”专业群，对接精品旅游产业领域。专业群涵盖康养休闲旅游服务、社会文化艺术、市场营销等专业。秉承加强国防教育、创新德育模式育人宗旨，开设“国防教育特训班”，实施国防教育与德育相融、与升学兼顾、与参军衔接、与就业结合的特色育人计划，为学生提供集升学、参军、就业为一体的多元化发展空间。年内，招生352人，毕业学生363人。

【威海市常春藤外国语学校】 2023年，威海市常春藤外国语学校实施“职普融通”教育策略，开辟“新赛道”，整合内外部资源，成立职教高考实验部，完成首批招生54人。在原有帆船基地基础上，新设刘公岛帆船实训基地。加强国际交流，邀请韩国华城市休闲文化教育局、韩国华城海洋学院代表团到威海探讨教育教学、帆船运动合作。联合蓝丝带海洋保护协会开展海洋环保“净滩行动”，被市级媒体报道。年内，招生93人，毕业学生15人。

（于泽滨）

文 化

综 述

【概况】 2023年，环翠区公共文化服务网络不断完善。区公共文化服务中心正式启用，完成区档案馆、区图书馆搬迁，区图书馆首次获评国家一级图书馆；新建乡村书房2处、新型公共文化空间2处，提档升级城市书房2处。公共文化服务效能不断提升，开展2023中国（威海）合唱节暨环翠区第50届“5·23”歌咏会、半月湾国际沙滩音乐节等品牌文化活动，以及环翠区第33届广场纳凉晚会、文艺小分队送戏下乡等群众文化活动1000余场。采取“政府扶持+社会主导+第三方支撑”模式，开展公益创投项目6个。《环翠区探索实施公共文化服务公益创投以供给改革激发乡村文化振兴新活力》典型经验被市改革工作动态专刊发表。6月，《中国文化报》发表环翠区《文化公益创投助推乡村公共服务多元共治》文章。推动文化产业提质增效，威海裕红祥丝绸文化科技有限公司、威海环晟文旅发展有限公司获评省级文化产业示范基地，全市仅有2家企业获此荣誉。华夏文化旅游集团股份有限公司获评山东省首批“百企领航”文旅企业。

【公共文化服务体系建设】 2023年，环翠区新建嵩山街道小镇村、桥头镇北子城村乡村书房2处，提档升级羊亭、竹岛城市书房2处，9个镇（街道）城乡书房总量达到16处。建成磨爱麦公益文化空间、那片海咖啡馆新型公共文化空间2处，拓展公共文化服务面积2万余平方米，辖区内市级新型公共文化空间总量达到8处。其中，天和美术馆获评“山东省最美文博艺术空间”，柒禾文化空间获评“山东省最美商圈文化空间”，环翠楼街道入选省级书香之乡（镇、街道）。尼山书院举办名师公益讲座、国学春秋季公益课程、国学冬令营（夏令营）、传统文化进社区和学校、“美育进村庄”等公益培训500余场，惠及7000余人。区文化馆开展声乐、合唱、曲艺、小品等培训400余场，惠及1.5万余人。举办“意蕴威海——中国书画名家学术邀请展”“艺海风情——沿海油画家写生作品展”“美在新时代2023迎国庆美术作品展”“瑰丽海疆——

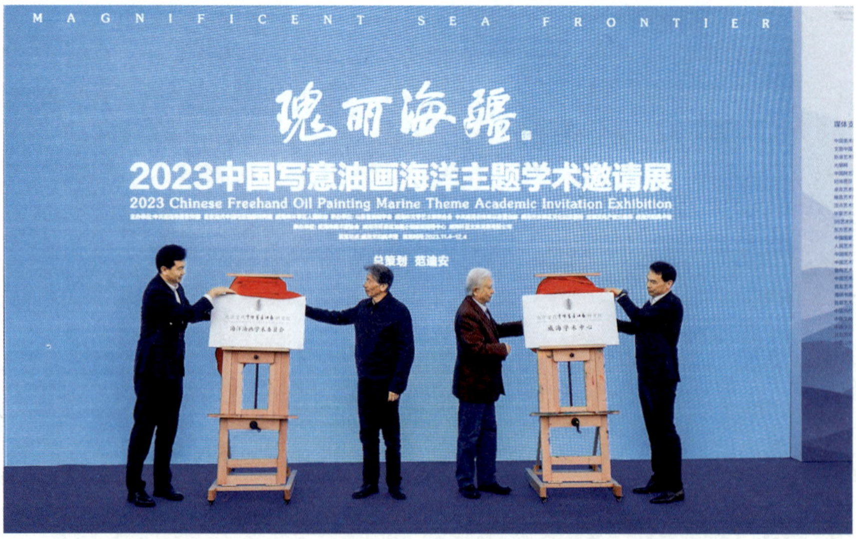

2023年11月4日，“瑰丽海疆——2023中国写意油画海洋主题学术邀请展”开幕

（威海市环通产业投资集团有限公司　供图）

2023中国写意油画海洋主题学术邀请展”等文化展览活动8场。开展覆盖各镇（街道）的公益创投项目6个，提升公共文化服务均等化发展水平。设计制作全区文体设施地图，对公共文化设施、游园、体育设施等进行标注，方便居民了解身边文体设施。

2023年10月26日，环翠区公共文化服务中心启用

（威海市环通产业投资集团有限公司　供图）

【环翠区公共文化服务中心投入使用】 2023年10月26日，环翠区公共文化服务中心开始启用。中心位于羊亭镇海峰路北、海利达路西侧，南临鲁东、中阳棚改安置区，由档案中心、文化中心两个单体建筑组成，总占地面积6.75万平方米，总建筑面积11.59万平方米，总投资8.5亿元。其中，档案中心于2019年12月开工建设，2023年10月投入使用，入驻单位有区档案馆、区图书馆等，设有新时代文明实践展示体验馆、革命军史馆、城市规划馆等展厅。档案中心获得2023年“山东省建设工程安全管理小组优秀创新成果竞赛一等奖”，获评山东省优质结构工程。文化中心于2020年8月开工，至2023年年末尚未完工。工程引入德国生态城建设先进理念，将自然通风采光、太阳能辐射等节能手段与建筑结构节能技术相结合，极大地减少建筑物能耗。年内，文化中心入选山东省绿色建筑与建筑节能（超低能耗与近零能耗建筑）试点示范创建项目。

【非物质文化遗产保护】 2023年，环翠区开展第七批区级非物质文化遗产代表性传承人评审，新认定吉昌花饽饽马昱、玻璃画马金霞、尹派宫式八卦拳刘冪等区级非物质文化遗产传承人12人。至年末，全区非物质文化遗产保护项目有44个、传承人34人。传统锔艺代表性传承人耿海胜获评山东省非物质文化遗产保护十大模范传承人。开展“非遗工坊”认定，经资格审查、实地检查，认定威海螺钿漆器工艺非遗工坊、威海玻璃画非遗工坊、古家具修复技艺非遗工坊3处市级“非遗工坊”，威海锡镶非遗工坊被认定为省级“非遗工坊”。鼓励企业“抱团”发展，推进非物质文化遗产项目的生产性保护。注重传统文化和市场的有机结合，组织非物质文化遗产展销活动，在2023“中国旅游日”威海主题日活动暨属相街手造集市启动仪式、“购非遗 够精彩”2023年威海市文化和自然遗产日暨非物质文化遗产好物大荟等活动中，设置非物质文化遗产产品体验、售卖摊位，展销花饽饽、漆贝、玻璃画、丝绸等多种非物质文化遗产文创产品；组织威海锡镶、胶东民间山蚕茧古法纩丝非物质文化遗产项目参加19省、市非物质文化遗产展，推广非物质文化遗产文化。

表46　环翠区非物质文化遗产项目及传承人一览表

序号	项目名称	保护单位	项目类别	级别	传承人
1	威海锡镶技艺	环翠区文化馆	传统技艺	省级	李江玉（区级）
2	尹派宫式八卦拳	威海市尹派宫式八卦拳研究会	传统体育、游艺与杂技	省级	刘保和（省级） 刘　冪（区级）
3	传统锔艺	威海市德轩锔瓷文化发展有限公司	传统技艺	省级	耿海胜（省级）
4	豆面酱手工制作工艺	山东威高四海酿造有限公司	传统技艺	省级	—

续表

序号	项目名称	保护单位	项目类别	级别	传承人
5	胶东民间山蚕茧古法矿丝技艺	威海市裕红祥丝绸文化博物馆	传统技艺	省级	毕旭东（省级）
6	郭仙姑的传说	竹岛街道望岛集团	民间文学	市级	—
7	卢家刀剪制作工艺	威海市环翠区云汉有限责任公司	传统技艺	市级	卢常伦（市级）
8	正棋山的传说	温泉镇政府	民间文学	市级	—
9	威海木艺面塑	—	传统技艺	市级	卢书学（市级） 马淑玲（市级）
10	胶东大鼓	环翠区文化馆	曲艺	市级	—
11	太极梅花螳螂拳	威海市环翠区武术协会	传统体育、游艺与杂技	市级	陈洪亮（市级）
12	五行通背拳	威海申威投资发展有限公司	传统体育、游艺与杂技	市级	李仁建（市级） 刘翔宇（区级）
13	威海刻瓷技艺	威海一凯文化发展有限公司	传统美术	市级	孙　凯（市级）
14	船模制作技艺	威海沛瑞恒文化发展有限公司	传统技艺	市级	秦嗣安（市级）
15	威海纸斗制作技艺	延茹剪纸艺术培训中心	传统技艺	市级	张延茹（市级）
16	威海螺钿漆器工艺	威海圣特雅漆贝工艺品有限公司	传统技艺	市级	王绍禄（市级）
17	胶东沿海蒿酵传统花饽饽手工技艺（威海花饽饽制作技艺）	庆喜楼蒿酵（威海）面食有限公司	传统技艺	市级	王军好（市级） 隋禹桐（区级）
18	威海吉昌花饽饽技艺（市级项目名称为：威海花饽饽制作技艺）	威海磨爱麦食品有限公司	传统技艺	市级	孙海燕（市级） 马　昱（区级）
	胶东麦麸箬叶麴花饽饽制作技艺（扩展项目）	威海爱之源食品有限公司	传统技艺	区级	—
19	威海玻璃画	威海市世澳进出口有限公司	传统美术	市级	马金霞（区级）
20	黑芝麻九蒸九晒技艺	威海磨爱麦食品有限公司	传统技艺	市级	马　骋（区级）
21	威海“老乌货”传统制陶技艺	威海瀚雅文化发展中心	传统技艺	市级	徐安明（区级）
22	传统手工字画装裱技艺	威海科茂文化传媒有限公司	传统技艺	市级	刘永华（区级）
23	字画修复技艺	威海文武文化传媒有限公司	传统技艺	市级	宋文武（区级）
24	古家具修复技艺	威海柒木文化发展有限公司	传统技艺	市级	原天枢（区级）
25	胶东传统婚服	山东廖夫人服装有限公司	传统技艺	市级	廖桂清（区级）
26	半壁山的传说	羊亭镇半壁山村	民间文学	区级	—
27	猫头山传说	孙家疃街道办事处	民间文学	区级	—
28	官道的传说	桥头镇政府	民间文学	区级	—
29	靖子龙王庙谷雨祈福民俗	孙家疃街道办事处	民俗	区级	—

续表

序号	项目名称	保护单位	项目类别	级别	传承人
30	环翠剪纸	环翠楼街道办事处	传统技艺	区级	侯晓杰（区级）
31	里口山的传说	张村镇政府	民间文学	区级	—
32	鲸园的由来	鲸园街道办事处	民间文学	区级	—
33	京剧脸谱绘画	威海市文化艺术活动中心有限公司	传统美术	区级	—
34	半月湾的由来	孙家疃街道办事处	民间文学	区级	—
35	林家院的传说	温泉镇政府	民间文学	区级	—
36	刘公岛的传说	刘公岛管委会	民间文学	区级	—
37	威海酥皮肉火烧	山东神龟餐饮管理有限公司	传统技艺	区级	韩景洲（区级）
38	威海打尜丸游艺	威海市三冠高尔夫文化艺术院	传统体育、游艺与杂技	区级	—
39	“瑞连祥”传统服饰制作技艺	威海瀚文文化交流有限公司	传统技艺	区级	闫　静（区级）
40	胶东面供民俗	庆喜楼蒿酵（威海）面食有限公司	民俗	区级	隋守波（区级）
41	王家村传统捕鱼技艺	孙家疃街道王家村社区股份经济合作社	传统技艺	区级	王进昌（区级）
42	威海盛源斋刻匾技艺	威海柒木文化发展有限公司	传统技艺	区级	原天枢（区级）
43	威海大漆技艺	威海视点文化艺术交流有限公司	传统技艺	区级	于　群（区级）
44	老威海婚礼习俗	威海瑄泰號文化传媒有限公司	民俗	区级	李　膨（区级）

【文化创意产业】 2023年，环翠区推动文化产业高质量发展，持续推进“山东手造”威海工程建设。打造威海天和手造展示中心，新增新威附路特色景区吉呈轩展销专区、属相街商亭手造展销专区、桥头东南乡景区销售专区等手造展销专区45处。挖掘非物质文化遗产和传统工艺资源，组织手织地毯、丝绸、锡镶、大漆、花饽饽等20余家企业及爆款产品参加“好品山东”品牌、“山东手造”伴手礼、“山东手造·优选100”等评选，以及第十九届深圳文博会、第四届中国国际文旅博览会、第二届中华传统工艺大会等展会。其中，威海市山花地毯集团有限公司的手织地毯产品入选第二批“山东好品”品牌名单。围绕特色品牌、学术交流、普及推广三个层面，组织开展“山海之间——王力克·王嵬·史国强威海写生作品展”“‘迟连城谈创作历程’高阶学术沙龙活动”“彩翼计划——美术馆里的美术课公益美育学堂”等多层面艺术活动160余场次；与北京当代中国写意油画研究院合作，成立海洋油画学术委员会，举办“瑰丽海疆2023中国写意油画海洋主题学术邀请展”系列国家级品牌活动。建成中国油画小镇运维中心，启动“中国油画交易中心”线上、线下业务运营，线下交易大厅投入使用，线上交易App启动试运营，上线油画交易、拍卖、版权申请、艺术资产评估等业务；培养、打造专业化艺术金融交易服务团队，定制艺术金融产品，多渠道开展平台招商。启动半月湾景区及环海路商业化运营，以半月湾艺术商业综合体项目为核心，以半月湾6号酒店、东紫园5号、东紫园6号等自有产权为载体，联动半月湾沿岸艺术文旅项目、伴月湾国际艺术家驻地、艺甸园原创艺术区、黑水洋写生基地等艺术机构，规划打造文化艺术产业集聚区，撬动艺术产业发展突破点。启动“全国文化大数据油画专业中心”及“深圳文交所中国油画运营总部孵化基地”运营，打造油画专业线上交易App，实现线上平台全面运转。年内，威海裕红祥丝绸文化科技有限公司、威海环晟文旅发展有限公司获评省级文化产业示范基地，威海市仅此2家企业获评。华夏文化旅游集团股份有限公司获评山东省首批“百企领航”文旅企业。

【文化市场管理】 2023年，区文化和旅游局利用“两会”、节假日等时间节点，开展辖区文旅企业安全隐患排查、“扫黄打非”、校园周边环境整治、校外培训治理及打击非法宗教出版物等专项行动，排查整治文化市场隐患，对问题隐患实行跟踪督办、闭环销号，以严厉的惩戒措施倒逼企业安全责任落实。年内，出动检查人员260余人次，检查文化旅游场所610余家次，排查、整改隐患50余处。对出版、印刷发行单位开展年度核验工作，审核印刷单位71家、发行出版单位95家。做好版权线索和版权案件登记考核工作，报送版权登记2152件、版权案件线索4件。12月，张村镇皂河社区获评第七批全省“扫黄打非”进基层示范点。

（宋雨露　刘露露　于凌云）

文学艺术

【概况】 2023年，环翠区在建立镇级文联的基础上，推动文艺向基层下沉、服务向基层延伸，以区级文艺家协会同镇（街道）文联结对共建的方式，组织开展丰富多彩的文化培训和文艺活动。加大重点项目创作和推介力度，现代京剧《长空烈焰》入选文化和旅游部主办的第十届中国京剧艺术节；现代京剧《郭永怀》、电影《村头村尾》分别获得第十三届山东省“泰山文艺奖”戏剧类三等奖、电影类三等奖；报告文学《致敬，老兵》入选山东省作家协会2023年重点扶持项目。

【文学】 2023年，区作家协会组织作家进企业、进学校、进社区、进乡村采风交流20余场次，助力环翠文化建设。环翠区作家的作品在《中国文学年鉴2022》《诗刊》《美文》《解放军文艺》《飞天》《黄河文学》《青海湖》《青岛文学》《胶东文学》《百花园》等国内重要刊物发表79篇。唐明华的长篇报告文学《乳娘》入选国家数字出版精品项目；阿华的报告文学集《致敬，老兵》入选山东省作家协会2023年重点作品扶持项目；李秀英的散文集《花下溪水》获山东省首届语文教师“杏坛杯”写作大赛文学著作类二等奖。在中国作家协会及省作家协会推荐下，环翠区组织作家分两批向“中国当代作家签名版图书珍藏馆”捐赠文学著作近百本。4月24—25日，省作家协会党组书记、副主席赵艺丁一行到威海市调研市县作家协会机构设置、队伍建设、文学精品创作等情况，环翠区作家张安俭（兆良）、王晓华（阿华）、纪云浩（纪小北）、李小冰（冰岩）、孟醒（言归正传）、苏军等就个人创作情况进行交流。年内，苏军加入中国作家协会，王成强、史怀宝参加省作家协会第30届高级研讨班。

【京剧】 2023年，区京剧家协会开办少儿京剧培训班50场次，1000人受益。组织京剧广场演出及下乡演出百余场次。10月22日，在威海大剧院举办“威海市少儿京剧演唱演奏展演”，全国各地的戏迷票友共同弘扬国粹、致敬经典。12月30日，举办“京韵高扬续华章”2024威海市迎新年京剧晚会，众多京剧名家参与表演。

【音乐舞蹈】 2023年3—10月，区音乐舞蹈家协会开展“我们的中国梦——文化进万家”送戏下乡文化惠民演出105场次。5月23日至6月9日，协助区委宣传部、区文化和旅游局、区文联举办2023中国（威海）合唱节暨环翠区第50届“5·23”歌咏会，其间举办开幕式、专家座谈会、合唱指挥大师班、合唱音乐会、合唱比赛、中小学生及音乐教师艺术培训、闭幕晚会等活动114场次。7月14日，协助举办中央音乐学院“乐·行”双实践文艺宣讲活动暨环翠区第33届广场纳凉晚会启动仪式。年内，开展进军营、进养老院、进农村等慰问演出活动16场次。

2023年12月30日，区京剧家协会在威海大剧院参与承办“京韵高扬续华章”威海市2024迎新年京剧晚会

（区委宣传部　供图）

【摄影】 2023年，区摄影家协会组织会员到桥头镇、鲸园街道等地开展摄影讲座，培训摄影爱好者；邀请摄影家曹家麟对会员进行专业培训，提升专业技能；拍摄“我为文明城市代言”等宣讲小视频。会员摄影作品《夕阳下的养殖女工》入选第五届全国“大美渔村 平安渔业”摄影大展。摄影作品《生命的较量》、视频《爱的使者——黄嘴白鹭》入选由中国摄影家协会主办的第五届三门峡自然生态国际摄影大展。摄影作品《圣山神兽——藏野驴》和《阿尔金山藏野驴》入选“聚焦四地建设 书写时代华章”全国摄影大展。摄影作品《“躺平”的共享单车》《争锋》入选第六届深圳国际摄影大展。摄影作品《瞧这一家子》入展《大众摄影》2023俱乐部联展4期；《湿地晨曦》入选《人民摄影报》摄友天地9~16版捷宝国际风光摄影大赛；《百合花的春天》入选《中国旅游杂志》3月刊花与草专栏；《佛光普照里口山》入选《中国摄影报》美如画版面并获专家点评。

【美术】 2023年，区美术家协会持续开设蓓蕾成长计划、彩翼计划系列和社会美育系列等公益课程。开展第五届公益培训班，其中，会员叶方线下授课40余期，进行未成年人美术普及公益培训20课时。参与市图书馆成年人秋季国画和陶瓷公益培训班授课20课时。组织杨永弼人物风景写生公开课、彩翼计划·油画骨干人才培训、“艺”起半月湾——艺术研学活动等短期活动及多场专业座谈，提高会员艺术素养与综合素质。举办瑰丽海疆——2023中国写意油画海洋主题学术邀请展、画境——第四届全国综合材料绘画名家作品学术邀请展等，邀请王力克、王嵬、史国强、迟连城等知名艺术家参与活动，开阔会员眼界。参与“和畅——油画名家作品展”、“缘来如此”——深圳艺术家11人作品联展、“艺·墅相望”——当代表现与抽象艺术邀请展、“海纳百川”——第五届中国（威海）油画双年展（推荐展）等展览活动10余场次。参与学雷锋日文化志愿活动、“与人民同行·2023山东文艺志愿者在行动”活动、“同·艺世界”——国际文化艺术交流活动等。

【书法】 2023年8月26日，区书法家协会完成换届选举，苏昭晰任主席。年内，区书法家协会加强书法阵地建设，在张村“怿墨山房”书法工作室挂牌成立张村书法工作站，在竹岛润翔美术培训学校挂牌成立“润翔美校教学实践基地”。春节期间开展书法进企业、进社区、进农村活动，书写、赠送对联1000余幅、福卡100余幅、大福字2000个、书法作品100余幅。开展书法公益培训班，培养书法人才。7月，举行首届书法公益班学员毕业典礼，吸纳新会员入会。协助市书法家协会举办“精致城市 幸福威海”优秀书法作品展，20名会员作品入展。协助市书法家协会与四川绵阳市书法家协会联合举办友好城市书法交流展并在威海美术馆展出，5名会员书法作品入展。会员刘永华书法作品入展山东省委党校“凝心铸魂、坚守初心”书画展。苏昭晰书法作品入展山东省老年体协迎二十大书画展。参与“第十三届中国书法展”，4幅优秀书法作品参与评比。年内，区书法家协会被省文联、省书法家协会授予2023第十二届山东省文联新时代文明实践“百县千村”书法惠民活动“先进集体”称号。

【戏剧】 2023年9月27日，区戏剧家协会完成换届选举，刘新林任主席。年内，区戏剧家协会创作现代京剧《墙上农场菜花香》、现代吕剧小剧《迟到的军功章》，并演出40余场次；创作戏曲剧本《队旗飘飘》《保卫威海》；创作京歌《党旗飘过二十大》《火火的中国》，并演出15场次。现代京剧《她是我老婆》获山东省司法厅优秀作品奖。9月19日，举办山东第六届农民戏剧展演月（威海分场）；9月22日，举办2023威海市第二届“羊亭杯”吕剧票友大赛暨名家演唱会等戏曲交流演唱会8场；组织参加第28届望岛文化庙会。组织各剧社、剧团参加广场演出，到养老院、部队慰问演出120余场次，开展戏曲进校园传承培育活动10场次，邀请戏曲名家开展辅导讲座。

【曲艺】 2023年，区曲艺家协会到部队、学校、农村演出31场次。以吉呈轩小剧场为基地，创作排演曲艺作品，以小剧场的形式演出30余场次。王帅创作的音乐说唱《助梦向未来》获得第四届“税眼看发展”全国短视频大赛一等奖。孙智强创作的威海大鼓《威海海鲜美名扬》参演“2023胡集书会优秀曲艺作品网络展播活动”。

【剪纸】 2023年，区剪纸家协会吸纳新会员30余人，培养优秀学员10余人、优秀志愿者8人。承接2023年度威海新时代文明实践“非遗传承花开寨北社区”等剪纸类文化创投项目，开展剪纸公益培训59场，受益群众1200人次。到市群众艺术馆、那香海健康学院、市老年大学、区老年大学、威海职业学院、威海市实验小学等单位开设剪纸公益课程56课时，受益人群1000人次。开展非遗传承进社区活动，到桥头、信河北等地开展剪纸活动，受益人群600人次；在人民广场、环翠楼广场、属相街、华夏城生态文明馆、海港公园等地开展非遗集市10余场次，发动会员开发剪纸文创产品。参加市委宣传部主办的2023中国自驾旅行大会非遗展示、高铁威海站建站八周年非遗展示活动。代表威海到济南参加第四届文博会剪纸活动。助力第九届MTL 模天伦国际超级模特大赛、浙江温州中华文化促进会剪纸艺术分会成立大会、山西晋中信息学院中华文化促进会剪纸艺术分会第一届全国大学生比赛等活动。

（姜　铭）

群众文化

【概况】 2023年，环翠区举办2023中国（威海）合唱节暨环翠区第50届“5·23”歌咏会、半月湾国际沙滩音乐节、第33届广场纳凉晚会、第十一届社区文化节、京剧春晚等品牌性群众文化活动。开展送戏下乡活动105场、镇（街道）活动1000余场、阅读公益培训300场、文化公益培训239场、“童享未来”“智行书房”品牌阅读推广活动66场、公益电影放映1260场；结合“一年一村五场戏”活动，组织各镇（街道）、村（居）推进“四季村晚”演出500余场次。持续开展“我们的中国梦——文化进万家”、群众性小戏小剧展演、“深入生活 扎根人民”文艺轻骑兵进基层活动2000多场，受益人群10万余人次。小戏小剧作品《我的老家》获得全省群众性小戏小剧擂台赛铜奖。

【2023中国（威海）合唱节暨环翠区第50届“5·23”歌咏会】 2023中国（威海）合唱节暨环翠区第50届“5·23”歌咏会在威海大剧院开幕，同步启动“文艺进万家 健康你我他”——“与人民同行·2023山东文艺志愿者在行动”主题活动。中国音乐家协会副秘书长、一级巡视员王宏，中央音乐学院副院长于红梅，省文联副主席姜慧等出席活动。本届歌咏会活动时间为5月23日至6月9日，其间，分别在威海大剧院、市群众艺术馆海洋剧场、威海公园中心广场、市望海园中学举办开幕式、专家座谈会、合唱指挥大师班、合唱音乐会、合唱比赛、中小学生及音乐教师艺术培训、闭幕晚会等活动114场次，来自北京、辽宁、浙江、天津、济南、青岛等地的8支优秀合唱团，和市内机关企事业单位、中小学、社会文艺团体以及驻军部队等192支代表队参加活动。活动通过微信视频号、“最威海是环翠”App进行网络直播，点击量突破1000万次。

【半月湾国际沙滩音乐节】 2023年7月14—23日，半月湾国际沙滩音乐节在孙家疃街道半月湾举办。音乐节以打造威海的“城市新节日”为宗旨，以“燃情夏日，潮流海岸”为主题，邀请16支乐队、4支舞团、4支DJ团队，举办“流行风”“醉摇滚”“致青春”“电音曳”“时尚秀”“潮音起”等音乐演出10场，并通过“最威海是环翠”App、山东卫视闪电新闻手机台，以及一县一端、IPTV（联通）实现全省110个县（市、区）主流媒体同步传播。活动吸引观众6万多人次，餐饮、住宿、交通等服务融合发力，拉动消费过千万元。经过7年培育，半月湾国际沙滩音乐节成为群众参与度较高的大型群众文化活动，入选山东省消费促进活动、威海市重点文化活动。

【第33届广场纳凉晚会】 2023年7月14日，中央音乐学院“乐·行”双实践文艺宣讲活动暨环翠区第33届广场纳凉晚会启动仪式在威海公园中心广场举行。纳凉晚会启动仪式首次与中央音乐学院联合举办，为市民呈现全国顶级水平的民乐演出。7—10月，纳凉晚会举办演出50余场，观众2万余人次，由中央音乐学院、市委宣传部、区委宣传部、区文化和旅游局、区文联主办，区文化馆、区音乐舞蹈家协会承办。

2023年9月1日，张村镇纳凉晚会举行　　（张村镇　供图）

2023年9月15日晚，环翠区第十一届社区文化节复决赛暨颁奖典礼在威海市人民广场举行
（区融媒体中心　供图）

【第十一届社区文化节】 2023年6月，环翠区第十一届社区文化节开始筹备；9月1日，举行启动仪式暨张村镇专场演出；9月15日晚，复决赛暨颁奖典礼在威海市人民广场举行。其间，举办文艺展演以及演唱、舞蹈、综合类复决赛等活动5场，各镇（街道）的千余名社区居民参与演出，"最威海是环翠"App进行网络直播。本届社区文化节除了征集文艺节目，还将书画、摄影、非遗文化交流等特色才艺项目纳入征集范围，并举行展览，成为展示全区基层文化建设成果和时代风采的全民大舞台。

（宋雨露　崔向华）

文物保护

【概况】 2023年，全区有不可移动文物81处，其中国家级1处、省级18处、市级14处、县级及尚未核定48处。年内，环翠区东南乡锡镶紫砂茶壶博物馆在省文化和旅游厅备案为非国有博物馆。至年末，全区备案非国有博物馆2家。区文化和旅游局每月开展一次文物安全巡查，及时反馈巡查结果，督导整改落实到位。对德胜作坊楼等文物进行修缮，保护发展文化遗产。

表47　环翠区市级以上文物保护单位一览表

序号	名称	级别	属地	地址	公布时间
1	威海英式建筑	国家级	鲸园街道戚谷疃社区	环翠区北山路1号院内	2013年3月
2	威海英国领事馆旧址	省级	鲸园街道戚谷疃社区	环翠区北山路1号、北山路6-2号	1992年6月
3	英国工程师住宅旧址	省级	鲸园街道戚谷疃社区	环翠区东山路6号	2006年12月
4	泰茂洋行旧址	省级	鲸园街道戚谷疃社区	环翠区育华路26号	2006年12月
5	英商私人住宅旧址（小红楼）	省级	鲸园街道东山社区	环翠区东山路	2006年12月
6	东山路英人住宅	省级	鲸园街道东山社区	环翠区东山路中段	2013年10月
7	海星学校旧址	省级	鲸园街道北港社区	环翠区文化路5号	2006年12月
8	收回威海卫纪念塔	省级	鲸园街道北港社区	环翠区海滨北路北首三角花园内	2006年12月
9	新威路泰茂洋行避暑房	省级	环翠楼街道塔山社区	环翠区新威路111号	2013年10月
10	德胜作坊楼	省级	环翠楼街道东南村社区	环翠区宝泉路2号	2013年10月
11	宽仁院旧址	省级	竹岛街道观海社区	环翠区新威附路观海小区内	1992年6月
12	陈家庄烟墩	省级	竹岛街道天翔社区	环翠区蓝湾怡庭与水岸名居之间	2013年10月

续表

序号	名称	级别	属地	地址	公布时间
13	英海军司令避暑房旧址（四眼楼）	省级	孙家疃街道连海社区	环翠区环海路7-1号	2006年12月
14	英商别墅旧址	省级	孙家疃街道连海社区	环翠区环海路11号	2006年12月
15	意人别墅旧址	省级	孙家疃街道连海社区	环翠区环海路9号	2006年12月
16	美国牙医别墅旧址	省级	孙家疃街道连海社区	环翠区环海路9号	2006年12月
17	威海卫学校旧址	省级	孙家疃街道连海社区	环翠区环海路5号	2013年10月
18	靖子龙王庙	省级	孙家疃街道靖海社区	环翠区孙家疃街道靖子村	2022年1月
19	义和遗址	省级	羊亭镇义和村	羊亭镇义和村南	1992年6月
20	兆芳照相馆旧址	市级	鲸园街道戚谷疃社区	环翠区育华路26号	2004年12月
21	爱德华码头警署旧址	市级	鲸园街道戚谷疃社区	环翠区育华路26号	2013年12月
22	威海卫管理公署官员住宅旧址	市级	鲸园街道北港社区	环翠区建设街55号	2009年12月
23	重庆街华商商行旧址	市级	鲸园街道东山社区	环翠区重庆街101号	2013年12月
24	威海烈士陵园	市级	鲸园街道北港社区	环翠区少年路80号	2009年12月
25	海军礼堂	市级	鲸园街道东山社区	环翠区育华路26号	2009年12月
26	威海卫明城墙	市级	环翠楼街道西北村社区	环翠区环翠楼公园内	2004年12月
27	宽仁院施诊所旧址	市级	竹岛街道观海社区	环翠区新威路附路1号（陶瓷厂院内）	2013年12月
28	金线顶灯塔	市级	竹岛街道金线顶社区	环翠区威海湾音乐广场内	2009年12月
29	法国商人别墅旧址	市级	孙家疃街道连海社区	环翠区环海路10号	2004年12月
30	后双岛兵寨遗址	市级	张村镇后双岛村	环翠区张村镇后双岛村东南	2004年12月
31	磨儿山烟墩遗址	市级	张村镇前峰西村	环翠区张村镇前峰西村	2009年12月
32	谷氏祠堂旧址	市级	张村镇嘉祥社区	环翠区张村镇嘉祥社区内	2009年12月
33	林家院仙人窗摩崖石刻	市级	温泉镇林家院社区	环翠区林家院村东部海拔约200米小山内侧	2013年12月

【文物保护修缮】 2023年，区文化和旅游局每月对辖区内81处不可移动文物开展一次安全巡查，为每处文物配备一份档案，发现安全隐患及时反馈，及时督导整改到位。开展文物修缮工程，结合文物保存现状及保护利用价值，开展德胜作坊楼等文物的修缮工作。

【“先考古、后出让”制度落实】 2023年，区文化和旅游局落实土地“先考古、后出让”制度，通过事前介入做好靠前服务、事中多方沟通协调提高效率、事后强化项目跟踪给予专业支持，打破考古工作部门间的壁垒。围绕考古调查勘探方案制定、逐级报批、勘探、出具报告、验收、出具供地意见等环节、流程无缝衔接，对16宗地块进行考古调查勘探，推动佰鸿未来等重点项目及时落地和动工建设。“先考古、后出让”制度，又称“考古前置”，即将原来由建设单位获得土地后进行的考古勘探、发掘事项提前到建设单位拿地前进行，是确保企业“拿地即开工”的一项重要工作。2021年3月，国家自然资源部、国家文物局联合印发《关于在国土空间规划编制和实施中加强历史文化遗产保护管理的指导意见》，正式提出实行“先考古、后出让”制度。在此背景下，威海市陆续出台《关于推进国有建设用地考古调查勘探发掘前置工作的实施意见》《国有建设用地考古调查勘探发掘前置工作实施细则》等，进一步明确实施方法和步骤。

（宋雨露）

媒 体

【概况】 2023年，区融媒体中心聚焦“更好引导群众、服务群众”，实施二次深融工程，创新全媒体内容供给，拓展“媒体+”应用新模式，媒体传播力、引导力、影响力稳步提升，获评“山东省媒体融合典型案例”等荣誉。年内，自办电视频道1套，运营移动客户端“最威海是环翠”、微信公众号“最威海是环翠”“乐淘威海”、视频号“最威海是环翠”“乐淘威海”、微博号“环翠发布”、快手号“环翠融媒”、今日头条“最威海是环翠”、抖音“最威海”等14个新媒体平台（号）。全年发布各类作品6.8万条，日均浏览量700万余次，最高日浏览量破千万次。

【典型栏目】 2023年，区融媒体中心自办《环翠新闻》《有聊》《传承》《这里是威海》《养生有道》《文化大舞台》等新闻、文化、生活和娱乐类电视栏目。其中，时政类新闻栏目《环翠新闻》围绕区委、区政府工作总基调及“实敢当”作风建设要求，努力探索电视新闻报道的创新、融合路径，丰富新闻表现形式，强化移动优先，引入新媒体表现手段，强化全媒体协同，加大主题报道播发力度和时政新闻新媒体内容的创作力度，进一步推进新闻宣传的媒体深度融合。年内，制作播出269期，播发稿件2152条，播出总时长269小时。融媒跨屏栏目《有聊》聚焦文化旅游、基层治理、“村村有好戏”和“山东省乡村文化旅游节”等宣传主题，强化短视频原创性和时效性，月有大主题、周有小策划。年内，制作播出225期，播出总时长150小时。原创短视频品牌“翠鸟视频”发布作品861个，播放量总计1.3亿余次，过百万作品15个，单条最高播放量逾3000万次。标志性地方电视文化栏目《传承》以梳理威海卫城文化纵轴为目标，加大历史及人文选题比重，策划推出系列选题“时令之韵——廿四节气”，以节气解读古人生活智慧。年内，制作播出47期，播放总时长182小时。跨平台文旅短视频节目《这里是威海》策划推出“这里是威海——千里山海看环翠”等系列选题，宣传威海文旅资源，展示精致威海之美。年内，制作播出45期，播出总时长64小时。

【对外宣传】 2023年，区融媒体中心在中央广播电视总台发稿8条，在山东广播电视台发稿52条，在威海广播电视台发稿数量位居各区（市）第一名。参加山东省优秀广播电视和网络视听节目奖（区、县）评选，《有楼曰“环翠”》获得电视播音一等奖，《这里是威海——书香修身心悦致远》获得电视主持一等奖，《这里是威海——又见王家疃》获得社教专题一等奖，《翠鸟视频》获得新媒体品牌专栏一等奖，《践行嘱托四年间 生态之花绽放环翠》等3部作品分别获得电视系列（连续）报道、电视新闻长消息、短视频新闻作品三等奖。参加山东新闻奖县级媒体专项奖评选，《被威海舍友接回来的西安女孩：我在这里很温暖！》获得新媒体作品一等奖，《男友跨越千里来到女友的城市 接下来的一幕幕被暖到了》获得新媒体作品二等奖，《“智慧社区”服务平台》等3部作品分别获得专项奖、新媒体作品三等奖。《相约精致威海 共赴千里山海》被山东省文化和旅游厅、山东省广播电视局评为第三届全省旅游公益广告电视类优秀作品。“环翠发布”微博号入选“2023年度威海市最具影响力政务新媒体账号”。区融媒体中心在省委网络安全和信息化委员会办公室组织的全省互联网新闻信息服务单位内容管理考核中，被评定为威海市唯一一家优秀等次县级融媒体。

【新媒体发布】 2023年，区融媒体中心全平台用户数较上年增长40%，日均阅读量增长128%，发布各类作品总量6.8万条，年浏览量25.98亿次，最高月度日浏览量破千万次。其中，“最威海是环翠”App发稿38652条，阅读量逾1.8亿次，用户数逾21万；“最威海是环翠”微信公众号发稿1853条，粉丝数近13万，首次上榜“山东省县级融媒体微信公众号排行”；“最威海是环翠”视频号粉丝数逾20万，单部作品最高播放量20.9万次；“最威海”抖音号粉丝数21.3万，发布作品2292条，单条作品最高播放量1037万次，播放量过百万次作品295条；“最威海是环翠”头条号粉丝数逾17万，发布作品10547条，单条最高阅读量98.3万次；“环翠融媒”快手号粉丝数逾30万，发布作品1195条，播放量过百万作品159条，单条作品最高播放量3000万次；“环翠发布”微博发稿8459条，年阅读量1.67亿次；在“学习强国”学习平台发稿1383条，上传视频、音频2150条。

【媒体融合产品化生产】 2023年，区融媒体中心创新融媒作品形式，推出多个非新闻类融媒产品，丰富视频内容，吸引年轻受众群体。创作大型融媒作品《这里是环翠》，以全区36处景区、景点为对象，借助H5技术，融合绘画和摄影完成全域旅游互动手绘全景图。自主开发制作《环翠文旅地图》，直观展示本地旅游资源，可实现景点语音解说、实景VR、景区打卡、旅游线路规划、商家促销、用户评分等功能。衍生制作《我们的节气》电子绘本，在绘制二十四节气系列海报基础上，进一步统一风格，突出特色。对环翠地理标识和标志性建筑进行角色化创作，结合高频词汇制作富有环翠特色的《最威海是环翠》系列微信卡通表情包。

【基层治理线上平台搭建】 2023年5月，区融媒体中心与区社会信用中心共同开发的智能化社会信用平台上线，为基层治理提供现代化智库和工具。该系统补足居民信用积分生成及查询短板，实现管理诚信主体基础信息、录入失信或受奖励信息、自动生成成绩和等级、信用查询、志愿积分兑换等多项功能。完善“智慧家园（社区）”手机平台功能，加大推广普及力度。通过推进信用平台、文明实践板块、“智慧家园（社区）”板块互联互通，协调信息公开、民意表达、政府回应、民主协商、部门协同服务工作，简化群众参与社会治理的过程。2023年7月，在全省县级融媒体服务力排行中，环翠区融媒体中心位列第1。

【大型活动承办及报道】 2023年，区融媒体中心发挥自身优势，强化市场化运作能力，承担环翠区文化旅游季启动仪式暨中小学生综合实践基地开营、半月湾国际沙滩音乐节、魏桥铝精深加工产业园开园、社区文化节等大型活动的筹备及报道工作。4月27日上午，2023威海市环翠区文化旅游季启动仪式暨中小学生综合实践基地开营在环翠区中小学生综合实践基地举行。活动设置主会场1个、分会场6个，同时启动开放11个项目。区融媒体中心在筹备过程中多次查勘会场建设，以提档升级为标准，完成主背景、展览区、氛围等布置；克服困难，实现主分会场信号远距离传输、直播连线、多机位拍摄等多重技术要求，确保仪式顺利进行。5月17日，完成2023环翠区首届美德诚信模范典型表彰暨诚信大数据智慧平台发布仪式报道任务。7月14—23日，承办2023半月湾国际沙滩音乐节，邀请16支乐队、4支外籍和国内舞团、4支DJ团队参加演出，并通过“最威海 是环翠”App、山东卫视闪电新闻手机台，以及一县一端、IPTV（联通）实现全省110个县（市、区）主流媒体同步传播。7月17日，报道威海市铝深加工产业链绿色高质量发展会议暨魏桥（威海）铝精深加工产业园开园仪式。6—9月，通过“最威海是环翠”App直播环翠区第十一届社区文化节系列演出5场。

（崔向华）

地方志

【概况】 2023年，区委党史研究中心、区地方史志研究中心编纂出版《环翠年鉴（2023）》，启动中国名镇志《张村镇志》编修，推动全区基层志编修。《环翠年鉴（2021）》获评第九届全国地方志优秀成果（年鉴类）“特等”奖。8月31日，相关经验做法在山东省年鉴高质量发展暨精品年鉴创建经验交流会上进行交流；10月24日，在2023中国年鉴精品工程系列研讨会暨第八期全国精品年鉴主编培训班作典型书面交流。

2023年4月27日，学生在2023威海市环翠区文化旅游季启动仪式暨中小学生综合实践基地开营仪式上绘画 （区融媒体中心 供图）

【《环翠年鉴（2021）》获评第九届全国地方志优秀成果（年鉴类）“特等”奖】 2023年12月30日，中国地方志办公室、中国地方志学会印发《关于对第九届全国地方志优秀成果（年鉴类）的通报表扬》，《环翠年鉴（2021）》获评年鉴类“特等”奖，相关经验做法被省委、省政府分管领导予以肯定批示。

【《环翠年鉴（2023）》出版】 2023年，区委党史研究中心贯彻落实新发展理念，从推动全区经济发展大局的角度出发编纂年鉴，对文字、图片等严格把关。在图片专辑中，设置县域经济高质量发展先进县专题，从5个方面展现2022年全区经济发展取得的成就；在年鉴正文中，新增“营商环境优化”分目，优化“工业”“商贸服务业”“开放型经济”等类目记述内容，展现环翠区为推动经济发展所做的各项工作。12月，《环翠年鉴（2023）》由新华出版社出版发行，全书806千字。

【全省史志科研成果评选】 2023年11月30日，山东省委党史研究院印发《关于公布2020—2022年度全省党史史志科研成果评选结果的通报》，《环翠年鉴（2021）》获评年鉴类一等奖（全省仅4部入选），由区委党史研究中心编纂出版的齐鲁名镇志《温泉镇志》获评基层志类二等奖。

【中国名镇志《张村镇志》编修】 2023年，区委党史研究中心在认真梳理各项资料的基础上，启动中国名镇志《张村镇志》的申报及编修工作。上半年，召开《张村镇志》编修研讨会，完成中国名镇志文化工程申报材料的整理并上报市委、省委党史研究院审核。7月底，中国名镇志《张村镇志》编修方案通过中国地方志指导小组办公室审批。随后《张村镇志》编修筹备工作启动。11月10日，区委党史研究中心召开中国名镇志《张村镇志》编修工作会议，部署编修工作。

【基层志编修】 2023年，区委党史研究中心推进全区基层志编修工作，加强对各编修单位的业务指导，重点推进《柳沟村志》《皂南台志》编修工作，完成两部志书的三审三校工作。12月，《柳沟村志》《皂南台志》出版。

（李琳琳）

档 案

【概况】 2023年，区档案馆持续开展档案征集、管理，加强纸质档案保护和修复，开展档案业务指导服务，探索具有环翠特色的档案信息化“六级联动”试点工作模式，完成新馆建设和旧馆搬迁。年内，区档案馆迁入区公共文化服务中心，并被山东省档案馆评为全省档案宣传工作先进集体。

【档案征集接收】 2023年，区档案馆征集区域内重大事件、红色档案、名人档案等专题档案，丰富馆藏档案资源，完善档案资源体系。征集接收区两会资料、中华富强轮专班档案38盒1050件，《外窑社区志》《于春建书画刘公岛》等图书33册，老战士李长玉的立功奖章、荣誉证书、回忆录、医学书籍、老照片等家庭档案。整理2011年以来重大活动档案照片4000余张、图书等档案资料958册。

【档案安全保护】 2023年，区档案馆建立和完善档案收集归档、安全保管制度，改善档案保管保护设施条件，明确职责分工，开展档案库房安全巡检，排查档案安全风险隐患。重视纸质档案保护和修复，培养壮大档案修复队伍，提升档案修复专业能力和水平。8月4日，组织参加第二届“威海兰台杯”档案修裱技能竞赛，区档案馆获得优秀组织奖，1人获得二等奖，2人获得三等奖。8月8—11日，组织工作人员携带馆藏档案原文、数据库、平台软件、照片、音视频等重要资料，到新疆维吾尔自治区克拉玛依市乌尔禾区档案馆完成异地备份，提升数字档案资源库容灾能力，保障档案资料安全。

【档案业务指导】 2023年，区档案馆采取线上、线下相结合的方式开展档案业务指导服务，指导检查疫情防控档案文书50盒714件，照片、光盘5卷288件。3—4月，开展2022年度档案事业统计年报工作，指导全区80家单位参与填报，统计汇总全区档案馆、室基本情况，档案数量情况，档案利用情况等。4月11—28日，面向全区70余个区直部门单位及9个镇（街道），分小组开展2022年度各类档案归档整理培训。11月16日，组织召开全区档案培训暨保密工作会议，会议发放《关于加强全区重大活动和重特大事件档案工作的通知》《关于认真做好档案资料移交进馆工作的通知》《文书档案移交进馆工作要点》等文件，对文书档案、重大活动档案、实物档案、全宗卷编制入馆工作进行专题培训。年内，《开发蓝色档案助力海洋经济推动档案服务“海洋强区”新作为》入选山东省经济科技档案资源开发利用示范案例，《聚焦剪纸

2023年11月16日，全区档案培训暨保密工作会议在环翠区公共文化服务中心一楼会议室召开　　　（区档案馆　供图）

艺术丰富馆藏资源探索剪纸特色档案征集创新案例》入选山东省特色档案征集创新案例。

【档案信息化“六级联动”试点】 2023年，环翠区投资300余万元，打造智能档案库房，建设智慧档案管理平台。区档案馆以被省档案馆确定为档案信息化“六级联动”［以与全国档案查询利用服务平台实现系统对接的山东省档案查询利用平台为支撑，在县（区）档案馆、行政服务中心、重点涉农部门、乡镇（街道）、村（社区）设立档案查询专区或服务点并接入平台，将档案利用服务延伸到基层一线］试点单位为契机，探索具有环翠特色的档案信息化“六级联动”工作模式，依托山东省档案查询利用平台和环翠区档案一体化平台，提供“互联网+档案”服务。12月12—13日，《规范化建设示范性带动持续做优农业农村档案工作》经验做法在全省农业农村档案业务经验交流暨现场观摩会上进行书面交流。

【档案编研成果】 2023年，区档案馆梳理档案编研工作，申报省级档案编研成果10项。2022年编研出版的《我们的城》获得2022—2023年度山东省档案学优秀成果一等奖；《我们的城》及2021年编研出版的《老威海方言》、2021年拍摄的“家庭档案家的记忆”短视频被确定为山东省档案编研创新案例；2019—2021年编研出版的《百年征程》《我们的家》《生命的召唤》《麒艺海韵》《威海卫轶事》《威海卫英烈传》《环翠传承》被确定为山东省档案编研优秀案例。

【档案宣传】 2023年，区档案馆以重大节日、红色故事、地域文化、民生服务为突破点，加大档案宣传力度。6月9—16日，围绕“奋进新征程·兰台谱新篇”主题活动，开展“6·9”国际档案日线上专题宣传活动，在“最威海是环翠”App开设档案知识答题专区，普及家庭档案知识，组织全区80个单位458人参加答题；线上发布“致全区家庭的一封信”，普及家庭档案知识，覆盖受众3000余人次。同月21日，举办家庭档案建档新闻发布会，倡导居民整理家庭档案，记录家庭历史，传承优良家风，鼓励公众将有特别收藏价值的档案寄存或捐赠给区档案馆。发挥馆藏红色档案资源优势，组建“档有为”宣讲队，打磨宣讲提纲4篇，面向机关干部、社区居民讲述档案里的红色故事9场，累计覆盖200余人次。年内，在媒体发稿100余篇，其中国家级12篇、省级1篇、市级13篇。被山东省档案馆评为全省档案宣传工作先进集体，3人被评为全省档案宣传工作先进个人。

【档案馆迁入新址】 2023年9月，区档案馆从原办公地址（威海市新威路75号）搬迁至区公共文化服务中心（环翠区羊亭镇海峰路西延北侧）。新

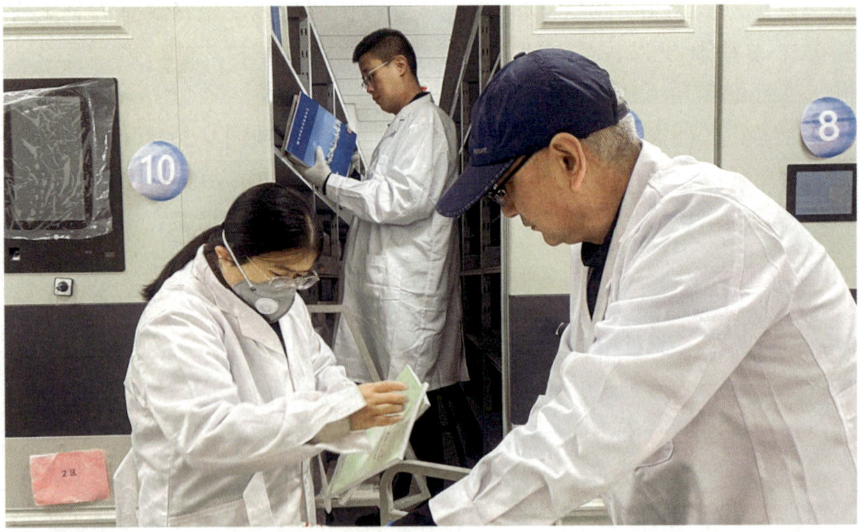

2023年11月13日，档案馆迁入新址后，工作人员进行图书资料上架工作　　　（区档案馆　供图）

档案馆建筑总面积22760平方米，分为档案保管、展览陈列、对外服务、技术保障4大功能区。其中，档案库房有21个，建筑面积9395平方米，使用面积4800平方米。新档案馆突出智慧化库房、智能化查档、智力化保障特色，可满足更大体量、更高层次的档案保管与查阅利用需求。

（张文誉）

图 书

【概况】 2023年，区图书馆迁入新馆并开放运营，获评国家一级图书馆。新建嵩山街道小镇村、桥头镇北子城村2处乡村书房，提档升级羊亭、竹岛2处城市书房。100个农家书屋每个均更新价值2000元图书。在2023“新时代乡村阅读季”之“我爱阅读100天”活动中，环翠区获评“优秀推广单位”称号。开展“智行书房”“童享未来”阅读推广活动66场、流动图书车进基层活动66场。成立环翠区“翠阅先锋”阅读推广志愿服务队，该服务队获评2023年威海市优秀阅读组织。

新图书馆内景（2023年9月1日）（威海市环通产业投资集团有限公司 供图）

【区图书馆迁入新馆】 2023年，区图书馆迁入新馆，10月26日重新开放运营。新馆位于区公共文化服务中心西侧楼1～3层，总面积8300平方米，总藏书38万余册。采用国际先进的“大连通、通透性、开放化”等建筑新理念，设计和布局围绕“以读者为中心”进行，设置中心城市书房、综合阅览区、儿童友好阅览区、电子阅览区、尼山书院活动区、密集区等功能区域。馆内建有全面的监控系统、智能书架、智能检索系统、机器人、朗读亭等多种现代化智慧服务系统和设施，可为读者提供安全、舒适、智慧的新型图书馆服务。12月，区图书馆获评国家一级图书馆。

【图书馆总分馆网络体系建设】 2023年，环翠区推行图书馆总分馆制度，建成区图书馆总馆、各镇（街道）分馆、各村（社区）基层服务点三级总分馆网络体系。年内，新建嵩山街道小镇村、桥头镇北子城村2处乡村书房，提档升级羊亭、竹岛2处城市书房。至年末，建有城乡书房16处、基层服务点83处、农家书屋100个，实现图书馆镇（街道）全覆盖，基本形成“15分钟阅读文化圈”，有效提升图书馆总分馆网络体系的使用效率和服务效能。

表48　2023年环翠区城市书房和乡村书房一览表

序号	书房名称	位置	面积（平方米）
1	鲸园城市书房	实验中学西侧	700
2	樱花城市书房	文化东路樱花小区北门10-4	153
3	竹岛城市书房	陶瓷厂院内	180
4	望岛城市书房	望岛市场西侧	115
5	威高城市书房	新威路17号，威高广场南侧地下停车场旁	195

续表

序号	书房名称	位置	面积（平方米）
6	环翠楼公园城市书房	环翠楼游客服务中心内	100
7	嵩山城市书房	华夏山海城41号	420
8	温泉城市书房	温泉学校南门西100米	208
9	张村城市书房	张村镇体育公园北侧，紧邻大光华学校	150
10	羊亭城市书房	羊亭镇西海社区	161
11	孙家疃城市书房	环海路伴月广场9号	190
12	桥头城市书房	桥头镇滨河社区	157
13	魏桥乡村书房	张村镇魏桥社区	350
14	王家疃乡村书房	里口山乡村会客厅	105
15	小镇村乡村书房	小镇村石窝咖啡	200
16	北子城村乡村书房	桥头镇北子城村	100

【全民阅读】 2023年，环翠区组建“翠阅先锋”阅读推广志愿服务队伍，在区图书馆、各城市书房开展“智行书房”“童享未来”阅读推广活动66场、流动图书车进基层活动66场，5000余名市民受益。年内，环翠区“翠阅先锋”阅读推广志愿服务队伍获评2023年威海市优秀阅读组织，环翠楼街道获评“山东省第八届全民阅读书香之乡”，环翠楼街道塔山社区书屋获评“山东省示范农家书屋”。

（宋雨露）

卫生健康

综　述

【概况】 至2023年年末，环翠区有医疗机构426处，其中二级医院11处，一级医院6处，专科疾病防治机构1处，卫生院4处，村卫生室81处，社区卫生服务中心5处，社区卫生服务站15处，体检中心2处，护理院1处，护理站1处，康复医疗中心1处，门诊部44处，诊所230处，医务室、卫生所（室）等24处；各类医疗机构实有床位1945张，其中医院1653张；有专业技术人员4423人，其中执业医师及执业助理医师1932人。年内，卫生健康系统以人民健康为中心，以办好群众满意的医疗为重点攻坚任务，各项工作取得新突破。入选全省健康县区优秀案例；“食源性疾病多点触发监测预警试点”工作经验被全国推广；“中医量化分级”工作做法被市委全面深化改革委员会办公室第37期改革工作动态发布，中医药工作先进经验入选国家中医药管理局内部交流资料汇编；推进“防治一体”，以消除结核病为目标，创新开展结核病综合防治服务，探索消除结核病危害有效路径，获得山东省首批消除结核病先行区创建资格，成为威海市唯一入选区；协办国家中医药综合改革示范区建设经验交流暨推进会、国家食品安全与营养健康综合试验区进展调度暨现场观摩会、“爱卫新征程 健康中国行”健康城市建设主题推进活动（威海站）等国家级现场会。至年末，环翠区获评“山东省卫生健康工作先进集体”，被命名为“第一批山东省婴幼儿照护服务示范县（市、区）”；卫生健康系统获得省级以上集体荣誉24个、个人荣誉22个，市级集体荣誉10个、个人荣誉52个，收到表扬信484封、锦旗489面。

表49　2023年环翠区主要公立医疗机构一览表

单位名称	在职职工（人）	副高级以上职称（人）	中级职称（人）	门诊量（万人次）	业务收入（万元）	地址	负责人
威海卫人民医院	444	192	196	42.7	45500	青岛北路70号	许德峰
威海口腔医院	373	52	72	19.1	13000	统一南路268号、海港路76号	于华强
环翠区中医医院（孙家疃社区卫生服务中心）	37	7	25	8.5	1768	孙家疃街道永兴路	许　伟
环翠区妇幼保健计划生育服务中心	101	14	38	10.2	2449	统一南路268号	于华强

续表

单位名称	在职职工（人）	副高级以上职称（人）	中级职称（人）	门诊量（万人次）	业务收入（万元）	地址	负责人
威海市结核病防治所	17	4	4	0.8	216	和平路47号	王　涛
环翠楼社区卫生服务中心	47	6	18	6.1	427	和平路93-1号	于春晓
竹岛社区卫生服务中心	62	5	20	9.8	821	南竹岛小区C3-6号	孙华卫
鲸园社区卫生服务中心	71	4	11	13.5	663	花园北路35号东	梁永江
嵩山社区卫生服务中心	48	2	10	5.3	557	嵩山街道高家庄社区山水绿城4号楼	丛大林
张村镇卫生院	202	12	51	16.6	4015	张村镇长江街236号	梁军阳
羊亭中心卫生院	104	8	25	7.2	1285	羊亭镇羊亭村	刘华勇
温泉镇卫生院	108	6	38	9.3	2021	温泉镇政府驻地	纪伟彬
桥头镇卫生院	69	6	20	4.7	363	桥头镇政府驻地	庞玉栋

【机构调整】 2023年2月，环翠区设立区中医医院，医院为区卫生健康局所属公益二类财政补贴事业单位，不定机构规格，人员实行备案制管理，核定人员控制总量135名。5月，区卫生健康局加挂区疾病预防控制局牌子。10月，整合区疾病预防控制中心（区健康管理指导中心）和区卫生健康综合执法大队职责，重新组建区疾病预防控制中心，保留区健康管理指导中心牌子，加挂区卫生监督所牌子，为区卫生健康局（区中医药管理局、区疾病预防控制局）所属正科级公益一类事业单位，经费来源为财政拨款，不再保留区卫生健康综合执法大队。

【医疗质量管理】 2023年，环翠区新增区级质量控制中心3处，更新区级质量控制中心成员名单，对医疗机构定期开展培训和督导检查。组织医疗卫生机构开展病例质量自评、抽评，抽查病历360份。加强实验室生物安全管理、日常监督管理及检验人员培训，组织检验人员定期参加国家、省、市、区组织的各类质量控制活动，确保生物安全。组织更新实验室备案工作，至年末，全区备案机构23个、实验室52处。组织开展抗菌药物和麻醉药品、第一类精神药品合理应用培训2期，600余人参加培训和考核；组织更新备案“麻（醉）精（神）药品电子印鉴卡”，避免滥用抗菌药物和麻醉、精神药品。强化院感四级巡查制度落实，降低院内感染风险，区级院感质量控制中心和区医学检验质量控制中心每月抽查。至年末，督导检查393处，发现问题284处，均已整改落实。规范做好医疗废物的收集、贮存、转运等工作，加强重点部位消杀，提升诊疗安全。

2023年5月29日，威海市环翠区疾病预防控制局挂牌仪式举行
（区卫生健康局　供图）

【医养结合】 2023年，环翠区推动医疗卫生机构、养老服务机构开展多边合作，养老机构全部与周边医疗卫生机构签订合作协议，实现

100%医疗服务全覆盖。同时以基本公共卫生服务、家庭医生签约服务为抓手，推动医养结合服务进社区、进家庭。为65周岁以上老年人建立健康档案，每年免费提供查体一次；组织家庭医生服务团队，定期上门为老年人服务，为慢性病老人提供定期随访、用药指导、中医体质辨识等健康管理服务。至年末，环翠区有65周岁以上老年人66524人，62363人签约家庭医生服务，占比93.75%。年内，环翠区为49677名60～80周岁老年人购买银龄安康意外伤害保险，每份保费10元，补助金额为49.677万元。为80周岁以上老年人发放高龄津贴和长寿补贴186.62万元。

【人才队伍建设】 2023年，环翠区推进公共卫生人才队伍提质扩容，遴选疾病控制首席专家2名。落实高校毕业生集聚计划和基层人才补助政策，发放政府人才津贴60万元，25名研究生受益。落实基层“321”职称评聘政策（在基层医疗卫生机构从事专业技术工作10年、20年、30年以上且符合职称申报条件的人员，在申报相应中级、副高级、正高级职称时不受单位岗位结构比例限制，评审通过的可特设岗位予以聘用，不占单位相应常设岗位数量），推荐评审11人，通过4人。继续推行“县招镇管村用”用人原则，采取面试、直接考察等方式招聘急需紧缺专业人才。深化校地合作订单式培养模式，加强与山东医学高等专科学校、佳木斯大学等高校合作。年内，通过公开招聘及订单培养方式引进医疗卫生专业技术人才50名。制定《执业医师到县级以下医疗机构提供医疗卫生服务工作方案》，从区级医院选派55名技术骨干支援基层，推动优质医疗资源下沉，优化基层学科建设，弥补基层高层次人才不足短板。以目标考核为导向，建立优胜劣汰机制，年内提拔基层正职5人、副职8人，多维度激发人才干事创业积极性。强化年轻医师医疗服务水平，促进医疗卫生服务质量再上新台阶。11月1—10日，组织开展2023年全区卫生健康系统年轻医师岗位练兵技能竞赛，各医疗卫生机构35周岁以下医师24人通过健康知识PPT宣讲、医患纠纷处理现场问答等方式进行技能比武。

【群众满意度提升】 2023年，区卫生健康局制定《2023年环翠区卫生健康系统群众满意度提升工作方案》，成立群众满意度工作专班，通过建立“四级回访”制度（主管医生进行一级专业随访，护士长进行二级健康随访，随访中心进行三级监督管理随访，区卫生健康局进行四级抽查随访），开展医患换位体验、民营医疗机构座谈会等活动，设立院长接待日、行风监督员平台及扫码吐槽等形式，收集群众意见建议，建立“问题收集—问题汇总—分流交办—限时办结—跟踪回访”闭环管理机制。收集群众就医不够便利问题1091件，均给予答复。联合区医保局、区市场监管局制定群众满意度百日攻坚事项6项，聚焦群众关心问题梳理“微实事”20条，着力解决基层医疗服务能力不足、服务态度差，群众看病贵、就医不便、政策知晓度低和诉求不畅6方面问题。组织开展优化流程改善服务现场督导6次，下发工作简报7期，发现问题36处，全部完成整改。开设“潮汐窗口”“潮汐诊室”，确保患者一次就医完成当日诊疗，实行7日内携带门诊病历和检查结果回诊免收挂号费政策，惠及患者14.2万余人次，减免挂号费37.6万余元，延时服务11800余人次。开展床旁结算服务，患者在病房即可办理入院登记、出院结算等手续。威海卫人民医院“床旁入院+结算”服务经验作为主题教育典型事例被山东电视台《山东新闻》栏目报道。

【医疗信息化建设】 2023年，环翠区结合解决群众急难愁盼问题百日攻坚行动，推动医院信息化提档升级，拓展便民服务场景，在推进诊疗精准预约、电子健康卡全流程就诊、优化结算流程、检查检验结果互认共享等方面，增强群众看病就医便捷程度。依托威海市全民健康信息平台进行系统对接提升，诊疗、检查、公共卫生、家庭医生、随访及查体等健康医疗数据实时汇总，为居民提供完整的电子健康档案；区级医疗机构传染病数据安全对接传输，实现实时动态监测。落实网络安全责任制，组织医疗卫生机构不定期开展网络安全隐患排查。以国家网络安全宣传周活动为契机，对系统各单位集中进行网络安全检查。依托威海口腔医院组织网络安全应急演练现场观摩，邀请专业人士进行网络安全教育培训，提升网络安全事件应对能力。

【医疗统计】 2023年，环翠区落实国家、省、市卫生健康委员会加强卫生健康统计数据质量控制工作要求，组织全区426处医疗卫生机构按期完成国家卫生统计信息网络直报系统月报、年报等工作，开展线下数据质量控制。监测分析健康医疗数据，为上级部门提供政策数据支撑。

【国家食品安全与营养健康综合试验区建设】 2023年，环翠区以国家食

2023年5月12日，威海市2023全民营养周暨“5·20”中国学生营养日主场活动举行（区卫生健康局 供图）

品安全与营养健康综合试验区建设为契机，加强营养指导人才队伍建设，营养指导员数量达74名，实现每万人配备1名营养指导员的目标；创建营养健康学校、营养健康餐厅30个，营养健康超市8个，营养健康社区2个。4月13—14日，国家食品安全风险评估中心主任李宁带领调研组一行7人，到环翠区张村镇便民服务中心、张村镇卫生院调研食源性疾病多点触发监测预警试点工作开展情况。5月12日，协助市卫生健康委员会举办全国第九届全民营养周启动仪式。9月5日，承办国家食品安全与营养健康综合试验区进展调度暨现场观摩会，国家卫生健康委员会食品司司长刘金峰、省卫生健康委员会副主任牟善勇等，到威海市望海园中学、张村镇卫生院、张村镇和兴社区、家家悦超市张村店调研国家食品安全与营养健康综合试验区建设情况。9月7日，环翠区在全国国民营养计划重点工作研讨会上作典型发言，分享国民营养计划试点创建工作经验。12月，环翠区2个国家营养健康社区、1个省级营养健康超市分别通过国家疾病控制中心、省疾病控制中心验收。

（王　雪）

医疗服务

【概况】 2023年，环翠区以“健康环翠”建设为统领，不断深化医药卫生体制改革，聚焦看病就医难题，开展医疗领域群众满意度建设工作；推动公立医院高质量发展，提升专科业务能力和服务水平；推进救治中心建设，促进优质医疗资源下沉，构建布局合理、规模适度、层级优化、职责明晰、功能完善、具有环翠特色的医疗卫生服务体系。

【公立医院高质量发展】 2023年，区卫生健康局推动优质医疗资源扩容和均衡布局，启动新一轮临床专科能力攀登计划，注重公立医院高质量发展监测、督导、评价。加强临床专科建设，复审区级重点专科21处，以专科发展带动诊疗能力和水平提升，引领公立医院高质量发展。威海口腔医院加入“青岛市口腔颌面外科专科联盟”，成立正颌外科中心。组织公立医院参加2021—2022年全国绩效考核；2021年度全国二级公立医院绩效考核成绩公布，威海卫人民医院考核等次为A++，排全国第9名、全省第1名。2023年6月，威海卫人民医院被省深化医药卫生体制改革领导小组办公室通报表扬。

【分级诊疗】 2023年，区卫生健康局开展“万名医护巡回帮扶”活动，从3处区级医院选派100名业务骨干到基层驻点帮扶、定期巡诊、带教查房等，带动基层提升服务能力。威海卫人民医院与温泉镇卫生院、张村镇卫生院、羊亭中心卫生院、桥头镇卫生院4处镇级卫生院组建区级远程影像诊断中心、心电诊断中心。年内，远程影像诊断服务2.7万人次，远程心电诊断服务1.1万人次。

【公共卫生应急服务】 2023年，环翠区提升基层医疗卫生服务能力，投资1926万元为基层医疗卫生机构配备设备285台（套），其中血液分析仪、除颤仪、心电图机配备比例达到100%。依托威海卫人民医院紧急医学综合救援基地，加强院前急救机动力量配备，储备院前急救医护后备人员100人，其中医生、护士各50人。在人员密集的公共场所增设自动体外除颤仪（AED）20台。至年末，全区公共场所自动体外除颤仪（AED）总数达到60台。

表50　环翠区公共场所60台自动体外除颤仪（AED）安装位置

序号	安装地点	具体位置
1	威海市群艺馆	青岛北路150号一楼大厅服务台
2	威海市图书馆	青岛北路158号一楼大厅服务台
3	威海市财政大厦	海滨北路60号多功能活动室
4	刘公岛景区	刘公岛内码头候船大厅
5	威海文化艺术中心	即墨路2A号一楼大厅自助售货机处
6	威海市医疗保险服务大厅	胶州路7号北门入口西侧梁柱
7	威海市第二中学北校区	海滨北路105号教学楼一楼
8	威海市第三中学	桥头镇政府驻地学校教学楼
9	威海大光华学校	张村镇黄河街58号学校保健室
10	威海市实验中学	育华路1号学校保健室
11	威海市城里中学	和平路93号学校保健室
12	威海市塔山中学	塔山东路131号学校保健室
13	威海市古寨中学	古寨东路59号学校保健室
14	威海市环翠中学	古寨西路156号学校保健室
15	威海市望海园中学	胶州路96号学校创客大街北端
16	威海市第十中学	四方路北山学校保健室
17	威海市温泉学校	温泉镇政府驻地学校保健室
18	威海市羊亭学校	羊亭镇政府驻地学校卫生室
19	威海市第七中学	张村镇普陀路北端学校日新楼一楼西图书角
20	威海市新苑学校	珠海路980号学校保健室
21	环翠区政务服务中心	文化中路59号大厅一楼导办台
22	环翠区人社局综合服务中心	世昌大道3-3号海裕城E座2层服务大厅
23	环翠区图书馆	威海市实验中学北校区旁区图书馆旧馆一楼
24	华夏城景区	景区医务室门口
25	仙姑顶景区	景区医务室门口
26	“侨乡号”游轮	游轮二楼广播室
27	羊亭河湿地公园	游客中心一楼医务室
28	家家悦超市张村店	张村镇长江街29号一楼楼梯口旁边
29	家家悦超市中心店	昆明路45号一楼扶梯西侧
30	大润发超市竹岛店	海滨北路128号一楼服务台
31	万达广场	仙姑顶路120号2号门服务台
32	华联商厦	新威路58号一楼总服务台

续表

序号	安装地点	具体位置
33	威高广场	新威路17号威高生活汇一楼服务台
34	振华商厦	新威路89号一楼总服务台
35	振华奥特莱斯	东城路86号一楼总服务台
36	威海市农副产品批发市场	市场服务中心综合楼B区一楼中间大门右侧第一间
37	环翠楼街道东北村社区	公园路附12号一楼大门外西侧墙边
38	鲸园街道朝阳社区	花园中路附50号一楼社工站
39	环翠楼公园	游客服务中心大厅东侧墙边
40	白马义乌商贸城	火炬南路531号一楼总服务台
41	环翠区中小学生综合实践基地	桥头镇桥兴路193-19号菱角湾城乡融合样板区枫树公寓医务室
42	环翠区老干部活动中心	公园路24号一楼大厅健康小屋
43	里口山风景名胜区游客中心（王家疃）	张村镇驻地东5千米处游客中心二楼医务室
44	远遥浅海科技湾区威海海洋科技馆	远遥墩路1-1号蓝贝海洋科学中心二楼（威海海洋科技馆前台）
45	威海市信访局接访大厅	纪念路35号二楼接访大厅
46	环翠区群众权益诉求服务中心	望岛路10号一楼接访大厅
47	威海小商品批发市场	文化中路51号一楼大厅服务台
48	大世界步行街雷锋共医屋	光明路88号北雷锋共医屋
49	威海市鲸园小学	文化东路5号学校南门传达室西侧
50	威海市明湖路学校	温泉镇明湖路5号学校3号楼负一楼（生命教育基地）
51	威海市古寨小学	古寨东路学校二楼医务室
52	威海市长征路小学	古陌路17号学校办公楼一楼大厅西南角
53	威海市码头小学	东山路15号学校二楼医务室
54	威海市塔山小学	东窑街9号学校保健室外
55	威海市实验小学	庙耩路599号学校大门口保健室
56	威海市南山小学	文峰三街4号学校三楼保健室
57	威海市第二实验小学	古陌西路10号学校门卫室旁微型消防站
58	威海市翠竹小学	沧口路西学校一楼保健室
59	威海市北竹岛小学	塔山中路176号学校微型消防站
60	威海市望岛小学	仙姑顶路望岛村南学校一楼保健室

【慢性病管理】 2023年，环翠区以基层医疗卫生机构9处“三高基地”为抓手，推动慢性病医防融合和家庭医生服务深度融合、协同发展。依托镇卫生院和社区卫生服务中心建设的“三高基地”，为辖区病情不稳定患者提供治疗、用药等个性化方案制定和线上、线下协诊服务。依托家庭医生团队和工作室建设的“三高之家”，承担稳定期患者的常规药物治疗、随访管理和高危人群干预，提供个性化签约服务。依托

威海卫人民医院“三高中心”，为难治性、复杂性“三高”（高血压、高血糖、高血脂）患者及“六病”（冠心病、脑卒中、肾病综合征、眼底病变、周围神经病变、周围血管病变）患者提供医防融合服务。至年末，协同管理“三高”患者13740人。

（王　雪）

基层卫生

【概况】 2023年，环翠区依托紧密型县域医共体建设，整合医疗卫生资源，推动医疗卫生工作重心下移和优质医疗资源下沉，提升基层医疗卫生服务能力，推进县域整合型健康服务体系和分级诊疗格局建设，为群众提供便捷的医疗服务。加快县域医疗服务次中心和村卫生室标准化建设，村卫生室全部达标。完善村级巡诊服务机制，年内下派医务人员264人次，服务群众1439人；305名家庭医生提供线上咨询服务650人次、门诊医疗服务1300余人次。

【基层医疗机构标准化建设】 2023年，区卫生健康局对照《环翠区基层医疗卫生服务能力提升三年行动实施方案》完成自查，为新一轮基层服务能力提质增效三年行动做准备。加快县域医疗服务次中心和村卫生室标准化建设，村卫生室全部完成标准化建设，建成省级村卫生室3处（张村镇姜南庄村、羊亭镇大北山村、桥头镇南子城村）、市级村卫生室11处、区级村卫生室67处。村卫生室重点人群智慧随访设备、康复理疗设备以及中心村卫生室血液分析仪、除颤仪、心电图机配备比例达100%，能够满足辖区群众日常诊疗和康复需求。

【专家下村巡诊】 2023年，环翠区整合区、镇、村三级医疗资源，组建医疗巡诊服务队到基层巡回诊疗。从威海卫人民医院、威海口腔医院、环翠区妇幼保健院选派骨科、疼痛科、口腔科、妇科等骨干人员组建专家团队，对105个村开展定期巡诊。完善村级巡诊服务机制，各镇卫生院每周定期组织医务人员到村巡诊。至年末，下派医务人员264人次，服务群众1439人次。结合“四送四进四提升”（“四送”：送家庭医生服务、送卫生应急急救知识、送疾病防控知识、送中医药特色疗法；“四进”：进机关、进校园、进社区、进乡村；“四提升”：提升全民健康素养水平、提升群众卫生健康服务获得感、提升健康山东全民共建共享成效、提升全系统为民服务意识）活动，开展夜间中医义诊，下派医疗专家700人次，服务群众5000多人次。

【家庭医生签约服务】 2023年，环翠区创新家庭医生签约服务高质量发展模式，优化整合区域医疗卫生资源，以社区网格化建设为载体，推行网格片组团服务模式，加强高血压、糖尿病患者等重点人群服务管理，做好签约居民健康管理和就医指导。6月17日，环翠区举行县域医共体二级医疗机构首席专科医师加盟基层医疗卫生机构家庭医生服务团队签约仪式，120余名二级医院专家加入家庭医生团队，为辖区病情复杂患者、个性化需求较高的签约居民提供中、高级服务。年内，全区107个家庭医生团队的305名家庭医生提供线上咨询服务650人次，提供门诊医疗服务1300余人次。

【城乡医药融合】 2023年，区卫生健康局依托紧密型医共体建设，开展中心药房试点工作，推进医共体内医疗机构用药目录、药学服务、药品使用监测、药品采购和储备“五统一”，促进上下级用药衔接。强化药师在临床诊疗中的作用，将上级药师编入基层家庭医生指导团队，结合家庭医生签约服务，将药师服务资源下沉基层。至年末，开

2023年6月17日，环翠区二级医疗机构首席专科医师加盟家庭医生团队签约仪式举行

（区卫生健康局　供图）

展帮扶108次、药学查房106次、用药咨询304人次、用药教育180例。在省级医共体中心药房考核中，环翠区获得优秀等级。

【健康教育】 2023年，区卫生健康局利用“世界家庭医生日”，结合“四送四进四提升”等活动，联合镇（街道）、村（居）加强健康宣传，通过举办知识讲座、发放宣传资料、开展咨询等方式，宣传家庭医生签约服务内容、服务方式及实用健康知识，提高家庭医生签约服务知晓率和签约率。结合家庭医生上门随访等服务，跟踪管理居民健康状况，指导科学用药，进行健康教育，不断提升居民健康自我管理能力。至年末，各卫生院（中心）开展家庭医生履约服务及重点人群随访31.9万人次，举行健康教育讲座575次，发放宣传资料124种。

（王　雪）

2023年7月7日，山东省名中医药专家牟林茂传承工作室落户环翠区揭牌仪式在环翠区中医医院举行　（区卫生健康局　供图）

中医中药

【概况】 2023年，环翠区以建设完善中医药服务体系为目标，围绕国家中医药综合改革示范区建设，推动中医医院特色发展，强化人才引进与重点专科建设，实现基层中药饮片“六统一”管理，推广中医药适宜技术，加大中医药文化知识宣传，开展“中医馆”“中医阁”内涵建设，持续提升基层医疗机构中医药服务能力。

【中医医院特色发展】 2023年7月，环翠区中医医院引进山东省名中医药专家牟林茂传承工作室，打造中医软伤、康复、儿童康复、针灸推拿、治未病特色科室5个。治未病科入选齐鲁中医药优势专科集群建设成员单位，日均诊疗量比上年增长68%。同月，国家中医药综合改革示范区建设经验交流暨推进会在威海市举行，国家发改委社会司副司长孙志诚、北京中医药大学国家中医药发展与战略研究院常务副院长王志伟观摩环翠区中医医院，对环翠区中医药创新发展经验给予肯定。依托“环翠区智慧共享中药房”，为群众提供调剂、煎煮、配送等中药药事服务，研发止咳代茶饮、秋梨膏等中药产品15种，煎制中药22万余服，服务群众3.5万余人次。

【基层中医药服务】 2023年，区卫生健康局优化、升级原有国医堂，创建“中医馆”1处（张村镇卫生院）、“中医阁”7处（环翠楼街道塔山社区卫生服务站，鲸园街道北沟社区卫生服务站，孙家疃街道沙窝社区卫生室，温泉镇虎山中心卫生室，张村镇柳沟中心卫生室、王家疃村卫生室、姜家疃村卫生室）。“中医馆”“中医阁”配备特定电磁波治疗仪、电针仪等中医诊疗设备10余件（台），提供艾灸、针灸等中医适宜技术服务10余项，定期开展中医下乡义诊活动，服务群众3000余人次。年内，张村镇柳沟中心卫生室和鲸园街道北沟社区卫生服务站、环翠楼街道塔山社区卫生服务站分别获评2023年度山东省中医药特色村卫生室和特色社区卫生服务站。

【中医药人才队伍建设】 2023年，环翠区中医医院依托山东省名中医药专家牟林茂传承工作室，邀请国家级专家3人、省级专家1人定期来院坐诊。各医疗机构制订人才培养工作计划，选派内科、护理技术骨干3人外出进修。结合群众需求和学科发展需要，聘请外科、影像专业资深专家2人，补齐医疗短板。建立周三学习日制度，邀请上级医院骨科、康复科专家及医院重点科室技术骨干讲课21次，促进医务人员医疗技术水平和服务质量不断提升。年内，桥头镇卫生院周桂红被省卫生健康委员会、省人力资源和社会保障厅确定为“山东省基层名中医（药）专家”。

【中医药文化推广】 2023年，区卫生健康局发挥学校主阵地作用，推广中医药文化。威海市第七中学创建成为“山东省中医药文化特色学校”，威海市北竹岛小学作为唯一一个学校典型，在全省中医药文化建设推进会议上交流中医药进校园工作经验。区卫生健康局结合时令特点，组织医疗机构开展“四送四进四提升”、中医药夏季纳凉义诊、膏方节等活动60余场，服务群众18万余人次。继续开展免费艾灸体验工作，服务群众1.5万人。

（王　雪）

疾病防控

【概况】 2023年，环翠区入选山东省首批消除结核病先行区创建县（市、区）。重大传染病监测任务完成率达100%，完成市级考核指标任务。新增致病菌监测哨点医院，推出医疗机构和疾控机构数据互通等举措，完善传染病监测预警。严重精神障碍患者规范管理率达99.75%。推进公共卫生服务能力提升，开展常见精神障碍防治和儿童青少年心理健康促进项目等，提高公共卫生服务水平。

【省级消除结核病先行区建设】 2023年，环翠区入选山东省首批消除结核病先行区创建县（市、区）。制定《环翠区消除结核病先行区创建工作实施方案（2023—2025年）》，组织开展结核病防治工作岗位技能竞赛；印发《环翠区百千万志愿者结核病防治知识传播活动提升行动工作方案》，建立结核病防治宣传志愿者队伍，组织开展结核病志愿宣传活动。

【疾控中心标准化建设】 2023年，区疾控中心按照“一年规划、二年建设、三年达标”的总体部署，围绕职能定位、人才队伍、基础设施、技术装备等瓶颈问题，补短板、强弱项、提能力，按期完成标准化建设。6月，区疾控中心在原址扩建，建筑面积由3000平方米扩增至3800平方米，人均建筑面积76平方米，达到疾控中心建设标准要求。中心实验室通过资质认定换证复审，完成生活饮用水水质常规指标中一氯二溴甲烷、二氯一溴甲烷、三溴甲烷、三卤甲烷的扩项认证，并通过核心检测能力单核细胞增生性李斯特菌、小肠结肠炎耶尔森菌的分离、鉴定等公共卫生相关检测等验证工作。完成应急流调库建设，建立涵盖流调中心、信息中心、研判中心的卫生应急作业中心。依托传染病监测预警系统，侦测并发出传染病暴发预警信号193条，100%得到响应，97.93%在24小时内响应。依托免疫规划综合信息平台等系统，掌握全区疫苗接种率、预防接种信息质量、疫苗流通使用情况等。

【公共卫生服务】 2023年，区卫生健康局制定《环翠区常见精神障碍防治和儿童青少年心理健康促进项目实施方案》，开展抑郁症、老年痴呆等常见精神障碍防治和儿童青少年心理健康促进社会动员、科普宣传、筛查评估等工作。在全区各小学施行儿童龋病预防治疗项目，为6899名学生筛查口腔疾病、建立健康档案，为4059名儿童实施窝沟封闭治疗。加强生活饮用水水质监测，根据《2023年威海市城乡饮用水水质监测工作方案》，检测枯水期、丰水期城区市政供水60份、农村饮用水26份、出厂水2份，结果均合格。加强学生常见病和健康影响因素监测，根据《2023年威海市学生常见病和健康影响因素监测与干预工作方案》，对2所幼儿园、7所中小学校2500名学生开展视力不良、近视、超重肥胖、营养不足、龋病和脊柱弯曲异常等学生常见病监测，为采取针对性干预措施、推动学生近视防控提供数据支持。

【传染病监测预警】 2023年，环翠区以法定传染病报告信息管理系统和突发公共卫生事件报告系统为基础，通过网络直报模式，构建“横向到边，纵向到底”的疾病预防控制体系网络。拓展监测渠道，多部门协同开展传染病相关病例、重点人群监测工作。与区农业农村局联合签署《环翠区人兽共患传染病防控合作备忘录》，与区动物疫病预防控制中心互通人畜布鲁氏菌病疫情信息，检测高危人群20例。致病菌监测哨点医院原来有威海卫人民医院1家，年内增加威海市立医院、威海市妇幼保健院、中国人民解放军九七〇医院威海医疗区3家。推动医疗机构和疾控机构有关疾病信息数据互通，实现主动监测和被动监测互补。提高数据分析智能化水平，在重点传染病、食源性疾病等多方面开展动态风险评估，执行智慧化预警触发机制，实时反馈信息，做好监测分析研判。

【传染病疫情报告管理】 2023年，环翠区传染病疫情报告及时率和准确率99%以上，漏报率控制在2%以内。年内，无甲类传染病报告，报告乙类传染病12种、丙类传染病5种。法定传染病报告发病23137例，报告发病率1940.69/10万，比上年（486.44/10万）上升2.99倍。报告发病数居前5位的病种是：流行性感冒（14473例）、新型冠状病毒感染（3997例）、其他感染性腹泻病（2309例）、手足口病（1347例）和肺结核（311例），占法定传染病发病报告总数的96.97%；报告死亡2例，报告死亡率为0.17/10万，比上年（0.08/10万）上升97.41%。

【艾滋病防控】 2023年，环翠区加强国家哨点（国家级艾滋病监测哨点）监测，规范咨询检测服务，推动医疗机构扩大检测，检测各类人群25.7万人次，新增治疗37例，治疗覆盖率95.03%。强化感染者随访管理，落实“发现即治疗”政策。加强与抗病毒治疗定点医院沟通合作，提高抗病毒治疗覆盖率。加强社会动员，扩大全人群尤其是重点人群艾滋病防治知识宣传。

【结核病防控】 2023年，环翠区各医疗机构报告肺结核患者和疑似患者707例，重卡患者（一年内由同一医疗机构或者不同医疗机构重复报告的患者）169例，住院14人，出院1人，转诊率为100%，转诊到位411例，追踪到位109例，总体到位率99.05%。登记治疗肺结核病人309例，其中病原学阳性患者216例、病原学阴性患者73例、结核性胸膜炎20例，完成治疗率97.58%。开展结核病与艾滋病双向筛查，308例（1例因转出无法录入）肺结核患者进行艾滋病病毒筛查，筛查率达99.7%，发现艾滋病病毒初筛阳性患者1例。检查2463例疑似患者痰液，查出耐多药（结核菌耐两种以上抗结核药）结核病可疑患者7例。区卫生健康局利用结核病管理信息系统平台，做好肺结核病人的实时监测、统计分析和质量评价，每月通报结果，每季度督导检查一次。加大辖区内结核病防控力度，处置结核病疫情24起。定期走访结核病患者，年内访视患者2385人次。组织开展结核病防治知识宣传，举办专题讲座12次，面对面宣传35次，受众3600余人次，到工厂、学校、村（社区）发放宣传材料19200余份，制作肺结核防治视频2个，微信发布防治知识260余条，覆盖人群20万人次。

【慢性病防控】 2023年，环翠区开展癌症、脑卒中、心血管病等重点慢性病机会性筛查，加强死因、肿瘤、卒中、冠心病和住院伤害监测管理，审核各类慢性病报告卡2万余张。10月24日，启动为期30天的2023年慢性病防控社会因素调查。选调区疾控中心、各镇（街道）医疗卫生机构工作人员120余人，选取鲸园街道、环翠楼街道、竹岛街道、张村镇、温泉镇调查对象2000人，开展个人问卷、体格检查、血生化检查、膳食调查等调查项目。

【寄生虫病防控】 2023年，区卫生健康局结合辖区疟疾发病情况，加强流动人口管理和监测。定期沟通威海建设集团股份有限公司、威海市联桥国际合作集团有限公司、威海国际经济技术合作股份有限公司等主要劳务输出单位，电话随访归国务工人员8人。对328名体温38.5℃以上的疟疾、疑似疟疾、不明原因发热者进行血检，复检血片87张，复检率26.52%。报告恶性疟疾病人2例，均为境外输入性病例。在“4・26”疟疾防治宣传日，联合威海海关、市疾控中心、文登区疾控中心开展疟疾防治宣传活动。

【地方病防控】 2023年5月，环翠区被山东省地方病防治研究所确定为孕妇碘营养干预项目县（市、区），首次在全区开展孕妇碘营养干预项目。选取威海市妇幼保健院1000名新建档孕妇，发放宣传折页和加碘盐，孕早孕晚各测定一次尿碘值，通过两次尿碘值比对，评价干预效果。5月18—23日，在张村镇、孙家疃街道采集8～12周岁儿童尿样、盐样各80份，进行尿碘和盐碘检测。检测结果表明，环翠区小学生的尿碘中位数为145.20微克/升，碘营养状况处于适宜水平。

【手足口病监测】 2023年，环翠区报告手足口病普通病例521例，无死亡病例。其中，鲸园街道44例、环翠楼街道68例、竹岛街道84例、孙家疃街道21例、嵩山街道56例、张村镇112例、羊亭镇20例、温泉镇105例、桥头镇11例。采集手足口病例标本87份，完成实验室检测87份，结果为CA10病毒阳性5份，CA6病毒阳性46份，CA16病毒阳性1份，其他肠道病毒阳性51份，其余均为阴性。采集急性期和恢复期血清标本2例。规范处置聚集性疫情9起，发放宣传材料6000余份。

【致病菌识别网工作】 2023年，环翠区完成国家致病菌识别网标本采集及信息上报150份，其中肠道、呼吸道和自然疫源病标本各占1/3；采集致病菌15株，保存、上送原始样本及菌株。国家致病菌识别网是由国家卫生健康委员会主管的全国性的细菌性传染病实验室监测网络，以现有的传染病报告和暴发监测系统为依托，通过病原识别、分子分型、基因组流行病学等新技术、新策略的应用与推广，有效地开展细菌性传染病监测、溯源等工作，进一步提高细菌性传染病防控能力。环翠区自2019年开展该项工作，至2023年年末，采集标本855份，其中肠道标本105份、呼吸道标本685

份、自然疫源病标本65份，完成阳性致病菌分离上送47株。

【病毒性腹泻监测】 2023年，环翠区采集常规监测标本49份，其中轮状病毒阳性标本3份、诺如病毒阳性标本5份、星状病毒阳性标本1份、札如病毒阳性标本1份、肠道腺病毒阳性标本4份；采集学校、幼托机构等重点人群标本110份，除1份标本诺如病毒阳性外，其余均为阴性；采集乡镇自备井水标本24份，其中轮状病毒阳性标本3份、诺如病毒阳性标本5份、星状病毒阳性标本1份。处置学校病毒性腹泻聚集性疫情事件1起，采集标本18份，检测结果均为阴性，后排除病毒性腹泻聚集性疫情事件。

【自然疫源性疾病监测】 2023年，区卫生健康局与区农业农村局联合签署《威海市环翠区人兽共患传染病防控合作备忘录》，建立上下联动、部门协同、合力推进的自然疫源性疾病防控新模式。双方完善常态化协同机制，实时通报疫情信息，定期开展会商研判，联合开展自然疫源性疾病疫情调查处置。采集城乡活禽市场环境标本16份、家禽规模养殖场（户）环境标本25份、家禽散养户环境标本10份，检测结果均为阴性。检测区动物疫病预防控制中心推送的布鲁氏菌感染高危人员20人，建议发现的感染者及时前往威海市胸科医院（定点医院）进行规范化治疗。应急处置发热伴血小板减少综合征死亡病例2例，采集病例所在村牛、羊、鸡、狗等血液标本进行病毒检测。对报告的肾综合征出血热病例7例、布鲁氏菌病例6例、发热伴疑似病例98例进行个案调查。12月29日，环翠区开设自然疫源性疾病培训班。疾病流行期间，开展疾病预防宣传教育20余次。

【消毒与病媒生物监测】 2023年，区疾控中心监测辖区13家设有床位的医疗机构消毒质量，包括门诊及手术室等重点科室的空气、物体表面、医护人员手、内镜、紫外线消毒灯。检测微生物指标316份，合格313份，合格率为99.05%。其中，空气采样151份，合格150份，合格率为99.05%；物体表面采样132份，合格132份，合格率达100%；内镜采样8份，合格8份，合格率达100%；紫外线消毒灯采样11支，合格11支，合格率达100%。督导检查5家托幼机构登记、消毒隔离制度及岗位责任制落实等情况，采集、检测样品166份。对医疗机构、托幼机构、洗涤机构等重点场所开展消毒质量监测与卫生状况调查。调查内容包括消毒物资及防护用品储备情况、重点部位消毒情况、环境物体卫生状况等。5—10月，监测住户、医院、公园、工地等802个场所幼蚊成蚊密度、幼虫密度及蝇类密度，查看盛水容器207个，其中显示阳性10个，主要是库蚊、按蚊、伊蚊幼虫。定期开展鼠类、蚊虫、蝇类、蜚蠊和蜱虫的密度及登革热媒介伊蚊监测、密度控制水平评估，了解全区病媒生物种类、密度及生长规律，为病媒生物防治、爱国卫生运动开展提供技术支持。4月14日，组织爱国卫生办公室成员单位开展洪涝灾害消毒与病媒生物控制技术培训。

【食品卫生监测】 2023年，环翠区印发《2023年威海市环翠区食品安全风险监测方案》。检测食品化学性污染物及有害因素监测、微生物及其致病因子监测的常规监测和专项监测样品147份，涉及流通、餐饮等环节食品14大类18小类。报告食源性疾病病例4444例，无疑似食源性异常病例报告。参与食源性疾病事件流行病学调查55起，其中协查8起、排除2起，无危重及死亡病例。

【严重精神障碍患者管理服务】 2023年，区卫生健康局落实在册严重精神障碍患者治疗、服务工作，包括日常随访、面访、病情评估及用药指导等。发现失访和危险性评估三

2023年10月16日，区疾控中心工作人员在统一路小学食堂进行食品采样
（区卫生健康局　供图）

级以上患者，及时向公安部门及各镇（街道）精神卫生综合管理小组通报，对病情不稳定患者及时送诊治疗。至年末，全区在册严重精神障碍患者数量为2390人，规范管理率达99.75%。

【免疫规划】 2023年，环翠区预防接种门诊接种免疫规划疫苗94926万剂次、非免疫规划疫苗142362剂次、新冠病毒疫苗17290剂次。各产科预防接种室新生儿建卡数为6415人，接种卡介苗6382剂、乙肝疫苗6403剂。1~7周岁儿童“八苗”（卡介苗、乙肝疫苗、脊髓灰质炎疫苗、百白破疫苗、含麻疹成分疫苗、乙脑疫苗、流脑疫苗、甲肝疫苗）全程接种率为98.17%，适龄儿童首针麻疹类疫苗接种及时率为95.28%。在新冠病毒疫苗接种方面，对全区60周岁以上老年人全部纳入个案管理和随访范围，按要求及时完成随访信息录入工作。定期开展预防接种培训，规范预防接种技术操作，组织专家对二级以上医疗机构皮肤科、呼吸内科、老年病科、妇科等医务人员以及基层医疗机构家庭医生进行培训，提高医务人员对成人疫苗接种的认知，推广成人疫苗接种。规范全区常规预防接种门诊标牌样式，做到字体、颜色、比例统一。

（王　雪）

卫生监督

【概况】 2023年，区卫生健康局深化卫生健康监督效能提升年活动，遵循“服务有为、监督有力”宗旨，推动综合监督与专项服务互相融合、队伍建设与执法创新互相促进、执法效率与办案质量共同提升。受理办结上级转办单、“12345”政务服务便民热线、群众投诉举报549件，其中医疗与传染病违法案件33件、职业卫生违法案件3件、公共卫生违法案件30件、学校违法案件1件、放射诊疗案件2件。承接国家营养健康社区建设2个、省级试点工作4个；健康服务领域“综合监管一件事”改革试点工作通过省级评估验收，获得第一名。参加全市庆祝基本医疗卫生与健康促进法三周年征文比赛，获得一等奖。

【食源性疾病多点触发监测预警】 2023年，区卫生健康局创新试行食源性疾病多点触发监测预警工作。在全区10家哨点医疗机构食源性疾病监测的基础上，以张村镇为试点，拓展食源性疾病监测触点，建立预警机制，运用信息化技术手段，采集缺勤缺课、身体异常人员相关信息，研究建立多点触发预警模型，及时发现涉及食品安全的苗头性信息。至年末，收集食源性疾病多点触发监测病例信息5221条。11月20日，食源性疾病多点触发监测预警工作经验被国家卫生健康委员会食品安全标准与监测评估工作专刊第5期发文推广。

【“综合监管一件事”省级试点】 2023年，区卫生健康局牵头拟定《2023年环翠区健康服务领域“综合监管一件事”改革试点工作方案》，从医疗美容机构“综合监管一件事”入手，以优化健康服务领域资源配置，加强全要素、全流程监管为导向，构建信息共享、相互衔接、协同配合的综合监管协调机制。瞄准“12345”政务服务便民热线工单，通过同部署、同推进、同落实“三同时”举措，启动不定期联合检查行动。督导社会办医疗美容机构96户次，帮助机构和群众解决实际问题56条，投诉举报案件比上年下降2%，主动联合解决非主管领域投诉举报案件上升4%，违法违规案件下降90%。年内，环翠区健康服务领域“综合监管一件事”改革试点工作通过省级评估验收，获得全省第1名。

【“住宿场所卫生保洁记录”省级试点】 2023年，区卫生健康局制定《2023年住宿业场所卫生保洁记录仪应用试点工作方案》，通过实地调研、外出学习、现场培训、全程指导等方式，遴选、帮助6家A级住宿场所健全规章制度，完善记录仪操作全流程，建立问题台账，以科技手段倒逼服务规范。在住宿行业树立卫生管理和优质服务标杆，发挥行业示范带动效应。

【“放射工作人员证智慧化申报及电子证照应用”省级试点】 2023年，区卫生健康局贯彻全省营商环境创新“揭榜挂帅”活动要求，拟定《2023年环翠区放射工作人员证智慧化申报及电子证照应用工作方案》，以问题为导向，牵头制定行政审批、大数据再造数据流程，提升数据共享能力，完成电子证照同步制发，实现电子证照扫码亮证、放射工作人员证智慧化申报和应用。10月17日，环翠区工作经验被市卫生健康委员会第575期工作简报推广。

【医疗卫生监督】 2023年，区卫生健康局开展口腔医疗乱象专项整治、医疗机构注册规范清理、校园周边医疗环境专项整治、院前医疗急救与急诊科依法执业专项监督检查、中医诊所和中医养生机构专项整治、医疗废物处置专项监督检查、新冠疫情信息报告及预防接种专项监督检查、非法行医查处等蓝盾行动，监督检查医疗卫生机构613户次、传染病防治机构454户次，监督覆盖率达100%。联合行政审批、市场监管、医保、公安等部门和新闻媒体开展联合执法行动34次，下达卫生监督意见书221份，立案查处38件，其中非法行医案件12件、医疗美容违法案件4件，罚没款63.8万元。

【公共场所卫生监督】 2023年，区卫生健康局将卫生城复审督导检查与公共场所日常监督检查相结合，同步卫生质量检测与国家“双随机、一公开”抽查，20名卫生监督员对9个镇（街道）分组包片，开展“点对点”“一对一”服务指导，检查“四小场所”1741家。针对旅游旺季住宿、游泳等场所人流量大、举报投诉激增等问题，实行日巡查、周例会模式，对共性问题开展集中培训3次，联合治理14次，对重点场所经营者开展专项约谈56次、现场专项督导171次，确保群众诉求及时得到解决。联合镇（街道）摸排辖区民宿2次，督促20多家业主办理公共卫生许可证。公共场所日常监督覆盖率实现100%，下达卫生监督意见书478份，立案查处32件。

【学校与饮用水卫生监督】 2023年，区卫生健康局对38所学校饮用水卫生安全和教室环境质量进行重点监督检查，对8家现制现售水经营单位、农村供水单位卫生管理、水质消毒和自检方面等进行监督检查和现场指导。委托第三方检测公司抽检学校水样19份，合格率为100%；采样检测10所学校教室环境质量，合格率为70%；抽检现制现售水样108份，合格率为100%。对承接高考的威海市第二中学、威海市东方艺术学校、威海大光华学校的环境卫生、通风换气、物品消毒、饮用水卫生、传染病疫情报告登记及管理等相关制度落实情况进行督导检查。

【计划生育监督】 2023年，环翠区根据国家卫生健康监督信息报告系统2023年计划生育“双随机”监督任务要求，监督检查母婴保健机构16户次，重点检查产前诊断相关工作，同时检查机构和从业人员资质、母婴保健诊疗技术情况，对存在问题下达监督意见书并责令整改，规范母婴保健机构依法执业行为。

2023年4月26日，区卫生健康局在威海魏桥科技工业园有限公司举行职业病防治法宣传周活动　　（区卫生健康局　供图）

【职业与放射卫生监督】 2023年，区卫生健康局推进职业卫生分类监督执法，依托“职业病风险管控云”系统，帮助企业完善职业卫生管理制度档案，100余家用人单位提报完成相关工作。对职业健康体检机构、职业病诊断机构、职业卫生技术服务机构、放射诊疗机构进行监督检查。开展职业病防治法宣传周活动，送法进企业110余家，帮助企业更新职业卫生法律法规知识库。年内，完成用人单位监督检查77户次、放射卫生单位监督检查61户次，下达卫生监督意见书100余份，立案查处5件，其中放射卫生案件3件、职业卫生案件2件。

【“双随机、一公开”监督检查】 2023年，区卫生健康局按期完成“双随机、一公开”检查任务314件，完成率和完结率均达100%。联合第三方检测机构，监督检测消毒产品生产经营单位、消毒餐饮具生产经营单位、中小学校直饮水、农村小型集中式供水以及住宿、沐浴、游泳、美容美发、集中空调等148家单位420余件产品，对不合格单位立案查处并跟踪落实整改，均达到合格标准。

【政企交流】 2023年，区卫生健康局根据群众举报，借助卫生监督员“换位体验”问题收集、群众“体验式执法”意见反馈、行业协会建议征集等活动，建立定期座谈、约谈及“日巡查、周例会”制度。医疗机构负责人围绕机构基本情况、存在困难及机构发展的意见建议进行发言，局领导及科室负责人倾听企业诉求，探讨、解答企业问题。年内，与15家社会办医疗机构座谈2次，对问题突出的65家单位开展座谈、约谈53次，对30余家单位培训7次，走访调研单位40余家，征集意见建议 47条。

2023年10月20日，环翠区卫生健康局召开社会办医疗机构群众满意度工作推进会
（区卫生健康局　供图）

【量化分级管理】 2023年，区卫生健康局继续开展96家民营口腔医疗机构、23家医疗美容机构、79家中医医疗机构、1家餐饮具经营单位、3家血液透析机构“信用+量化分级”工作。至年末，民营口腔医疗机构依法执业水平、传染病防控水平、病历书写质量、药事管理质量都有显著提升。A级示范单位从5家增至10家，B级规范单位由44家增至51家；1家民营医疗美容机构连续3年获评A级示范单位，B级规范单位由6家增至17家；民营中医医疗机构A级示范单位6家，B级规范单位24家。8月15日，环翠区量化分级监管创新模式被市委全面深化改革委员会办公室第37期改革工作动态发布。

（王　雪）

妇幼保健

【概况】 2023年，环翠区落实母婴安全行动计划和健康儿童行动计划，执行母婴安全五项制度，坚守母婴安全底线，规范出生缺陷综合防治，强化妇幼保健机构能力建设，提升妇幼健康水平。年内，环翠区将2022年11月1日及以后退休的企业、社会团体、民办非企业等单位独生子女父母奖励扶助纳入财政保障范围，并首次为1143名企业退休独生子女父母发放奖励扶助金108.77万元。

【妇幼健康服务】 2023年，环翠区落实免费婚前孕前优生健康检查、新生儿遗传代谢性疾病筛查、产前筛查、农村妇女增补叶酸预防神经管缺陷、适龄妇女“两癌”筛查等妇幼健康免费政策，开展新生儿先天性心脏病筛查、0~6周岁儿童眼保健和视力检查、0~6周岁儿童孤独症筛查等工作。年内，实施新生儿遗传代谢性疾病免费筛查1635人、产前血清学筛查1013人、耳聋基因筛查1588人、无创DNA检测188人、产前超声诊断2人、羊水穿刺270人，免费婚前孕前医学检查4246人；为414名农村妇女免费发放叶酸2201瓶；为适龄妇女进行“两癌”筛查6933人。组织妇幼健康业务培训21期，举办妇幼健康职业技能竞赛1次。

【婴幼儿照护服务】 2023年，环翠区有托育服务机构45处，其中独立注册机构7处、幼儿园开设托班34处、家庭托育点2处、社区托育点2处，可提供托位1965个，每千人口托位数为4.11个，托育机构备案率为82%，居全市各区（市）首位。组织托育服务机构参加全市示范机构创建活动，打造市级示范机构3处，数量居全市各区（市）首位。入选第一批山东省婴幼儿照护服务示范县（市、区），相关做法在全市3岁以下婴幼儿照护服务领导小组会议作经验交流。

【生育政策落实】 2023年，根据《关于做好威海市全面两孩政策调整前独生子女父母奖励扶助金发放工作的通知》，环翠区将2022年11月1日及以后退休的企业、社会团体、民办非企业等单位独生子女父母奖励扶助纳入财政保障范围，实现政府财政保障对扶助对象的全覆盖。年内，首次为1143名企业退休独生子女父母发放奖励扶助金108.77万元。投入计划生育惠民资金4146.086万元，惠及群众42635人（户）次。其中，发放农村计划生育家庭奖励扶助资金1630.464万元，惠及17062人；发放无用人单位的城镇独生子女父母养老补助资金747.36万元，惠及7807人；发放独生子女费79.73万元，惠及13309人；发放其他一次性临时救助、困难家庭救助、护理险补贴等131.915万元；支出202.34万元，走访慰问特殊家庭，为其购买家政服务、提供查体服务等。

（王　雪）

爱国卫生

【概况】 2023年，区卫生健康局结合第十次国家卫生城市复审和第35个爱国卫生月，开展“宜居靓家园，健康新生活”活动，加强公厕、垃圾收集、道路、路灯、电线光缆、安防监控等公共设施维护，治理村（社区）“脏、乱、差”现象；加大住宅区乱贴乱画、乱泼乱倒、乱扯乱挂、乱搭乱建、乱停乱放“十乱”问题治理力度；禁止散养畜禽，清理侵占公共绿地行为。加强“八小”场所和废品回收等行业监管，健全管理制度，完善基础设施，清理卫生死角和堆放杂物。发挥宣传作用，在8个学校开展“无烟，为成长护航”控烟活动。组织参加国家卫生健康委员会和教育部组织的青少年控烟绘画征集活动，威海市长征路小学邹柏羽的绘画作品入围全国优秀作品。

2023年5月31日，区疾控中心在威海市古寨中学开展第36个世界无烟日宣传活动 （区卫生健康局 供图）

【卫生单位创建】 2023年，环翠区通过第十次国家卫生城市复审，桥头镇国家卫生镇复审和张村镇、羊亭镇国家卫生镇创建通过省爱国卫生运动委员会办公室评估。继续推进“健康细胞”（健康单位、健康学校、健康社区、健康家庭）建设，区总工会、威海市羊亭小学、孙家疃街道艺海社区等3个单位、6个学校、11个村（社区）、37个家庭创建为“健康细胞”。区教育体育局等10个单位创建为山东省卫生单位。持续加强威海市无烟机关（单位）、无烟医院和无烟学校建设。

【“健康环翠”行动】 2023年，环翠区推进“健康山东”建设，完成“健康威海”监测评估及“健康山东”重点任务落实情况督导检查。8月14日，举办“爱卫新征程 健康中国行”健康城市建设主题推进活动，威海市望海园中学被确定为特色主题调研活动观摩点，并在活动现场就强化超重、肥胖源头治理和综合干预进行分享。5月11日至8月18日，组织机关、企事业单位387人参加全国第八届“万步有约”职业人群健步走大赛，促进职业人群养成健康生活方式，100余人获得满分。

（王 雪）

体　育

综　述

【概况】 2023年，环翠区实施健康体育提升工程，进一步擦亮“体育强区”名片。承担“市队县办”（威海市足球、马术项目交给环翠区承办）足球、马术项目任务，参加山东省马术冠军杯系列赛，取得4冠军2亚军5季军的突破性成绩；在2023山东省足球锦标赛上获得金牌12枚，创造省级赛事历史性记录。举办全民健身活动200余场，参与群众近3万人次。全区销售体育彩票1.59亿元，销售额首次突破亿元。环翠区被确定为“山东省体育消费试点县”。

【青少年运动员培养】 2023年，区教育体育局挖掘体教融合潜力，联合田径、足球、篮球优势学校及俱乐部，设立青少年体育后备人才培养基地16个，强化资金支持，健全考核督导机制，至年末，培训青少年运动员近700人，年内被上级训练单位选拔培养13人。

【裁判员培养】 2023年，环翠区申报及培训二级裁判员8人，全部通过考核。选派26人次参加国家级、省级、市级比赛裁判工作，均按要求完成任务。

【山东省“冠军公益行”志愿服务】 2023年11月27日，山东省“冠军公益行”志愿服务进校园活动在威海市码头小学举行，10位奥运会、亚运会、全运会冠军到校与学生们分享体育运动的魅力。运动员们观看《巅峰荣耀——齐鲁奥运健儿风采》专题片、码头小学篮球操和啦啦操展示，参观学校植物工厂和食育教室，为码头小学捐赠篮球、橄榄球、手球等体育器材。副区长崔军强参加活动并致辞。

（于泽滨）

竞技体育

【概况】 2023年，环翠区推动“体育+旅游+乡村振兴”融合发展，举办2023中国山地自行车公开赛（山东·环翠站）比赛。参加山东省马术冠军杯系列赛，取得4冠军2亚军5季军的突破性成绩；在2023山东省足球锦标赛上获得金牌12枚，创造省级赛事的历史性记录。

【足球、马术项目“市队县办”】 2023年，环翠区根据市体育局要求，承担足球、马术项目“市队县办”任务。7月15日，山东省马术冠军杯系列赛（威海天馨站）在威海天馨国际马术俱乐部举行，环翠区24名运动员参赛，取得4冠军2亚军5季军的突破性成绩。其中，张孝恩获得场地障碍赛90cm（甲组个人）冠军，丛均沂获得场地障碍赛60cm（丙组个人）冠军，韩欣芮获得场地障碍赛30cm（丙组个人）冠军、快步地杆赛（丙组个人）季军，殷子舒获得快步地杆赛（丙组个人）冠军、场地障碍赛30cm（丙组个人）季军；黄雅林获得场地障碍赛60cm（乙组个人）亚军，李懿轩熙获得快步地杆赛（丙组个人）亚军；龙宇腾获得场地障碍赛110cm（甲组个人）季军，陈昭霖获得场地障碍赛60cm（乙组个人）季军，刘昊铭获得场地障碍60cm（丙组个人）季军。8月21日至9月28日，“中国体育彩票杯”山东省足球锦标赛在威海、潍坊等地举行，

2023年7月15日，山东省马术冠军杯系列赛（威海天馨站）在威海天馨国际马术俱乐部举行
（区教育体育局　供图）

环翠区男子U10组夺得第4名，女子U10组夺得第5名，男子U14组夺得第3名，女子U14组夺得第7名，共获得金牌12枚，创造省级赛事成绩历史性记录。

【2023中国山地自行车公开赛（山东·环翠站）】 2023年8月12—13日，2023中国山地自行车公开赛（山东·环翠站）在环翠轻户外运动基地举行。赛事由中国自行车运动协会主办，省自行车运动协会、市体育局、区政府承办，区教育体育局、区文化旅游局、嵩山街道协办，是环翠区第五次承办国家级山地自行车赛事。赛事设男女公开组山地越野赛、山地越野计时淘汰赛等6个组别，全国各地513名自行车运动员参加比赛，118名儿童滑步车运动员参加公开赛系列活动。新华社、CCTV体育频道、齐鲁网等国家、省、市媒体平台跟踪报道，直播浏览量突破90万，报道点击量逾350万。赛事拉动小镇村村民在农产品销售、特色民宿、农家乐等方面实现人均纯收入近1500元。

【2023年威海铁人三项世界杯赛暨2023年中国·威海超级铁人三项系列赛】 2023年8月26—27日，2023年威海铁人三项世界杯赛暨2023年中国·威海超级铁人三项系列赛相继在半月湾举行，31个国家和地区的1855名运动员参赛。比赛由中国铁人三项运动协会、山东省体育局、威海市政府主办，威海市体育局、环翠区政府承办。环翠区组织各相关单位明确工作职责，积极配合市级相关部门做好赛事服务和保障工作。区教育体育局从各中小学及局机关选拔30人担任赛事辅助裁判，顺利完成裁判任务。

【2023腾讯电竞运动会夏季总决赛·威海环翠站】 2023年6月23日至7月2日，“2023腾讯电竞运动会夏季总决赛·威海环翠站”在威海国际展览中心举行。赛事由环翠区人民政府、腾讯电竞主办，区发展改革局、区教育体育局、区文化和旅游局及上海网映文化传播股份有限公司联合主办。来自中国、韩国、日本、新加坡、菲律宾等国家和地区的顶尖电竞选手，围绕英雄联盟手游、使命召唤手游、QQ飞车、跑跑卡丁车手游、云顶之弈、地下城与勇士（DNF）6个项目展开激烈比拼，腾讯视频、虎牙、斗鱼等平台收视量达6700万人次，线下观众近

2023年6月23日至7月2日，“2023腾讯电竞运动会夏季总决赛·威海环翠站”在威海国际展览中心举行
（区融媒体中心　供图）

万人次。在赛事筹办过程中，环翠区提供细致周到的服务保障，有效展示了环翠区的好客和活力及发展电竞产业的潜力。

【特色项目进校园】 2023年，区教育体育局继续开展特色项目进校园活动，选拔适合学校开展且属于省、市运动会比赛项目的特色体育运动项目，采取市体育运动学校专业教练进学校、区优秀学生进市体育运动学校培训两种培养模式，不断完善青少年竞赛训练体系。确定11所中小学为试点学校，足球、射箭、摔跤、手球、自行车、跆拳道6个项目为特色项目。其中，足球项目在威海市古寨中学、威海市古寨小学等8所学校开展；手球、射箭等项目在威海市第十中学、威海市羊亭学校开展。暑假期间，区教育体育局从威海市城里中学、威海市码头小学、威海市实验小学选拔运动员近300名，开展铁人三项专项练习，对其中20名优秀运动员开展专项化长期训练。

（于泽滨）

群众体育

【概况】 2023年，环翠区发展“以人民为中心”的体育，构建高水平的全民健身公共服务体系新格局。定期开展科学健身活动及健身指导的全民健身活动站点注册，新增全民健身站点265个，举办全民健身日、全民健身月等系列全民健身活动200余场，参与群众近3万人次。2023“我要走”全国徒步联动日威海站活动在里口山国家健身步道举行，全国各地近2000名户外运动爱好者参加活动。

2023年5月14日，2023年环翠区全民健身月活动启动仪式暨2023“我要走”全国徒步联动日威海站活动在里口山国家健身步道举行

（区教育体育局　供图）

【2023“我要走”全国徒步联动日威海站活动】 2023年5月14日，2023年环翠区全民健身月活动启动仪式暨2023“我要走”全国徒步联动日威海站活动在里口山国家健身步道举行，全国各地近2000名户外运动爱好者参加活动。行走路线为：王家疃荷花湾公园—广福路—广福寺—卧佛山路—里口山健身步道—广福路—王家疃荷花湾公园，全程长9千米。

【环翠区第十三届全民健身运动会】 2023年，区教育体育局支持和鼓励全区体育类协会、俱乐部发挥自身优势，下沉基层承办环翠区第十三届全民健身运动会。1—12月，环翠区第十三届全民健身运动会开展广播体操、徒步、太极拳展示、篮球、足球等比赛43个，4000人次参与。11月19日，环翠区第十三届全民健身运动会暨温泉镇第四届环湖骑跑两项比赛在温泉镇凤凰湖湿地公园举行，140余名选手报名参赛。副区长崔军强、区教育体育局局长于丛林、温泉镇党委书记黄松娟出席活动。

【社区运动会】 2023年，环翠区推行体育类协会联系社区制度，以镇（街道）、社区为单位，以社会体育指导员及健身群众为骨干，引导举办社区运动会115场次。在2023年最美社区评选中，竹岛街道海源社区、鲸园街道北港社区、羊亭镇西海社区被市体育局评为2023年威海市“全民健身最美社区”，其中竹岛街道海源社区被省体育局评为山东省“全民健身最美社区”，并组队参加2023年山东省社区运动会总决赛。

【社会体育指导员培训】 2023年，环翠区举办三级社会体育指导员飞盘、网球、太极拳、舒筋拉力操、游泳、桨板项目培训班，培训三级社会体育指导员及社会体育骨干304名。组织14名二级社会体育指导员、2名一级社会体育指导员分别参加山东省一级社会体育指导员、国家级社会体育指导员培训班。加强体育健身志愿服务队伍建设，推动基层群众体育健身活动科学开展。至年末，全区有社会体育指导员2706名。

2023年5月21日，区老年人体育协会组队参加全国老年人太极拳健身大联动（威海分会场）活动　　　　（区教育体育局　供图）

【示范性群众健身活动】 2023年，环翠区利用全民健身日、全民健身月、纪念毛泽东同志“发展体育运动，增强人民体质”题词等时间节点，组织全民健身活动20余场次，推广太极拳、广场舞等运动项目。组队参加国家、省、市组织的门球、东岳太极拳、太极拳展示等12个项目的群众体育活动。

【群众体育组织建设】 2023年，环翠区加强群众体育组织建设，成立环翠区手球协会，注销环翠区登山协会。至年末，全区有体育协会18家、俱乐部10家。

表51　环翠区体育类社会团体统计表

序号	社会团体名称	成立时间	联系人
1	环翠区老年人体育协会	1991年	郑建波
2	环翠区农民体育协会	1991年	张志强
3	环翠区篮球协会	1991年	丛　平
4	环翠区足球协会	2002年	李世刚
5	环翠区跆拳道协会	2007年	丛钰朋
6	环翠区冬泳协会	2009年	张海军
7	环翠区毽球协会	2013年	苗其红
8	环翠区武术协会	2014年	吕长卫
9	环翠区体育发展服务联合会	2014年	刘新波
10	环翠区网球协会	2015年	车　明
11	环翠区铁人三项运动协会	2015年	陈　伟
12	环翠区汽车摩托车运动协会	2017年	邹姝炜
13	环翠区棒垒球协会	2019年	李世嘉
14	环翠区帆船协会	2018年	伊东华

续表

序号	社会团体名称	成立时间	联系人
15	环翠区国际象棋协会	2018年	许红伟
16	环翠区象棋协会	2018年	张远洋
17	环翠区橄榄球运动协会	2023年	张丽伟
18	环翠区手球运动协会	2023年	冷华杰
19	环翠区永正跆拳道馆	2010年	李　超
20	环翠区千里海岸骑士运动俱乐部	2014年	刘　伟
21	环翠区鲁缘太极拳俱乐部	2015年	杨振宇
22	环翠区舞没了秀广场舞俱乐部	2015年	白艳春
23	环翠区祥云门球俱乐部	2016年	郭艳丽
24	环翠区天馨马术俱乐部	2016年	陈凯涛
25	环翠区凤煌高智尔球俱乐部	2017年	吴隆鹏
26	环翠区创威武术研究院	2018年	丁行建
27	环翠区北极星击剑俱乐部	2018年	侯良昱
28	环翠区健行篮球俱乐部	2020年	梁　帅

（于泽滨）

体育产业

【概况】 2023年，环翠区引导体育产业创先争优，推动体育产业高质量发展。根据《山东省体育局关于开展省级体育消费试点工作的通知》《威海市体育局关于组织争创省级体育消费试点县的通知》，组织申报并获批省级体育产业基地项目3个、市级体育产业基地项目5个，威海西港游艇有限公司获评“2023年度山东省体育行业创新型企业”，环翠区被确定为“山东省体育消费试点县”。

【体育彩票销售】 2023年，环翠区实现体育彩票销售额1.59亿元，首次突破亿元大关，目标任务完成率为185%，比上年增长76%，位列全市各区市第1名。承办山东省体育彩票管理中心与山东省杨善仁体彩慈善基金会联合发起的“大手牵小手”爱心助学活动，为威海市码头小学捐赠乒乓球台、啦啦操训练地垫、篮球、比赛服等价值约3万元的体育教学用品。

【省、市级体育产业基地项目】 2023年12月20日，省体育局为促进全省体育产业高质量发展，发挥示范、带动和辐射作用，命名山东省体育产业示范基地3个、体育产业示范乡村3个、体育产业示范单位15个、体育产业示范项目6个。环翠区上榜山东省体育产业示范乡村1个（嵩山街道小镇村）、山东省体育产业示范单位1个（威海宝飞龙钓具有限公司）、山东省体育产业示范项目1个（威海马术特色产业链项目）。山东创意集团有限公司被认定为威海市桨板制造特色体育产业基地，威海瑞阳船艇开发有限公司被认定为威海市运动船艇桨板制造特色体育产业基地；嵩山街道被认定为威海市体育产业示范乡村；威海天馨休闲服务有限公司被认定为威海市体育产业示范单位；环翠区钓具产业基地被认定为威海市体育产业示范项目。

（于泽滨）

社会生活

居民生活

【概况】 2023年，环翠区抓经济，谋发展，惠民生，保稳定。全区居民人均可支配收入57140元，比上年增长5.3%；人均消费支出35043元，增长6.3%。全区居民消费价格上涨0.1%。

【收入与消费】 2023年，全区居民人均可支配收入57140元，比上年增长5.3%。其中，城镇居民人均可支配收入60613元，增长4.8%；农村居民人均可支配收入28168元，增长7.3%。全区居民人均消费支出35043元，增长6.3%。其中，城镇居民人均消费支出37039元，增长5.8%；农村居民人均消费支出18396元，增长8.8%。

【物价】 2023年，环翠区居民消费价格上涨0.1%。在消费八大类商品及服务价格中，教育文化娱乐价格上涨1.9%，食品烟酒价格上涨0.4%，居住价格上涨0.4%，其他用品及服务价格上涨4.4%，医疗保健价格、生活用品及服务价格与上年持平，衣着价格下降0.2%，交通通信价格下降2.6%。

（尉春杰）

精神文明建设

【概况】 2023年，环翠区通过创建文明城市、创新新时代文明实践、评选先进典型、美德信用建设、振兴乡村文化等举措，培育和践行社会主义核心价值观，开展群众性精神文明建设工作，提升居民思想觉悟、道德水准、文明素养和社会文明程度，改善城乡环境面貌、社会公共秩序、公共服务水平、群众生活质量。“信易+数字化应用场景，开启环翠信用生活”案例入选国家发改委80个应用典型案例。

【全国文明城市创建】 2023年，环翠区提升文明城市创建质效，推动文明城市建设常态长效、持续深入。成立“两城”（全国文明城市创建暨国家卫生城市复审）创建工作指挥部，印发“两城”创建实地测评卡片，开展实地督导检查。坚持问题导向，建立市级督导、区级检查、镇（街道）自查3张清单，下发通报156期，市区检查发现问题3万余处，镇（街道）自查问题4万余处，按期整改率100%。深化清理小广告、整治乱拉线、规范乱停车攻坚突破专项行动，清理小广告5000余处，投放公益广告1300余处，解决6000多栋楼乱拉乱设缆线问题，划设停车位6000余处，整治僵尸车200余处。联合区市政园林中心，提升整治辖区4条主次干道缘石坡道，翻新、增设缘石坡道110处，提升城市管理精细化水平。

【文明实践】 2023年，环翠区在区公共文化服务中心增设新时代文明实践展示体验馆。体验馆面积1430平方米，包含功能区域11个，采用“展示+体验”形式吸引群众了解、参与新时代文明实践活动。探索打造“环山抱海 翠映文明”文明实践综合体，将遍布城乡的文明实践资源串点成线、集片成带，实现区域文明实践工作提档升级。举办环翠区“‘讲诚信、做志愿，我与城市共提升’学雷锋志愿服务年”“我在新时代文明实践站过中秋、闹元宵”等文明实践主题活动5000余场，发

环翠区新时代文明实践展示体验馆内景（拍摄于2023年10月26日）
（区委宣传部　供图）

布“五为”（为老、为小、为困难群体、为需要心理疏导和情感慰藉群体、为社会公共需要服务）重点项目360个。开展“树典型 展形象 促发展”先进典型评选活动，评选3大系列17个类别105个典型。1人获得第九届山东省道德模范提名奖，4人获评“第八届威海市道德模范”，10人获评“第八届环翠区道德模范”，推选山东好人7名、威海好人15名。

【美德信用建设】 2023年，环翠区开展美德信用“五进”（进企业、进校园、进机关、进农村、进社区）活动，创新惠民应用场景，依托“信用环翠”掌上平台，发动118家商户加入“诚信公益合伙人”队伍，推出覆盖餐饮美食、文化旅游等18个领域的信用惠民便民应用场景400余项，投入免费商品或服务价值800余万元，构建环翠特色“美德+信用”治理模式。年内，“信易+数字化应用场景，开启环翠信用生活”案例入选国家发改委80个应用典型案例名单。

（张晨阳）

就业创业

【概况】 2023年，环翠区积极搭建就业交流平台，落实就业创业扶持政策。通过“就业首选@环翠”直播招聘平台组织直播招聘会10场，发布岗位176类1254个，326人应聘入职。在“威海市就业服务平台”注册企业827家，发布岗位23674个，组织专场招聘活动40场、重点企业用工交流暨人力资源对接洽谈会1场，解决企业用工5748人。持续推动城乡公益性岗位扩容提升，开发城乡公益性岗位767个。开展职业能力培训5370人次，发放就业创业补贴3800万元、失业保险金2.84万人次5440.52万元、失业补助金1475人次23.2万元。年内，环翠区新增城镇就业5201人，失业人员再就业1632人，就业困难人员再就业444人。受理审核线上就业登记8547笔，失业登记3468笔。

【就业创业政策扶持】 2023年，环翠区积极落实就业困难人员灵活就业社保补贴、企业吸纳就业困难人员社保补贴等相关就业政策。发放失业动态检测费3.84万元、16家企业吸纳44名就业困难人员社会保险补贴48.55万元、1408名灵活就业人员社会保险补贴631.5万元、517名职工技能提升补贴71.55万元、28446人次失业金5440.52万元、1475人次失业补助金23.2万元，设置城乡公益性岗位767个。贯彻落实高校毕业生聚集计划，发放398家企业1781名高校毕业生生活津贴2380.8万元、52名高校毕业生购房补贴80.8万元、9名高校毕业生住房补助9.12万元、10家企业54名高校毕业生青年见习补贴25.4万元、20家企业45名高校毕业生小微企业社会保险补贴56.1万元、1家企业1名高校毕业生一次性吸纳就业补贴0.1万元、165家企业396名高校毕业生一次性扩岗补助59.4万元。发放一次性创业补贴492万元、一次性场所租赁补贴5.5万元、创业担保贷款15066万元、一次性创业岗位开发补贴0.2万元。2家市级创业孵化基地为入驻企业提供人才、代帐、法律、税收等服务，请创业导师为初创者进行项目评估、开业指导。至年末，创业孵化基地入驻企业120余家，带动就业500余人。

【零工市场建设】 2023年，区人力资源社会保障局探索零工市场建设，打造“威零工”线上零工平台，提供24小时服务。灵活就业人员和用人主体在微信搜索注册“威零工”微信小程序或扫描二维码，即可在线查看就业岗位、发布用工和求职信息，在线报名参与面试。线下于世昌大道40-A号西城农贸市场3楼打造全区首家零工市场运营中心，运营中心提供就业服务及候工休息、

2023年11月23日，市民在区零工市场运营中心进行法律咨询
（区人力资源社会保障局　供图）

饮水充电等5项基本生活服务。至年末，“威零工”线上零工平台注册人数5100余人，入驻企业170余家，通过平台实现就业316人。

【职业技能培训】　2023年，环翠区公共就业和人才服务中心聚焦农村居民和脱贫人口就业创业需求，开展“乡村振兴技能培训直通车”助力乡村振兴工程专项活动，组织各类免费实用技能培训100余场。化解失业人员就业技能缺失难题，开展职业能力培训5370人次，其中创业培训928人次、就业技能培训4442人次。发放技能提升补贴71.55万元，惠及517人；发放职业技能培训补贴306.11万元。

【技能人才培养】　2023年，环翠区注重技能人才梯度培养工作。依托威海市技师协会，开展省、市各级高技能人才结对帮扶“名师带徒”、技能竞赛参赛选手赛前集训、高技能人才名企行等技能人才主题活动，帮助企业掌握申报齐鲁首席技师、威海市首席技师、威海市突出贡献技师等高技能人才申报流程，推广先进技术经验，助力企业开展技能人才自主评价，培养具有工匠精神的高技能人才。4月，推荐37人参加第一届山东省职业技能大赛威海选拔赛，5人入围省赛；5月，141人参加“技能兴威”第一届威海市职业技能大赛，9人获得所属项目前3名。年内，山东广日集团有限公司孙广辰、国网山东省电力公司威海供电公司陈豪、威海埠崎机械股份有限公司崔瑞良3人获批“2022年度齐鲁首席技师”，山东威高骨科材料股份有限公司田康勇、孙家滩微型机床厂蔡玉印、威海蓝天会展服务中心孔晶晶3人获批“2023年度威海市首席技师”，国网山东省电力公司威海供电公司乔学明、威海山鼎精密机械有限公司卢帅旭、威海蓝天会展服务中心张玉祥3人获批“2023年度威海市有突出贡献技师”，威海埠崎机械股份有限公司崔瑞良技能大师工作室、国网山东省电力公司威海供电公司陈豪技能大师工作室获评“威海市技能大师工作室”，20人获评“环翠技术标兵”。15家企业完成技能人才自主评价备案评审，17家企业开展企业技能人才自主评价，新增技能人才1201人，其中高级工及以上高技能人才839人。

【劳动者权益保护】　2023年，区人力资源社会保障局借鉴发展新时代“枫桥经验”，推动“安薪环翠”品牌建设，完善劳动争议多元调处体系，实现劳动者权益保障系统化赋能。接待来电、来访6800余人次；办理“12345”政务服务便民热线转办单3342件、市级欠薪通道线索274件、网络舆情25件、信访线索28件，立案查处违法违规案件53件；处理劳动仲裁案件1260起、涉及510人的集体争议案件7起，其中重大集体争议案件1起，涉及363人。开展劳动保障书面材料审查、用人单位工资支付检查等“双随机、一公开”抽查检查17次，检查用人单位447家。评定100家用人单位劳动保障诚信等级，其中A级单位92家、B级单位7家、已注销未参评单位1家。履行人力资源市场监管职责，规范人力资源市场秩序，严惩各类侵害劳动者权益行为，集中开展清理整顿人力资源市场秩序和打击“黑中介”百日攻坚专项行动，梳理线索13条，检查相关单位487家次，悬挂宣传标语19条，发送警示短信5万条，未发现违规行为。联合区总工会、第三方法律服务机构举办“送法惠企大讲堂”9期，开展“护薪农民工”工地普法护薪活动10次，覆盖9个镇（街道）500余家企业10处工地，参与人数2000余人次。

【商圈楼宇劳动争议调解委员会】2023年10月31日，威海市首家商圈楼宇劳动争议调解组织——“环翠楼商圈楼宇劳动争议调解委员会”在环翠楼街道商圈党群服务中心揭牌成立，旨在加强商圈调解组织基础建设、制度建设和队伍建设，规范商圈单位用工行为，引导劳动者遵守劳动纪律和职业道德；通过法律讲座、企业法律体验、以案释法

2023年10月31日，环翠楼商圈楼宇劳动争议调解委员会揭牌仪式举行
（区人力资源社会保障局　供图）

等多种途径，为商圈用人单位提供政策咨询、劳动争议调解、劳资人员培训等服务；发挥“仲裁＋工会”调解工作室、法律援助中心服务站的工作效能，增强企业守法意识，规范企业用工行为，将劳动争议化解在萌芽状态。至年末，受理案件5起，调解成功3起。

【农民工工资支付保障】　2023年，环翠区落实保障农民工工资支付工作属地监管责任，深化欠薪问题源头治理，强化政府投资项目监测，督导相关部门严格项目审批、加强资金管理。创新政府（国企）项目资金兜底措施，制定《环翠区欠薪案件化解奖补资金管理使用办法》，会同行业主管部门、行政审批部门理顺工资保证金缴存、支取、返还等各项流程，确保工资保证金发挥应有作用。区根治拖欠农民工工资工作专项小组办公室组织召开联席会议2次、专题会议11次、案件办理推进会议28次，下发欠薪情况通报200余份。落实根治欠薪重点工作通报约谈和处理处罚制度，夯实镇（街道）和行业责任，组织约谈17次，涉及项目64家次、镇（街道）及部门48家次。组织镇（街道）和行业主管部门开展专项排查行动7次，排查用工主体1195家次，排查、调解欠薪案件680件，涉及1000余人2000余万元。发挥“三主一副”［人力资源社会保障部门主责劳动关系欠薪，行业主管部门主责本领域欠薪，镇（街道）主责其他非劳动关系欠薪，司法部门辅助配合］案件办理机制作用，组织办理全国根治欠薪线索747件，组织各案件承办单位化解欠薪线索698件。在威海市农民工工资支付监管平台，环翠区纳入农民工71923人，劳动合同签订率99.8%以上，年内通过平台发放农民工工资4.52亿元。承办威海市“2023年国务院保障农民工工资支付实地督导考核”迎检规范化现场会，家家悦羊亭广场项目、望岛名郡二期项目代表威海市迎接山东省保障农民工工资支付督导和全省市际交互检查。11月20日，环翠区劳动监察大队获评“山东省保障农民工工资支付工作表现突出集体”。

【工程建设领域诚信管理体系建设】　2023年5月18日，环翠区《工程建设领域保障农民工工资支付工作诚信等级评价及列入联合惩戒名单管理暂行办法》开始实施，要求每年对全区在建工程项目开展一次诚信等级动态评价，对A级企业实行政策激励，对B、C级企业建立等级修复机制，限制其在评优评先、招标评定、巡查检查等方面的自主权，发现问题整改完毕1年后、经检查符合条件才可提升评级并享受相应档位优惠政策。评价结果在政府网站进行公示并推送至相关部门依法实施联合奖惩，以此建立工程建设领域诚信管理体系，解决制度不落实、欠薪案件多发等问题。7月31日，区内68家企业完成等级评定并予以公示，其中A级25家、B级36家、C级7家。

（王加敏　朱晓媛　于　芳　魏　雯）

社会保障

【概况】　2023年，环翠区城镇职工养老保险缴费人数净增7706人，参保人员总数达13.99万人；居民养老保险缴费人数净增1053人，参保总人数为25287人。全区征缴养老、失业、工伤保险基金19.28亿元。其中，养老保险基金收入18.12亿元，工伤保险基金收入5892万元，失业保险基金收入5694万元。全区医疗保险参保人数为315919人，其中职工医疗保险参保人数为149849人，居民医疗保险参保人数为166070人，总参保人数较上年增加8301人。全区征缴职工基本医疗保险基金7.3亿元、居民基本医疗保险基金7404.48万元，职工长期护理保险基金878.64万元。

【养老保险】 2023年，全区城镇职工养老保险基金收入17.38亿元，基金支出18.47亿元，为5.25万名离退休职工发放养老金17.84万元。7月，根据省人力资源社会保障厅、省财政厅《关于2023年调整退休人员基本养老金的通知》，调整企事业单位退休人员养老保险待遇，涉及5.09万人，人均月增资125元。根据市人力资源社会保障局、市财政局《关于2023年提高居民基本养老保险基础养老金标准的通知》，自2023年7月1日起，全市居民基本养老保险基础养老金标准由每人每月172元提高至180元。继续推进被征地农民养老保险工作，落实张村镇柳沟社区、和徐疃社区、前峰西社区、后双岛村，羊亭镇羊亭村、鲁东村、港头村等22个村（社区、合作社）养老保障资金627.74万元。为341名重度残疾人代缴居民社会养老保险10.23万元，为202名低保对象和特困群体代缴居民社会养老保险6.06万元，为130名建档立卡贫困人口代缴居民社会养老保险3.9万元，为228名年满55周岁的重度残疾人提前办理养老保险待遇登记，为40名年满60周岁且未领取国家规定的基本养老保险待遇的建档立卡人员、低保特困人员办理登记。

【工伤保险】 2023年，环翠区参加工伤保险单位6964家，参保职工9.96万人。工伤保险基金收入5892万元，基金支出4337万元。办理工伤认定710件，其中448件在受理之日起7日内快速作出认定结论。组织伤残鉴定8次，预审劳动能力鉴定申请651件，办理劳动能力鉴定632件，发放鉴定书1264件。

【失业保险】 2023年，环翠区参加失业保险单位有7791家，参保人数为9.05万人。失业保险基金收入5694万元，基金支出7858万元。根据《关于贯彻落实鲁人社字〔2023〕29号文件做好我市阶段性降低失业保险费率有关工作的通知》，自2023年5月1日起，继续实施阶段性降低失业保险费率至1%的政策，其中单位费率0.7%、个人费率0.3%，实施期限延长至2024年底。年内，1.01万家单位享受该政策，减免失业保险费2787万元。

【医疗保险】 2023年，全区基本医疗保险参保人数为315919人，比上年增加8301人，增长2.7%。全区参保职工149849人，比上年增加0.36万人，增长2.45%。其中，在职职工11.51万人，比上年增加0.14万人，增长1.27%；退休职工3.47万人，比上年增加0.22万人，增长6.58%；在职、退休职工比为3.32：1，较上年的在职、退休比3.49：1进一步下降。全区职工医保基金总收入7.3亿元，比上年增加1.13亿元，增长18.28%。其中，统筹基金收入4.78亿元，比上年增加1.29亿元，增长36.84%；个人账户基金收入2.51亿元，比上年减少0.16亿元，减少6%。全区职工医保基金总支出5.28亿元，比上年减少0.22亿元，下降4%。其中，统筹基金支出2.81亿元，比上年减少0.17亿元，下降5.64%；个人账户基金支出2.47亿元，比上年减少0.05亿元，下降2.07%。在医疗救助方面，完成1278名低保、特困、低保边缘家庭成员，孤儿，事实无人抚养儿童和返贫监测对象等医保帮扶群体的居民医保代缴和退费工作，补贴金额为64.8万元；260名帮扶人员享受1976人次门诊救助，金额为30.28万元；290名帮扶人员享受616人次住院救助，金额为121.8万元。

【生育保险政策调整】 根据市医疗保障局、市财政局、市卫生健康委员会联合印发的《关于进一步完善参保人员生育医疗费保障政策的通知》，自2023年9月1日起，参保女职工生育时发生的医保政策范围内的生育医疗费用100%报销。参加职

2023年9月7日上午，威海市暨环翠区基本医保全民参保集中宣传月启动仪式在威高广场举行　　（区医疗保险事业中心　供图）

工基本医疗保险男职工的未就业配偶生育时，未享受生育医疗费保障的，生育发生的政策范围内生育医疗费用按50%比例报销。参保居民生育医疗费待遇标准由2800元提高至3000元，实行限额支付。

【长期护理保险】 2023年，环翠区职工长期护理保险基金收入878.64万元。为273名职工评估长期护理保险失能等级；为2565人次支付区级长期护理保险328.06万元。

【保险基金监管】 2023年，区人力资源社会保障局制定实施《威海市环翠区社会保险基金管理巩固提升行动实施方案》及深化整改阶段工作要点，分批次开展社保基金安全警示教育月、失业保险待遇发放问题专项整治、工伤认定专项核查等行动，针对重复领取失业保险金等四类问题展开生产库疑点数据筛查，发现多发失业保险金10.48万元，年内追回违规领取失业金0.72万元。加强内部审计工作规范化建设，参加威海市优秀内部审计项目评选，“就业补助资金管理使用情况内部审计”项目获市级一等奖。继续开展社会保险领域群众身边腐败和不正之风问题专项整治，重点整治违规补缴、重复领取或向死亡人员、服刑人员发放养老金以及虚报冒领、套取骗取养老社保资金等行为，收回127人多发养老金64.18万元。年内，区医保局对辖区470家定点医药机构进行全覆盖现场检查1次、“双随机、一公开”等专项检查10次。行政处罚2家次，罚款29.64万元；暂停医保服务协议22家次；追回医保基金143.64万元，其中病案审核追回1.59万元，自查自纠专项行动追回8万元，年中检查专项行动追回60.4万元，审计移交超医保限制用药追回5.74万元，冒用死亡人员参保信息骗取医保基金整治行动追回0.77万元，“双随机、一公开”抽查检查暨DRG专项治理追回67.14万元。

【集采药品进基层】 2023年8月，环翠区打破以往集采药品只落地公立医院的惯例，开展“集采药品进基层”工作，统一设置蓝色标识“集采药品专区”，实现零差价、零利润销售。全区1家民营医院（威海阳光心理医院）、51家定点药店、67家村卫生室（社区卫生服务站）、1处线上平台（山东燕喜堂线上平台）销售集采药品。12月28日，环翠区“‘四个突出强四力’推动‘集采药品进基层’”工作经验获评山东省医疗保障经办系统“为民办实事”优秀典型案例。

【山东省医用耗材（骨科耗材）价格监测试点】 2023年11月，环翠区被列为山东省医用耗材（骨科耗材）价格监测试点，威海市立医院、威海卫人民医院等8家二级以上医疗机构及山东威高骨科材料股份有限公司、威海固远贸易有限公司被纳入监测，监测内容为医疗机构骨科耗材购销价格与数量、加成情况、医保报销价格等，生产企业耗材的原料成本、工资薪酬、资产折旧、财务费用、销售费用等，流通企业耗材的批发价格和数量、加价情况等。区医保局每季度指导填报监测信息，形成分析报告，监测信息通过威海电子政务办公平台发布，促使医药机构“比价、晒价、合理定价”。

【医保服务中心建设】 2023年，区医保局巩固医保服务体系，探索“一镇街一特色”医保服务中心建设，建成九大医保服务中心，实现全区镇（街道）全覆盖。3月，在竹岛街道翠竹社区建成全市首家医保服务中心；同月，在鲸园街道建成广誉远社区医保服务中心；4—6月，在温泉镇建成助老医保服务中心，在环翠楼街道依托环翠楼商圈建成商圈医保服务中心，在嵩山街道小镇村建成小镇医保服务中心，在羊亭镇建成共富、乡村医保服务中心；7月，在桥头镇建成学生医保服务中心；8月，在孙家疃街道建成助残医保服务中心；9月，在张村镇建成企业医保服务中心。医保服务中心是在医保中心服务大厅基础上的补充建设，针对各类人员提供个性化、特异化的医保服务。至年末，医保服务中心开展相关政策宣讲、座谈活动50余场次，覆盖人群1800余人次，发放宣传材料1.3万余份。

【移动支付】 2023年，环翠区改进医疗服务流程，优化“互联网+医保”服务模式，在威海卫人民医院、威海口腔医院、威海现代妇产医院有限公司、威海爱尔眼科医院、威海滕玉明眼科医院有限公司、华海口腔医院（威海）有限公司6家二级定点医疗机构实现医保移动支付。使用医保移动支付，就医群众通过手机即可完成预约、挂号、查询、缴费等，就医时间缩减1/3以上；医院可减少收费窗口、收费人员及大型自助终端数量，节省运营成本和院内空间，提升医保结算效率。

（张鲁宁　孙英丽　魏　雯　刘　昊）

住房保障

【概况】 2023年，区住房城乡建设局深入开展棚户区改造建成交付专项整治行动，羊亭镇港头、于家夼棚户区改造建项目顺利销号，续建的大西庄棚户区改造项目有序推进；为29名农村适龄青年发放购房扶持补助145万元；推进黄金顶263套公租房动态管理，办理公租房腾退20户、配租19户，向122户住房保障对象发放住房租赁补贴24.45万元，受理商品房屋租赁登记备案339份，收缴直管公房租金16014元。

【公租房管理】 2023年，区住房城乡建设局严把公租房入口关，保证公共资源公平善用，全面推进黄金顶263套公租房动态管理，不定期开展入户走访，根据租住情况办理配租腾退，年内办理公租房腾退20户、配租19户，受理申请审核复审139户，向122户住房保障对象发放住房租赁补贴24.45万元；联合物业公司定期开展消防设施设备检查，加强公租房燃气使用安全宣传，发放公租房使用注意事项明白纸200余份；先后到威海龙岗纸业有限公司、山东环球渔具股份有限公司、竹岛街道海和社区、海韵社区等20多家单位、社区开展住房保障政策宣传，发放《住房保障服务指南》宣传资料8000余份，现场解答咨询问题100余条。

【农村适龄青年购房补贴】 2023年2月，区住房城乡建设局召开联动会议部署相关镇（街道）开展政策宣传和摸底排查，了解农村适龄青年住房情况。9月，区住房城乡建设局与区人武部、公安环翠分局联合对羊亭、温泉、嵩山、张村、桥头5个镇（街道）和里口山管理服务中心31名通过初审的农村适龄青年购房扶持补助资料进行复核，29名适龄青年通过复核，现场发放扶持补助资格确认书29份。10月，集中进行补助资金资料审核。12月，完成扶持补助资金申领工作，发放扶持补助资金145万元。

【自建房管理】 2023年，区住房和城乡建设局组织各镇（街道）参加自建房专项整治工作部署会议2次、自建房信息归集平台操作培训2次、自建房排查整治“回头看”复核工作1次，抽调施工、监理单位20余名专业技术人员抽查经营性自建房135栋、非经营性自建房860栋，确保应排尽排；健全自建房安全长效机制，督促各镇（街道）在极端天气对辖区内重点区域自建房定期巡检，确保第一时间发现和处置自建房安全隐患问题；按期完成自建房全面摸底排查工作，摸排房屋114083栋，其中排查认定为自建房89988栋，对认定存在安全隐患的213栋房屋进行鉴定，其中B级6栋、C级121栋、D级86栋，对207栋C、D级房屋采取相应工程和管控措施确保安全。

【城市商品房租赁管理】 2023年，区住房城乡建设局加强商品房租赁管理，严格落实住房租赁合同备案制度，会同区发展改革局、公安环翠分局、区市场监管局等部门加强住房租赁市场监管。督促镇（街道）实行住房租赁网格化管理，做好住房租赁信息采集、日常巡查、综合管理，建立纠纷调处机制，及时化解租赁矛盾纠纷。规范商品房屋租赁行为，维护商品房屋租赁双方当事人的合法权益，对违法建筑物进入租赁市场的一律不予受理。年内，受理商品房屋租赁登记备案339份。

【直管公房管理】 2023年，区住房和城乡建设局针对直管公房建成年代久远，楼体设施老化严重等问题，加强安全使用管理，加大巡查力度，完成安全隐患排查、登记、汇总工作，对存在安全隐患的及时进行维修，确保群众生命财产安全；深化直管公房准入退出机制，严禁转租、转借或利用直管公房进行非法活动，保障直管公房房租收缴，对拖欠租金住户依照相关法规追缴，杜绝国有资产流失。年内收缴租金12192元，追缴租金3822元。

（王思予）

民　政

【概况】 2023年，环翠区继续提升社会救助保障水平，城乡低保、特困救助对象救助标准再提高10%，发放各类救助金2864.2万元。年内，环翠区被命名为全省首批社会救助综合改革实验区，被确定为2023年度全省示范性居家社区养老服务网络建设地区，全省基层治理实验区任务以“优秀”等次通过省民政厅结项验收。“威救你·环环助”社会救助品牌被确定为全省优秀社会救助品牌。

【困难群众救助】 2023年1月起，环翠区城市居民最低生活保障标准由每人每月953元调整为1001元，农村居民最低生活保障标准由每人每月745元调整为800元。保障城乡低保对象8905人次，发放低保金695.85万元。发放困难老年人补贴36.5万元，保障4051人次。发放临时救助38.27万元，保障1265人次。城市特困人员供养基本生活标准由每人每月1286元调整为1302元，农村特困人员供养基本生活标准由每人每月1035元调整为1040元。城乡特困人员供养照料护理基本标准，依据特困供养对象生活自理能力、部分丧失生活自理能力、完全丧失生活自理能力三种情况，分别定为每人每年3990元、6650元、13298

元；保障城市特困对象663人次，发放保障金105.78万元；保障农村特困对象3780人次，发放保障金522.58万元。分散供养特困人员按照生活不能自理、生活部分自理和生活能自理三种标准，每人每月分别提供60小时、45小时和17小时居家服务。年内，提供服务47866小时，服务2478人次。一、二级困难残疾人生活补贴标准由每人每月170元提高到201元，三、四级困难残疾人生活补贴标准由每人每月138元提高到151元；一级重度残疾人护理补贴标准由每人每月164元提高到181元，二级重度残疾人护理补贴标准由每人每月140元提高到151元。年内，发放困难残疾人生活补贴6111人次114.6万元、重度残疾人护理补贴36393人次594.8万元。在竹岛街道投入运营精神障碍社区康复站1处，对有特殊困难的患者家庭开展入户陪伴、照料增能、生活自理能力训练、社会适应能力辅导、运动功能、用药指导等服务。年内，开展问诊服务140余人次，为50余名患者建立档案，为患者家属提供心理疏导等服务60余人次。

【儿童保障和未成年人保护】 2023年1月1日起，环翠区社会散居孤儿及事实无人抚养儿童基本生活保障标准由每人每月1815元提高到2002元，重点困境儿童保障标准由每人每月1694元提高到每人每月1881元。年内，保障各类困境儿童746人次，发放保障金145万元。加强教育保障，实施“福彩圆梦·孤儿助学工程”，发放助学金1万元。打造环翠区未成年人保护智慧云平台，将全区困境儿童、儿童主任、儿童类社会组织等信息纳入平台；组织儿童主任将困境儿童走访记录、监护评估情况录入系统，通过大数据分析，实现未成年人全链条闭环保护。围绕政策解读、儿童社会工作实务操作等，分批次对全区儿童主任和儿童督导员集中培训3轮，提升其履职意识和业务技能。打造儿童服务品牌，“家育青翠 伴你童来”——困境未成年人关爱服务项目获评山东省十佳儿童关爱服务项目。

【养老服务】 2023年，环翠区开展居家和社区基本养老服务提升项目，建设家庭养老床位328户，为444名服务对象提供助餐、助洁、心里慰藉等上门服务5万多人次。引进山东颐养健康集团，投资3000余万元，打造10000余平方米综合性、专业化护理院——益寿光年威海颐养中心，提高医养康养服务水平。依托威海市陆零壹贰叁肆玖便民服务中心创新智能艾灸机器人项目，提供个性化、艾灸康养服务。11月，环翠区被确定为2023年度全省示范性居家社区养老服务网络建设地区。

【慈善救助】 2023年9月14日，环翠区“慈心一日捐”活动启动仪式举行。在启动仪式上，威海广泰空港设备股份有限公司捐款101.4万元，东方福爱心联盟捐款58.6万元，威海倍佳贸易有限公司捐款50.7万元。全区通过“慈心一日捐”活动募集善款920.71万元，支出善款547.19万元，惠及困难群众3117人。其中，冠名基金、定向捐款救助困难群众2387人，支出善款93.12万元；救助大病困难群众730人次，支出善款454.07万元。推进慈善救助与社会救助有效衔接，开展“威高·安心生活”个性化慈善救助项目，为69名符合条件的低保、特困、低保边缘对象发放医用橡胶手套、一次性医用护理垫、纸尿裤等物资；开展“正嵩·扬帆护航”困难学生平安保险项目，为6名符合条件的低保家庭学生、脱贫享受政策人口和防止返贫监测帮扶对象家庭学生每人投保200元，保障范围包含住院医疗费、意外伤害、重大疾病等；开展“迪尚·美好食光”困难学生餐费补助项目，为符合条件的15名学生发放餐费补助，小学、初中每人每年500元，高中每人每年1000元。开展“阳光洒满窗·家家悦”关爱行动救助项目，为1名符合条件的困难群众发放救助金4000元。

2023年9月14日，环翠区2023年“慈心一日捐”活动启动仪式举行

（区民政局 供图）

【社会组织管理】 2023年，环翠区登记社会组织270家，其中社会团体69家、民办非企业201家，参加2023年度网上年检社会组织222家。开展年度优质社区社会组织服务案例和优秀社区社会组织负责人评选，32家社区社会组织获得区级以上单位表彰奖励。通过社区社会组织学院链接高校智库等多方资源，分级开展社区社会组织全员培训，年内培训400余场次、骨干人才5000余人次。打造“红映环翠 晴翠计划”社会组织党建品牌，扶持社会组织积极参与为老、为小、为困难群众服务。年内，603个社区社会组织开展“特殊困难老人探访”“困境未成年人关爱”等服务项目52个，受益群众2万余人。培育社区调解组织，助力解决社区治理中的各种瓶颈和难点问题，年内备案矛盾调解类社区社会组织136个，化解纠纷200余起。针对“外卖小哥”走街串巷这一特点，组建8支1000余人的“小哥”志愿服务队，传达社区事务，报备社区隐患。深化社会工作站标准化、规范化建设，指导鲸园街道社会工作站通过省级验收，获评全省乡镇（街道）社会工作站示范点。

【基层社会治理】 2023年，环翠区推进全省基层治理实验区任务，以“优秀”等次通过省民政厅结项验收。构建基层治理新模式，完善“1+8+N”（“1”即社区党组织，“8”即物资保障、医护支援、消防安全、交通运管、危机干预、弱势关怀、信息宣传、志愿者管理8个专项小组，“N”即N项实时需求）社区应急响应体系。指导城乡社区总结提炼优秀工作法，提高工作水平。嵩山街道蔚海社区“光合蔚海”工作法入选省民政厅第二批优秀社区工作法；环翠楼街道东北村社区被推荐为全省首批“社区观察站”，通过山东广播电视台融媒矩阵传播全区社区治理服务的典型经验做法、先进人物和优秀案例等，弘扬基层治理正能量。出台《村民委员会工作事务》等清单目录6个，规范基层组织工作事务，为基层减负增效。围绕社区发展运营、党建引领居民自治、惠民政策解读等，参与举办“环翠区‘威雁竞飞 优才计划’”社区工作者轮岗交流暨导师帮带培训活动，举办社区专职工作者“优才计划”培训7场，1500余人次受益；62个社区72名社区工作者参与轮岗交流，64名社区书记以导师身份帮带培育80名年轻社区工作者。以“金牌社工”评选活动为抓手，激发社区工作者的工作积极性。年内，全区648人通过全国社会工作者职业水平考试，通过总人数为1155人。按照市委基层党建引领基层治理工作领导小组的工作安排，精致幸福社区建设专项工作组从公布的4批127个“精致幸福社区”中，推选确定“精致幸福典范社区”10个，其中环翠区3个，分别为鲸园街道菊花顶社区、环翠楼街道东北村社区及嵩山街道向阳社区。

【婚姻、收养登记】 2023年，环翠区办理国内结婚登记5259对、离婚登记2271对，补领婚姻登记证1284对；办理涉外结婚登记30对、离婚登记10对。婚姻登记合格率为100%。高质量完成婚姻历史档案收集、归档及电子化工作，开展户籍类电子证明办理登记业务试点，被确定为全省婚姻登记数据质量提升试点单位。

【惠民殡葬】 2023年，环翠区落实节地生态安葬补助政策，补助75人，发放补助金65800元。结合公墓选址、用地规模和已建成公墓用地规模等情况，协调相关部门将全区7处镇级公益性公墓纳入市级国土空间规划，包括羊亭镇南山公墓、张村镇福德庄公墓、桥头镇河西庄公墓、嵩山街道范家埠公墓和徐家疃公墓、鲸园街道古陌公墓、孙家疃街道远遥公墓，解决公益性公墓用地手续不完善问题，规范公益性公墓用地审批。推进移风易俗，选取竹岛街道陶家夼公益性公墓开展“礼安齐鲁”殡葬观摩，倡树丧俗新风。

【地名管理】 2023年，区民政局完成环翠—文登行政区域界线联检工作，完成桥盛路、兴园路、寨里东路、寨里西路、柘埠河路、植柳路、天鹅岭路7条道路命名和柳河路起止点调整。柳河路由东起寨南路，西至S202威青线，调整为东起统一南路南延，西至S202威青线。开展地名文化传承保护工作，加大乡村地名文化遗产挖掘整理力度，将历史悠久、内涵丰富、特色鲜明、具有重要传承价值的乡村地名纳入保护范围。经过申报推荐、整理初选等程序，编制完成环翠区第一批地名保护名录，将环翠楼、义和遗址、仙姑顶等13个地名纳入环翠区地名保护名录。其中，刘公岛、环翠楼、仙姑顶、陈家庄烟墩、义和遗址、城南河、半月湾7个地名入选全市第一批地名保护名录。

【全省首批社会救助综合改革试验区】 2023年，环翠区通过“黄橙红”三色预警机制，开展精准救助服务。依托“爱山东”社会大救助专栏，实现7个救助部门18项救助事项“掌上办”，制作社会救助“码上通”二维码宣传品2万份，向全区弱势群体免费发放。走访低保、特困重症精神疾病患者家庭157个，免费集中收治兜底保障重症精神疾病患者58人，其中3名低保重症精神疾病患者被收治在二级以上精神专科医院。投资25.35万元，为186户有需求的分散供养特困老年人进行居家适老化改造，通过政府购买社区居家服务方式，为206名生活不能自理的独居困难老年人、60周岁以上低保户等特殊困难老年人，每月提供60小时、45小时、30小时不等的照料服务。为19户有需求的困境儿童家庭安装智慧监管设备“云宝宝”，委托陆零壹贰叁肆玖养老服务热线提供政策咨询、紧急呼叫等多项服务。以新时代文明实践中心（站）为载体，成立志愿服务团队864支，常态化开展阳光助残、邻里守望、情暖夕阳等困难群众帮扶志愿服务。创新实施低保家庭能力提升、“家育青翠”家庭监护评估、“心灵1+2”关爱等系列救助服务项目。年内，环翠区被命名为全省首批社会救助综合改革实验区，“威救你·环环助”社会救助品牌被确定为全省优秀社会救助品牌。

【全省示范性居家社区养老服务网络建设地区创建】 2023年，环翠区发展社区嵌入式养老服务。建强社区养老网络，引进北京光大汇晨养老服务有限公司等品牌养老机构，至年末，打造省级养老服务标准化示范点2处，建成老年人日间照料中心、社区食堂等养老服务设施242处。拓展智慧养老服务，打造社区居家养老服务平台，链接各类服务机构3258家，“一站式”提供医疗保健、生活照料等200余项服务，年内受理各类服务事项37.9万件。创新居家养老模式，开展家庭养老床位建设和居家养老上门服务，为高龄独居、失能老人提供适老化改造，安装无障碍设施、智能监测设备等，通过智能设备与养老服务平台信息联动，实现24小时实时照护。11月，环翠区被确定为2023年度全省示范性居家社区养老服务网络建设地区。

（袁　牧）

社会治理

【概况】 2023年，区社会治理服务中心承担群众热线诉求处置、网格化服务管理、数字城管案件处置等工作。受理群众热线诉求11.84万件；网格发现、上报群众诉求37.78万件；处置数字城管案件3.15万件。相关工作经验在威海市进行推广。

【“12345”政务服务便民热线办理】 2023年，区社会治理服务中心通过点对点培训、双向座谈交流、上线跟听等方式，培训、指导热线承办单位提高处置能力。年内，举办专题培训15次。采用书面提醒、实地核查、疑难仲裁、升级督办等方式，督促解决问题230余件。组织承办单位主要负责人答复热线诉求、“十佳”“十差”热线工单评选等活动，推动热线降量提质。创新“回访+调解”工作机制，对群众热线诉求实行百分之百回访，调解转化不满意诉求。通过回访，对7000余件群众诉求返单重办，调解成功城乡建设、消费维权、劳资纠纷等领域群众诉求1000余件。聚焦热点、难点问题，结合全区重点工作，开展专项分析研判，提出工作建议。分析涉企诉求、涉旅诉求、物业管理等信息，整理上报领导参阅、一周工作动态等研判材料300余份。

【网格化服务管理】 2023年，区社会治理服务中心通过拆分、合并、增设等方式调整优化网格，建立网格AB岗清单，避免网格员空缺、网格脱管漏管。开展“网格人的初心使命”“网格群众需求挖掘与处置”等主题活动，举办网格治理“面对面”活动，通过现场观摩、案例解析、圆桌座谈的方式教方法、解难题，解决镇（街道）网格员新人多、

2023年3月7日，环翠区热线承办单位分管负责人在市“12345”政务服务便民热线中心上线跟听热线诉求并开展座谈　（区社会治理服务中心　供图）

2023年10月18日，2023环翠区网格员知识技能竞赛在市群众艺术馆举行
（区社会治理服务中心　供图）

工作经验不足问题；对新划分的学校、医院专属网格员140余人进行入职培训，对各镇（街道）网格员进行年度轮训，提高其排查、发现和解决问题能力；举办知识技能竞赛，以赛促训，区、镇两级组织知识竞赛11场次，1100余人次参与。加强网格倒查，前置发现问题。制定《关于进一步深化网格倒查工作机制的有关意见》，将网格发现问题与热线诉求倒查比对，网格主动发现率由原来的30.43%提升至48.39%；开展“冬病夏治”供暖服务进网格活动，协同热电集团进网格征求意见建议、讲解政策、解决难题，征集建议1800余条，解决群众诉求240余个。

【数字城管案件处置】 2023年，区社会治理服务中心派遣处置案件3.15万件，处置率100%。加大疑难案件处置力度。建立50余处重点案件高发点位台账，结合返工案件高发点位和日常疑难案件等，提前介入督导，指导处置单位强化常态管理，开展联合处置、现场研案，协助办结案件1300余件。开展业务轮训、送训上门、以案促训等，发布周通报48期、点对点提醒460余条，审核照片24万余张，并反馈整改。全区数字城管工作考核扭转多年的被动局面，名列八区市第2名。

【社会信息收集管理】 2023年，区社会治理服务中心结合工作部署，开展社会信息员专题培训6期，向信息员发布信息提醒3次，引导其捕捉、摸排预警信息，为各类矛盾纠纷提前发现、处置提供信息支撑。年内，信息员报送各类信息2784条。
（王虹元）

民族宗教

【概况】 2023年，全区民族宗教工作围绕上级部署要求和全区中心工作，贯彻落实中央民族工作和全国宗教工作会议精神，坚持宗教中国化方向，通过集中培训和现场办公，不断提高基层治理能力和服务水平，防范、化解统战领域风险隐患。年内，环翠区创建省级宗教中国化示范场所2处，在全省民间信仰工作经验交流会作典型发言，恩雨警务室入选全省十大民族宗教领域优秀普法案例。

【铸牢中华民族共同体意识】 2023年，环翠区以铸牢中华民族共同体意识为主线，打造鲸园街道民族团结进步长廊、竹岛街道民族团结进步一条街，以及主题公园5处、铸牢中华民族共同体意识教育基地7处、“红石榴服务窗口”120个，创建省、市级示范单位、和美家庭30个。协助承办全省铸牢中华民族共同体意识工作现场会，助力威海市创建全国民族团结进步示范市。年内，环翠区获评全省民族团结进步示范区。

【民族宗教事务管理】 2023年6月1—30日，区委统战部以开展民族宗教政策法规学习月活动为契机，印发《宗教工作应知应会》《同心筑梦石榴花开同心建设石榴家园》等宣传手册6类7000份。将民族宗教事务纳入全区依法治理工作要点及普法责任清单，落实普法责任制，明确普法责任主体，督导各镇（街道）、部门形成工作合力，提升基层民族宗教事务治理能力和治理水平。恩雨警务室入选2023年度全省十大民族宗教领域优秀普法案例。以“红石榴服务窗口”为抓手，通过“线上点单+线下入户”模式，为各民族群众提供就业、就学、就医等均等化公共服务，帮助民品企业获批省财政贴息资金93万元，为少数民族群众解决哈密瓜滞销、证照办理、子女入学等事项22件。创新民间信仰场所管理，11月，环翠区在全省民间信仰工作经验交流会作典型发言。

【民族团结宣传教育】 2023年9月1—30日，区委统战部以“花开威海石榴红 奋楫扬帆新征程”为主题，开展民族团结进步宣传20余场次，覆盖上千人次。将铸牢中华民族共同体意识宣传教育纳入社会教育体系，提升三大民族团结进步宣传长廊，设置宣传看板、花草牌500余处，发动辖区210多家单位、商户在户外电子屏、电子门屏循环播放宣传标语，编印宣传手册3000余册，通过线上217个村（居）虚拟网格+线下大喇叭宣传等形式，实现铸牢中华民族共同体意识宣传氛围全覆盖。

2023年9月18日，张村镇华锦社区开展民族团结进步宣传月活动

（区委统战部　供图）

【宗教活动场所管理】 2023年，区委统战部完善7处宗教活动安全设施。宗教活动场所规范化建设不断强化，创建省级宗教中国化示范场所2处。落实现场办公制度，对全区宗教活动场所（活动点）开展区、镇（街道）、村（居）三级常态化实地检查，督导各场所做好消防安全、经营性自建房屋安全排查、住房安全及消防检查等工作，确保全区宗教活动场所安全运行。

（刘圣泽）

镇（街道）

环翠楼街道

【概况】 环翠楼街道位于环翠区中部，是区委、区政府驻地，东至威海湾，西至奈古山接高新区，南至同心路接竹岛街道，北至昆明路接鲸园街道，面积4.48平方千米，户籍人口38493人。街道办事处驻鸿武社区，辖17个城市社区，有中学1所、小学2所、幼儿园8所，医院1所、社区卫生服务机构3所。2023年，环翠楼街道实现一般公共财政预算收入6.24亿元，比上年增长30.95%；税收13.2亿元，增长16.81%；固定资产投资6.43亿元，增长27.54%；批发业销售额49.02亿元，增长8.23%。

【党建工作】 基层党组织建设。2023年，环翠楼街道党工委完成15个基层党组织换届选举；成立樱花制衣、新就业群体党支部2个；组织11个社区完成人员补选，新增党组织成员17人、居委会成员25人。组建“片区党委+五星支部”导师帮带团，对四星级及以下支部“一对一”指导，提升基层党组织建设水平。成立新就业群体法律服务中心，设立新就业群体法律服务站26处，800余人次受益。创新推行“定单+点单”组织生活模式，围绕党建、创业、公益三大主题，定期推出创意组织生活菜单，变单纯学习为实践参与、项目共建，打造“光影里的旗帜”“音乐党课”等特色党建品牌7个。用足党员“双报到”力量，创新推出“群众需要、社区吹哨、部门报到”基层治理模式，建立市、区两级“三张清单”，量身定制服务项目，解决为民实事50余件。围绕“红心共创”“活力共治”等6大主题，组织17个社区申报书记抓党建突破项目34个，解决社区治理难题。

党员队伍建设。2023年，环翠楼街道党工委抓实主题教育，对支部分层指导，对党员分类管理，辖区77个党支部开展各类专题宣讲、主题学习等活动300余次，覆盖党员2100余人。学习过程中征集意见建议230条，解决问题122个，推动主题教育见实效。开展“学习宣传贯彻党的二十大精神”等主题活动200余场次，拍摄《福泽东南》等红色教育片2部，覆盖党员2000余人次。紧盯骨干队伍建设，构建社区书记“选、培、管、激”四位一体机制，获评区级“金牌书记”2人。年内，发展党员12名、预备党员16名、入党积极分子80名。

党风廉政建设。2023年，环翠楼街道党工委召开专题会议4次，将党风廉政建设同街道中心工作同部署、同推进。针对群众反映强烈的急难愁盼问题开展专项监督调研40余次，形成专项监督检查报告20余篇、调研报告10余篇，发布督查专报10期，下达纪律检查建议书10份。落实中央八项规定，开展节假日实地察访4次，运用监督执纪“第一种形态”，对党员干部苗头性、倾向性问题及时提醒，通报批评25人次，谈话提醒11人。强化廉洁教育，开展党风廉政教育4次，到树山印迹馆观摩学习1次，观看警示教育片2次。17个社区每季度至少开展党风廉政建设活动1次。打造清廉商圈，挖掘商圈清廉文化底蕴，将纪检监察工作融入商圈大党建工作中，创新“监督+服务”纪检工作模式，在做好党员日常监督、企业精准监督的同时，创新性开展对公职人员的“反向”监督，引导群众参与党风廉政建设全过程。年内，街道纪检监

2024年1月5日，威海威高希尔顿逸林酒店合作签约仪式举行

（环翠楼街道　供图）

察工委、商圈纪委获评环翠区“树典型、展形象、促发展”工作亮点之廉政建设亮点。

【项目建设与楼宇经济】 2023年，环翠楼街道实施重点产业项目4个，总投资25.7亿元。其中，新建项目2个（长庚中医医院儿童康复中心、彩虹桥儿童启智中心残障儿童康复中心），续建项目2个（栖霞街特色街区改造工程、卫城大院）。梳理23座闲置楼宇信息，盘活半岛印象、财金中心、通信大厦等楼宇面积4.3万余平方米，推进邮储银行威海分行落户财金中心，平安财险威海中心支公司落户海裕城A座，威海首家五星级国际联号品牌希尔顿逸林酒店落户威高广场威海卫大厦B座。至年末，纳税过千万楼宇达到18座，辖区57家金融机构全部分类造册，其中银行24家、保险公司17家、基金公司13家、证券公司3家。

【栖霞街特色街区改造】 2023年，栖霞街特色街区改造工程持续推进，涉及供地的梗阻问题全部得到解决。其中，6月6日，市直管公房15个房产证、9个无证房屋注销完毕；9月8日，威海市住房保障公共服务中心等单位7宗土地证完成注销；2024年1月4日，山东环球渔具股份有限公司土地证完成注销。至2023年年末，栖霞街特色街区北区完成地下车库二层改造，车库地墙面、1～5号楼屋面、外墙保温及抗裂砂浆面层施工及室外管线施工基本完成。南区支护工程及土方、工程桩施工完成。

【社会事业】 2023年，环翠楼街道城镇居民养老保险参保1238人，参保率为96%，城镇居民医疗保险参保人数7731人，参保率为95%。街道加强低收入人口动态管理，通过低保复核及不定期走访，及时掌握低保家庭人员变动和收入变化情况，及时将符合条件的困难群体纳入保障范围。年内，新增享受重度残疾人护理补贴33人，受理临时救助2人次，核对住房保障家庭28人次。辖区有低保户34户38人，发放保障金37.9万元；为27人发放困难残疾人生活补贴5.31万元；为295人发放重度残疾人护理补贴46.71万元；为2名特困分散供养人员发放保障金2.01万元；为3名事实无人抚养儿童发放保障金7.81万元。通过专业机构，继续为40户签约家庭养老床位的老人家庭提供生活照料、保洁、助浴、陪护等服务400余人次，为20户老人家庭提供120小时免费居家上门服务。

【基层治理】 2023年，环翠楼街道盘活街道党群服务中心，与社会组织合作创建“社区学校”运营项目。

栖霞街特色街区改造现场航拍图（拍摄于2023年12月28日）

（环翠楼街道　供图）

通过“政府+专业社会组织+社会企业”运营模式，开展全年龄段文化研学、教育托管、邻里互助、公益慈善等服务。探索“公益+低偿”社区运营模式，吸引25家社会企业与社区党组织建立联系合作，创新推出自助洗车、幸福食堂、公益市集等特色服务项目，提供惠民服务120余次，5000人次受益。其中，海城社区“社企联办·红色物业”项目得到市委领导肯定，东北村社区入选第二批齐鲁红色物业星级服务项目，西南村社区入选省级物业服务行业文明创建“办实事”案例和全省城市停车治理工作现场会观摩点。年内，环翠楼街道获评“威海市社会治理工作先进集体”，3人获评“威海市社会治理工作先进个人”。公安环翠分局城里派出所获评第三批省级“枫桥式公安派出所”，2人获评威海市2023年度“时代政法先锋”。

【老旧小区改造】 2023年4月，石河社区、西北村社区老旧小区改造项目开工，11月竣工。项目总投资2340万元，改造居民楼61栋、建筑面积2.8万平方米，硬化铺装4.98万平方米，改造休闲游园5处，更换雨污管道800余米，铺设悬浮地板及塑胶地板350平方米，安装摄像头140余个、道闸15个、非机动车充电桩80个、快递柜4个、健身器材30余件、应急广播20余处，改造公共晾晒设施、室外照明设施、宣传栏、微型消防站、成品垃圾房以及社区服务用房等80余处。

【威高广场商圈工会户外劳动者服务站点入选“全国最美工会户外劳动者服务站点”】 环翠楼街道威高广场商圈工会户外劳动者服务站点2022年启用以来，根据快递物流、外卖送餐等新就业群体需求，配备电视、空调、微波炉、饮水机、急救药箱、桌椅等，提供停车、充电、饮水、如厕等服务，1万余人次受益。2023年，街道总工会链接社会资源，利用元宵节、妇女节、端午节等节日，开展送汤圆、包水饺、送粽子等节日主题活动及夏送清凉、冬送温暖活动10余场，300余人次受益。年内，威高广场商圈户外劳动者服务站点被评为全国最美工会户外劳动者服务站点。

2023年11月30日，西北村社区健身广场改造完成（环翠楼街道　供图）

【环翠楼街道获评省级“书香之乡”】 环翠楼街道辖区有城市书房2处、图书基层服务点8个、农家书屋3个、新型公共文化空间1处、图书共享书柜2个，30000余册图书均加入全市图书管理系统，实现通借通还。2023年，街道依托基层服务点、农家书屋开办“儿童生活馆”，开展“畅读童年阅读成长”儿童读书会系列活动。城里中学开展读书沙龙、书香艺术节、亲子朗诵比赛等活动，统一路小学开展桐下书吧“阅·行·思”系列课程及亲子“悦”读等活动，城市书房开展“饮水思源反哺社会”系列阅读交流会、“感恩母亲节”阅读分享等活动。9月15日，省委宣传部公布第八届全民阅读先进典型，环翠楼街道被评为“山东省第八届全民阅读书香之乡”。

（姜汶男）

竹岛街道

【概况】 竹岛街道位于环翠区中部，东部濒临黄海，西与张村镇接壤，南接嵩山街道、经开区皇冠街道，北至塔山接环翠楼街道，面积23.61平方千米，户籍人口90516人。街道办事处驻观海社区，辖城市社区28个，有集体经济组织6个。辖区有中学3所、小学4所、公办幼儿园10所、民办幼儿园3所，公办医院4所、民办医院9所、社区卫生服务机构7处。2023年，竹岛街道完成一般公共预算收入6.66亿元，比上年增长10.08%；税收10.7亿元，增长13.35%；固定资产投资29亿元，下降12.73%；外资到账1222万美元，下降39.89%。

表52　2023年竹岛街道各集体经济组织基本情况表

序号	集体经济组织名称	党组织书记	理事长	集体经济收入（万元）
1	山东望岛集团公司	卢剑钊	卢剑钊	1722.92
2	戚家庄股份经济合作社	刘　玮	刘　玮	24.61
3	南竹岛股份经济合作社	戚本德	戚本德	1.67
4	陶家夼股份经济合作社	陶建军	陶建军	259.22
5	戚家夼股份经济合作社	戚务忠	戚务忠	0.20
6	侨乡北竹岛关爱互助中心	李文琛	李文琛	—

【党建工作】　基层党组织建设。2023年，竹岛街道党工委召开党建专题会议18次，研究党建引领基层治理、基层党组织建设等重点工作27项。确定“1名班子成员+1名社区书记+1个基层党组织”的“三个一”帮带机制，班子成员每月下沉指导党组织加强党建标准化建设，党员组织生活参与率整体上升7%。重点抓好“百千万示范点升级引领行动”，新增“两新”组织党支部9个。依托楼宇联盟党群服务中心，根据企业需求设置服务项目12个，服务企业、职工3600余人次，解决企业实际问题211个；开辟政务助企绿色通道，现场办公69次，解决企业证照办理、融资难等问题41件。推进群众满意度工作，指导组建168人的固定联系人队伍，遍访42231户92762名居民，建立“民生微实事”台账，解决群众诉求972项。在4个社区探索推行股份经济合作社党组织领办物业模式，创新联席会议、合署办公等6项制度，选派12名党建指导员下沉指导，物业费平均收缴率达87.7%，比上年增长3.2%。打造市级党代表工作室样板——张军党代表工作室，接待群众24人，解决就业问题2起、城市服务管理类问题11起、矛盾纠纷38起。

党员队伍建设。2023年，竹岛街道党工委依托三会一课、主题党日、组织生活会等载体，利用“初心·1932”展馆、“为了人民”党性教育基地等红色阵地，开展培训30余场次，覆盖党员2500余人次。街道党工委副书记、组织委员在党工委（扩大）会议领学《习近平新时代中国特色社会主义思想专题摘编》3次，理论学习中心组学习3次，组织机关党员集体学习党章3次，挖掘主题教育新闻线索2条、典型案例11个，报送约稿信息10条。打造观海、山海、海和、海源主题教育示范社区，接待中央主题教育督导组调研；开展“我为发展献良策、解难题、建新功”系列主题党日活动，征求意见建议300余条，组织“微实事”检视整改87条，组织3700余名党员开展承诺践诺活动，用工作实效检验主题教育成效。成立攻坚服务小组，街道班子成员及40余名党员骨干全覆盖联系社区28个、企业项目百余个，协调帮办实事109次。年内，发展党员20名、预备党员20名、入党积极分子27名。

党风廉政建设。2023年，竹岛街道党工委开展落实“实敢当”作风提升专项行动，结合街道重点任务，专项检查重点工作52次，发现问题15个，主动约谈3人。运用监督执纪“第一种形态”，开展专项纪律检查12次，接收党员违纪问题线索3条，立案审查党员2名，处分违纪党员6名。在元旦、春节、端午等关键时间节点，对党员干部进行提醒教育，开展监督暗访检查16次。开展“廉政警示教育月”活动，依托辖区5处“清廉之角”，运用身边人、身边事开展警示教育。

【招商引资】　2023年，竹岛街道到上海、西安等地开展招商服务活动47次，服务重点内外资项目10个，完成内资实物工作量1.2亿元，完成内资到位资金13亿元，实现外资到账1222万美元。总投资20亿元的威海数智创新产业园项目在6月16日二季度全市招商引资项目集中签约仪式上完成签约；总投资3亿元的威海自由星宸材料科技有限公司项目在第四届青岛跨国领导人峰会威海推介会上完成签约，年内完成公司注册。

【项目建设与楼宇经济】　2023年，竹岛街道实施总投资192.4亿元的区级重点产业项目13个。开工项目7个（沧口路体育休闲综合体项目、威海商业银行总部办公楼升级改造项目、侨乡号游客服务中心项目、恒大商业开发项目、市民中心项目、富力星光天地项目、侨乡中华街项目），投入运营或具备运营条件项目3个（济慈安康养服务中心项目、四十大道家具展销中心项目、海信商业综合体项目）。竹岛街道纳入区楼宇经济工作数据库的重点楼宇有26座，总建筑面积74.77万平方米，可利用楼宇面积17.76万平方米，年内盘活闲置楼宇7.25万平方米，超计划完成5.25万平方米。实施中海、海信等商业地产项目8个，新增商业、商务楼宇面积64万平方米。推进威海数智创新产业园土地4.05公顷土地征迁工作、陶家夼北山地块成片开发工作和竹岛供热站地块用地转让手续办理工作、环山路12.47公顷批而未供土地处置工作。引进兹林（青岛）投资咨询有限公司对侨乡二期中华街项目进行整体运营，打造山东省首家大型室内国风主题文旅商业综合体。

【社会事业】 2023年，竹岛街道城镇居民养老保险参保1211人，参保率为95%；城镇居民医疗保险参保22931人，参保率为97%。救助困难群体5900余人次，发放特困供养人员、无人抚养人员补贴等保障金230余万元。完善养老服务体系建设，辖区备案23个社区老年人日间照料中心均达到一星级以上标准；6处社区食堂日均服务老年人240人次，比上年增长35%；免费为辖区8927名老年人办理银龄安康意外伤害险，为1979名80周岁以上老人发放高龄补贴27万余元。申请各项养老产业运营补贴77.69万元，减轻养老服务行业经营压力。

【基层治理】 2023年7月，竹岛街道在海源社区设立社区运营孵化中心，通过“1个孵化中心+28个社区”的辐射型社会企业孵化方式，培育社会企业。至年末，依托社区运营孵化中心链接优质社会企业35家，开展儿童托管类、成人健身类等服务项目44个，挖掘社区运营骨干100余人，服务2万余人次。以“公益市集”为平台，招募社会企业，筛选服务项目，采用“社区运营+公益服务”运作模式，在观海、翠竹、山海等10个社区开展“信用+惠民市集”60余场，覆盖公益惠民服务、安全法治宣传、非遗体验等多个领域，服务居民26110人次。引入专业力量，整合分散的社工力量成立社工站总站，开展服务活动200余次，服务群众1万余人次。打造物业服务品牌，结合社区、股份合作社党组织领办公益物业、“契约化+信用”等红色物业模式，调动居委会、业委会、物业公司积极性，三方合力提升物业服务效能。威海市大川物业服务中心服务经验入选省住房和城乡建设厅物业服务行业文明创建“办实事”典型案例，山东广华物业服务有限公司入选“齐鲁红色物业”星级服务企业。12月14日，组织宜家花园小区完成自治章程制定，业主大会表决通过，小区开始实施自治管理；督导海韵华府B区召开临时业主大会，终止业委会原委员资格，选举产生新的业主委员会；完成海岸秀水小区业委会委员换届及环卫小区业主委员会成立等工作，提升居民自治水平。对“12345”政务服务便民热线反馈问题进行大数据分析，抓住重合度高的问题，落实“分流—转办—研判—办理—反馈”闭环解决流程，年内，处理数字城管案件5607件、“12345”政务服务便民热线工单1.6万余件，按时办结率100%，其中海韵华府乱停车治理、骨科医院生活小区安装充电桩等6件被评为“为群众办实事”优秀工单，被威海市“12345”政务服务便民热线中心采用。

【民生工程】 2023年，竹岛街道投资3850万元，改造红叶谷、环卫小区2个老旧小区，涉及居民楼44栋、居民1654户。投资60万元，升级改造望海园绿地，新增健身步道330米，更新健身场地1400平方米，补种苗木700余棵。投资43万元，新建垃圾分类房24个，至年末，辖区垃圾分类房总量30余个、垃圾分类亭3个，实现居民小区垃圾分类全覆盖。

【利群商业中心项目落地】 2023年，竹岛街道紧盯中国服务业企业500强利群集团股份有限公司招商线索，推荐选址占地7000平方米的蓝海国

竹岛街道垃圾分类房（拍摄于2023年11月30日）　（竹岛街道　供图）

际商务楼裙楼一、二层。一层打造大型生鲜生活超市，二层打造大型家电卖场。6月16日，总投资6000万元的利群项目在二季度全市招商引资项目集中签约仪式上完成签约，9月6日投入运营。

【“四十大道”闲置楼宇盘活】 2023年，竹岛街道聚焦“四十大道”历史遗留问题，成立由党工委书记任组长的工作专班，通过视频、见面等方式，组织业主代表、开发商、运营商、抵账单位代表座谈20余次，商讨、敲定“散铺整合、整体出租”的运营方案。紧盯长峰家具城搬迁契机，引进运营商。8月底，“四十大道”600余个摊位签订出租协议。9月底，与29家家具商铺签约合作。10月1日，迁址于“四十大道”的长峰家具城正式营业，盘活“四十大道”闲置楼宇2.36万平方米。

【老旧小区改造】 2023年，竹岛街道红叶谷小区改造完成，项目投资3250万元，为39栋楼1452户居民改造污水、供热等管网1.74万米，更新路面4万平方米，升级绿化3000平方米，新增停车位198个，打造休闲游园5处，安装智能门禁116个、汽车充电桩7个，粉刷内外墙6万平方米。改造之前，街道通过入户走访、发放调查问卷等形式，征求合理化建议20余条，将居民最期待的事项纳入改造范围。改造过程中，邀请居民代表全程监督，及时化解停车位增设等30多条改造争议问题。通过整合盘活空间、地下管线更新等措施，破解小区交通拥堵、停车位紧缺、雨污管网老化堵塞等痛点问题。

（张宏图）

2023年11月30日，竹岛街道红叶谷小区新安装的充电桩

（竹岛街道　供图）

鲸园街道

【概况】 鲸园街道位于环翠区北部，是市委、市政府所在地，街道办事处驻戚谷疃社区。辖区东起东山宾馆，西至西北山路与高新区为邻，南至昆明路与环翠楼街道相接，北至棉花山脉与孙家疃街道交界，面积6.46平方千米，海岸线长3千米。户籍人口73768人，常住人口5.5万人，辖16个城市社区，有股份经济合作社3个。辖区有医院3所、社区卫生服务机构7所；有中学1所、小学5所、幼儿园10所。2023年，鲸园街道完成一般公共预算收入3.31亿元，比上年增长0.18%；税收5.66亿元，减少1.81%；固定资产投资8.01亿元，下降23.55%；实际到账外资1072万美元，增长69.62%。

表53　2023年鲸园街道各股份经济合作社基本情况表

序号	合作社名称	党组织书记	理事长	集体经济收入（万元）	人均纯收入（元）
1	戚谷疃社区股份经济合作社	陈洪亮	陈洪亮	97.70	31111.11
2	戚东夼社区股份经济合作社	常爱英	常爱英	48.74	43000.00
3	庙耩社区股份经济合作社	王泰兴	王泰兴	14.10	27528.09

【党建工作】 基层党组织建设。2023年，鲸园街道党工委下设基层党组织122个，管理党员3007名。转入党员174名，转出党员89名。做实“两个覆盖”攻坚行动，新成立新雅办公有限公司党支部，覆盖非公企业33个、社会组织3个，党组织组建率72.2%，党的工作覆盖率达100%。完成10个党组织届满换届、23个社区党组织补选，补充班子成员55人。聚焦基层治理，推进示范社区、五星党支部、“红色引擎”党建示范点创建工作，以党建引领基层治理高质量发展。北门外社区“党建领航 商居互融”优秀支部工作法被收入市委组织部工作案例；《创设“鲸治微基金”让人人成为社区治理的股东》入选《坚持党建引领 共建幸福家园——山东省城市社区组织动员群众、做活基层治理案例选编》。依托街道新就业群体党群服务中心，联合市委组织部成立威海市新业态新就业群体党建实训基地，组织创业路演、人才沙龙等活动43场次，承接全市“两新”组织党建工作推进会等观摩交流10余场。挖掘“双报到”力量，依托“双报到”单位参与支持，解决陡崖护栏安装、增设晾衣杆等社区问题45件。把铸牢中华民族共同体意识作为各项工作的主线，打造街道民族团结进步服务站1处，获得省级“民族团结进步示范区”称号。

党员队伍建设。2023年，鲸园街道党工委依托“街道党校—社区微党校—直播党校”平台，实施“鲸智赋能”综合培训计划，坚持党员分类教育管理，在集中轮训中灵活运用“学习＋研讨”“线上＋线下”“课堂＋实践”等方式，开展书记上党课、老党员讲党课、“微型党课”大赛等30余场，开展专题党务培训、廉政专题教育等活动50余场，覆盖党员2000余人。开展学习贯彻习近平新时代中国特色社会主义思想主题教育，注重分类施策。针对新就业群体党员、流动党员，推出“街道党工委党校—社区微党校—鲸园直播间—支部微信群”四级党员教育平台，设置“固定学习角”；针对年老体弱、行动不便党员，开展“送学上门”“青年党员+老党员”结对学习，确保主题教育全覆盖。指导94个基层党组织开展“我为发展献良策、解难题、建新功”主题党日活动，举办专题学习研讨95场次，开展志愿服务38次，组织党员座谈研讨、入户走访、民主议事等，征集意见建议150余条，引导2700名党员下沉网格，化解王家岭地块拆迁等民生难题20余件。扎实推进发展党员工作，发展党员33名、预备党员21名、入党积极分子23名。

2023年8月4日，威海市“两新”组织党建工作推进会在鲸园街道新就业群体党群服务中心召开（鲸园街道 供图）

党风廉政建设。2023年，鲸园街道党工委担起主体责任，传达学习上级党风廉政工作部署11次，研究部署党风廉政工作19次，召开党风廉政建设专题会议2次，组织开展廉政谈话2次。完成2022年“政治监督活页”建设，开展警示教育活动9次。线上开设“鲸廉清风”专栏，发布文章46篇；线下新建廉洁文化清廉村居2处、“清廉之角”2处。开展基层治理不良现象及“不担当、不作为、慢作为、乱作为、假作为”问题专项整治，聚焦群众反映集中的热点、难点，深入查摆问题，形成整改台账并定期督导。聚焦公务用车、办公用房、公务接待等重点领域，开展专项监督检查。紧盯重要节点和薄弱环节，开展节前廉洁提醒7次、“四风”问题察访4次。围绕贯彻落实上级党委重要决策部署，开展监督检查5次。

【招商引资与楼宇经济】 2023年，鲸园街道持续推进闲置楼宇盘活，根据楼宇特点分类施策、定向招商，引荐80余位省内外客商实地查看金猴购物广场、威胜大酒店等闲置楼宇资源，促成万福大厦娱乐城、“千里山海·海上旅游”、东润智选酒店等新项目15个，盘活楼宇面积3.52万平方米。引进威海喜悦酒店管理有限公司桔子酒店项目、威海羽晨酒店管理有限公司驿居酒店项目，实现内资实物工作量1537.54万元。

威海市鲸园孵化器有限公司增资项目实现外资到账1072万美元，比上年提高69.89%。引进国网山东省电力公司威海供电公司固定资产投资及中低压基建、威海市海大客运有限公司轮船舶修复、中信外包集团金融服务外包等8个内资项目，实现内资到位资金12.59亿元，比上年增长1303.57%。完成货物进出口额15.03亿元，比上年下降1.6%；完成服务进出口额21.93亿元，比上年增长9.3%。

【项目建设】 2023年，鲸园街道实施区级重点产业项目6个，总投资33.6亿元，总建筑面积95.4万平方米，年内完成投资9.85亿元、开工面积11万平方米，全部项目均按照计划进度施工建设。至年末，新建联通5G基站827个、移动5G基站895个；嘉成大厦产业升级改造项目1至2层展厅装修基本完成，其他楼层进入招商入驻阶段；北洋集团总部项目完工，威海北洋电气集团股份有限公司于9月19日入驻；威海老港区城市更新改造项目进行工程桩、基础及防水施工。

【招才引智】 2023年，鲸园街道坚持“强化人才引育创新、打造人才集聚高地”工作主线，深挖人才资源，拓宽引育留用渠道，依托“英才汇翠”等人才供给政策，积极实施“走出去”引才战略，到清华大学、北京航空航天大学等高校招才引智2次，协助企业申报博士青年人才2名、硕士及以下学历青年人才594名；鼓励市场主体围绕创新创业需要，发挥人才引育的主体作用，支持企业新增校地合作项目12个。深化人才高质量发展路径，组建校地合作人才工作小组，到1500余家在营企业了解人才需求及发展动向，针对性加强扶持引导，收集并解决住房和购房补贴申请、创业咨询等人才问题10余项，邀请区人力资源社会保障局等部门（单位）举办创业指导培训活动；协助家家悦集团股份有限公司、威海建设集团股份有限公司选拔认定2名“环翠区产业骨干人才”。

【社会事业】 2023年，鲸园街道强化社会保险“社会稳定器”作用，办理居民医疗保险参保手续651人次、停保手续56人次，协助居民完成医保缴费1702人次；完成17个学校、幼儿园集体医疗保险参保业务，新参保学生216人次。办理居民养老保险参保28人次、居民养老待遇领取35人次、终保退保69次。完成四批次56人次长期护理保险自理能力鉴定申请、初审、申报。发挥政策兜底保障作用，为24户城乡低保对象发放低保金35.4万余元；对城乡低保、特困供养对象和其他支出型困难家庭开展临时救助，为4人申请临时救助，发放救助款2.3万余元；为25人次申请大病救助，发放救助款53.8万余元。

【基层治理】 2023年，鲸园街道聚焦社区管理与服务，持续输入专业支持，开展赋能学院、公益伙伴季等为老为小主题项目20余个；推动社区信用体系建设，开展季度表彰、主题兑换等相关活动60余场次，2000余人次参与。街道社会工作服务站获评全省乡镇（街道）社会工作站示范点、威海市镇（街道）社会工作服务站五星级社工站。加强矛盾纠纷化解，夯实基层法治根基，发挥吹哨报到全响应中心“探头”作用，对群众诉求进行高效闭环处置。鲸园街道北门外社区“慧议室”工作法入选威海市首批“枫桥式”工作法，“排忧解难爱心为民圆满化解84户拆迁纠纷”获评威海市首届“十佳人民调解案例”。

【民生实事】 2023年，鲸园街道针对中心城区硬件设施薄弱等问题，多方发力提升群众幸福感和满意度。投资2870万元，对安全局小区、朝阳南区、樱花小区29栋居民楼实施老旧小区改造，包括水电气暖等管线改造及外墙、路面、绿化等外部改造，通过民主协商、自治参与等

改造后的安全局小区（拍摄于2023年10月30日）　（鲸园街道　供图）

方式，推行“一小区一方案”，实现3个小区由内而外更新。改造建设长征小游园，重新规划原有绿地，打造健身步道，增加绿植，安装栏杆，优化居民“家门口”活动圈。选定戚谷疃、光明、北仓、朝阳、古北5个社区建设垃圾分类房，以点带面培养居民环保意识。实施凤鸣谷山坡、北山路山体治理工程，通过栽种绿化、建设挡土墙、景观提升等方式，解决山体滑坡隐患。联合燃气公司更新4600余户燃气设施，保障居民用气安全。

【“一站五组”人大代表工作模式】 2023年，鲸园街道将人大代表履职尽责与基层治理相结合，探索“一站五组”人大代表工作模式，破解基层治理难题。“一站”即升级打造1处街道级人大代表工作站，将每月10日定为人大代表轮流驻站接待日，不定期组织各种调研、座谈等活动。“五组”即根据群众需求成立5个特色联络组。精致社区联络组聚焦街巷治理、环境提升等，推行“鲸治微基金”“墙上农场”环境美化等项目20余个；民生保障联络组聚焦社会救助帮扶、物业服务提升等，推行居家养老适老化改造、失能半失能群体照料等保障服务；法律服务联络组聚焦矛盾调解、司法援助等，定期开展法律宣讲、法律咨询等服务，协助培养调解员80余名，调处纠纷130余起；新兴业态联络组聚焦新业态、新青年，提供创业指导、培训增能、安居保障等服务；市场主体联络组聚焦营商环境优化、证照办理服务等，协调环翠区个私协会合署办公，深化商企联系，帮助解决各类问题150余件。

【王家岭区域拆迁改造】 2023年，鲸园街道第三次启动王家岭区域拆迁工作。成立工作专班，逐户走访收集诉求，召开业主大会3次、收集意见建议20多条，共同制定拆迁安置补偿方案。通过梳理旧村改造政策是否适用、拆迁开发获益难度大、土地收回手续办理难三大历史遗留堵点，破解涉法涉诉房屋、滞迁户、土地使用权收回三大搬迁难点，最大程度保障居民权益。联合区不动产中心、水务、电力等部门现场办公，创新实行国有土地使用权收回由“街道逐级申请”变“业主主动注销”，房屋产权、土地使用权当日办、当日销，土地使用权收回工作流程缩短3个月。7月12日，84户业主上交钥匙、注销不动产证；7月14日，房屋拆除工作启动。历时12年的“城中村”拆迁问题得到解决。

【社区运营模式创新】 2023年，鲸园街道聚焦基本社会服务，探索“空间换服务”“资源换服务”社区运营模式。依托社区党群服务中心，引入社会组织、商企、个人入驻社区，提供公益性低收费项目，为社区小额公共维修、开展活动提供经费补充。利用辖区主题街区、文体公园、核酸小屋等公共空间，开展公益集市、医疗小屋等项目，通过收取摊位费、收益抽成等方式，为社区“微基金”扩容增量。在2家城市书房试点引入社会企业参与运营，企业逐步承担更多运营费用，开展低收费服务，节省街道财政开支的同时，扩充书房功能业态。以鲸园社区为试点，与浦发银行开展合作。银行为社区免费提供反诈宣传、亲子理财等专业服务，为社区诚信超市补充物资；社区依托“手工坊”“烘焙角”等，低偿承接银行手工沙龙等客户定制服务，帮助社区创收。探索第三方专业机构参与运营监督，引入资金监管机制。至年末，各社区入驻社会组织、企业34家，盘活社区内部空间500余平方米，融合社区外部空间1000余平方米，开展助老扶困、设施维修、文体培训等服务500余次，服务人群1.2万余人次，收益16万余元。

【老旧小区物业市场化运作】 2023年，鲸园街道坚持问题导向、党建为引领，探索老旧小区物业市场化运作。建立外围清扫补贴机制，由街道为入驻物业公司提供补贴，借此推进老旧小区物业服务全覆盖。优化物业监督考核机制，倒逼物业公司提升服务水平。至年末，清退服务不到位物业公司2家。探索多元联动共建机制，以“街道党工委—社区党组织—物业公司党组织”为基础架构，通过党建联席会、现场调度会等，集中解决老旧小区停车难、环境差、管理乱等物业难题400余个，促进物业服务不断提质扩面。整合市场运营和物业企业服务资源，形成规模化连片管理运营效应，降低企业运营成本。通过服务资源整合及规模化管理，物业运营成本下降20%。探索“物业+家政”“物业+养老”“物业+科技”等模式，改变物业公司单一运营模式，实现经营领域多元化。至年末，老旧小区物业费收缴率由34%提升到75%以上。

【干部队伍建设】 2023年，鲸园街道深化“实敢当”作风提升专项行动，开展“周三学习日”“周三夜校”“周末课堂”等活动50余场，以“围绕中心、建设队伍、服务群众”为核心任务，通过开办“青年研习班”、机关支部入驻重点项目一线等，提升机关干部综合素质。建立新入职年轻干部“传帮带”机制，由分管班子成员和科室负责人担任导师，对8名年轻干部一对一指导。举办“学思想、强党性、重实践、建新功”专题研讨会、党课演讲比赛等活动，形成比学赶超氛围，激发干事创业活力。制定《鲸园街道社区干部队伍素质提升方案》，常态化开展“比学赶超”计划、鲸英训练营、金牌社工养成计划、社区伙伴成长计划、小巷管家成长营5大板块活动，以制度化、体系化方案推进基层干部队伍能力提升。至年末，开展相关培训19场，培育中级社工9人，社区工作人员社工证持证率为63%，为近5年最高。

（宋雅心）

孙家疃街道

【概况】 孙家疃街道（环翠北海省级旅游度假区）位于环翠区北部，东、北两面临海，东望刘公岛，西接高新区，南与鲸园街道毗邻。辖区面积18.58平方千米，户籍人口17691人。街道办事处驻北海社区，辖社区8个，有股份经济合作社11个，有中学1所、小学2所、幼儿园4所、社区卫生服务中心1所。2023年，孙家疃街道完成一般公共预算收入1亿元，比上年下降33.65%；税收1亿元，下降33.65%；固定资产投资8.24亿元，下降0.66%；外资到账900万美元，下降164%。年内，孙家疃街道“小事不下船、大事不出港”工作法被中共中央政法委授予全国新时代“枫桥经验”先进典型。

表54　2023年孙家疃街道各股份经济合作社基本情况表

序号	合作社名称	党组织书记	理事长	集体经济收入（万元）
1	远遥社区股份经济合作社	毕可贤	毕可贤	320.91
2	外窑社区股份经济合作社	夏　斌	夏　斌	26.58
3	里窑社区股份经济合作社	苗延康	苗延康	104.63
4	孙家疃社区股份经济合作社	孙学成	孙学成	587.16
5	靖子社区股份经济合作社	苗喜华	苗喜华	296.03
6	山东社区股份经济合作社	吕廷恩	吕廷恩	308.89
7	沙窝社区股份经济合作社	李树京	李树京	808.18
8	王家村社区股份经济合作社	王华杰	王华杰	143.15
9	陈家疃社区股份经济合作社	宫本胜	宫本胜	64.30
10	合庆社区股份经济合作社	刘宏军	刘宏军	520.11
11	黄泥沟社区股份经济合作社	乔文涛	乔文涛	234.46

【党建工作】 基层党组织建设。2023年孙家疃街道党工委创建社区党建品牌，开展“文旅相伴”“渔情社美”等党建项目8个，建立“网格—社区—包片民警—行政执法”四级联动处置机制，解决停车难、民宿扰民等问题3700余件。深化红色物业建设，培育市级四星级红色物业东紫园项目，开展“红色速递”等活动7次，创新开展“候鸟业主”定期入户打扫、宠物代管等业务，解决业主难题10余项。联合远遥浅海科技湾区筹委会、环海投资有限公司，实施湾区“产业链”党建项目，建立实体党支部2个，开展“红色沙龙”等党建活动20余场。构建党建指导员、人才服务专员、企业服务专员“三合一”服务链，引进国家级人才5人、省级人才项目6个。

党员队伍建设。2023年，孙家疃街道党工委以“系统化”为目标，开设党员教育“实景课堂”；规划“威海海洋科技馆”“枫桥派出所”教学路线，开展现场学习9次；开设“指尖课堂”，定期推送灯塔大课堂等线上学习资源，引导党员随时看、随时学。理顺灯塔流动党员队伍，打造流动党员驿站8处，实现“人在异地、学在一起”。深化主题教育，分领域制定机关、社区、合作社、“两新”组织4类工作清单，开展主题党日等学习活动186次，为98名年老体弱党员送学上门。紧盯群众急难愁盼问题，组织党员开展3轮遍访，发现并解决问题186个。发展壮大党员队伍，年内，发展预备党员19名、入党积极分子30名。

党风廉政建设。2023年，孙家疃街道纪工委开展廉政党课17次、党风廉政专题会议4次、廉政谈话2轮，查实违反中央八项规定案件2起，涉及4人，分别给予谈话提醒和立案审查调查。办结社区、合作社党员违法违纪案件4宗，3宗仍在办理。进行审查谈话4人次，送达处分决定6人次，“第二种形态”处理4人次，“第三种形态”处理1人次。约谈合作社党支部书记3人次、社区书记2人次，下发纪律监察建议书5封，处理信访件（含业务外）16件。

【招商引资与项目建设】 2023年，孙家疃街道依托旅游优势，引进崖尚咖啡、宜必思酒店等项目10个，产业布局持续优化。推进楼宇经济，打造蓝贝海洋科技中心、蓝科大厦2处科研特色楼宇，引进相关企业10家。出让土地8.2公顷，为远遥浅海科技湾区产业发展留足空间。对接王晨旭、姚统等知名团队，引进国家高新技术等企业18家、纳统企业2家，前三季度营业收入5437.81万元。油画小镇艺术酒店项目开始装修施工；远遥国家海洋综合实验平台创新基础设施（一期）项目进入基础施工阶段；国家海洋综合试验场运维保障项目完成设备采购，进入科研码头、调试车间、试验保障船建设及设备安装阶段；智能航海新型基础设施项目投产。

【社会事业】 2023年，孙家疃街道为辖区30户城乡低保家庭发放低保金34.7万余元；为3名特困人员发放补贴4.6万余元，发放特困人员照料补贴3.2万余元；为低保、特困家庭发放电费补助金2902元、天然气补助金3186元；为7名低保经济困难老人发放补助6960元；为2名孤儿发放生活补助4.7万余元；为1名困境儿童发放生活补助1.2万余元。积极开展慈善救助工作，为18人申请发放大病救助款20.8万余元，其中低保对象3人，发放大病救助款4662元；普通大病家庭救助15人，发放大病救助款203780元，减轻贫困大病患者家庭的医疗负担。发动、组织辖区11个合作社、8个社区、重点企业负责人及办事处工作人员参与慈善捐款，募集善款611756元。

【基层治理】 2023年，孙家疃街道通过开展社区后备干部竞聘上岗工作，选拔优秀社区工作人员4名；通过组织8名社区副职参加全区“金牌社工”选拔比赛、列席社区书记会议、指派副职代表社区进行项目路演、副职带头值班等方式，提高社区副职履职能力。创新社区运营模式，打造伴海社区佳宁摄影社区运营项目，开展公益服务70余次，受益居民2870人次。结合为民服务“微实事”工作要求，引导社区从群众反映强烈、急需解决的问题入手，解决社区治理难题。育海社区通过召集业主代表、业委会成员、物业等多方联席会议，解决山公馆小区南门通行和监控升级改造问题，实现小区封闭管理；连海社区对接公交公司，协调安装环海路415小区公交站点公交凳，方便老年居民候车；艺海社区邀请物业公司、居民代表、第三方充电桩安装公司召开议事会议，为小区增设电车充电桩，解决居民电车充电难题。年内，孙家疃街道各社区解决居民急难愁盼问题110余件。

【民生实事】 2023年，孙家疃街道投资约4900万元，改造安海社区远遥东区老旧小区，涉及35栋楼1378户，建筑面积13万平方米。工程包括升级改造现有游园，增设适合儿童和老人的活动场地、设施和标识标牌，优化步行路线，增设安全护栏和无障碍通道，在每个单元三层的楼梯平台位置设置折叠坐凳等设施。抢抓房屋产权确权颁证历史遗留问题整治工作机遇，积极协调自然资源、不动产、住建等部门，解决沙窝5号楼、统一北路57号和59号等6个项目办证难问题。

【文旅产业发展】 2023年，孙家疃街道辖区内的威海海洋科技馆获评国家AAA级旅游景区。半月湾景区

旅游旺季的北山街夜景（拍摄于2023年8月15日）（孙家疃街道　供图）

邀请北京京师天成旅游规划设计专家，开展实地调研，谋划打造国家AAAA级旅游景区。对接公安、文旅等部门，集合社区力量，排查摸底辖区民宿情况，掌握辖区民宿、网约房700余家，协调456家民宿接入旅馆业治安管理信息系统。在半月湾、北山街区域增设停车场4处、停车位800余个。成功申报省级民宿聚集片区，获得省级补贴资金60万元。7月14—23日，协助区融媒体中心举办2023年半月湾国际沙滩音乐节；8月26—27日，协助市体育局举办2023年威海铁人三项世界杯赛，以节会、赛事提升街道知名度。借力半月湾国际沙滩音乐节和威海铁人三项世界杯赛，常态化开展文明旅游、文化体验、创意集市等文明实践志愿服务项目。利用夏季旅游火爆契机，推进闲置楼宇盘活，其中闲置20年的华东艺校地块将由产权方自行开发，打造油画小镇·聚工坊项目；蓝山海岸三期计划打造商业酒店；崖尚咖啡、蓝堡酒店等高品质文旅项目投入运营。

【“海上枫桥工作法”】 2023年，孙家疃街道探索实践以“小事不下船、大事不出港”为主要内容的“海上枫桥工作法”，被中共中央政法委授予全国新时代“枫桥经验”先进典型，此荣誉全省仅有4个。孙家疃街道渔船民中外来人员占90%以上，街道组织其参加渔民节、“海祭”等文体活动，融入本地生活；设立心理咨询室，组建“闻涛”心理疏导队，为其提供心理服务；实施“网络入海”，渔船民可以通过船载卫星系统联系家人、上网“冲浪”；组织渔业公司、渔业协会等“进渔家、纾民困”，解除出海渔船民的后顾之忧。推行“一船一调解小组”制度，发挥“船老大”出海经验丰富、威信高的优势，明确其为调解负责人，由“大副”“大车”协助，调处纠纷、化解矛盾；与威海海警局环翠工作站建立海上纠纷联调机制，指导帮助“船老大”化解出海作业期间的矛盾纠纷。注重从源头化解渔船民与船东劳资纠纷，建设“涉海信息采集云平台”，对渔船证照、用工协议、保险凭证等，实行一船一档、一人一号动态监管，将渔船用工、薪酬支付等情况纳入信用监测体系，为渔业企业、捕捞船船东等建立信用档案，将违规渔企纳入“黑名单”予以惩戒；协调海洋、劳动监察、公安、海事法庭等单位建立协作机制，聘请6名特约调解员入驻多元解纷调解室，对一般性劳资争议以简易程序快速调处。利用人技结合，快速调解渔船碰撞纠纷。建立固定杆、固定点、固定编号“三固定”停靠制度，渔船进出港前向渔港调度指挥中心报告，按照分配航道有序进出；运用科技固定证据，整合渔港码头及周边海防雷达、高清监控等图像资源，运用“双北斗”系统，复原涉纠纷渔船航行轨迹，固定证据，协助判定责任；在渔港警务室设立联调办公室，由派出所、海事处、渔业互保协会等单位组成快速联调团队，对碰撞事故启动快调机制，当场调处；对情况复杂、争议较大的，依托联调办公室调处，最大程度压缩时间、减少停工停航损失。

（刘　钊）

嵩山街道

【概况】 嵩山街道位于环翠区南部，东与经开区相邻，西与羊亭镇相连，南与温泉镇、临港区接壤，北依竹岛街道，面积31.07平方千米，户籍人口18069人。街道办事处驻阅山社区，辖6个村、9个社区，有14个股份经济合作社，有义务教育阶段九年一贯制学校1所、初中1所、小学1所、幼儿园6所、村（社区）卫生服务机构8所。2023年，嵩山街道实现一般公共预算收入1.5398亿元，比上年增长129.89%；税收3.2亿元，增长125.6%；固定资产投资17.3亿元，下降23.04%；外资到账900万美元，增长19.68%。

表55　2023年嵩山街道各股份经济合作社基本情况表

序号	合作社名称	党组织书记	理事长	集体经济收入（万元）	人均纯收入（元）
1	宅库社区股份经济合作社	戚红亮	戚红亮	161.47	18000
2	河北社区股份经济合作社	王吉虎	王吉虎	239.46	18500
3	张家疃社区股份经济合作社	戚长松	戚长松	34.26	19119
4	夏家疃社区股份经济合作社	夏春建	夏振峰	101.37	14720

续表

序号	合作社名称	党组织书记	理事长	集体经济收入（万元）	人均纯收入（元）
5	北葛拉社区股份经济合作社	丛树柱	丛树柱	90.31	18961
6	谷家洼社区股份经济合作社	谷元强	谷元强	21.99	19668
7	高家庄社区股份经济合作社	王建松	丛培智	98.63	19928
8	岳家庄社区股份经济合作社	岳　永	岳　永	59.25	19866
9	徐家疃社区股份经济合作社	于建军	于建军	398.04	20000
10	范家埠社区股份经济合作社	刘昌平	刘昌平	66.29	22500
11	五家疃村股份经济合作社	王　威	王　威	84.10	18029
12	北七夼村股份经济合作社	刘鹏程	刘鹏程	12.16	13520
13	西庄村股份经济合作社	王钟林	王钟林	93.35	19860
14	台下村股份经济合作社	徐少岩	王建宝	29.68	13403

【党建工作】 基层组织建设。2023年，嵩山街道党工委召开党工委会议27次、专题会议14次，研究部署主题教育、满意度提升等专项工作12项，指导制定党组织分类提升、村改居融合发展等党建制度文件8个，新增规模以上企业及新就业群体党支部各1个。补充山水、华夏等5个社区“两委”干部11名、竹园村委会主任1名。打造“扩圈·强链·共富”党建示范品牌，采取党组织领办合作社、党员带动村民等方式，新增35家企业入盟，落地禹星源田园综合体等项目13个，带动村集体年增收40余万元。围绕精致幸福社区建设，探索党建引领、共治共享社区工作模式，培育“康养银龄”“光合蔚海”等党建共建项目24个、社区组织73个，开展诚信公益集市等活动380场次，1.2万余人受益。

党员队伍建设。2023年，嵩山街道党工委党校（党员教育中心）采取“业务知识学习+实际业务操作+典型案例讲解”的一体化培训模式，开设“周三学习日”“乡村振兴大讲堂”等专题培训52场，培训“两委”干部、党员3500余人次。对机关、“两新”组织等43个党支部建立分包指导机制，对辖区902名党员逐一进行摸底，确定党建指导员8名、送学联络员21名，确保党员学习全覆盖。12名班子成员带头，300余名党员下沉一线，走访联系服务群众1.5万户，完成广远路乱停车等民生“微实事”200余项，解决北葛拉村滞迁户拆迁等“卡脖子”难题8件，开展党建指导员“入企指导、驻企问需”120余次。年内，发展党员13名，完成南葛拉3年未发展党员村销号工作。

党风廉政建设。2023年，嵩山街道纪工委综合运用监督执纪“四种形态”，开展谈话提醒、批评教育8人次，下发专项通报5期，与重点岗位干部、基层党组织书记等开展廉政谈话80余人次，党内警告处分4人。开展基层不担当、不作为、乱作为等专项整治，打造“阳光范家埠”清正廉洁村居品牌示范点、“清廉之角”2处，完善村（社区）基层小微权力“监督一点通”平台建设。开展“传承廉洁家风、涵养清风正气”家风主题宣讲活动8场，举办“笔墨传清风·廉洁文化进万家”等主题书画创作活动6场。

【项目建设与产业发展】 2023年，嵩山街道实施总投资22.25亿元的区级重点产业项目10个[安美适（山东）生物技术开发有限公司医疗器械生产基地项目、威海市世一网业有限公司特种新材料项目、威海华新药业集团有限公司华新医药产业园项目、华厦网络科技服务（威海）有限公司新能源汽车智慧服务平台项目、华夏文化旅游集团股份有限公司生态文明展馆主题展区提档升级项目、山东星禾呈酒店管理有限公司星禾呈酒店项目、威海华夏房地产开发有限公司海峰路商业街项目、威海瑞达文化创意产业有限公司服饰文化创意特色楼宇项目、轻户外运动基地产业振兴特色节点项目、威海宏诺钓具有限公司钓具综合展销基地项目]，投产项目7个[安美适（山东）生物技术开发有限公司医疗器械生产基地项目、威海华新药业集团有限公司华新医药产业园项目、华厦网络科技服务（威海）有限公司新能源汽车智慧服务平台项目、华夏文化旅游集团股份有限公司生态文明展馆主题展区提档升级项目、山东星禾呈酒店管理有限公司星禾呈酒店项目、轻户外运动基地产业振兴特色节点项目、威海宏诺钓具有限公司钓具综合展销基地项目]。外出招商36次，招引技术型、高端制造型企业重点项目8个，到账外资900万美元，到位资金12亿元。

【人才引进与校地合作】 2023年，嵩山街道落地激光与光电子研究院山东省博士后创新实践基地1处、"青年驿站"2处，储备泰山领军人才2名，申报国家级高层次人才项目3个，引进外国人才5名。推动哈尔滨工业大学教授担任威海市世一网业有限公司"科技副总"，威海威仕泰医疗科技公司与清华大学医学院李海涛实验室开展尿蛋白检测技术合作，开发尖端领域校地合作项目13个。年内，新增山东省专精特新中小企业2家（威海德旭船舶有限公司、威海丹宏体育用品有限公司）。申报科技型中小企业28家、高新技术企业12家、规模以上工业研发企业5家，有研发人员106人，研发投入2499万元，技术合同成交额3亿元。

【民生实事】 2023年，嵩山街道投资800万元，新建总长1千米、硬化面积1.5万平方米的宅库街道路及山水绿城2号路。投资50万元，新建峰北路人行道，铺设人行道板860平方米。投资350万元，装修改造山水绿城幼儿园、采购办公教具等。9月，山水绿城幼儿园、牡丹花园幼儿园及河北中学投入使用，周边536名学生就近入学入园。解决宅库花园回迁小区10年无法办理不动产证问题，办理房证90余户。中南熙悦、碧桂园璟悦台小区交付住宅527套。伴山雅阁小区、华夏山海城小区、东骏阅山小区增设充电桩8处，设置充电车位633个。

【社会事业】 2023年，嵩山街道办理医保参保登记4572人次；办理征地居民职工退休人员居民养老保险退保手续357人次，发放退保金2.62万元；发放计划生育家庭特别扶助37人次41.36万元、农村部分计划生育家庭奖励扶助1374人次131.28万元；发放低保人群低保金241人次20.48万元；发放职工遗属补助24人次3.6万元；办理特困供养人员补助36人次4.37万元；办理困难残疾人生活补助136人次2.8万余元；发放重度残疾人居民医疗保险补贴95人4.2万余元。

【基层治理】 2023年，嵩山街道升级改造阅山社区党群服务中心565平方米，解决东骏阅山小区停车位管理等民生难题12件。探索建立"美德信用+社区运营"服务模式，设立蔚海社区"诚信执手共筑'蔚'来之家"、百合社区"诚信公益集市"等社区特色项目8个，推行诚信托管课堂、指数兑换社区场地使用活动87次，惠及居民4000余人。链接威海市善若社会工作研究与服务中心等社会组织，开展公益创投项目"童心童筑·爱满家园"、"家·嵩山"低保群体自助互助项目等公益服务活动29场，服务居民800余人次，相关活动被山东电视台《新闻联播》报道。8月，蔚海社区"光合蔚海"工作法被省民政厅宣传推广。10月，珠海社区获评"威海市精致幸福社区"。12月，向阳社区获评"威海市精致幸福典范社区"，其"三融三治"工作法被市委组织部及市民政局宣传推广。

【乡村振兴实践】 2023年，嵩山街道盘活民房24套、集体资产1400平方米，落地禹星源田园综合体、怡然民宿等亮点项目，打造遇圆星居、怡然、有馔等精品民宿品牌4个，推动村集体年收入增长40余万元，带动群众年收入增长30余万元。培育梧桐树下、石一昆味电商直播间2个，其中，石一昆味电商直播间盘活小镇村闲置民房3套、闲置厂房2000平方米，创造就业岗位30余个。引入社会资本盘活石窝剧场，打造石屋咖啡厅，引进山东嘉行体育文化发展有限公司等专业运营机构，实现星河乐园区域对外承租。6月18日，2023中国山地自行车公开赛（山东·环翠站）在小镇村举办，吸引游客1500余人次。12月20日，小镇村被认定为山东省体育产业示范乡村。

【文旅产业发展】 2023年，嵩山街道辖区华夏城景区升级改造生态体验馆，新增水滑道、丛林飞龙等体验游玩项目，打造《城南硝烟》《古道战狼》日间剧场，与《神游传奇》夜间剧场形成三大演艺板块。年内接待游客200万人次，比上年增长220%；实现营业收入1.3亿元，增长280%。3月，华夏文化旅游集团股份有限公司获评山东精品旅游十大影响力品牌、山东精品旅游十佳文旅融合单位；11月，被纳入山东省首批"百企领航"培育计划。

【滞迁户动迁】 2023年，嵩山街道成立动迁工作专班；10月24日，北葛拉社区股份经济合作社1户滞迁15年的住户签订拆迁协议；11月1日，房屋完成拆除。滞迁民房拆除后，可建设楼宇5000平方米，为合作社增加集体资产商品房2300平方米。推动完成北葛拉股份经济合作社旧村改造结算，53户村民二套回迁房达到办证条件。

【危楼拆除】 嵩山街道谷家洼社区股份经济合作社2010年实施旧村改造时，2栋D级危楼未被纳入改造范围。2023年，嵩山街道协调开发商，利用库存房源回迁安置50户危楼居民。9月22日，签订拆迁协议；12月2日，2栋危楼拆除完毕，化解安全隐患。

谷家洼社区股份经济合作社危楼拆除现场（拍摄于2023年11月24日）

（嵩山街道　供图）

【安美适医疗器械生产基地项目建设】 2023年6月8日，安美适医疗器械生产基地项目启动仪式在威海新一代信息技术科创中心园区举行。该项目由安美适（山东）生物技术开发有限公司投资1亿元，建设无菌生产线3条，打造集医疗美容技术服务、创新研发、生产制造于一体的医疗器械制造基地，盘活新一代信息技术科创中心厂房4000平方米。至年末，项目进入投产前期调试阶段。

（宋怡静）

张村镇

【概况】 张村镇位于环翠区西部，东接竹岛街道、嵩山街道，西与高新区初村镇相邻，南邻羊亭镇，北与高新区田和街道接壤，面积49平方千米，户籍人口34519人。镇政府驻华锦社区，辖4个行政村、17个社区，有15个股份经济合作社，有初中2所、小学5所、十二年一贯制学校1所，公立医院1所、村（社区）卫生服务机构9所。2023年，张村镇完成生产总值40.95亿元，比上年增长3.2%；一般公共预算收入5亿元，比上年下降29.58%；税收9亿元，下降32.33%；固定资产投资24.17亿元，下降24.23%；外贸进出口额30亿元，下降11.5%。年内，张村镇蝉联全国综合实力千强镇，排名第253位；入选全国镇域经济500强、镇域高质量发展500强。

表56　2023年张村镇各股份经济合作社基本情况表

序号	合作社名称	党组织书记	理事长	集体经济收入（万元）	人均纯收入（元）
1	皂南台社区股份经济合作社	张祖刚	张祖刚	1063.92	33456
2	柳沟社区股份经济合作社	谷源祥	谷源祥	1040.83	30000
3	和徐疃社区股份经济合作社	徐克贵	徐克贵	560.99	30223
4	黄家皂社区股份经济合作社	程　铭	程　铭	431.00	31027
5	皂河北社区股份经济合作社	张传全	张传全	375.01	30744
6	东莱海村股份经济合作社	谷沅崇	谷沅崇	448.76	33000
7	西莱海村股份经济合作社	丛文滋	丛文滋	213.22	26193
8	张村社区股份经济合作社	曲建敏	刘永昌	44.20	26553
9	桃园社区股份经济合作社	张光前	张光前	255.14	25446
10	皂西台社区股份经济合作社	张忠臣	张忠臣	275.63	32238

续表

序号	合作社名称	党组织书记	理事长	集体经济收入（万元）	人均纯收入（元）
11	后双岛村股份经济合作社	丛忠义	李　双	189.27	22000
12	皂东塘社区股份经济合作社	张　钢	张　钢	312.13	33978
13	前峰西社区股份经济合作社	周大伟	周大伟	364.08	26500
14	东夼村股份经济合作社	郭学军	毕可英	65.08	26033
15	姜南庄社区股份经济合作社	谷厚锋	谷厚锋	371.46	29920

【党建工作】 基层党组织建设。2023年，张村镇党委完成15个社区“两委”成员补选工作，补充社区“两委”成员53人。投资25万元，在张村镇便民服务中心二楼升级打造张村镇园区党群服务中心，设置红色会客厅、党群工作站、红领专班、初心会议室等功能分区，开展“链接美好”共建计划、“重走十八里担架道”红色基地观摩学习、“劳模面对面”交流座谈会、“筑梦张村”联谊交友等活动18次，参与企业员工1200余人次。成立魏桥（威海）铝精深加工产业链党委，对接区国有资本运营有限公司，打造500平方米魏桥（威海）铝精深加工产业链党群服务中心，成立实体党组织6个，其中规上企业4个；扩大新业态新就业群体领域党组织覆盖，成立汉鼎体育党支部及育新党支部，收到入党申请书12份，推选入党积极分子3名，常态化开展“最美骑手”评选及“新锋领跑”活动8次；开展非公企业党务工作者专题培训5次；深化联系服务企业机制，走访企业380余家，协助威海人生药业集团股份有限公司提炼“四个人生”党建工作品牌并获评市级“特色党组织”。3月13日，张村镇党委被省委组织部授予“干事创业好班子（好团队）”。

党员队伍建设。2023年，张村镇党委强化党员教育管理，完善镇党校“建矩阵 强基石 两新党建助发展”品牌，储备讲师32名；针对机关、村（居）、“两新”组织“3”个领域，围绕党性教育、乡村振兴、产业研发“3”类现场教学基地，创新思想引领、知规守纪、明史践悟、榜样力量、党建领航、发展路径“6”大套餐式教学课程，构建“336”课程体系；组织镇党委理论学习中心组集体学习12次，开展党员轮训10场、党务工作者培训2次、党组织书记专题培训8次；开展“我来讲党课”主题活动、“我为发展献良策、解难题、建新功”系列主题教育活动、今冬明春党员集中轮训等党员培训活动，培训党员1756名。开展“学习贯彻二十大精神凝聚奋进新征程磅礴力量”庆祝建党102周年系列活动，为13名党龄50年以上党员颁发“光荣在党50年”纪念章。每月定期评比考核党组织和党员，排查整顿党员违规违纪问题，处置党员5名，向2个党组织发出纪律检查建议书2份。年内，新发展党员40名、预备党员转正42名、入党积极分子149名。

党风廉政建设。2023年，张村镇党委同班子成员、村（社区）负责人签订《党风廉政建设责任书》56份。配合区委第三巡察组做好巡察工作，召开镇、村两级巡察动员会33场次，开展个别谈话317人次，办理信访举报信6封、信访举报事件3件，督查落实问题34个、整改措施38项。镇纪委处置问题线索5件，其中立案5起，给予党纪处分5人，针对各级领导干部、工作人员工作漏洞问题主动约谈5人次。召开村（居）纪检委员会议4次；组织全体机关干部观看警示教育片3次，警示教育1次。采取“四不两直”方式，检查全镇机关干部工作作风和工作纪律执行情况8次，发布通报2次。为90名机关在编在岗干部发放《落实中央八项规定精神60条纪律红线》，为村（居）发放廉政宣传册12期384本。

【招商引资】 2023年，张村镇加大产业链、供应链、创新链招商力度，开展专题招商活动56次，对接优质企业38家，签约项目9个（威海宝威新材料科技有限公司新材料智能工厂项目、威海兴恒新材料科技有限公司兴恒动力电池铝箔项目、威海亿辰精密科技有限公司高端汽车配套项目、威海鑫达精工机械有限公司鑫达发动机精密零部件生产项目、威海永烁新材料科技有限公司高档碳纤维复合材料制品生产项目、威海市韩味源食品开发有限公司韩味源项目、威海华胜商业运营有限公司华胜高端科技产业园区项目、山东宝璐仿生科技有限公司仿生鱼饵智能工厂项目、威海泓景工业科技有限公司高档鱼线轮智能工厂项目），其中过亿元项目5个（威海宝威新材料科技有限公司新材料智能工厂项目、威海兴恒新材料科技有限公司兴恒动力电池铝箔项目、威海亿辰精密科技有限公司高端汽车配套项目、威海鑫达精工机械有限公司鑫达发动机精密零部件生产项目、威海永烁新材料科技有限公司高档碳纤维复合材料制品生产项目）。联东U谷入驻企业项目15家，总数达到19家。

【项目建设】 2023年，张村镇实施重点产业项目20个，总投资57.91亿元，全部或部分投产项目11个，其中新建项目投产3个（威海中远海运重工科技有限公司电气装配生产车间项目、威海汉鼎科技有限公司碳纤维智能工厂项目、威海富源百川文化传媒有限公司户外网红垂钓打卡基地项目），续建项目投产8个[山东威高骨科材料股份有限公司骨科植入产品扩产项目、爱华海（威海）图文影像有限公司绿色图文影像新材料生产线项目、中科锐金（山东）钛业科技有限公司医疗钛合金材料生产项目、山东环球渔具股份有限公司环翠钓具共享平台基地项目、威海市鸿海碳纤维制品有限公司碳纤维复合腔体构件生产与研发项目、威海诚毅智能设备有限责任公司恒通智能设备制造厂区项目、威海蓝杭新材料科技有限公司高档复合材料生产项目、威海瀚琳机械制造有限公司汽车发动机配件研发生产项目]。实施重点技改项目26个，完成投资8.73亿元。启动新一轮企业冲击新目标行动，新增规模以上工业企业8家。威海人生药业有限公司、威海畅享海天新材料科技股份有限公司等10家企业获评省级专精特新企业；威海新北洋荣鑫科技股份有限公司、威海怡和专用设备制造有限公司等13家企业获评全省首批数字经济“晨星工厂”；山东埃姆科泵业有限公司获评省级“瞪羚”企业；威海宝威新材料科技有限公司入选省服务型制造示范企业、国家级智能制造试点；威海海鑫新材料有限公司入选第五批国家级专精特新“小巨人”企业；威海广泰空港设备股份有限公司入选2023年（第七批）山东省制造业单项冠军企业。9月，中央广播电视总台国际在线、中国新闻网、中国经济网等7家中央级媒体，以及《大众日报》、山东广播电视台等15家省、市级媒体到张村镇开展“解码‘“小巨人”’——专精特新看中国”主题采访报道活动。

【社会事业】 2023年，张村镇便民服务大厅窗口受理各类社会保险业务7968余人次。发放6个被征地村（社区）养老保险117万余元。发放各类救助金142万元，其中，为低保人员62人发放65万余元，为特困人员10人发放16.5万余元，为事实无人抚养儿童14人发放38万余元，为“1184工程”18人发放9万元，“三大节”走访困难群众80人发放13.5万元。4月13日，威海市教育强镇筑基现场推进会在张村镇召开。年内，张村镇通过全省教育强镇筑基试点复审。推进“健康张村”行动，打造镇级中医馆1处、村级“中医阁”3处；开展食源性疾病多点触发监测预警工作试点，国家食品安全与营养健康综合试验区现场会在张村镇设立观摩点；张村镇卫生院获评省级中医药健康文化知识角建设单位，柳沟中心卫生室获评“省级中医药特色村卫生室”，柳沟中心卫生室、姜南庄村卫生室入选全市首批“集采药品进基层医保惠民点”。6月，张村镇便民服务大厅会同区行政审批局完成省级政务服务“云游大厅”经验介绍展示。9月，获得全区“人人实敢当，处处争一流”政务服务专项技能大赛三等奖。

【基层治理】 2023年，张村镇以社区运营中心建设为抓手提升社区自治能力，挖潜整合社区闲置空间17处，划分“空间换服务”“公益市集”“小空间利用”“对外拓展空间应用”“文化创意”“居民自组织”六种模式，形成魏桥社区“四点半课堂”、华锦社区“桑榆未晚”等社

张村大集的大秧歌表演（拍摄于2023年1月13日） （张村镇 供图）

区运营特色品牌17个，成立社区公益金17支。。创新联系服务载体做活基层治理，17个社区活动载体开展活动128场次，服务居民6283人次。升级“一站式”矛盾纠纷调解中心，培育“顺理成‘张’”调解品牌，初次信访及时受理率和按期办结率均为100%。开展违法用地整治行动，拆除违章建筑62处4300平方米，整治流出耕地25.07公顷，相关经验做法获全市通报表扬。开展“文化惠民”活动，举办社区文化节等文体活动300余场次，承办全国新年登高健身大会，《张村大集抢先进入“春节模式”》被中央广播电视总台新闻联播专题报道。开展反诈“扫楼”行动，逐门逐户见面核查、宣传安装“国家反诈中心”App8万余人次；借助纳凉晚会、张村大集等活动开展集中宣传，发动村（居）开展宣传讲座17次。

【民生实事】 2023年，张村镇办结民生实事11项、民生“微实事”61项。处置热线工单8867件，热线工单总量连续12个月实现同比下降，月均比去年下降12.3%。着力解决群众关切的难点、堵点问题，中梁·海岳府、景和家园复工，姜南庄、东莱海、西莱海等9个旧村改造项目2280户，蓝湾假日、水缘金座51栋楼、世纪新城、和兴家园6栋楼、龙海山庄等商品房项目均完成房证办理，长达十余年的城建领域民生难题基本解决。

【基础设施建设】 2023年，张村镇实施重点城建工程6项、为民实事建设工程5项。投资870万元，新建烟墩山路、千山路。投资147万元，铺设魏桥（威海）铝精深加工产业园及千山路雨、污水管网1670米。投资300万元，对环翠路、珠江街、千山路800平方米绿地提档升级。投资17万元，在烟墩山路、千山路安装路灯34盏。投资200万元，对东夼村南侧7000平方米绿化进行提档升级。投资56万元，改造柳沟花园小区主干道、公园、停车场。投资35万元，修复景和家园小区18栋楼破损墙体、屋顶防水层，更换雨水管。投资42万元，改造绿能小区3栋楼屋顶。投资79万元，对琅声园小区、云海山庄、翠海明珠小区主干道路路面铺设沥青、修复路沿石。加快“无废城市”建设，栽植各类苗木2000株，在防火通道和墓地周边新增3200米防火隔离网，清理张村河下游河道2.5千米，新建垃圾分类房20座。年内，张村河创建为省级美丽幸福示范河湖。

【渔具电商产业】 2023年，张村镇抢抓新媒体电商发展机遇，加快培育直播电商、产地仓、直采基地等新业态，重点推动电商供应链、电商直播基地集聚发展。打造汉鼎、环球共享基地、富源百川、双创人四大电商产业园区及直播基地。园区拓展沉浸式、场景化带货模式，举办汉鼎全民垂钓季、富源百川全国挑战赛等“张村特色”钓具文化活动，形成良好的产业集聚效应，提升产业链企业效益。年内，张村镇渔具电商交易额达22.8亿元，比上年增长17%，产业链发展相关经验做法被中央广播电视总台专题报道。双创人孵化园获评“国家级科技企业孵化器”“山东省工友创业园”，钓具及休闲运动产业入选省中小企业特色产业集群。

【张村镇卫生院成立大五官诊疗区】 2023年，张村镇卫生院强化科室建设，在全区基层医疗机构中率先成立大五官诊疗区；成立基层胸痛单元，为急诊患者争抢黄金救治时间。利用医联体合作模式，打造外科、口腔科名医基层工作站和儿童耳鼻咽喉头颈外科专科联盟；与威海卫人民医院联合建立的远程CT、心电诊疗中心接诊9000余人次，胃肠镜诊疗中心年内开展胃肠镜手术150余例。注重科研技术创新，在“针灸针”“循经灸器”“骨痛治疗贴”国家专利基础上，探索古法针刺、温针技术结合中药外治治疗骨痹病、微针浅刺法治疗失眠症等市级项目，进一步树立张村镇卫生院中医药品牌。进社区、学校、工厂举行义诊、健康知识讲座等110余次，受益群众1.2万余人次。

【威海广泰空港设备股份有限公司成为2023年（第七批）山东省制造业单项冠军企业】 2023年11月16日，山东省工业和信息化厅公布2023年（第七批）山东省制造业单项冠军企业名单，张村镇辖区企业威海广泰空港设备股份有限公司入选。威海广泰空港设备股份有限公司的空港装备覆盖机场机务、飞机货运、油料加注、场道维护、客舱服务、机场消防六大作业单元，产品出口70多个国家和地区。

【威海海鑫新材料有限公司成为第五批国家级专精特新“小巨人”企业】 2023年9月23日，第五批国家级专精特新“小巨人”企业名单公布，环翠区4家企业上榜，张村镇辖区企业威海海鑫新材料有限公司榜上有名。威海海鑫新材料有限公司拥有山东省企业技术中心、威海市高精铝板带箔工程实验室等研发平台，被认定为国家高新技术企业、国家级两化融合管理体系贯标试点企业、山东省单项冠军示范企业、山东省科技“小巨人”企业、山东省智能制造示范企业。

【威海市铝深加工产业链绿色高质量发展会议暨魏桥（威海）铝精深加工产业园开园仪式举行】 2023年7月17日，威海市铝深加工产业链绿色高质量发展会议暨魏桥（威海）铝精深加工产业园开园仪式举行。魏桥（威海）铝精深加工产业园是环翠区与山东魏桥创业集团、山东省铝业协会联合打造的铝精深加工产业高端集聚区，旨在围绕铝精深加工产业引进上下游关联企业，打造产业链协同发展型园区、绿色低碳智慧型园区、高端科技创新型园区及一站式服务型园区。至年末，入驻总投资超过30亿元的高质量项目5个。

（魏荣恩）

2023年7月17日，威海市铝深加工产业链绿色高质量发展会议暨魏桥（威海）铝精深加工产业园开园仪式举行（区国有资本运营有限公司　供图）

羊亭镇

【概况】 羊亭镇位于环翠区西南部，东临经开区，西与高新区双岛湾科技城接壤，南临临港区汪疃镇，北接里口山风景名胜区，面积71.96平方千米，户籍人口23616人。镇政府驻羊亭村，辖25个行政村、4个城市社区，有31个股份经济合作社；有公办小学1所、公办中学2所、公办幼儿园3所，公办中心卫生院1所、中心卫生室6所、一般村卫生室8所，卫生室纳入中心卫生院一体化管理。全年完成一般公共预算收入3.59亿元，比上年增长9.6%；规模以上工业总产值50.2亿元，下降9.51%；利税7.1亿元，下降6.77%；固定资产投资20.74亿元，比上年增长38.63%。获评全国千强镇、镇域经济500强镇、镇域高质量发展500强镇、全省首批小城镇创新提升行动卫星镇试点等。

表57　2023年环翠区羊亭镇各股份经济合作社基本情况表

序号	合作社名称	党组织书记	理事长	集体经济收入（万元）	人均纯收入（元）
1	河南村股份经济合作社	姜忠泽	姜忠泽	10.01	18762
2	南郊村股份经济合作社	杜善昭	杜善昭	33.38	21200
3	小城庄村股份经济合作社	陈丕智	陈丕智	16.59	14800
4	北小城村股份经济合作社	李　璐	—	42.37	17050
5	上炉村股份经济合作社	王霄飞	王霄飞	29.97	18472
6	梅家沟村股份经济合作社	王凯民	谷艾芹	22.66	20170
7	南江疃村股份经济合作社	丛培献	丛培献	72.66	19400
8	北江疃村股份经济合作社	刘　勇	刘　勇	20.04	19500
9	贝草夼村股份经济合作社	王恩茂	王恩茂	19.36	17000
10	羊亭村股份经济合作社	董亭亭	刘海昌	99.97	16957
11	北上夼村股份经济合作社	王敦胜	王敦胜	21.37	15520
12	于家夼村股份经济合作社	丛培立	丛培立	110.57	20000

续表

序号	合作社名称	党组织书记	理事长	集体经济收入（万元）	人均纯收入（元）
13	大北山村股份经济合作社	李海楠	李海楠	22.23	17000
14	港头村股份经济合作社	姜永进	姜永进	61.20	18650
15	义和村股份经济合作社	郭卫卫	郭卫卫	67.81	17870
16	孙家滩村股份经济合作社	李　勇	孙朝阳	207.13	12500
17	鹿道口村股份经济合作社	孙立同	孙立同	12.27	22000
18	杜家庄村股份经济合作社	李庆端	李庆端	17.34	17190
19	宋家疃村股份经济合作社	刘　畅	宋修科	10.58	19518
20	黄埠屯村股份经济合作社	王艳太	王新太	27.97	17000
21	南小城村股份经济合作社	田军威	田军威	32.78	16000
22	下炉村股份经济合作社	王祖祥	王祖祥	12.57	18179
23	王家夼村股份经济合作社	张　静	李宏强	10.22	16500
24	阮家口村股份经济合作社	阮树涛	阮树涛	15.98	15340
25	中阳村股份经济合作社	徐文之	徐文之	10.21	20060
26	朱家圈村股份经济合作社	朱新梁	朱新梁	11.07	23021
27	王家河村股份经济合作社	王晓生	王吉庄	94.87	15568
28	曲家河社区股份经济合作社	王国润	王国润	131.71	24184
29	北观村股份经济合作社	徐士国	徐士国	51.53	17700
30	大西庄村股份经济合作社	李玮峰	李玮峰	32.40	18390
31	半壁山村股份经济合作社	孙正艳	谷祖强	16.68	17243

【党建工作】 基层党组织建设。2023年，羊亭镇党委组织开展村党组织评星定级、党组织书记述职评议、农村书记擂台大比武等活动，全面排查25个村党组织运行情况。出台《“全面规范”年考核实施细则》，推动2个“强基”村整顿转化，1个“创优”村晋位升级，全镇有示范村5个、创优村19个、“强基”村1个。下派8名领导干部到孙家滩等8个非“一肩挑”村担任党支部书记，每月到重点村调研非“一肩挑”村工作落实情况，动态掌握村情。成立主题教育领导小组，召开专题党委会2次、领导小组会议6次，制定《羊亭镇主题教育学习计划台账》及“实敢当”攻坚事项清单，明确34项任务目标、完成时限、责任部门，每月调度工作进展。结合“实敢当”作风提升专项行动，出台《村（居）“实敢当”季度考评办法》，修订《羊亭镇村居考核办法》。摸排村（居）年轻骨干，建立后备力量人才库，储备后备人才75名。组织社区干部1人、村干部5人参加“赋能计划”学历提升行动，提升干部整体素质。利用党校档案室闲置资源，规范党员档案室建设，将全镇1900余名党员档案按照机关、村（居）、企业等要素进行分类，装订成盒集中保管。

党员队伍建设。2023年，羊亭镇党委完成党校提档升级，选聘山东大学等高校师资力量，构建20余人的专业教学团队及“1+7+26”（围绕农村高质量发展1个主题，紧扣党员教育7项基本任务，形成《市场化思维带动产业富村》等26门特色课程）课程网络。组织村“两委”干部集中培训班、党的二十大精神专题培训班等主体班次5期，承接上级班次（区党组织书记培训、乡村振兴公务员培训、副科级干部培训）4期，培训党员干部2000余人次。7月，羊亭镇党委党校（党员教育中心）被省委组织部确定为省级党员教育培训阵地、省重点乡镇（街道）党校（党员教育中心）。发放《习近平中国特色社会主义思想专题摘编》1800余册，指导各支部制订主题教育学习计划。区分农村、“两新”组织实际情况，创新学习载体。针对年老体弱等不便参会的党员，召集年轻党员提供“送学上门”志愿服务，实现理论学习全覆盖。年内，18个村200余名党员参与“送学上门”活动。2个企业党支部利用“学习强国”学习平台、“灯塔—党建在线”等载体，对20余名在外党员发起“视频补课”。年内，发展党员26名、入党积极分子30余名，全镇入党积极分子总数达158人。

党风廉政建设。2023年，羊亭镇党委常态化开展党风廉政教育，组织镇机关干部观看警示教育片4次，每月组织村（居）开展廉政教育活动。组织参观贝草夼地下交通站展馆等活动11次，参与干部1000余人次。结合“12345”政务服务便民热线办理工作，组织机关干部遍访联系群众4万余人，梳理汇总热点、难点民生问题201个，全部妥善处置。对森林防火、安全生产、食品安全、营商环境等重点领域、关键环节进行监督再监督10余次。年内，受理问题线索21起，立案7起，给予“第一种形态”处理13人，党内轻处分3人，开除党籍3人。

【招商引资】 2023年，羊亭镇围绕医药和医用新材料、高端装备制造两大支柱产业，签约总投资31.47亿元的先进制造业项目4个：陕西佰鸿未来科技集团有限公司佰鸿未来科技产业园项目、山东中关村医药科技发展有限公司中关村医药产业园新建项目、威海华瓷新材料有限责任公司扩产项目、威海卡尔玛德医疗科技有限公司项目。其中佰鸿未来科技产业园项目为全球首个植物基人造肉和细胞培养肉双产业基地，可实现年产值15亿元。

【佰鸿未来科技产业园项目】 2023年8月，佰鸿未来科技产业园项目在羊亭镇开工。该项目总投资20.7亿元，占地5.6公顷，建筑面积7.14万平方米。陕西佰鸿未来科技集团有限公司利用自身在干细胞与组织工程技术领域20多年的研究和项下再生科技食品五大技术平台优势技术，打造研、产、销一体化项目。联合成都英德生物工程有限公司开发全球首套千升级用于细胞培养的生物反应器等高端核心生产设备450台（套），新上生产线15条。建成后将成为全球首个同时拥有植物基人造肉、细胞培养肉制造能力的产业基地，达产后每年可生产再生科技类食品1.1万吨，年产值15亿元、税收3亿元。至年末，项目持续进行主体施工，预计2025年投产。

【项目建设】 2023年，羊亭镇实施重点产业项目24个，包括省级重点产业2个、市级重点产业项目2个，完成投资30亿元。其中，山东光淼新材料科技有限公司医用新材料生产等12个项目达到投产条件；威海沃达新材料有限公司二期等4个项目进入装修施工；光淼新材料生产二期等7个项目进行主体施工。实施威海银河生物技术有限公司药用辅料生产数字化升级转型等工业技改项目18个，总投资5亿元，全部达产后每年可增加工业产值6亿元以上。年内，新元化学（山东）股份有限公司、山东捷讯通信技术有限公司获评国家级专精特新“小巨人”企业；16家企业获评省级专精特新中小企业；3家企业获评省级“瞪羚”企业；山东光淼新材料科技有限公司入选国家级生物医用材料创新任务“揭榜挂帅”名单；威海市海王旋流器有限公司获评省“十强”产业集群领军企业。山东安泰空港装备有限公司中标浙江丽水机场、烟台蓬莱机场、临沂启阳机场1.1亿元登机桥项目。山东华素制药有限公司年纳税超过1亿元，实现镇域纳税过亿企业零的突破；威海市海王旋流器有限公司绿色环保装备制造项目成为全区唯一一个纳统超10亿元民间投资项目。

【营商环境优化】 2023年，羊亭镇成立营商环境服务小组24个，走访企业2174家，解决凤凰山路公交站点不足等各类企业诉求108个；服务威海市海王旋流器有限公司旋流器项目申领全省首批“九证合一”建筑工程施工综合许可证，项目服务小组获评山东省推动绿色低碳高质量发展先行区建设先进团队。联合7家银行机构在连城智谷、中欧膜产业园举行政金企对接会2场，为30余家中小企业提供银企交流平台，助力园区招商引资。联合镇域优质企业20余家开展送岗位“赶大集”活动，将就业服务延伸到农村基层，吸引求职者300余人次，达成初步就业意向90余个。开展“爱心互助保险”工作，动员35家企业3230名职工参保住院险，动员16家企业1345名职工参保住院津贴；开展普惠关爱服务，结合“夏送清凉”活动，走访高温作业企业27家，慰问职工2832人，发放物资价值近3万元。对符合条件的自主创业大学生，发放一次性创业补贴资金56万元。设置并招满城乡公益性岗位224个，其中乡村公益岗198个、城镇公益岗26个。劳动监察调解处理企业欠薪案件130件，其中移交仲裁10件、办结120件。

【民生实事】 2023年，羊亭镇走访群众8万余人次，发放各类宣传资料

2023年12月1日，海峰路西延工程峻工通车　　（羊亭镇　供图）

6万余份，分流处理群众诉求524件，收集解决群众诉求183件，征集三级民生微实事125件，发送各类惠民政策信息131条。海峰路西延工程峻工通车，连通环翠区、经开区、高新区。化解环翠区污水处理厂收回问题，项目进入落地实施阶段。王家河35千伏变电站开工，市区西部工业板块产业承载力显著扩容。实施润河社区老旧小区改造、羊亭第二中心幼儿园小游园建设等6项城建重点工程和为民实事项目。区公共文化服务中心投入使用，全区规模最大、功能最全的公共文化服务聚集区逐步形成。里口山医院进入精装修阶段，规划设置床位800张。家家悦商业综合体完成主体施工，总建筑面积5.4万平方米。在黄埠屯和羊亭公园增设2处医保工作站，医保工作站数量由4处增至6处。

【社会事业】 2023年，羊亭镇完成孙家滩村、羊亭村、港头村、大西庄村、大北山村、义和村、于家夼村、河南村、鲁东村、中阳村、朱家圈村失地保险工作，分配失地保险金506万余元，涉及参保人员8683人。摸排因病致贫重病群众34人，对符合规定群众提供医疗救助。召开低保扩围专题会议3次，摸排重度残疾人员300余人，录入核对人员49人，新增低保户10户12人、五保户3户3人，发放各类救助金60余万元。面向905名持证残疾人员开展精准康复服务117项。帮助2名精神残疾患者申请免费服药项目，为108名残疾人员申请配发轮椅、助听器、盲杖等辅助器具，为7名脑瘫、精神残疾儿童按每人18000元标准申请沟通、认知及适应训练；帮助残疾人员申请6012349话机；723名残疾患者签约家庭医生，为517名残疾人员免费查体；为365名重度残疾人发放护理补贴64万余元，为59名低保残疾人发放生活补贴10万余元，为275名重度残疾人员申请城镇居民医疗保险补贴12.33万元，为符合条件的17名白内障患者申请“威高光明行动”行动救助；为8户困难重度残疾人家庭实施无障碍改造。为19户特殊家庭办理住院护理险报销；为72人发放计划生育特别扶助金85万元，提供一次性临时救助2人计1.5万元；为52人代缴城镇居民养老和医疗保险2.2万元；为25名60周岁以上特殊家庭人员发放政府购买服务券。为计划生育特殊家庭77人签约家庭医生，提供免费查体服务；发放农村部分计生奖扶扶助、独生子女费、特殊家庭一次性临时救助以及手术并发症、城镇养老补助等资金900万元。为1235名80周岁以上老人发放高龄津贴17万余元，为3名百岁老人按时按月发放长寿津贴。为4700余人办理政府补贴银龄安康意外伤害保险，为600余人办理政府补贴计生家庭安康保险53万余元。协助符合条件的18名老年人申请家庭养老床位，对63名老人进行居家养老上门服务。联合羊亭中心卫生院开展健康义诊下村居活动，为21个村（社区）居民免费义诊；免费为900名20～65周岁妇女进行“两癌”筛查。组织各村（社区）240余名妇女参加线上、线下巾帼电商培训，提升妇女创业就业能力。

【基层治理】 2023年，羊亭镇引导各社区因地制宜开展社区运营，以“公益+低偿”“空间换服务”等形式，推出新阳艾灸馆、新阳手作、新阳“暑期公益课堂”、润河“巾帼大鼓”、家和“吕剧课堂”、西海“睦邻小厨”等社区运营项目12个，开展服务60余次，惠及居民3000余人。各社区分别建立“民生微实事”台账，聚集多方资源形成共治力量，增设公共晾晒区4处，安装快递柜1处，维修下水道井盖80余个，增加机动车位100余个、非机动车停车位200余个，安装充电设施6处，修缮破损硬件设施20余个，通过解决群众身边事不断提升社群融合度。以诚信为纽带，通过发动群众参与社区公共空间环境卫生整治、社区邻里节、认领“微心愿”等，充实社区志愿力量，打造西海社区“诚信靓家”小队、润河社区诚信小游园、新阳社区诚信集市、诚信百家宴等项目。实施家和社区“满意家和”、西海社区“民情小站”、润河社区“润心声，和我说”等议事项目，通过制定议事规则、发动群众参与，引导居民解决“家门口”问题。立足回迁社区较多的现实，通过回迁社区物业市场化运作方式，形成“社区+村居+物业”回迁小区共治共享新模式，通过组织联建、活动联办、资源联享、服务联创等方式，破解回迁小区物业管理难题。按照分类提升、重点施教的原则，制定2023年羊亭镇社区工作者能力提升计划，举办“领航者”社区工作人员赋能培训9期、小巷管家培训4期，到先进社区交流学习2次，提升社区工作人员服务水平。

【脱贫攻坚成果巩固拓展】 2023年，羊亭镇从项目帮扶和防止返贫动态监测两方面入手，巩固拓展脱贫攻坚成果，有效衔接乡村振兴。至年末，羊亭镇有产业帮扶项目5处，涉及王家夼、大北山2个重点村及25个插花村，每年可产生租金收益44万元，可带动全镇87户117名脱贫享受政策人口人均增收500元至1700元。投入乡村振兴上级专项衔接资金360余万元，建设基础设施项目2处，分别为阮家口村、大北山村道路修缮项目，两项目修缮改造农村村级道路2.45万平方米，改善居民出行条件，提高农业生产效率。在防止返贫动态监测方面，开展防返贫全面排查2次。对各部门推送的尚未纳入监测帮扶范围的低保家庭、分散供养特困人员、大病重病患者、重度残疾人等重点人口238人及脱贫不享受政策94户173人进行重点筛查，确保及时发现风险、及时纳入监测。

【青年发展及儿童友好型社区创建】 2023年，羊亭镇新阳社区成为全市首批青年发展友好型社区及儿童友好型社区。社区以“四点半课堂”“暑期公益课堂”“周末课堂”等形式，服务青年100余人次。依托镇党校，打造青年人才驿站1处，开展青年之家活动19场，服务373人次。在贝草夼儿童友好实践基地增设儿童友好标识28处，年内开展儿童友好活动60场、夏令营1场，服务1207人次。

【环境治理】 2023年，羊亭镇成立“增Ⅲ”（羊亭河为Ⅳ类水质标准，为进一步改善水环境质量，对羊亭河开展水质提升工作）工作领导小组，对羊亭河流域21个监测点位进行水质检测11轮，整改问题点位68处。羊亭河干流及支流分包到人，年内巡河3000余次，整改河湖“四乱”问题123处，裸露土堆、工地等存在扬尘问题点位11处，清理河道垃圾57处。完成47家涉气企业电量在线监测设备安装调试，通过技术监管手段实时掌握企业治污设施运行情况。清理取缔散乱污企业5家，定期开展“回头看”行动。开展入驻村（居）企业环保审核制度，至年末，接收村（居）审批合同6份，发现问题企业1家，并完成整改。

【科技兴农】 2023年，羊亭镇依托国家农业技术创新中心示范基地，建成新元果业（山东）集团有限公司农林生物防控研究中心。项目总投资近3000万元，由长江学者担任技术带头人。与中国留日同学总会共建项目——中日（威海）农业科技产业综合示范园项目开工，项目集乡村振兴、科技转化、碳汇经济、中日交流于一体，通过引进木质纤维素降解技术，实现林业废弃物循环利用。11月，羊亭镇召开第一届“助推农业，服务三农”农业科技交流会，日本千叶大学再生生态学博士刘恩玺教授受邀发言，羊亭镇65个种植大户参加会议，探讨交流种植经验。

【文旅产业发展】 2023年，羊亭镇挖掘羊亭湿地公园可利用空间，增设帐篷营地、太空舱民宿等户外体验项目11类，打造面向全市的河景亲子休闲公共空间，举办首届羊亭河“晚风·星空露营节”、春游踏青节等活动，全年游客突破100万人次。围绕羊亭

2023年9月28日晚，羊亭河公园首届“晚风·星空露营节”开幕

（羊亭镇　供图）

里口山样板片区贝草夼村（拍摄于2023年6月11日）　（羊亭镇　供图）

湿地公园及公园周边北上夼樱桃采摘节等系列文旅活动，打造“大美羊亭”旅游IP，邀请网红达人拍摄活动短视频42条，至年末，播放量150万余次。举办羊亭镇樱桃大赛，大赛获得威海市“乡村振兴·一镇一品”劳动竞赛优秀项目。贝草夼村入选国家红色美丽村庄试点，北上夼村获评山东省乡村振兴示范村。

【特色样板片区建设】 2023年，羊亭镇按照“全域统筹、差异化布局、样板先行”思路，提升改造里口山、宝石山、玉皇顶三大样板片区。里口山样板片区开展红色村组织振兴建设红色美丽村庄试点工作，开发“七个一”体悟实践路线（参观一次红色展览、观看一场红色电影、重走一段长征路、开展一次纪念革命先烈活动、重温一次入党誓词、高唱一首红歌、品味一顿忆苦思甜饭）以及团队研学、党性教育培训等学习线路。升级改造贝草夼村文化广场，打造红色“音乐公路”1条、“重走长征路”体悟路线1条。以“贝贝杏农民专业合作社”为载体，探索“共富公司+村集体+村民”生产经营模式，推出“地下交通站”红色拼图等红色主题周边产品，扩大品牌影响力。整合村内资源，开发民宿、滨水餐厅、老兴树酒馆、儿童农耕体验区等产业项目，挖掘樱桃、无花果、草莓等附加价值，丰富休闲垂钓、亲子动物、娱乐采摘等旅游业态。明确“以红色旅游为支撑、乡村产业同步发展”思路，在贝草夼村游客服务中心打造“直播基地”1处，促进集体经济增收。宝石山样板片区实行片区内跨村联建。南郊等6个村（居）党组织连片合力发展，落地种苗研发基地等共富项目6个，形成“东生态、中休闲、西农牧”片区产业蓝图，带动村民新增就业100余人，开展直播助农活动3场、助农培训3场，促进集体经济增收60余万元，接待观摩学习20余次。发挥半壁山乡村振兴产业研究中心“研究室”载体作用，完善种苗培育产业链。9月，威海爱山农业发展有限公司与山东欣旺农业发展有限公司就半壁山乡村振兴产业研究中心及2座黄埠屯高标准无土培育大棚签订合作运营协议。玉皇顶样板片区盘活打造梅家沟民宿，引入社会资本威海环球国际旅行社，就梅家沟村民宿及周边附属设施签订合作运营协议。依托下炉村自然资源等条件，通过提升基础设施、产业培植、文化提升等手段，改善村容村貌，将下炉村建设成农村观光休闲型与现代农业发展型相结合的新型农村。以下炉村传统豆腐制作为核心，集体出资开办传统豆腐坊，取得较好经济效益。

【山东省小城镇创新提升行动试点】 4月19日，山东省住房和城乡建设厅印发的《关于公布小城镇创新提升行动试点的通知》，羊亭镇被确定为山东省小城镇创新提升行动卫星镇试点。为扎实推进试点工作，羊亭镇制定《威海市环翠区羊亭镇小城镇创新提升行动实施方案》，补齐小城镇和乡村建设管理短板，提升小城镇建设发展质量和综合服务功能。

（刘惠婷）

温泉镇

【概况】 温泉镇地处环翠区南部，东与东部滨海新城接壤，南邻临港区，西、北毗邻经开区，镇域面积66.6平方千米，户籍人口29574人。镇政府驻双泉城社区，辖19个村、13个社区，有股份经济合作社29个。有义务教育阶段学校2所、幼儿园10所，医院2所、村（社区）卫生服务机构13所。2023年，完成一般公共预算收入1.82亿元，比上年下降4.12%；税收收入1.82亿元，下降4.12%；规模以上企业实现工业总产值13.6亿元，下降15.2%；固定资产投资5.94亿元，下降30.5%；到账外资747万美元，下降21.12%。

表58　2023年温泉镇各股份经济合作社基本情况表

序号	合作社名称	党组织书记	理事长	集体经济收入（万元）	人均纯收入（元）
1	郑家村股份经济合作社	江先学	江先学	20.23	14073
2	前亭子夼村股份经济合作社	姜连蓬	姜连蓬	70.54	20400
3	堂子村股份经济合作社	王华荣	王华荣	25.83	5700
4	马夼村股份经济合作社	王馨平	刘昌民	43.46	8315
5	东七夼村股份经济合作社	丛荣友	丛荣友	104.99	12000
6	邹家庄村股份经济合作社	邹德刚	邹德刚	161.71	10350
7	雨夼村股份经济合作社	刘新龙	刘新龙	68.76	10900
8	西七夼村股份经济合作社	唐延军	唐延军	24.97	13000
9	小南山村股份经济合作社	戚务玺	—	21.57	6000
10	小庄村股份经济合作社	江民政	江民政	720.42	15000
11	林家庄村股份经济合作社	孙彩玲	孙彩玲	20.13	8000
12	双寺夼村股份经济合作社	于海明	于海明	95.65	13700
13	林家院村股份经济合作社	林乐勤	林乐勤	59.42	28100
14	刘家台村股份经济合作社	刘增永	刘增永	172.08	20000
15	温泉汤村股份经济合作社	邹德明	邹德明	324.41	17500
16	东崮村股份经济合作社	邹正君	—	20.35	7626
17	西崮村股份经济合作社	于晋章	于晋章	26.81	8200
18	张家山村股份经济合作社	张华刚	张华刚	160.46	12000
19	下江家村股份经济合作社	江长清	江长清	66.97	7300
20	河西村股份经济合作社	徐海燕	徐海燕	136.61	16300
21	罗家村股份经济合作社	宋炎桦	罗明亮	35.58	18000
22	后亭子夼村股份经济合作社	张华豹	张华豹	54.06	19000
23	冶口社区股份经济合作社	丛　军	丛　军	248.01	19800
24	汤河北社区股份经济合作社	姚昶东	姚昶东	108.13	12500
25	虎山社区股份经济合作社	宋修芳	宋修芳	239.68	19000
26	柳林社区股份经济合作社	—	—	699.10	30000
27	雅家庄村股份经济合作社	张　文	张　文	24.72	17500
28	栾家店村股份经济合作社	邵昌伟	邵昌伟	101.45	11900
29	江家寨社区股份经济合作社	丛培江	丛培江	766.94	30000

【党建工作】 基层党组织建设。2023年，温泉镇党委主持召开党建工作专题会、党务工作者专题培训会及村（社区）重点工作推进会10次。注重培养年轻干部，为19个村储备40周岁以下党支部书记、“两委”成员等后备干部59名，组织村级后备干部专题培训会12次。结合联系服务群众和干部作风大改进等行动，督促班子成员解决群众实际问题536项。2个驻村第一书记参加全区驻村第一书记“擂台比武”，其中后亭子夼村第一书记张元获得二等奖，堂子村第一书记郑刚获得三等奖。

党员队伍建设。2023年，温泉镇党委落实意识形态工作责任，召开意识形态专题会议2次、理论中心组学习14次，学习内容涵盖党的二十大精神、经济建设、三农、意识形态、国家安全和安全生产等。3月3—6日，组织全镇78个党组织分领域开展今冬明春党员集中培训。9月下旬至2024年1月，组织学习贯彻习近平新时代中国特色社会主义思想主题教育工作，发放学习用书《习近平新时代中国特色社会主义思想专题摘编》1641本；11月9日，开展为期3天的全镇党员集中培训；至2024年1月底，基层党组织均召开主题教育专题组织生活会。吸纳优秀人才壮大党组织力量，年内，发展党员32名、预备党员34名、入党积极分子64名。

党风廉政建设。2023年，温泉镇党委制定班子成员个人党风廉政建设主体责任清单，明确党风廉政建设“一岗双责”责任。召开党风廉政工作专题会议2次，定期研究部署党风廉政建设工作，把党风廉政建设工作与党委、政府中心工作同部署、同落实，推动全面从严治党责任落到实处。督导村（社区）每月开展一次党风廉政警示教育，通过学习教育、案例警示、参观廉洁文化角等方式，筑牢基层拒腐防变思想防线。根据上级决策部署和党委工作安排，结合提升群众满意度、热线回复、防火防汛、土地整治等重点领域工作，到辖区监督检查55次，运用“第一种形态”谈话提醒25人次，下发纪律监察建议书6份。巩固“四风”纠治工作成果，组织纪检监察干部监督检查村（社区）党员干部的“四风”情况、履行中央八项规定情况24次。

【招商引资与项目建设】 2023年，温泉镇引进重大项目4个（威海悦丰供应链管理服务有限公司威海直播创客园项目、威海宇安贸易有限公司电子科技研发生产项目、山东颐养健康集团服务运营管理有限公司威海护理院项目、威海阳光心理医院有限公司欣康科技特色医养项目），完成实物工作量8100万元，到位资金10.5亿元。威海丰航物流有限公司丰航物流三期项目完成注册，到账外资557万美元。实施重点产业项目7个，其中，威海宇安贸易有限公司电子科技研发生产项目1号、3号车间完成主体施工，2号车间进入基础施工，6个项目（威海百马云仓供应链管理有限公司中韩跨境电商产业园项目、威海阳光心理医院有限公司欣康科技特色医养项目、威海泉悦旅游开发有限公司泉乐坊项目、威海金蚂蚁集团有限公司金蚂蚁汽车广场汽车仓储车间项目、威海悦丰供应链管理服务有限公司威海直播创客园项目、山东颐养健康集团服务运营管理有限公司威海护理院项目）投入运营。

【社会事业】 2023年，温泉镇城镇居民养老保险参保人数为7796人，参保率为99.3%，城镇居民医疗保险参保人数为18235人，参保率为99.6%。加强最低生活保障人员、特困供养人员、残疾人、因病致贫人员等特殊困难群体的民生保障工作，发放各类补贴资金232万余元。发放慈善大病救助金、临时救助金135万元，退役军人优抚资金190余万元。关爱弱势群体，新成立村（居）残协组织31个，为930名残疾人发放各类实物和补贴价值102万元，“如康家园”残疾人之家承接国家级观摩2次、

威海悦丰供应链管理服务有限公司威海直播创客园项目（拍摄于2023年10月10日）
（温泉镇　供图）

省级观摩1次。为满足老年人需求，建设镇级养老服务中心1处。

【基层治理】 2023年，温泉镇在农村开展各种信用活动，营造诚信氛围，引导群众践行诚信。年内，19个村完成信用农村“信易+”应用场景方案152个，信用超市兑换积分302365分，兑换物资355874元。从优秀社区工作者中选拔社区后备干部，13个社区补选党支部书记4名，居委会主任9名、副主任9名、委员43名。组织召开小巷管家专题培训、“正棋先锋”、“温泉学院·青林育苗”等系列活动14次。新增社会组织27个，镇域备案管理社会组织增至175家。社会组织牵头举办志愿服务活动630次、积分兑换活动87场，参与居民1.2万人次，兑换指数分22000余分；开展公益集市15场次，销售额0.37万元。年内，温泉镇召开民主协商会议165次，解决明珠小区22号、23号楼路面维修，虎山小区停车难，莱茵小镇61号楼北侧道路坑洼等难点问题121个。突出法治政府建设，优化镇、村两级“一站式”矛盾纠纷调解中心建设，完善信访法治化工作举措，健全职能部门联动防控机制，常态化推进扫黑除恶、防诈骗、反走私、禁毒等平安建设重点任务，开展线上、线下普法宣教活动500余场次。动态开展农民工工资保障工作，对辖区5处在建工地进行有效监管，解决农民工工资问题110起。提升为民服务能力，开展“政府开放日”活动，邀请部分党员代表、群众代表到政务服务大厅参观体验。打造“新生儿出生一件事”主题集成服务窗口，实现“我要开食品店”等市场准入一件事集成办理，“一件事”业务办理量近500件。集中攻坚群众关注的困难梗阻问题，镇域20个房屋产权确权颁证历史遗留问题全部得到化解，6675户问题住房进入办证程序，至年末，800余户业主领到产权证；助推泉乐坊项目193套延期商业楼住房完成交房。

【基础设施建设】 2023年，温泉镇持续优化生活、生态环境，打造宜居空间。投资400余万元，完成温泉学校、泉乐坊幼儿园等14处1.3万平方米路面硬化整修工程，改建温泉路北、嘉禾园小区网点楼南公共停车场，整修交通安全设施900余处。投资490万元，完成7处绿化工程提档升级，搭配栽种绿植5万余株，新增绿化面积6万平方米。投资700余万元，将17个村自来水并入大管网，完成罗家村130余户无害化厕所改造，虎山社区外立面及楼体防水整修3.6万平方米，新建智慧社区6处，集中整修温泉明珠、莱茵小镇等小区道路。投资80万元，在植柳路城投碧水源小区段进行电缆铺设等电力配套施工，保障路灯正常使用；维修排障路灯560余盏，维护整修电缆3100米。完成温泉路（温泉医院至富电电子段）道路两侧雨水篦子及管道疏通施工。完成惠友路等处道路及停车位的标线施划施工。砌筑维修林家庄河道和张家山河道溢洪道河堤挡土墙。

【特色农业】 2023年，温泉镇按照“一村一品”农产品发展思路，投资580余万元，围绕双寺夼地瓜、马夼大樱桃等特色产品，建设“烟薯25”红薯育苗种植基地、樱桃采摘园、花椒跑山鸡生态养殖等农业产业项目，打造“薯到福到”“马夼樱桃”等绿色认证品牌，带动村集体增收800余万元，促进农业规模化、品牌化发展。五渚河生态样板片区、轻户外运动基地样板片区、正棋山休闲样板片区吸引社会资本发展特色农业，将文旅研学活动与农副产品展销相结合。依托七彩虫园艺等项目，开展农、文、旅融合活动190余次，设置特色产品直销点8处，堡子顶苹果、浦源鱼酿酱油等特色农副产品销售额逾50万元。堡子顶农场通过农业+旅游+服务等方式，探索多元化发展模式，发展成为集农园采摘、垂钓平台、户外露营、娱乐休闲等功能于一体的旅游观光基地。长泰家庭农场在原有家庭农场基础上，打造集近郊农业、乡村旅游、学生研学、社会实践为一体的生态休闲旅游观光产业示范园区。威海壹贰叁肆玖农副产品配送有限公司总经理张城瑞被省政府办公厅授予“第十届齐鲁乡村之星”称号。浦源食品被国家农业农村部认定为“农业国际贸易高质量发展基地”。11名农民完成新型职业农民资格评定，获得助理农艺师职称。

【乡村振兴实践】 2023年，温泉镇吸引社会资金，改造提升闲置房屋，打造特色民宿、仓储物流电商、劳动研学体验等设施。依托近郊优势，推进乡村振兴重点产业项目11个，重点打造小庄村学生劳动实践基地、新崮休闲民宿集聚区、木也自然农场、牧马人骑士俱乐部等特色项目。借助温泉镇—山东大学研学基地，连接张家山电商产业研学基地、环海铁工厂等项目，打造高品质研学体验路线，培育都市农业、休闲农业等新业态。持续优化样板片区基础设施和公共服务配套，利用上级专项资金，改造提升栾家店村文体活动场地，提升村民满意度和幸福感；小庄村与山东电视台联手打造文旅标杆项目劳动实践基地，获评山东省乡村振兴示范村；双寺夼村进一步释放“地瓜经济”活力，申报成为市级“红色引擎”示范点；后亭子夼村打造的阳光里的农场等项目成为近郊旅游打卡地。

【脱贫攻坚成果巩固拓展】 2023年，温泉镇依托威海市农副产品批发市场、小山前食品加工物流中心等农产品贸易龙头企业，打造集蔬菜批发配送、肉品精加工于一体的贸易链条，每年收购周边农副产品500余吨，解决零散农户销路不畅问题。整合上级涉农资金812万元，实施富民大棚项目4个、小型基础配套项目3个，建设大棚28座，受益村民1287户3174人，其中包括脱贫享受政策人口及监测帮扶对象33户46人。

【生态环境保护】 2023年，温泉镇着力整治前期生态环境突出问题，完成雨夼村违法建筑等31宗环保督办件销号工作，督导2家砂场加强自身监管，落实抑尘规范生产，取缔“散乱污”企业2家。着力保护河流水质系统，更换污水泵站处理设备17台，实施雨污分流工程5处，新安装水质监测设备1台，五渚河水质污染问题下降20%。

【温泉康养产业】 温泉镇自然环境优良，有正棋山、五渚河、丰富的温泉地热资源以及大范围的二级水源地保护区，镇域空气质量持续达到国家二级标准，养老产业区位优势明显。2023年，温泉镇在六和园安养院、微泰老年公寓等养老产业基础上，与山东颐养健康集团服务运营管理有限公司合作，培育山东健康·颐和家园威海颐养中心高品质休闲康养项目。中心建设面积1万平方米，按照专业护理院标准建有养老服务楼2栋，规划床位300张，年均接待能力1万余人次。

【百马云仓设立韩国海外仓】 2023年3月8日，在第五届中韩（仁川）跨境电商大会上，温泉镇辖区企业威海百马云仓供应链管理有限公司与韩国爱度电子商务有限公司签约百马云仓韩国海外仓项目。2022年落地温泉镇的威海百马云仓供应链有限公司由韩国BAIMA INTERNATIONAL公司投资建设，注册资本350万美元，主要从事跨境电商B2C、B2B业务，年跨境电商交易额1亿美元以上。百马云仓韩国海外仓项目位于韩国仁川市，投资10亿韩元，建筑面积约8000平方米，仓储面积约3500平方米。通过四港联动、多式联运方式将中国商品运往韩国海外仓，可根据当地销售订单从海外仓分拣、包装和配送，提高响应速度，降低清关障碍，缩短配送周期，促进企业交易量及交易额增长。

（张　晶）

桥头镇

【概况】 桥头镇位于环翠区东南部，东邻荣成市埠柳镇，西接临港区草庙子镇和文登区文登营镇，南连荣成市崖西镇，北与经开区泊于镇交界，西北与温泉镇接壤，面积111.24平方千米，户籍人口29574人。镇政府驻桥头村，辖51个村和1个社区，有51个股份经济合作社，有高中1所、初中1所、小学1所、幼儿园1所、卫生院1所、卫生室36所。2023年，桥头镇实现一般公共预算收入5342万元，同比下降6.28%；规模以上工业总产值11.3亿元，同比下降12.7%；税收收入8772.88万元，同比增长44%；固定资产投资7.6亿元，同比增长6.24%；外资到账1120万美元，同比增长112.12%。

表59　2023年桥头镇各股份经济合作社基本情况表

序号	合作社名称	党组织书记	理事长	集体经济收入（万元）	人均纯收入（元）
1	桥头村股份经济合作社	鞠　强	鞠　强	50.19	16338
2	埠上村股份经济合作社	—	梁厚海	29.07	16672
3	信河北村股份经济合作社	林卫东	林卫东	14.12	16979
4	义河北村股份经济合作社	鞠远洪	鞠远洪	87.39	16710
5	大院村股份经济合作社	刘玉莎	刘玉莎	16.26	15051
6	福禄庄村股份经济合作社	孟庆军	孟庆军	16.39	15557
7	雅格庄村股份经济合作社	韩　兵	韩　兵	26.88	14358
8	教里村股份经济合作社	王丽君	王丽君	44.73	19516

续表

序号	合作社名称	党组织书记	理事长	集体经济收入（万元）	人均纯收入（元）
9	孟家庄村股份经济合作社	梁新建	梁新建	59.31	16031
10	江家口村股份经济合作社	—	刘玉民	29.23	21268
11	产里村股份经济合作社	殷炳清	殷炳清	43.45	19906
12	东龙山村股份经济合作社	—	林卫宁	11.36	18136
13	西龙山村股份经济合作社	林治松	林治松	14.40	17843
14	黑石村股份经济合作社	宋文山	宋文山	26.94	17909
15	柴里村股份经济合作社	梁述强	梁述强	51.47	16665
16	新建村股份经济合作社	齐志银	齐志银	11.10	15606
17	宋家店村股份经济合作社	刘玉福	刘玉福	12.29	16948
18	河西庄村股份经济合作社	吕广明	吕广明	56.73	16476
19	观里东村股份经济合作社	夏清丽	夏清丽	15.65	15641
20	观里西村股份经济合作社	夏元任	夏元任	61.69	17063
21	盘川夼村股份经济合作社	刘英军	鲁晓欣	32.13	14498
22	姚家圈村股份经济合作社	邹　磊	邹　磊	28.95	18058
23	西洛后村股份经济合作社	夏吉新	夏吉新	32.14	16728
24	东洛后村股份经济合作社	吕立新	吕立新	59.91	17564
25	大贞村股份经济合作社	鞠洪波	鞠洪波	95.39	14924
26	刘家泊村股份经济合作社	刘新金	刘新金	14.09	15918
27	徐家庄村股份经济合作社	梁永波	梁永波	31.19	14637
28	西贞村股份经济合作社	—	鞠凯洪	32.00	14530
29	洛西村股份经济合作社	—	吕卫东	78.66	16031
30	前宅库村股份经济合作社	孙常波	孙常波	26.66	15380
31	后宅库村股份经济合作社	吕宝森	吕宝森	10.78	14148
32	所前泊村股份经济合作社	刘淑玲	刘淑玲	79.53	17216
33	黄金庄村股份经济合作社	梁春文	梁春文	50.61	15919
34	南台村股份经济合作社	梁文章	梁文章	80.43	14484
35	北子城村股份经济合作社	—	谢文杰	37.04	14512
36	南子城村股份经济合作社	李建华	李建华	75.54	16052
37	涧北村股份经济合作社	梁敬毅	梁敬毅	37.39	14721
38	东涧村股份经济合作社	曲　文	曲　文	28.81	15641
39	碑鲁村股份经济合作社	刘艳军	刘艳军	23.85	17881
40	报信村股份经济合作社	刘　彬	刘　彬	24.83	16561

续表

序号	合作社名称	党组织书记	理事长	集体经济收入（万元）	人均纯收入（元）
41	马井泊村股份经济合作社	邓永志	邓永志	24.81	16547
42	彭家埠村股份经济合作社	林荣斋	林荣斋	10.36	16115
43	北墩前村股份经济合作社	—	李　华	39.38	13780
44	邓家店村股份经济合作社	鞠贺龙	鞠贺龙	12.54	15090
45	西山后村股份经济合作社	—	刘建明	19.02	14219
46	方吉村股份经济合作社	宋晓梅	宋晓梅	35.74	15334
47	董家夼村股份经济合作社	丛军滋	丛军滋	13.81	17244
48	后于家村股份经济合作社	宋文壮	宋文壮	16.01	17902
49	东于家村股份经济合作社	宋振军	宋振军	29.92	17286
50	中于家村股份经济合作社	宋　朋	宋文涛	11.40	15766
51	西于家村股份经济合作社	蔡新娟	蔡新娟	12.42	15273

【党建工作】 基层党组织建设。2023年，桥头镇党委加强党组织规范化建设，组织51名村党组织负责人开展示范村观摩比武4次，举办“乡村振兴大讲堂”11场，自查整改党组织标准化、规范化建设问题80余处。通过结对帮扶、选派“第一书记”强化队伍建设，完成方吉村、黄金庄村两个“强基村”党组织整治工作，信河北村党支部被评为市级“红色引擎”基层党组织。投资80万元，试点打造镇级党建综合阵地，占地1028平方米，突出党性教育、党员管理、乡村治理等服务功能，至年末对外开放。

党员队伍建设。2023年，桥头镇为解决基层党员学习教育阵地单一、吸引力不强等问题，投入64万元，以市级标准打造镇级党校（党员教育中心），推动基层党员教育培训全覆盖。开展红色教育、现场教育80余场次。挖掘153名后备干部充实人才库，提高队伍素质。规范发展党员工作，3年以上未发展党员的7个村均发展新党员，全镇发展党员53名、入党积极分子108名。

党风廉政建设。2023年，桥头镇主要领导带头履行“一岗双责”，组织召开全面从严治党专题会议1次、党风廉政建设会议2次，党委会议部署基层党建工作21次，制定农业、工业、城建等重点项目推进计划35条并高质量完成。配合市委第八巡视组完成10个村的巡视巡查；接收群众信访件8件，接待来访群众17人次。对党员干部提醒谈话10人，批评教育2人，党内警告7人，政务警告1人，开除党籍2人。

【招商引资与项目建设】 2023年，桥头镇外出招商41次，其中，镇主要负责人带队到北京、扬州等地招商14次，重点推进项目3个，储备项目5个。年内，建设重点项目5个，包括总投资2.5亿元的喜盈门高端饮用水及数字化智能仓储中心项目、总投资1.3亿元的嘉士通食品加工项目、总投资1.2亿元的海滨渔具休闲运动产品生产项目、总投资3000万元的特色高效种植农业项目、总投资2000万元的黄窠寺野蚕文化体验基地项目。其中，海滨渔具休闲运动产品生产项目总建筑面积1万平方米，建设车间2栋，其中4号车间完成主体施工。特色高效种植农业项目占地28.6公顷，以农业高科技技术应用为核心，建设联栋智能大棚和蓝莓大棚，次年内投入运营。黄窠寺野蚕文化体验基地项目占地3.6公顷，建设游客服务中心、农场特产店、栋林书院、互动体验课堂、蚕工艺体验馆、桑葚种植大棚、柞蚕养殖网棚等，打造蚕文化乡村旅游产业及研学度假基地，年内达到运营条件。

【社会事业】 2023年，桥头镇城乡居民社会养老保险参保人数13258人，其中缴费人数为6658人，领取人数为6600人。发放低保、分散特困供养资金700余万元。采取政府购买服务方式，为172名分散特困供养老人提供生活照料护理服务，生活自理人员每月服务17小时，半自理人员每月服务45小时，失能人员每月服务60小时。按照每户不超过2500元标准，为267户分散特困供养老人及低保重度残疾人等进行家庭适老化改造，开展上门助餐、助洁、心理慰藉等服务35791人次。为185名困难群众申请慈善大病救助补贴80万余元。为900多名残疾人进行免费查体。根据残疾人的不同康复需求，为49人申请辅助器具，为32名村民完成治疗白内障手术。镇残联配合威海爱援祥公益服务中心，为北墩前村和报信村残疾人上门送家具，修缮地面，更换门窗、被褥。盘川夼村委协调以琳美发学校学员免费为盘川夼村民理发185人次，为观里西村村民理发200人次。

【基层治理】 2023年，桥头镇对社区书记及社区工作者分别集中轮训2次，提高其沟通能力和业务水平。建立健全社区工作者评价办法，激发社区工作者服务居民的热情。发挥各级党校作用，聚焦基层干部短板弱项，围绕基层党建、安全生产、乡村振兴等专题开展线下培训，开展乡村振兴大讲堂6期、周三学习日11次、周末大课堂4期，每名干部每年参加培训不少于12天或90学时。探索"警格+网格"融合融治工作，整合网格力量抓共建，依托综治网格员队伍，按照"政府出资、政法招录、公安指导、警网融合、多元运作"人员配备模式，全镇54个网格员兼任警务助理，形成"社区民警+辅警+警务助理"的"一村（格）一警"模式，壮大社区警务团队，将警格和网格深度融合，提升基层社会治理能力。年内，排查矛盾纠纷205起，及时调解化解率为99.5%，无民事转刑事、刑事转命案发生。

【民生工程】 2023年，桥头镇投资6500万元，清淤石家河、于家河河道7400米，砌筑岸墙5160米，建设拦砂坝8座、漫水桥7座。投资1700万元，改造姚家圈等8个村生活污水设施，铺设主管网5.1千米，新建检查井2366座、集中收集池15个。推进桥头、信河北、北子城和所前泊等13个美丽乡村建设。打捞白色垃圾、水生植物等杂物20余吨，修补沿街绿化带1000余平方米，清理病媒生物242处，年内，通过全国卫生乡镇复审。

【特色农业】 2023年，桥头镇在抓好2853.33公顷耕地稳产保供的同时，发展壮大特色种植。高山杜鹃、北美冬青、美国紫薇等耐寒观赏植物种植面积266.67公顷，苹果种植面积1066.67公顷，有王林、威海金等近20个品种，产量3万多吨，产值3亿元。特色高效种植项目稳步推进，29.33公顷优质蓝莓、6.67公顷草莓西红柿的规模化种植基础设施完成建设。全镇农民专业合作社增至100余家，覆盖所有行政村，年内培育新型职业农民50人。完善农机规范化管理，全镇农机驾驶员持证率达90%，未发生重特大农机事故。10月26日，桥头镇被省农业农村厅、省应急管理厅联合授予"全省'平安农机'示范乡（镇、街）"称号。

【乡村振兴实践】 2023年，桥头镇形成总投资8.5亿元，占地338.33公顷，涵盖26个村庄的"一核引领、多核联动"乡村研学产业布局。"一核"即环翠区中小学生综合实践基地，"多核"即黄窠寺野蚕文化体验基地、蓝天田园自然教育实践基地、东南乡景区、乡忆南子城民宿、山东健康民间中草药研学基地、国家冷凉植物示范推广基地6大主题板块，共同组成研学路线。威海东南乡景区成功创建AAA级旅游景区，包含非遗文化、羊汤美食、红色阵地等多种元素，实现桥头镇AAA级旅游景区零的突破。其中，中央电视台鉴宝栏目特邀专家、国家一级艺术品鉴定评估师王春晓参与打造的威海锡镶紫砂茶壶博物馆被列入全省首批乡村博物馆；高标准打造的800平方米红色东南乡展馆成为红色地标，接待党员群众参观4万余人次；中央广播电视总台《少年传承》等栏目走进东南乡，弘扬威海非遗文化。11月，信河北村入选山东省乡村旅游重点村名单。年内，文旅收入60万元。

【脱贫攻坚成果巩固拓展】 2023年，桥头镇有建档立卡享受政策脱贫人口431户549人。落实"四个不摘"（摘帽不摘责任、摘帽不摘政策、摘帽不摘帮扶、摘帽不摘监管）要求，持续做好建档立卡享受政策脱贫户跟踪，严格落实帮扶政策，防止脱贫返贫和新致贫问题出现。年内，投资453.07万元（区级资金434万元、镇级资金19.07万元），衔接推进区基础设施改造项目，对盘川夼、邓家店、前宅库、桥头、马井泊、方吉6个村进行道路修缮和村内基础设施改造。利用2022年衔接资金860万元（省级资金210万元、市级资金650万元），打造桥头镇特色高效农业产业园，建设冬暖式日光温室7个、避雨棚35个、水肥控制中心1处等。至年末，投入705万元，建设光伏扶贫产业项目4个、大棚项目1个，收入331.43万元；投入289万元，建设插花村扶贫产业项目3个，收入123.43万元；投入130万元，补助脱贫居民基本医疗保险。

2023年7月26日，桥头镇举办“瞧”不够首届文化艺术节

（桥头镇 供图）

【环翠区中小学生综合实践基地开营】 2023年4月27日，环翠区中小学生综合实践基地开营。基地由山东土地（环翠）有限公司投资1.2亿元，联合山东颐养健康集团教育发展有限公司、山东颐养健康集团农业（集团）有限公司、中国农科院、济南大学、山东农业大学等单位共同打造，为中小学生提供劳动教育、自然教育、课外实践、科技体验、素质拓展等综合性服务。项目依托桥头敬老院1.24公顷闲置集体建设用地打造基地主营区，建设雪松实践楼、水杉综合馆、枫树公寓，可同时容纳1000名学生进行食宿和研学等活动。流转基地主营区周边15公顷农用地，打造多功能农耕实践园，用于各种粮食蔬菜及高端水果种植展示等。其中，结合380万元扶贫专项资金，建设6000余平方米欧式智慧大棚1座。年内，接待省、市级领导观摩110余次，研学学生1.3万人，带动周边村民就业50人。

【文化名片打造】 2023年，桥头镇开展“桥畔有你 志愿有我”服务活动，实名注册志愿者占常住人口的41.1%，年内开展活动5100余次、服务群众4万余人次。开展全民阅读活动92场次，投资30万元打造北子城村乡村书房，与区图书馆实现通借通还，辐射周边4个村3000多名农村居民。7月26—31日，举办桥头“瞧”不够首届文化艺术节、键绳比赛、“苹果之王”擂台赛，逐步形成“春赏花、夏纳凉、秋采摘、冬健体”的“四季歌”文化品牌。

【喜盈门高端饮用水及数字化智能仓储中心项目】 2023年3月，由威海喜盈门乳品有限公司投资的高端饮用水及数字化智能仓储中心项目开工。项目总投资3.52亿元，占地4.6公顷，总建筑面积2.43万平方米，建设4栋厂房，打造自动化吹塑车间、智能生产车间及数字化智能仓储中心，购置先进饮品无菌灌装自动化生产线，采用UHT超高温瞬时杀菌技术，可年产饮品7200万瓶。

【嘉士通食品加工项目】 2023年2月，威海嘉士通食品供应链有限公司食品加工项目开工建设。项目位于桥头镇兴业路西、博优路南，总投资1.3亿元，占地2.66公顷，总建筑面积1.8万平方米，主要业务为速冻水产调理类、肉制品调理类生产加工，同时提供进口牛肉及本地农副产品云仓服务。项目可有效缓解区域食品电商的冷链物流问题，促进冷链物流体系升级，加快冷链物流市场化进度。投产后年可加工冷冻调理食品1.2万吨。

（马希贤）

人物　荣誉

先进人物

（同一级别荣誉按授予时间先后排序）

“山东省劳动模范”及“山东省先进工作者”

李文轩　威海广泰空港设备股份有限公司董事长、总经理。1970年12月出生，1990年7月参加工作，2022年5月加入中国共产党。2023年4月，被山东省委、省政府授予“山东省劳动模范”称号。

陈德波　威海海鑫新材料有限公司生产技术处处长。1982年3月出生，2008年2月参加工作，2008年7月加入中国共产党。2023年4月，被山东省委、省政府授予“山东省劳动模范”称号。

张旭阳　威海大田工业装备有限公司制造车间机床调维修工。1994年12月出生，2016年7月参加工作，2015年12月加入中国共产党。2023年4月，被山东省委、省政府授予“山东省劳动模范”称号。

王恩茂　威海贝草夼旅游开发有限公司董事长。1964年4月出生，1981年8月参加工作，2008年10月加入中国共产党。2023年4月，被山东省委、省政府授予“山东省劳动模范”称号。

原永党　威海市环翠区海洋发展研究中心农业技术推广研究员。1965年1月出生，1985年7月参加工作，1993年5月加入中国共产党。2023年4月，被山东省委、省政府授予“山东省先进工作者”称号。

孙宏伟　威海市环翠区桥头消防救援站消防员。1995年1月出生，2017年10月参加消防工作，2023年10月加入中国共产党。2023年4月，被山东省委、省政府授予“山东省先进工作者”称号。

“二等功”获得者

潘一鸣　威海市公安局环翠分局羊亭派出所教导员、一级警长。1979年3月出生，2003年7月参加工作，2007年6月加入中国共产党。2023年1月，被山东省公安厅记个人二等功。

唐　萌　威海市公安局环翠分局刑事侦查大队副大队长、二级警长。1979年3月出生，2000年9月参加工作，2004年7月加入中国共产党。2023年5月，被山东省公安厅记个人二等功。

张　鹏　威海市公安局海岸警察支队孙家疃派出所所长、一级警长。1981年3月出生，2000年12月参加工作，2004年6月加入中国共产党。2023年5月，被山东省公安厅记个人二等功。

省部级先进人物

王　波　威海市环翠区人民法院温泉法庭副庭长。1984年3月出生，2011年9月参加工作，2016年10月加入中国共产党。2023年1月，被最高人民法院授予“全国法院办案标兵”称号。

曲　波（女）　威海市环翠区环翠楼街道办事处杏花村社区党总支书记、居委会主任。1973年7月出生，1992年10月参加工作，2012年7月加入中国共产党。2023年1月，被中央精神文明建设指导委员会办公室授予“中国好人”称号。

杨苓波　威海市环翠区羊亭中心卫生院曲家河中心卫生室负责人。1971年12月出生，2006年4月参加工作。2023年2月，被中华人民共和国国家卫生健康委员会、中国红十字会总会、中央军委后勤保障部卫生局联合授予“2020—2021年度全国无偿献血奉献奖金奖、2020—2021年度全国无偿献血奉献奖终身荣誉奖”称号。

毕　彬　威海市环翠区自然资源局综合服务中心地理信息科科长。1981年1月出生，2003年6月参加工作。2023年2月，被中国科学技术协会授予“2022年科普中国信息员典型代表”称号。

何孝全　威海市环翠区信访局副局长、党组成员。1975年1月出生，1998年7月参加工作，2000年5月加入中国共产党。2023年3月，被中央信访工作联席会议办公室、国家信访局授予“治理重复信访、化解信访积案优秀个人”称号。

姜　兵　山东侨乡集团股份有限公司总经理。1965年10月出生，1988年7月参加工作，1993年8月加入中国共产党。2023年8月，被中华全国归国华侨联合会、国务院侨务办公室联合授予“全国归侨侨眷先进个人”称号。

陈永强　威海市环翠区退役军人事务局退役军人服务中心副主任。1986年1月出生，2002年12月参加工作，2007年7月加入中国共产党。2023年8月，被退役军人事务部授予“优秀短新闻获奖者”称号。

市厅级先进人物

辛苓菱（女）　威海市环翠区审计局电子数据科科长。1984年10月出生，2008年7月参加工作，2021年10月加入中国共产党。2023年1月，被山东省审计厅授予“金审工程三期项目建设表现突出个人”称号。

李　波（女）　威海市环翠区卫生健康委员会医政医管科负责人。1982年9月出生，2007年7月参加工作，2004年5月加入中国共产党。2023年1月，被山东省卫生健康委员会授予“2022年全省新冠疫情信息报告工作表现突出个人”称号。

孙海兰（女）　威海市环翠区人民法院督察室主任、四级主任科员。1976年3月出生，1996年8月参加工作，2003年3月加入中国共产党。2023年1月，被山东省高级人民法院授予“全省法院监察（督察）工作先进个人”称号。

时芸芸（女）　威海市环翠区人民法院民事审判二庭四级法官。1988年11月出生，2011年7月参加工作，2010年12月加入中国共产党。2023年1月，被山东省高级人民法院授予“全省法院调研工作先进个人”称号。

魏昆甫　威海市公安局环翠分局刑事侦查大队四级警长。1994年3月出生，2015年11月参加工作，2017年11月加入中国共产党。2023年1月，被山东省公安厅授予“疫情防控工作成绩突出个人”称号。

翟向民　威海市公安局环翠分局张村派出所所长、一级警长。1975年7月出生，1997年7月参加工作，1998年10月加入中国共产党。2023年1月，被山东省公安厅授予“全省公安机关成绩突出派出所所长”称号。

卢顺胜　威海市公安局环翠分局出入境管理大队二级警长。1965年4月出生，1986年7月参加工作，1994年7月加入中国共产党。2023年1月，被山东省公安厅授予“全省公安机关打击妨害国（边）境管理犯罪及整治‘三非’专项行动成绩突出个人”称号。

于建设　威海市齐盾保安服务有限公司一大队大队长。1976年4月出生，1994年12月参加工作，1997年10月加入中国共产党。2023年1月，被山东省公安厅授予“全省保安行业成绩突出个人”称号。

戚其花（女）　威海市环翠区嵩山街道牛角沟村村民。1970年11月出生。2023年2月，被中共山东省委宣传部、山东省精神文明建设委员会、山东省总工会、共青团山东省委、山东省妇联、大众报业集团、山东广播电视台联合授予“山东好人”称号。

宁　健　威海市公安局环翠分局崂山路派出所四级高级警长。1968年4月出生，1996年8月参加工作，1996年6月加入中国共产党。2023年2月，被中共山东省委政法委员会、山东省公安厅联合授予“全省党的二十大维稳安保工作表现突出个人”称号。

张媛媛（女）　威海市环翠区人民检察院第一检察部员额检察官。1986年3月出生，2009年7月参加工作，2014年12月加入中国共产党。2023年2月，被山东省出入境边防检查总站授予“十佳警嫂”称号。

李　奇　威海市环翠区张村镇卫生院中医科主任。1980年1月出生，1999年7月参加工作，2005年6月加入中国共产党。2023年2月，被山东省卫生健康委员会、山东省人力资源和社会保障厅联合授予“2022年度山东省基层名中医（药）专家”称号。

梁永江　威海市环翠区环翠楼社区卫生服务中心副主任。1976年10月出生，1996年9月参加工作，2011年11月加入中国共产党。2023年2月，被山东省卫生健康委员会、山东省人力资源和社会保障厅联合授予“2022年度山东省基层名中医（药）专家”称号。

张钦雯（女）　中共威海市环翠区委统一战线工作部民族宗教科副科长。1990年2月出生，2013年12月参加工作，2015年9月加入中国共产党。2023年2月，被山东省民族宗教事务委员会授予“2022年度全省民族宗教系统信息工作优秀个人”称号。

韩　芳（女）　威海市环翠区卫生健康局政策法规与综合监督科科长。1981年6月出生，2004年12月参加工作，2001年12月加入中国共产党。2023年2月，被山东省卫生健康委员会授予“2023年职业病防治监测工作先进个人”称号。

陈华楠（女）　威海市环翠区卫生健康服务中心宣教科科长。1981年2月出生，1996年9月参加工作，2004年9月加入中国共产党。2023年2月，被山东省卫生健康委员会授予“全省新冠病毒疫苗接种工作表现突出的个人”称号。

周海峰　威海市环翠区疾病预防控制中心免疫规划科副科长。1986年4月出生，2014年7月参加工作，2013年4月加入中国共产党。2023年2月，被山东省卫生健康委员会授予“全省新冠病毒疫苗接种工作表现突出的个人”称号。

纪伟彬　威海市环翠区温泉镇卫生院院长。1980年8月出生，2004年12月参加工作，2001年12月加入中国共产党。2023年2月，被山东省卫生健康委员会授予“全省新冠病毒疫苗接种工作表现突出的个人”称号。

王晓燕（女）　威海市公安局环翠分局出入境管理大队副大队长、二级警长，1978年12月出生，2000年9月参加工作，2000年6月加入中国共产党。2023年3月，被山东省公安厅授予“全省公安机关成绩突出女民警”称号。

张倬铭　威海市公安局环翠分局刑事侦查大队三级警长，1976年3月出生，1996年7月参加工作，2004年7月加入中国共产党。2023年3月，被山东省公安厅授予“全省公安机关执法‘双清’专项行动成绩突出个人”称号。

李晓波（女）　威海市环翠区人民检察院检委会专职委员。1974年12月出生，1995年10月参加工作，2001年6月加入中国共产党。2023年3月，被山东省人民检察院授予“2022年度检察业务援助工作表现突出个人”称号。

孙宏伟　威海市环翠区桥头镇消防救援站灭火战斗三班班长。1995年1月出生，2014年参加工作。2023年4月，被中共山东省委宣传部、山东省精神文明建设委员会、山东省总工会、共青团山东省委、山东省妇联、大众报业集团、山东广播电视台联合授予“山东好人”称号。

孙晓元（女）　威海市环翠区市场监督管理局副局长。1979年8月出生，2002年10月参加工作，2022年8月被认定为无党派人士。2023年4月，被山东省市场监督管理局、山东省司法厅联合授予“2022年度全省专利侵权纠纷行政裁决工作成绩突出个人”称号。

谢万红（女）　威海卫人民医院副主任护师。1978年12月出生，1996年10月参加工作，2014年11月加入中国共产党。2023年4月，被山东省“四进”工作队授予“省‘四进’工作队期末综合考核优秀队员”称号。

徐　辉　威海市环翠区羊亭镇南小城村村民。1982年7月出生。2023年5月，被中共山东省委宣传部、山东省精神文明建设委员会、山东省总工会、共青团山东省委、山东省妇联、大众报业集团、山东广播电视台联合授予“山东好人”称号。

林　楠（女）　威海市城里中学办公室主任。1988年9月出生，2011年8月参加工作，2009年11月加入中国共产党。2023年5月，被山东省禁毒委员会办公室、山东省教育厅联合授予“全省青少年毒品预防教育优秀工作者”称号。

李　静　威海市公安局环翠分局治安管理大队警务技术一级主管。1973年1月出生，1995年8月参加工作，2004年7月加入中国共产党。2023年6月，被山东省公安厅授予“全省公安机关2023年打击成品油行业违法犯罪专项行动成绩突出个人”称号。

宋春光　威海市环翠区人民检察院党组成员、派驻省级旅游度假区检察室主任。1986年1月出生，2012年12月参加工作，2007年12月加入中国共产党。2023年6月，被山东省人民检察院授予“党建工作表现突出个人”称号。

王婷婷（女）　威海市环翠区人民法院机关党委副书记、一级科员。1991年11月出生，2013年8月参加工作，2014年12月加入中国共产党。2023年6月，被山东省高级人民法院授予“全省法院党建工作先进个人”称号。

李建中 威海市非鱼莫蜀餐饮管理有限公司董事长。1980年1月出生，1998年参加工作。2023年7月，被中共山东省委宣传部、山东省精神文明建设委员会、山东省总工会、共青团山东省委、山东省妇联、大众报业集团、山东广播电视台联合授予“山东好人”称号。

丛　莉（女） 威海市环翠区人民法院司法警察大队政委、四级警长。1982年10月出生，2000年12月参加工作，2005年6月加入中国共产党。2023年7月，被山东省高级人民法院授予“全省法院司法警务工作先进个人”称号。

于　静（女） 威海市环翠区竹岛街道天翔社区书记、主任，退役军人服务站站长。1973年7月出生，2006年7月参加工作，2009年7月加入中国共产党。2023年8月，被山东省妇联、山东省退役军人事务厅、山东省军区政治工作局授予山东省第十三届“十佳兵妈妈”称号。

王　迪（女） 威海市环翠区人民法院刑事审判庭二级法官。1991年2月出生，2013年11月参加工作，2012年6月加入中国共产党。2023年8月，被山东省反洗钱工作联席会议办公室授予“2022年度山东省反洗钱工作先进工作者”称号。

邹艳茹（女） 威海市环翠区人民法院行政审判庭（综合审判庭）庭长、一级法官。1986年1月出生，2011年12月参加工作，2004年12月加入中国共产党。2023年8月，被山东省高级人民法院授予“全省法院行政审判工作先进个人”荣誉称号；11月，被山东省高级人民法院授予“全省法院环境资源审判助力绿色低碳高质量发展技能竞赛业务能手”称号。

张宗强 威海市统一路小学教师。1979年1月出生，1999年7月参加工作。2023年7月，被青海省海北藏族自治州人民政府授予“海北州优秀教师”称号。

鞠　强 威海市桥头镇桥头村党支部书记。1977年10月出生，1999年参加工作，2009年9月加入中国共产党。2023年8月，被中共山东省委宣传部、山东省精神文明建设委员会、山东省总工会、共青团山东省委、山东省妇联、大众报业集团、山东广播电视台联合授予“山东好人”称号。

李世刚 威海阳光雨露公益服务中心理事长。1973年5月出生，1994年参加工作。2023年9月，被中共山东省委宣传部、山东省精神文明建设委员会、山东省总工会、共青团山东省委、山东省妇联、大众报业集团、山东广播电视台联合授予“山东好人”称号。

孙玲玲（女） 威海市环翠区威海卫人民医院普外一科护士长。1989年10月出生，2013年9月参加工作，2011年 6月加入中国共产党。2023年9月，被山东省卫生健康委员会授予“2023年全省突发事件应急救护技能竞赛个人优秀奖”称号。

朱金良 威海市环翠区刘公岛消防救援站党支部书记。1977年6月出生，1995年参加工作。2023年10月，被中共山东省委宣传部、山东省精神文明建设委员会、山东省总工会、共青团山东省委、山东省妇联、大众报业集团、山东广播电视台联合授予“山东好人”称号。

许经彩（女） 威海市环翠区档案馆接收保管科科长。1980年7月出生，2005年7月参加工作，2005年1月加入中国共产党。2023年10月，被山东省档案馆授予“全省档案宣传工作先进个人”称号。

范宏慧（女） 威海市环翠区档案馆办公室副主任。1992年10月出生，2017年7月参加工作，2021年10月加入中国共产党。2023年10月，被山东省档案馆授予“全省档案宣传工作先进个人”称号。

刘春彤（女） 威海市环翠区档案馆信息技术科副科长。1997年4月出生，2020年2月参加工作。2023年10月，被山东省档案馆授予“全省档案宣传工作先进个人”称号。

王人石 威海市环翠区卫生健康综合执法大队医疗与传染病卫生监督科科长。1987年10月出生，2010年7月参加工作，2019年10月加入中国共产党。2023年10月，被山东省卫生健康委员会授予“2022年度山东省卫生健康监督执法办案能手”称号。

江　涛 威海市环翠区人民法院执行局四级法官。1991年7月出生，2013年11月参加工作。2023年11月，被山东省高级人民法院授予“全省法院执行工作中表现突出个人”称号。

李大琛 威海市环翠区农业农村事务服务中心副主任。1974年10月出生，1994年7月参加工作，1994年7月加入中国共产党。2023年11月，被山东省人力资源和社会保障厅、山东省财政厅、山东省自然资源厅、山东省水利厅、山东省农业农村厅、山东省畜牧兽医局联合授予“第十一届山东省优秀基层农业技术人员”称号。

丛星梅（女） 威海市环翠区嵩山街道社区综合服务中心主任。1971年1月出生，1994年8月参加工作，2015年12月加入中国共产党。2023年11月，被山东省人力资源和社会保障厅、山东省财政厅、山东省自然资源厅、山东省水利厅、山东省农业农村厅、山东省畜牧兽医局联合授予“第十一届山东省优秀基层农业技术人员”称号。

刘浩明　威海市环翠区海洋发展研究中心工程师。1984年7月出生，2012年1月参加工作。2023年11月，被山东省人力资源和社会保障厅、山东省财政厅、山东省自然资源厅、山东省水利厅、山东省农业农村厅、山东省畜牧兽医局联合授予“第十一届山东省优秀基层农业技术人员”称号。

邢兆泉　威海市环翠区冶口水库综合服务中心主任。1983年6月出生，2011年8月参加工作，2016年11月加入中国共产党。2023年11月，被山东省人力资源和社会保障厅、山东省财政厅、山东省自然资源厅、山东省水利厅、山东省农业农村厅、山东省畜牧兽医局联合授予“第十一届山东省优秀基层水利技术人员”称号。

宋莎莎（女）　威海市环翠区林业发展中心党组成员、副主任。1985年2月出生，2009年8月参加工作，2008年5月加入中国共产党。2023年11月，被山东省人力资源和社会保障厅、山东省财政厅、山东省自然资源厅、山东省水利厅、山东省农业农村厅、山东省畜牧兽医厅联合授予“第十一届山东省优秀基层林业技术人员”称号。

孙　波　威海市宝丰果蔬专业合作社理事长。1976年8月出生，1993年7月参加工作。2023年11月，被山东省人民政府办公厅授予“齐鲁乡村之星”称号。

刘柏廷　环翠区嵩山街道党工委委员。1989年12月出生，2012年7月参加工作，2011年12月加入中国共产党。2023年12月，被山东省委国家安全委员会、山东省人力资源和社会保障厅联合授予“山东省国家安全工作先进个人”称号。

于丛林　环翠区教育和体育局局长、党组书记、四级调研员，区委教育工委常务副书记。1985年10月出生，2007年8月参加工作，2004年12月加入中国共产党。2023年12月，被中共山东省委全面深化改革委员会办公室授予“山东省改革尖兵”称号。

夏晓毅　威海市公安局环翠分局党委委员、城里派出所所长、四级高级警长。1973年5月出生，1993年7月参加工作，2002年9月加入中国共产党。2023年12月，被山东省公安厅授予“全省公安机关成绩突出派出所所长”称号。

宋美君（女）　威海市环翠区羊亭镇农业办公室科员。1986年3月出生，2008年7月参加工作。2023年12月，被山东省农业农村厅授予“过硬监管人员”称号。

李　静（女）　威海市环翠区司法局普法与依法治理科科长。1988年1月出生，2011年8月参加工作，2023年2月至2024年1月期间在新疆生产建设兵团司法局普法与依法治理处挂职。2023年12月，被新疆生产建设兵团司法局授予“兵团司法行政系统优秀援疆干部”称号。

陶　洋　威海市环翠区农业综合执法大队科员。1975年11月出生，1993年8月参加工作。2023年12月，被山东省农业农村厅评为山东省第二批农产品质量安全市县“骨干监管人员”。

张福进　威海市环翠区农业农村局绿色生态资源保护科科长。1969年11月出生，1994年8月参加工作，2005年10月加入中国共产党。2023年12月，被山东省农业农村厅授予“农技推广服务工作表现突出个人”称号。

王　涛　威海市环翠区应急管理局党委书记、局长。1973年12月出生，1997年7月参加工作，1997年6月加入中国共产党。2023年12月，被山东省红十字会授予“2023年度山东省红十字应急救护工作先进个人”称号。

江本海　威海市环翠区应急管理局党委委员。1968年4月出生，1984年6月参加工作，1994年7月加入中国共产党。2023年12月，被山东省森林草原防灭火指挥部授予“2022—2023年森林防灭火工作先进个人”称号。

徐　超　威海市环翠区温泉镇党委副书记、政法委员。1985年5月出生，2009年8月参加工作，2011年11月加入中国共产党。2023年12月，被平安山东建设领导小组办公室授予“平安山东创建示范活动表现突出个人”称号。

王佃晓　威海市环翠区人民法院民事审判一庭庭长、一级法官。1986年3月出生，2011年12月参加工作，2009年1月加入中国共产党。2023年12月，被山东省高级人民法院授予“全省法院民事审判和审判监督工作中表现突出个人”称号。

袁　赛（女）　威海市环翠区人民法院政治部一级科员。1992年10月出生，2015年7月参加工作，2013年3月加入中国共产党。2023年12月，被山东省高级人民法院授予“全省法院教育培训工作中表现突出个人”称号。

戚　涛　威海市环翠区诉讼服务中心副主任。1979年6月出生，1996年12月参加工作，1999年5月加入中国共产党。2023年12月，被山东省高级人民法院授予“全省法院行政装备工作通报表扬个人”称号。

丁　铎　威海市环翠区孙家疃社区卫生服务中心针灸推拿科主治

医师。1984年1月出生，2008年10月参加工作。2023年12月，被山东省红十字会授予“山东省红十字应急救护工作先进个人”称号。

吕锦峰　威海市环翠区红十字会党组书记、常务副会长。1972年3月出生，1996年7月参加工作，1999年5月加入中国共产党。2023年12月，被山东省红十字会授予“2023年‘5·8’公益日众筹工作成绩突出个人”称号。

姜　东（女）　威海市环翠区红十字会党组成员、副会长。1986年9月出生，2009年8月参加工作，2011年2月加入中国共产党。2023年12月，被山东省红十字会授予“2023年度山东省红十字应急救护工作先进个人”称号。

张　航　威海市环翠区羊亭镇党委委员、人武部长，退役军人服务站站长。1988年7月出生，2007年6月参加工作，2010年11月加入中国共产党。2023年12月，被山东省退役军人事务厅授予“2023年度100名全省优秀服务标兵”称号。

刘远波　威海市环翠区桥头镇退役军人服务站站长。1982年2月出生，2004年7月参加工作，2004年7月加入中国共产党。2023年12月，被山东省退役军人事务厅授予2023年度全省“百名优秀新媒体宣传员”称号。

孔　晗　威海市环翠区桥头镇副镇长。1994年4月出生，2016年7月参加工作，2013年11月加入中国共产党。2023年12月，被山东省政务公开领导小组办公室、山东省人力资源和社会保障厅联合授予“山东省政务公开工作先进个人”称号。

吴　楠（女）　威海市环翠区退役军人事务局副局长，民盟环翠区支部主委。1983年11月出生，2006年9月参加工作，2012年7月加入中国民主同盟。2023年12月，被民盟山东省委会授予“组织建设先进个人”称号。

张延茹（女）　威海石木轩剪纸艺术工作室经理，民盟环翠区支部委员。1981年12月出生，2006年7月参加工作，2017年10月加入中国民主同盟。2023年12月，被民盟山东省委会授予“社会服务先进个人”称号。

李侃侃　威海卫人民医院医学影像科主任，农工党环翠区支部主委。1975年10月出生，1996年7月参加工作，2016年6月加入中国农工民主党。2023年12月，被农工党山东省委会授予“先进个人”称号。

朱纯媛（女）　威海市环翠区人民检察院党组书记、检察长。1971年1月出生，1994年9月参加工作，2003年7月加入中国共产党。2023年12月，被山东省人民检察院授予“山东省检察业务专家”称号。

李艳华（女）　威海市环翠区残联副理事长。1971年3月出生，1988年6月参加工作，1997年5月加入中国共产党。2023年12月，被山东省残联授予“2023年全省残联系统网络募捐工作先进个人”称号。

集体荣誉

表60　2023年区委、区政府获得省部级表彰的荣誉称号

荣誉称号	获得单位	授予单位	获得时间
2021—2025年度第二批全国科普示范县(市、区)	环翠区	中国科学技术协会	2023年1月
2022年度县域经济高质量发展先进县	环翠区	山东省人民政府	2023年5月

表61　2023年区委、区政府获得市厅级表彰的荣誉称号

荣誉称号	获得单位	授予单位	获得时间
山东省预防未成年学生溺水工作突出县	环翠区	山东省教育厅、山东省自然资源厅、山东省水利厅、山东省农业农村厅、山东省应急管理厅	2023年1月
2022年度全省县域养老服务体系创新示范区	环翠区	山东省民政厅	2023年1月
2022年度共同富裕先进单位	环翠区	中共威海市委、威海市人民政府	2023年4月
推进城市更新、改善人居环境工作突出的县(市、区)	环翠区	中共山东省委办公厅、山东省人民政府办公厅	2023年6月
2022年度山东省生态文明强县	环翠区	山东省生态环境厅、山东省财政厅	2023年7月
全省“安全生产月”活动县(市、区)优秀组织单位	环翠区	山东省人民政府安全生产委员会	2023年7月
2022年农产品加工业高质量发展先行县	环翠区	山东省农业农村厅、山东省畜牧兽医局、山东省财政厅	2023年8月
2022年度现代流通强县	环翠区	山东省商务厅、山东省财政厅	2023年9月
2023年山东省轻工纺织行业数字“三品”示范县(市、区)	环翠区	山东省工业和信息化厅	2023年11月
2023年度全省示范性居家社区养老服务网络建设地区	环翠区	山东省民政厅	2023年11月
2022年度山东省文旅康养强县	环翠区	山东省文化和旅游厅、山东省卫生健康委员会、山东省财政厅	2023年12月
第一批山东省婴幼儿照护服务示范县(市、区)	环翠区	山东省卫生健康委员会、山东省发展和改革委员会	2023年12月

表62　2023年部门（单位）获得省部级表彰的荣誉称号

荣誉称号	获得单位	授予单位	获得时间
2021—2022年度全国侨联系统“侨胞之家”典型选树单位	威海市侨乡北竹岛社区“侨胞之家”	中国侨联	2023年1月
全国中小学国防教育示范学校	威海市第十中学	教育部、中央军委政治工作部	2023年2月
全国消防安全整治三年行动工作先进大队	环翠区消防救援大队	国家消防救援局	2023年3月
全国公安机关成绩突出青年集体	威海市公安局海岸警察支队孙家疃派出所	公安部	2023年5月
全国青年文明号	国家税务总局威海市环翠区税务局工会委员会	共青团中央	2023年9月
2023年度《中国退役军人》宣传工作先进单位	环翠区退役军人事务局	退役军人事务部办公厅	2023年9月
2023“新时代乡村阅读季”之“我爱阅读100天”优秀推广单位	环翠区文化和旅游局	中共中央宣传部	2023年10月
第三批全国乡村治理示范村镇	环翠区里口山管理服务中心王家疃村	农业农村部、中共中央宣传部、司法部	2023年11月
节约型机关	环翠区科学技术局	国家事务管理局、中共中央直属机关事务管理局、国家发展和改革委员会、财政部	2023年11月
全国新时代“枫桥经验”先进典型	环翠区孙家疃街道办事处	中共中央政法委员会	2023年11月
国家一级馆	环翠区图书馆	文化和旅游部	2023年11月
松材线虫病疫情防控攻坚行动先进单位	环翠区林业发展中心	国家林业和草原局	2023年12月

表63　2023年部门（单位）获得市厅级表彰的荣誉称号

荣誉称号	获得单位	授予单位	获得时间
2022年会计基础工作规范化单位	环翠区教育和体育局、环翠区市场监督管理局、环翠区财政局、环翠区鲸园街道办事处	山东省财政厅	2023年1月
全省法院政治工作先进集体	环翠区人民法院政治部	山东省高级人民法院	2023年1月
全省法院调研工作先进集体	环翠区人民法院审判管理办公室(研究室)	山东省高级人民法院	2023年1月
全省法院“人民法院服务中国特色社会主义法治体系建设与刑事法律适用问题研究”理论研讨活动组织工作先进单位	环翠区人民法院	山东省高级人民法院	2023年1月

续表

荣誉称号	获得单位	授予单位	获得时间
2022年山东省卫生健康工作先进集体	环翠区卫生健康局	山东省人力资源和社会保障厅、山东省卫生健康委员会、山东省计划生育协会	2023年1月
2022年全省新冠疫情信息报告工作表现突出集体	环翠区卫生健康局	山东省卫生健康委员会	2023年1月
第八批全省民族团结进步示范区示范单位	环翠区鲸园街道办事处	中共山东省委宣传部、中共山东省委统战部、山东省民族宗教事务委员会	2023年1月
全省民族团结进步示范岗位	环翠区戚恩雨工作室	中共山东省委宣传部、中共山东省委统战部、山东省民族宗教事务委员会	2023年1月
全省档案宣传工作先进集体	环翠区档案馆	山东省档案馆	2023年1月
2022年度山东省精品文旅名镇(乡村旅游重点镇)	环翠区张村镇	山东省文化和旅游厅、山东省发展和改革委员会、山东省农业农村厅	2023年1月
美丽庭院表现突出村集体	环翠区桥头镇报信村	山东省妇联	2023年1月
疫情防控工作成绩突出集体	威海市公安局环翠分局特巡警大队	山东省公安厅	2023年1月
全省公安机关打击妨害国(边)境管理犯罪及整治“三非”专项行动成绩突出集体	威海市公安局环翠分局桥头派出所	山东省公安厅	2023年1月
党的二十大安保维稳成绩突出集体	威海市公安局环翠分局特巡警大队	山东省公安厅	2023年1月
全省新冠病毒疫苗接种工作先进集体	环翠区疾病预防控制中心	山东省卫生健康委员会	2023年2月
2022年全省“扫黄打非”工作先进集体	环翠区文化和旅游局	山东省“扫黄打非”领导小组	2023年2月
山东省书香校园	威海市统一路小学	山东省教育厅	2023年2月
2022年度省级文明单位	环翠区发展和改革局、环翠区委党史研究中心、环翠区科学技术局	山东省精神文明建设委员会	2023年3月
2022年度省级文明村镇	环翠区羊亭镇北上夼村、环翠区温泉镇张家山村	山东省精神文明建设委员会	2023年3月
2022年度省级文明社区	环翠区鲸园街道长征社区	山东省精神文明建设委员会	2023年3月
2022年度全省党委信息工作表现突出集体	威海市环翠区委办公室	山东省委办公厅	2023年3月
全省公安机关执法“双清”专项行动成绩突出集体	威海市公安局环翠分局法制大队	山东省公安厅	2023年3月
第二批省级旅游休闲街区	威海市属相街旅游休闲街区	山东省文化和旅游厅、山东省发展和改革委员会	2023年3月
2023—2025年度山东省科普教育基地	威海海洋科技馆	山东省科学技术协会	2023年4月

续表

荣誉称号	获得单位	授予单位	获得时间
2022年度全省结核病防治工作先进单位	威海市结核病防治所	山东省公共卫生临床中心	2023年4月
2022年度山东省红十字会城市社区博爱家园示范点	环翠区鲸园街道东山社区、菊花顶社区、环翠区环翠楼街道西门外社区、海城社区、环翠区孙家疃街道安海社区、环翠区桥头镇滨河社区、环翠区温泉镇亿和社区、环翠区羊亭镇新阳社区、环翠区竹岛街道望岛社区、四方社区	山东省红十字会	2023年4月
全省禁毒人民战争2022年度成绩突出集体	威海市公安局环翠分局禁毒大队	山东省公安厅	2023年4月
二等功	威海市公安局环翠分局城里派出所	山东省公安厅	2023年5月
2021—2022年度山东省临床实验室质量管理工作先进集体	威海卫人民医院检验科	山东省临床检验中心	2023年5月
2021—2022年度山东省临床实验室质量管理工作先进集体	威海口腔医院检验科	山东省临床检验中心	2023年5月
环翠区"环环助"品牌获2023年度全省优秀社会救助品牌	环翠区民政局	山东省民政厅	2023年5月
山东省2023年度水土保持示范名单	威海华夏城水土保持科技示范园	山东省水利厅	2023年6月
2021—2022年度山东省无偿献血组织表现突出单位	环翠区卫生健康局	山东省卫生健康委员会、中共山东省委宣传部、中共山东省委省直办机关工作委员会、中共产主义青年团山东省委员会、山东省教育厅、山东省红十字会	2023年6月
2022年度山东省金融辅导工作表现突出基层单位	环翠区地方金融监督管理局	山东省地方金融监督管理局	2023年6月
山东省第三批残疾儿童少年随班就读示范校	威海市福泰小学	山东省教育厅	2023年6月
省级党员教育现场教学基地	环翠区里口山管理服务中心王家疃村	中共山东省委组织部	2023年7月
第二届山东省应急管理普法知识竞赛优秀组织奖	环翠区应急管理局	山东省应急管理厅、中共山东省委宣传部、山东省司法厅、山东省总工会、共青团山东省委、山东省妇女联合会	2023年7月
山东省科普教育示范工程	威海海洋科技馆	山东省科学技术协会	2023年7月
省级党员教育培训阵地	环翠区羊亭镇党委党校(党员教育中心)	中共山东省委组织部办公室	2023年7月
山东省打击骗取留抵退税成绩突出集体	环翠区检察院第二检察部	山东省税务局、山东省检察院、山东省公安厅	2023年7月

续表

荣誉称号	获得单位	授予单位	获得时间
第二批全省乡村治理示范村	环翠区里口山管理服务中心王家疃村	山东省农业农村厅、中共山东省委宣传部、山东省司法厅	2023年8月
山东省营养健康食堂(餐厅)	环翠区温泉镇卫生院	山东省卫生健康委员会、山东省教育厅、山东省市场监督管理局、山东省体育局	2023年8月
2022年99公益日"齐鲁润春蕾"联合募捐先进集体	环翠区妇联	山东省妇女儿童发展基金会	2023年8月
山东省营养与健康学校	威海市望海园中学、威海市翠竹小学	山东省卫生健康委员会、山东省教育厅、山东省市场监督管理局、山东省体育局	2023年8月
改革创新先行县(市、区)妇联	环翠区妇联	山东省妇联	2023年8月
第二批优秀社区工作法	环翠区嵩山街道蔚海社区	山东省民政厅	2023年8月
山东省妇联系统优秀党建品牌	环翠区妇联	山东省妇联	2023年8月
全省公安机关服务保障重大项目成绩突出集体	威海市公安局环翠分局桥头派出所	山东省公安厅	2023年9月
2023年度山东省中医药特色村卫生室	环翠区张村镇柳沟中心卫生室	山东省卫生健康委员会	2023年9月
2023年度山东省中医药特色社区卫生服务站	环翠区环翠楼街道塔山社区卫生服务站	山东省卫生健康委员会	2023年9月
中医药特色村卫生室	环翠区张村镇柳沟中心卫生室	山东省卫生健康委员会	2023年9月
省级书香之乡(镇、街道)	环翠区环翠楼街道	中共山东省委宣传部	2023年9月
山东省中小学劳动教育工作表现突出单位	威海市千山路小学	山东省教育厅	2023年10月
山东省乡镇(街道)社会工作站示范点	环翠区鲸园街道社会工作站	山东省民政厅	2023年10月
山东省网络安全和信息化工作先进集体	环翠区互联网信息中心	中共山东省委网络安全和信息化委员会办公室、山东省人力资源和社会保障厅	2023年10月
全省"平安农机"示范乡(镇、街)	环翠区桥头镇	山东省农业农村厅、山东省应急管理厅	2023年10月
省级"侨胞之家"	威海市环翠区孙家疃街道里海社区	山东省归国华侨联合会	2023年10月
2022年度山东省厂务公开民主管理优秀单位	威海市环翠区国有资本运营有限公司	山东省厂务公开民主管理联席会议办公室	2023年10月

续表

荣誉称号	获得单位	授予单位	获得时间
全省法院审判管理工作中表现突出集体	环翠区人民法院审判管理办公室(研究室)	山东省高级人法院	2023年11月
山东省“最美爱情打卡地”	环翠区孙家疃街道	山东省妇女联合会	2023年11月
2023年度省级小型微型企业创业创新示范基地	威海市环翠区新创投资运营有限公司、威海创新园综合服务中心	山东省工业和信息化厅	2023年11月
近零碳社区示范创建单位	环翠区鲸园街道花园社区	山东省生态环境厅	2023年11月
第四批全省景区化村庄	环翠区温泉镇东崮村	山东省文化和旅游厅	2023年11月
第三批山东省乡村振兴示范乡(镇、街)	环翠区桥头镇	山东省发展和改革委员会、中共山东省委组织部、中共山东省委宣传部、中共山东省委政法委、中共山东省委农业农村委员会办公室、山东省人力资源和社会保障厅、山东省自然资源厅、山东省生态环境厅、山东省住房和城乡建设厅、山东省农业农村厅	2023年11月
第三批山东省乡村振兴示范村(社区)	环翠区羊亭镇北上夼村、环翠区温泉镇小庄村、环翠区里口山管理服务中心福德庄村、环翠区桥头镇南子城村	山东省发展和改革委员会、中共山东省委组织部、中共山东省委宣传部、中共山东省委政法委、中共山东省委农业农村委员会办公室、山东省人力资源和社会保障厅、山东省自然资源厅、山东省生态环境厅、山东省住房和城乡建设厅、山东省农业农村厅	2023年11月
全省农药管理工作先进集体	环翠区农业综合执法大队	山东省农业农村厅	2023年11月
山东省保障农民工工资支付工作表现突出集体	环翠区劳动监察大队	山东省人力资源和社会保障厅	2023年11月
2023年度100家全省优秀退役军人服务中心(站)	环翠区竹岛街道天翔社区退役军人服务站	山东省退役军人事务厅	2023年12月
山东省乡村文化建设样板村(社区)	环翠区里口山管理服务中心王家疃村	山东省文化和旅游厅	2023年12月
2022—2023年森林防灭火工作表现突出先进集体	环翠区应急管理局	山东省森林草原防灭火指挥部	2023年12月
省级残疾人辅助性就业示范机构	环翠区残疾人联合会	山东省残联	2023年12月
山东省残联系统网络募捐工作先进单位	环翠区残疾人联合会	山东省残联	2023年12月
全省“参政议政先进支部”	民盟环翠区支部	民盟山东省委	2023年12月

续表

荣誉称号	获得单位	授予单位	获得时间
全省“先进基层组织”	民建环翠区总支	民建山东省委	2023年12月
全省“参政议政先进集体”	致公党环翠区支部	致公党山东省委	2023年12月
2023年山东省节水型企业（单位）、社区（居住小区）	威海市塔山中学	山东省住房和城乡建设厅、山东省发展和改革委员会、山东省工业和信息化厅、山东省水利厅	2023年12月
《村头村尾》获第十三届“泰山文艺奖”电影类三等奖	威海光语电影有限公司	山东省“泰山文艺奖”评选委员会办公室	2023年12月
2023年度公共机构生活垃圾分类示范单位	威海卫人民医院	山东省机关事务管理局办公室	2023年12月
2023年度山东省红十字应急救护工作先进单位	环翠区红十字会、环翠区应急管理局、环翠区教育和体育局、环翠区卫生健康局、环翠区张村镇	山东省红十字会	2023年12月
全省红十字应急救护综合能力示范单位	环翠区红十字会	山东省红十字会	2023年12月
山东省卫生单位	环翠区教育和体育局、威海大光华学校、威海市南山小学、威海市塔山中学、威海市古寨小学、威海市锦华小学、威海市千山路小学、环翠区温泉镇、环翠区温泉镇双泉城社区、环翠区温泉镇柳和社区、环翠区张村镇双岛社区、环翠区温泉镇魏桥社区	山东省爱国卫生运动委员会办公室	2023年12月
第三批山东省中医药文化进校园试点学校	威海市第七中学	山东省卫生健康委员会、山东省教育厅、山东省体育局	2023年12月
山东省2023年度“全国科技工作者”优秀组织单位	环翠区科学技术协会	山东省科学技术协会	2023年12月
山东省2023年度“全国科普日”优秀组织单位	环翠区科学技术协会	山东省科学技术协会	2023年12月
2023年度全省反邪教协会系统先进集体	环翠区科学技术协会	山东省科学技术协会	2023年12月
省级标杆型智慧社区（二类）	环翠区竹岛街道兴威社区	山东省大数据局	2023年12月
山东省会计工作先进集体	环翠区温泉镇财政经管统计服务中心	山东省财政厅、山东省人力资源和社会保障厅	2023年12月
第四批乡村温馨校园建设典型案例学校	威海市桥头小学	山东省教育厅	2023年12月
山东省“一校一品”党建品牌示范校	威海市望海园中学	山东省委教育工委	2023年12月

续表

荣誉称号	获得单位	授予单位	获得时间
山东省绿色学校	威海市翠竹小学、威海市统一路小学、威海市塔山小学、威海市半月湾小学、威海市武夷路小学、威海市古寨中学、威海市新苑学校、威海市望海园中学、威海市第七中学、威海市第八中学、威海市明湖路学校、威海市实验小学、威海市温泉小学、威海市鲸园小学、威海市古寨小学、威海市锦华小学、威海市长征路小学、威海市羊亭学校、威海市温泉中学、威海市福泰中学、威海市第十三中学、威海市大光华学校、威海市塔山中学、威海市环翠中学、威海市实验中学、威海市桥头小学	山东省教育厅、山东省发展和改革委员会	2023年12月
山东省体育产业示范乡村	环翠区嵩山街道小镇村	山东省体育局	2023年12月
省级基层老年教育示范校	环翠区嵩山街道向阳社区老年学堂	山东老年大学	2023年12月
山东省医疗保障工作先进集体	环翠区医疗保险事业中心	山东省人力资源和社会保障厅、山东省医疗保障局	2023年12月
省级乡土产业名品村	桥头镇所前泊村、桥头镇南子城村、羊亭镇北上夼村、里口山管理服务中心刘家疃村、温泉镇张家山村	山东省农业农村厅	2023年12月
第三批山东省数据开放创新应用实验室	环翠区大数据中心	山东省大数据局	2023年12月
2023年度生活垃圾分类示范社区	环翠楼街道塔山社区、竹岛街道望岛社区	山东省住房和城乡建设厅	2024年1月
省级“枫桥式公安派出所”	威海市公安局环翠分局城里派出所	山东省公安厅	2023年12月
全省传染病信息与突发公共卫生事件报告管理工作优秀集体	环翠区疾病预防控制中心	山东省疾病预防控制中心	2023年12月
山东省示范农家书屋	环翠区环翠楼街道塔山社区书屋	山东省新闻出版局	2023年12月
山东省旅游民宿集聚区培育单位	环翠区孙家疃街道	山东省文化和旅游厅	2023年12月

附　录

重要文件目录

表64　2023年环翠区人民政府重要文件一览表

印发日期	文号	文件标题
2023年1月19日	威环政发〔2023〕1号	关于印发威海市环翠区安全生产行政责任制规定的通知
2023年1月20日	威环政发〔2023〕2号	关于印发《威海市环翠区大中型水库移民后期扶持人口自然变化管理实施方案》的通知
2023年3月9日	威环政发〔2023〕3号	关于印发《威海市环翠区省级慢性非传染性疾病综合防控示范区建设工作实施方案》的通知
2023年4月27日	威环政发〔2023〕4号	关于公布区政府领导同志工作分工的通知
2023年8月30日	威环政发〔2023〕5号	关于公布威海市环翠区人民政府2023年度重大行政决策事项目录的通知
2023年11月13日	威环政发〔2023〕6号	关于公布区政府领导同志工作分工的通知
2023年12月11日	威环政发〔2023〕7号	关于调整完善镇（街道）财政管理体制的意见
2023年12月14日	威环政发〔2023〕8号	关于继续执行部分区政府规范性文件的决定
2023年12月14日	威环政发〔2023〕9号	关于废止和宣布失效部分区政府规范性文件的决定
2023年4月27日	威环政字〔2023〕18号	关于加强海洋伏季休渔管理工作的通知
2023年6月2日	威环政字〔2023〕20号	关于印发《威海市褚岛保护和利用规划》的通知
2023年8月19日	威环政字〔2023〕30号	关于我区婴幼儿照护服务工作情况审议意见

（区政府办公室）

表65　2023年环翠区人民政府办公室重要文件一览表

印发日期	文号	文件标题
2023年1月16日	威环政办字〔2023〕1号	环翠区羊亭河水质“增Ⅲ”治理方案
2023年1月31日	威环政办字〔2023〕2号	关于公布2022年度区级工业设计中心的通知
2023年2月4日	威环政办字〔2023〕3号	关于加快推进环翠区预制菜产业高质量发展的实施意见
2023年2月24日	威环政办字〔2023〕4号	关于公布2022年环翠区首席技师名单的通知
2023年2月24日	威环政办字〔2023〕5号	关于启用威海市环翠区国防动员办公室印章的通知
2023年3月3日	威环政办字〔2023〕6号	关于启用威海市环翠区鲸园街道办事处新印章的通知
2023年3月7日	威环政办字〔2023〕7号	关于印发《威海市环翠区房屋建筑生产安全事故应急预案》等17个专项应急预案的通知
2023年4月24日	威环政办字〔2023〕8号	关于调整环翠区爱国卫生运动委员会（健康中国行动环翠推进委员会）成员名单的通知
2023年5月18日	威环政办字〔2023〕10号	关于印发《2023年威海市环翠区法治政府建设工作计划的通知》
2023年5月19日	威环政办字〔2023〕11号	关于成立威海市环翠区第三次土壤普查领导小组的通知
2023年6月9日	威环政办字〔2023〕13号	关于印发《威海市环翠区废弃汽车治理行动方案》的通知
2023年6月19日	威环政办字〔2023〕14号	关于印发威海市环翠区行政应诉管理办法的通知
2023年6月19日	威环政办字〔2023〕15号	关于成立威海市环翠区全龄友好型城区建设工作领导小组及工作组成人员名单的通知
2023年7月3日	威环政办字〔2023〕16号	关于印发《威海市环翠区羊亭镇小城镇创新提升行动实施方案》的通知
2023年7月3日	威环政办字〔2023〕17号	关于成立威海市环翠区里口山生态环境导向的开发项目开发建设领导小组的通知
2023年7月14日	威环政办字〔2023〕18号	关于印发《威海市环翠区海洋电子信息和智能装备产业发展三年行动计划（2023—2025）》的通知
2023年8月10日	威环政办字〔2023〕19号	关于印发《环翠区分类培育高质量纳统攻坚突破行动方案》的通知
2023年8月20日	威环政办字〔2023〕20号	关于公布工业企业2022年度“亩产效益”评价结果的通知
2023年9月4日	威环政办字〔2023〕21号	关于成立威海市环翠区警务政务航空融合管理工作领导小组的通知
2023年9月8日	威环政办字〔2023〕22号	关于印发《环翠区打造食品经营领域“承诺即入、审管联动”信用审批新模式实施方案（试行）》的通知
2023年9月28日	威环政办字〔2023〕23号	关于印发《环翠区旅游业高质量发展四大提升行动实施方案》的通知
2023年12月11日	威环政办字〔2023〕24号	关于印发“高效办成一件事”大力提升行政效能若干措施的通知

续表

印发日期	文号	文件标题
2023年12月13日	威环政办字〔2023〕25号	关于印发《威海市环翠区农村供水水质提升专项行动工作方案（2023—2025年）》的通知
2023年12月29日	威环政办字〔2023〕26号	关于印发《威海市环翠区校园安全事件应急预案》等9个专项应急预案的通知

（区政府办公室）

表66　2023年规范性文件一览表

序号	文件名称	发文单位	文号
1	关于修改《环翠区关于扶持总部经济发展的意见》的通知	区商务局、区发展改革局、区工业和信息化局、区财政局、区地方金融监管局、区税务局	威环商务字〔2023〕17号
2	环翠区关于加快楼宇经济发展的扶持意见	区商务局、区财政局	威环商务字〔2023〕18号
3	环翠区招商引资奖励办法	区商务局、区财政局	威环商务字〔2023〕19号
4	环翠区关于进一步加快服务业发展的扶持意见	区发展改革局、区财政局	威环发改字〔2023〕21号
5	关于修改《环翠区关于推进科技创新的扶持意见》的通知	区科技局、区财政局	威环科发〔2023〕1号
6	关于修改《环翠区关于优化提升威海创新园的扶持意见》的通知	区科技局、区财政局	威环科发〔2023〕2号

（区司法局）

组织机构和负责人

中国共产党环翠区委员会

书　记　张　刚
副书记　于晓东　于晓光（女）
常　委　张　勇* 张海平
　　　　沈燕萍（女）*
　　　　尹振山　张元波
　　　　王　志　刘永胜
　　　　郑　磊　王海刚
　　　　邹　伟

区委办公室［挂区档案局、区委保密办（区国家保密局）、区委机要局（区密码管理局）牌子］
主　任　郑　磊
△决策服务中心
主　任　（缺）

组织部（挂区公务员局、区委非公有制经济组织和社会组织工作委员会牌子）
部　长　王　志
△两新工委
书　记　刘海群（女）
△党员教育中心
主　任　（缺）
△胶东（威海）党性教育基地环翠教学管理办公室
主　任　李　强*　史　岩
△人才创新发展中心
主　任　（缺）

宣传部（挂区政府新闻办公室、区精神文明建设委员会办公室、区互联网信息办公室牌子）
部　长　沈燕萍（女）*
　　　　尹振山
△文　联
主　席　姜海潇
△社科联
主　席　（缺）

统战部（挂区政府台湾事务办公室、区民族宗教事务局、区政府侨务办公室牌子）
部　长　王　志
△侨　联
主　席　林　辉
△统战事务服务中心
主　任　吕　飞

政法委
书　记　尹振山*　邹　伟
△法学会
主　席　尹振山*　邹　伟

编　办
主　任　郑剑波*　潘　登
△机构编制研究与服务中心
主　任　王晓静（女）

区直机关工委
书　记　董威燕（女）

巡察办
主　任　李　立（女）
△第一巡察组
主　任　毕春杰*　李海廷
△第二巡察组
主　任　刘　涛（女）
△第三巡察组
主　任　王战友*　柳新明
△第四巡察组
主　任　李源志

老干部局
局　长　陈高磊
△老干部活动中心（挂区委老干部党校、区老年大学牌子）
主　任　（缺）

环翠区人民代表大会常务委员会

主　　任　孙　军
副主任　黄式璞
　　　　韩　静（女）
　　　　邹　杰　沙建强
　　　　陈英欣
党组成员　薛　岳

办公室
主　任　薛　岳

人事代表工作委员会
主　任　王明霞（女）

研究室
主　任　张起刚*
　　　　王　萍（女）

财政经济工作委员会
主　任　郭贤杰

教育科学文化卫生工作委员会
主　任　张起刚

监察和司法工作委员会
主　任　王国庆*

农村城建环保工作委员会
主　任　王　超

预算工作委员会
主　任　罗秀丽（女）*

社会建设工作委员会
主　任　张绍辉

环翠区人民政府

区　　长　于晓东
副 区 长　张元波　刘永胜
刘　斌*
王文萍（女）*
崔军强　邹　伟*
李静茹（女）
张明玺　毕晓波
王永钊（挂职）
刘　帅（挂职）
党组成员　迟高伟

区政府办公室（挂区大数据局牌子）
主　任　迟高伟
△决策研究中心
主　任　董居良*
△外事服务中心
主　任　李百强*

发展和改革局［挂区新旧动能转换综合试验区建设办公室、区国防动员办公室（区人民防空办公室）牌子］
局　长　刘昌军*　林海涛
△重点项目服务中心（挂区人防事务服务中心牌子）
主　任　苗　波

教育和体育局（区委教育工委与其合署）
局　长　王艳华（女）*
于丛林
△教育教学研究中心
主　任　（缺）
△教育服务中心（挂区学生资助服务中心牌子）
主　任　詹　宇（女）*　李成林

科技局
局　长　王　波

工业和信息化局（挂区非公有制经济发展服务局牌子）
局　长　张积超*　吕进柏
△民营经济发展中心
主　任　王大鹏*

民政局
局　长　杨华清

司法局
局　长　肖建国

财政局（挂区国有资产监督管理局牌子）
局　长　于同毅
△经济开发投资服务中心
主　任　姜万青*　延　红（女）
△财政管理服务中心
主　任　（缺）

人力资源和社会保障局
局　长　林海涛*　李　强
△公共就业和人才服务中心
主　任　王　锋
△社会保险事业中心
主　任　郝晓权

自然资源局（挂区林业局牌子）
局　长　梁英杰
△自然资源综合服务中心
主　任　张华东*　郭志强

住房和城乡建设局（挂区精致城市建设办公室牌子）
局　长　李兴元
△建筑工程事务服务中心
主　任　田大虎*
△住房保障公共服务中心
主　任　秦红霞（女）

水利局
局　长　吕进柏*　徐　凯

农业农村局（挂区乡村振兴局、区畜牧兽医局牌子）
局　长　刘瑞宾*　贾存峰
△农业综合执法大队
大队长　（缺）
△农业机械发展中心
主　任　（缺）

海洋发展局
局　长　杨亚辰
△海渔综合执法大队（挂中国海监威海市环翠区大队牌子）
大队长　焦　鹏

商务局
局　长　刘大伟
△商务发展中心
主　任　姚海鹰（女）

文化和旅游局（挂区新闻出版广电局、区文物局牌子）
党组书记　孙远征
局　　长　段会林*　崔志盛

卫生健康局（挂区中医药管理局牌子）
局　长　夏伟清
△疾控中心（挂区健康管理指导中心、区卫生监督所牌子）
主　　任　谷源林*　许　伟
党支部书记　吕锦峰*
杨翠红（女）
△计划生育协会
会　长　李静茹

退役军人事务局
局　长　张永君*　尹　莹（女）

应急管理局（挂区地震局牌子）
局　长　王　涛
△应急管理综合行政执法大队
大队长　（缺）

审计局
局　长　李　强*　张永君

行政审批服务局（挂区政务服务管理办公室牌子）
局　长　张　戈*　董居良

市场监管局
局　长　杨玉梅（女）*
黄　晨

综合行政执法局
局　长　胡远涛
△综合行政执法大队
大队长　何昭中
教导员　杨福建

统计局
局　长　肖建国*　郑　博

医保局
党组书记　王晓阳*　李　鑫
局　长　张展霞（女）

地方金融监管局（挂区金融工作办公室牌子）
局　长　栾　晓

信访局
局　长　周　克

△群众权益诉求服务中心
主　任　杨　洋

中国人民政治协商会议环翠区委员会

主　　席　孙青松（女）
副主席　林青松　邓　洁（女）
于　超　宋　崴（女）
党组成员　周天宇

办公室
主　任　周天宇

委员活动工作室
主　任　周洪亮

学习提案法制委员会
主　任　宋修平

“三胞”联谊委员会
主　任　宋吉波

经济教科卫体委员会
主　任　刘新华（女）*
李　刚

文化文史和学习委员会
主　任　陈方明

农业和农村委员会
主　任　王光明

中国共产党环翠区纪律检查委员会（环翠区监察委员会与其合署）
书　记　张　勇*张海平
副书记　杨雪莲（女）*
于时杰　侯春生
主　任　张　勇*张海平
副主任　杨雪莲（女）*
于时杰

区纪委监委派驻第一纪检监察组
主　任　王　钢

区纪委监委派驻第二纪检监察组
主　任　刘　刚

区纪委监委派驻第三纪检监察组
主　任　丛龙滋

区纪委监委派驻第四纪检监察组
主　任　毕重逊（女）*
郭　梁

区纪委监委派驻第五纪检监察组
主　任　王宜超

区纪委监委派驻第六纪检监察组
主　任　胡　勇
△廉政教育中心
主　任　尚　飞

法院、检察院

威海市环翠区人民法院
院　长　万景周
△诉讼服务中心（挂区法官事务服务中心牌子）
主　任　（缺）
△法院执行局
局　长　史旭东
△审判管理办公室（研究室）
主　任　王　军

威海市环翠区人民检察院
检察长　朱纯媛（女）

群众团体

总工会
主　席　于　超

团区委
书　记　李　鑫*　李俊莹（女）

妇　联
主　席　王　岚（女）*
张　霞（女）

工商联
主　席　邓　洁（女）
书　记　张　霞（女）*
公佩宏

科　协
主　席　谢晓伟*　姜万青

残　联
理事长　王友福*　王晓阳

贸促会
会　长　周志勇*　王大鹏

红十字会
会　　长　（缺）
党组书记　吕锦峰

区属事业单位

区委党校（挂环翠行政学校、区社会主义学校牌子）
校　长　张　刚

区委党史研究中心（挂区地方史志研究中心牌子）
主　任　丛晓红（女）*
李百强

档案馆
馆　长　李晓莉（女）*
宫鹏冲

融媒体中心（挂区广播电视台牌子）
主　任　隋海航
总编辑　徐建强

社会治理服务中心（挂区网格化服务管理中心、区12345政务服务热线中心牌子）
主　任　汤华超（女）

社会信用中心
主　任　王　珊（女）

里口山管理服务中心
主　任　林　森

△综合部
部　长　谷鲁杰（女）
△党群工作部
部　长　（缺）
△项目推进部
部　长　毕连勇*
△工程建设部
部　长　姚长海*　江世会
△产业发展部
部　长　逄万涛
△林业与环境保护部
部　长　江本海*　毕建勋

机关事务服务中心
主　任　谷佩贞（女）

环境卫生服务中心
主　任　徐长海

交通事务发展中心
主　任　郑　博*　田大虎

国有资产服务中心
主　任　王美英（女）

投资促进中心
主　任　丛晓静（女）

中德生态产业服务中心
主　任　贾存峰*　谢林君

市政园林服务中心
主　任　孟祥强

畜牧兽医事业发展中心
主　任　于　洋*　胡书亭

大数据中心
主　任　李　伟

林业发展中心（挂区森林防火指挥保障中心牌子）
主　任　刘荣林

生态文明建设协调中心
主　任　崔志盛*　孙坤同

环翠区人民武装部
部　长　王海刚

镇、街道

张村镇
党委书记　邹　伟*　张积超
镇　　长　邹立凯

羊亭镇
党委书记　张明玺
镇　　长　贾存峰*　谢林君

温泉镇
党委书记　黄松娟（女）
镇　　长　韩佩伦

桥头镇
党委书记　刘玉凯
镇　　长　昝启进

环翠楼街道
党工委书记　黄　晨*　张佳志
主　　　任　张佳志*　王　耀

竹岛街道
党工委书记　侯世典
主　　　任　刘　真（女）*
苏亚哲

鲸园街道
党工委书记　于丛林*
主　　　任　潘　登*　梁仲仲

孙家疃街道
党工委书记　丁　茜（女）
主　　　任　单　斌

嵩山街道
党工委书记　曲正杰*　王　波

主　　任　尹　莹（女）*
　　　　　杜永欣

派出机构

威海环翠省级旅游度假区管理委员会
党工委书记　邹　伟*　张积超
△党政办公室
主　任　（缺）
△经济发展局
局　长　梁志丹
△财务审计局
局　长　（缺）
△社会事业局
局　长　（缺）
△规划建设局
局　长　（缺）
△农业办公室
主　任　丛忠义
△科技产业园重点项目推进局
局　长　（缺）

威海环翠北海省级旅游度假区管理委员会
管委会主任　刘昌军*
△经济发展局
局　长　张　冉（女）
△旅游产业推进局
局　长　孙惠岩

驻区单位

威海市公安局环翠分局
局　长　刘　斌*　毕晓波
政　委　张　军

威海市生态环境局环翠分局
局　长　乔文鹏

威海市环翠区税务局
局　长　邢本岩

威海市自然资源和规划局环翠规划分局
局　长　谷海江

威海市环翠区消防救援大队
大队长　初鹏飞
教导员　丁仕平

（时间截止到2023年12月31日）
注：*表示年内离任
△表示部门管理的机构
（区委组织部）

统计资料

表67　2023年环翠区地区生产总值一览表

类别	单位	绝对量	增长速度（%）
地区生产总值（GDP）	亿元	450.42	3.1
第一产业	亿元	41.25	5.0
第二产业	亿元	119.76	-3.4
第三产业	亿元	289.41	5.6

表68　2023年环翠区农林牧渔业一览表

类别	单位	绝对量	增长速度（%）
农林牧渔			
农林牧渔及服务业总产值	万元	770453	5.8
农业总产值	万元	36441	4.2
林业总产值	万元	731	1575.5
牧业总产值	万元	15669	3.7
渔业总产值	万元	653715	5.7
农林牧渔服务业总产值	万元	63897	9.1
农业			
油料产量	吨	2774	2.0
花生产量	吨	2774	2.0
蔬菜产量	吨	38009	2.7
水果产量	吨	70060	2.8
渔业			
渔业村	个	9	0.0
渔业从业人员	人	25200	0.0
机动渔船	艘	682	-0.3
	总吨	16604	0.6
水产品总产量	吨	381864	4.1
海洋捕捞（不含远洋）	吨	91600	2.3
海水养殖	吨	290264	4.6
海水养殖面积	公顷	11500	6.5
其他			
农业机械总动力	万千瓦	14.5	0.7

表69　2023年环翠区规模以上工业一览表

类别	单位	绝对量	增长速度（%）
工业增加值	万元	—	0.2

表70　2023年环翠区规模以上工业经济效益一览表

类别	单位	绝对量	增长速度（%）
亏损企业亏损额	万元	28714	-9.1
亏损企业数	个	39	8.3
企业亏损面	%	23	2.8
营业收入	万元	3271488	-1.8
利润总额	万元	286632	6.9
产品销售率	%	100	2.9

注：单位为%的增长速度为比上年增减百分点

表71　2023年环翠区固定资产投资、商品房建设与销售一览表

类别	单位	绝对量	增长速度（%）
固定资产投资	万元	—	-11.5
城镇项目投资	万元	—	-13.4
房地产开发投资	万元	452421	-7.8
房屋施工面积	平方米	4042707	-7.2
房屋竣工面积	平方米	404957	5229.0
商品房销售面积	平方米	576441	-7.1
商品房销售额	万元	646912	3.5

表72　2023年环翠区对外经济贸易一览表

类别	单位	绝对量	增长速度（%）
新设立外商投资项目	个	41	36.7
实际使用外资	万美元	16952	-14.8

表73　2023年环翠区财税收入一览表

部门	单位	绝对量	增长速度（%）
税务部门收入			
税务全部收入	万元	398221	3.1
税务税收收入	万元	366686	12.9
财政收入			
一般公共预算收入	万元	406331	5.8
税收收入	万元	366686	12.9

续表

部门	单位	绝对量	增长速度（%）
增值税	万元	142273	31.1
企业所得税	万元	78529	26.9
个人所得税	万元	18738	-19.5
城市建设维护税	万元	23394	4.9
房产税	万元	20285	-3.8
印花税	万元	6444	8.2
城镇土地使用税	万元	16332	-16.1
土地增值税	万元	13531	-23.8
契税	万元	35570	10.6
非税收入	万元	39645	-33.2
专项收入	万元	19891	3.4
行政事业性收费收入	万元	5739	-28.4
罚没收入	万元	2672	-62.2
国有资源（资产）有偿使用收入	万元	11255	-54.7

表74　2023年环翠区财政支出一览表

类别	单位	绝对量	增长速度（%）
一般公共预算支出	万元	388240	12.6
一般公共服务支出	万元	43398	-16.8
国防支出	万元	444	-11.7
公共安全支出	万元	2157	-73.6
教育支出	万元	76729	2.3
科学技术支出	万元	894	-67.5
文化旅游体育与传媒支出	万元	3585	21.5
社会保障和就业支出	万元	57953	3.1
卫生健康支出	万元	25795	7.5
节能环保支出	万元	4710	528.0
城乡社区支出	万元	106444	102.8
农林水支出	万元	29528	3.6
交通运输支出	万元	690	71.6
资源勘探信息等支出	万元	3623	-55.6
商业服务业等支出	万元	1066	2.5
金融支出	万元	858	-53.8
援助其他地区支出	万元	500	—
自然资源海洋气象等支出	万元	1766	78.6
住房保障支出	万元	11348	9.5
灾害防治及应急管理支出	万元	1407	-48.1
债务付息支出	万元	15345	-2.2

（区统计局）

2023年威海市环翠区国民经济和社会发展统计公报

2024年4月18日

2023年，环翠区坚持以习近平新时代中国特色社会主义思想为指导，全面学习贯彻党的二十大精神，全力以赴抓经济、谋发展、惠民生、保稳定，深入开展“实敢当”作风提升专项行动，高质量发展取得新成效，共同富裕先行示范区建设迈出坚实步伐，入选全国绿色发展百强区、新型城镇化质量百强区，连续三年获评全省县域经济高质量发展先进县，新获评现代流通强县、生态文明强县、文旅康养强县，基本实现省级十强县“大满贯”。

一、综合

经威海市统计局统一核算并反馈，2023年全区生产总值初步核算数据为450.42亿元，增长3.1%。其中，第一产业增加值41.25亿元，增长5%；第二产业增加值119.76亿元，下降3.4%；第三产业增加值289.41亿元，增长5.6%。三次产业结构调整为9.2：26.6：64.2。

全区城镇新增就业5201人，其中就业困难人员实现就业444人。

全年居民消费价格上涨0.1%，在消费八大类商品及服务价格中，其他用品及服务价格上涨4.4%，教育文化娱乐价格上涨1.9%，食品烟酒价格上涨0.4%，居住价格上涨0.4%，医疗保健价格、生活用品及服务价格与上年持平，衣着价格下降0.2%，交通通信价格下降2.6%。

年末实有市场主体86536户，增长4.32%，其中新登记市场主体12096户，增长19.53%。实有注册资本（金）13199517.07万元，增长14.94%，其中新登记注册资本（金）1792159.51万元，增长78.19%。

二、农林牧渔业

全年实现农林牧渔业总产值77.05亿元，增长5.8%。其中，农业总产值3.64亿元，增长4.2%；畜牧业总产值1.57亿元，增长3.7%；渔业总产值65.37亿元，增长5.7%；农林牧渔服务业总产值6.39亿元，增长9.1%。

全年花生总产量2773.7吨，增长2%。蔬菜总产量38008.5吨，增长2.7%。果品总产量70059.9吨，增长2.8%；其中，苹果62594.5吨，增长2.8%。

全年水产品产量（不含远洋）381864吨，增长4.1%。其中，海洋捕捞量91600吨，增长2.3%；养殖产量290264吨，增长4.6%。水产养殖面积11500公顷，增长6.5%。

年末农业机械总动力8.9万千瓦，增长2.4%；农用排灌动力机械2345台；农用拖拉机5728台。全年完成机耕作业面积2697公顷，机播面积2987公顷，机收面积2814公顷。

三、工业

全年规模以上工业增加值同比增长0.2%。分行业大类看，25个大类中增长较快的行业主要有：化学纤维制造业增长31.7%，纺织业增长13.8%，橡胶和塑料制品业增长12%。

全年规模以上工业企业营业收入327.1亿元，下降1.8%，实现利润总额28.7亿元，增长6.9%。产品销售率达100.32%。

四、固定资产投资和建筑业

全年固定资产投资（不含农户）下降11.5%。重点投资领域中，民间投资增长4.5%，占固定资产投资的比重为69.6%，比上年提高11.4个百分点；制造业投资下降0.4%，占固定资产投资的比重为29.8%；高技术产业投资增长58.8%，占固定资产投资的比重为21.2%。

全年房地产开发投资45.2亿元，下降7.8%。商品房销售面积57.6万平方米，下降7.1%；商品房销售额64.7亿元，增长3.5%。

全年实现建筑业总产值149.4亿元，增长7.9%。

五、服务业

全年社会消费品零售总额增长3.8%。其中限额以上单位社会消费品零售总额增长2.4%。

在限额以上批发和零售单位商品零售额中，粮油、食品类下降2.5%；烟酒类下降6%；服装、鞋帽、针纺织品类下降3.8%；日用品类下降3.5%；五金、电料类下降0.5%；体育、娱乐用品类下降4.3%；中西药品类增长23.3%；石油及制品类增长150.3%；汽车类增长20.4%。

全年规模以上服务业营业收入增长19.3%。其中，文化体育娱乐业增长186.9%，科学研究和技术服务业增长103.6%，租赁和商务服务业增长36.5%。

六、对外经济

2023年，全区货物进出口206.3亿元，下降13.6%，其中，出口176亿元，下降11.7%；进口30.3亿元，下降22.3%。

从贸易方式看，一般贸易进出口144.4亿元，下降17.9%，占全区贸易进出口总额的比重为70%；加工贸易进出口60.6亿元，增长0.4%，占全区贸易进出口总额的比重为29.4%。

从主要市场看，我区企业与196个国家和地区有贸易往来，对韩国、日本、欧盟、美国四大传统市场累计出口105.3亿元，同比下降15.4%，占全区出口总额的比重为59.8%。其中，对韩国出口34.1亿元，下降14.9%，占比19.4%；对日本出口26.5亿元，下降11.3%，占比15.1%；对欧盟出口22.8亿元，下降17.5%，占比13%；对美国出口21.9亿元，下降18.7%，占比12.4%。新兴市场方面，对俄罗斯出口9.7亿元，增长28.6%，占比5.5%。

全年实际使用外资13981万美元，下降28.9%。从外资投向看，第二、第三产业占比分别为25.4%、74.6%；从国别（地区）看，主要来源于香港地区、日本，分别占比88%、7.2%。全年新设立外商投资企业43家。

七、财政税收

全区完成一般公共预算收入40.6亿元，增长5.8%。其中，税收收入完成36.7亿元，增长12.9%，税收比重为90.2%。全区一般公共预算支出38.8亿元，增长12.6%，其中，住房保障支出增长9.5%，卫生健康支出增长7.5%，社会保障和就业支出增长3.1%，教育支出增长2.3%。

八、科学技术

2023年获得山东省技术市场协会科技金桥奖1项，登记技术合同金额初步测算达到23.4亿元。

省级以上科技企业孵化载体总数达到8家，其中，国家级孵化器2家，国家级备案众创空间1家，省级孵化器4家，省级备案众创空间1家。新增省新型研发机构2家，市重点实验室6家。截至年末，共建有国家工程技术研究中心1家，省技术创新中心2家，省工程技术研究中心10家，省重点实验室3家，院士工作站4家，省新型研发机构5家，市工程技术研究中心36家，市重点实验室18家，市技术创新中心3家，市新型研发机构4家，市创新创业共同体1家。

新增高新技术企业88家，国家科技型中小企业105家。截至年末，全区共拥有高新技术企业365家，国家科技型中小企业618家，高新技术产业产值占规模以上工业总产值比重为80.8%。

新认定市级工业设计中心4家。截至年末，全区共有各级工业设计中心42家。其中，国家级工业设计中心1家，省级工业设计中心9家，市级工业设计中心20家，区级工业设计中心12家。

新认定市级工程研究中心1家。全区共有国家级工程实验室1家，国家地方联合工程实验室1家，省级工程研究中心5家，市级工程研究中心15家。

新认定省级企业技术中心1家、市级企业技术中心1家。全区共有国家级企业技术中心3家，省级企业技术中心21家，市级企业技术中心20家。

全年共授权专利数2278件，其中发明专利254件。拥有中国驰名商标7件，地理标志商标3件。环翠区获批2023年度国家知识产权强县建设试点县。

九、教育、文化、旅游、卫生和体育

年末全区共有中等职业学校2所，在校学生1083人；义务教育学校41所（十二年一贯制学校1所、九年一贯制学校3所、初中15所、小学22所），在校学生61878人，在编教职工3399人；幼儿园71所，幼儿园在园幼儿15107人，教职工2564人。

年末全区共有各类民间艺术团体282个，文化馆2个，公共图书馆2个，美术馆2个，博物馆4个。电影院8座，全年总票房2328.8万元。拥有村（社区）综合文化服务中心217个、城市书房12个、乡村书房4个、农家书屋100个。共有A级以上景区11家，其中，AAAAA级2家，AAAA级4家，AAA级5家；旅行社85家，其中A级旅行社29家；星级饭店10家，其中四星级饭店6家，三星级饭店3家，二星级饭店1家；星级民宿12家，其中五星级民宿2家，四星级民宿3家，三星级民宿7家；省级农业旅游示范点18个，省级旅游强镇（街道）8个，省级旅游特色村13个，精品采摘园3个。

年末全区各级各类卫生机构共有426所。其中，医院18所，镇卫生院4所，门诊部43所，疾病预防控制中心1所，专科疾病防治所1所，妇幼保健计划生育服务中心1所，卫生监督执法机构1家，社区卫生服务中心5所，社区卫生服务站15家，村卫生室81家，诊所、卫生所、医务室253所，其他卫生机构3所。各类卫生机构实有床位1945张，其中医院实有床位1653张。医疗卫生机构卫生专业技术人员4423人，其中执业及执业助理医师1932人。

2023年被评为“山东省体育消费试点县”，开展社区趣味运动会115场次，参与群众达万人。举办环翠区第十三届全民健身运动会，共设篮球、足球、乒乓球等43个项目，培训三级社会体育指导员304人。承担威海市“市队县办”足球、马术项目改革任务，再创历史性佳绩。在省马术冠军杯系列赛取得4冠2亚5季的突破性成绩，是威海市马术队成立以来金牌总数之最。在2023山东省足球锦标赛上男子U14组夺得季军，男子U10组夺得第4名，女子U10组夺得第5名，女子U14组夺得第7名，累计获得金牌10.5枚，创造省级赛事的历史性战绩。2023年威海市锦标赛亮点频现，环翠区足球小将包揽威海市足球锦标赛四个组别的全部冠军，游泳锦标赛获得团体总分、金牌总数第1名；环翠区排球队包揽全部金牌。

十、人口和人民生活

年末全区常住人口48.13万人，常住人口城镇化率90.26%。户籍人口35.42万人，户籍人口城镇化率87.59%，比上年提高0.39个百分点。全年出生人口1967人，出生率5.80‰；死亡人口1640人，死亡率4.70‰；自然增长率1.1‰。

全体居民人均可支配收入57140元，增长5.3%。其中，城镇居民人均可支配收入60613元，增长4.8%；农村居民人均可支配收入28168元，增长7.3%。全体居民人均消费支出35043元，增长6.3%。其中，城镇居民人均消费支出37039元，增长5.8%；农村居民人均消费支出18396元，增长8.8%。

十一、社会保障、社会福利和安全生产

全年全区有13.99万人参加城镇职工基本养老保险，有5.25万名离退休职工享受养老保险待遇。城乡居民养老保险参保人数达2.53万人，1.38万名居民享受居民养老保险待遇，居民基础养老金标准提高至每人每月180元。4090人领取失业保险金，696名职工享受工伤保险待遇。

年末全区各类养老机构26家，共有床位4131张，收养人员1400人。全区共投入资金1420.19万元，保障城乡低保对象、特困人员1157人。2023年1月1日城市居民低保标准由每人每月953元提高到1001元，农村居民低保标准由每人每月745元提高到800元。城市特困人员基本生活标准为每人每月1302元，农村特困人员基本生活标准为每人每月1040元，城乡特困人员集中供养照料护理标准为具备生活处理能力每人每年3990元、部分丧失生活自理能力每人每年6650元、完全丧失生活自理能力每人每年13298元。

年末孤困儿童63人，全年发放资金145万元。享受困难残疾人生活补贴538人，享受重度残疾人护理补贴3125人，全年发放资金709.53万元。自2023年1月份起，机构养育孤儿基本生活保障标准提高至每人每月2503元，社会散居孤儿和事实无人抚养儿童基本生活保障标准提高至每人每月2002元，重点困境儿童基本生活保障标准提高至每人每月1881元。困难残疾人生活补贴一、二级残疾的补贴标准提高至每人每月201元，三、四级残疾的补贴标准提高至每人每月151元；重度残疾人护理补贴一级残疾的补贴标准提高至每人每月181元，二级残疾的补贴标准提高至每人每月151元。

全年未发生安全生产事故。亿元GDP事故死亡率为0。

注释：

1.本公报数据为初步统计数，最终数据以《威海市环翠区统计年鉴—2023》为准。

2.地区生产总值、各产业增加值、有关行业增加值绝对数按现价计算，增长速度按可比价格计算。

3.未经特殊说明，“增长”“下降”均为同比口径。

4.“居民消费价格指数”数据统计范围为威海市。

5.“居民收支”数据统计范围为威海市市区，包含环翠区、高新区、经开区和临港区。

资料来源：

本公报中城镇就业情况、社会保障数据来自区人力资源社会保障局；市场主体数据来自区行政审批服务局；水产品数据来自区海洋发展局；林业数据来自区林业发展中心；农业机械、机耕作业面积等数据来自区农业农村局；进出口、外资数据来自区商务局；财政数据来自区财政局；科技数据来自区科技局；工业设计中心数据来自区工业和信息化局；工程实验室、企业技术中心数据来自区发展和改革局；专利、驰名商标数据来自区市场监督管理局；教育、体育数据来自区教育体育局；民间艺术团体、电影院等数据来自区文化和旅游局；卫生计生数据来自区卫生健康局；社会福利数据来自区民政局；安全生产数据来自区应急管理局；城乡收支数据来自国家统计局威海调查队；户籍人口数据来自公安局环翠分局；其他数据均来自区统计局。

（区统计局）

调研报告选登

关于环翠区工业经济运行分析与建议

今年以来，面对复杂严峻的国际形势和多重超预期因素冲击，我区工业企业迎难而上，奋力突围破局，在持续承压的环境下，保持了总体平稳的运行态势。为进一步扩大产业规模，优化产业结构，集聚更多新动能、新优势，确保经济运行稳中有进，工信局等部门对全区工业经济运行情况进行了专题分析。有关情况如下：

一、工业经济主要指标

（一）规上工业增加值

随着疫情防控平稳转段，我国经济总体处于疫后修复期，我区近七成行业受市场环境影响，下滑严重，呈现负增长。前三季度，全区174家（含月度纳统1家，汉鼎装备）规模以上工业企业实现增加值增速-7.6%。从规上工业增加值增速总体走势看，自年初跌幅两位数（-12.8%）的低谷逐步恢复，特别是历经了5、6月份的持续深度挖潜，达到基本持平（0.1%），三季度逐渐消化，继而转向下滑，增速缓慢回升后又跌回至首季度水平。

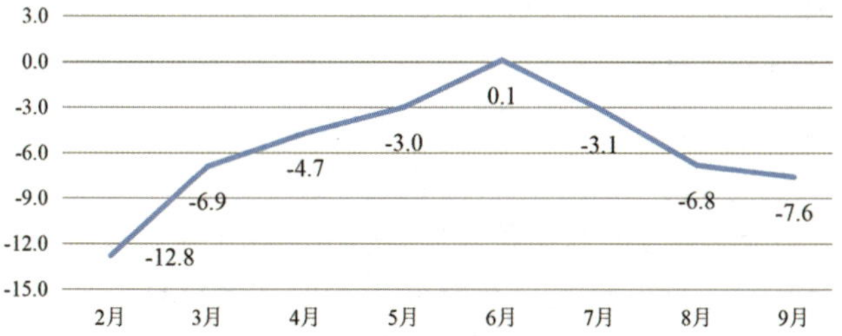

图1　2023年1—9月规上工业企业增加值增速（%）

（二）工业用电量

从全区工业用电量看，今年以来，我区累计用电量由两位数的跌幅（-28.1%）迅速回升至正增长（6.2%）。自二季度起，连续6个月稳定在5.5%~6%之间，前三季度，累计工业用电量同比增长5.5%，增速位居全市第5。

从规上工业企业用电量看，年初出现两位数跌幅（-19.3%），首季度迅速收窄，并于4月份达到全年最高水平（-3.6%），之后持续走低，三季度以来跌幅处于-8%上下，9月增幅与我区规上工业增加值基本匹配（规上工业用电量高于全区用电量0.4亿千瓦时，主要是因为市里通报的全区用电量不包含三角集团、魏桥集团等企业）。

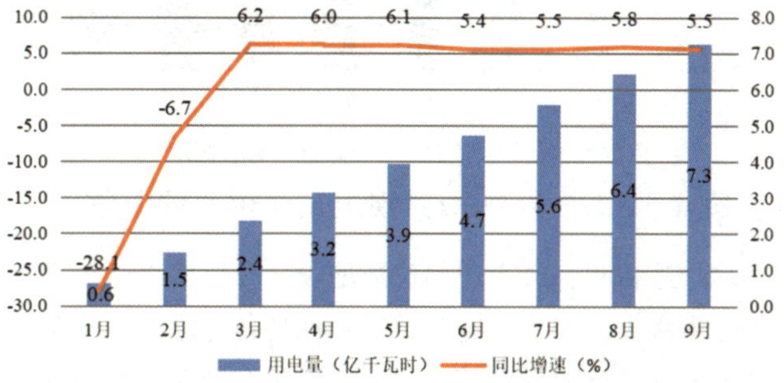

图2　2023年1—9月全区工业用电量

表1　各区市1—9月工业用电量情况表

区市名称	9月当月（亿千瓦时）	增减（%）	增速排名	1—9月累计（亿千瓦时）	增减（%）	增速排名
全市	9.7	30.6		79.5	20.7	
环翠区	0.8	3.6	6	7.3	5.5	5
高区	0.7	-9.4	7	7.1	-2.7	7
经区	1.4	6.1	4	12.0	6.4	4
临港	0.8	4.1	5	7.6	5.2	6
南海区	0.3	10.6	3	2.6	8.8	3
文登区	2.4	160.1	1	18.2	97.1	1
荣成市	2.1	38.8	2	15.0	15.9	2
乳山市	0.5	-12.4	8	5.0	-16.7	8

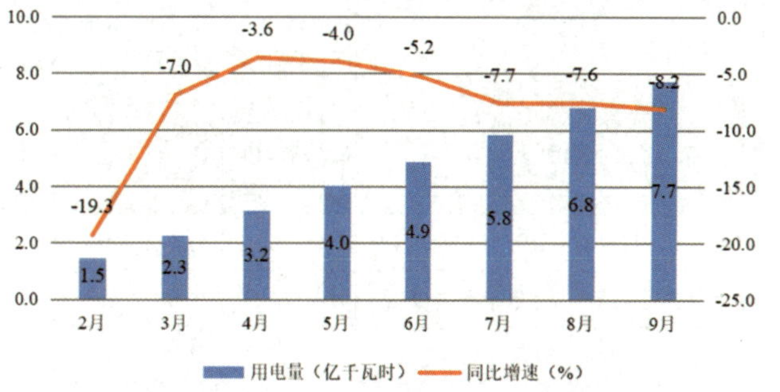

图3　2023年1—9月全区规上工业企业用电量

（三）工业经济效益

一是营业收入降幅收窄。去年，受疫情静态管理影响，全区工业企业3月份大范围停工停产，4、5月份缓慢恢复正常。今年以来，我区规上工业企业营业收入增速除3、4、5月份正增长外，其他月份基本稳定在-2%－-3%之间，9月份跌幅收窄至-1.5%，我区骨干装备制造企业下半年出货旺季已经显现。比如，广泰空港营收实现了由负转正，双轮股份增幅进一步提高。

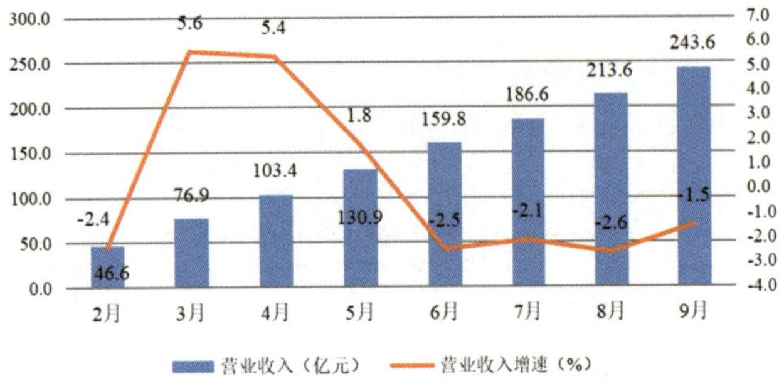

图4 2023年1—9月规上工业企业营业收入

二是利润总额实现两位数增长。今年以来，工业生产持续恢复，主要经济效益指标保持良好增速，彰显出我区工业经济的强劲韧性。比如，龙头企业三角集团随着国际、国内市场进一步开拓，天然橡胶原材料价格下降，企业主要产品产量、工业总产值、营业收入、利润等均保持两位数增长。受此带动影响，全区规上工业企业利润总额增速6个月份呈现两位数增长。

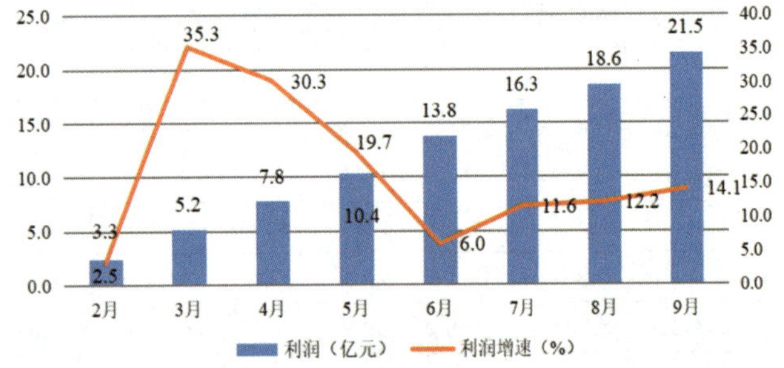

图5 2023年1—9月规上工业企业利润总额

表2 各区市1—9月主要经济指标情况表

区市	营业收入			利润总额			营业收入利润率		
	1—9月（亿元）	增减（%）	增速排名	1—9月（亿元）	增减（%）	增速排名	1—9月（%）	增减（百分点）	增速排名
全市	1978.8	7.9		121.9	0		6.2	-0.5	
环翠区	243.6	-1.5	5	21.5	14.1	2	8.8	1.2	3
文登区	169.5	6.2	2	4.8	8.8	3	2.8	0.1	7
荣成市	698.3	64.0	1	22.1	-4.0	5	3.2	-2.2	8
乳山市	114.6	2.3	3	8.5	78.0	1	7.4	3.2	1
高区	381.9	-24.3	8	43.4	-12.3	7	11.4	1.6	2
经区	237.0	-2.5	6	10.8	6.4	4	4.6	0.4	5
临港区	96.9	-6.4	7	11.7	-5.4	6	12.1	0.1	6
南海新区	37.0	0	4	-0.8	-27.8	8	-2.1	0.8	4

续表

二、工业经济运行特点

（一）工业生产恢复向好

9月当月，全区规上工业企业完成工业总产值26.1亿元，环比增长7%；增速降幅由-19.3%提升到-10.6%，收窄了8.7个百分点。其中，62家企业实现正增长，增长面达35.6%，高于8月份4.6个百分点；产值增速10%以上的企业有47家，例如，华素制药、双轮股份等，工业生产恢复向好。

（二）骨干企业加速膨胀

认真贯彻落实“新一轮企业冲击新目标行动”，修订出台《环翠区关于加快工业和信息产业高质量发展的扶持意见》，重点跟踪1家冲击百亿目标企业、15家冲击新目标重点企业、15家冲击新目标后备库企业方阵，今年以来，海王、宝威、华素等30多家企业新上项目。前三季度，重点监测的31家企业营业收入、利润、产值分别同比增长5.8%、75.7%、2.8%，龙头带动作用突显。

（三）产业集群集聚发展

强力推进产业集群发展，持续推动工业领域新旧动能转换。前三季度，战略新兴产业（新材料、高端装备、生物医药、新一代信息技术）持续发挥带头引领作用，主要指标营业收入、利润、产值分别高于传统产业（纺织服装、食品、钓具）10.8、15.9、9.7个百分点；特色优势产业高端装备制造业逆势而上、指标亮眼，分别拉动全区营收、利润、产值增速4.4、36.2、3.3个百分点；传统食品加工产业受重点企业喜盈门市场开拓、订单增长带动，产值呈现两位数的高位增长。

（四）工业投资稳步增长

总投资83.6亿元的32个市级重点工业项目，2023年计划投资25.9亿元，1—10月份完成投资24.9亿元，投资完成率96.3%，超出时序进度13个百分点。其中，邦德散热二期等8个项目已投产或部分投产；光焱二期、兴泰二期等8个项目正在基础施工；喜盈门智能仓储、华新药业等4个项目正在主体施工；鸿海地铁隧道加固等10个项目正在装修配套施工；威高骨科植入产品等2个项目正在设备安装调试。

（五）创新能力不断增强

引导企业大力开展自主创新，全面提升发展质量和核心竞争力；跟进智能制造项目建设，精准发力帮助企业精简生产环节。全区现有“制造业单项冠军”9家，省级以上“一企一技术”研发中心28家，省级以上“工业设计中心”10家，数量均位于全市前列。此外，三角轮胎是全市唯一的工信部“智能制造示范工厂”，国家级智能制造项目占全市40%，位居全市首位；省级智能工厂、数字化车间、智能制造场景总数占全市的21.4%；省“企业上云”公共服务平台注册企业846家，在全市率先完成规模以上工业企业100%上云。

三、存在的问题

（一）地域摩擦加剧贸易风险

受俄乌战争加剧、贸易摩擦等因素影响，部分企业陷入困境。比如，我区水产品加工企业好龙食品，原材料大部分从俄罗斯进口，95%出口日本，目前日本对俄罗斯加大经济制裁，加征3%的进口关税，间接影响企业生产经营；此外，受出口订单减少、国内同行业竞争激烈等因素影响，产品价格进一步下降，极大压缩了企业的利润空间，1—9月份，企业利润同比下降53.4%。

（二）医药政策加压产品价格

受国家集采等政策因素的影响，我区医药产业运行承压。前三季度，生物医药产业产值同比下降33.6%，低于去年同期54.1个百分点。生物医药13家规上企业中，8家利润同比下降，4家呈亏损状态。以恒煜医疗为例，产品单价大幅下降甚至低于原价的二分之一，产量虽有所提高但难以抵消产品价格的断崖式下跌，致使总体产值明显下降（-28%）。

（三）成本攀升挤占利润空间

受蒸汽停供影响，部分企业利用天然气自行烧制蒸汽，生产成本提高2~3倍。以我区华洋药业为例，按企业目前生产形势，日消耗量约2000立方米左右，每月消耗燃气费用近9000元，高昂的能耗费用加重企业生产负担，1—9月份，利润同比下降84%。传统纺织服装企业迪尚润泽，因利润空间有限，为应对生产成本日益攀升，选择向其他地区转移生产；典型能源消耗行业造纸业企业文丰纸业，也选择订单转移。

四、意见建议

（一）加强监测分析，做好要素保障

坚持指标调度和运行监测两手抓，确保主要指标运行在合理区间。一方面，强化经济目标落实。紧跟市级月度预期目标，根据镇街、企业发展实际推算各镇街目标安排，同时，加强对重点企业的协调调度，确保三角、魏桥等大型企业平稳运行。另一方面，强化经济运行分析预警。宏观上，关注国内外经济形势，加强对新政策的研究，特别是具有前瞻性的经济指标动态（如PMI指数），包括汇率波动、原材料价格涨跌等因素，研判制造业发展趋势，微观上，加强对重点产业、重点企业、重点产品的监测分析，关注企业亏损、效益下滑等不利因素，深刻剖析原因，保障工业经济平稳运行。

（二）加快项目建设，推进技术改造

一方面，抓紧谋划2024年市级重点工业项目。累计梳理总投资112.6亿元、当年计划投资31.5亿元的35个项目，坚持要素跟着项目走，安排专人跟进、定期走访、强化服务、精准调度，动态掌握建设进度，确保快速推进。另一方面，抓好项目储备。多方挖掘工业投资项目，做好入库纳统工作，为企业提供政策支持，引导企业走智能化发展道路，提高产能及产品技术附加值。

（三）聚力分类指导，精准梯次培育

建立企业梯次纵向培育体系，以冲击新目标活动为契机，聚焦龙头骨干企业，聚力培育一批单项冠军、专精特新、瞪羚企业、创新型中小企业，形成“大企业示范领跑、中小企业紧追跟进”的梯次发展格局；引导中小型企业找准在产业链和行业细分领域的定位和优势，培育一批在细分领域处于领先地位的“行业小巨人”。计划到2024年，省级专精特新中小企业达到100家，累计培育国家级专精特新“小巨人”达到10家。建立分产业横向推进机制，针对新材料、高端装备制造等主导产业的发展现状和特点，认真梳理产业链、供应链、创新链的关键流程和环节，建立精准化、个性化政策指导机制。鼓励企业积极开拓新市场，充分利用装备博览会、游艇装备展、工业博览会等展会，加快“走出去”与“引进来”步伐，向产业链、价值链和创新链高端延伸。

（四）提升创新能力，促进创新发展

抓住适应市场需求和创造新需求两个方向，引导企业研发新型技术和产品，抢占市场制高点。加强政策宣传，鼓励企业积极引进新技术、新产品和新工艺，通过自主研发和联合创新等形式，提升企业技术创新水平，争取年内企业研发项目列入山东省企业技术创新项目计划30项以上。聚焦省、市级“一企一技术”研发中心建设和技术创新示范企业培育，强化部门沟通，筛选符合申报要求的目标企业，针对性做好指导，力争获评市级以上创新平台4家以上。

（五）发挥标杆引领，加快数字融合

以三角轮胎、新北洋数码、宝威等开展智能制造较好的企业为标杆，引导全区工业企业开展智能化、信息化改造，重点跟进中远科技、海王旋流器智能改造进展，年内争取再获评市级以上智能工厂和数字化车间2家以上。加快推动物联网、云计算、工业大数据等信息技术与现代制造业结合，着力构建区域级、行业级、企业级多层次平台体系。以工业互联网基础较好的三角、广泰、宝威、新北洋数码等企业为标杆引领，紧盯海王、双轮、威高骨科、山花、邦德、喜盈门等企业，围绕数字化、网络化、智能化开展“三化”改造，培育数字化管理、平台化设计、智能化制造、网络化协同、个性化定制、服务化延伸六大新模式，分产业树立典型企业代表，成熟一个产业推广一个产业，实现大中小企业“全产业”发展。

（区政府办公室供稿，获全市政府系统优秀调研成果一等奖）

关于环翠区工业企业“亩产效益”评价与分析

“亩产效益”评价工作是深入推进资源要素市场化配置、差别化配置的重要手段，对于加快建立以质量和效益为导向的工业企业分类综合评价机制具有重要意义。为进一步优化运用“亩产效益”评价结果，推动全区工业企业加速转型升级、提质增效，区工信局对工业企业“亩产效益”情况进行了专题分析。有关情况如下：

一、总体情况

2022年度全区共有143家规上工业企业参与评价，较上一年度增加16家，最终评定出A类28家、B类93家、C类14家、D类8家；256家规下工业企业参与评价，最终评定出A类51家、B类166家、C类26家、D类13家。

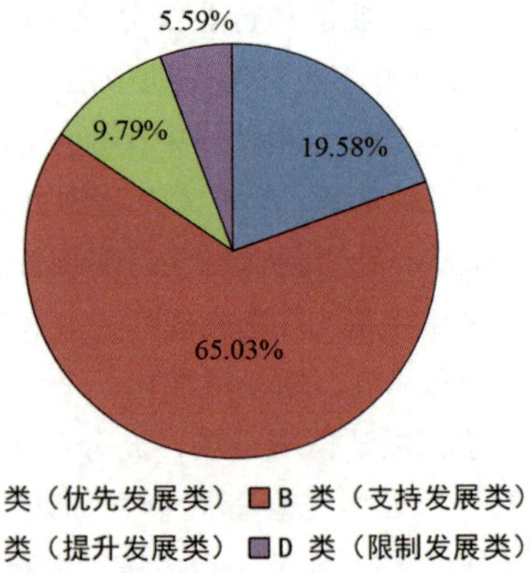

规上工业企业“亩产效益”评价结果分布图

（一）主要指标情况

全区参评规上工业企业亩均税收18万元/亩，亩均销售收入345.1万元/亩，全员劳动生产率93.8万元/人，研发经费投入强度4%。与上年度相比，单位能耗税收、单位能耗销售收入、亩均税收有不同程度增长；亩均销售收入、全员劳动生产率、研发经费投入强度略有下降。

全区参评规上工业企业主要指标情况表

指标	2022年度	2021年度	增幅
单位能耗税收	53.47万元/百吨标煤	37.2万元/百吨标煤	43.70%
单位能耗销售收入	1026万元/百吨标煤	768万元/百吨标煤	33.60%
亩均税收	17.99万元/亩	16.75万元/亩	7.40%
亩均销售收入	345.05万元/亩	346.12万元/亩	-0.31%
全员劳动生产率	93.79万元/人	96.07万元/人	-2.37%
研发经费投入强度	4.00%	4.40%	-0.4%

（二）分类评价情况

1. A类企业优质高效、经济效益明显。本次获评A类企业28家，占参评企业19.6%，其凭借15.1%土地、12.3%能耗、4.9%污染物排放，实现了27.5%的销售收入和33.7%的税收。亩均税收达到了39.9万元/亩，约为全区平均水平2.2倍。威高骨科、魏桥工业园、华素制药等A类企业产出高、效益好，转型升级成效明显，对全区绿色低碳高质量发展起到了重要的引领示范作用。

2. B类企业经营稳健、支撑作用强劲。获评B类企业93家，占参评企业总数高达65%，用地占65%、能耗占81.7%、污染物排放占75.2%，实现61.4%的税收和66.6%的销售收入。亩均税收为17万元/亩，接近全区平均水平；研发投入强度4.3%，较全区平均值高0.3个百分点。三角集团、广泰空港、龙港纸业等B类企业是工业企业的中流砥柱，企业数量多、要素占比高，但同时也创造了可观的经济效益，是全区工业企业的基本盘，是体现经济发展形势的“晴雨表”。

3. C、D类企业综合效益差、亟须提质增效。获评C、D类企业分别为14家和8家，共占参评企业总数的15.4%。亩均税收分别为4.6万元/亩、4.2万元/亩，仅为A类企业的十分之一；亩均销售收入分别为102.7万元/亩、101万元/亩，均远低于全区平均水平。企业资源消耗量大，综合效益不高，亟须转型升级、提质增效。

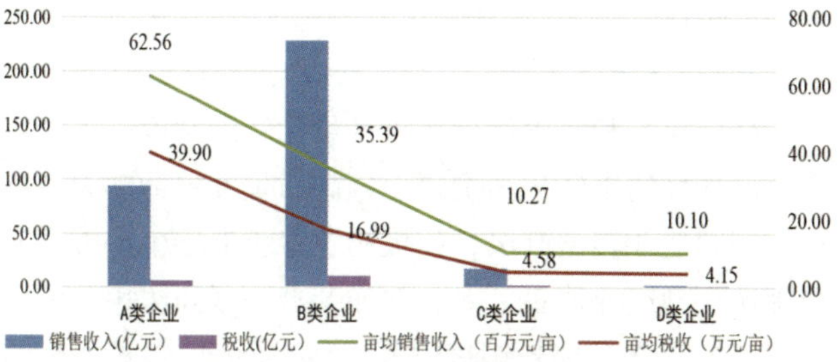

各类企业销售与税收相关情况

二、主要特点

（一）行业门类较为齐全、齐头并进整体拉动

全区参评规上企业共涵盖24个行业，主要集中在以下十个行业中。其中，文教、工美、体育和娱乐用品制造业企业数高达25家，主要集中在宝飞龙钓具、环球渔具、海元渔具等钓具产业，产生明显集聚效应。亩均税收为19.7万元/亩，亩均销售收入为409.2万元/亩，均高于全区平均水平；25家企业中获评A类企业7家，B类企业17家。行业分布广泛，产业结构合理布局，进一步延伸了本地产业链的上下游配套，较好地支撑了整体工业发展。

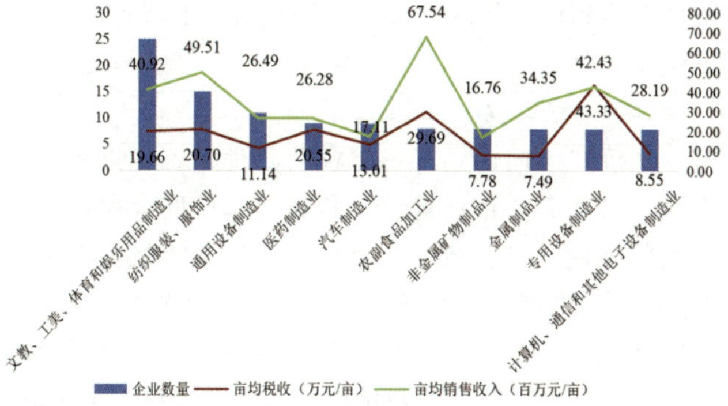

企业数量排名前十的行业

（二）新兴产业持续壮大、传统产业蝶变升级

以高端装备制造、生物医药为代表的战略性新兴产业稳中向好，销售收入占比达74.8%，较上年略有增长（0.026%）。其中，生物医药产业“亩产效益”表现突出，亩均税收高达52.5万元/亩，达到全区平均水平的2.9倍，销售收入较上年增长8.9%，行业复苏活力进一步增强。以钓具、食品为代表的传统产业转型升级成效明显，钓具产业和食品产业亩均税收分别高达29.9万元/亩、25.4万元/亩，较上年分别增长86.1%、61.6%，均高于全区平均水平。

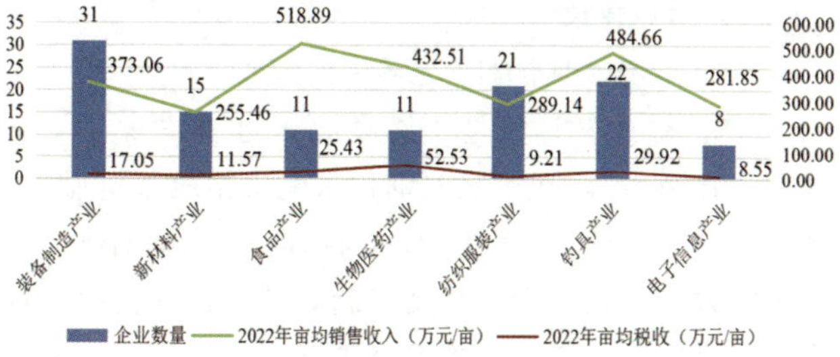

七大产业集群亩均税收及亩均销售收入

（三）龙头企业引领带动，民营经济活力迸发

魏桥科技工业园销售收入高达31亿元，亩均销售收入高达460.21万元/亩，较上年增长9.58%，产业链带动效益明显。宝威新材料获评山东省瞪羚企业、专精特新“小巨人”企业，研发投入强度高达14.8%，较上年增长9.04个百分点，是我区平均水平的3.7倍，创新能力持续增强、转型升级步伐明显加快，重点龙头企业是推动我区经济高质量发展的关键少数和重要引擎。

三、当前面临的主要问题

（一）土地集约利用水平不高

亩均税收高于全区平均水平的企业仅有36家，亩均销售收入高于全区平均水平的企业仅有29家。以山花地毯为例，作为我区重点企业，销售收入7.7亿元，税收0.3亿元，但亩均销售收入仅为144.9万元，是全区平均水平的42%，亩均税收仅为5.3万元/亩，是全区平均水平29.6%，综合评价结果为C类。

（二）研发创新动力不足

我区143家参评规上企业中，研发经费投入强度高于全区平均水平的有73家，研发经费投入强度较上一年度有所下降的企业有33家，其中包括西港游艇、新北洋荣鑫、海王旋流器等高端装备企业，新元化学、新元化工机械等新材料企业。以新北洋荣鑫为例，销售收入为4.1亿元，较上一年度增长20.1%，而研发投入为2047.3万元，较上年度下降22.3%，研发投入强度为5.1%，较上年度下降2.8个百分点。此外，全区仍有58家规上工业企业没有研发投入。

（三）能源利用效率较低

单位能耗销售收入高于全区平均水平的企业仅有32家，单位能耗税收高于全区平均水平的企业仅有46家。以三角集团为例，作为我区高端装备产业链主企业，销售收入高达114.6亿元，税收4.6亿元，受制于行业生产特点，单位能耗销售收入仅为6.3万元/吨标准煤，单位能耗税收0.3万元/吨标准煤，远低于全区平均水平，能耗水平较低是导致该企业综合评价为B类的主要原因。

四、意见建议

（一）健全工作机制，完善评价结果应用

“亩产效益”评价是“紧箍咒”，也是“保护伞”，更是“好医生”。在市级差别化水电价格政策基础上，要进一步丰富对A、B类优质企业的正向激励措施，完善正向激励、反向倒逼联动机制。同时，深化综合评价结果运用，分类分步精准施策，充分发挥区“亩产效益”评价改革工作领导小组机制作用，提高部门横向联动水平，落实好差别化政策措施，对亩产水平高的优质企业，优先给予资源要素保障、信贷支持；对资源利用效率较低的支持提升发展类企业，引导改造升级、加强技术研发；对限制发展类企业，做好资源合理布局，开展“一对一”辅导，助力企业提档升级；对确属低端落后产能的，通过市场化方式、法治化手段推动其有序退出。

（二）加强创新驱动，激发企业发展活力

引导企业完善研发管理制度，加大研发投入，加强知识产权保护，优化人才结构，加快形成新质生产力。对震宇智能、宝威新材料、松龄诺可佳等40家研发投入强度大的重点企业，鼓励其参与建立新型研发机构和创新平台，联合高等院校、科研院所共建创新联合体，合力推动关键技术攻关，进一步提升企业竞争力；对新北洋数码、大河新材料、汇泉工业等28家研发投入强度大的中小企业，进行精准服务，重点培育，指导帮助申报各类科技资质，加快创新链和产业链动态联动，促进科技成果转化。

（三）坚持绿色低碳，深化新旧动能转换

严格执行和完善污染物指标量化管理制度，进一步把生态环境约束转化为倒逼引领高质量发展的动力，推动传统制造业转型升级，积极构建绿色低碳生产方式和资源循环型产业体系。对新北洋荣鑫、威高医用、创意集团等28家单位能耗销售收入较高的企业，在能源配给方面给予政策支持；对三角集团、山花地毯、银兴预应力等115家单位能耗销售收入较低的企业，加强政策激励，鼓励其提高生产工艺和技术装备绿色化水平，提升资源能源利用效率。

（区政府办公室供稿，获全市政府系统优秀调研成果一等奖）

新形势下环翠区升规纳统破题之路

今年10月，环翠区统计局赴佛山顺德区考察学习当地升规纳统工作先进经验，结合环翠区当前纳统工作面临的内部挖潜难、拉动指标效应弱、外部退库压力大等严峻形势，以及2018年第四次全国经济普查以来环翠区纳统工作总体运行趋势，提出几点思考与建议。

一、顺德区经验做法

顺德区按照“在库企业抓增长、达标企业抓入库、规下企业抓培育、后备企业抓跟踪”的总体思路，通过强化政府统领、部门联动、政策扶持、考核奖励等工作措施，全力推动“四上”企业培育入库。1—10月份，顺德区新增“四上”企业405家（环翠区32家），总数达到6494家（环翠区723家）。主要做法有以下三点：

（一）建强机制，压实责任

按照“管行业必须管纳统”的原则，将任务目标细化到各行业主管部门和镇街，主要负责同志亲自谋划、亲自部署、亲自推动。镇街成立3~5人的升规纳统服务专班，专职开展摸底排查、宣传动员、纳统服务等工作，确保目标企业及时升规纳统；同时将任务目标分到机关干部、片区网格和村居社区，确保压力传导到位、责任落实到位，形成“部门协调联动、上下齐抓共管”的整体合力。

（二）精准突破，一业一策

坚持“一把钥匙开一把锁”的理念，在批零住餐领域，由商务、市场监管、税务等部门联合跟进，倡导诚信纳税、健全流水；其中，对于各类批发市场内“小而散”的商户，根据其用工人数、用水用电量以及实际客流量，科学评估市场租金及商户的正常营收范围，引导其通过补充资料纳统；在工业领域，由工信、应急、税务等部门牵头，推动工业企业实行二、三产业分离；在国有企业领域，国资部门牵头梳理大宗物料采购、贸易额较大国有企业，单独成立贸易公司纳统。

（三）政策引导，激发动能

对当年新增“四上”企业给予50万元奖励，且自次年度起保持为规上企业的，三年内按照实际缴纳税款地方财政留成部分的100%、50%、50%给予奖励；针对企

业经营不规范和纳统后人力成本、工作量增加等问题，采取政府购买服务的方式，聘请第三方公司帮助企业建立电子流水台账，免费为企业提供会计、税务等代理服务。同时，采取“以奖代补”的形式，对新升规纳统企业财务统计人员定期给予一定补助，广泛激发企业升规纳统积极性。在考核调度方面，提高升规纳统工作的分值与权重，分别给予相应财政调度款激励，进一步增强镇街工作主动性。

二、环翠区升规纳统工作运行特点

环翠区作为中心城区，2022年三次产业结构为8.8：29.6：61.6，第三产业占据绝对主导地位。以2023年10月在库规上企业为例，全区共723家规上企业，其中第二产业的工业和建筑业为318家企业，第三产业的服务业以及批发零售业、住宿餐饮业为405家企业。纵观2018年四经普以来，环翠区规上企业入库、在库、退库呈现以下几方面特点：

（一）规上企业数量稳步增长

从2018年四经普至今的数量规模来看，环翠区规上企业数量从2018年的511家，到2023年10月已经达到723家，5年间增加了25.3%。全市情况看，2018年规上企业数量为2852家，到2023年10月达到3668家，五年间增加了28.6%，环翠区占比19.7%，在各区市中新增数量最多、总量最大。

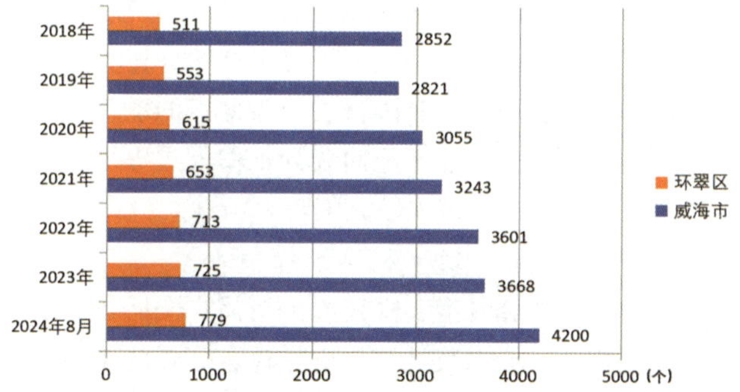

图1　2018—2023年威海市、环翠区规上企业数量

（二）规上企业规模整体偏小

2023年环翠区723家规上企业中，大型企业仅12家（工业4家、建筑业1家、批发零售业4家、服务业3家），占比1.7%；中型企业为134家（工业19家、建筑业11家、批发零售业51家、住宿餐饮业6家、服务业18家、房地产业29家），占比18.8%；小微企业578家（工业149家、建筑业134家、批发零售业153家、住宿餐饮业32家、服务业72家、房地产业38家），占比79.5%。可见环翠区规上企业缺少集群式大型企业引领，抗风险能力较差。

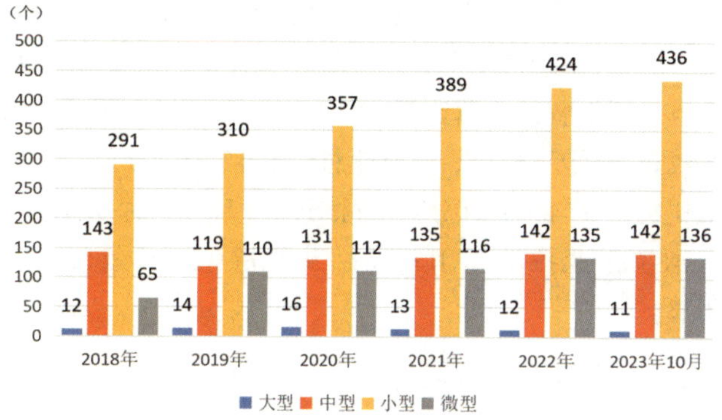

图2　2018—2023年规上企业规模变化情况

（三）分行业看第三产业企业退库较多

从2018年四经普至今，环翠区共退库506家企业，其中规上工业企业81家、有资质的建筑业企业23家、限上批发零售业企业136家、限上住宿餐饮业企业56家、房地产业企业63家、规上服务业企业147家，第三产业企业退库数量合计占比达79.4%；从镇街看，竹岛街道、环翠楼街道、鲸园街道退库较多，累计占全区退库企业总数的63.8%，且多为第三产业的服务业类型企业。通过对比各专业每年退库数量，其共同点是均成连续V型结构，即“大小年”特点。

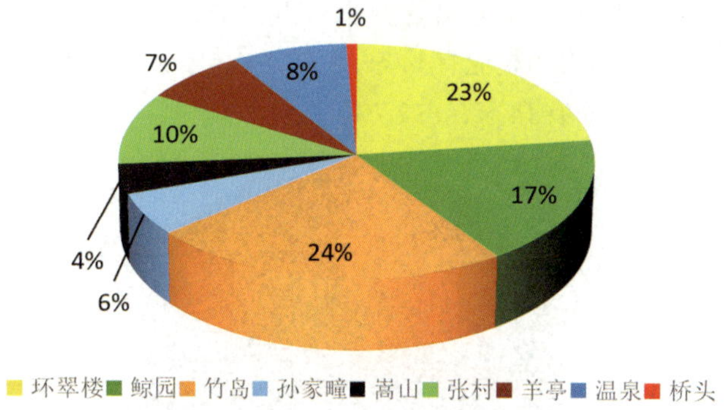

图3　2018—2023年各镇街退库企业数量分布

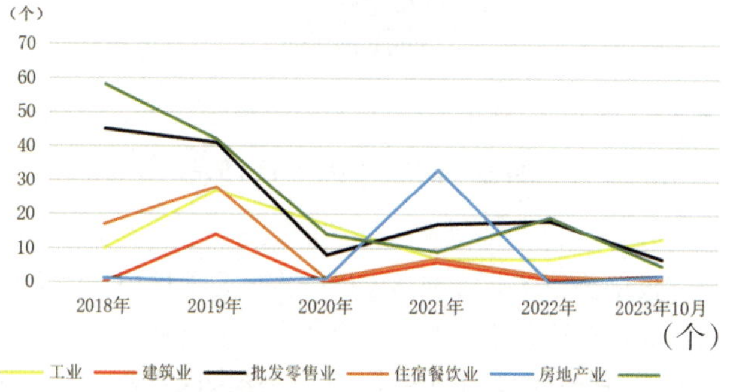

图4　环翠区2018—2023年分专业退库情况

（四）新纳统企业对经济指标拉动作用不突出

2018年至今，新纳统企业平均上拉规上工业增加值

0.78个百分点、限上批发业销售额5.4个百分点、限上零售业销售额1.2个百分点、限上住宿业营业额2.1个百分点、限上餐饮业营业额10.4个百分点、规上服务业营业收入1.1个百分点、建筑业总产值0.7个百分点、商品房销售面积4.5个百分点。除餐饮业环翠区基数较小、新纳统企业拉动作用较强，其他指标拉动效应不够明显。

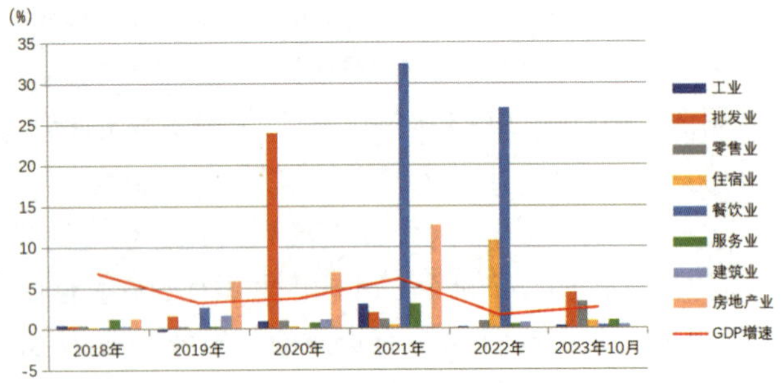

图5　新纳统企业对各专业经济指标拉动作用

三、规上企业退库多、新增难以突破的原因分析

（一）淘汰性退出是主要因素

从近五年来退库企业申报原因看，主要集中于因市场不景气、企业经营不善等造成的“规上转规下”的淘汰性退库。其中“规上转规下”376家，即经营规模达不到在库标准而退出的企业，占比73.4%；破产、注（吊）销退库的企业有14家，占2.7%；停业（歇业）需退库的企业有14家，占2.7%。

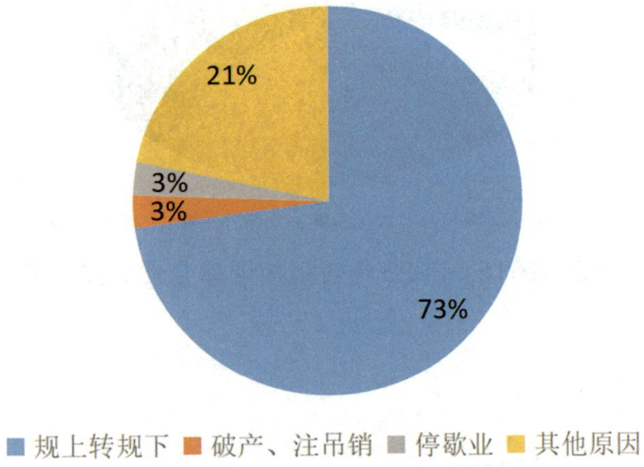

图6　退库原因占比情况

（二）规上企业生命周期有待提升

根据美国著名管理学家伊查克·爱迪思提出的企业生命周期理论，规上企业一般要经历上升期→高峰期→平稳期→低潮期四个生命周期。对照全区企业入库、在库、退库情况看，企业一般在发展或成熟期达标后入库，而退库企业一般处于衰退期，环翠区规上企业在库时间一般为2~7年，企业生命周期一般为5~12年，这与企业生命周期论基本一致。充分关注入库、在库规上企业生命周期，区别不同阶段，给予有针对性的扶持和引导，对于延长企业生存时间、保持经济健康快速发展大有裨益。

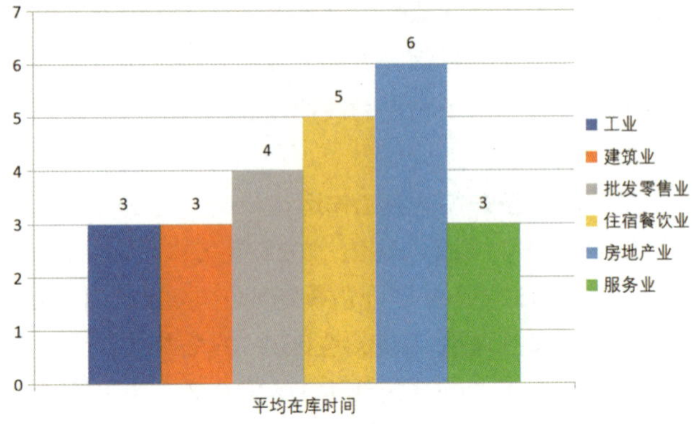

图7　退库企业分专业平均在库时间

（三）升规纳统机制有待完善

一方面在全面实时了解企业真实情况上，还缺乏手段支撑。工业、建筑业等企业申报、立项、建设都有比较全面的监管服务体系，统计部门能够较为系统的了解该类企业的生产经营情况。服务业、批发零售业、住宿餐饮业企业（个体户）需要做大量核实工作，发改、商务等相关部门难以掌握其生产经营情况，有些单位甚至难以查找。另一方面在企业对纳统工作配合度上，还不是很高。受制于缺乏对纳统意义的了解、纳统后工作量和管理成本的增加、会计人员不易掌握统计相关知识和纳统操作方法、企业对暴露自己营收信息的敏感等多种因素影响下，部分企业不愿向统计工作人员提供纳统相关资料，给纳统工作带来较大困难。

（四）“大个体”纳统亟须突破

根据现行核算制度，限额以上个体户全面参与批发零售、住宿餐饮业以及社零指标核算，环翠区作为中心城区，限额以上个体户拥有着天然比较优势，但目前在库“大个体”仅1家。在实际操作中，由于上级下发的税返名单均不包括个体户营收数据，部门镇街只能依靠其规模大小、客流量等进行评估，但往往评估结果不被商户认可，商户对于纳统后增加的人力成本、税收成本等存在较大顾虑，纳统推进难度大且往往事倍功半。

（五）平台经济纳统仍需发力

目前在全市范围内，整合各类交易市场商企再注册纳统，或者对市场内单独商户补充资料纳统方面尚处于空白。这部分市场交易额较大，但因为其“形聚神散”，市场主办方对市场内的业户仅负责收取物业费、摊位费、管理费等，缺少数据管理职能，市场交易量无人管理、无人统计，更无相应的财务制度和统计台账，导致按照现有国家统计制度无法纳统。

四、工作建议

（一）健全管理体制，组织领导再强化

升规纳统工作专业性强，涉及面广，需要各方面戮力同心，各尽其能，各负其责，共同做好纳统文章。当前环翠区主要经济指标承压前行，增长后劲亟待增强，行业部门、各镇街要强化科学评估和预警监测分析，实现由存量挖潜向新增动能的转变。要树立统计思维，在日常招商引资项目谈判中，积极宣传市区两级纳统奖励政策，确保将“双招双引”工作成效体现到经济指标稳健发展上。要落实好“管行业必须管纳统”的原则，持续完善“统计+部门”对接互动模式，提升升规纳统工作的针对性和精准性，推动应纳尽纳、统全统实，全面准确反映经济社会发展实际情况。

（二）夯实基层基础，工作机制再完善

镇街是纳统工作的基础层级，是各项数据产出的源头。要树立抓指标考核必须抓数据质量、抓数据质量必须抓基层基础这一理念，围绕加强基层统计力量、提升统计人员素质、推进统计规范化建设等内容，一方面规范基层统计机构建设，充分整合镇街经贸统计工作人员，行业部门分专业、分时段强化业务培训，形成统计工作合力，解决基层统计“有人干”“有能力干”的问题。另一方面将基层统计经费纳入财政预算，按照新纳统“四上”企业数量拨付，同时加大升规纳统工作区级考核赋分力度，充分调动基层人员工作积极性，解决基层统计“愿意干”的问题。

（三）实施闭环管理，纳统政策再深入

“四上”企业是区域经济的重要支撑，是扩就业、增收入的主要载体，直接反映经济结构调整、新旧动能转换成效。镇街部门应加快实现升规纳统流程再造，切实解决升规纳统“最后一公里”，推动企业应统尽统。一是推动建立统计、发改、工信、商务、住建、行政审批、市场监管、税务等多部门共同参与的协同联动机制，整合部门间的行政记录资料，打破“信息孤岛”，形成推动企业持续健康发展和长期监测培育的工作合力。二是不断完善纳统激励补贴政策，进一步提高市场主体纳统积极性，引导企业在达到纳统标准之后主动申报纳统，探索将“四上”企业统计人员补贴纳入财政预算，提高企业统计工作人员每月上报统计报表的积极性和准确性。

（四）创新技术手段，信息化建设再拓展

加强统计档案信息化建设，对“四上”企业和固定资产投资项目财务报表、收入凭证等信息进行电子化录入，实现“一企一档”和“一项目一档”；按照“体现计算过程，说明数据来源”的原则，在全区规上工业企业中全面推行工业总产值计算台账，破解“数出无据”难题。开展统计数据自动生成，充分利用联网直报企业广泛使用财务软件的有利条件，运用信息技术手段，在联网直报企业中推进财务类报表与统计数据报表的自动转换，进一步提高企业数据上报效率，减轻基层负担，减少人为差错，破解“源头统计”难题，确保源头统计数据真实准确完整。

（五）灵活方式方法，升规纳统再突破

一方面，在引进各类平台经济类项目时，要在开端就建立统一经营、统一核算制度，方便后期精准监测，确保达标即纳统。比如，环翠楼街道在推进东城路夜市纳统时，把握住夜市整体回迁前的时间窗口，积极获取市场管理方支持，在开局就建立统一收银制度，极大方便后期纳统相关材料的准备。另一方面，要大胆采用商企再注册方式，整合现有早夜市等“小而散”的集聚市场，成立新的销售类或餐饮类公司，同时引进第三方机构做好交易市场的基础数据采集，比如，市场经营户的交易明细、购销合同、支付宝或者微信的收款记录等，税务部门也要主动参与讲解纳税政策，真正将市场交易额规范、安全、可靠地统计入库。

（区统计局供稿，获全市政府系统优秀调研成果一等奖）

索　引

编制说明：

一、本索引为《环翠年鉴（2024）》的主题词、内容分析索引，分主题词索引、图片索引、表格索引。正文中凡具有独立检索意义的完整资料，都可以通过本索引进行检索，有关插图和表格仅对其主题词进行索引。正文中的“综述”“概况”不做索引内容。

二、本索引按汉语拼音字母（同音字按声调）顺序排列。类目、分目作为索引款目用黑体字排印，其余款目用宋体字排印。索引款目后的数字表示该款目内容所在页码，后面的拉丁字母（a、b、c）表示栏别（从左到右）。

三、“特载”“大事记”“附录”的具体内容不做索引。

四、内容有交叉的词条，在索引中重复出现，可以通过同一词条的不同页码进行检索。

主题词索引

A

艾滋病防控　314a
爱国卫生　319a
安美适医疗器械生产基地项目建设　351a
安全生产　112b、139a、213a、217a
安全生产体系建设　107a
安全生产责任落实　106a
安全生产执法　106c
安全宣传教育　108a

B

百马云仓设立韩国海外仓　364b
佰鸿未来科技产业园项目　357b
办公用房管理　109c
办税质效持续优化　99a
半月湾风景区　233b
半月湾国际沙滩音乐节　296b
帮扶服务　139b
帮扶政策落实　258a
保交楼工作　243c
保险　226a
保险基金监管　330a
保障和改善民生　171a
保障能力建设　110a
编外人员管理　103a
便民服务　249b
标准化信息化示范单位创建　109b
兵员征集　163c
病毒性腹泻监测　315a
病死畜禽无害化处理　194a
博士后工作　103b

C

长期护理保险　330a
财税监督　89b
财源建设　170c
财政　170a
财政监督管理　171c
财政经济委员会　92c
财政体制改革　171b
财政预算绩效管理　171b

财政专业技能培训 171c
裁判员培养 320b
参政议政 126a、127a、127c、128a、129a、129b、130b、131b
餐饮行业服务 221a
餐饮油烟整治 248a
残疾人保障 147c
残疾人就业 148a
残疾人康复 147c
残疾人权益 148a
测绘管理 182c
测土配方施肥 191c
产业工人队伍建设改革 139a
产业融合发展 253c
常委会建设 82b
成品油监督管理 217b
“诚信大数据智慧平台”建设 179b
城市防汛 245a
城市更新 242b
城市更新样板片区 243a
城市管理 246c
城市规划 241a
城市建设 241
城市建设 59c
城市路灯管理 244c
城市商品房租赁管理 331b
城投海滨路项目 215c
城乡规划审批管理 242b
城乡环卫一体化管理 248c
城乡教师交流轮岗 285c
城乡绿化 60b
城乡医药融合 311c
持证残疾人基本状况调查 148c
筹捐救助 149b
出口市场结构 235a
传播效能提升 70c
传染病监测预警 313c
传染病疫情报告管理 313c
“创安创满” 155b
创新工作室打造 138a
创新技术对接转化服务 138c
创新平台建设 204b、271b
创新平台争创 167a
创业就业 58c
“吹哨报到”机制探索 79a
慈善救助 332b

D

打击违法犯罪 154c
大气污染防治 259b
大数据建设与发展 99b
大数据审计 175a
大型活动承办及报道 300b
大学生实践活动 141a
代表工作 83c
代表建议 90c
代表建议办理 92b
代表重要建议摘编 92a
党风廉政建设 56b、111a
党风政风监督 123a
党建工作 337a、340a、343a、346a、349a、352a、356a、362a、366a
党内监督 123b
党史编研 77a
党史宣传教育 77b
党外知识分子工作 71c
党校教育 77c
党性教育基地建设 69a
党员队伍建设 111a
党员教育 68b
党组织和党员队伍建设 68c
党组织建设 110c
档案 301b
档案安全保护 301c
档案编研成果 302a
档案馆迁入新址 302c
档案信息化“六级联动”试点 302a
档案宣传 302b
档案业务指导 301c
档案征集接收 301b
道路保洁 250c
道路绿化建设 249c
道路微改造 244a
地方病防控 314b
地方志 300c
地籍调查工作示范点建设 182a
地理位置 45a
地貌 45b
地名管理 333c
地质 45a
地质矿产治理 182b
低空警务 155c
第33届广场纳凉晚会 296c
第二届海峡两岸（威海）棒球赛 80a
第二轮巡察 123c
第三轮巡察 123c
第十一届社区文化节 297a
第四轮巡察 123c
第五次全国经济普查清查工作 175c
典型栏目 299a
电动自行车综合治理 247c
电子商务 217c
钓具产业 211a
调查研究 62a
调研视察督导 116a
动物及动物产品检疫 194a
动物疫病防控 193b
动物诊疗机构管理 194a
队伍建设 158b、160a
对口协商 115c
对口支援和东西部协作 167b
对外国及中国港澳台地区贸易 235a
对外经济 55b
对外宣传 299b
多元解纷 159c

E

儿童保障和未成年人保护 332a
儿童友好城区创建 143c
“二等功”获得者 369b

F

法律援助 162a
法学会工作 152b
法院 158b
法治 150

法治化营商环境 154a、157c
法治建设 59a
法治宣传教育 154a
法治政府建设 152c
法治政府示范创建 152c
反邪教警示教育 151c
防返贫动态监测 257c
防范非法集资宣传 224b
防汛防台风 107c
防灾减灾联动 107c
房地产开发与管理 243b
房地产行业管理 243b
纺织服装产业 210a
“放射工作人员证智慧化申报及电子证照应用”省级试点 316c
非法集资排查整治 224a
非物质文化遗产保护 291b
非洲猪瘟防控 193c
分级分类监管 224a
分级诊疗 308c
丰航物流园 218b
风险化解 159a
孵化载体活动 274c
伏季休渔 188c
服务保障体系建设 103c
服务贸易主体培育 235c
服务品牌打造 143b
服务市场主体 98a
服务业高质量发展 166b
腐败案件查处 122c
妇幼保健 318a
妇幼健康服务 318b

G

改革创新典型引领 51c
改革督察考核 51b
改革试点 51c
改革试点攻坚破难 172b
改革主体责任压实 51a
干部队伍建设 66b、345c
岗位创新创效 138b
高层次人才活动 103b
高端装备制造产业 207a
高科技企业发展扶持 281a
高新技术产业发展 276b
高新技术企业 277b
“跟进式”警示教育 122c
耕地保护 181c
工程建设领域诚信管理体系建设 328c
工程招投标管理 213b
工程质量管理 213b
工地环境管理 213b
工人文化宫 140a
工伤保险 329a
工业 197
工业 55a
工友创业园打造 139c
工资调整 102b
工资年报统计 102c
工作机制创新 173a
公安 154b
公厕管护 251b
公共场所卫生监督 317a
公共场所卫生许可服务下沉 101c
公共服务数字化提升 99c
公共机构节能减排 267c
公共卫生服务 313b
公共卫生应急服务 308c
公共文化服务体系建设 290b
公立医院高质量发展 308b
公路交通 245b
公务用车管理 109b
公务员管理 66b
公益事业 132c
公益诉讼检察 157a
公证工作 162a
公租房管理 331a
共同富裕先行示范区打造 166c
古树名木保护 266c
固定资产投资和建筑业 55a
固体废物与辐射管理 260c
“关怀式”帮扶教育 122c
管理岗位职员等级晋升 102a
规范行政决策 153b
规范性文件备案审查 88c
国际传播 70b
国际化语言环境建设 105a
国际经济合作 237a
国家海洋综合试验场（威海）建设 186c
国家级标准化试点通过验收 181a
国家级科技企业孵化器 274b
国家科技型中小企业 278a
国家农业技术集成创新中心示范基地 192a
国家食品安全与营养健康综合试验区建设 307c
国内报道 70b
国内经济合作 238a
国内贸易 55a
国企安全生产 170a
国企党组织建设 169c
国企风险管控 169a
国企增资 169a
国企资本运作优化 167c
国土变更调查 182a
国有资产管理监督 90a
国有资产监督管理 167c
国资国企监管 169c
果业 191c
果园现代化建设 191c

H

海滨生态公园风情带·“侨乡号”游轮 233a
海岛管理 188a
海峰路西延工程完工 246b
“海上枫桥工作法” 348a
海水养殖 185c
海通证券股份有限公司威海高山街证券营业部 226c
海洋第二产业 185a
海洋第三产业 185b
海洋第一产业 185a
海洋电子信息和智能装备产业发展三年行动计划 183b

海洋发展 183
海洋发展专题会议 183b
海洋经济 185a
海洋经济 55b
海洋科技 186c
海洋牧场建设 186b
海洋生态修复 188a
海洋新兴产业 187a
海洋渔业 185c
海洋种业 185c
海域 46a
海域岸线执法巡查 188b
海域动态监管 188b
海域海岛管理 187c
航天防务通信与协同探测技术论坛 276b
合作考察 238a
和美乡村建设 255b
和谐劳动关系建设 134a
和谐征纳关系 172c
河湖规划编制 264a
河湖湾管理 263c
河湖湾清“四乱” 264b
河湖湾长调整 264a
河湖湾长巡查 264b
河湖治理经验推广 264c
“河清海晏”行动 264c
红色资源挖掘 77b
宏观经济管理 166a
“厚德环翠 美在我家”品牌建设 142c
户外劳动者服务站点打造 140a
花境职业技能竞赛 265b
华东岩土工程集团有限公司 215a
华夏城景区 232b
环翠概览 45
环翠楼街道 337a
环翠楼街道获评省级“书香之乡” 339c
《环翠年鉴（2021）》获评第九届全国地方志优秀成果（年鉴类）“特等”奖 301a
《环翠年鉴（2023）》出版 301a
环翠区残疾人联合会 147b
环翠区党风廉政警示教育大会 120c
环翠区第十三届全民健身运动会 322b
环翠区妇女联合会 142b
环翠区工会第十六次代表大会 134a
环翠区工商业联合会 131a
环翠区公共文化服务中心投入使用 291a
《环翠区关于推进科技创新的扶持意见》修改 268b
《环翠区关于优化提升威海创新园的扶持意见》修改 268b
环翠区国企领域专题警示教育大会 121a
环翠区红十字会 148c
环翠区获评山东省数字经济“晨星工厂”试点县（市、区） 198a
环翠区科学技术协会 144b
环翠区人民代表大会 82
环翠区人民政府 94
环翠区首家“信用超市”揭牌运营 181a
环翠区首届美德诚信模范典型表彰 180c
环翠区文学艺术界联合会 145c
环翠区中小学生综合实践基地开营 368a
环翠区总工会 133a
《环翠文艺》编辑 146b
环境保护宣传教育 261c
环境卫生 250c
环境治理 359b
环境状况与综合治理 259a
环山快速路建设 245c
黄河流域生态保护和高质量发展 166b
会员服务 131c
会展经济 146c
惠民殡葬 333b
婚姻、收养登记 333b
婚姻家庭辅导 144a
混凝土搅拌企业管理 214a
活动扶残 148b

J

机构编制调整 72c
机构编制工作 72b
机构调整 306a
机关事务服务 109a
机关思想建设 74a
机关文化建设 75b
机关政治建设 74a
机关职能运行考核 73b
机关组织建设 74b
机关作风建设 75a
积案化解 105b
基本单位名录库建设 176a
基层达标建设 164a
基层法律服务 160b
基层妇女组织建设 142c
基层干部培训 77c
基层工会组织建设 133b
基层共青团组织建设 140c
基层矛盾化解 157c
基层社会治理 333a
基层卫生 311a
基层信访治理 105c
基层医疗机构标准化建设 311a
基层政务服务升级 101a
基层志编修 301b
基层治理 112a、338c、341a、344c、347b、350b、353c、358c、363a、367a
基层治理线上平台搭建 300a
基层治理宣传 151a
基层中医药服务 312b
基层组织建设 125a、149a
基础教育 286a
基础警务 155a
基础设施改造 111c
基础设施建设 354a、363b
疾病防控 313a
疾控中心标准化建设 313b
集采药品进基层 330b
集体荣誉 375

集体资产权属归位国家级试点 253a
计划生育监督 317b
纪检监察队伍建设 120b
纪律检查和案件审理 122b
技能人才培养 327a
技术创新 204a
寄生虫病防控 314b
家风家教宣传引领 142c
家家悦威海物流中心 218b
家庭教育 143a
家庭医生签约服务 311b
嘉士通食品加工项目 368c
价格管理 178c
价格监测 179a
价格认定 179a
价格投诉举报处理 179a
监察和司法委员会 93a
监督考核机制 250b
检察 156b
剪纸 295c
建材质量监管 213c
建设用地管理 181b
建置隶属 48c
建置沿革 48c
建筑企业服务管理 212c
建筑施工管理 213a
建筑施工许可九证合一 98c
建筑市场管理 212b
建筑行业监管 212a
建筑业 212
建筑用工管理 212b
建筑噪声整治 248a
“健康环翠”行动 319b
健康教育 312a
交通安全专项行动 246a
交通强国建设试点 246b
交通银行股份有限公司威海环翠支行 226a
教师队伍建设 284c
教师招聘 285c
教学管理 78c
教学能力提升活动 285a
教育 282
教育督导 284c
教育经费 283a
教育科学文化卫生委员会 93b
教育科研 288b
教育事业 58a
教育资助 284a
节能减排 267a
节能减排 60a
节能减排宣传活动 267c
节约型机关建设 110a
结核病防控 314a
界别协商 115c
巾帼创业就业 143a
巾帼关爱 144a
金融服务 224c
金融辅导 225a
金融监管 223c
金融业 223
津贴补贴规范 102b
进一次门查多项事 98b
京剧 294c
经济管理 166
经济监督 88c
经济建设 54a
经济教科卫体委员会 119b
精品旅游线路打造 230a
精品游园建设 250a
精神文明建设 325b
鲸园街道 342b
警队建设 156a
警示教育 124a
警务机制创新 155a
竞技体育 320b
境外承包 237b
境外投资 237b
九三学社威海市环翠区支社 130b
就业创业 326b
就业创业扶持 104a
就业创业政策扶持 326b
居民生活 325a
军民共建 164b
军事 163

K

开放型经济 235
勘察设计 214c
勘察设计行业管理 214c
科技成果 270a
科技计划 268c
科技交流与合作 275a
科技企业孵化载体建设 274a
科技人才 275a
科技人才服务 144b
科技型企业培育 276c
科技兴农 359c
科普基地建设 144c
科学技术 268
科研开发服务体系 271a
科研咨政 78a
矿产资源 46b
困难群众救助 331c

L

垃圾分类 251c
垃圾分类宣教基地 251c
垃圾清运 251a
劳动者权益保护 327c
老干部服务管理 76a
老干部工作 75c
老干部休养所 76c
老干部作用发挥 76a
老旧小区改造 242c、339a、342a
老旧小区物业市场化运作 345c
“老字号”企业 217a
离退休干部党组织建设 75c
里口山风景名胜区 233b
里口山管理服务中心 110b
里口山民宿品牌提升 112a
里口山乡村音乐节 112c
理论宣讲 70a、78a
理论学习 69b
理论研究与社科普及 69c
历史遗留问题化解 182c

立法调研 87c
利群商业中心项目落地 341c
联动治税 174a
联合监督机制 158a
廉洁宣传教育 124a
粮食综合生产能力提升 191a
“两清三化”行动 255a
“两书同达”工作机制 180a
“两新”组织党建 67c
亮点典型推荐 145b
量化分级管理 318a
林业有害生物防治 265a
林长制工作改革 266a
零工市场建设 326c
领导干部经济责任审计 174b
领导接访 105b
六地块控规调整方案审议通过 241a
楼宇经济 218c
楼宇经济政策扶持 219a
楼宇联盟服务中心成立 218c
落实中央八项规定精神和纠治“四风” 123b
旅游公路提升 245c
旅游管理 231b
旅游警务 156a
旅游市场监管 177c
旅游项目建设 228c
旅游宣传推广 230a
旅游业 228
旅游业发展“四大提升行动” 231c
旅游与休闲农业 254a
旅游资源 232a
旅游资源 48b
旅游资源普查 228b
履职能力建设 125b
律师工作 161c
绿地开放共享 250b
绿地养护管理 250a
绿化景观亮化 250b
绿色低碳高质量发展 166a
绿色发展 205c
绿色建筑推广 214a
绿色食品认证 195a

M

慢性病防控 314b
慢性病管理 310a
矛盾纠纷多元化解 153c
矛盾排查 105b
贸易促进 235c
媒体 299a
媒体融合产品化生产 300a
媒体宣传 230b
美德信用建设 326a
美丽幸福河湖建设 264b
美术 295a
免疫规划 316a
民办教育 288c
民兵组织整顿 164a
民生工程 341c、367b
民生实事 344c、347c、350a、354a、357c
民事检察 157a
民事审判 158c
民宿业品牌化聚集化发展 221c
民营经济 55b
民营企业家培训 132b
民政 331c
民主党派工作 71a
民主党派与工商联 125
民主监督与参政议政 116a
民族 51a
民族团结宣传教育 336a
民族宗教 335b
民族宗教工作 72a
民族宗教事务管理 335c
名师工作室建设 285a
明码标价宣传 179a
《铭记——抗美援朝中的环翠儿女》出版 77a
膜产业技术创新合作大会 276a
目标管理考核 81a

N

内部审计 175b
“内涵提升三年行动计划”推进 284c
内资项目引进 239c
能耗“双控”管理 267b
年度考核奖核定 102b
农产品加工高质量发展先行县 254c
农产品质量安全检测 190b
农村财务审计与集体资产管理 252b
农村城建环保委员会 93b
农村党建 66c
农村党组织建设 256a
农村改厕 256a
农村改革 252a
农村公路防护 245c
农村公路改造 245b
农村基本经营制度完善 252a
农村基础设施建设 255c
农村集体经济发展 252c
农村人居环境整治 255b
农村适龄青年购房补贴 331a
农村水环境治理 260a
农村水质提升 262b
农村危房改造 255c
农村饮水安全 262a
农机安全整治 196b
农机购置补贴发放 196c
农机管理 196a
农机人员培训 196c
农技服务与示范推广 190c
农林牧渔业 54b
农民工工资支付保障 328a
农业 190
农业保险 190a
农业产业化 194b
农业和农村委员会 119c
农业龙头企业 194c
农业植物检疫 191b
农业综合执法 190b
“暖心式”回访教育 122c

P

派驻机构建设 120a
培训基地打造 149a

棚户区改造 243a
品牌建设 218a
品牌农业建设 195c
平安环翠建设 150a
平安建设 58c
“平安消费”专项行动 288c
“平安校园”建设 284b
评比达标表彰 102c
苹果矮砧轻简集约栽培 192a
普法宣教 160c
普惠金融 223b

Q

栖霞街及周边地区综合整治项目
一期（北区）项目 215b
栖霞街特色街区改造 338a
企业开办模式创新 101b
企业上市 223c
气候 45b
强化服务与增进共识 79c
侨法宣传 81a
侨眷侨属服务 80c
侨务 80b
侨务资源涵养 80c
桥梁维护管理 244c
桥头镇 364c
青年发展及儿童友好型社区创建 359b
青年发展友好型城区建设 140b
“青年教师培养”项目 79a
青少年权益维护 142a
青少年运动员培养 320a
清洁能源推广 267b
清廉商圈建设 124c
“清廉之角”建设 124b
清雪防滑 247b
区级考核 81b
区纪委常委会会议 121b
区人大常委会会议 84a
区人民武装部 163a
区生态环境委员会工作会议 259a
区图书馆迁入新馆 303a
区委常委会会议 62c
区委全体会议 62b
区委重要工作会议 65a
区政府常务会议 96b
区政府全体会议 96a
区政府重要工作会议 97a
区直机关党建 73c
曲艺 295c
全国科普日活动 145a
全国文明城市创建 325b
全过程数字化图纸闭环管理 214c
全面深化改革 51a
全民阅读 304a
全省党史科研成果评选 77c
全省旅游公路建设现场会 246b
全省史志科研成果评选 301a
全省示范性居家社区养老服务
网络建设地区创建 334a
全省首批社会救助综合改革试验区
333c
群团建设 145c
群众满意度提升 307b
群众体育 322a
群众体育组织建设 323a
群众团体 133
群众文化 296a

R

人才队伍建设 256b、307a
人才服务 225a
人才工作 68c
人才项目申报 103a
人才引进与校地合作 350a
人大监督 56c
人防宣传教育 165c
人防应急建设 165c
人口 50a
人口民族 50a
人民调解 161b
人民防空 165b
人事人才工作 101c
人事任免 82c
人兽共患病防控 193c
人物荣誉 369
“荣军联盟”打造 104b
融资担保公司与小额贷款公司 227a

S

三胞联谊委员会 119b
“三线”环境综合整治 248b
扫黑除恶 122c、151b
森林草原湿地调查 266b
森林防火 267a
森林防灭火 108a
森林资源保护 265a
山东省“冠军公益行”志愿服务 320b
山东省 1% 人口抽样调查 175c
“山东省劳动模范”及“山东省
先进工作者” 369a
山东省文旅康养强县创建 228b
山东省小城镇创新提升行动试点 360c
山东省医用耗材（骨科耗材）
价格监测试点 330b
商标管理 177b
商贸服务业 216
商贸流通主体壮大 216b
商贸业态提档升级 216a
商品交易市场监管 177c
商圈楼宇劳动争议调解委员会 327c
商事法律服务 147b
商事审判 158c
上级反馈问题整改 264c
社会保障 328c
社会保障 58a
社会服务 125c、126c、127b、
127c、128b、129a、129c、130c
社会建设 58a
社会建设委员会 93c
社会生活 325
社会事业 112a、338c、341a、
344b、347a、350b、353b、
358a、362c、366c
社会体育指导员培训 322c
社会稳定风险评估 151b
社会信息收集管理 335b

社会信用建设 179b
社会治安管理 155c
社会治理 334b
社会治理现代化 158a
社会组织管理 333a
社区党建 67b
社区矫正与安置帮教 160c
社区运动会 322c
社区运营创新 67a
社区运营模式创新 345b
"涉法涉诉信访攻坚化解"专项行动 152b
涉海企业科技发展 187b
涉旅消费纠纷处置 177c
涉企案执行力度加大 99a
涉外渔船管理 189a
摄影 295a
审计监督 174a
审计监督 89a
审计整改 175a
生态保护 59c
生态环境保护 259
生态环境保护 364a
生态环境保护督察 261c
生态环境执法 261a
生态文明建设 59c
生物医药产业 208b
生物资源 47a
生育保险政策调整 329c
生育政策落实 318c
生猪稳产保供 193a
省、市级体育产业基地项目 324b
省部级先进人物 369c
省级农村"信用+"试点 256c
省级县域经济高质量发展先进县 167c
省级乡村振兴示范镇（村） 257a
省级消除结核病先行区建设 313a
省内协作帮扶 258b
失业保险 329b
师德师风建设 285b
食品经营领域信用审批 101c
食品卫生监测 315c
食品药品安全监管 177a
食品制造产业 210c
食源性疾病多点触发监测预警 316b
示范性群众健身活动 323a
市场监督管理 176b
市场监管执法 176c
市场开拓 235b
市场准入一码通办 98c
市级考核 81a
市容市貌精细化管理 246c
市厅级先进人物 370b
市域社会治理 151a
市政案件处理 245a
市政道路建设改造 244a
市政基础设施建设 243c
市政设施管护 244b
事业单位公开招聘 102a
事业单位监督管理 73b
事业单位年报统计 102a
事业单位年度考核 102a
视察调研与立法调研 86a
收费管理 179a
收入与消费 325a
手足口病监测 314c
首次监察官宪法宣誓仪式 121a
书法 295b
数据要素价值释放 100a
数字城管案件处置 335a
数字城管运行 248c
数字底座夯实 100b
数字检察 157b
数字经济发展 197b
数字景区建设 111c
数字政府建设 99b
双岛湾海洋牧场服务平台建成 186c
"双随机、一公开"监督检查 317c
"双碳"战略实施 267b
双拥工作 164b
双拥模范城创建 164b
水产品质量监管 189b
水旱灾害防御 262b
水利项目建设 262a
水利移民保障 263b
水生动物病害测报 189b
水文 45b
水污染防治 259c
水资源 46c
水资源保护 262a
水资源管理 262c
税费争议化解 173b
税收过千万楼宇 219b
税收征管执法检查 88b
税务 172a
税源监管 173c
司法监督 88c
司法鉴定 162c
司法体制改革 152a
司法行政 160b
思想建设 126b、127b、130c
思想教育和权益维护 104b
思想政治建设 125b、127c、128b、128c、129c、163a
"四十大道"闲置楼宇盘活 342a
嵩山街道 348c
"送法进企业、纾困助发展"走访活动 151c
诉讼服务 159b
孙家疃街道 346b

T

台港澳事务 79b
台港澳同胞交流活动 79c
特色街区和露天市场管理 247a
特色农业 363b、367b
特色商圈 216c
特色商业街区发展 217b
特色项目进校园 322a
特色样板片区建设 360a
特殊教育 288a
"特种兵"环翠游保险 140c
特种设备安全管理 178a
特种设备安全执法检查 88a
提案办理 116c
体育 320
体育彩票销售 324b
体育产业 324a

体育事业 58a
铁路沿线环境整治 246a
停车管理和服务 247b
停车管理和服务执法检查 88a
统计法规宣传 176b
统计服务 175c
统计管理 175b
统计业务培训 176a
统计执法检查 176b
统战工作 70c
投诉处理机制优化 231c
投资情况调查 236b
图书 303a
图书馆总分馆网络体系建设 303c
土地供应和利用 181c
土地资源 46b
土壤 45c
土壤污染防治 260b
退役军人事务 103c
脱贫攻坚成果巩固拓展 257b
脱贫攻坚成果巩固拓展 359a、364a、367c

W

外来入侵物种普查 189c
外事工作 104c
王家岭区域拆迁改造 345a
王家疃获批全国乡村治理示范村 112c
王家疃入选全国乡村治理示范村 257a
网格化服务管理 334c
危楼拆除 351a
“威高广场商圈工会户外劳动者服务站点入选全国最美工会户外劳动者服务站点” 339b
威高物流园 218b
威海创新园优化提升 274a
威海东南乡景区 234a
威海广泰空港设备股份有限公司成为2023年（第七批）山东省制造业单项冠军企业 354c
威海广泰空港设备股份有限公司拓展廊桥业务板块 207c
威海海鑫新材料有限公司被认定为国家级专精特新“小巨人”企业 206b
威海海鑫新材料有限公司成为第五批国家级专精特新“小巨人”企业 354c
威海海洋科技馆 233c
威海海洋科技馆开馆 184c
威海老港区城市更新改造项目 215c
威海齐东融资担保有限公司 227b
威海齐东小额贷款有限公司 227c
威海市常春藤外国语学校 289c
威海市海诚商业学校 289b
威海市鸿安建筑集团股份有限公司 215a
威海市环翠区第十九届人民代表大会第二次会议 84a
威海市环翠区宏源小额贷款有限公司 227b
威海市环翠区信元小额贷款有限公司 227c
威海市铝深加工产业链绿色高质量发展会议暨魏桥（威海）铝精深加工产业园开园仪式举行 355a
威海市森林防火现场会 265c
威海市商业银行股份有限公司 226a
威海市裕红祥丝绸文化博物馆 233c
威海中远海运重工科技有限公司获得全球首张中国船级社船用产品试验证书 207c
违法建设治理 247c
委员主体作用发挥 113b
卫生单位创建 319a
卫生监督 316a
卫生健康 305
为民办实事 95a
未成年人检察 157b
未成年人教育保护 159c
温泉康养产业 364a
温泉镇 360c
文化 290
文化创意产业 293a
文化建设 57c
文化名片打造 368b
文化市场管理 294a
文化事业 57c
文化养老 76c
文旅产业发展 347c、350c、359c
文明实践 325c
文史和学习委员会 119a
文物保护 297c
文物保护修缮 298a
文学 294a
文学艺术 294a
文艺精品成果 145c
“我们的中国梦——文化进万家”活动 146a
无偿资金争取 167a、246a
“无非法集资”社区（村居）创建 224b
无疫区维护 194b
“无证明城市”建设 99c
“无证明大厅”建设 100c
“五育并举”融合发展 286c
物价 325a
物流业 218a
物业服务提质增效 242c

X

吸收外国及中国港澳台地区投资 236a
喜盈门高端饮用水及数字化智能仓储中心项目 368c
戏剧 295c
仙姑顶景区 232a
先进人物 369
“先考古、后出让”制度落实 298b
衔接资金项目实施 258c
现代农业发展 195c
现代农业经营体系 254c
乡村产业发展 253b
乡村建设 255a
乡村教育振兴 287c
乡村旅游提档升级 229b
乡村文化建设 256c

乡村振兴 252
乡村振兴科普惠农行动 145a
乡村振兴实践 350c、363c、367b
乡村振兴样板片区建设 253b
乡村治理 256a
项目建设 344a、353a、357b
项目建设与产业发展 349c
项目建设与楼宇经济 338a、340c
项目审批与管理 260c
项目引进 236b
项目招引与建设 228c
消毒与病媒生物监测 315b
消防安全宣传培训 108c
消防安全责任落实 108b
消防管理 214a
消防经费保障 109a
消防隐患排查整治 108c
消防执勤备战 109a
消费复苏行动 216c
小麦病虫害防治 191b
校地合作 187a
校外培训机构监管 288c
校园改造建设 284a
协商平台建设 113b
心理健康教育 287c
新材料产业 206a
新的社会阶层人士统战工作 71b
新技术应用推广 214b
新媒体发布 299c
新校舍建设 79b
新型城镇化和城乡融合发展 255c
新型农民经济组织建设 252c
新一代信息技术产业 209a
新元化学（山东）股份有限公司被认定为国家级专精特新“小巨人”企业 206a
信访“一案一卷” 105b
信访法治化建设 106a
信访复查 105c
信访工作 105a
信访基础业务建设 105c
信访举报办理 122b
信息化建设 288a
“信易+”应用典型案例入选国家级应用典型案例 181a
“信用+”社会治理模式 180b
信用应用与监管 179c
星级民宿管理 222a
刑事检察 156c
刑事审判 158c
刑事执行监督 157a
行政复议与行政应诉 153a
行政检察 157a
行政审判 159a
行政审批服务 100c
行政事业单位资产管理 169b
行政执法规范化建设 249a
行政执法监督 153b
行政执法培训 249b
宣传工作 69a
学前教育 286a
学习提案法制委员会 119c
学校与饮用水卫生监督 317b
巡察工作 123c
畜牧业 192b
畜牧业发展 192c
畜产品质量安全监管 193a

Y

严重精神障碍患者管理服务 315c
扬尘和乱倒垃圾治理 248b
羊亭河湿地公园 233b
羊亭镇 355a
养老保险 329a
养老服务 332b
养老服务执法检查 88b
养殖污染整治 193b
野生动物保护 267a
一次性绩效工资核发 102c
“一件事一次办” 98a
一站式矛盾纠纷多元化解 151a
“一站五组”人大代表工作模式 345a
医保服务中心建设 330b
医疗保险 329b
医疗服务 308b
医疗统计 307c
医疗卫生 58c
医疗卫生监督 316c
医疗信息化建设 307c
医疗质量管理 306b
医养结合 306c
依法监督 88c
移动支付 330c
议事协调机构调整 73a
意识形态建设 55c
因公出国管理 105a
音乐舞蹈 294c
银行 225b
“引客入威”计划 231a
应急管理 106a
应急救护宣传与培训 149a
应急救援队伍建设 112c
应急力量建设 107b
应急物资储备 107b
应急预案编制与演练 261b
应急预案体系建设 107b
应急指挥中心迁址 107a
婴幼儿照护服务 318c
营商环境提升 147a
营商环境优化 357c
营商环境优化 97c
拥军氛围营造 104a
拥军优属 164b
拥政爱民 165a
用编进人计划 73c
优抚褒扬 165b
优化集成式服务 100c
优秀提案摘编 117a
优秀退役军人服务站及优秀退役军人 104c
优质工程创建 213a
游园养护管理 250a
友好城区交流互通 105a
渔具电商产业 354b
渔具电商产业带打造 217c
渔业安全生产 189a
渔业管理 188c
渔业技术推广 187c

渔业品牌打造 186b
渔业资源修复 189c
渔政管理 188c
预算执行审计 174b
园林绿化 249c
原产地签证认证优化服务 147a
远程提审会见 160c
远洋渔业 186a
远遥浅海科技湾区建设 184a

Z

造血干细胞捐献 149c
噪声污染防治 260a
张村镇 351b
张村镇卫生院成立大五官诊疗区 354b
招才引智 344a
招大引强 240a
招商引资 131c、146c、340c、352c、357a
招商引资与楼宇经济 343c
招商引资与项目建设 111a、347a、362b、366b
招生考试 284a
招引项目落地 246a
镇（街道） 337
镇（街道）、村（社区） 49c
争先创优 134b
整治群众身边腐败和不正之风 123b
证券 226c
政策法规宣传 182c
政策助力区域经济发展 170b
政产学研协同创新 275c
政法委与综治 150a
政府门户网站运行 100a
政府投资审计 174c
政府债务管理 171a
政企交流 317c
政务调研 95c
政务公开 95c
政务信息 95c
政协常委会会议 114a
政协提案 116c
政治监督 123a
政治建设 55c
政治理论学习 55c
政治协商 114c
政治协商 57b
政治引领 131a
知识产权工作 177a
知识产权审判改革 99a
执法案件审核 249a
执法监察 181c
执法检查 88a
执法司法规范化建设 152a
执行工作 159b
直管公房管理 331b
职称评聘及竞聘上岗 285c
职称评审 102b
职工技能培训与劳动竞赛 138a
职工教育与文体活动 138c
职业技能培训 327a
职业教育 289a
职业与放射卫生监督 317c
职责边界梳理 73b
植树造林 265c
志愿服务 104a、141c
志愿服务活动 112b
质量监督管理 178b
致病菌识别网工作 314c
“智汇环翠”国际创新创业大赛暨海外高层次人才项目对接会 275c
智慧办税 173a
智慧城管AI平台建设 249a
“智慧人社”一体化建设 102c
智慧社区建设 100a
智能制造和数字化车间 205a
滞迁户动迁 350c
中共威海市环翠区纪委十六届三次全体会议 120b
中国工商银行股份有限公司威海环翠支行 225c
中国共产党环翠区纪律检查委员会环翠区监察委员会 120
中国共产党环翠区委员会 61
《中国共产党政法工作条例》贯彻落实 150c
中国共产主义青年团环翠区委员会 140b
中国国际贸易促进委员会威海市环翠区委员会 146c
中国国民党革命委员会威海市环翠区支部委员会 125c
中国建设银行股份有限公司威海环翠支行 226a
中国民主促进会威海市环翠区支部委员会 128a
中国民主建国会威海市环翠区总支部委员会 127b
中国民主同盟威海市环翠区支部委员会 126c
中国名镇志《张村镇志》编修 301a
中国农工民主党威海市环翠区支部委员会 128c
中国农业银行股份有限公司威海环翠支行 225c
中国人民财产保险股份有限公司威海市分公司 226b
中国人民政治协商会议第十五届威海市环翠区委员会第二次会议 114a
中国人民政治协商会议环翠区委员会 113
中国人寿保险股份有限公司威海分公司 226b
中国太平洋财产保险股份有限公司威海中心支公司 226b
中国银行股份有限公司威海环翠支行 225c
中国致公党威海市环翠区支部委员会 129b
中国中金财富证券有限公司威海青岛北路证券营业部 226c
中泰证券股份有限公司威海分公司 226c
中小学教学 286c
中小学课后服务 287b
中医药人才队伍建设 312c

中医药文化推广 313a
中医医院特色发展 312a
中医中药 312a
中职学校办学条件达标 289b
种植业 191a
重大事故隐患排查整治 106b
重点产业项目建设 167a
重点工程规划与审批 242a
重点工程项目 215b
重点建筑企业 215a
重点企业发展 199b
重点企业简介 206c、208a、208c、209b、210a、210c、211b
重点行业领域专项整治 106c
重要会议 62b、84a、96a、114a、120b
重要决策和部署 61b、94b
竹岛街道 339c
主题活动 230c
主题教育活动 113c
助企纾困解难提效 98b
住房保障 330c
住宿餐饮 221a
“住宿场所卫生保洁记录”省级试点 316c
铸牢中华民族共同体意识 335c
专家下村巡诊 311b
专门委员会 119a
专门委员会工作 92c
专题调研 86a
专题协商 115a
专题询问 90b
专题议政 116b
专项视察 87b
资本市场发展 225a
姊妹学校共建 80b
自建房管理 331b
自然岸线监管 187c
自然环境 45a
自然疫源性疾病监测 315a
自然资源 46b
自然资源管理 181b
自然资源资产审计 174c
宗教活动场所管理 336a
“综合监管一件事”省级试点 316b
综合经济实力 54a
总河长会议 263c
走访调研 130a
足球、马术项目“市队县办” 320c
组建营商环境专班 97c
组织工作 66a
组织建设 56a、126a、127a

数字与字母

“12345”政务服务便民热线办理 334b
2023“我要走”全国徒步联动日威海站活动 322b
2023年威海铁人三项世界杯赛暨2023年中国·威海超级铁人三项系列赛 321b
2023腾讯电竞运动会夏季总决赛·威海环翠站 321c
2023中国（威海）合唱节暨环翠区第50届“5·23”歌咏会 296b
2023中国山地自行车公开赛（山东·环翠站） 321a
“4+3”制造业产业集群建设 197b
5G基站建设 199a
AAA级及以上旅游景区创建 229a

图片索引

A

“爱国故事我来讲”启动 163
安全局小区 344

B

“八五”普法中期评估检查 154
半月湾景区太空舱 229
北山街夜景 347
便民服务中心建设规范技术审查会 101

C

采摘樱桃 254
餐饮店油烟净化设施检查 248
诚信大数据智慧平台发布 179
春季学期主体班次开班式 78
慈心一日捐 332

D

大秧歌表演 353
党风廉政警示教育大会 121
党建品牌和标准化规范化建设 75
党外知识分子统战工作 72
档案馆图书资料上架 302
档案培训暨保密工作会议 302
第36个世界无烟日宣传活动 319
第二届海峡两岸（威海）棒球赛 80
第二期“书记讲坛” 75
第三届儒商大会威海市招商引资项目集中签约 238
第十二届职工职业技能大赛 138
第十一届社区文化节 297
第五次集体学习 69
冬季旅游推介暨文旅品牌交流会 230

F

“枫桥式公安派出所”创建现场推进会 155

G

工会第十六次代表大会 134
公交站点港湾式 244
公务用车使用管理培训 109
公益助残活动 148
谷家洼社区股份经济合作社危楼拆除现场 351
归海民宿 222

国家海洋综合试验场协同创新平台 187

H

海峰路西延工程峻工通车 358
海王环保智能装备制造项目 167
核技术利用情况“双随机、一公开”联合执法 261
花境职业技能竞赛作品 265
华夏城党员现场教学点 2
环翠区第十九届人大常委会第十次会议 85
环翠区第十九届人民代表大会第二次会议 84
环翠区第十九届人民代表大会第三次会议 11
环翠区公共文化服务中心 291
环翠区疾病预防控制局挂牌仪式 306
环翠区校园安全先议办公室授牌 159
环翠区学习贯彻习近平新时代中国特色社会主义思想主题教育工作推进会议 1

J

基本医保全民参保集中宣传月 329
家庭医生团队签约 311
监察官宪法宣誓 121
接待来访群众 105
金融助力经济高质量发展暨重点项目融资推介会 223
锦旗 161
九华路隧道北延绿化工程 249
居民体检 128
军地联谊活动 164

K

科技型企业申报政策解读及认定管理培训 275
跨境电商仓储行业联合工会 133

L

老港区城市更新改造项目 215
里口山水库栖息的鸳鸯 48
里口山样板片区贝草夼村 360
“两新”组织党建工作推进会 343
菱角湾乡村振兴法治教育基地揭牌 158
零工市场运营中心 327
楼宇劳动争议调解委员会 328
铝深加工产业链绿色高质量发展 355

M

“面对面・听企业讲”座谈会 153
民主党派助力乡村振兴 71
民族团结进步宣传月 336
膜产业技术创新合作大会 276

N

纳凉晚会 296
“凝聚家力量　培育新风尚”颁奖活动 143
农村生活污水治理 260

P

平安环翠建设工作会议 150

Q

栖霞街特色街区改造现场 338
桥头镇高效特色农业项目 254
“瞧”不够首届文化艺术节 368
青岛蓝海股权交易中心有限责任公司专家 225
清廉之角 124
庆“七一”主题活动 131
庆祝第39个教师节大会 285
区管干部荣退仪式 76
区级预算执行和其他财政收支审计工作情况专题调研会 174
区属国有企业党组织书记抓基层党建工作述职评议 170
区税务局走访 173
区委十六届六次全体会议暨区委经济工作会议 7
全国地籍调查创新示范交流研讨会 182
全国科普日活动 145
全国老年人太极拳健身大联动活动 323
全国人大检查组执法检查 88
全国徒步联动日威海站活动 322
全民国防教育成果展示活动 163
全民健身月活动启动 322
全民营养周 308
全区扫黑除恶斗争推进会 151
全市公安机关派出所工作标准化建设 155

R

热线诉求 334
“荣军联盟”集中授牌 104

S

三连岛 188
森林火灾应急处置 108
山东省大数据工作现场推进会 101
山东省节水工作现场会 263
山东省马术冠军杯系列赛 321
山东省名中医药专家牟林茂传承工作室揭牌 312
山东省研学旅行创新线路设计大赛海洋研学选拔赛 184
山东威高四海酿造有限公司生产车间 194
社会办医疗机构群众满意度工作推进会 318
省文联文艺进万家　健康你我他 146
食品采样 315

首届美德诚信模范典型表彰 180
双岛湾海洋牧场服务平台 186
税收顾问团队走访 172

T

腾讯电竞运动会夏季总决赛·威海环翠站 321

W

晚风·星空露营节 359
网格员知识技能竞赛 335
威海东南乡景区 234
威海东巽生物科技有限公司 192
威海海鑫新材料有限公司CTP版基生产设备 206
威海海洋科技馆开馆 184
威海华洋药业有限公司生产车间 209
威海市海王旋流器有限公司高端流体设备加工制造数字化车间 207
威海市环翠区律师事务所合规管理指引（试行）》发布会 162
威海卫籍香港退休警察回乡省亲参访团 79
威海西港游艇有限公司生产的豪华游艇 208
威海喜盈门乳品有限公司生产车间 210
威海银兴预应力线材有限公司预应力钢绞线产品 207
威海直播创客园项目 362
维修路灯 244
“喂，海！”公园 60
魏桥（威海）铝精深加工产业园开园 355
文化旅游季启动仪式 300

X

西北村社区健身广场 339
希尔顿逸林酒店 338
“乡村振兴　拥抱光明”活动 130
项目合作签约仪式 275
新的社会阶层人士联谊会环翠楼分会 71
新媒体技能培训班 143
新时代文明实践展示体验馆 326
“新思汇翠”主题宣讲 70
新图书馆 303
新威路防汛 245
新型无人机系统 155
信用修复培训会 180
学雷锋志愿服务活动暨公共法律服务亭启用 161

Y

液化石油气瓶充装站设施安全检查 178
一线职工疗休养 139
银企共赢对接会 132
应急救护培训 149
迎新年京剧晚会 294
拥军惠民月活动 104
友好支部签约仪式 126
“有事多商量·联四方和合议事室”揭牌 115
渔业安全生产“开工第一课” 189
预算管理一体化系统提档升级培训 172
员额法官、员额检察官履职评议动员大会 160
远遥东区老旧小区改造项目 243

Z

政金企对接会 224
职业病防治法宣传周活动 317
“纸鸢乘梦　童绘友好”儿童友好活动 144
中国共产主义青年团环翠区第二十次代表大会 141
中国人民政治协商会议第十五届威海市环翠区委员会第二次会议 114
中国山地自行车公开赛服务 142
中国写意油画海洋主题学术邀请展 290
中国学生营养日 308
中小学生综合实践基地开营 300
中央音乐学院考级生源培训基地挂牌 287
中渔科尼（山东）环保科技有限公司 225
竹岛街道红叶谷小区充电桩 342
竹岛街道垃圾分类房 341
主题教育专题党课 156
自助办税 173
总河长会议 263
“走，钓鱼趣”汉鼎全民垂钓活动 111
走访脱贫户 257

数字与字母

2023山东文艺志愿者在行动 146
“6·5”环境日主题宣传 261
TGA青年电竞人才环翠行 141

表格索引

表1　2023年环翠区小型水库一览表　46
表2　2023年环翠区流域面积5平方千米以上河流一览表　47
表3　2023年环翠区村（社区）一览表　49
表4　2023年环翠区各镇（街道）人口分布一览表　50
表5　2023年环翠区新争取省级以上改革试点一览表　51
表6　2023年环翠区十九届人民代表大会第二次会议建议一览表　90
表7　2023年里口山管理服务中心股份经济合作社基本情况一览表　110
表8　2023年度区政协优秀提案一览表　117
表9　2023年全国“五一劳动奖状”单位（环翠区）一览表　134
表10　2023年山东省劳动模范和先进工作者（环翠区）一览表　135
表11　2023年山东省新时代岗位建功劳动竞赛标兵（环翠区）一览表　135
表12　2023年“威海工匠”（环翠区）一览表　135
表13　2023年威海市新时代岗位建功劳动竞赛标兵（环翠区）一览表　135
表14　2023年威海市女职工建功立业标兵岗（环翠区）一览表　136
表15　2023年威海市女职工建功立业标兵（环翠区）一览表　136
表16　2023年威海市优秀职工（环翠区）一览表　136
表17　2023年环翠区属国有企业一览表　168
表18　2023年环翠区农业产业化龙头企业一览表　195
表19　2023年环翠区知名农产品品牌一览表　196
表20　2023年环翠区新增山东省DCMM贯标试点企业一览表　198
表21　2023年环翠区新增山东省数字经济“晨星工厂”一览表　198
表22　2023年环翠区新增山东省专精特新中小企业名单　200
表23　2023年环翠区新增山东省创新型中小企业名单　201
表24　2023年环翠区重点工业项目一览表　203
表25　2023年环翠区新增省、市级“一企一技术”研发中心一览表　205
表26　2023年环翠区新增市级工业设计中心一览表　205
表27　2023年环翠区税收过千万楼宇一览表　219
表28　2023年环翠区星级饭店一览表　221
表29　2023年环翠区星级民宿一览表　222
表30　环翠区省级景区化村庄一览表　229
表31　环翠区省级乡村旅游重点村一览表　230
表32　2023年环翠区属A级旅行社一览表　231
表33　2023年环翠区属国家AAA级以上旅游景区一览表　232
表34　2023年环翠区重点企业进出口情况统计表　236
表35　2023年环翠区重点外国及中国港澳台地区投资企业一览表　237
表36　2023年环翠区新引进内资项目一览表　239
表37　2023年环翠区招大引强项目一览表　240
表38　环翠区二级保护古树名录一览表　266
表39　2023年环翠区新增省级科技计划项目一览表　268
表40　2023年环翠区新增市级科技计划项目一览表　269
表41　2023年环翠区登记重要科技成果一览表　270
表42　市级以上科技创新平台一览表（91个）　271
表43　2023年环翠区新认定高新技术企业一览表　277
表44　2023年环翠区国家科技型中小企业评价入库企业一览表　279
表45　2023年环翠区中小学一览表　282
表46　环翠区非物质文化遗产项目及传承人一览表　291
表47　环翠区市级以上文物保护单位一览表　297
表48　2023年环翠区城市书房和乡村书房一览表　303
表49　2023年环翠区主要公立医疗机构一览表　305
表50　环翠区公共场所60台自动体外除颤仪（AED）安装位置　309
表51　环翠区体育类社会团体统计表　323
表52　2023年竹岛街道各集体经济组织基本情况表　340
表53　2023年鲸园街道各股份经济合作社基本情况表　342
表54　2023年孙家疃街道各股份经济合作社基本情况表　346
表55　2023年嵩山街道各股份经济合作社基本情况表　348
表56　2023年张村镇各股份经济合作社基本情况表　351
表57　2023年环翠区羊亭镇各股份经济合作社基本情况表　355
表58　2023年温泉镇各股份经济合作社基本情况表　361

表59 2023年桥头镇各股份经济合作社基本情况表 364
表60 2023年区委、区政府获得省部级表彰的荣誉称号 375
表61 2023年区委、区政府获得市厅级表彰的荣誉称号 375
表62 2023年部门（单位）获得省部级表彰的荣誉称号 376
表63 2023年部门（单位）获得市厅级表彰的荣誉称号 376
表64 2023年环翠区人民政府重要文件一览表 383
表65 2023年环翠区人民政府办公室重要文件一览表 384
表66 2023年规范性文件一览表 385
表67 2023年环翠区地区生产总值一览表 391
表68 2023年环翠区农林牧渔业一览表 391
表69 2023年环翠区规模以上工业一览表 392
表70 2023年环翠区规模以上工业经济效益一览表 392
表71 2023年环翠区固定资产投资、商品房建设与销售一览表 392
表72 2023年环翠区对外经济贸易一览表 392
表73 2023年环翠区财税收入一览表 392
表74 2023年环翠区财政支出一览表 393